박영선의 다시 보는 사무엘서

박영선의
다시 보는
사무엘서

2024년 11월 19일 초판 1쇄 인쇄
2024년 12월 3일 초판 1쇄 발행

지은이 박영선
기획 강선
편집 문선형, 정유진
디자인 잔
경영지원 함초아
펴낸이 최태준
펴낸곳 무근검
주소 서울특별시 송파구 올림픽로 4길 17, A동 301호
홈페이지 www.facebook.com/lampbooks **전화** 02-420-3155 **팩스** 02-419-8997
등록 2014. 2. 21. 제2014-000020호
ISBN   979-11-94142-14-0 (03230)

무근검은 '하나님의 영광은 무겁고 오래된 칼과 같다'라는 뜻입니다.

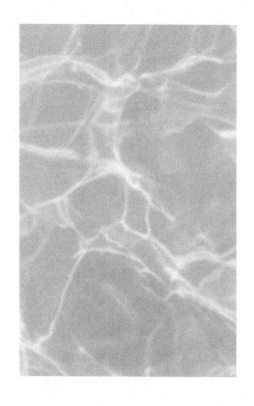

박영선의 다시 보는 사무엘서

깊고 푸른 역사 　　　　　　　박영선

네 집과 네 나라가
내 앞에서 영원히 보전되고
네 왕위가
영원히 견고하리라 하셨다 하라

삼하 7 : 16

모순과 역설이 혼란된 현실을 그려 낸
한 편의 수묵화

임종성 목사

'모순과 역설이 혼란된 현실을 그려 낸 한 편의 수묵화.' 이 표현은 제 사부(師父)님이신 박영선 목사님의 본 설교집을 먼저 읽어 본 사람으로서 이제 독자가 될 여러분과 나누고 싶은 소감입니다. 모순과 역설은 기독교 밖에서 해석할 수 없는 영역입니다. 그래서 역사가들은 역사의 의미를 발견하기가 쉽지 않습니다. 자연주의 법칙으로는 모순과 역설의 원인을 알아낼 수 없기 때문입니다. '일 더하기 일은 이'가 되어야 맞지만, 그렇지 못한 역사의 흔적들은 우리의 골치를 아프게 합니다. 이 설교집은 사울과 다윗을 대조하고 그들이 겪었던 현실을 추적하면서 모순과 역설이 무엇인지, 왜 우리가 겪는 현실은 말이 안 되는 사건들로 점철되어 있는지를 묘사합니다. 저자는 이 묘사를 '깊고 푸른 역사, 사무엘'이라는 한 편의 수묵화에 담아냈습니다.

　수묵화의 특징이라고 하면 무엇을 꼽을 수 있을까요? 우선 수묵화는 검은 먹, 오직 이 한 가지 색을 사용합니다. 여러분은 이 설교집을 읽으면서 주제나 해석이나 내용이 일관되어 있음을 발견하게 될 것인데, 이 일관성은 성경을 파편화하지 않고, 통전적으로 해석해 내는 데서 오는 특징입니다. 소재가 고갈되어 어쩔 수 없이 나타나는 반복이 아니라, 성경 전체에서 말하고자 하는 주제, 내용, 맥락을 벗어나지 않기에 드러나는 당연한 현상입니다. 예전에 유진 피터슨(Eugene H. Peterson) 목사의 장례식에서 아들인 에릭 피터슨(Eric E. Peterson) 목사가 전한 추모사를 기사로 접한 적이 있습니다. 거기서 그는 이렇게 이야기했습니다. "여러분은 아버지에게 속으셨습니다. 아버지는 여러 주제의 설교를 한 것 같지만, 결국은 한 가지 주제를 설교하셨습니다." 우리 역시 이 설교집에서 바로 이 한 가지 색인 검은 먹을 발견할 수 있습니다. 그런데 섬세하고 예민하게 붓을 놀리는 화백이라면, 단조로운 먹색 하나로 다양한 층위의 표현을 펼쳐 낼 수 있을 것입니다. 이 설교집을 정독한다면, 검은 먹이 주는 거칠고 힘찬 산맥부터 맑고 여린 시내까지 풍성하게 표현된 한 편의 수묵화를 감상하게 될 것입니다.

　수묵화의 다른 특징은 여백이 존재한다는 점에 있습니다. 수묵화의 여백은 감상하는 사람에게 상상력을 불러일으킵니다. 저자의 성경 해석에는 월터 브루그만(Walter Brueggemann)이 주장하는 '신학적 상상력'이 존재합니다. 상상력으로 인해 벌어지고 넓어진 행간은 우리로 본문을 결코 쉽게 지나치지 못하게 합니다. 징검다리는 돌 사이사이가 넓을수록 건너기가 쉽지 않습니다. 그렇다고 저자는 그 사이에 콘크리트를 부어 강물이 흐르지 못하게 막은 다음 우리로 손쉽게 건너가도록 해 주는 설교자가 아닙니다. 오히려 센 물살 앞에서 우리를 머뭇거리게 만듭니다. 이 설교집을 빨리 읽으면 안 되는 이유가 여기 있습니다. 마흔 편이라는 설교를 한 번에 해치우는 것이 아니라, 한 편씩 천천히 읽으시면서 영광의 찬송으로 만들어지는 싸움을 살아 내셔야 합니다.

수묵화의 여백은 그림 전체의 균형과 미를 잡아 주어 완성도를 높입니다. 만약 우리가 붓이 그려 나간 대상에만 집중한다면, 거기에 함몰된 나머지 그림 전체를 보는 균형을 놓치게 됩니다. 마찬가지로 역사 가운데 벌어진 사건과 현상에만 주목하면 모순과 역설을 해석할 수 없습니다. 그렇다면 모순과 역설은 어떻게 해석할 수 있을까요? 바로 여백을 통해서만 가능합니다. 하나님이 부재한 상태에서 여백은 그저 빈 공간일 뿐이지만, 하나님의 열심을 아는 자들은 여백이 은혜라는 것을 깨닫게 됩니다. 즉, 하나님 없이는 역사의 의미를 발견할 수 없습니다. 그러나 하나님의 열심을 아는 자들은 역사가 곧 신비라는 것을 깨닫습니다. 신비란 우리가 풀어내지 못하고 이해할 수 없는 것이 아닙니다. 우리의 이해보다 크고 깊은 하나님의 성실하심이 바로 신비입니다. 이 신비로 인해 인간은 자유로운 존재가 될 수 있습니다. 여기서 말하는 자유는 인간이 모든 것을 마음대로 선택할 수 있

다는 의미가 아닙니다. 이는 인간의 실존을 부정하는 주장인데, 왜냐
하면 인간은 한계 안에 갇힌 존재이기 때문입니다. 그러므로 자유란
이러지도 저러지도 못하는 현실 속에서 하나님이 일하신다는 것을
알기에 멋있게 살 수 있는 용기입니다. 그래서 저자는 다윗의 생애를
이렇게 정리합니다.

… 우리가 다윗의 생애를 통해 보는 것은 하나님이 우리 인생을 다만
이분법으로 나눠 잘했다, 못했다를 판정하시지 않는다는 것입니다.
우리가 할 수 있는 것과 할 수 없는 것 속에서 오는 갈등, 절망과 체
념 속에 찾아오셔서, 우리의 최선과 우리의 기대보다 큰 것으로 채우
신다는 것입니다. 이것이 하나님의 창조입니다. 하나님의 기쁘신 뜻
과 목적과 내용으로 우리를 부르시고 채우시고 완성하신다고 가르
치는 것이 다윗의 생애인 것입니다. (645쪽)

그러므로 신앙생활을 할 때 믿음에 대해 조금 수정할 내용이 있습니다. 믿음이란 자기만족을 위해 거는 하나님을 향한 우리의 베팅이 아닙니다. 믿음은 하나님이 우리를 향하신 목적을 이루기 위해 우리에게 거신 하나님의 베팅입니다. 이 설교집을 통해 하나님이 얼마나 크고 멋지신 분인지를 발견하게 될 것입니다.

얼마 전, 조급함에 쫓기는 제게 사부께서 이렇게 말씀하셨습니다. "야, 하나님이 널 어떻게 키웠는데, 이대로 그냥 내버려둘 것 같아?" 제게 가장 큰 위로가 되는 한마디였습니다. 제가 그랬듯, 여러분도 이 설교집을 읽으면서 다윗의 생애를 통해 포기하지 않으시는 하나님의 외침을 들었으면 좋겠습니다. "내가 널 어떻게 키웠는데, 그냥 내버려둘 것 같니?"

머리말 _____

우리는 출애굽한 이스라엘 백성들이 자신들의 무대를 가지게 되자
자유를 누리고 책임을 지는 일에 실패한 사실을 사사기를 통해 살펴
보았습니다. 실패한 이스라엘은 하나님 대신 왕을 계속 구하고, 결국
하나님은 그들의 소원을 들어주십니다. 하나님이 당신의 뜻과 다름에
도 그들에게 왕을 허락하신 이유는, 하나님이 구별하여 부르신 언약
백성에게 주시려는 것을 왕을 통해 보여 주기 위해서입니다. 사무엘
서는 하나님이 보여 주시려는 가치가 무엇인지를 사울과 다윗의 대
조를 통해 펼쳐 갑니다. 사울과 다윗은 사무엘서 내내 대조되지만, 이
대조는 인물 됨됨이의 차이에서 비롯한 것이 아닙니다. 하나님 없이
인간이 가진 최선으로 쟁취하려는 자가 얻어 낸 것과 하나님이 함께
하셔서 하나님으로부터 공급받는 자가 담아낼 수 있는 은혜의 대조
인 것입니다.

궁극적으로 사무엘서는 다윗의 삶을 조명하여 하나님이 펼치시는 깊고 푸른 역사가 어떻게 전개되는지를 보여 줍니다. 흔히 다윗의 신앙은 골리앗을 물리친 사건으로 영웅시되곤 하지만, 사무엘서가 진정 드러내고 싶은 다윗의 위대함은 처절한 고난에 내몰리는 자리에서 인내하고 순종하는 모습에 들어 있습니다. 사무엘서 초반에 다윗은 승승장구하지만, 이후에 저지른 밧세바 사건으로 엄청난 대가를 치르게 되고, 화려했던 그의 승리와 영광은 어지럽게 무너집니다. 하지만 다윗의 이 모든 실패에도 불구하고 하나님은 언약을 신실하게 지키심으로써 다윗은 영웅이 아닌 '은혜의 대표자'임을 각인시켜 줍니다. 이로써 신약을 여는 서막에 등장한 첫 구절, '아브라함과 다윗의 자손 예수 그리스도의 계보'(마 1:1)에서 '믿음의 조상'인 아브라함과 함께 '은혜의 대표자'로 나란히 자리매김하게 됩니다.

우리는 각자가 보냄받은 역사의 현장과 시대의 실존과 일상의 삶에서 어떤 면에서는 신자답지만, 어떤 면에서는 부끄러운 모습으로 살아갑니다. 마치 다윗과 같습니다. 신앙의 소원은 있으나 실패와 갈등과 잘못으로 늘 실수하고 안타까워하는 우리에게 다윗은 그야말로 위로와 소망이 되는 존재입니다. 은혜는 어떤 자리까지 내려오는가, 은혜는 어디까지 담기는가, 하는 은혜의 폭넓음과 무한함을 보여 주는 존재가 바로 우리가 영웅이라고 착각했던 다윗의 삶을 통해 확인되기 때문입니다.

못난 자들이 끌어가는 역사라서 언제나 말이 안 되고 비극이고 절망인 것처럼 보이지만, 성경은 그렇지 않다고 말씀합니다. 하나님의 일하심은 역사 속에서 끊임없이 이어지고 있기 때문입니다. 이 역사는 영웅을 소개하기보다 하나님이 하시는 일과 인간의 정체성의 신비, 기적, 그리고 합일의 찬송을 소개합니다. 사무엘서 역시 영웅 다윗의 신화적 전기를 소개하지 않고, 인간의 못남과 어리석음에도 불구하고 은혜로 이어 가시는 하나님의 깊고 푸른 역사를 소개합니다. 우리 각자가 이 역사 속 주인공임을 깨닫고 주어진 배역을 의연하게 감당하는 멋진 신자의 인생을 살아가길 바랍니다.

2024년 12월

박 영선

차례

1.
역사서를 읽는 이유

―――――

1 에브라임 산지 라마다임소빔에 에브라임 사람 엘가나라 하는 사람이 있었으니 그는 여로함의 아들이요 엘리후의 손자요 도후의 증손이요 숩의 현손이더라 2 그에게 두 아내가 있었으니 한 사람의 이름은 한나요 한 사람의 이름은 브닌나라 브닌나에게는 자식이 있고 한나에게는 자식이 없었더라 3 이 사람이 매년 자기 성읍에서 나와서 실로에 올라가서 만군의 여호와께 예배하며 제사를 드렸는데 엘리의 두 아들 홉니와 비느하스가 여호와의 제사장으로 거기에 있었더라 4 엘가나가 제사를 드리는 날에는 제물의 분깃을 그의 아내 브닌나와 그의 모든 자녀에게 주고 5 한나에게는 갑절을 주니 이는 그를 사랑함이라 그러나 여호와께서 그에게 임신하지 못하게 하시니 6 여호와께서 그에게 임신하지 못하게 하시므로 그의 적수인 브닌나가 그를 심히 격분하게 하여 괴롭

게 하더라 7 매년 한나가 여호와의 집에 올라갈 때마다 남편이 그같이 하매 브닌나가 그를 격분시키므로 그가 울고 먹지 아니하니 8 그의 남편 엘가나가 그에게 이르되 한나여 어찌하여 울며 어찌하여 먹지 아니하며 어찌하여 그대의 마음이 슬프냐 내가 그대에게 열 아들보다 낫지 아니하냐 하니라 (삼상 1:1-8)

사무엘서를 읽는 이유

구약은 이스라엘 역사를 다루고 있습니다. 무슨 일이 일어났고, 그 일 속에 어떤 내용이 담겼으며, 하나님이 어떻게 일하셨는지를 역사서로 남겨 놓았습니다. 성경은 하나님의 개입과 일하심을 왜 역사서라는 방식으로 남겨 두었을까요? 한번 생각해 볼 필요가 있습니다. 역사에는 특징이 있는데, 그것은 역사가 '사실'이라는 점입니다. 꿈이나 상상이나 논리가 아니라 실제로 일어났던 일에 대한 기록이라는 점, 지금도 일어나며 우리가 겪고 있는 일에 대한 기록이라는 점이 역사가 지닌 중요한 특징입니다.

인생을 살면서 겪는 놀라운 일 중 하나는 우리가 상상하지도 못했던 일들이 현실로 나타난다는 것입니다. 있을 수 없는 일, 그럴 리 없는 경우, 말도 안 되는 사건이 일어납니다. 도대체 하나님은 왜 그런 현실, 무력하게 반복되는 현실을 역사에 담으셔서 성경으로 우리에게 주셨을까, 구약 역사를 읽으면 이런 생각이 듭니다.

특별히 사무엘서는 이스라엘이 어떻게 왕정 정치로 가게 되었는가, 사사기를 마무리 지으면서 내렸던 결론, "그 때에 이스라엘에 왕이 없으므로 사람이 각기 자기의 소견에 옳은 대로 행하였더라"(삿 21:25)라는 현실이 의미하는 혼란, 당황, 절망에도 불구하고, 하나님이 당신과 언약을 맺은 백성에게 그 약속을 담아내고 그들을 승리케 하기 위하여 어떻게 그다음 단계로 역사하셨는가를 보여 줍니다. 잘 아는 대로 사무엘서의 가장 중요한 초점은 다윗 왕조가 세워지는 일에 있습니다.

구약 역사에서 하나님의 섭리가 가장 눈에 띄게 드러난 사건 몇 가지만 들라고 하면, 출애굽 사건, 바벨론 포로에서의 귀환, 그리고 그 사이에 다윗 왕조의 설립이 있습니다. 그중 오늘부터 시작되는 사무엘서 강해에서는 다윗 왕조가 세워지는 일을 살펴볼 것인데, 이 엄청난 일의 시작이 우리 기대와는 사뭇 다르다는 것을 알 수 있습니다. 본문 말씀에서 보는 바와 같이, 이 일은 하나님의 큰일을 이룰 만한 조건이나 자격을 전혀 갖추지 않은 아주 보잘것없는 사람들, 신화적이지도 영웅적이지도 않은 한나와 엘가나에서 시작합니다. 마치 옛날 이야기의 첫 문장과 흡사한 분위기입니다. '옛날 옛적 호랑이가 성경 보던 시절에 한나와 엘가나라는 사람이 있었단다.' 이런 초라한 시작에서 '하나님의 큰일'이라는 절정을 이끌어 내려면, '이 사람들이 열심 있고, 진실하고, 준비된 사람이었을 것이다'고 쉽게 추정하겠지만, 우리가 경험했다시피 역사는 하나님이 일하시는 것 같지 않은 일들로 점철되어 있습니다.

우리가 아는 대로 역사는 인과관계의 철저한 반복이고, 이 인과관계를 움켜쥐고 있는 가장 큰 힘은 권력입니다. 인류 역사는 힘을 가진 자의 논리대로 흘러간다는 것이 우리의 경험이자 역사가 증언하는 바입니다. 예수를 믿는 사람들은 조금 달리 생각해서 '역사는 섭리다' 이렇게 이야기합니다. 역사를 하나님의 뜻이 관철되고 완성되는 하나님의 개입이라고 보는 것입니다. 역사를 바라보는 서로 다른 이 관점들은 쉽게 조화되지 않습니다. 우리가 현실에서 신앙생활을 할 때 이 세상이 가진 힘의 논리와 신의 섭리를 조화시킬 방법이 없기 때문에, 우리는 둘을 분리하여 쓸 수밖에 없습니다. 주일 하루는 신의 섭리로 살고, 나머지 날들은 힘의 원리로 사는 것입니다. 그 둘이 섞여 있을 것이라고는 아무리 생각해도 이해할 수 없습니다. 그런데 구약 성경은 이 둘이 섞여 있다고 말합니다.

쉽게 예를 들어 보면, 포장지가 내용을 만드는 것이 아니라는 것을 우리는 잘 이해하지 못합니다. 제가 어렸을 때는 고기 먹는 일이 귀해서 정육점에 가끔 들러 겨우 고기 반 근을 사 오곤 했는데, 당시는 고기를 신문지에 싸서 팔았습니다. 신문지에 고기를 싸 왔다고 해서 국을 끓일 때 신문지까지 넣는 사람은 없습니다. 역사는 신문지고, 그 안에 무엇을 담느냐는 하나님 마음입니다. 신문지는 고기만 싸지 않습니다. 신문지는 쓰레기도 쌉니다. 그러니 역사를 읽어 낼 신앙적 안목이 없거나 하나님이 일하시는 방법을 깨닫지 못한다면, 현실을 이해할 수 없고 자기 인생도 이해할 수가 없습니다. 이것이 사무엘서를 읽어야 하는 가장 큰 이유입니다.

권력에 대해 편견을 가지게 되면, 권력의 유지를 위해서 이데올로기를 동원하기도 하고, 무력을 동원하기도 합니다. 그런데 권력을 위한다는 명목으로 무엇이든 갖다 쓰게 되면 권력은 폭력으로 변합니다. 이것은 역사가 증언하는 바입니다. 마찬가지로 '신의 섭리'라는 관점으로 성경을 읽어 내고 역사를 읽어 가다 보면, 신의 섭리라는 이유를 들어 어떤 논리도 허용하지 않게 됩니다. 그러면 역사에 대한 이해가, 확실하고 단순하고 분명한 집념에 불과해지는 독선이 되어 버립니다. 우리가 하나님의 일하심을 곁에서 다 판단할 수는 없습니다. 하나님이 왜 시간을 끄시는지, 왜 우여곡절을 허락하시는지, 말이 안 되는 모순과 충돌과 의심과 불안을 왜 없애 주지 않으시는지 우리는 알 수가 없습니다. 사무엘서를 읽으면서 이 모든 것들이 가진 부요함을, 그 속에 담긴 하나님의 지혜와 깊이를 차근차근 알아 가야 할 것입니다.

이스라엘 백성들의 못난 역사

시편 106편에는 유명한 찬송시가 나옵니다. 시의 시작은 이렇습니다.

> 할렐루야 여호와께 감사하라 그는 선하시며 그 인자하심이 영원함이로다 누가 능히 여호와의 권능을 다 말하며 주께서 받으실 찬양을 다 선포하랴 정의를 지키는 자들과 항상 공의를 행하는 자는 복이 있도다 여호와여 주의 백성에게 베푸시는 은혜로 나를 기억하시며 주의 구원으로 나를 돌보사 내가 주의 택하신 자가 형통함을 보고 주의 나라의 기쁨을 나누어 가지게 하사 주의 유산을 자랑하게 하소서 (시 106:1-5)

이 찬송시의 결론도 시작과 비슷한 분위기입니다. 47절 이하를 봅
시다.

> 여호와 우리 하나님이여 우리를 구원하사 여러 나라로부터 모으시
> 고 우리가 주의 거룩하신 이름을 감사하며 주의 영예를 찬양하게 하
> 소서 여호와 이스라엘의 하나님을 영원부터 영원까지 찬양할지어다
> 모든 백성들아 아멘 할지어다 할렐루야 (시 106:47-48)

'할렐루야'에서 시작해서 '아멘 할지어다 할렐루야'로 끝나는 시입니
다. 그러면 이 시의 중반부인 6절부터 46절까지는 어떤 내용이 들어
있을 것 같습니까? 기쁘고 감사한 일이 가득할 것 같습니다. 그런데
읽어 보면 우리 기대와는 다른 내용이 들어 있습니다. 이스라엘이 얼
마나 바보같이 굴었고, 얼마나 못나게 굴었는지에 대한 이야기로 꽉
차 있습니다. 칭찬 한마디 들을 만한 행동을 한 일이 없습니다. 출애
굽 때 홍해 앞에서 야단법석을 떤 일, 광야에서 먹을 것이 없다고 불
평한 일, 시내산 앞에서 우상을 만든 일, 가데스바네아에서 정탐꾼들
을 보냈다가 '저 자손들은 건장하여 우리가 이길 수 없습니다'며 불평
하고 운 일, 가나안 땅에 들어가서 우상을 섬기고 고생한 일들이 전부
이 시에 들어 있습니다.

　이렇게 말도 안 되는 내용을 담았으면서 이 시의 시작과 끝은 어떻
습니까? '할렐루야 여호와께 감사하라 그는 선하시며 그 인자하심이
영원함이로다'로 시작해서 '여호와 이스라엘의 하나님을 영원부터 영
원까지 찬양할지어다 모든 백성들아 아멘 할지어다 할렐루야'로 끝

납니다. 가운데는 말 못 할 이야기를 써 놓았으면서 말입니다. 도대체 정신이 있는 사람들인가, 없는 사람들인가 하는 생각이 듭니다. 이스라엘의 못난 역사를 괄호로 묶듯이, 앞뒤를 '할렐루야'로 묶어 두었습니다. 이 가운데에 들어 있는 기가 막힌 사건 중 가장 대표적인 사건이 '므리바 사건'입니다. 이 사건이 얼마나 기가 막힌 일인가 보십시오. 민수기 20장입니다.

첫째 달에 이스라엘 자손 곧 온 회중이 신 광야에 이르러 백성이 가데스에 머물더니 미리암이 거기서 죽으매 거기에 장사되니라 회중이 물이 없으므로 모세와 아론에게로 모여드니라 백성이 모세와 다투어 말하여 이르되 우리 형제들이 여호와 앞에서 죽을 때에 우리도 죽었더라면 좋을 뻔하였도다 너희가 어찌하여 여호와의 회중을 이 광야로 인도하여 우리와 우리 짐승이 다 여기서 죽게 하느냐 너희가 어찌하여 우리를 애굽에서 나오게 하여 이 나쁜 곳으로 인도하였느냐 이 곳에는 파종할 곳이 없고 무화과도 없고 포도도 없고 석류도 없고 마실 물도 없도다 모세와 아론이 회중 앞을 떠나 회막 문에 이르러 엎드리매 여호와의 영광이 그들에게 나타나며 여호와께서 모세에게 말씀하여 이르시되 지팡이를 가지고 네 형 아론과 함께 회중을 모으고 그들의 목전에서 너희는 반석에게 명령하여 물을 내라 하라 네가 그 반석이 물을 내게 하여 회중과 그들의 짐승에게 마시게 할지니라 모세가 그 명령대로 여호와 앞에서 지팡이를 잡으니라 모세와 아론이 회중을 그 반석 앞에 모으고 모세가 그들에게 이르되 반역한 너희여 들으라 우리가 너희를 위하여 이 반석에서 물을 내랴 하고 모세가 그의 손을 들어 그의 지팡이로 반석을 두 번 치니 물이 많이 솟아나오므로 회중과 그들의 짐승이 마시니라 여호와께서 모세와 아론에게 이르시되 너희가 나를 믿지 아니하고 이스라엘 자손의 목전에서 내 거룩함을 나타내지 아니한 고로 너희는 이 회중을 내가 그들에게 준 땅으로 인도하여 들이지 못하리라 하시니라 (민 20:1-12)

광야에서 이스라엘 백성이 물이 없다고 아우성을 칩니다. "우리를 죽이려고 여기까지 끌고 들어왔느냐? 이럴 거면 애굽에서는 왜 꺼냈느냐? 홍해는 왜 건너게 했느냐? 우리 형제들이 여호와 앞에서 죽을 때에 우리도 같이 죽었더라면 좋을 뻔했다." 우리의 정황에 빗대어 이야기해 볼까요? "6.25전쟁 때 죽었더라면 좋았을 텐데, 괜히 살아남아서 이 꼴 본다." 이런 원망을 한 것입니다.

당시 모세와 아론도 어지간히 화가 난 상태에서 하나님에게 묻습니다. "하나님, 어떻게 하면 좋겠습니까?" "가라. 가서 반석에게 명령하여 물을 내라." 그런데 이제 모세가 성질이 나서 반석을 칩니다. 물이 콸콸 쏟아져 나오고, 하나님의 엄중한 징계가 내려옵니다. '네가 내 백성 앞에서 나의 거룩함을 나타내지 아니하였으니 너는 가나안 땅에 못 들어갈 것이다'라고 무시무시한 말씀을 하십니다. 그런데 우리로서는 반석에게 명령하여 물을 내게 한 것과 반석을 치는 것이 어떤 큰 차이가 있을까 싶습니다. 앞에서 본 시편 106편으로 돌아가 보면, 그것이 무엇이었을까, 상상해 볼 수 있는 하나의 실마리가 있습니다.

그들이 또 므리바 물에서 여호와를 노하시게 하였으므로 그들 때문에 재난이 모세에게 이르렀나니 이는 그들이 그의 뜻을 거역함으로 말미암아 모세가 그의 입술로 망령되이 말하였음이로다 (시 106:32-33)

'입술로 망령되이 말하였음'이란 무슨 의미일까요? 상상력을 동원해 보면, 모세가 이스라엘 백성을 향해 차마 입에 담지 못할 말을 내뱉은 것이 아닌가 싶습니다. 아마 '야, 이 자식들아, 너희 때문에 그동안 고생고생했는데, 이렇게 나를 찾아와 밤낮 하나님 앞에 불평하는 것, 나 이제 더 이상 못 참는다. 너희끼리 잘 먹고 잘살아라'라고 말했을 것입니다. 그런데 하나님이 여기에 대해 화를 내십니다. 백성들이 말한 '그때 죽었더라면 좋았을 것을…'이라는 한탄은 사실 말이 안 되는 소리입니다. 그런데 하나님은 모세가 아닌 이스라엘 백성들 편에 서십니다. '그때 우상 숭배 하다가 죽은 자들, 반항하다 죽은 자들 속에서 그냥 나도 함께 죽을걸. 살아서 이게 뭐냐?'라는 백성에 대해서 모세가 '이 자식들!'이라고 분노할 때, 하나님이 모세에게 '너 내 백성에게 욕하지 마라. 내 백성이다' 그러시는 장면입니다.

무명한 자들을 불러 일하시다

하나님은 다윗 왕조를 세우는 일에 한나와 엘가나를 사용하십니다. 한나는 어떤 사람입니까? 남편에게 특별한 사랑과 대접을 받고 있지만, 자식이 없어 원통하게 살아가는 여인입니다. 왜 원통하게 살아갈까요? 엘가나의 다른 부인인 브닌나가, 자식을 낳지 못한다는 이유로 한나를 모욕하기 때문입니다. 한나는 억울함을 참을 수 없습니다. 뭘 갖다줘도 다 소용이 없습니다. 짓밟힌 자존심 하나는 무슨 일이 있어도 회복해야 합니다. 그것 외에는 아무것도 안 보이는 한나와 '여보, 남편이 잘해 주는 게 자식 열 명 있는 것보다 낫잖아'라고 바보 같은 소리나 하는 엘가나, 이 둘과 하나님이 일을 하신다는 말씀입니다.

하나님은 다윗 왕조를 세우고, 장차 아브라함과 다윗의 자손 예수 그리스도의 계보를 세우는 일을 이 둘과 함께 행하십니다. 여기서 우리가 적용해야 할 점은 이것입니다. 지금 우리가 처한 현실과 조건이 아마 이 둘보다는 나을 것입니다. 이들만 못하다고 생각합니까? 그렇지 않습니다. 이들보다 못나기도 어렵습니다. 더 이상 못날 수도 없습니다.

역사는 우리 마음에 안 드는 길로, 인류가 멸망할 것 같은 방향으로 흘러왔습니다. 그런데 신기하게도 우리가 예수를 믿고 있습니다. 세상에 어떻게 이런 일이 있을 수가 있습니까? 일본이 우리를 강점하고, 6.25전쟁이 터지고, 공산당이 쳐들어오고, 이 와중에 우리가 예수를 믿게 되었습니다. 이것은 인과관계로는 설명되지 않습니다. 그때 북에서 피난을 오게 된 가장 큰 이유를 물으면, 다들 이렇게 대답했습니다. "예수를 못 믿게 해서 내려왔습니다. 사방 육십 리가 전부 우리 땅이던 지주로 살았는데, 집도 버리고, 땅도 버리고, 다 놓고 내려왔습니다. 예수를 믿는 것 때문에 넘어왔습니다."

아무것도 아닌 사람들이 말도 안 되는 역사를 이어 가는 현실에 대해 저명한 구약학자 월터 브루그만(Walter Brueggemann)이 이런 글을 남겼습니다.

사무엘서 본문에 보존되어 있는 해석이 예술적 담론을 가진 공동체를 소집하고 일깨움으로써, 그것에서 권력과 개성, 그리고 섭리에 대한 논쟁이 종결되고 또한 이 요소들이 모두 삶의 구성인자로서 주목받고 존중되며 기념되기를 바란다.*

하나님이 이런 우리를 불러서 일하신다고 합니다. 그러니 걱정 말라는 것입니다. 말이 안 되는 사람끼리 모여 있는 것입니다. 그때 시기적절한 지혜와 결정과 고민과 기도가 있을 수 있는지 없는지는 그렇게 큰 문제가 아니라고 합니다. 한나는 다만 무엇을 위해서 기도했습니까? 분을 풀기 위해 기도했을 뿐입니다. 자식을 낳아서 기르는 문제에는 별 관심이 없고, '주시기만 하면 하나님에게 바치겠습니다'라고 기도했을 뿐입니다.

그런데 생각해 보십시오. 바칠 것을 왜 달라고 하는 것입니까? 뭐 하나 풀려고 구하는 것입니까? '넌 자식도 못 낳지?'라는 말로 받은 원한 하나 풀기 위해서 가서 매달리고 울며 기도한 것입니다. 그런데 우리는 한나가 믿음의 여인이자, 기도의 여인이라고 생각하여 '한나'라는 이름 앞에 온갖 좋은 것을 다 갖다 붙였습니다. 그러나 성경은 한나에 대해 그런 칭찬을 할 의도가 없습니다.

한 치 앞도 내다보지 못한 채, 다만 현실적인 응어리에 붙잡혀 있는 한 여인과 그녀의 기도, 그리고 아내 하나 만족시킬 수 없는 무능한 남자 하나로 시작했다, 그렇게 말씀합니다. 이것을 우리 현실에 적

---

* 월터 브루그만 지음, 차종순 옮김,《현대 성서 주석_사무엘상·하》(한국장로교출판사), 29쪽.

용할 수 있어야 합니다. 우리가 가진 조건은 이들보다 좋았으면 좋았지, 결코 부족하지 않습니다. 이 점을 가장 중요하게 생각해야 합니다. '내 인생이 하나님의 드라마 속 빠질 수 없는 한 장면이다. 내가 없으면 안 된다.' 한나와 엘가나는 여기서 끝입니다. 그다음에 등장할 이유가 없습니다. 그러나 이들은 이스라엘 백성의 선조입니다.

에이브러햄 링컨(Abraham Lincoln)은 인류 역사상 내내 기억될 가장 위대한 사람 중 하나일 것입니다. 미국 민주주의 역사에서 그리고 세계 민주주의 역사에서 그는 존경받아 마땅한 사람입니다. 인종 차별을 철폐했기 때문입니다. 대단한 대통령입니다. 그는 위대했으며, 타협을 잘 이끌어 냈습니다. 여기서 타협은 일을 하다가 만 중단이 아닙니다. 자신의 소신을 굽히지 않으면서도 모두의 합의를 이끌어 내어 동참하게 한 것입니다.

그런데 링컨은 평생 자신의 아버지를 언급한 적이 없습니다. 링컨의 아버지는 이름 없는 사람으로 남아 있습니다. 그의 아버지 이름은 물론 링컨입니다. 그야 불을 보듯 뻔합니다. 그러나 그의 풀네임을 아는 사람은 거의 없습니다. 그는 토마스 링컨입니다. 다들 거기까지만 알고, 그 윗 조상은 모릅니다. 링컨의 전기를 지은 작가들도 그들의 족보를 확인할 수 없었습니다. 중요한 점은 링컨이 이런 족보 없는 집안에서 너무 어려운 형편을 지나오느라 좀 비관적인 사람이 되었다는 사실입니다. 위대한 비전과 꿈을 지닌 낙관적인 사람이 아니라, 소심하고 비관적인 숙명론자였던 것입니다. 그런 그가 어떻게 어려운 일들을 다 겪어 내고 이길 수 있었는가 하고 물었더니, 그는 체념하듯 이렇게 말했습니다. '원래 인생은 그런 거야.'

'링컨의 위대한 업적 뒤에는 기도하는 백악관이 있었다' 이런 이야기로 쉽게 넘어가면 안 됩니다. 하나님은 훨씬 크게 일하십니다. 기도가 없는 데서도 시작하실 수 있는 분입니다. 링컨은 독실한 기독교인이 아니었습니다. 그가 신자여야 기독교가 빛을 발하는 것이 아닙니다. 그러니 그를 있는 그대로 그냥 내버려두십시오. 링컨은 자신이 농담을 잘하는 약간 경솔한 사람이었다고 술회합니다. 왜 그랬을까요? 비관적인 사람이었기 때문에 그런 우스개 농담을 할 수밖에 없었습니다. 그런데 하나님이 바로 거기다가 무엇을 담으셨습니까? 인류 역사에 가장 위대한 한 획을 긋는 '인종 차별 철폐'라는 내용을 담았습니다. 링컨은 못생긴 사람의 전형입니다. 얼굴 속 균형이 하나도 맞지 않습니다. 작품을 만들다 남은 자투리로 대강 엮어 놓은 것 같습니다. 이것을 명심하십시오.

하나님은 어디서든 일하고 계십니다. 선민도 이상한 데 담길 수 있습니다. 마구간에 담기지 않습니까? 예수가 마구간 구유에 누워 있습니다. 그런데 우리는 성경이 무슨 이야기를 하고 있는지 모르니까, 늘 포장지 싸움만 하다가 진짜 삶을 못 살게 되는 것입니다.

앞서 월터 브루그만이 언급했듯이, 하나님이 우리를 '예술적 담론을 가진 공동체'로 부르고 계십니다. 예술을 신학적 용어로 풀어 보면 '창조적 담론'입니다. 인과관계를 넘어서는 창조, 구원, 부활, 기적, 감사를 담아내는 데가 교회입니다. 우리 각각의 존재이며, 인생입니다. 잊지 마십시오.

얼어붙는 응결을 거부하는 하나님 말씀

로마서 8장에 가면, 이런 말씀이 등장합니다.

> 우리가 소망으로 구원을 얻었으매 보이는 소망이 소망이 아니니 보
> 는 것을 누가 바라리요 만일 우리가 보지 못하는 것을 바라면 참음
> 으로 기다릴지니라 이와 같이 성령도 우리의 연약함을 도우시나니
> 우리는 마땅히 기도할 바를 알지 못하나 오직 성령이 말할 수 없는
> 탄식으로 우리를 위하여 친히 간구하시느니라 마음을 살피시는 이
> 가 성령의 생각을 아시나니 이는 성령이 하나님의 뜻대로 성도를 위
> 하여 간구하심이니라 우리가 알거니와 하나님을 사랑하는 자 곧 그
> 의 뜻대로 부르심을 입은 자들에게는 모든 것이 합력하여 선을 이루
> 느니라 하나님이 미리 아신 자들을 또한 그 아들의 형상을 본받게
> 하기 위하여 미리 정하셨으니 이는 그로 많은 형제 중에서 맏아들이
> 되게 하려 하심이니라 또 미리 정하신 그들을 또한 부르시고 부르신
> 그들을 또한 의롭다 하시고 의롭다 하신 그들을 또한 영화롭게 하셨
> 느니라 (롬 8:24-30)

성령이 우리를 위해 지금도 기도하고 있고, 모든 것이 합력하여 선을
이룰 것이라고 예정된 존재, 그런 운명을 가진 자가 성도입니다. 하나
님이 창세전에 예정하셨고, 또 미리 정하신 자들을 부르셨고, 부르신
자들을 또한 의롭다 하셨고, 의롭다 하신 자들을 영화롭게 하셨습니
다. 이 모든 동사가 완료형으로 되어 있습니다. '선지적 완료', '예언적

완료'라고 불리는 신학 용어입니다. 이미 하나님이 작정하셨으므로, 우리는 그렇게 될 수밖에 없습니다. 아직 영화롭게 완성되지 않았으나, 이미 하나님이 '영화롭게 하신' 우리입니다.

그러니 각자의 생애를 겁내지 말고, 시간과 공간 속에서 구체적으로 살아 내십시오. 하나님은 우리에게 능력을 요구하지 않으십니다. 앞서 언급한 월터 브루그만의 글을 하나 더 인용해 보겠습니다.

> 성경에 있는 살아 있는 단어는 삶과 해석에서 우리들의 얼어붙는 응결을 거부한다. 그것은 해석이 불안정하다는 것을 의미하지 않는다. 오히려 그것은 우리가 놀라움을 지속적으로 기대하며 이제 본문에 관하여 '모든 것을 알았다'라고 결코 말할 수 없게 한다.**

우리가 성경의 내용을 다 알았다고 이야기할 수 없는 것은 자신의 인생을 다 알았다고 이야기할 수 없기 때문입니다. 다 알았다고 생각했습니까? 더 있습니다. 왜 그럴까요? 하나님은 인과관계에 묶여 있지 않으시기 때문입니다. 그 질서를 파괴하지도, 거부하지도, 외면하지도 않으시면서 거기에 더하실 수 있는 분입니다. 창조주시며 구원자시기 때문입니다. 없는 것을 창조하시고, 잘못된 것을 역전하실 수 있는 분이며 예수 안에서 우리 앞에 증거를 세우신 우리 아버지, 그는 우리의 존재와 운명, 인생과 현실의 주인이십니다. 그러니 우리가 포기하지 않아야 합니다.

** 월터 브루그만 지음, 앞의 책. 31쪽.

예수님이 요구하신 단 한 가지는 이것이었습니다. "새 계명을 너희에게 주노니 서로 사랑하라." 사랑은 눈물이 그렁그렁해서 껴안아 주는 것이 아닙니다. 사랑은 책임입니다. 무슨 책임입니까? 네 존재를 하나님의 뜻 안에서 수용하고, 타인의 존재를 하나님의 뜻 안에서 수용하라, 네 본분을 다해라, 네 자리를 지켜라, 그 사람의 일은 하나님에게 맡기고 너는 네 길 가라, 이 말은 아무래도 좋다는 말이 아닙니다. 열심히 살아라, 울고 살아라, 사랑하고 살아라, 너희가 서로 사랑하면 모든 사람이 너희가 내 제자인 줄 알리라, 아멘입니다. 이 귀한 말씀을 우리의 존재와 삶에 적용하는 복된 신자가 되길 바랍니다.

기도

하나님 아버지, 은혜를 감사합니다. 자신의 삶을 사는 동안 체념하거나 외면하거나 분노하거나 무엇보다도 자폭하지 않게 하옵소서. 원망하고, 부러워하고, 시기하고, 떠넘기고, 도망가는 그 자리에서 믿음을 가지고 돌아서게 하옵소서. 자신의 인생을 살아 내고, 하나님이 내 인생 속에 가장 위대한 것을 담으신다는 것을 확인하고 감사하여 마침내 항복하게 하여 주옵소서. 예수님 이름으로 기도합니다. 아멘.

2.
세상의 것과 하나님의 것

1 한나가 기도하여 이르되 내 마음이 여호와로 말미암아 즐거워하며 내 뿔이 여호와로 말미암아 높아졌으며 내 입이 내 원수들을 향하여 크게 열렸으니 이는 내가 주의 구원으로 말미암아 기뻐함이니이다 2 여호와와 같이 거룩하신 이가 없으시니 이는 주 밖에 다른 이가 없고 우리 하나님 같은 반석도 없으심이니이다 3 심히 교만한 말을 다시 하지 말 것이며 오만한 말을 너희의 입에서 내지 말지어다 여호와는 지식의 하나님이시라 행동을 달아 보시느니라 4 용사의 활은 꺾이고 넘어진 자는 힘으로 띠를 띠도다 5 풍족하던 자들은 양식을 위하여 품을 팔고 주리던 자들은 다시 주리지 아니하도다 전에 임신하지 못하던 자는 일곱을 낳았고 많은 자녀를 둔 자는 쇠약하도다 6 여호와는 죽이기도 하시고 살리기도 하시며 스올에 내리게도 하시고 거기에서 올리기도 하

시는도다 7 여호와는 가난하게도 하시고 부하게도 하시며 낮추기도 하시고 높이기도 하시는도다 8 가난한 자를 진토에서 일으키시며 빈궁한 자를 거름더미에서 올리사 귀족들과 함께 앉게 하시며 영광의 자리를 차지하게 하시는도다 땅의 기둥들은 여호와의 것이라 여호와께서 세계를 그것들 위에 세우셨도다 9 그가 그의 거룩한 자들의 발을 지키실 것이요 악인들을 흑암 중에서 잠잠하게 하시리니 힘으로는 이길 사람이 없음이로다 10 여호와를 대적하는 자는 산산이 깨어질 것이라 하늘에서 우레로 그들을 치시리로다 여호와께서 땅 끝까지 심판을 내리시고 자기 왕에게 힘을 주시며 자기의 기름 부음을 받은 자의 뿔을 높이시리로다 하니라 (삼상 2:1-10)

한나의 기도

한나의 기도에는 자신의 안타까움, 간절함, 분노와 절망을 돌아보신 하나님에 대한 찬양이 들어 있습니다. 한나는 엘가나의 부인인데, 엘가나의 또 다른 부인인 브닌나와 라이벌 관계에 있습니다. 브닌나는 자식이 있지만 한나는 없습니다. 남편이 한나에게 잘해 주어도 그것으로는 한나에게 답이나 위로가 되지 않습니다. 한나는 자식이 없고, 지위가 없고, 희망이 없어서 자존심마저 무너져 버린 원통함을 하나님에게 토로하였는데, 하나님이 그녀의 기도를 들어주셔서 자식을 얻게 됩니다. 그래서 한나는 이 일을 하나님 앞에서 즐거워합니다. 아무것도 아닌 연약한 자의 기도를 하나님이 들어주셨다, 그리하여 세상에서의 조건과 현실을 하나님이 뒤엎으셨다, 기쁨과 승리로 뒤집으셨다, 그것이 한나의 기도에서 가장 중요한 주제입니다.

3절을 보면, '심히 교만한 말을 다시 하지 말 것이며 오만한 말을 너희의 입에서 내지 말지어다'라는 말씀이 있습니다. 너희가 전부 안다고 생각하지 말고, 너희가 다 가졌다고 생각하지 마라, 그것보다 크다는 것입니다. 이 말씀 바로 뒤에 나온 '용사의 활은 꺾이고 넘어진 자는 힘으로 띠를 띠도다 풍족하던 자들은 양식을 위하여 품을 팔고 주리던 자들은 다시 주리지 아니하도다 … 여호와는 죽이기도 하시고 살리기도 하시며 스올에 내리게도 하시고 거기에서 올리기도 하시는도다 여호와는 가난하게도 하시고 부하게도 하시며 낮추기도 하시고 높이기도 하시는도다'(삼상 2:4-7)라는 말씀은 하나님이 이렇게 모든 것을 뒤집으실 수 있다는 것인데, 여기서 '뒤집는다'는 것은 하나님이 우리를 혼란스럽게 만든다는 것이 아니라, 우리가 아는 질서 이상의 힘을 가지셨다는 뜻입니다.

따라서 '원칙을 깨트린다'는 말은 단지 파격을 의미하는 것이 아닙니다. 우리가 이 일만은 할 수 없다고 인정한 것을 하나님이 해내시는 데에 대한 놀라움이 이 말에 담겨 있습니다. 즉 원칙과 원리 자체가 결과를 만드는 것이 아니라, 하나님이 가지신 창조의 능력이 원칙도 만들고 원리도 만들고 결과도 만들어 낸다, 우리가 원칙으로 낳을 수 있는 결과보다 더 큰 결과를 하나님은 만들어 내실 수 있다, 하나님은 창조주시다, 그는 창조주로서 지금도 일하고 계신다, 이런 선언이 한나의 기도에 들어 있습니다.

우리의 놀라움은, 하나님이 연약하고 미약하고 무력하고 절망에 빠진 한 여인을 찾아와 주셨다는 점에 있습니다. 이 말은 하나님은 자상하시다, 세밀하시다, 우리 각각의 소원을 들어주신다, 이렇게 미시적 관점으로 생각하라는 이야기가 아닙니다. 하나님의 크심을 보라, 인류를 구원하고 역사를 구원하고 온 우주를 새롭게 하신다는 말은 '전체'나 '모두'라는 이름으로 우리를 익명성 속에 가두어 둔다는 것이 아니다, 역사와 인생의 운명을 이끄시는 하나님이 모든 개인의 각각의 처지와 실존과 인생에 찾아와 이 일을 이루신다, 이것이 우주에 대한 하나님의 재창조이다, 이런 찬양이 들어 있는 것이 한나의 기도입니다.

그러므로 한나의 기도에 등장하는 하나님은 우리의 간절함에 대하여 우리가 알고 있는 방법 그 이상을 이루시는 하나님입니다. 우리가 보상으로 요구할 수조차 없는 것까지 들어주시는 자상한 하나님입니다. 더구나 이 일을 자원하여 행하시는 하나님입니다. 우리가 하나님을 부를 때에 자주 사용하는 수식어가 있습니다. '자비롭고, 은혜롭고, 노하기를 더디 하시고, 인자와 긍휼이 많으시고, 우리의 기도에 응답하시는 아버지'에 해당하는 하나님의 속성이 여기에 풍성히 담겨 있습니다. 이런 하나님에 대한 증언입니다. 한나가 무엇을 받았는지보다 더 중요하게 생각해야 할 점은 한나에게 응답하신 하나님은 어떤 분인가 하는 것입니다.

그런데 이 문제는 하나 더 가야 하는 지점이 있습니다. 이렇게 간절히 기도했더니 응답하시더라, 열심히 기도했더니 하나님이 보상해 주시더라 정도가 아닙니다. 소자, 미약한 자, 들어줘 봤자 아무런 덕 볼 일 없는 자들에게 찾아오신 하나님에 대해 말씀하고 있습니다. 그런데 하나님의 이런 속성을 하나의 기도보다 더 잘 드러내 주는 것이 또 있습니다. 바로 마리아의 찬양입니다. 하나님의 속성은 마리아의 찬양에서 훨씬 더 풍성하게 드러납니다.

마리아의 찬양

누가복음 1장을 봅시다.

> 여섯째 달에 천사 가브리엘이 하나님의 보내심을 받아 갈릴리 나사렛이란 동네에 가서 다윗의 자손 요셉이라 하는 사람과 약혼한 처녀에게 이르니 그 처녀의 이름은 마리아라 그에게 들어가 이르되 은혜를 받은 자여 평안할지어다 주께서 너와 함께 하시도다 하니 처녀가 그 말을 듣고 놀라 이런 인사가 어찌함인가 생각하매 천사가 이르되 마리아여 무서워하지 말라 네가 하나님께 은혜를 입었느니라 보라 네가 잉태하여 아들을 낳으리니 그 이름을 예수라 하라 그가 큰 자가 되고 지극히 높으신 이의 아들이라 일컬어질 것이요 주 하나님께서 그 조상 다윗의 왕위를 그에게 주시리니 영원히 야곱의 집을 왕으로 다스리실 것이며 그 나라가 무궁하리라 마리아가 천사에게 말하되 나는 남자를 알지 못하니 어찌 이 일이 있으리이까 천사가 대답하여 이르되 성령이 네게 임하시고 지극히 높으신 이의 능력이 너를 덮으시리니 이러므로 나실 바 거룩한 이는 하나님의 아들이라 일컬어지리라 (눅 1:26-35)

여기에는 간구가 없습니다. 소원도 없고, 기대도 없고, 꿈도 없습니다. 하나님이 시작하신 것입니다. 처녀에게 말입니다. 처녀는 한나보다 더한 처지에 있는 자입니다. 남편이 있으나 애를 낳지 못하는 여인보다 사정이 더 낫지 않습니다. 이처럼 희망이 없는 상황에 하나님이 들어오십니다.

기독교 신앙이 가진 최고의 핵심은 '사실성'입니다. 진실성이지요. 하나님이 개입하셔서 사실이 진실이라는 것을 알게 됩니다. 세상의 사실성은 우리가 늘 경험하기 때문에 외면할 수 없고 부인할 수 없습니다. 우리가 매일 세상 속에 있다는 것을 어떻게 압니까? 세상은 사망의 권세로 날마다 우리를 위협하고 시험하기에 압니다. 모두가 예외 없이 죽습니다. 인간은 자기가 죽는 순간까지 죽음을 외면하고 살지만, 사람은 다 죽습니다. 천 년을 사는 사람은 없는 것입니다. 아무리 살아도 백 몇 살에 불과합니다.

모두가 죽습니다. 기억해야 할 점은 우리가 살아가는 과정이 죽음으로 가는 과정이라는 것입니다. 져도 죽고, 이겨도 죽고, 아파도 죽고, 건강해도 죽고, 착해도 죽고, 노력해도 죽고, 몰라도 죽습니다. 세상이 우리에게 도전하는 매일의 현실은 '너 이렇게 하지 않으면 죽어'입니다. 그러나 그렇게 해도 또 그렇게 하지 않아도 사람은 죽습니다. 성경이 하고 싶은 이야기는 세상이, 사망의 권세가 우리에게 사실인 것과 같이, 창조주 하나님이 '너희를 지은 나 여호와가 너희를 구원하고 너희에게 영생을 주기 위하여 내가 일하고 있다는 것도 진실이다'는 것입니다. 이것이 기독교 신앙입니다.

이것이 어떻게 진실일까요? 예수가 오셨습니다. 이것은 역사요, 사실입니다. 그리고 우리가 예수를 믿게 되었습니다. 우리가 교회에 나온 것은 재미있어서가 아닙니다. 알 수 없는 이유로 나왔습니다. 세상은 우리를 죽음으로 끌고 가는데, 죽음의 과정을 겪고 있다는 것을 서로 인정하지 않으려고 발버둥 치고 자신을 속이며 삽니다. 이것이 인생입니다. 예수를 믿는 일의 신비는 내가 예수를 믿는 것이 이해되지 않는데 어느 날 보니 내가 교회에 나와 있다는 현실을 마주하게 된다는 데에 있습니다.

이것이 바로 마리아의 이야기입니다. 하나님이 천사를 마리아에게 보내어 이렇게 말씀하셨습니다. "네가 구세주를 낳을 것이다." 사실 말이 안 되는 이야기입니다. 그런데 결국 어떻게 됩니까? 실제로 마리아의 배는 불러 오고, 그녀는 약속된 아이를 낳습니다. 아이를 낳아서 말구유에 누이죠. 역사적 사실입니다.

이 사실이 우리에게 믿기냐 안 믿기냐 하는 문제는 예수의 역사성이 진실이냐 아니냐를 떠나서, 지금 우리가 교회에 나와 앉아 있는 현실로 이에 대한 답을 보여 준다고 할 수 있습니다. 말로는 설명할 수 없습니다. 마리아도 역시 설명할 수 없었을 것입니다. 처녀가 애를 뱄는데, 무슨 말을 할 수 있겠습니까? 다 변명이고, 거짓말로 들릴 것입니다.

우리가 예수를 믿으면 세상이 다 나와서 거짓말이라고 합니다. 어떻게 그런 거짓말을 믿을 수 있냐며 한심스럽게 생각합니다. 우리는 이렇게 대답합니다. "내가 믿음이 좋아서가 아니고, 그냥 사실이라서." 모든 신자가 지니는 공통분모는 무엇입니까? "주일날 교회를 안 가면 불안해. 까짓것, 가서 한 시간 앉아 있다 오고 나면 맘이 편한데, 안 갈 이유가 뭐가 있어?" 이것이 현실입니다. 세상이 우리를 붙잡고 안 놓아주면서 '너, 그러면 죽어. 내 말 안 들을래?'라고 협박해도 하나님의 집에 오지 않고서는 내가 못 살겠는 것입니다.

　우리는 묻고 싶습니다. "도대체 이게 뭔가? 이렇게 믿는 것이 무슨 소용이 있는가?" 세상은 매일 사망의 권세를 휘두르고 있는데, 하나님은 실제로 나에게 아무런 평안도 보상도 주시지 않습니다. 그런데도 우리는 하나님을 외면하거나 부인할 수 없으며, 그분에게서 도망칠 수도 없습니다. 왜 이런 신앙 현실이 있는가 하고 생각만 하고 있을 뿐입니다. 하나님이 일하고 계시기 때문입니다. 하나님이 우리를 붙잡고 놓아주시지 않습니다. 그런데 그냥 붙잡고만 계시면 어떡하는가, 하나님은 무엇을 하시고 있는가, 이제부터는 이 점을 생각해 봅시다.

긴 시간이 필요한 신앙

마리아가 구세주를 낳습니다. 이것은 마치 아브라함을 부르신 일과 같습니다. 아브라함은 믿음의 조상으로 부름을 받습니다. 그가 남보다 열심을 냈거나 뛰어난 사람이라는 설명은 성경에 나와 있지 않습니다. 하나님이 아브라함을 불러 새로운 종족을 이루기로 하셨습니다. 새로운 족보를 열기로 하신 것입니다. '너는 복이 되고, 열국의 아비가 되고, 네 후손이 하늘의 별과 같고 바다의 모래와 같이 많아질 것이다. 왜냐하면 내가 너에게 복을 주어 네 이름을 창대하게 할 것이기 때문이다. 너를 축복하는 자는 내가 복을 내리고, 너를 저주하는 자는 내가 저주할 것이기 때문이다'라는 말씀으로 말입니다.

그러나 아브라함의 인생은 고달픕니다. 그는 나그네로 삽니다. 모
르는 곳을 전전하며 불안과 의심 속에 그의 전 생애를 마칩니다. 그러
나 성경은 아브라함의 그런 생애가 복되다고 합니다. 아브라함을 보
는 자들은 그가 이 세상이 주는 힘이나 권력이나 운명으로 무장하지
않았다는 사실을 알게 됩니다. 세상이 부러워할 만한 조건은 하나도
없으면서 세상보다 더 큰 것을 가지고 있는 것을 보게 됩니다. 아브라
함을 만나는 것이 그들에게 복입니다. 그를 보는 것이 희망이며, 그로
말미암아 세상이 생명을 나눠 가지게 됩니다. 하나님이 그 일을 하고
계십니다.

세상이 우리에게 무엇을 만드는가 보십시오. 공포, 의심, 배신, 분
노를 만듭니다. 보복하라고, 더 거칠어지고, 더 악해지라고 속삭입니
다. 아무도 믿어서는 안 되고, 더 악해지라고 세상이 매일 우리에게
가르치고 위협합니다.

하나님은 우리에게 무엇이라고 말씀하십니까? "그런 건 다 쓸데없
다. 네가 져 줘라." 하나님은 우리에게서 생명, 진리, 용서, 겸손, 정직,
관용, 감사, 기쁨을 만들어 내십니다. 모두가 처음에는 억울해합니다.
악을 악으로 갚아야 속이 풀릴 것 같지만, 살아 보십시오. 이제는 깨
달을 때도 되지 않았습니까? 악으로 악을 갚으려면 자신이 더 악해져
야 합니다. 악의 화신쯤 되어야 악을 갚을 수 있습니다. 그런데 보복
하면 속이 시원해지는 것이 아니라, 어느새 거대한 악이 되고 만 자신
을 보게 됩니다. 몹쓸 사람이 되어 있는 것입니다.

기독교 신앙에 대해 감사하는 것은 우리가 부유해져서도 아니요,
권력을 가져서도 아니요, 건강해져서도 아니요, 안심하고 형통해져서

도 아니라, 우리의 존재 자체가 달라졌기 때문입니다. 우리는 예수를 구세주라고 부르는 자들입니다. 하나님의 자녀 된 영광과 성품을 배우는 자들입니다. 하나님이 창조하신, 하나님의 형상이 지닌 진정한 인간성에 참여하는 법을 배웁니다. 이 창조가 우리에게 있습니다. 하나님이 창조하여 이루신 자연법칙이 전부가 아닙니다. 그것이 지향하는 목적과 그 목적을 이루기 위하여 하나님이 창조, 용서, 회복, 재창조라는 부활의 권능으로, 이 세상에 뛰어들어 오사 하나님을 부르는 모든 사람의 생애와 실존을 통하여 일하고 계심을 우리에게 확인시키시고 열매 맺으십니다. 이것이 기독교 신앙이자, 로마서 8장 1절이 내리는 결론입니다.

> 그러므로 이제 그리스도 예수 안에 있는 자에게는 결코 정죄함이 없나니 이는 그리스도 예수 안에 있는 생명의 성령의 법이 죄와 사망의 법에서 너를 해방하였음이라 (롬 8:1-2)

이것이 예수 믿는 자의 자랑입니다. 그래서 성경은 우리에게 이렇게 이야기합니다. 사망으로 위협하고, 사망과 묶어 떠다밀던 세상에 선택의 여지 없이 내몰린 우리에게 구원의 문이 열렸다고 말입니다. 그러니 하나님이 예수 안에 들어와 우리를 재창조하신 부활의 권능으로 이끌어 우리로 죄에 지거나 죄와 묶이지 않고, 하나님의 사람으로 살 수 있게 해 준 이 은혜를 깨달아 하나님의 능력으로 살아 내라고 말씀하십니다. 하나님이 찾아오사 당신의 창조를 기어코 완성하겠다고 하시는 하나님의 성의, 의지, 성실하심, 전능하심이 우리에게 요구합니다. 이 명예를, 이 기회를, 이 자랑을 살아 내라고 말입니다. 하나님이 우리에게 당신의 자발성을 보이셨듯, 우리도 하나님을 자발적으로 사랑하기를 하나님은 원하십니다. 하나님이 그의 재창조를 말씀으로 뚝딱 만들어 버리고, 어디를 뚝 끊어 우리를 그다음 자리에 훌쩍 옮겨다 놓은 정도가 아닙니다. 우리에게 생각하고, 비교해 보고, 결심하여 위대해지라고 하십니다. 그래서 우리에게 긴 시간이 필요합니다.

고난과 역경 속에서 완성되는 창조

마리아의 찬양을 이어서 조금 더 살펴봅시다.

> 마리아가 이르되 내 영혼이 주를 찬양하며 내 마음이 하나님 내 구주를 기뻐하였음은 그의 여종의 비천함을 돌보셨음이라 보라 이제 후로는 만세에 나를 복이 있다 일컬으리로다 능하신 이가 큰 일을 내게 행하셨으니 그 이름이 거룩하시며 긍휼하심이 두려워하는 자에게 대대로 이르는도다 그의 팔로 힘을 보이사 마음의 생각이 교만한 자들을 흩으셨고 권세 있는 자를 그 위에서 내리치셨으며 비천한 자를 높이셨고 주리는 자를 좋은 것으로 배불리셨으며 부자는 빈 손으로 보내셨도다 그 종 이스라엘을 도우사 긍휼히 여기시고 기억하시되 우리 조상에게 말씀하신 것과 같이 아브라함과 그 자손에게 영원히 하시리로다 하니라 (눅 1:46-55)

마리아의 찬양은 이런 의미입니다. "맞습니다. 하나님, 세상이 전부가 아닙니다. 세상의 부와 승리와 성공과 권력이 최고의 가치가 아닙니다. 그런 것들은 하나님이 만드시려는 권능과 영광과 명예와 위대함에 비하면, 아무것도 아닙니다. 하나님이 이 비천한 종을 돌아보사, 내가 만들지 않은 것, 내가 만들 수 없는 것을 목적하시고 이루셨습니다. 그래서 하나님에게 감사하며 찬송합니다."

이것이 마리아의 찬양입니다. 한나의 기도에서 하나 더 나아간 것입니다. 그러니 우리도 우리 자신을 향한 하나님의 자발적 충성에 대하여 자발적 충성을 고백해야 옳습니다. 에베소서 5장입니다.

> 그런즉 너희가 어떻게 행할지를 자세히 주의하여 지혜 없는 자 같이 하지 말고 오직 지혜 있는 자 같이 하여 세월을 아끼라 때가 악하니라 그러므로 어리석은 자가 되지 말고 오직 주의 뜻이 무엇인가 이해하라 술 취하지 말라 이는 방탕한 것이니 오직 성령으로 충만함을 받으라 (엡 5:15-18)

오늘 설교를 제대로 좇아오셨으면, 그 맥락을 따라 이 말씀이 이해될 것입니다. 지혜란 무엇입니까? 우리가 누구인지 아는 것이요, 현실이 무엇인지 아는 것이며, 하나님이 당신의 백성을 어떻게 인도하시며 무엇을 요구하시는지 아는 것입니다. 이제 알았으면 자신의 행실로 보여야 합니다. 우리가 그토록 항의하고 원망하는 고난과 고통이 무슨 일을 하는지 보십시오. 세상은 매일 우리에게 도전해 옵니다. 죄가 사망으로 우리를 위협하는 현실, 그 정황에서 세상 권세가 만들 수 없는 것을 만들어 내시는 창조주의 권능과 약속이 우리 안에 어떻게 위대하게 만들어지는가를 보십시오. 하나님이 이루신 창조는 어떤 창조였습니까? 생명과 진리와 사랑과 감사와 기쁨과 위대함의 초대 아니었습니까? 세상이 우리에게 가하는 위협은 이 문제를 방해할 수도 없고, 도울 수도 없습니다. 세상과는 전혀 상관없는 일입니다. 사람은 가져서 부유해지지 않고, 이겨서 위대해지지 않습니다.

인간 됨의 가치와 정체성을 보며 이 감사가 나오지 않는다면, 이 자랑과 명예가 없다면, 우리는 오늘을 살아 낼 수가 없습니다. 과거에 집착하거나 미래 때문에 불안해하거나 둘 중 하나밖에 없을 뿐, 지금의 현실을 외면하게 됩니다. 오늘을 살아 내지 못합니다. 16절에 나온 '세월을 아끼라 때가 악하니라'는 말씀은 단지 게으르지 말고 부지런해지라는 의미가 아닙니다. '세월을 아끼라'는 말씀은 '오늘을 살라'는 뜻입니다. 어리석은 자가 되지 말고 주의 뜻을 따라 살며 술 취하지 말라는 것입니다. 술 취하는 것이 무엇입니까? 생각 없이 시간을 흘려보내는 것입니다. 술을 먹으면 생각이 끊깁니다. 최면에 걸린 듯 살지 말라는 것입니다.

인생을 걱정하고 원망하는 것으로 떠넘기지 말고 몸소 살아 내십시오. 힘들거든 우십시오. 비명을 지르십시오. 그러나 사십시오. 술 취하는 대신 성령으로 충만하라고 권면합니다. 어떻게 살아야 하는지, 고난과 억울함이 무엇을 만드는지를 아는 자로 인생을 견뎌야 합니다. 그러면 우리의 고난과 비명을 어떻게 이해해야 합니까?

시와 찬송과 신령한 노래들로 서로 화답하며 너희의 마음으로 주께

노래하며 찬송하며 범사에 우리 주 예수 그리스도의 이름으로 항상
아버지 하나님께 감사하며 그리스도를 경외함으로 피차 복종하라
(엡 5:19-21)

여기에 예수가 왜 등장할까요? 구원은 예수로 말미암아 비로소 모든
것이 역전되기 때문입니다. 그리스도를 경외함으로 피차 복종하라,
보복하고 장애를 제거하면 행복이 찾아오고 위대한 것이 만들어지는
것이 아니라 고난과 역경 속에서 창조가 완성된다고 성경이 약속합
니다. 그러니 자신의 인생을 사십시오.

　내 인생은 이게 뭔가, 우리의 인생은 이게 무슨 꼴인가, 이런 것만
물을 것이 아니라 자기 자신에게 스스로 이렇게 물으십시오. '이것이
예수 믿는 게 맞는가?' 거기서 하나님이 일하신다는 것입니다. 우리가
원하는 해답은 결국 하나님이 하려고 하시는 일이 아니라, 세상이 하
는 위협을 막아 주는 것에 불과합니다. '네가 더 많이 가져라. 네가 반
드시 이겨라. 네가 욕먹기 전에 먼저 남을 욕해라. 높은 자리에 앉아
서 마음껏 휘둘러라.' 이런 것들은 인간을 진정으로 위대하게 만드는
것이 아닙니다.

　그래서 우리는 믿음으로 사는 것입니다. 그렇게 오늘을 살아 내야
합니다. 그리하면 하나님이 우리를 통하여 구원을 낳을 것입니다. 마
리아가 구원자를 낳았듯이, 우리의 생애가 구원을 낳아 한강의 기적,
태평양의 기적을 만들어 낼 것입니다. 그것이 우리 각자의 생애이며,
우리가 위대한 존재라는 것을 기억하는 복된 말씀이기를 바랍니다.

기도

하나님 아버지, 우리와 우리 인생을 받으시옵소서. 우리의 고백과 헌신과 충성을 받으시옵소서. 하나님 한 분으로 만족하고 우리 인생을 살기로 합니다. 하루하루를 그런 뜻에서 성령 충만하게 살겠습니다. 우리의 인내와 수고가 위대한 것을 만들어 내는 줄 아는, 예수를 믿는 신자로 살겠습니다. 복 내려 주시옵소서. 충성하게 하여 주시옵소서. 예수님 이름으로 기도합니다. 아멘.

3.
기대와 다르게 일하시다

1 아이 사무엘이 엘리 앞에서 여호와를 섬길 때에는 여호와의 말씀이 희귀하여 이상이 흔히 보이지 않았더라 2 엘리의 눈이 점점 어두워 가서 잘 보지 못하는 그 때에 그가 자기 처소에 누웠고 3 하나님의 등불은 아직 꺼지지 아니하였으며 사무엘은 하나님의 궤 있는 여호와의 전 안에 누웠더니 4 여호와께서 사무엘을 부르시는지라 그가 대답하되 내가 여기 있나이다 하고 5 엘리에게로 달려가서 이르되 당신이 나를 부르셨기로 내가 여기 있나이다 하니 그가 이르되 나는 부르지 아니하였으니 다시 누우라 하는지라 그가 가서 누웠더니 6 여호와께서 다시 사무엘을 부르시는지라 사무엘이 일어나 엘리에게로 가서 이르되 당신이 나를 부르셨기로 내가 여기 있나이다 하니 그가 대답하되 내 아들아 내가 부르지 아니하였으니 다시 누우라 하니라 7 사무엘이 아직 여호

와를 알지 못하고 여호와의 말씀도 아직 그에게 나타나지 아니한 때라 8 여호와께서 세 번째 사무엘을 부르시는지라 그가 일어나 엘리에게로 가서 이르되 당신이 나를 부르셨기로 내가 여기 있나이다 하니 엘리가 여호와께서 이 아이를 부르신 줄을 깨닫고 9 엘리가 사무엘에게 이르되 가서 누웠다가 그가 너를 부르시거든 네가 말하기를 여호와여 말씀하옵소서 주의 종이 듣겠나이다 하라 하니 이에 사무엘이 가서 자기 처소에 누우니라 (삼상 3:1-9)

말이 안 되는 조건으로 일하시다

사무엘은 엘리 제사장 밑에서 큽니다. 때는 사사 시대이고, 엘리는 당시 사사입니다. 사울 왕이 세워져 왕정 국가가 될 때까지 사사 시대는 계속 이어집니다. 엘리는 좀 무책임하고 나이 든 사사였는데, 이런 엘리 밑에 사무엘이 보내집니다. 사무엘은 어떤 사람입니까? 아이를 갖지 못했던 한나가 기도하여 낳은 아이, 즉 하나님이 주신 아이입니다. 이제 하나님이 이스라엘에 왕을 허락하여 하나님이 하시려는 일을 제대로 증거할, 구약의 대표적인 인물인 다윗을 세우는 일을 위해 사무엘을 준비시키시는데, 이런 사무엘을 엘리 밑에 보낸 것입니다.

엘리는 어떤 사람입니까? 엘리는 홉니와 비느하스라는 두 아들의 아버지인데, 홉니와 비느하스는 아버지 힘만 믿고 못되게 굴며 여러 사고를 친 일로 악명이 자자했고, 결국 사무엘상 4장에 이르러 비참한 죽음을 맞습니다. 우리는 하나님이 일하시는 구약 역사가 우리의 기대와 다르다는 점에서 놀랍니다. 사무엘이 태어난 가정과 자라 온 교육 과정, 그리고 그의 인생 여정에 위대한 면이 있어야 한다고 생각하는데, 그런 조건이 하나도 없는 곳에서 하나님이 일하신 것입니다. 이느 날 하나님이 사무엘에게 찾아와 그를 부르십니다. 하나님의 음성을 들어 본 적 없었던 사무엘은 엘리가 자신을 부르는 것으로 착각하여 엘리 제사장을 찾아가는 소동이 일어납니다. 이것이 본문 말씀입니다. 그러다가 사무엘이 하나님의 부르심이라는 것을 나중에 알게 되고, 그날부로 엘리는 사실상 면직됩니다.

역사에 대해, 우리 기대와 다르게 펼쳐지는 인생에 대해, 나아가 하나님의 일하심에 대해 올바르게 이해해야 합니다. 하나님이 어떠한 조건과 역사적 배경 속에서 우리가 이해하지 못하는 조건을 가지고 일하시는가, 각 개인의 한계 속에서 어떻게 당신의 뜻을 담아내시는가를 성경이 말하는 식으로 이해하지 못하면, 우리는 현실과 인생을 살아 낼 수 없습니다. 그래서 본문 말씀이 가지는 의미가 큽니다.

'역사는 이해할 수 없다.' 모든 역사가들이 인류 역사를 살펴보면서 한 증언입니다. '역사는 의식이 없다', '역사는 생각이 없다.' 우리가 한 번쯤 들어 봤을 법한 역사에 대한 평가입니다. 게다가 더 놀라운 것은 이러한 역사가 반복된다는 점입니다. 무엇이 반복됩니까? 실패가 반복됩니다. 이것은 역사만 그런 것이 아닙니다. 한 인생을 두고 생각해 봅시다. 한 개인의 역사, 멀리 갈 것도 없이 자신의 인생은 이해가 됩니까? 예수 믿기 전에 일어난 일은 안 믿어서 그렇다 치고, 예수 믿은 다음의 현실은 이해가 됩니까? 아마 잘 안 될 것입니다. 그렇게 울고, 그렇게 감동하고, 그렇게 빌고, 그렇게 헌신했는데, 아무 일도 일어나지 않습니다. 그런데도 왜 주일날 교회에 붙잡혀 와 있는지 우리는 모릅니다. 교회에 안 오면 왜 마음이 불편한지, 불편한 마음을 왜 하나님이 해소해 주지 않으시는지, 내가 가진 헌신과 경건한 의욕이 왜 만족스럽지 않은지 우리는 알지 못합니다. 성경은 바로 그 이야기를 하고 있습니다.

야콥 부르크하르트(Jacob Burckhardt)라는 역사가가《세계 역사의 관찰》이라는 책을 썼습니다. '역사'에 왜 '관찰'이라는 단어를 붙였는가 하면, 역사를 '해설'할 수 없어서 그랬다고 합니다. 그래서 중요한 일이나 일어난 사건들을 다만 나열할 뿐이라는 것입니다. 정직한 학자라고 생각합니다. 그렇다면 역사에서는 무얼 배워야 하느냐 하는 질문에 대해, 사람은 역사를 통해 성숙을 배우고 교훈을 얻어야 한다고 답합니다. 역사가 무엇인지는 알 수 없지만, 성숙해지고 교훈을 얻는 일은 각 개인이 할 수 있는 것이라고 합니다. 역사를 바꿔 놓거나 역사를 더 진지하게 만드는 방법은 모르겠지만, 각 개인이 역사를 통하여 이 두 가지 유익, 즉 성숙과 교훈을 얻어야 한다고 결론을 내립니다.

이런 전제를 가지고 사무엘서를 시작하는 이유를 생각해 봅시다. 이제 하나님이 사무엘에게 하실 일을 생각해 볼 때, 사무엘이 처한 자리는 희한하고 말이 안 되는 자리이지만, 성경은 그 자리가 결코 모자란 자리가 아니라는 것입니다. 우리가 처한 자리를 보십시오. 한 개인의 인생은 역사 속 일부가 됩니다. 역사가 시작되는 자리에 있었던 사람이 역사의 끝을 볼 수는 없습니다. 우리 모두는 역사의 중간 어디쯤에 던져집니다. 우리가 생겨난 과거를 우리가 당연히 모르고, 우리가 지금 결정한 것이 후손들의 미래를 만들 것입니다. 그런데 우리가 미래를 만든다는 것은 사실 곤란한 이야기 아닙니까? 우리 자신도 자기를 이해하지 못하는데, 우리가 역사의 미래를 만든다는 것은 정말 무섭지 않습니까? 그런데 성경이 그렇게 이야기하고 있습니다.

　본문 말씀으로 다시 돌아가 보면, 사무엘은 엘리 밑에 보내져 거기서 하나님의 음성을 듣게 됩니다. 또 거기서 사사로 살게 됩니다. 이처럼 우리가 기대하는 것과는 다른 조건, 다른 경로로 하나님이 일하신다면, 그렇다면 우리에게도 희망이 있는 것 아닐까요? 말이 안 되는 조건으로도 하나님이 일하신다고, 그러니 말이 안 되는 조건도 문제가 안 된다고 이야기한다면, 은혜가 될 것입니다.

내 생각은 너희의 생각과 다르며

이사야 55장에 가면 역사에 대한 성경의 해석을 엿볼 수 있습니다.

> 너희는 여호와를 만날 만한 때에 찾으라 가까이 계실 때에 그를 부르라 악인은 그의 길을, 불의한 자는 그의 생각을 버리고 여호와께로 돌아오라 그리하면 그가 긍휼히 여기시리라 우리 하나님께로 돌아오라 그가 너그럽게 용서하시리라 이는 내 생각이 너희의 생각과 다르며 내 길은 너희의 길과 다름이니라 여호와의 말씀이니라 (사 55:6-8)

이 말씀은 '잘못해서 양심의 가책을 받았을 때, 후회하고 절망에 빠졌을 때 회개하고 하나님에게로 돌아오라'라는 의미로 읽혀 왔습니다.

그래서 우리에게는 이 말씀이 특정한 계기나 사건을 전제하고 하는 권면인 것처럼 보입니다. 그런데 성경이 하고 싶은 이야기는 이것이 역사라는 것입니다. 역사는 왜 의식이 없고 의미가 없는가, 역사는 왜 실패를 반복하는가, 인간이란 무엇이며 가치란 무엇인가, 이 문제를 놓고 인류 역사 내내 그리고 각 개인의 인생 내내 하나님이 우리와 씨름하고 계십니다.

굳이 윤리적이고 종교적인 문제를 떠나서 삶 자체가 '인생이란 무엇인가?' 하고 물어 옵니다. 평안하고 형통할 때 인생의 의미를 묻는 사람은 없습니다. 그래서 우리는 형통을 원하고 승리를 요구하는 것인지 모릅니다. 그러나 승리를 얻어도 만족스러운 답은 세상에 결코 없습니다. '이게 전부란 말인가? 이게 인생이란 말인가?' 인생은 하나님을 만나지 못하면 체념하고 살거나 빨리 끝장을 내는 것이 최선입니다. 이는 누구나 다 알고 있는 일입니다. 잘살아 봤자, 행복해 봤자, 자랑해 봤자, 아무것도 아니라는 것은 역사가 증언하고 있으며, 우리 각 개인이 매일 경험하는 현실입니다.

이때가 '여호와를 만날 만한 때'입니다. 하나님이 인류 역사 내내, 모든 각 개인의 현실 내내 이 문제를 우리에게 들이미십니다. 이것이 인생입니다. 우리는 고통의 문제를 풀려고 듭니다. 우리는 무거운 질문에서 벗어나 쉬운 인생을 살고 싶어 하고, 하나님은 그 질문을 인류에게 들이대서 도망가지 못하게 하는 것, 그것이 역사입니다. 하나님이 반복하여 이 일을 하고 계십니다. 역사가 하고 있는 것이 아니라, 역사에서 일어난 일들이 하고 있습니다. 전쟁과 재앙이 바로 그것입니다.

우리 인생에서 경험하는 후회와 원망과 절망이 이 질문을 던지고 있습니다. 그런데 앞서 왜 이사야 55장이 역사에 대한, 하나님의 일하심에 대한 해석이 된다고 했는지 살펴봅시다. 이사야 55장은 이스라엘이 멸망하여 바벨론의 포로가 되고, 남 왕조 유다가 하나님을 모르는 이방 민족에게 붙잡혀 노예가 되었을 때에 주어진 하나님의 말씀입니다. 물론 하나님은 이스라엘이 멸망하기 전에 계속 선지자를 보내어 경고하시고 심판을 예고하셨습니다. 회개를 촉구하신 것입니다. 그러나 북 왕조 이스라엘도 실패했고, 남 왕조 유다도 실패해서 북 왕조는 앗수르에, 남 왕조는 바벨론에 붙잡혀 갑니다. 성전이 훼파되고, 나라 자체가 멸망하여 포로로 와 있는데, 하나님이 다시 나타나셔서 회복을 약속하십니다.

그러자 이스라엘 백성들, 잡혀 온 유다 백성들이 묻습니다. "하나님, 결국 돌이키실 것이고, 마침내 우리를 승리케 하실 것이었다면, 처음부터 이런 일이 일어나지 않게 그 전에 미리 조치하셨어야죠. 지금 와서 '너희 내 말 안 들어서 이 벌을 받고 이 자리까지 왔으니 이제 회개하라'라고 말씀하시면 어떡합니까? 그때 나라가 망하기 전에, 회개하라고 말씀하실 때, 좀 더 세게 하셨어야죠. 이 과정이 도대체 뭡니까? 성전도 훼파되고, 하나님의 명예도 짓밟히고, 우리도 고생하고…. 이런 기간이 왜 필요합니까? 그 전에 더 세게 하셨어야죠." 이러한 항의에 대한 하나님의 생각이 다음과 같이 표현됩니다. '이는 내 생각이 너희 생각과 다르며'(사 55:8). 그런 다음에 무슨 말씀이 나옵니까?

이는 하늘이 땅보다 높음 같이 내 길은 너희의 길보다 높으며 내 생각은 너희의 생각보다 높음이니라 이는 비와 눈이 하늘로부터 내려서 그리로 되돌아가지 아니하고 땅을 적셔서 소출이 나게 하며 싹이 나게 하여 파종하는 자에게는 종자를 주며 먹는 자에게는 양식을 줌과 같이 내 입에서 나가는 말도 이와 같이 헛되이 내게로 되돌아오지 아니하고 나의 기뻐하는 뜻을 이루며 내가 보낸 일에 형통함이니라 (사 55:9-11)

하나님은 당신의 백성을 만들어 가시는 일에 역사라는 것을 하나님이 일하시는 방법으로 쓰겠다는 것입니다. 처음부터 재앙이 일어나지 않게 하고, 실패가 일어나지 않게 막는 방식이 아니라, 당신의 백성들을 하나님의 말씀에 순종하며 자기네들의 욕심을 버리고 하나님의 뜻에 마음 깊이 항복하는 기간을 갖게 하는 것이 역사라는 것입니다. 더 직접적으로는 '시간'입니다. 그런데도 우리는 늘 흠이 없는 과정을 거쳐 완벽한 결론에 이르고 싶어 합니다. '그 사람은 한 번도 잘못한 적이 없어. 한 번도 거짓말한 적이 없어. 한 번도 낙심한 적이 없어'와 같은 강한 의지를 지닌 완벽한 인간을 추구하는데, 하나님은 그렇게 하지 않으시고, '시간과 경우를 거쳐, 우리의 실패와 후회와 한숨 속에서 본문을 담아내겠다'라고 말씀하십니다.

눈물 젖은 빵을 먹어 보지 않으면

'눈물 젖은 빵을 먹어 보지 않은 사람과는 대화할 수 없다'는 문장을 한 번쯤은 들어 보았을 것입니다. 널리 쓰이는 말이라서, 예수 믿지 않는 사람들도 잘 아는 말입니다. 자기가 얼마나 못난 사람인지를 깨닫지 못한 사람과는 대화를 나눌 수가 없습니다. 공부를 왜 못하냐고 묻는 사람과는 속 깊은 이야기를 나눌 수 없는 것과 마찬가지입니다. 늘 우등생인 사람은 사람들이 왜 공부를 못하는지 알 턱이 없습니다. 실패자의 처지에 서 보지 않은 사람은 실패자의 사정을, 원한을, 슬픔을 알 수가 없습니다. 그러니 우리가 일상에서 결코 해서는 안 되는 말이 있는데, '나는 저 사람이 정말 이해가 안 돼'와 같은 말입니다. 우리가 얼마나 심한 돌대가리인데, 어떻게 이해하겠습니까? 내가 모르는 일이 인생에 얼마나 많은지 모릅니다. 해결이 안 되고, 스스로가 납득할 수 없는 일이 얼마나 많이 일어나는지 모릅니다. 그런데 그런 것들이 일을 한다고 합니다. 이것이 역사고, 인생입니다.

그런데도 우리는 이 말을 믿지 않습니다. 예수를 믿으면 한 줌의 후회도 없고, 원망도 없고, 슬픔도 없고, 비극도 없는 인생이 되어야 한다고 생각하는 바람에, 기독교가 무엇을 말하는지 그 가장 중요한 내용을 외면하고 있습니다. 기독교가 잘난 사람들의 집단처럼 되어 버렸습니다. 정작 중요한 이야기는 서로 나누지 않고, 현실을 살아가는 이야기는 서로 꺼내 놓지 않기로 암묵적으로 합의해 버린 것입니다. 그러니 각자의 일상에서 신앙생활을 한 번도 제대로 해 보지 못합니다. 현실에 감사할 수가 없습니다. 선언과 주장은 있지만, 자기 자신이 그 내용을 가진 인격과 실존이 되는 인생은 살아 내지 못하는 것입니다.

이 문제를 성경의 설명으로 적용해 봅시다. 고린도전서 2장에 가면, 사도 바울이 고린도교회에 보내졌을 때의 심정을 이렇게 기술해 놓은 구절이 있습니다.

> 형제들아 내가 너희에게 나아가 하나님의 증거를 전할 때에 말과 지
> 혜의 아름다운 것으로 아니하였나니 내가 너희 중에서 예수 그리스
> 도와 그가 십자가에 못 박히신 것 외에는 아무 것도 알지 아니하기
> 로 작정하였음이라 내가 너희 가운데 거할 때에 약하고 두려워하고
> 심히 떨었노라 내 말과 내 전도함이 설득력 있는 지혜의 말로 하지
> 아니하고 다만 성령의 나타나심과 능력으로 하여 너희 믿음이 사람
> 의 지혜에 있지 아니하고 다만 하나님의 능력에 있게 하려 하였노라
> (고전 2:1-5)

바울이 고린도교회에 갔을 때, 그는 그곳의 문화, 그들의 생활 수준,
열심과 진심, 그 어느 면에 대해서도 사전에 준비된 것이 없었습니
다. 바울은 일말의 가능성도 보이지 않는 곳에 하나님의 보내심을 받
은 것입니다. 그가 고린도교회에 가면서 지닌 신앙적 자세는 분명합
니다. 예수 그리스도와 십자가 외에는 아무것도 알지 아니하기로 작
정하였다, 예수 그리스도는 우리의 창조주이자 구세주이다, 그는 우
리에게 외면당했으나 하나님은 이 방법으로 우리 모두를 구원하셨다,
그가 받은 외면은 십자가 처형이라는 비극이었으나 하나님이 그것으
로 일하셔서 우리 모두를 구원하셨다, 구원의 기적이자 반전된 현실
하나 믿고 들어갔다, 이것입니다.

십자가를 어느 곳에나 세울 수 있다는 것을 알게 된 것입니다. "내
가 가서 죽는 그곳에, 내가 죽어 버린 그 십자가를 가지고 하나님이

사망을 뒤집을 수 있다면, 내가 무엇을 겁내랴." 이것이 사도 바울의 심정입니다. 그러니 이 구절을 '예수님은 그러셨어'라든가, '사도 바울은 이랬어'라는 존경과 이해를 담은 표현으로 생각하지 마십시오. 우리가 그렇지 않습니까? 우리는 현실에서 위인이 아니며, 넉넉한 자가 아니며, 유능한 자가 아닙니다. 우리가 못나서 아무것도 할 수 없는 자리에 십자가를 세울 수 있다면, 죽어 버려도 되는 것으로도 하나님이 일하신다고 한다면, 사무엘을 엘리 밑에 보내서도 얼마든지 일하실 수 있다고 한다면, 포기할 인생은 없는 것입니다. 그런데 이 문제를 오해한 자들이 성경에도 많았습니다. 마태복음 23장입니다.

> 화 있을진저 외식하는 서기관들과 바리새인들이여 너희는 천국 문을 사람들 앞에서 닫고 너희도 들어가지 않고 들어가려 하는 자도 들어가지 못하게 하는도다 (마 23:13)

바리새인들이 무엇을 했기에 예수님에게 저런 꾸지람을 듣는 것일까요? 그들은 '나는 저 사람들과 다릅니다. 나는 보상을 받아야 하고, 저들은 징벌을 받아야 합니다'라며 보상을 요구했습니다. 잘한 것이 무슨 큰 잘못이겠습니까? 그러나 바리새인들에게 '잘한 것'이라는 것은 우리가 알고 있는 윤리, 도덕, 업적의 성취에 불과했던 것입니다. 그래서 이것과 차원이 다르고 훨씬 심오한, '하나님의 형상'이라는 영광된 존재라는 가능성에 대해서는 아예 차단해 버린 것입니다. 잘잘못이 전부인 게 되어 버렸습니다. 거기는 은혜도 없고, 창조도 없고, 영광도 없습니다. 거기에는 우월감만 있습니다. 그래서는 안 됩니다. 누구 하나 잘되면, 그 사람 혼자 잘사는 것으로 끝나서는 안 됩니다. 일가친척이 다 그 사람에게 의지해서 살아가는 것이 당연합니다. 교회에서 누가 하나 잘나면 모두가 그 사람 때문에 위로를 받고 기대어 살 수 있어야 합니다.

어쩌면 우리는 기독교가 무슨 이야기를 하는지 전혀 못 알아듣고 있는 것인지 모릅니다. 윤리나 도덕을 들어 '하나님의 형상'이라는 정체성으로 가는 길을 차단해 버리고 있는 것인지도 모릅니다. 잘잘못으로 차단해 버리는 것이 가장 흔한 방법입니다. 그것은 믿는 자나 안 믿는 자 모두에게 언제나 공통으로 이해되는 가치관입니다. 교회 안에도 제일 깊숙이 들어와 있는 가치관으로, 생명과 은혜를 막는 참으로 무서운 시험입니다.

사도 바울과 바리새인을 비교하자는 이야기가 아닙니다. 우리가 살기 위해서는 바울의 증거를 받아들여야 합니다. 바리새인의 증거를 받으면 예수도 잘난 척하는 영웅에 불과해집니다. 예수님이 우리를 위하여 당신을 희생하신 진정성에 매달리지 말고, 죽음으로 열어 놓은 은혜를 받아들이십시오. 자기를 죽이려는 자들을 위하여, 자기를 모욕한 자들을 위하여 죽으면서 하신 그의 마지막 기도를 떠올려 보십시오. '아버지여, 저들을 사하여 주옵소서. 저들은 자기들이 하는 것을 알지 못함이니이다'에 담긴 은혜를 받아들여야 합니다. 자기도 모르게 기독교 신앙이 말하는 은혜의 문을 닫아 버리는 자리에 자신을 갖다 묶지 마십시오. 로마서 10장에서는 이 모든 일이 사도 바울에 의해 다음과 같이 아주 기가 막히게 대조되어 있습니다.

형제들아 내 마음에 원하는 바와 하나님께 구하는 바는 이스라엘을 위함이니 곧 그들로 구원을 받게 함이라 내가 증언하노니 그들이 하나님께 열심이 있으나 올바른 지식을 따른 것이 아니니라 하나님의 의를 모르고 자기 의를 세우려고 힘써 하나님의 의에 복종하지 아니하였느니라 그리스도는 모든 믿는 자에게 의를 이루기 위하여 율법의 마침이 되시니라 모세가 기록하되 율법으로 말미암는 의를 행하는 사람은 그 의로 살리라 하였거니와 믿음으로 말미암는 의는 이같이 말하되 네 마음에 누가 하늘에 올라가겠느냐 하지 말라 하니 올라가겠느냐 함은 그리스도를 모셔 내리려는 것이요 혹은 누가 무저갱에 내려가겠느냐 하지 말라 하니 내려가겠느냐 함은 그리스도를 죽은 자 가운데서 모셔 올리려는 것이라 그러면 무엇을 말하느냐 말씀이 네게 가까워 네 입에 있으며 네 마음에 있다 하였으니 곧 우리가 전파하는 믿음의 말씀이라 네가 만일 네 입으로 예수를 주로 시인하며 또 하나님께서 그를 죽은 자 가운데서 살리신 것을 네 마음에 믿으면 구원을 받으리라 사람이 마음으로 믿어 의에 이르고 입으로 시인하여 구원에 이르느니라 (롬 10:1-10)

10절에 있는 '마음으로 믿어 의에 이르고 입으로 시인하여 구원에 이르느니라'는 말씀은 아마 그동안 그 내용이 백분의 일도 소개되어 온 것 같지 않습니다. 마음으로 믿고 입으로 시인한다는 것은 어떻게 하는 것입니까? 삶이 그렇게 시인하도록 만듭니다. "하나님, 이건 아닙니다. 이건 인생이 아닙니다. 이렇게 사는 건 안 됩니다. 여기는 다 거짓입니다. 여기는 가치도 없고, 승리도 없고, 영광도 없고, 감사도 없습니다."

삶을 몸소 살아 낸 사람만이 이런 고백을 할 수 있습니다. 하나님 없는 삶을 살아 보면 이것을 확인하게 됩니다. "하나님, 여기는 죽음 밖에 없습니다. 수치밖에 없습니다. 후회밖에 없습니다. 하나님, 인간 이라는 존재는 그래서는 안 되는 존재 아닙니까? 하나님, 구원자를 보내 주십시오. 나를 구원해 주십시오." 이것이 역사와 인생에 담긴 하나님의 도전입니다. 하나님을 만나지 못하면 우리에게는 그저 공허 와 불안만 있을 뿐입니다. 진정한 질문이 무엇인지 깨달을 수도 없고 답할 수도 없습니다. 그 앞에 우리가 선 것입니다.

우리가 모두 이 질문을 받았기 때문에 교회에 나와 앉아 있는 것입 니다. 마음으로 믿는다는 것이 무엇입니까? 우리의 인생을 통하여 우 리가 우리의 전 존재를 걸고 이 질문에 답하는 것입니다. "하나님, 하 나님은 나의 구세주이십니다. 나에게 진정한 운명을 허락하실, 승리 와 영광을 주실 분은 당신뿐입니다." 이 고백을 하나님이 우리에게 각 자의 삶을 통하여 확인케 하십니다. 그러면 우리는 이런 질문을 이어 갈 수 있을 것입니다. 하나님의 도전에 우리가 응하여 하나님의 자녀 가 되었는데도 왜 삶이 고달픕니까? 하고 말입니다.

섬기는 자로 부르시다

누가복음 22장입니다.

또 그들 사이에 그 중 누가 크냐 하는 다툼이 난지라 예수께서 이르시되 이방인의 임금들은 그들을 주관하며 그 집권자들은 은인이라 칭함을 받으나 너희는 그렇지 않을지니 너희 중에 큰 자는 젊은 자와 같고 다스리는 자는 섬기는 자와 같을지니라 앉아서 먹는 자가 크냐 섬기는 자가 크냐 앉아서 먹는 자가 아니냐 그러나 나는 섬기는 자로 너희 중에 있노라 너희는 나의 모든 시험 중에 항상 나와 함께 한 자들인즉 내 아버지께서 나라를 내게 맡기신 것 같이 나도 너희에게 맡겨 너희로 내 나라에 있어 내 상에서 먹고 마시며 또는 보좌에 앉아 이스라엘 열두 지파를 다스리게 하려 하노라 (눅 22:24-30)

하나님은 우리를 섬기는 자로 부르셨습니다. 우리 인생을 통하여 우리에게 도전하시고 질문하시는 하나님이, 우리가 답을 찾은 다음에는 이제 우리가 섬기는 자로 살아가기를 요구하십니다. 예수님은 우리를 구원하기 위하여 실제로 인간의 몸을 입고 우리 처지에 따라 들어오셨습니다. 그가 십자가에 죽으셔야 사망을 꺾는 구원과 부활을 이루실 수 있었습니다. 그러나 그는 십자가 사건 하나만 성취한 후 돌아가신 것이 아니라, 전 인생을 인간의 몸을 입고 사셨습니다. 초라한 인생, 아무것도 아닌 인생을 사셨습니다. 사는 내내 하신 일이 무엇입니까? 남을 섬기는 일입니다. 병자를 고치고, 귀신을 내쫓고, 생명의 말씀을 주셨습니다. 그 일을 하여 우리로 이해시키려 하지 않으시고, 자신의 일을 때우려고 하지도 않으셨습니다. 전 생애를 자기가 만나는 모든 일에 자신이 하실 수 있는 일로 섬기기로 하셨던 것입니다.

이것은 어려운 일이었습니다. 대개 우리가 가진 이해와 마찬가지로, 모든 문제를 힘으로 해결하자는 손쉬운 유혹이 예수님에게도 늘 따라다녔습니다. 예수님이 공생애를 시작하시면서 받은 시험에 '만일 내게 엎드려 경배하면 이 모든 것을 네게 주리라'(마 4:9)는 사탄의 유혹이 있었습니다. 예수님은 이 시험을 거부하셨습니다. '주 너의 하나님께 경배하고 다만 그를 섬기라'(마 4:10)는 말씀으로 물리치신 것입니다. 겟세마네 동산에서 하신 기도도 마찬가지입니다. '내 아버지여 만일 할 만하시거든 이 잔을 내게서 지나가게 하옵소서'(마 26:39). 죽는 방식, 지는 방식은 예수님도 감당하기 어려운 것이었습니다.

베드로가 예수님을 잡으러 온 군사 중 하나인 말고의 귀를 칼로 베었을 때, 예수님이 이렇게 말씀하셨습니다. '네 칼을 도로 칼집에 꽂으라 칼을 가지는 자는 다 칼로 망하느니라 너는 내가 내 아버지께 구하여 지금 열두 군단 더 되는 천사를 보내시게 할 수 없는 줄로 아느냐'(마 26:52-53). 절망과 원망과 분노 속에 살던 곳으로부터 이제는 답을 찾은 사람이 되어 인생이 하나님이 주신 기회며, 도전이라는 것을 알아야 합니다. 이것이 신자입니다. 여기서 답을 찾아야 하며, 삶을 누려야 합니다. 그것이 기독교 신앙입니다.

우리는 고단한 인생을 살아가게 될 것입니다. '세상 나라에서는 가진 자가 상석에 앉지만, 내 나라는 그렇지 않다.' 얼마나 놀랍습니까? 섬기는 것이 굴욕으로 여겨집니까? 그렇지 않습니다. 허세에서 벗어난 것입니다. 보이는 승리가 진정한 승리가 아니라는 것쯤은 인생을 살면서 누구나 배웠을 것입니다. 고함을 지르고, 손에 잡히는 것을 마구 집어던지는 것은 못난 짓입니다. 그런 행동은 권리도, 자랑도 아닙니다.

인간이 다른 인간에 대하여 이해관계를 넘어선 자비와 긍휼과 관용을 베풀며 그의 편을 들어주는 것, 그것이 인간이 가지는 가장 큰 명예일 것입니다. 그 인생을 살라고 하나님이 부르셨는데, 왜 그렇게 살지 않습니까? 그렇게 못 산다고 해서 강요할 수는 없는 문제입니다. 자발적으로 우러나와야 할 수 있는 일입니다. 이런 고백을 하며, 이런 약속과 기대 속에 모인 곳이 바로 교회입니다. 그러니 교회 올 때 긴장한 얼굴과 경계하는 표정으로 나오는 것은 굉장한 결례이자 매너 없는 행동입니다.

각자의 인생을 겁내지 마십시오. 성경이 말씀한 것처럼 우리는 져도 되는 존재입니다. 죽어도 됩니다. 무엇이 겁이 나겠습니까? 기쁨과 넉넉함으로, 감사와 자랑으로 사는 신자의 삶이 되기를 바랍니다.

기도

하나님 아버지, 우리의 삶이 주는 고통과 원한에 대하여 하나님이 답을 주셨습니다. 세상이 주는 고통과 원한은 시험에 불과합니다. 우리는 예수 안에서 답을 보았고, 약속 가운데 우리의 승리와 영광을 바라보고 있습니다. 그 약속 누리는 인생 되기로 다짐합니다. 진실하게 살기로 마음먹습니다. 예수께서 그리하신 것처럼 섬기고, 져 주며 살겠습니다. 나누고 살겠습니다. 웃으며 살겠습니다. 우리가 있는 곳마다 역사와 인생이 헛된 것이 아니라는 증거를 드러내게 하소서. 언제나 생명과 진리를 널리 나누는 그런 신자 되게 하여 주시옵소서. 예수님 이름으로 기도합니다. 아멘.

4.
패배 속에서도

---

19 그의 며느리인 비느하스의 아내가 임신하여 해산 때가 가까웠더니 하나님의 궤를 빼앗긴 것과 그의 시아버지와 남편이 죽은 소식을 듣고 갑자기 아파서 몸을 구푸려 해산하고 20 죽어갈 때에 곁에 서 있던 여인들이 그에게 이르되 두려워하지 말라 네가 아들을 낳았다 하되 그가 대답하지도 아니하며 관념하지도 아니하고 21 이르기를 영광이 이스라엘에서 떠났다 하고 아이 이름을 이가봇이라 하였으니 하나님의 궤가 빼앗겼고 그의 시아버지와 남편이 죽었기 때문이며 22 또 이르기를 하나님의 궤를 빼앗겼으므로 영광이 이스라엘에서 떠났다 하였더라

(삼상 4:19-22)

당혹스러운 패배

본문 말씀의 배경이 되는 사건은 블레셋과 이스라엘 간의 전쟁입니다. 뜻밖에도 이 전쟁은 하나님의 백성이 믿음으로 크게 이긴 승리의 장이 아니라, 그들이 가졌던 신앙과 기대가 충격 속에 전부 파괴되고 마는 당혹스럽고 놀라운 사건입니다. 이 일로 이스라엘 백성이 가진 정체성과 신앙의 뿌리가 모조리 흔들리게 됩니다. 이스라엘은 블레셋과의 전쟁에서 패배하고 사천 명의 사상자가 나자, 하나님과 함께 이 전쟁을 수행해야겠다고 생각하여 법궤를 모셔 옵니다. 법궤가 오자 이스라엘은 사기충천해졌고, 블레셋은 이스라엘의 사기가 높아진 것이 신의 임재 때문이라는 사실을 알고는 놀라서 긴장하고 힘을 다해 맞섰는데, 뜻밖에도 이스라엘이 더 큰 패배를 당하여 삼만 명의 사상자를 내는 그런 충격적인 사건이 일어납니다.

이스라엘 백성에게 전쟁의 패배보다 더 큰 충격을 준 것은 법궤를 빼앗긴 일입니다. 당연히 이스라엘 백성에게는 이 일이 단지 군사적으로 패배한 문제이기보다 더 큰 문제, 즉 그들의 지위와 신분에 대한 이해에 커다란 붕괴를 가져온 계기가 됩니다. 또한 이스라엘의 패배를 가능하게 한 하나님에 대한 이해에도 커다란 균열을 일으킵니다. 하나님의 임재를 어떻게 확인할 수 있는가, 도대체 하나님은 현실성이라는 것이 있는 분인가, 그리고 이 두 가지가 다 확인될 수 없는 것이라면 인생에 무슨 대책이 있는가, 하는 질문이 나오게 되어 말하자면 이스라엘은 정신적 붕괴가 일어날 수밖에 없게 된 것입니다.

이러한 일은 하나의 기도에서 본 것과 같습니다. 사무엘의 등장이

'아이를 가질 수 없는 여인에게서 사무엘이 출생했다'는 사실이 지니
는 의미보다 '불가능을 가능케 한 하나의 기도'에 우리가 더 집착하는
것처럼, 구약에서 우리가 이해할 수 없는, 믿음에 혼란을 주는 이러한
사건을 읽으면 그 책임을 전부 사건의 당사자들 즉 기도해야 했고 믿
음이 좋아야 했던 등장인물들의 신앙의 실패로 쉽게 해석하는 바람
에, 사실 오늘 우리에게 일어나는 이해할 수 없는 신앙의 현실들을 외
면해 버리고 말게 됩니다.

본문 말씀의 배경이 된 이스라엘과 블레셋의 전쟁과 이 전쟁에서
결과한 이스라엘의 패배는 기독교 역사상 반복해서 일어나는 일이며,
이는 모든 신자가 겪는 현실의 경험과 일치합니다. 우리는 예수를 믿
고 그 은혜에 감사하고 믿음으로 헌신하고 열심을 내지만, 뜻밖에도
우리의 기대에 부합하는 답은 거의 주어지지 않습니다. 사실 우리가
사무엘상 4장에 나타난 이스라엘의 패배와 거의 유사한 현실을 살아
왔고 또 지금도 경험하고 있을 텐데, 그런 일들은 다 우리 자신에게
어떤 잘못이 있기 때문에 생긴 것이라고 그렇게 치부하고 그냥 넘어
왔을 것입니다. 왜냐하면 그것 외에는 답을 찾을 수 없기 때문입니다.

제럴드 싯처가 쓴 《하나님의 뜻》이라는 책이 있습니다. 꼭 한번
읽어 보기를 권합니다. 저자인 싯처 목사는 가족과 함께 모임에 다녀
오던 밤길에 교통사고를 당합니다. 만취한 운전자가 중앙선을 넘어
와 싯처의 차를 들이받는 바람에 어머니, 아내, 그리고 아이 하나가
현장에서 죽습니다. 자신과 나머지 세 아이만 살아남죠. 그는 이해할
수가 없었습니다. 그렇게 좋은 일을 하고 돌아오는 목사의 가정이,
어떻게 만취한 운전자에 의해 박살 날 수 있는가? 그때 하나님은 뭐

하고 계셨는가? 하며 이해할 길 없는 사건을 두고 고뇌에 빠집니다.

별 볼일 없는 사람 하나 때문에 어떻게 우리 가족이 하루아침에 파괴될 수 있는가? 묻고 또 묻고, 고민하고 또 고민하지만, 답은 오지 않습니다. 그래서 이 년을 그냥 나가떨어져 지냅니다. 그때 가장 듣기 싫었던 위로가 '이 일에 하나님의 뜻이 있을 것입니다'라는 말이었다고 합니다. 우리도 다 한 번쯤은 들어 보았고, 우리 역시 남들에게 건네 봤던 위로입니다. 혹은 자신을 스스로 격려하기 위하여 이 말을 곱씹기도 해 봤을 것입니다. 이 년을 넋이 나간 채로 지내다가 마침내 싯처는 이 사건이 자신의 인생에 결코 손해가 되지 않았다는 결론에 이르게 됩니다. 그러면서도 하나님이 왜 그런 식으로 일하시는지는 아직도 납득이 가지 않는다고 고백합니다. 참으로 진솔한 깨달음입니다. 이 문제를 성경이 어떻게 설명하는지 우리도 다시 한번 진지하게 찾아볼 필요가 있습니다.

어떤 떨기나무라도 괜찮다

사무엘상에 나온 법궤를 빼앗긴 치욕적인 사건과 이 사건에 담긴 이해할 수 없는 하나님의 일하심은 사실 성경에서 반복하여 나타나는 정황이며 교훈인데, 성경이 말하려는 것보다 우리의 편견이 앞서 나가느라 보상이나 잘잘못의 관점으로 성경을 읽는 바람에 이 사건의 의미를 잘 놓치는 것이 아닌가 싶습니다. 좀 더 이해하기 좋은 다른 사건을 찾아보겠습니다. 출애굽기 3장입니다.

모세가 그의 장인 미디안 제사장 이드로의 양 떼를 치더니 그 떼를
광야 서쪽으로 인도하여 하나님의 산 호렙에 이르매 여호와의 사자
가 떨기나무 가운데로부터 나오는 불꽃 안에서 그에게 나타나시니
라 그가 보니 떨기나무에 불이 붙었으나 그 떨기나무가 사라지지 아
니하는지라 이에 모세가 이르되 내가 돌이켜 가서 이 큰 광경을 보
리라 떨기나무가 어찌하여 타지 아니하는고 하니 그 때에 여호와께
서 그가 보려고 돌이켜 오는 것을 보신지라 하나님이 떨기나무 가운
데서 그를 불러 이르시되 모세야 모세야 하시매 그가 이르되 내가
여기 있나이다 하나님이 이르시되 이리로 가까이 오지 말라 네가 선
곳은 거룩한 땅이니 네 발에서 신을 벗으라 또 이르시되 나는 네 조
상의 하나님이니 아브라함의 하나님, 이삭의 하나님, 야곱의 하나님
이니라 모세가 하나님 뵈옵기를 두려워하여 얼굴을 가리매 여호와
께서 이르시되 내가 애굽에 있는 내 백성의 고통을 분명히 보고 그
들이 그들의 감독자로 말미암아 부르짖음을 듣고 그 근심을 알고 내
가 내려가서 그들을 애굽인의 손에서 건져내고 그들을 그 땅에서 인
도하여 아름답고 광대한 땅, 젖과 꿀이 흐르는 땅 곧 가나안 족속, 헷
족속, 아모리 족속, 브리스 족속, 히위 족속, 여부스 족속의 지방에 데
려가려 하노라 (출 3:1-8)

모세가 하나님을 대면하는 장면을 다룬 본문인데, 이때 모세는 하나
님을 만날 아무런 준비가 되어 있지 않았습니다. 그는 호렙산에 단지
양을 치기 위하여 왔을 뿐입니다. 양 떼를 몰면서 목초지를 찾아다니
다 보니 호렙산에 이르게 된 것이지, 거룩한 뜻이나 기대가 있어서 또

는 열심을 품고 호렙산에 오른 것은 아닙니다. 그런데 거기서 하나님이 모세를 만나 주십니다. 당시 모세의 나이는 팔십입니다.

모세는 어떤 사람입니까? 모세는 이스라엘이 애굽의 노예로 살던 시절에 태어납니다. 당시 애굽 왕은 이스라엘의 인구가 늘어나고 세력이 커지는 것을 두려워하여 '태어난 아이가 남자아이면 바로 죽이라'는 살벌한 명령을 내렸는데, 이 무렵, 모세가 태어난 것입니다. 모세는 어머니와 누이의 기지로 나일강에 놓이고, 바로의 공주가 그를 주워 와 그는 궁궐에서 왕자로 자라게 됩니다.

그런데 모세는 자신이 히브리 사람이라는 사실을 깨닫고 자기 나라와 백성을 위하여 분연히 일어납니다. 자기 민족과 싸우고 있던 애굽 관원 하나를 의협심에 쳐 죽이고 파묻었는데, 그 일이 탄로 나자 광야로 도피하게 됩니다. 하나님이 자신의 결기에 응답해 주시지 않아서 좌절한 모세는 도망친 광야에서 아내를 얻어 가정을 꾸리고, 이스라엘을 해방하겠다는 꿈을 접고 무력하게 살아갑니다. 그 사이 사십 년의 세월이 흐르고 이제 팔십 세가 된 모세를 하나님이 부르십니다. 아무런 낙도 의욕도 기억도 사라진 때에 그를 부르신 것입니다.

이 장면에 나오는 떨기나무는 그저 광야에 있는 보잘것없는 작은 나무입니다. 거기에 불이 붙었는데, 나무가 타면서 불이 붙고 있는 것이 아니라, 나무는 그대로 있는데 불 혼자 스스로 타고 있습니다. 연료 없이 불이 홀로 타고 있는 신기한 광경입니다. 모세가 떨기나무에 가까이 다가서자 하나님의 음성이 들립니다. "모세야, 모세야, 네가 선 곳은 거룩한 땅이니 네 발에서 신을 벗어라. 나는 네 조상의 하나님, 곧 아브라함의 하나님, 이삭의 하나님, 야곱의 하나님이라. 내 백성이 애굽에서 고생하는 것을 내가 알고 있다. 내가 너를 보내 내 백성을 구하여 젖과 꿀이 흐르는 가나안 땅에 보내려고 한다." 모세가 하나님의 음성을 듣고 놀라며 두려워합니다. 또 그 약속과 명령에 당황합니다. 모세는 왜 당황했을까요?

하나님이 모세에게 이렇게 큰 약속을 하시며 큰 위임을 주시는데, 그 이전의 준비 과정이 비어 있기 때문입니다. 모세가 사십 세에 주를 위해 분발하며 분연히 일어났던 때에는 침묵하고 계셨던 하나님이 사십 년이라는 긴 세월 동안 모세로 스스로 말라죽게 해 놓고서는 이제 와서 새삼스럽게 그에게 나타나신 불연속을 모세는 도무지 이해할 수가 없었던 것입니다. 그러나 바로 그 자리에 하나님이 이렇게 나타나시는 장면만으로도 모세에게 충분히 답을 하시는 것 같습니다. "너는 네 에너지를 태워 불을 지피려고 했었지? 나는 그런 것과 상관없이 일한다."

이언 토마스(Ian Thomas)가 출애굽기에 대해 쓴 중요한 책이 있습니다. 책 제목은 잊었지만, 모세가 부름받는 이 장면을 다룬 장의 제목은 기억이 납니다. '어떤 떨기나무라도 괜찮다.' 좋은 떨기나무라서 불이 붙거나 불꽃이 유지되는 것이 아닙니다. 불은 아무 데나 지필 수 있는 것이기 때문입니다. '어떤 떨기나무라도 괜찮다.' 홀로 타고 있는 떨기나무를 통해 모세에게 이미 답하신 말씀입니다. '네 열심, 기대, 비전, 의욕, 이런 것으로 불이 붙거나 유지되지 않는다. 그건 내가 한다. 너는 가라.' 이런 의미가 들어 있습니다.

사무엘상에 나온 이스라엘의 패배와 같이, 모세는 자신의 기대와 소원이 모두 무너진, 패배한 사람으로 등장합니다. 모세는 자신의 인

생에서 소원대로 된 것이 하나도 없었는데, 말년에 그는 뜻밖의 약속
과 사명으로 부름을 받습니다. 그러면 여태껏 흘러간 사십 년의 세월
은 무엇이었을까요? 이것이 모세에게는 아마 중요한 질문으로 남았
을 것입니다. 이에 모세가 하나님의 명령에 반발합니다. 출애굽기 3장
을 이어서 더 보겠습니다.

> 이제 가라 이스라엘 자손의 부르짖음이 내게 달하고 애굽 사람이 그
> 들을 괴롭히는 학대도 내가 보았으니 이제 내가 너를 바로에게 보내
> 어 너에게 내 백성 이스라엘 자손을 애굽에서 인도하여 내게 하리라
> 모세가 하나님께 아뢰되 내가 누구이기에 바로에게 가며 이스라엘
> 자손을 애굽에서 인도하여 내리이까 하나님이 이르시되 내가 반드
> 시 너와 함께 있으리라 네가 그 백성을 애굽에서 인도하여 낸 후에
> 너희가 이 산에서 하나님을 섬기리니 이것이 내가 너를 보낸 증거니
> 라 (출 3:9-12)

우리는 모세가 이렇게 질문하게 된 사정을 충분히 이해해 볼 수 있습
니다. '제가 무엇이기에, 제게 무슨 실력과 자격이 있기에 제가 이런
일을 할 수 있습니까?'라는 질문에 대하여 하나님은 '내가 너와 함께
할 것이다. 내가 할 것이다. 그러니 가라. 네가 선 곳이 거룩한 땅이 되
는 것과 같이, 네가 다다른 이 산에 내 백성이 나중에 와서 나를 섬길
것이라. 이 아무것도 없는 산, 황야에 있는, 그냥 아무것도 아닌 산, 목
초지를 찾아 따라 들어온 산이 성산(聖山)이 될 것이다. 네가 선 자리
가 거룩한 땅이 될 것이다. 나는 하나님이기 때문이다. 네가 볼 때 네

인생이 실패했고, 아무런 희망이 없고, 아무것도 아니라고 생각하느냐. 거기에 내용을 담는 건 나다. 내가 너를 보낸다. 걱정하지 마라.' 이런 말씀입니다.

법궤를 빼앗길지언정

본문 말씀으로 다시 돌아와 봅시다. 법궤를 빼앗기고, 전쟁에서 패배하고, 그 자리에서 홉니와 비느하스가 죽고, 그 소식을 들은 아버지 엘리가 의자에서 떨어져 목뼈가 부러져 죽고, 비느하스의 아내가 애를 낳다가 죽어 가면서 아이의 이름을 '이가봇'이라고 짓습니다. '영광이 떠났다. 영광이 없다. 소망이 없다'는 뜻입니다. 그런데 이렇게 붙인 이 이름이 결코 실패도 패배도 아니라고 이야기하는 것입니다. "네가 선 곳은 거룩한 땅이다. 너희가 이 산에서 나를 섬기리라." 성산을 미리 만들어 두었거나, 원래 성산이 있어서 찾아가는 개념이 아닙니다. 광야, 황무지, 벌거숭이, 우리가 선 곳, 그저 갈 곳 없어 우리가 이리저리 걸어온 자리가 거룩한 땅이 되는 이 일을 하나님이 하실 것이라는 이야기입니다.

왜 하나님은 이런 식으로 일하시는가? 이것이 우리가 해야 할 본질적 질문이어야 맞습니다. 그런 일이 벌어지면 무조건 실패나 패배라고만 말할 것이 아니라, 하나님은 왜 그런 식으로 일하시냐고 물었어야 하는데, 실패하면 무조건 잘못이라고만 생각했던 것입니다. 이제 사무엘상 5장과 6장에서 보겠지만, 이 법궤를 빼앗아 간 블레셋은 당연히 자기네가 이겼다고 생각합니다. 무엇을 이겼다고 생각합니까? 자기네가 믿는 신이 이스라엘이 믿는 하나님을 이겼다고 생각합니다. 또한 이스라엘은 하나님이 블레셋에 패배했다고 생각합니다. 그러나 하나님은 패배한 것처럼 보였으나 결코 패배하지 않으셨습니다.

우리 인생에 절망이란 없습니다. 절망한 것처럼 보일 뿐입니다. 그런데 우리는 어디에서 절망합니까? 우리 자신에 대하여 가장 많이 절망합니다. 우리의 한계를 보는 것이 우리가 인생에서 겪는 패배요, 실패요, 절망입니다.

한나의 기도에서 보았듯이, 기도란 기적이 일어날 수 없는 자리에서 하는 것입니다. 기도의 응답이란 일어날 수 없는 답이 오는 것입니다. 우리의 기도는 무엇을 해 달라는 것입니까? 능력 있는 사람을 만들어 달라는 것 아닙니까? 우리는 '하나님, 하나님이 저에게 해 주시고 싶은 것을 주십시오'라고 기도하지 않고, 내가 유능한 사람이 되고, 내가 우월한 사람이 되고, 내가 성공한 사람이 되게 해 달라고 기도합니다. 하나님이 그렇게는 하지 않겠다고 말씀하십니다. 그래서 이스라엘이 패배한 것입니다. 비록 법궤를 빼앗길지언정 하나님이 그렇게 하셨습니다. 굉장한 사건입니다. 앞서 언급했던 모세의 반론을 이어서 더 보겠습니다.

모세가 하나님께 아뢰되 내가 이스라엘 자손에게 가서 이르기를 너희의 조상의 하나님이 나를 너희에게 보내셨다 하면 그들이 내게 묻기를 그의 이름이 무엇이냐 하리니 내가 무엇이라고 그들에게 말하리이까 하나님이 모세에게 이르시되 나는 스스로 있는 자이니라 또

이르시되 너는 이스라엘 자손에게 이같이 이르기를 스스로 있는 자
가 나를 너희에게 보내셨다 하라 (출 3:13-14)

'스스로 있는 자'라는 말은 '여호와'라는 이름이 가진 뜻입니다. 스스
로 있는 자, 독립적이고 완전한 분이라는 말입니다. 하나님의 하나님
되심을 외부의 조건에 의해 도움받을 필요가 없는 분, 하나님이기를
중단하거나 방해받지 않는 분, 세상에서 일어나는 그 어떤 일도 존재
와 사건과 경우가 다 그분의 통치 아래 있습니다. 그러니 우리가 자주
쓰는 말인 '하나님이 내 기도를 듣지 않으신다. 나를 기억하지 않으신
다'와 같은 푸념은 우리 식 표현에 불과한 것입니다.

   하나님은 하나님이기를 중단하신 적이 없습니다. 이런 주제는 성경
에 훨씬 많이 반복하여 등장합니다. 사무엘상 4장에 나온 사건에서 이
스라엘의 패배가 그들에게 충격으로 다가왔던 것과 같이, 오늘날 신
자들의 현실적인 신앙생활 속에서도 이런 일은 여전히 충격입니다.
이런 일이 늘 있다고 해서 충격이 아닌 것이 아닙니다. 우리는 하나님
이 나를 잊으셨고 내 신앙에 중대한 결함이 있는 것 같은데, 무엇 때문
인지는 모르겠다며 그저 늘 체념하고 포기한 채 살아갑니다. 이것이
우리의 현실입니다. 앞서 일어났던 사건과 지나간 역사를 보며 오늘
우리의 문제를 성경이 이미 다루고 있었다는 사실을 우리가 주의 깊
게 살피지 않아서 몰랐다는 점을 이제는 깨달아야 합니다. 이때도 하
나님이 일하고 계셨다는 사실을 알아야 합니다. 하나님이 무엇을 하
시는가를 알아야 합니다. 로마서 5장에는 이런 말씀이 나옵니다.

우리가 아직 죄인 되었을 때에 그리스도께서 우리를 위하여 죽으심으로 하나님께서 우리에 대한 자기의 사랑을 확증하셨느니라 (롬 5:8)

예수는 우리가 요청하지 않았을 때 오셨습니다. 우리가 예수의 필요성을 깨닫지 못했을 때 우리를 위해 죽으셨다는 점을 기억해야 합니다. 우리의 이해나 요청이 없을 때 오셔서 죽으셨습니다. 이것이 왜 중요하냐 하면, 우리가 지금 속상해하고 불만인 모든 내용은 그나마 하나님을 알고서 하는 원망이지만, 그것마저 없었을 때도 하나님은 우리를 위하여 일하고 계셨기 때문입니다. 이 점을 기억해야 합니다.

하나님이 우리 마음에 안 들게 응답하시는 것 때문에 하나님이 일을 안 하고 계신다고 생각하는 것은 얼마나 큰 억측이며 오해입니까? 하나님이 일하고 계시는데, 우리는 계속 못 알아듣고, 하나님의 잘못이라고 우기며 억울해합니다. 그래서 어떤 일이 생깁니까? 원망하고 분노하느라 실제로 신앙생활을 할 틈이 없게 됩니다. 예수를 믿는 성도들의 현실 속에서 제일 큰 문제가 무엇입니까? 주어진 하루를 신자로 살 기회를 놓치는 것, 원망과 분노를 내뱉느라 하루를 낭비하는 것, 그래서 하루도 신자 노릇을 할 틈이 없는 일상, 이것이 제일 큰 손해입니다.

예수는 인간의 몸을 입고 오십니다. 그리고 우리 손에 죽임을 당하십니다. 그때도 하나님은 하나님의 일을 하고 계셨던 것입니다. 우리 손에 죽임을 당하는 일로도 하나님은 일하고 계신 것입니다. 우리를 위하여 일하고 계십니다. 놀랍지 않습니까?

그런데 예수님의 제자들은 모두 실망합니다. 예수님이 돌아가시자 다들 실망합니다. 엠마오로 가던 두 제자가 나눈 '우리는 그가 메시아인 줄 알았다. 그런데 그가 죽어 버렸다. 그는 메시아가 아니었다'와 같은 대화는 '우리는 법궤가 들어오면 하나님이 우리 편을 들어주시고 승리를 주실 것이라고 생각했다. 그런데 우리는 패하고 법궤는 빼앗겼다. 하나님은 어디 가셨는가?' 하는 한탄과 똑같지 않습니까? 똑같습니다. 그때도 하나님은 일하고 계셨습니다. 그 패배는 결코 하나님의 패배도, 이스라엘의 끝도 아니었습니다. 성경은 이러한 것들이 일을 할 것이라고 말씀합니다.

패배를 감수하시는 하나님

하나님은 이스라엘을 당신의 마음에 합한 나라로 만들고, 이 백성을 당신이 원하시는 백성으로 만들기 위해 '법궤 사건'이 필요했습니다. 물론 하나님이 이 일을 일부러 일으키지는 않으셨을 것입니다. 그러나 이스라엘 백성의 성숙을 위해서나, 그들에게 있는 내적인 왜곡을 바로잡기 위해서는 하나님이 이처럼 당신의 수치를 감수하는 일을 하셔야만 했던 것입니다. 그런데 이 일은 나중에 더 크고 극적인 사건으로 드러나는데, 바로 바벨론 포로 사건입니다.

성경에는 우리 눈에 이해되지 않는 하나님의 패배가 수없이 등장합니다. 우리를 위하여 패배를 감수하시는, 아니 죽음을 감수하시는 하나님이라고 성경이 그토록 이야기하는데, 우리는 알아듣지 못하고 있습니다. 그래서 우리가 가진 불만들을 전부 기도 응답의 실패, 아니면 자기 신앙의 실패라고만 생각하지, 그것이 하나님이 일하시는 방법이며, 가장 중요한 내용을 우리에게 담는 방법이라고는 깨닫지 못하는 것입니다.

여기서 잠시 제자도의 말씀을 살펴보겠습니다. '누구든지 나를 따라오려거든 자기를 부인하고 자기 십자가를 지고 나를 따를 것이니라'(마 16:24). 그런데 우리는 제자도를 희생, 헌신, 이런 단어와 명분으로 대체해 버렸습니다. 섬김, 충성이라는 윤리적, 도덕적, 종교적 구호로 만드는 바람에 '얼마나 신앙을 확고하게 지켜내느냐' 하는 의지의 싸움이 되고 말 뿐, 하나님이 이런 식으로 일하신다-우리가 볼 때는 말이 안 되는 패배, 수치, 절망, 죽음이라는 방법을 즐겨 쓰신다-고는 전혀 생각하지 않게 되었습니다. 그래서 어려운 일이 생기면 입을 다물어 버리고 맙니다. 주일날 교회에 나와 있어도 표정이 좋지 않습니다. 들을 마음이 없습니다. 진심이 없다고 지적하는 것이 아니라, 무슨 말로도 지금의 내 처지가 시원해질 수 없다고 체념한 채 나와 앉아 있는 것입니다.

지금 우리의 얼굴과 그 심정이 현실입니다. 그것이 하나님이 지금 일하시는 역사요, 현실이요, 진실입니다. 거기서 신앙생활을 해내야 하는 것입니다. 예수님이 마구간에서 태어나시듯이, 예수님이 처녀의 몸에서 나시듯이 말입니다. 그때 그 일이 뭐 그리 굉장한 일이었겠습니까? 욕먹는 일이었을 것입니다. 예수의 아버지는 평생 그 욕을 먹고 살았을 것입니다. "저거 예수, 지 자식 아니래." 예수님은 그 속에서 목수의 아들로, 그렇게 죽어 가는 길로 자라 가셨습니다. 그가 무슨 영광을 받으셨겠습니까? 이사야 53장을 읽어 봅시다.

우리가 전한 것을 누가 믿었느냐 여호와의 팔이 누구에게 나타났느냐 그는 주 앞에서 자라나기를 연한 순 같고 마른 땅에서 나온 뿌리 같아서 고운 모양도 없고 풍채도 없은즉 우리가 보기에 흠모할 만한 아름다운 것이 없도다 (사 53:1-2)

우리 인생이 그렇습니다. 초라한 환경에 담기는 것입니다. 거기에다 하나님이 담으시는 내용을 깨달아야 하는데, 우리는 포장지에 집착하느라 안심, 자랑, 힘, 우월, 자존심, 이런 것으로 넘어가 버리는 것입니다. 하나님이 담아 주시는 내용은 다 쏟아 버린 채 말입니다. 에베소서 5장 18절에는 이런 권면이 나옵니다. 우리가 싫어하는 경우들 속에서 하나님이 일하고 있다고 말씀하십니다.

술 취하지 말라 이는 방탕한 것이니 오직 성령으로 충만함을 받으라 (엡 5:18)

이것이 무슨 권면입니까? 여기서 왜 '술 취하지 말라'는 말씀이 나올까요? '야, 자폭하지 마라. 포기하지 마라. 지금의 네 정황, 네 현실에도 하나님이 얼마든지 담으실 수 있다. 그러니 너 신자로 살아 내라. 괜찮다.' 이것이 성령 충만입니다. 우리는 이미 오늘 하루를 시작해서 살고 있습니다. 우리라는 존재가 있지 않습니까? '아무리 우리가 겉으로는 볼품이 없어도 우리 안에 내용을 담을 수 있다.' 이것이 '술 취하지 말고 성령 충만을 받으라'는 권면이 가진 의미입니다. 빌립보서 4장에 가면 이런 요구가 나옵니다.

주 안에서 항상 기뻐하라 내가 다시 말하노니 기뻐하라 너희 관용을
모든 사람에게 알게 하라 주께서 가까우시니라 아무 것도 염려하지
말고 다만 모든 일에 기도와 간구로, 너희 구할 것을 감사함으로 하
나님께 아뢰라 그리하면 모든 지각에 뛰어난 하나님의 평강이 그리
스도 예수 안에서 너희 마음과 생각을 지키시리라 (빌 4:4-7)

기뻐하라. 염려하지 마라. 이런 권면이 우리 현실에 가능할까요? 다시
본문 말씀으로 돌아가 보겠습니다. 본문 말씀에는 이스라엘의 철저한
패배가 나옵니다. 하나님의 임재를 상징하는 법궤를 모시고 하나님과
함께하고 있다고 믿었던 전쟁에서 이스라엘은 충격적 패배를 당합니
다. 법궤는 빼앗기고, 삼만 명이나 죽고, 홉니와 비느하스가 죽고, 그
아버지 엘리가 죽고, 엘리의 며느리가 애를 낳다가 죽습니다.

그러나 법궤를 빼앗기고 아이가 태어납니다. 탄생이란 존재하지
않았던 생명이 만들어지는 것 아닙니까? 이 사건에서는 법궤를 빼앗
긴 일에 정신이 팔린 모두에게 뜻밖에도 '이가봇'이라는 이름으로 태
어나는 아기를 소개합니다. 성경에서 생명의 탄생은 언제나 생명이
사망을 이기는 일을 위하여 하나님이 일하고 계심을 드러내기 위하
여 소개됩니다. 모세의 출생, 사무엘의 출생, 예수의 출생이 그랬습니
다. 이 모든 패배와 충격 속에서도 하나님은 새로운 생명을 탄생시키
시며 새로운 일을 하고 계시니 걱정하지 말라고 이야기합니다.

우리가 살아 있는 한, 우리의 삶이 하나님의 생명과 능력과 약속과
승리와 영광을 담을 수 있다고 하십니다. 그렇게 우리의 하루를 살아
내야 합니다. 그것이 신앙생활입니다. 하나님이 그렇게 일하십니다.

언제나 그렇게 일하십니다. 그러니 얼굴을 펴고, 각자의 인생을 하나님의 사람으로 멋지게 사는 기적을 누리고, 성경의 증언을 기억하는 현실이기를 바랍니다.

기도

하나님 아버지, 은혜를 감사합니다. 하나님이 우리와 함께하시며, 우리의 인생은 하나님의 인도하심 속에 있습니다. 우리는 성령님과 함께하며 하나님이 기억하시는 인생입니다. 이 사망과 폭력 속에 하나님의 은혜와 진리와 부활을 증언하는 귀한 존재입니다. 그 삶을 살아 내는 복된 인생 되게 하여 주시옵소서. 예수님 이름으로 기도합니다. 아멘.

5.

기대를 무너뜨리시다

---

1 블레셋 사람들이 하나님의 궤를 빼앗아 가지고 에벤에셀에서부터 아스돗에 이르니라 2 블레셋 사람들이 하나님의 궤를 가지고 다곤의 신전에 들어가서 다곤 곁에 두었더니 3 아스돗 사람들이 이튿날 일찍이 일어나 본즉 다곤이 여호와의 궤 앞에서 엎드러져 그 얼굴이 땅에 닿았는지라 그들이 다곤을 일으켜 다시 그 자리에 세웠더니 4 그 이튿날 아침에 그들이 일찍이 일어나 본즉 다곤이 여호와의 궤 앞에서 또다시 엎드러져 얼굴이 땅에 닿았고 그 머리와 두 손목은 끊어져 문지방에 있고 다곤의 몸뚱이만 남았더라 5 그러므로 다곤의 제사장들이나 다곤의 신전에 들어가는 자는 오늘까지 아스돗에 있는 다곤의 문지방을 밟지 아니하더라 (삼상 5:1-5)

수모를 감수하시는 하나님

이스라엘은 블레셋과의 전쟁으로 큰 곤란을 겪고 여러 번의 실패를 경험한 후, 하나님을 모셔 와서 전쟁을 승리로 바꾸려는 동기에서 법궤를 가져옵니다. 그러고 나서 더 큰 패배를 당하는 것이 사무엘상 4장과 5장의 내용입니다. 이스라엘은 만군의 하나님이 자기들과 함께하시면, 어떤 나라, 어떤 군대, 어떤 대적이라도 이길 수 있으리라고 당연히 기대했지만, 뜻밖에도 하나님은 그들의 기대를 외면하십니다. 이스라엘이 패배한 이 사건을 두고 이스라엘은 물론이고 블레셋 역시 하나님이 패배한 사건으로 받아들입니다. 이스라엘은 이 패배로 인해 신앙적 혼란을 겪는데, 이는 비느하스의 아내가 아이를 낳고 그 이름을 '이가봇'이라고 지은 데서 분명히 드러납니다. 이가봇은 '영광이 이스라엘에서 떠났다'는 뜻입니다. 이제 이스라엘은 하나님을 믿는 믿음과 하나님의 임재, 그리고 하나님의 현실적 통치에 대하여 전부 의심을 가질 수밖에 없게 되었습니다.

그러나 사무엘상 5장에서 보는 바와 같이, 뜻밖에도 하나님은 법궤를 빼앗아 간 블레셋의 중심부이자 그들이 섬기는 우상이 있는 다곤 신당에서 역사하십니다. 다곤의 제사장들이 아침에 일어나 신전에 가 보니 다곤이 엎드러져 법궤 앞에 절하고 있는 모습을 봅니다. 그래서 다곤 신상을 일으켜 원래의 자리에 세워 두고 이튿날 가 보니 이번에는 법궤 앞에 다곤의 얼굴이 땅에 닿았고, 머리와 두 손목은 잘려서 문지방에 걸려 있고, 몸뚱이만 남아 있는 꼴을 보고 당황하게 됩니다. 이후, 법궤를 빼앗아 가져다 둔 아스돗 지방에 하나님이 재앙을 내리자 블레셋은 견디지 못하고 칠 개월 만에 법궤를 돌려보냅니다.

  벌어지는 일련의 사건들을 보며 대개 우리는 성급한 결론을 내리곤 합니다. 하나님은 하나님의 일을 하시고 당신의 권능을 보이셨는데, 왜 이스라엘은 하나님의 임재 속에서도 패배했을까, 그들이 잘못했기 때문이다, 그들에게 신앙적 실패가 있었기 때문에 하나님이 그들을 편들어 주지 않으신 것이다, 이런 간단한 결론 말입니다. 그런데 이 문제는 우리가 생각하는 것보다 훨씬 더 깊습니다. 이 사건의 초점은 여호와의 궤가 블레셋에 빼앗기고 다곤 신당에 들어가 일종의 전리품이 되는 수모를 겪으면서까지 하나님이 이스라엘의 기대를 꺾으셨다는 데에 있습니다. 이 점을 놓치지 않아야 합니다.

  이스라엘의 기대는 '우리가 하나님을 모시고 있는 한, 패배할 이유가 없다'는 것이었습니다. 그 기대를 하나님이 정면에서 거부하십니다. 저들의 생각을 꺾어 산산조각 내십니다. 그런데 그것이 왜 그렇게 중요한 문제일까요? 이 질문이 이 사건의 핵심입니다. 이스라엘의 신앙이 바로 서지 않아서 그랬다고 모호하게 표현함으로써 '하나님을 더 잘 모셨으면 쟁취했을 승리를 그들은 놓치고 말았다'로 쉽게 결론지으면 안 됩니다. '하나님은 왜 그 시간에 잡혀가셔서 적진의 한복판에서 그들이 믿는 우상을 깨뜨리는 것으로, 이스라엘의 기대와 다른 식으로 자신을 증명하셨을까?' 오히려 이렇게 물어야 합니다.

타협을 모르시는 하나님

이사야 42장에 가 봅시다.

> 하늘을 창조하여 펴시고 땅과 그 소산을 내시며 땅 위의 백성에게
> 호흡을 주시며 땅에 행하는 자에게 영을 주시는 하나님 여호와께서
> 이같이 말씀하시되 나 여호와가 의로 너를 불렀은즉 내가 네 손을
> 잡아 너를 보호하며 너를 세워 백성의 언약과 이방의 빛이 되게 하리
> 니 네가 눈먼 자들의 눈을 밝히며 갇힌 자를 감옥에서 이끌어 내며
> 흑암에 앉은 자를 감방에서 나오게 하리라 나는 여호와이니 이는
> 내 이름이라 나는 내 영광을 다른 자에게, 내 찬송을 우상에게 주지
> 아니하리라 (사 42:5-8)

우상 숭배는 이스라엘 역사에서 가장 치명적인 문제라고 할 수 있습
니다. 사사 시대의 실패도 우상 숭배 때문이고, 왕정 시대를 거쳐 이스
라엘 역사 내내 실패와 멸망의 가장 큰 이유도 우상 숭배입니다. 우상
이 무엇이기에, 우상 숭배가 어떤 문제이기에, 하나님은 우상과의 싸
움을 가장 큰 주제로 삼으시는가, 이렇게 묻지 않을 수 없습니다. 8절
을 보면, '나는 내 영광을 다른 자에게, 내 찬송을 우상에게 주지 아니
하니라'라고 말씀하십니다. 하나님은 당신이 받으실 영광이, 우리가
우상에게 바치는 정성쯤 되는 수준으로는 타협하지 않겠다, 그런 뜻
입니다. 우상이 무엇이기에 하나님은 이렇게 하실까요?

골로새서 3장 5절에 의하면, '탐심은 우상 숭배'입니다. 잘 압축된 정

의라고 생각합니다. 탐심은 우리의 욕심을 가리킵니다. 욕심 자체가 잘
못이라는 의미이기보다는, 하나님은 우리의 욕심을 채워 주는 정도에
불과한 분이 아니다, 그런 수준에 타협하시는 분이 아니라는 뜻입니다.
내가 원하는 것을 만족시켜 주는 능력, 그것을 채워 주는 대상이 우상
입니다. 그러니 쉽게 말해서 돈이나 권력이나 다른 신 그 자체가 우상
이라기보다는 우리의 기대와 소원을 만족시켜 주는 정도, 우리가 주인
이고 하나님이 수단이 되는 식으로는 타협하지 않겠다고 하시는 하나
님의 의지가 우상 숭배를 금하는 명령에 담긴 의미인 것입니다. 이처럼
하나님이 우리에게 요구하시는 것은 이사야 43장에 잘 나와 있습니다.

야곱아 너를 창조하신 여호와께서 지금 말씀하시느니라 이스라엘아
너를 지으신 이가 말씀하시느니라 너는 두려워하지 말라 내가 너를
구속하였고 내가 너를 지명하여 불렀나니 너는 내 것이라 네가 물
가운데로 지날 때에 내가 너와 함께 할 것이라 강을 건널 때에 물이
너를 침몰하지 못할 것이며 네가 불 가운데로 지날 때에 타지도 아니
할 것이요 불꽃이 너를 사르지도 못하리니 대저 나는 여호와 네 하
나님이요 이스라엘의 거룩한 이요 네 구원자임이라 내가 애굽을 너
의 속량물로, 구스와 스바를 너를 대신하여 주었노라 네가 내 눈에
보배롭고 존귀하며 내가 너를 사랑하였은즉 내가 네 대신 사람들을
내어 주며 백성들이 네 생명을 대신하리니 두려워하지 말라 내가 너
와 함께 하여 네 자손을 동쪽에서부터 오게 하며 서쪽에서부터 너
를 모을 것이며 내가 북쪽에게 이르기를 내놓으라 남쪽에게 이르기
를 가두어 두지 말라 내 아들들을 먼 곳에서 이끌며 내 딸들을 땅

끝에서 오게 하며 내 이름으로 불려지는 모든 자 곧 내가 내 영광을 위하여 창조한 자를 오게 하라 그를 내가 지었고 그를 내가 만들었느니라 (사 43:1-7)

우리가 영광된 존재입니다. 하나님이 하나님의 영광으로 우리를 지으셨습니다. 그러므로 우리의 영광은 우리가 품은 소원이나 우리가 상상하는 목적에 있는 것이 아니라, 하나님의 의지, 하나님의 뜻, 하나님의 목적에 있습니다. 우상과 하나님의 차이가 무엇입니까? 하나님은 생각하시는 분입니다. 하나님에게는 생각이 있습니다. 하나님은 인간의 생각을 상회하는 생각을 가진 존재입니다. 그에 반해 우상은 우리의 소원을 이루어 주는 존재에 불과합니다. 수단이죠. 하나님은 우리의 수단이 되는 정도에 만족하지 않으십니다. 그러니 하나님의 뜻을 알고, 하나님이 목적하시는 바를 채우는 것이 우리 인생이고, 인류 역사입니다.

제목은 기억이 잘 안 나는데, 배우 백윤식 씨가 나오는 조폭 영화였던 것 같습니다. 거기서 백윤식 씨가 "이 일은 이렇게 저렇게 정리하겠다"라고 하자, 이를 듣고 있던 부하 중 하나가 "제 생각에는 이렇게 하는 편이 더 좋을 것 같습니다"라고 이의를 제기합니다. 이때 백윤식 씨가 이런 대답을 합니다. "생각은 내가 하는 거야." 우리는 여기에서 늘 틀립니다. 생각은 우리가 하는 게 아닙니다. 그렇다고 이 말이 우리더러 뇌 활동을 중지하라는 뜻은 아닙니다. 우리의 목적지와 차원과 내용은 하나님이 정하신다는 의미입니다.

하나님의 목적은 정말 큽니다. 에베소서 1장에 나온 말씀으로 표현해 보면, 우리를 부르신 하나님이 우리로 당신의 영광을 찬송하게 하며, 그의 영광의 찬송이 되게 하실 존재가 바로 우리라고 말씀합니다. 우리라는 정체성은 하나님이 누구시냐와 긴밀하게 연결되어 있습니다.

그러니 이스라엘이 하나님을 다만 수단으로 생각하여 자기네들의 안전과 필요를 채우는 일에 급급한 시점에서 하나님이 그들의 요구를 저버리시고, 기대를 꺾으시며, 그들과 세게 충돌하시는 것은 너무나 큰 은혜인 것입니다. 하나님이 우리에게 '나를 아버지라고 부르라. 나를 하나님으로 찾으라'라고 하셨는데, 다만 우리가 하나님을 우리의 안전과 필요를 채워 주는 정도의 존재로 만족한다면, 이는 턱없이 부족한 신앙입니다. 하나님의 목적은 이것과 비교할 수 없이 훨씬 더 크다고 이야기합니다. 이 문제는 신자들에게 언제나 시험거리가 되어 왔습니다. 신약 시대 표현으로 하면, 예수를 믿는다는 고백으로 우리가 안심을 얻고 형통을 누릴 것이라고 기대하는 것과 같습니다. 이것을 성경은 우상이라고 말합니다.

승리주의라는 유혹

그러면 고단한 삶이 복일까요? 이 문제는 좀 더 논의를 해 보아야 합니다. 이천 년 기독교 역사에서 교회에 가장 큰 시험거리가 된 것은 '승리주의'라는 생각이었습니다. 이 생각의 배경에는 역사적 사건이 있습니다. A.D. 313년에 콘스탄틴 대제가 기독교를 공인하여 국교로 삼는 데서부터 기독교의 가장 큰 시험이 시작됩니다. 권력을 가지는 것, 모든 경우에 기독교가 우위에 서고 승리하는 것이 하나님의 뜻이고, 하나님이 일하시는 표징이라고 생각하게 되었던 것입니다. 이것은 우리 역시 가진 생각일 것입니다.

예수를 믿으면 모든 일에서 우위에 서야 하고, 모든 문제를 해결할 수 있어야 하고, 그렇게 함으로써 하나님의 초월적 권능과 높으심이 드러나야 하고, 그 높으심을 우리의 형통한 삶으로 증명해야 하고, 보상으로 누려야 하는 것, 우리에게 실패가 있거나 고통이 닥치면 자신에게 무슨 잘못이 있기 때문이라고 생각하는 것, 이 모든 생각이 승리주의에서 비롯한 것입니다. 그러니까 승리주의라는 것은 언제나 우리로 보이는 싸움에 집착하게 하고, 또 이 싸움 속에서 보이는 보상을 요구합니다. 그런데 본문 말씀인 사무엘상 4장과 5장에 걸친 이 사건이야말로 우리의 이런 요구를 하나님이 정면으로 거부하시는 사건임을 보게 됩니다. 하나님은 이스라엘의 패배를 요구하십니다. 놀라운 일입니다. 그러자 이스라엘은 어떤 혼란에 빠집니까? 하나님의 임재, 하나님을 믿는 신앙의 확신, 그리고 삶의 근거를 다 잃게 됩니다.

교회 시대 내내 기독교 신자들이 겪은 혼란이 무엇입니까? 승리주의로는 답이 되지 않는 신앙 현실을 맞이하는 데서 오는 혼란입니다. '도대체 내가 뭘 잘못했기에 내 인생은 이렇게 형통하지 않을까? 왜 이런 어려움이 생기는가? 내가 정말 무얼 잘못했는가?' 그것이 우리의 현실입니다. 잘한 기억, 보상을 받았다고 생각되는 기억은 어쩌다 한 번쯤 있습니다. 그러나 그것이 현실을 다 보장해 주지 않습니다. 회개를 한 것도 사실이고, 은혜를 입은 것도 사실이지만, 현실은 믿기 전과 다름없이 많이 힘듭니다. 그러니 더 무섭습니다. 그때는 예수를 몰라서 어려웠던 것이라고 이해하면 되는데, 지금은 열심히 믿고 노력하는데도 왜 형통하지 않은가? 우리로서는 정말 혼란스럽습니다.

예수를 믿는다는 고백에 들어 있는 가장 중요한 내용 두 가지를 본문 말씀에서 확인해야 합니다. 예수를 믿으면, 맨 처음 도덕성에서 변화가 일어납니다. 금방 알아들을 것 같지만, 그렇게 쉬운 내용은 아닙니다. 도덕성의 변화라는 것이 우리의 기대와 다르기 때문입니다. 정직하고, 신실하고, 성실하면 되는 그렇게 간단한 일이 아닙니다. 에베소서 4장으로 가 봅시다.

그러므로 내가 이것을 말하며 주 안에서 증언하노니 이제부터 너희는 이방인이 그 마음의 허망한 것으로 행함 같이 행하지 말라 그들의 총명이 어두워지고 그들 가운데 있는 무지함과 그들의 마음이 굳어짐으로 말미암아 하나님의 생명에서 떠나 있도다 그들이 감각 없는 자가 되어 자신을 방탕에 방임하여 모든 더러운 것을 욕심으로 행하되 오직 너희는 그리스도를 그같이 배우지 아니하였느니라 진리가 예수 안에 있는 것 같이 너희가 참으로 그에게서 듣고 또한 그 안에서 가르침을 받았을진대 너희는 유혹의 욕심을 따라 썩어져 가는 구습을 따르는 옛 사람을 벗어 버리고 오직 너희의 심령이 새롭게 되어 하나님을 따라 의와 진리의 거룩함으로 지으심을 받은 새 사람을 입으라 (엡 4:17-24)

알 것 같은 이야기입니다. 신실해져야 하고 신자답게 살아야 합니다.

옳습니다. 그러나 중요한 대목은 이것입니다. 우리가 예수를 알기 전에는 허망한 삶을 살 수밖에 없었습니다. 무엇을 해야 하는지, 어떻게 해야 하는지 몰랐기 때문입니다. 그때는 승부가 전부였습니다. 그러나 이제는 우리가 누구인지를, 어떤 존재인지를 압니다.

여기서 '의와 진리의 거룩함으로 지으심을 받은 새사람을 입으라'는 말씀은 그렇게 살라는 명령이기 전에 이렇게 지음을 받았다는 사실, 즉 자기 정체성을 알아야 하는 문제가 전제되어 있습니다. 어떤 정체성일까요? 하나님의 자녀라는 신분과 지위를 말합니다. 하나님의 거룩하심을 이어 가는 생명체, 하나님의 위대함과 명예와 진리와 생명을 담은 피조물의 정체성을 말합니다. 도덕성이, 잘하고 못하고를 우리로 선택하게 하여 잘해야 한다고 권면하는 목록으로 제시되는 것이 아니라, '예전에는 할 수 없었던 의와 진리의 거룩함과 선행을 이제는 이룰 수 있게 됐다. 너는 그런 존재다. 너는 존엄한 존재다'를 알려 주는 것입니다. 우리가 죄를 짓지 않고 의를 행하고 믿음을 지켜야 하는 것은 강요할 수 있는 문제가 아니라, 우리의 신분에 따른 당연한 행보이기 때문입니다. 우리만이 할 수 있는 복인 것입니다.

'거룩함'을 따라 살지 못하면 그 자체로 우리에게 손해입니다. '잘함과 잘못함'이라는 선택지는 대등하게 둘로 나뉜 대상이 아닙니다. 그 사이에 우리가 있지 않습니다. 못났으면 잘못한 행동을 할 것입니다. 해야 하는 일을 못 할 것입니다. 무엇을 말입니까? 우리만이 할 수 있는 것, 의와 진리와 생명입니다. '거짓말하고 못나게 굴지 마'가 아니라, 존엄하고 위대하고 거룩하고 충만한 삶을 사는 존재임을 누려야 합니다.

배역과 대사

영화나 드라마에서 연기할 때는 어느 역할을 맡느냐가 중요합니다.
주인공이 악역이냐 선한 역할이냐죠. 대개 주인공은 선한 역할을 맡
아야 맞습니다. 그러면 악역이 상대역으로 등장합니다. 악한 역할과
선한 역할은 같은 사건에 대한 해석이 정반대이고. 같은 일에 대한 목
적 역시 정반대입니다. 아무런 가치가 없고, 아무런 의미가 없는 존재
들은 화를 내고 더럽게 굴 수밖에 없습니다. 고함을 지르고 헐뜯고 비
난하는 일밖에 없습니다. 왜 그럴까요? 내용이 없으니 그렇습니다. 그
러나 내용이 있으면, 생명의 가치, 인간성의 위대함을 거기에 담을 수
있습니다. 내용이라는 것은 일어난 사건이 전부가 아니라, 그 사건 속
에서도 우리가 보여야 할 의와 진리와 생명이 있다는 것입니다. 우리
가 할 수 있는 일은 견디는 일입니다.

　악역이 자기가 하고 싶은 이야기를 다 쏟아 낼 때, 주인공은 웃어
야 하는 것입니다. 악인이 최악으로 굴 때도 주인공은 이런 말밖에 못
하는 것이죠. "너는 좋겠다. 아무 소리나 해도 돼서…. 난 못 한다." 그
러면 상대역이 "너도 해 봐"라고 부추길 것입니다. 그럴 때 "정말?"이
라고 되물으면, 감독이 와서 바로 커트할 것입니다. "너, 정신 나갔냐?
왜 대사에 없는 소리는 하고 그러냐?" 어떤 유명한 영화감독이 있었
는데, 그 감독은 모든 배우에게 이것을 요구했다고 합니다. "목소리
를 낮춰라. 애써 억지 표정을 짓지 마라. 제스처를 쓰지 마라. 대사와
스토리 속에 내용을 더 풍성히 담고 싶다면, 네가 연기를 하면 할수록
망친다는 것을 잊지 마라." 신기한 말입니다. 연기를 하려고 하지 말

고 그 배역에 녹아들어 가야 합니다. 대사가 주어졌으니 주어진 대사만 하면 되는 것입니다. 그때그때 해야 할 말을 하는 것입니다. 우리의 대사는 누가 주십니까? 하나님이 주신다고 성경은 말씀합니다. 우리에게 주어진 대사를 해야 합니다. 어떤 대사를 해야 하는지 찾아봅시다. 에베소서 4장 25절 이하입니다.

> 그런즉 거짓을 버리고 각각 그 이웃과 더불어 참된 것을 말하라 이는 우리가 서로 지체가 됨이라 분을 내어도 죄를 짓지 말며 해가 지도록 분을 품지 말고 마귀에게 틈을 주지 말라 도둑질하는 자는 다시 도둑질하지 말고 돌이켜 가난한 자에게 구제할 수 있도록 자기 손으로 수고하여 선한 일을 하라 무릇 더러운 말은 너희 입 밖에도 내지 말고 오직 덕을 세우는 데 소용되는 대로 선한 말을 하여 듣는 자들에게 은혜를 끼치게 하라 하나님의 성령을 근심하게 하지 말라 그 안에서 너희가 구원의 날까지 인치심을 받았느니라 너희는 모든 악독과 노함과 분냄과 떠드는 것과 비방하는 것을 모든 악의와 함께 버리고 서로 친절하게 하며 불쌍히 여기며 서로 용서하기를 하나님이 그리스도 안에서 너희를 용서하심과 같이 하라 (엡 4:25-32)

이렇게 역할이 확연히 구별됩니다. 상대는 더러운 말이나 악한 말밖에는 할 것이 없습니다. 우리만이 친절하며, 용서하며, 불쌍히 여기며, 덕을 세울 수 있습니다. 우리가 맡은 역할입니다. 우리 인생에 벌어진 모든 정황에서 이 말을 할 수 있어야 합니다. 우리가 형통하고 우월하고 잘나야 이 말이 힘을 가지는 것이 아닙니다. 가장 큰 시험과 어려움 속에서도 이런 멋진 대사를 할 수 있는 존재가 신자입니다.

그런데 대개 우리는 이 일의 중요성을 오해합니다. 우리가 힘을 가지고, 승리하고, 권력이 있어야 멋진 말을 할 수 있고, 그래야만 우리가 하는 말이 힘을 발휘할 것이라고 생각하는데, 그 반대의 길을 간 분이 예수입니다. 그는 하나님의 아들인데, 이 세상에 와서 오해받고 수치를 당하고 억울하게 누명을 쓰고 죽임을 당합니다. 그 모든 경우에 그가 보인 반응을 보십시오.

왜 그렇게 하셨을까요? 예수께서 그 길을 걸으신 가장 큰 이유가 무엇입니까? 왜 예수는 반발하지도 변명하지도 구구절절 설명하지도 않았을까요? 예수님만이 걸을 수 있는 길이었기 때문입니다. 우리와 나눌 수도 없는 일이고, 사전에 우리가 이해한다고 해서 당신이 안 해도 되는 일이 아니기 때문입니다. 예수가 하지 않고는 뒤집을 수 없는 일이기 때문입니다. 사망을 이기는 싸움이기 때문입니다. 그래서 예수는 이 모든 것을 감수합니다. "주여, 그럴 수 없습니다. 주께서 죽을 수 없습니다. 내가 막겠습니다. 죽는 자리까지 제가 같이 가겠습니다"라는 말을 기억합니까? 베드로가 했던 충성 서약입니다. 그런데 그는 예수님에게 뭐라고 욕을 먹었다고요? "사탄아, 내 뒤로 물러가라. 너는 나를 넘어지게 하는 자로다."

죽음으로 이루신 일

우리 인생이 형통하고 승리해야 예수와 십자가가 증거된다고 생각합니까? 예수가 걸어가신 길이 그렇지 않습니다. 예수님은 '누구든지 나를 따라오려거든 자기를 부인하고 자기 십자가를 지고 나를 따를 것이니라'(마 16:24)라고 말씀하셨으며, '나를 믿는 자는 내가 하는 일을 그도 할 것이요 또한 그보다 큰 일도 하리니'(요 14:12)라고 말씀하셨습니다. 이 말씀에 따르면, 우리가 예수보다 더 고단한 인생을 살 수도 있는 것입니다. 예수님은 삼십삼 년을 살다가 죽으셨지만, 우리는 그렇게 일찍 못 죽고 이 험한 세상을 계속 살아가고 있기 때문입니다.

이것이 얼마나 위대한 길입니까? '아버지 저들을 사하여 주옵소서 자기들이 하는 것을 알지 못함이니이다'(눅 23:34)라는 대사는 언제 할 수 있습니까? '네가 만일 하나님의 아들이어든 자기를 구원하고 십자가에서 내려오라'(마 27:40)라는 조롱에 대응해서 나온 말입니다. 하나님이 우리를 억울하고 말이 안 되는 자리에서 예수 믿는 자리로 부르셨습니다. 하나님이 우리가 겪는 이 고난의 자리보다 더 큰 내용을 심는 일로 인류 역사와 우리 인생을 요구하고 계시다는 것을 알아야 합니다. 우리는 수단이 아닌 것입니다.

쉽지 않습니다. 눈물을 쏙 빼놓는 자리이기 때문입니다. 그런데 생각해 보십시오. 가치 있는 모든 일은 전부 다 눈물이 따라옵니다. 눈물 없이 어떻게 고급한 자리를 갑니까? 훈련 없이, 인내 없이, 고뇌 없이 어떻게 숭고한 자리로 갑니까? 오죽하면 예수님이 우리에게 '내가 줄 양식은 내 살이고 내 피라' 이렇게 말씀하셨겠습니까? 우리가 걸어야 하는 길은 예수의 눈물, 예수의 피, 예수의 찢긴 살이 맺혀 있는 길 아닙니까. 예수님이 그 길을 걸으셨고, 우리도 예수님의 찢기신 살과 흘리신 피가 있어야 간신히 견딜 수 있는 길을 걷는 것 아닙니까.

성경은 이 길이 위대한 길이라고 합니다.

그런데 우리에게는 언제부터 형통과 행복이 소원이 되어 버렸을까요? 이스라엘이 법궤를 가져오면 이길 수 있다고 생각한 것과 같이, 예수를 믿으면 쉬운 인생을 살 수 있다고 우리의 신앙을 스스로 축소해 버린 것은 아닐까요? 지금 우리가 살고 있는 길이 예수가 걸으신 길이요, 하나님이 우리에게 요구하시는 길이요, 하나님이 그의 거룩과 권능을 동원하여 요구하신 길입니다. 하나님의 영광을 찬송하며, 하나님의 영광의 찬송이 되라고 부르신 우리입니다. 우리 하나 편하게 살면 그만인 그런 존재가 아닌 것입니다.

우리가 예수를 믿게 되면 생기는 가장 중요한 것은 도덕성의 변화와 세계관의 변화입니다. 세계관이란 세계를 보는 눈을 말하는데, 예수를 믿게 되면 이것이 달라집니다. 보이는 것이 운명이거나 힘이 아니다, 권력, 능력, 물질, 이런 것이 힘이 아니다, 세상은 하나님이 통치하시며 예수 안에서 완성하신다, 이런 관점으로 세상을 보게 됩니다. 우리가 당하는 모든 고난은 사망이 그의 권세를 가지고 하는 위협이고 시험입니다. 그것을 극복하고 이기는 답은 무엇입니까? 십자가입니다. 죽는 것입니다.

죽는 것이 무슨 일을 합니까? 예수님은 사망을 이기기 위해 사망을 비켜 간 것이 아니라, 마치 사망을 꼬치에 꿰어 버린 것처럼 관통해 나가십니다. 사망의 자리에 들어가 사망을 뒤집으신 것입니다. 그것이 하나님이 일하시는 방법이고, 하나님이 기뻐하시는 길입니다. 잊지 않아야 합니다. 그러지 않고는 기독교가 이야기하는 구원, 영광, 승리라는 것을 만들어 낼 다른 방법을 가질 수 없습니다. '주 예수를 믿으라. 그리하면 너와 네 집이 구원을 얻으리라. 예수 외에는 구원을 얻을 만한 다른 이름을 주신 일이 없다'라는 말씀을 기억해야 합니다.

예수 안에서

에베소서 1장에 가 봅시다.

> 찬송하리로다 하나님 곧 우리 주 예수 그리스도의 아버지께서 그리스도 안에서 하늘에 속한 모든 신령한 복을 우리에게 주시되 곧 창세 전에 그리스도 안에서 우리를 택하사 우리로 사랑 안에서 그 앞에 거룩하고 흠이 없게 하시려고 그 기쁘신 뜻대로 우리를 예정하사 예수 그리스도로 말미암아 자기의 아들들이 되게 하셨으니 이는 그가 사랑하시는 자 안에서 우리에게 거저 주시는 바 그의 은혜의 영광을 찬송하게 하려는 것이라 (엡 1:3-6)

그리스도 안에서 하늘에 속한 모든 신령한 복을 주시며(3절), 창세전에 그리스도 안에서 우리를 택하셨습니다(4절). '예수로만 구원을 얻는다'는 말은 예수는 하나님이 보이신 하나님의 방법이자, 창세전부터 준비된 하나님의 방법이라는 것입니다. 예수 없이는 안 됩니다. '예수를 믿어야 한다'는 말은 예수가 걸으신 길, 그 방법으로만 우리를 만들어 가겠다는 말씀입니다.

하나님은 아담과 하와가 타락하기 전, 물론 인간이 창조되기 전, 예수 안에서 창조를 완성하셨습니다. 하나님은 아담과 하와의 타락을 미리 알고 계셨는가, 그것이 핵심이 아닙니다. 아담이 하나님을 선택하고 바른 길을 갔어도 '예수 안에서'라는 사실은 바뀌지 않을 것입니다. 그 모범도 '예수 안에서'입니다. 인간이 타락하자, 사망을 택한 우리를 찾아와 사망까지 뒤집어엎는 자리까지 오신 하나님의 성실과 진정성, 그리고 거기서 보이신 하나님의 섬김, 우리를 향하여 가지신 하나님의 신실하신 성품과 열심이라는 것이 구원과 창조의 목적에서 가장 큰 몫을 한다고 증언하고 있는 셈입니다.

그러니 고난이 하는 일을 모른 채, '하나님의 자녀로 영광의 자리에 갈 수 있다'고 말하는 것은 흔히 하는 이야기로, '예수를 믿지 않고는 구원을 얻지 못한다'는 말이 갖는 의미와 가장 반대되는 말인 것입니다. 그것 없이는 예수를 믿는다는 말의 본질이 빠진 것입니다. 이 눈물나는 고생을 해야 한다고요? 그렇습니다. 그 길이 위대하기 때문에 눈물이 나는 것입니다. 세상에 쉬운 가치란 없습니다.

이 싸움에서 우리가 늘 무슨 실수를 하느냐 하면, 예수를 믿고 난 후에도 우리가 만나는 현실은 믿기 전의 현실과 동일한 정황이고 환경이라는 사실을 놓친다는 점입니다. 사망은 그때 내가 예수를 알기 전에도 우리에게 공포였고, 협박이었고, 유혹이었습니다. 예수를 믿고 난 다음에도 사망 권세는 여전히 그 힘을 쓰고 있습니다. 우리의 고민은 그때는 몰라서 졌고, 지금은 알고도 진다는 사실입니다. 그러나 이제 우리가 아는 것은 하나님이 이 세상을 엎으셨다는 사실입니다. 사망이 끝이 아닙니다. 부활이 있습니다. 우리는 이길 것입니다. 그러나 하나님은 사망 권세를 지금 꺾지 않으십니다. 주님 오시는 날까지 이 정황이, 이 환경이 계속될 것입니다. "하나님, 왜 이런 방식으로 일하십니까?" 우리 질문은 늘 여기에 있습니다.

법궤를 가져왔을 때 왜 이스라엘에게 승리를 주지 않으시고, 이스라엘의 기대를 저버리시고, 그들의 이해를 박살 내시고, 하나님이 수모를 당하시고 잡혀가셨습니까? 너희가 기대하는 목적과 내가 의도하는 목적은 다르다, 내용도 다르다, 나는 우상에게 내 찬송을 내줄 수 없다, 나에 대한 너희의 이해도 더 깊어져야 하고, 너희 자신에 대한 이해도 더 깊어져야 한다, 즉 신자라면 눈물 골짜기를 지나가야 한다는 것입니다. 우리가 흔히 이야기하는 '고생해야 훌륭한 사람이 된다'와 같은 막연한 경구를 성경에서 구체적 표현으로 찾아보면, 바로 '예수 안에서'입니다.

그러니 우리 각자의 현실을 각오하고 살아야 합니다. "하나님, 힘들어서 못 해 먹겠습니다." 그러면 지는 것입니다. 매일 벌어지는 현실 속에서 하나님의 사람으로 무엇을 어떻게 해야 하는가? 더러운 말과 악의를 접고 의심과 변명을 접고 사십시오. 맡겨진 일을 하십시오. 웃을 수 없고 험한 말이 나올 것 같으면 참으십시오. 울고불고 동정을 구하지 말고. 야단법석을 떨어서 원망으로 가지 말고, 각자 할 수 있는 만큼 하십시오.

그렇게라도 하루하루 살아가면서 사망과 세상이 주는 위협과 하나님이 약속하시고 만들어 가는 길의 차이를 점점 더 배워야 할 것입니다. 하나님이 이미 예수 안에서 새 세상을 만드셨습니다. 그것을 증언할 자는 우리뿐입니다. 우리만이 의와 진리와 생명에 대해 살아 있는 존재요, 증거이며, 인생입니다. 그렇게 살아 내십시오.

영화에 제일 많이 나오는 사람은 주인공이어야 합니다. 주인공은 맨 끝에 인사만 하러 나오고 악당들끼리 놀다가 끝나는 그런 영화를 본 적 있습니까? 그럴 수는 없습니다. 우리는 지금 무엇을 하고 있는 것입니까? 우리가 속한 이 시대에 우리는 주인공으로 살아가고 있습니까? 우리 인생이 우리 것입니까? 하나님이 예수 안에서 불러내신 믿음의 인생으로 살고 있습니까? 그 인생을 살아 내어 예수를 믿는다는 것이 실제로 무엇인지, 각자의 인생에 담으십시오. 감사와 찬송과 기쁨이 따라올 것입니다. 원망과 분노와 비난은 시험입니다. 이미 온 세상에 예수 그리스도의 영광이 충만합니다. 우리 각자가 예수를 믿게 되지 않았습니까? 그 인생을 살아서 이 세상을 하나님의 영광과 은혜와 구원과 기적으로 바꿔 놓는 역할을 기적으로 살아 내기를 바랍니다.

기도

하나님 아버지, 은혜를 감사합니다. 우리 믿음과 우리 인생이 예수께 묶여 한 길로, 하나님의 사람으로 걸어가는 충성과 기적과 기쁨이 있기를 소원합니다. 함께하시고 지켜 주시옵소서. 예수님 이름으로 기도합니다. 아멘.

6.
법궤라도 빼앗길 수 있다

1 여호와의 궤가 블레셋 사람들의 지방에 있은 지 일곱 달이라 2 블레셋 사람들이 제사장들과 복술자들을 불러서 이르되 우리가 여호와의 궤를 어떻게 할까 그것을 어떻게 그 있던 곳으로 보낼 것인지 우리에게 가르치라 3 그들이 이르되 이스라엘 신의 궤를 보내려거든 거저 보내지 말고 그에게 속건제를 드려야 할지니라 그리하면 병도 낫고 그의 손을 너희에게서 옮기지 아니하는 이유도 알리라 하니 4 그들이 이르되 무엇으로 그에게 드릴 속건제를 삼을까 하니 이르되 블레셋 사람의 방백의 수효대로 금 독종 다섯과 금 쥐 다섯 마리라야 하리니 너희와 너희 통치자에게 내린 재앙이 같음이니라 5 그러므로 너희는 너희의 독한 종기의 형상과 땅을 해롭게 하는 쥐의 형상을 만들어 이스라엘 신께 영광을 돌리라 그가 혹 그의 손을 너희와 너희의 신들과 너희 땅

에서 가볍게 하실까 하노라 6 애굽인과 바로가 그들의 마음을 완악하게 한 것 같이 어찌하여 너희가 너희의 마음을 완악하게 하겠느냐 그가 그들 중에서 재앙을 내린 후에 그들이 백성을 가게 하므로 백성이 떠나지 아니하였느냐 7 그러므로 새 수레를 하나 만들고 멍에를 메어 보지 아니한 젖 나는 소 두 마리를 끌어다가 소에 수레를 메우고 그 송아지들은 떼어 집으로 돌려보내고 8 여호와의 궤를 가져다가 수레에 싣고 속건제로 드릴 금으로 만든 물건들은 상자에 담아 궤 곁에 두고 그것을 보내어 가게 하고 9 보고 있다가 만일 궤가 그 본 지역 길로 올라가서 벧세메스로 가면 이 큰 재앙은 그가 우리에게 내린 것이요 그렇지 아니하면 우리를 친 것이 그의 손이 아니요 우연히 당한 것인 줄 알리라 하니라 10 그 사람들이 그같이 하여 젖 나는 소 둘을 끌어다가 수레를 메우고 송아지들은 집에 가두고 11 여호와의 궤와 및 금 쥐와 그들의 독종의 형상을 담은 상자를 수레 위에 실으니 12 암소가 벧세메스 길로 바로 행하여 대로로 가며 갈 때에 울고 좌우로 치우치지 아니하였고 블레셋 방백들은 벧세메스 경계선까지 따라 가니라 13 벧세메스 사람들이 골짜기에서 밀을 베다가 눈을 들어 궤를 보고 그 본 것을 기뻐하더니 14 수레가 벧세메스 사람 여호수아의 밭 큰 돌 있는 곳에 이르러 선지라 무리가 수레의 나무를 패고 그 암소들을 번제물로 여호와께 드리고 15 레위인은 여호와의 궤와 그 궤와 함께 있는 금 보물 담긴 상자를 내려다가 큰 돌 위에 두매 그 날에 벧세메스 사람들이 여호와께 번제와 다른 제사를 드리니라 16 블레셋 다섯 방백이 이것을 보고 그 날에 에그론으로 돌아갔더라 (삼상 6:1-16)

빼앗긴 영광의 회복

이스라엘은 블레셋과의 전쟁에서 패합니다. 이스라엘은 자신들의 패
배를 만회하고 또 그들이 가진 당연한 믿음대로 하나님과 그 백성의
승리를 분명히 하기 위하여 법궤를 모셔 옵니다. 그러나 더 크게 패하
고 법궤마저 빼앗깁니다. 엘리의 아들인 비느하스의 아내는 그 와중
에 아이를 낳는데, 그 이름을 '이가봇'이라고 짓고 죽습니다. '영광이
떠났다', '영광이 없다'라는 뜻이 이 이름에 들어 있습니다. 좀 더 직설
적으로 표현하면 '우리는 망했다'는 것입니다. 이렇게 법궤 사건이 끝
납니다. 이해할 수 없는, 정말 당혹스러운 사건입니다. 이스라엘의 믿
음과 확신과 기대가 다 깨진 상황에서 빼앗긴 법궤는 다곤 신, 곧 우
상들을 무릎 꿇리고 법궤를 빼앗아 간 블레셋 온 땅에 독종의 벌을 내
립니다. 이에 블레셋 백성 모두가 당황하여 칠 개월 만에 항복합니다.
"보내자. 이 신을 우리 땅에 이대로 둘 수 없다." 그래서 어떻게 보내
야 할 것인가를 의논하다가 법궤를 보낼 때 속건제물도 함께 바쳐야
한다는 조언을 듣습니다.

　속건제물은 배상금이나 벌금의 의미를 지닌 제물입니다. 금 독종
다섯과 금쥐 다섯 마리로 속건제물을 보내는데, 아마 한 개당 금 일
톤쯤 되었을 것입니다. 그렇지 않고 가락지만 한 크기로야 말이 안 될
것입니다. 제사장들과 복술자들이 블레셋에 알려 주기를 속건제물을
보내면서 이렇게 하라고 합니다. '너희는 너희의 독한 종기의 형상과
땅을 해롭게 하는 쥐의 형상을 만들어 이스라엘 신께 영광을 돌리라'
(삼상 6:5). 그리하여 영광이 다시 살아납니다. 영광이 떠났음을 암시

해 주는 법궤를 빼앗긴 사건이, 이스라엘의 참담함, 당혹감, 의심, 불안, 공포, 절망으로 끝난 것 같은 이 사건이 다시 영광이 살아나는 것으로 끝납니다. 법궤를 모시고도 실패한 이스라엘의 자존심이 걸린 사건이었으나 빼앗긴 법궤의 귀환으로 하나님의 영광이 회복되고 확인된 것입니다.

블레셋 사람들은 이 사건 즉 하나님의 법궤로 다곤 신상이 무너진 일이 우연인지, 아니면 과연 이스라엘을 지키시는 신의 개입인지 알아내기 위해서 법궤와 속건제물을 보낼 때 묘한 확인 장치를 사용합니다. 멍에를 한 번도 메어 보지 않은 암소 두 마리로 수레를 끌게 하여 이 소들이 똑바로 가면 하나님이 이 일의 주인이시고, 이 소들이 똑바로 가지 않으면 우연히 일어난 일이라고 생각하기로 했습니다.

여기 수레를 끄는 암소는 새끼를 낳은 암소이고, 한 번도 멍에를 메어 보지 않은 암소입니다. 이 암소들이 똑바로 갈 수 없는 이유는 너무나 분명합니다. 멍에를 한 번도 메어 본 적이 없어서 수레를 제대로 끌고 가지 못할 것이다, 그리고 어미 소이기에 새끼를 놔두고 가지는 못하고 돌아올 것이다, 이런 두 가지 가정을 걸어 놓은 것인데, 암소들이 똑바로 갑니다. 울면서 갑니다. 새끼와 헤어질 수 없는 어미 소가 울며 그 길을 좌우로 치우치지 않고 똑바로 감으로써, 하나님을 모르는 이방 땅에서도 하나님은 당신의 영광 속에서 역사를 주관하고 계심을 확실히 증언하게 된 것입니다.

이 일은 이스라엘 역사에서 하나님의 일하심을 드러내는 중요한 사건으로 기록되어 있습니다. 또한 하나님을 믿는 신약 시대의 교회에서도 중요한 사건으로 증언되어 있습니다. 그런데 이 문제에서 우리는 어느 편에 서 있을까요? 우리는 하나님의 백성으로 서 있으나 실제 삶에서는 실패하고 절망한 자로 살고 있습니다. 하나님이 우리 기도에 응답하지 않으신다고 생각하여 하나님의 일하심을 이해하려고 하지 않고 스스로 포기한 자로 살아가곤 합니다.

말이 안 되는 이야기

법궤 사건에서 그러했던 것처럼, 교회사 내내 이와 비슷한 문제가 기독교인들을 많이 괴롭혀 왔습니다. '정말이요?'라고 묻고 싶을 테니 누가복음 24장으로 가서 확인해 봅시다.

> 안식 후 첫날 새벽에 이 여자들이 그 준비한 향품을 가지고 무덤에 가서 돌이 무덤에서 굴려 옮겨진 것을 보고 들어가니 주 예수의 시체가 보이지 아니하더라 이로 인하여 근심할 때에 문득 찬란한 옷을 입은 두 사람이 곁에 섰는지라 여자들이 두려워 얼굴을 땅에 대니 두 사람이 이르되 어찌하여 살아 있는 자를 죽은 자 가운데서 찾느냐 여기 계시지 않고 살아나셨느니라 갈릴리에 계실 때에 너희에게 어떻게 말씀하셨는지를 기억하라 이르시기를 인자가 죄인의 손에 넘겨져 십자가에 못 박히고 제삼일에 다시 살아나야 하리라 하셨느니라 한대 그들이 예수의 말씀을 기억하고 무덤에서 돌아가 이 모든 것을 열한 사도와 다른 모든 이에게 알리니 (이 여자들은 막달라 마리아와 요안나와 야고보의 모친 마리아라 또 그들과 함께 한 다른 여자

들도 이것을 사도들에게 알리니라) 사도들은 그들의 말이 허탄한 듯이 들려 믿지 아니하나 베드로는 일어나 무덤에 달려가서 구부려 들여다 보니 세마포만 보이는지라 그 된 일을 놀랍게 여기며 집으로 돌아가니라 (눅 24 : 1-12)

예수님의 부활 사건도 구약의 법궤 사건과 마찬가지로 당혹스러운 사건으로 기록되어 있습니다. 여자들은 준비한 향품을 가지고 예수님의 무덤에 찾아왔습니다. 그런데 시체가 안 보입니다. "이 어찌 된 일일까? 당연히 있어야 할 시체가 왜 없을까?"라고 당황해하는 여자들에게 천사 둘이 나타나 말합니다. "너희가 누구를 찾느냐. 너희가 찾는 그분은 부활하셨다. 전에 그렇게 말씀하신 걸 기억하지 못하느냐?" 이 말을 듣고 놀란 여자들이 뛰어와 제자들에게 알리자, 제자들은 "그게 말이 되느냐?"라고 되묻습니다. 놀란 베드로가 직접 무덤에 가서 확인했는데, 시체가 정말 없는 것입니다. 엄청 놀랐을 것입니다. 더 이상 뭘 생각하겠습니까? 죽은 자가 살아날 것이라고 누가 생각이나 했겠습니까? 그러나 우리는 죽은 자가 살아날 것이라고 이야기합니다. 너무 쉽게 생각해서 그렇습니다. 우리는 성경을 보고 예수를 믿었습니까? 예수를 믿고 성경을 보았습니까? 믿지 않고 읽으면 하나도 말이 안 됩니다. 그러나 믿고 읽으면 다 말이 됩니다.

　우리는 예수의 이야기를 결말까지 이미 다 알고 있고 또 예수를 믿는다고 고백했기 때문에, 이 이야기가 말이 안 된다고는 전혀 생각하지 않습니다. 이 단순한 믿음, 이 무지한 믿음 때문에 성경을 아무리 읽어도 잘 알려진 유명한 구절 외에는 밑줄이 그어져 있지 않고, 그런 구절 말고는 눈에 들어오지도 않습니다. 이렇게 말이 안 되는 대목들을 어떻게 넘어왔는지 우리는 모릅니다. "아니, 예수님은 부활하셨잖아." 얼마나 간단명료하고 충직한 고백입니까? 그러나 말이 안 되는 것이 사실입니다.

그러니까 세상의 많은 지성인들이 예수를 믿지 않는 이유가 그것입니다. 말이 안 되는 소리가 성경에 써 있으니 말입니다. 그 사실을 어떻게 압니까? 우리가 '하나님, 이 사람한테 기적을 보여 주십시오'라고 요청하면 예수가 내려오십니까? 안 내려오십니다. 예수님도 고집이 있으셔서 '믿어야 한다'라고만 하십니다. 이 긴장과 충돌이 사실은 기독교인들 안에 해결되어 있어야 하는데, 우리에게는 우기는 것밖에는 남아 있지 않아서 신앙생활을 한다는 것이 무엇인지, 믿는다는 것이 무엇인지를 우리 현실 속에 녹여 내는 일에 자주 실패합니다.

말이 안 되는 이 일은 무엇인가, 말이 안 되는 충돌과 모순이 무슨 일을 하는가, 법궤를 모셨으나 실패한, 예수가 구세주일 것이라 믿었지만 죽어 버린 그런 일, 메시아가 죽었다고 절망해 버렸으나 다시 살아난 이런 일이 성경에는 당연한 일로, 신앙고백의 당연한 근거와 조건으로 요구되어 있다는 사실을 확인해야 합니다.

내 아들이라도 십자가에 매달 수 있다

사도행전 9장에 가 봅시다.

사울이 주의 제자들에 대하여 여전히 위협과 살기가 등등하여 대제
사장에게 가서 다메섹 여러 회당에 가져갈 공문을 청하니 이는 만일
그 도를 따르는 사람을 만나면 남녀를 막론하고 결박하여 예루살렘
으로 잡아 오려 함이라 사울이 길을 가다가 다메섹에 가까이 이르더
니 홀연히 하늘로부터 빛이 그를 둘러 비추는지라 땅에 엎드러져 들
으매 소리가 있어 이르시되 사울아 사울아 네가 어찌하여 나를 박해
하느냐 하시거늘 대답하되 주여 누구시니이까 이르시되 나는 네가
박해하는 예수라 너는 일어나 시내로 들어가라 네가 행할 것을 네게
이를 자가 있느니라 하시니 (행 9:1-6)

'바울의 회심'으로 잘 알려진 사건입니다. 그런데 이 사건은 결코 바
울이 회심한 사건이 아닙니다. 이스라엘 백성이 법궤 사건으로 인하
여 하나님의 임재와 자신들의 안심을 확인하지 못한 것처럼, 예수의
부활이 그들에게는 기대 밖의 일이었던 것처럼, 사도 바울의 회심은
그가 깨달아 돌이킨 사건이 아니라 법궤를 빼앗기듯 주님으로부터
면박을 당한 사건입니다. 바울은 자신의 신념이 옳은 줄 알고 살기가
등등하여 자기가 믿는 하나님을 위해 예수 믿는 자들을 잡아들이러
다닙니다. 열심과 진심을 품고 하나님의 지위와 영광을 지키기 위하
여 예수 믿는 자들을 잡아넣으려 간 것입니다. 그러던 길에 주님을 만
나 거꾸러집니다. "사울아, 사울아, 네가 어찌하여 나를 핍박하느냐."
놀랍지 않습니까?

어쩌면 이 사건은 우리가 자신의 인생 속에서 매일 겪는 사건인지
도 모릅니다. 예수 믿는 우리가 내뱉는 모든 원망은 결국 하나님에게

퍼붓는 원망입니다. "나라가 왜 이 꼴입니까?" 이런 원망은 누구한테 하는 것입니까? 하나님에게 하는 것입니다. "한국 교회는 왜 이 꼴입니까?" 역시 하나님에게 토로하는 불만입니다. '하나님, 왜 일을 이따위로 하십니까?'라는 뜻입니다. 이 말을 누가 했습니까? 구약에서 이스라엘 백성이 법궤를 빼앗겼을 때 그랬습니다. "아니, 하나님, 도대체 어떻게 된 겁니까? 우리가 법궤를 모셔 왔는데, 어떻게 우리가 지고 저놈들이 법궤를 빼앗아 갈 수 있습니까? 이게 말이 됩니까?" 당연히 이스라엘 백성들은 망연자실하였을 것입니다.

그러나 거기서 하나님이 일하십니다. 그러니 큰 사건입니다. 법궤 사건은 이스라엘의 기대를 만족시켜 준 사건이 아니라, 이스라엘을 경악케 하여 하나님이 누구신지, 하나님이 무엇을 하시는지를 생각하게 합니다. 도전하게 합니다. 블레셋을 처벌하고, 그들의 입술을 통하여 하나님의 영광에 대한 고백을 받아 냈을 뿐만 아니라, 마침내 돌아오십니다. 그러니까 하나님은 이스라엘의 하나님인 것입니다.

하지만 하나님은 이스라엘이 기대했던 식으로는 일하지 않으십니다. 그들이 이해하는 하나님과 다릅니다. 성경이 하고 싶은 이야기입니다. 그러니 예수를 믿는 신자라면, 하나님이 예수를 보내어 당신을 설명하시고, 우리를 부르셨다는 것이 무엇인지를 알아야 합니다. 디모데전서 1장에 가면, 사도 바울이 자신의 회심을 어떻게 이해하는지 알 수 있습니다.

나를 능하게 하신 그리스도 예수 우리 주께 내가 감사함은 나를 충성되이 여겨 내게 직분을 맡기심이니 내가 전에는 비방자요 박해자요 폭행자였으나 도리어 긍휼을 입은 것은 내가 믿지 아니할 때에 알지 못하고 행하였음이라 우리 주의 은혜가 그리스도 예수 안에 있는 믿음과 사랑과 함께 넘치도록 풍성하였도다 미쁘다 모든 사람이 받을 만한 이 말이여 그리스도 예수께서 죄인을 구원하시려고 세상에 임하셨다 하였도다 죄인 중에 내가 괴수니라 그러나 내가 긍휼을 입은 까닭은 예수 그리스도께서 내게 먼저 일체 오래 참으심을 보이사 후에 주를 믿어 영생 얻는 자들에게 본이 되게 하려 하심이라 영원하신 왕 곧 썩지 아니하고 보이지 아니하고 홀로 하나이신 하나님께 존귀와 영광이 영원무궁하도록 있을지어다 아멘 (딤전 1:12-17)

바울의 자기 고백입니다. "나는 은혜를 입은 자다. 나는 죄인 중에 괴수다. 왜냐하면 나는 그때 몰랐기 때문이다." 대개 우리나라 사람들의 언어 습관에서 '몰랐다'는 말은 약간 핑계에 해당합니다. '나 거기 주차하면 안 되는 줄 몰랐어요'라고 하면 '고의로 하지 않았으니 사만 원짜리 딱지를 이만 원으로 깎아 주세요'가 들어 있는 말입니다. 바울이 하고 싶은 이야기는 '몰라서 그랬으니 참작해 달라'는 것이 아니라 '몰라서 망했다'입니다. 독약인 줄 모르고 마셨다고 해서 약효가 절반만 나타나야 하는 법은 없다는 것입니다. '모르는 게 죄다.' 그것이 바울이 한 이야기입니다.

　바울은 자기가 잘하고 있는 줄 알았습니다. 그런데 그것이 정반대의 길이었고, 하나님은 정반대로 간 그것으로 일하셨다는 사실을 나중에 알게 되었다는 것입니다. 그래서 바울은 자신을 '죄인 중에 내가 괴수'(딤전 1:15)라고 고백한 것입니다. "나는 하나님을 알았다고 생각했는데,

그게 아니었다. 하나님은 내가 생각한 그런 분이 아니셨다. 나는 예수
가 누군지 몰랐다." 하나님에 대해 비로소 깨닫게 된 바울은 자기 민족
의 구원을 향한 이해를 이렇게 밝힙니다. 로마서 10장으로 가 봅시다.

> 형제들아 내 마음에 원하는 바와 하나님께 구하는 바는 이스라엘을
> 위함이니 곧 그들로 구원을 받게 함이라 내가 증언하노니 그들이 하
> 나님께 열심이 있으나 올바른 지식을 따른 것이 아니니라 하나님의
> 의를 모르고 자기 의를 세우려고 힘써 하나님의 의에 복종하지 아니
> 하였느니라 (롬 10:1-3)

이스라엘의 잘못은 무엇입니까? 그들은 자기네가 기대한 하나님을
고집했습니다. 하나님은 그렇게 일하시지 않는데, 자기네 멋대로 오
해한 것입니다. 바울이 바로 그 표본입니다. 하나님을 위하여 행동한
이 모든 일이, 하나님의 뜻이라고 생각한 이 모든 것이 결과적으로 그
리스도를 박해한 꼴이 되어 버렸던 것입니다. 그래서 바울은 '그때 난
몰랐다. 나는 말도 안 되는 사람이었다'라고 이야기하는 것입니다.
　우리 주변에 있는 신자들을 볼 때 예수 믿는 사람들이 가장 현실적
으로 품는 간절한 소원은 무엇입니까? '주님, 주를 위한 열심이 제게
있습니다. 제 목숨이라도 내놓을 테니 저를 유용하게 써 주십시오'입
니다. 우리가 말하는 '유용하게'란 무슨 의미일까요? "내가 남에게 넉
넉히 베풀 수 있도록 먼저 나를 채워 주십시오." 그것이 우리의 기도입
니다. '건강하고, 똑똑하고, 나눌 것이 있고, 유능하게 해 주십시오'라
고 기도하는데, 하나님은 '너 지금 무슨 소리하고 있느냐?'라고 답하

십니다. 이것이 우리 현실에서 받는 응답입니다. 하나님은 우리가 원하는 대로 주시는 분이 아닙니다. 그런데도 우리는 왜 자꾸 우길까요? "네게 안 주는 것도 내가 일하는 방식이며 조건이다. 법궤라도 빼앗길 수 있다. 내 아들이라도 십자가에 매달아 못 박을 수 있다." 그렇게 이야기하는 것이 기독교입니다.

더 나은 조건이란 없다

그러니 우리에게 더 나은 조건이란 없는 것입니다. 지금 우리가 가진 조건이 최고의 조건입니다. 여기서 잘해야 합니다. '털 깎는 자 앞에서 잠잠한 양같이 그의 입을 열지 아니하였도다'(사 53:7). 우리는 여기서 죽어납니다. 법궤 사건의 최고 백미(白眉)는 하나님이 고함 한번 지르지 않으셨다는 점입니다. 말없이 일하십니다. 흔히 쓰는 표현으로 하면, 마치 '침묵의 살인자' 같습니다. 아침에 일어나면 다곤 신이 해체되어 드러누워 있습니다. 종기가 돌고, 역병이 돌아 무서워 죽을 것 같습니다. 그래서 블레셋은 칠 개월 만에 항복합니다. 그렇게 하나님은 원수들을 벌하시면서 이스라엘을 놓지 않고 계십니다. 이스라엘 역사 내내 그들의 무지와 배반과 어리석음을 하나님이 놓지 않고 계시는 것입니다.

　이는 신약 시대에 들어와서도 동일합니다. 하나님이 자기 아들을 보내시는데, 마치 하나님이 지는 것 같습니다. 권력을 가진 빌라도 앞에 섰을 때, 예수는 자신이 사형에 처할 것 같은 정황 속에 들어가 정말 죽어 버리십니다. 하나님은 부활이라는 것을, 최고의 장애이자 최고의 원수인 사망의 자리에 두어 사망을 깨트리는 방법으로 일하고 계십니다.

'이것만은 안 됩니다'라고 거부하고 있는데, 하나님은 그 자리에 부활을 담겠다고 하십니다. 하나님의 이러한 의지와 뜻이 예수 안에서 증거된 것을 우리가 믿고 있습니다. 모르고 살았는데, 어느 날 우리가 예수를 믿게 되었습니다. 몰랐는데 말입니다. 예수를 믿고 나자, 자기가 어떻게 믿게 되었는지, 무슨 조건에서 믿게 되었는지 하나도 모르면서 하나님에게는 자꾸 달라는 것입니다. 이렇게 현실을 못 살아 내면서 자꾸 거창한 구호를 외치면 안 됩니다.

각자의 인생을 살아가야 합니다. 하나님이 거기서 당신의 영광을 나타내시며, 우리에게 감사를 담으실 것입니다. '과연 하나님은 하나님이시다.' 이 답을 성경은 어디에서나 약속하고 있습니다. 그런데 우리는 이 답을 외면하고 있습니다. 그러니 이 세상의 이해는 어찌 보면 당연한 것입니다. 부활을 믿지 않는 자들은 이렇게까지 이야기합니다. "예수가 정말 부활했다면, 최소한 빌라도에게는 나타났어야 하지 않느냐?" 이런 비아냥에 저는 이렇게 답해 보았습니다. "예수님은 빌라도 같은 건 사람으로 여기지 않았기 때문이다." 우리는 빌라도가 권력자라서 예수님이 그 앞에 나타나 당신의 부활이 권력으로 증거되길 바라는 것인지 모릅니다. 그러나 예수님은 전혀 그렇게 하지 않으셨습니다. 예수님에게 빌라도 같은 존재는 아무것도 아닌 것입니다. 빌라도가 왜 중요하겠어요? 우리가 중요하죠.

'그 영광을 블레셋에서 마음껏 드러내시고 속건제물을 바쳐 그에게 영광을 돌려야 한다.' 이 항복을 받아서 어디로 오는 것입니까? 우리에게 오십니다. "내가 너희 아버지다. 내가 너희 하나님이다. 너희는 내 자식이다. 무얼 겁을 내느냐? 마음껏 살아라." 이것이 우리의 현실이자, 하나님이 일하시는 변함없는 조건입니다. 가장 크게는 예수 그리스도와 십자가를 가지고 일하셨습니다. 이렇게 하나님의 일하심의 실체가 드러납니다. 예수의 죽음과 십자가로 일하셨다면, 우리의 지금 조건이야 말할 필요가 없습니다. 그런데 우리는 우리 현실에 이 진리를 못 담고 있습니다.

이해와 납득을 넘어 창조와 부활로

로마서 4장으로 가 봅시다. 바울은 자기가 새롭게 알게 된 세계에 대해 아브라함을 들어 이렇게 이야기합니다.

기록된 바 내가 너를 많은 민족의 조상으로 세웠다 하심과 같으니 그가 믿은 바 하나님은 죽은 자를 살리시며 없는 것을 있는 것으로 부르시는 이시니라 아브라함이 바랄 수 없는 중에 바라고 믿었으니 이는 네 후손이 이같으리라 하신 말씀대로 많은 민족의 조상이 되게 하려 하심이라 그가 백 세나 되어 자기 몸이 죽은 것 같고 사라의 태가 죽은 것 같음을 알고도 믿음이 약하여지지 아니하고 믿음이 없어 하나님의 약속을 의심하지 않고 믿음으로 견고하여져서 하나님께 영광을 돌리며 약속하신 그것을 또한 능히 이루실 줄을 확신하였으니 그러므로 그것이 그에게 의로 여겨졌느니라 그에게 의로 여겨졌다 기록된 것은 아브라함만 위한 것이 아니요 의로 여기심을 받을 우리 도 위함이니 곧 예수 우리 주를 죽은 자 가운데서 살리신 이를 믿는 자니라 (롬 4:17-24)

아브라함은 믿음의 조상입니다. 아브라함을 믿음의 조상으로 세운 이 유는 그가 믿음의 모범을 보였기 때문이 아닙니다. 아브라함은 한창 때에는 아이를 낳지 못하다가 백 세가 되어야 아이를 낳습니다. '하늘 의 별 같고 바다의 모래 같으리라'는 복을 하나님에게서 받았지만, 후 손을 볼 틈이 없었습니다. 우리가 예수를 믿게 되자 알게 된 사실이 있습니다. 우리가 얻은 구원은 우리가 믿고 말고 하는 선택 이전의 문 제라는 것입니다. 이 구원은 아브라함에게 했던 약속의 결과라는 것 을 알게 된 것입니다. 아브라함이 왜 믿음의 조상입니까? 이 믿음은 우리의 선택을 요구하는 조건이 아니라, 그때 이미 아브라함에게 하 신 약속이 하나님의 성실하심으로 역사 내내 이어져 내려와 우리에 게까지 지금 결실되어 있다고 우리를 확인시켜 주기 때문입니다.

다른 조건이 아니고, 믿음입니다. 믿음이라는 단어를 선택이나 베 팅 정도의 개념으로 생각하지 마십시오. 하나님이 하시려는 뜻이, 이 런 바랄 수 없는 중에, 기대할 수 없는 조건 속에서 시작하여 나라는 실체와 현실을 만들었다는 것을 기억하십시오. '아브라함이 믿은 바 하나님은 죽은 자를 살리시며 없는 것을 있는 것으로 부르시는 이시 로다'라는 말씀으로 압축된, 보이는 것으로 말미암지 않고 보이지 않 는 것으로 만드시는 하나님임을 기억하십시오.

우리가 알고 있는 방식, 이해와 납득의 영역을 벗어나 있는 창조와 부활이라는 것으로 이루신다고, 우리가 알고 있는 것보다 더 큰 세계로 역사하신다고 증언하는 것입니다. 우리가 생각하는 조건과 우리가 기대하는 보상보다 더 큰 방식으로 일하십니다. '이건 안 될 텐데요'라는 것을 뒤집어 어디에나 담으십니다. 누구나 어디에서나 그를 찾는 자는 실망하지 않을 것입니다. 우리는 모두 자기만 제일 힘들다고 생각하는 억울함이 있습니다. 하나님은 이 억울함 속에서도 이것을 뒤집으실 수 있다고 말씀하십니다.

우리는 신앙생활을 한다고 하면서도 하나님을 바라보지 않고, 사람을 바라봅니다. 유명하고, 아무 걱정 없고, 돈과 권력을 가진 사람만 바라보며 그를 맹렬하게 부러워합니다. 자기 생애와 조건 속에서 하나님이 일하실 수 있다고, 그는 창조의 하나님이고 부활의 하나님이고, 아브라함에게 약속하신 것을 지금까지 지키시는 신실한 하나님이 바로 나의 하나님이라고는 연결하지 못하는 것입니다.

우리는 모두 각각 다르게 생겼습니다. 저마다 이름이 다르고, 조건이 다르고, 인생이 다른데, 왜 자꾸 다른 데로 도망을 가는 것입니까? '나는 하나님이 외면한 사람이야.' 이렇게 말하는 것은 세상이 하는 위협이요, 유혹입니다. 세상은 끊임없이 그렇게 말합니다. "너 지면 망해. 너 양보하면 그걸로 끝이야. 너도 고개 쳐들어. 빨리 보복해. 남에게 얕보이지 마." 성경은 거꾸로 이야기합니다. "져도 돼. 괜찮아."

빌립보서 1장으로 가 볼까요. 이 구절은 다들 밑줄을 쳐 둘 만큼 잘 알고 있으면서도 여태껏 그 의미도 잘 모르고 읽어 왔을 것입니다. 같이 봅시다.

형제들아 내가 당한 일이 도리어 복음 전파에 진전이 된 줄을 너희
가 알기를 원하노라 이러므로 나의 매임이 그리스도 안에서 모든 시
위대 안과 그 밖의 모든 사람에게 나타났으니 형제 중 다수가 나의
매임으로 말미암아 주 안에서 신뢰함으로 겁 없이 하나님의 말씀을
더욱 담대히 전하게 되었느니라 어떤 이들은 투기와 분쟁으로, 어떤
이들은 착한 뜻으로 그리스도를 전파하나니 이들은 내가 복음을 변
증하기 위하여 세우심을 받은 줄 알고 사랑으로 하나 그들은 나의
매임에 괴로움을 더하게 할 줄로 생각하여 순수하지 못하게 다툼으
로 그리스도를 전파하느니라 그러면 무엇이냐 겉치레로 하나 참으로
하나 무슨 방도로 하든지 전파되는 것은 그리스도니 이로써 나는 기
뻐하고 또한 기뻐하리라 이것이 너희의 간구와 예수 그리스도의 성
령의 도우심으로 나를 구원에 이르게 할 줄 아는 고로 나의 간절한
기대와 소망을 따라 아무 일에든지 부끄러워하지 아니하고 지금도
전과 같이 온전히 담대하여 살든지 죽든지 내 몸에서 그리스도가 존
귀하게 되게 하려 하나니 이는 내게 사는 것이 그리스도니 죽는 것
도 유익함이라 (빌 1:12-21)

바울의 기가 막힌 고백인데, 우리는 전부 각오, 진심, 헌신이라는 단어
로 이 단락을 읽는 바람에 의미를 오해하고 말았습니다. 밤낮 혈서 쓰
고 삭발하는 것으로, 철야 기도하고 금식 기도하는 것으로 넘어가 버
렸습니다. 그런 것 하지 말고, 네 조건을 살아 내라, 그렇게 말씀하는
본문입니다. 지금 바울은 이렇게 고백합니다. "나는 죽어도 된다. 내
가 죽어도 하나님이 거기에 뭘 담으실 수 있다." 또 반대로 이렇게도

이야기합니다. "나 살아도 좋다. 살아서 고되게 고생하겠지만, 그래도 괜찮다." 그런 고백입니다. 주먹이 으스러지도록 힘껏 쥐고 열정을 쥐어짜서 보상을 받는 그런 기독교는 없습니다. 그러니 담담히 살아야 합니다. 고린도후서 6장에 나온 말씀이 무슨 내용인지 새삼스러운 눈으로 볼 수 있기를 바랍니다.

우리가 하나님과 함께 일하는 자로서 너희를 권하노니 하나님의 은혜를 헛되이 받지 말라 이르시되 내가 은혜 베풀 때에 너에게 듣고 구원의 날에 너를 도왔다 하셨으니 보라 지금은 은혜 받을 만한 때요 보라 지금은 구원의 날이로다 우리가 이 직분이 비방을 받지 않게 하려고 무엇에든지 아무에게도 거리끼지 않게 하고 오직 모든 일에 하나님의 일꾼으로 자천하여 많이 견디는 것과 환난과 궁핍과 고난과 매 맞음과 갇힘과 난동과 수고로움과 자지 못함과 먹지 못함 가운데서도 깨끗함과 지식과 오래 참음과 자비함과 성령의 감화와 거짓이 없는 사랑과 진리의 말씀과 하나님의 능력으로 의의 무기를 좌우에 가지고 영광과 욕됨으로 그러했으며 악한 이름과 아름다운 이름으로 그러했느니라 우리는 속이는 자 같으나 참되고 무명한 자 같으나 유명한 자요 죽은 자 같으나 보라 우리가 살아 있고 징계를 받는 자 같으나 죽임을 당하지 아니하고 근심하는 자 같으나 항상 기뻐하고 가난한 자 같으나 많은 사람을 부요하게 하고 아무 것도 없는 자 같으나 모든 것을 가진 자로다 (고후 6:1-10)

우리가 두 세계에 걸쳐 살고 있다는 말씀입니다. 우리를 위협하고 유혹하고 시험하는 현실 속에 살면서 하나님의 일하심을 알고 있는 자로서 이중성을 지니고 있다는 것입니다. 하나님의 일을 하면 세상이 보상해 주고 도와줄 것이라고 생각하지 말라는 것입니다. 하나님은 왜 그렇게 일하시는 것일까요? 그렇게 일하시는 것이 하나님의 지혜요, 능력이기 때문입니다. 고린도전서 1장 말씀입니다. '유대인에게는 거리끼는 것이요 이방인에게는 미련한 것이로되 그리스도를 믿는 우리에게는 십자가는 하나님의 능력이요 하나님의 지혜'입니다.

예수 그리스도가 그렇습니다. 바울이 여기에 들어오는 것입니다. "내가 그때는 몰랐다." 자기가 하는 종교적 헌신의 극치가 신앙이라고 생각했습니다. 그런 그가 이제 예수 안에서 무엇을 발견합니까? 하나님이 당신의 영광과 복을 어떤 식으로 담아내시는가를 보는 것입니다. 세상이 "그건 아닐 거예요"라며 손사래를 치는 속에서 일하신다고 합니다. 우리가 예수를 믿는다는 말을 놓을 수 없듯이, 하나님은 우리에게 '내가 네 아버지다'라는 말을 놓으신 적 없다, 이렇게 확인하는 것이 본문 말씀이요, 성경의 가르침이요, 우리의 현실입니다. '우리가 구하지 않을 때에도 우리에게 필요한 것을 알고 계시고 우리를 지키시는 이가 졸지 않으신다'는 것이 성경의 약속입니다. 그러니 우리 각자의 조건 속에서 일하시는 하나님의 기이하심과 놀라우심을 우리 모두가 누려 얼굴을 펴고 교회에 오는 훌륭한 신자로 살기 바랍니다.

기도

하나님 아버지, 하나님이 일하고 계시는데, 우리만 몰라보고 있는 것 같습니다. 우리 기도에 감사가 없고, 우리 인생에 기쁨이 없습니다. 하나님, 돌아보아 주시옵소서. 우리 눈을 열어 주시옵소서. 창조와 부활, 긍휼과 자비, 사랑과 믿음으로 불러내시는 하나님의 놀라우심에 항복하는 인생을 살아가도록 축복하여 주시옵소서. 예수님 이름으로 기도합니다. 아멘.

7.
너희가 전심으로 여호와께
돌아오려거든

———

3 사무엘이 이스라엘 온 족속에게 말하여 이르되 만일 너희가 전심으로 여호와께 돌아오려거든 이방 신들과 아스다롯을 너희 중에서 제거하고 너희 마음을 여호와께로 향하여 그만을 섬기라 그리하면 너희를 블레셋 사람의 손에서 건져내시리라 4 이에 이스라엘 자손이 바알들과 아스다롯을 제거하고 여호와만 섬기니라 5 사무엘이 이르되 온 이스라엘은 미스바로 모이라 내가 너희를 위하여 여호와께 기도하리라 하매 6 그들이 미스바에 모여 물을 길어 여호와 앞에 붓고 그 날 종일 금식하고 거기에서 이르되 우리가 여호와께 범죄하였나이다 하니라 사무엘이 미스바에서 이스라엘 자손을 다스리니라 7 이스라엘 자손이 미스바에 모였다 함을 블레셋 사람들이 듣고 그들의 방백들이 이스라엘을 치러 올라온지라 이스라엘 자손들이 듣고 블레셋 사람들을 두려워하여

8 이스라엘 자손이 사무엘에게 이르되 당신은 우리를 위하여 우리 하나님 여호와께 쉬지 말고 부르짖어 우리를 블레셋 사람들의 손에서 구원하시게 하소서 하니 9 사무엘이 젖 먹는 어린 양 하나를 가져다가 온전한 번제를 여호와께 드리고 이스라엘을 위하여 여호와께 부르짖으매 여호와께서 응답하셨더라 10 사무엘이 번제를 드릴 때에 블레셋 사람이 이스라엘과 싸우려고 가까이 오매 그 날에 여호와께서 블레셋 사람에게 큰 우레를 발하여 그들을 어지럽게 하시니 그들이 이스라엘 앞에 패한지라 11 이스라엘 사람들이 미스바에서 나가서 블레셋 사람들을 추격하여 벧갈 아래에 이르기까지 쳤더라 12 사무엘이 돌을 취하여 미스바와 센 사이에 세워 이르되 여호와께서 여기까지 우리를 도우셨다 하고 그 이름을 에벤에셀이라 하니라 (삼상 7:3-12)

언약의 갱신

본문 말씀은 빼앗겼던 법궤가 돌아오자, 이스라엘 백성들이 하나님의 권세와 능력을 재삼 확인하는 장면입니다. 이스라엘 백성들은 사무엘상 4장에 나온 사건, 즉 그들이 법궤를 빼앗긴 계기가 된 자신들의 불신앙과 절망과 체념을 회개하고 다시 하나님 앞에 돌아옵니다. 사무엘이 이스라엘을 미스바로 불러 회개하고 새로운 신앙의 다짐을 하게 하는데, 블레셋이 쳐들어오자 사무엘이 기도합니다. 이에 하나님이 큰 우레를 발하여 블레셋을 격파하는 멋진 사건이 기록되어 있습니다.

이 사건을 읽으면서 드는 생각은 '신앙생활이 이렇게 간단하고 분명한데, 왜 내 현실은 이렇게 어려울까' 하는 것입니다. 그런데 이스라엘 역사는 여기서 끝나지 않습니다. 이것은 시작의 시작에 불과합니다. 이제 이스라엘은 계속 배신할 것입니다. 전에 사사 시대에도 실컷 그래 왔고, 왕정 시대에도 내내 그럴 것이고, 바벨론 포로에서 돌아와서도 계속 그럴 것이고, 예수님이 오셔서도 그럴 것이고, 지금까지도 마찬가지입니다. 우리 역시 성경에 기록된, 이렇게 회개하고 기도하고 응답받은 그 이후가 동화책 속 마지막 문장인 '그리하여 오래오래 행복하게 살았답니다'와 같은 해피엔드가 아니라는 것쯤은 알고 있습니다. 그러니 이 사건을 다시 읽어야 합니다.

미스바에서 갱신한 언약, 즉 '하나님은 우리의 하나님이시고, 우리는 하나님의 백성이다'라는 약속은 시내산에서부터 시작되었습니다. 하나님이 이스라엘 백성을 종 되었던 땅에서 구원하시고, 시내산에서 율법을 주시며, 그 백성에게 이런 약속과 요구를 하십니다. '나는 너희 하나님이 되고, 너희는 내 백성이 될 것이다. 이 일은 거룩에 속한 문제다. 내가 거룩하니 너희도 거룩하라.'

'거룩'이라는 단어를 들을 때, 우리에게 맨 먼저 떠올려지는 이미지는 도덕성인 경우가 많습니다. 그러나 거룩하다는 것은 도덕성의 차원이 아니라, 존재론적 속성입니다. 하나님은 모든 피조물과 구별되는 권세와 권위를 지닌 존재입니다. 하나님이 이스라엘 백성에게 거룩하라고 요구하시는 것은, 이스라엘 백성이 다른 모든 인류와 구별되게 하나님의 백성만이 가지는, 하나님의 자녀라는 이름의 독특한 정체성을 지녀야 하기 때문입니다.

그리고 이 언약은 약속의 땅 가나안에 들어간 다음 갱신됩니다. 이스라엘 백성들은 가나안에 들어가기 전에 하나님의 명령을 거부하여 광야 생활 사십 년을 보냅니다. 그 후에 여호수아와 갈렙을 앞세워 약속의 땅에 들어간 후에도 하나님의 명령을 따르지 않아 가나안 원주민들을 쫓아내지 않고 그들과 타협하면서 살아갑니다. 그러다가 이제 여호수아가 죽을 때쯤 되자 이스라엘 백성들을 세겜으로 불러 언약을 갱신합니다.

그때의 언약 갱신은 이것이었습니다. "우리가 믿는 하나님은 우리를 종 되었던 애굽 땅에서 구원해 내고 이 약속의 땅을 주신 신실한 하나님이시다. 너희가 하나님을 외면하고, 이 땅에 사는 사람들의 생활 방식을 따라 우상을 섬기고, 그저 보이는 것이 전부인 것처럼 타협하며 적당히 살고 있는데, 너희는 그래서는 안 된다. 하나님을 섬길지, 우상을 섬길지 너희 선택이며 책임이지만, 나와 우리 집은 여호와만 섬기겠다." 이런 충성 서약을 합니다. 이스라엘은 여호수아의 격려에 힘입어 다 같이 우상을 제거하고 하나님만 섬기기로 충성을 약속합니다. 이 충성은 배타적 충성입니다. '배타적 충성'이라는 것은 '하나님 이외의 것은 다 버리고 하나님만 유일한 충성의 대상으로 삼겠다'는 서약입니다.

미스바에서는 여기에 회개가 덧붙여집니다. 충성을 다짐한 만큼 그동안 그렇게 살아 내지는 못했기 때문입니다. 이것은 바로 앞에 있었던 법궤 사건에서 분명하게 드러나는데, 법궤 사건이 가지는 중요한 의의는 이스라엘은 자기들이 하나님을 조종할 수 있다고 생각했다는 점에 있습니다.

회개는 하나님에게 돌이키는 것

대개 우리는 종교를, 마음의 평안을 얻거나 위로를 받거나 초월적 능
력을 빌려 오는 수단으로 생각합니다. 이스라엘도 그들에게 닥친 혼란
에서 벗어나고 싶어 하는 마음 때문에 믿음을 동원합니다. 법궤를 모
셔 와 전쟁에서 이기고 싶은 마음에 하나님을 수단으로 이용하고, 목
적과 운명은 자기네가 선택하는데, 여기서 회개가 등장합니다.

회개란 무엇일까요? 우리가 자주 오해하듯이 과거의 잘못을 뉘우치
는 것이 회개의 전부는 아닙니다. 회개란 하나님 이외의 것에 빠져 있
거나, 하나님 이외의 것으로 타협했던 것을 돌이켜 하나님에게 충성과
헌신을 드리는 것입니다. 그런데 우리는 이런 돌이킴 대신, 과거를 씻
어 내고 흠을 제거하고, 실수를 애통해하는 것으로 회개를 오해하였습
니다. 하나님을 섬기는 것을 전부 이런 행위들로 때우는 꼴이 되어 버
린 것입니다. 그래서 우리 신앙생활에서 회개가 너무 많은 비중을 차지
합니다. 모든 실수와 시시콜콜한 잘못들, 심지어 바늘 하나 잃어버리고
못 찾았을 때 쌍소리한 것부터 시작해서 어떻게 해서든 모든 잘못들을
하나라도 남김없이 씻어 내야 자기 할 일을 다한 것처럼 생각하는데,
이는 정말 우스꽝스러운 생각입니다.

하나님에게 돌아와야 합니다. 이 말은 '가치와 운명과 내용과 의지
는 하나님이 가지고 계시다'는 뜻입니다. 그분께 맡기는 것이 회개입
니다. 우리가 기도할 수 있는 이유도 이것입니다. 기도란 내 소원을
하나님에게 아뢰어 재가를 받는 것입니다. 내가 원하는 것을 받는 것
이 기도가 아닙니다. "하나님, 저는 이렇게 했으면 좋겠는데, 하나님

의 뜻은 어떻습니까?"라고 물으면, 하나님이 '그렇다. 아니다'를 말해 주시는 것이 아니라, '그건 그런 일이 아니다'를 깨닫게 하십니다. 훨씬 크고 깊습니다. 우리가 기도 응답을 받지 못했다고 생각하는 이유가 다 여기에 있습니다. 우리는 늘 "하나님, 저 이제 그만할래요. 더 가기 싫어요. 하나님, 왜 가만있는 겁니까?" 이렇게 항의해도 하나님이 안 들어주십니다. '지금 네가 원망하는 네 정황, 네 현실이 네게 유익한 것이다. 그러니 견뎌 내라'라는 의미로 받아들여야 합니다. 그렇다면 이렇게 '견뎌 내라'고 말씀이라도 좀 해 주시면 좋겠는데, 그런 말씀도 안 해 주십니다. 왜 안 해 주실까요? 대답할 가치가 없어서 그렇습니다. 그러니 이것까지 견뎌 내야 합니다. 그것이 회개 기도로 대표되는 기독교의 신앙 행위입니다. 우리가 여기를 늘 틀립니다. '하나님이 주인이다. 하나님이 우리 신앙의 대상이다'를 놓치는 것입니다.

우리가 이렇게 신앙하는 대상을 까먹고 외면하는, 그러고도 깨닫지 못하는 문제가 바로 미스바 사건에서 확인됩니다. 법궤 사건을 겪으면서 확인하게 되는 것은, 하나님이 주인이시고 하나님이 방법을 가지고 계시니 하나님에게 모든 것을 맡겨야 한다는 것입니다. 이 일은 만만치 않습니다. 그러나 알고 있어야 합니다. 모든 일은 잘잘못의 문제이거나 평안과 안심의 문제가 아니라, 하나님이 우리를 하나님이 목적하시는 내용과 운명으로 채우고 이끌기 위하여 택한 과정이며, 하나님의 방법이라는 것을 깨닫지 않으면, 늘 비명밖에 지를 것이 없습니다. 너무나 많은 신자가 이 비명에 붙잡혀 있느라 모든 신앙 행위의 내용에 원망이 깔려 있습니다. "하나님, 제 처지를 알고는 계세요? 하나님, 도대체 어디 계세요? 대답은 왜 안 해 주세요?" 온통 여기에 집중되어 있어서 우리가 다 넋이 빠져 있습니다.

물론 미스바 사건을 보면서 신앙이란 이렇게 간단하고 쉬운 문제일까 하고 이야기해 볼 수도 있을 것입니다. 그러나 '하나님은 하나님이시고, 하나님은 우리의 기도를 들으시고 응답해 주신다'라는 원칙은 '기도하면 우리의 문제가 쉽게 해결돼서 당연하고 간단해진다'를 말하려는 것이 아님을 기억해야 합니다. 하나님의 목적은 너무나 분명하기에 하나님은 우리와 타협하지 않으시고 오늘도 그렇게 일하신다는 차원에서 정말 분명하고, 매우 간결하고, 참으로 진지하다는 의미로 새겨야 합니다.

그리스도 안에서

에베소서 1장으로 가 봅시다.

> 찬송하리로다 하나님 곧 우리 주 예수 그리스도의 아버지께서 그리스도 안에서 하늘에 속한 모든 신령한 복을 우리에게 주시되 곧 창세 전에 그리스도 안에서 우리를 택하사 우리로 사랑 안에서 그 앞에 거룩하고 흠이 없게 하시려고 그 기쁘신 뜻대로 우리를 예정하사 예수 그리스도로 말미암아 자기의 아들들이 되게 하셨으니 이는 그가 사랑하시는 자 안에서 우리에게 거저 주시는 바 그의 은혜의 영광을 찬송하게 하려는 것이라 (엡 1:3-6)

그가 베푸시는 은혜의 영광입니다. 하나님이 우리를 향하여 가지신 뜻과 영광을 우리로 찬송하게 하실 것입니다. 우리에게 주어진 하나님의 뜻, 의지, 계획과 운명이 영광스러우며, 그것으로써 하나님이 누구신지가 드러나며, 하나님의 성품에 대한 우리의 항복이 찬송으로 나타날 것입니다. 굉장합니다. 우리로 '하나님의 하나님 되심'을 인정하여 우리의 항복을 받아 내시는 일이 우리의 만족과 감동을 훨씬 상회하는 '영광'이라는 단어로 설명되어 있습니다. 그래서 우리를 영광스럽게 하시는 창조주, 우리를 복되게 하시는 아버지 하나님의 목적, 하나님의 하나님 되심 앞에 항복할 수밖에 없는 우리라는 존재의 정체성과 운명이 '그리스도 안에서'라는 문구로 반복하여 강조되어 있습니다. 다시 한번 읽겠습니다.

> 찬송하리로다 하나님 곧 우리 주 예수 그리스도의 아버지께서 그리스도 안에서 하늘에 속한 모든 신령한 복을 우리에게 주시되 곧 창세 전에 그리스도 안에서 우리를 택하사 우리로 사랑 안에서 그 앞에 거룩하고 흠이 없게 하시려고 그 기쁘신 뜻대로 우리를 예정하사 예수 그리스도로 말미암아 자기의 아들들이 되게 하셨으니 이는 그가 사랑하시는 자 안에서 우리에게 거저 주시는 바 그의 은혜의 영광을 찬송하게 하려는 것이라 (엡 1:3-6)

모두 '그리스도 안에서'로 되어 있습니다. 우리에게는 예수를 믿어서 갖게 된 찬송이 있고, 겸손이 있고, 감격이 있고, 성실이 있습니다. 이것은 하나님이 뜻하시고 계획하시고 요구하시고 기뻐하시는 일입니다. 기독교 신앙이라는 것을 우리 쪽에서 이야기하면 이렇습니다. 우리라는 존재, 우리 인생의 가치, 우리의 운명이 하나님의 뜻 안에 있어 하나님의 영광과 은혜와 존엄으로 우리를 채우시기 때문에 그의 기쁘신 뜻과 우리에게 복이 되는 것들로 말미암아 주어지게 된 것이 기독교 신앙입니다. 그런데 앞서 나열된 찬송, 겸손, 감격, 성실이라는 단어들이 그것을 이룰 수 있는 인격자와 분리된 채, 종종 명분으로만 돌아다니곤 합니다. 그러니 '저 사람은 예수 안 믿어도 천국 갈 사람이야'와 같은 말들이 생기는 것입니다. 이렇게 가면 안 됩니다.

천국은 하나님이 통치하시는 영역에서 하나님과의 관계로 이루어지는 것입니다. 항복과 충성이 있다고 해도 하나님과 상관없는 곳은 천국이 아닙니다. 그러므로 착하게 살면 가는 곳이 천국이다, 그런 말에 속으면 안 됩니다. 우리는 회개, 기도, 찬송이라는 것이 약속된 통로이자 방법으로써 요구되는 것을 넘어 이런 것을 가능하게 한 대상, 즉 우리 믿음의 대상이자 우리를 기뻐하시는 하나님의 은혜 속에서 성립된 가치라는 것을 놓치곤 합니다.

그러니 전부 이런 식입니다. 겸손, 진심이라는 것이 이 덕목의 대상과 그것을 받아 누리는 인격과 그 인격이 도전받는 정황 속에서 실체화되는 것이 아니라, 단어로만 치장되어 있습니다. 이것들이 단어로만 치장되면 예외 없이 표정이 무섭고 심각해집니다. 다들 근사한 단어는 갖고 있는데, 뭘 어떻게 해야 할지 모르겠는 것입니다. 이렇게 마음에 소원도 있고 어떻게 해야겠다는 다짐도 있는데, 아무것도 모르겠는 것입니다. 물어보면 그냥 '잘 믿어야지. 아휴, 진심을 가져야지'라고는 다 말하겠지만, 그것을 어디서 어떻게 그려 내야 하는지,

펼쳐 내야 하는 공간도 모르고, 구체적 행동이나 결단, 또는 우리의 발걸음을 떼어 놓을 자리가 어디에 있는지도 모르는 것입니다. 하나님이 우리에게 요구하시는 우리라는 존재와 우리가 겪고 있는 현실이라는 정황이 그것을 행해야 하는 곳인데 말입니다. 하나님이 이 일을 어떻게 하셨습니까? '하나님이 우리에게 가지신 그의 은혜의 영광을 우리로 찬송하게 하는 창조주의 자기 자랑과 그것을 받는 우리의 감격을 이렇게 구체적으로 펼치셨다' 그렇게 말씀합니다. 구체적 내용을 함께 살펴봅시다. 고린도전서 1장입니다.

십자가의 도가 멸망하는 자들에게는 미련한 것이요 구원을 받는 우리에게는 하나님의 능력이라 기록된 바 내가 지혜 있는 자들의 지혜를 멸하고 총명한 자들의 총명을 폐하리라 하였으니 지혜 있는 자가 어디 있느냐 선비가 어디 있느냐 이 세대에 변론가가 어디 있느냐 하나님께서 이 세상의 지혜를 미련하게 하신 것이 아니냐 하나님의 지혜에 있어서는 이 세상이 자기 지혜로 하나님을 알지 못하므로 하나님께서 전도의 미련한 것으로 믿는 자들을 구원하시기를 기뻐하셨도다 유대인은 표적을 구하고 헬라인은 지혜를 찾으나 우리는 십자가에 못 박힌 그리스도를 전하니 유대인에게는 거리끼는 것이요 이방인에게는 미련한 것이로되 오직 부르심을 받은 자들에게는 유대인이나 헬라인이나 그리스도는 하나님의 능력이요 하나님의 지혜니라 (고전 1 : 18-24)

하나님은 예수 안에서 우리에게 베푸시는 은혜의 영광으로 우리를 통해 찬송 받기를 목적하고 계십니다. 그것이 '예수 안에서'가 가지는 구체적 의미입니다. 하나님이 우리를 만드시고 모든 것을 약속하셨으나 우리가 그를 배반합니다. 그리고 우리는 모두 그를 잊고 삽니다. 그러나 하나님은 우리에게 목적하시는 것을 이루기 위하여 우리의 무지와 거부에도 불구하고 당신의 뜻을 행하십니다. 그래서 우리의 격렬한 반대에 부딪힙니다. 우리를 구원하러 오셨으나 우리는 그를 매도하고, 우리를 고쳐 주셨으나 우리는 그를 팔아넘깁니다. 그렇게 함으로써 하나님은 하나님의 신실하심과 그가 이루시는 일을 공포와 폭력으로 행하지 않고 우리의 모든 거부와 무지를 극복하고 이루심으로써 우리에게 주려고 하는 것을 주실 뿐만 아니라, 주시는 과정에서 하나님이 누구신지를 우리로 항복하게 하십니다.

사실 우리가 원하는 하나님의 모습은 무엇일까요? 하나님이 무시무시한 모습으로 오셔서 '하나, 둘, 셋! 셋 셀 때까지 내 앞에 와서 서면 복을 주고, 안 오면 모가지다'라고 하기를 원하는 것은 아닐까요? 이 방법이 훨씬 쉬워 보이니 말입니다. 살든지 죽든지 빨리 결판이 나는 편이 우리로서는 결론을 얼른 알 수 있으니 좋습니다. 그런데 하나님이 우리의 변덕과 모든 못난 것들 속에서 우리의 선택을 허락하시고, 우리의 자유와 고집을 놔두신 채, 그것을 꿰뚫어 하나님의 하나님 되심을 다만 당신의 자랑을 증명하는 것으로서가 아니라, 원래 목적하신 은혜를 그 속에 넣는 방법으로 일하십니다. 이것이 불만스럽습니까? 우리 안에 넣으신 것은 바람을 타고 날아가듯이, 비탈길에서 굴러 내려가듯이 얻어지는 것이 아니라, 하나님이 우리 안에서 가지시는 자유인 것처럼, 하나님이 우리에게도 너희가 스스로 누려서 너희 안에서 너희 것이 되라고 그렇게 요구하십니다. 모든 위협과 유혹 속에서 그것들에 지지 말고 너라는 정체성과 하나님이 너에게 준 내용으로 너는 그 자랑과 가치를 가져라, 이렇게 요구하는 것이 십자가에 녹아 있습니다. 가장 단순하고 진지하며 또한 위대합니다. 우리가 신앙생활을 어디서 놓치고 있는가 이제 단번에 알 수 있을 것입니다. 그런데 우리는 이 방법이 싫습니다. 우리가 원하는 것은 다 무엇입니까? 고통을 면하고 자존심을 세우는 것밖에 없습니다. 십자가에서는 이 두 가지가 다 깨질 수밖에 없습니다. 가장 고통스럽고 수치스럽고 지는 꼴로 이 길을 가야 합니다. 그것은 희생이나 다른 말로 변명할 필요가 없는 하나님의 지혜입니다. 이 일은 여기서만 만들어진다고 합니다.

눈물 없이 얻은 승리는 아무런 내용을 담지 못합니다. 그저 운 좋은 것에 불과할 뿐입니다. 울고 가슴을 찢고 머리를 처박고 울어야 그 승리가 자기 것이 됩니다. 승리란 다만 승부의 문제가 아니라 그것보다 훨씬 큰 내용을 담은 것이기 때문입니다. 이 승리가 평탄한 데서 얻은 운이나 재수가 아니라, 의지와 실력이 만들어지도록 그렇게 요구하고, 우리 안에서 키워지고 있는, 그래서 커야만 하는, 무시무시한 내용이라는 것을 아무도 실감하지 않습니다. 그러니 늘 이상한 얼굴을 하고 교회에 오는 것입니다.

도대체 예수를 믿는다는 말이 무슨 말인지, 왜 하필 예수여야 하는지 모른 채 그가 우리를 위하여 처절히 고통받으시고 괴로움을 감수하셨다는 '지극함'이라는 단어만 남고, '나를 위해서 고생하신 예수님'이라는 신파만 남습니다. 교회에 나오는 우리의 표정을 누가 찍어서 보여 주면 좋겠습니다. 영화를 보러 가도 이런 얼굴보다는 좀 나을 것입니다. 도대체 왜 이런 표정으로 교회에 오는 것인지 모르겠습니다. 정말 궁금해서 물어보는 것입니다. 인생에 대해 각자가 가진 최고의 불만이 무엇입니까? 원망입니까? 예수 믿는 것이 자신의 기대와 다르다는 불만입니다. 성경이 말하는 것은 무엇입니까? 웃기지 말라는 것입니다. 제 성경에는 분명히 그렇게 적혀 있습니다. '웃기지 마라. 처음부터 이야기했다. 예수를 믿으라 그랬지, 승리를 믿으라 그러지 않았다. 권력을 믿으라 그러지 않았다.' 성경 처음부터 나오는 이야기입니다.

웃음으로는 담을 수 없는 깊이

누가 속였을까요? 우리 스스로가 속아 넘어갔습니다. 왜 이런 식으로, 이런 방법으로 해야 할까요? 웃음으로는 담을 수 없는 깊이를 하나님이 요구하시기 때문입니다. 에베소서 4장으로 가면, 이런 중요한 대조가 나옵니다.

그러므로 내가 이것을 말하며 주 안에서 증언하노니 이제부터 너희는 이방인이 그 마음의 허망한 것으로 행함 같이 행하지 말라 그들의 총명이 어두워지고 그들 가운데 있는 무지함과 그들의 마음이 굳어짐으로 말미암아 하나님의 생명에서 떠나 있도다 그들이 감각 없는 자가 되어 자신을 방탕에 방임하여 모든 더러운 것을 욕심으로 행하되 오직 너희는 그리스도를 그같이 배우지 아니하였느니라 진리가 예수 안에 있는 것 같이 너희가 참으로 그에게서 듣고 또한 그 안에서 가르침을 받았을진대 너희는 유혹의 욕심을 따라 썩어져 가는 구습을 따르는 옛 사람을 벗어 버리고 오직 너희의 심령이 새롭게 되어 하나님을 따라 의와 진리의 거룩함으로 지으심을 받은 새 사람을 입으라 (엡 4:17-24)

옛 사람은 어떻다는 것입니까? 옛 사람은 훌륭한 점이 하나도 없다는 것입니다. 예수 안에서만 사람은 위대해질 수 있다는 것입니다. 이어져 나오는 구체적 내용을 다음 구절들에서 살펴봅시다.

너희는 모든 악독과 노함과 분냄과 떠드는 것과 비방하는 것을 모든 악의와 함께 버리고 서로 친절하게 하며 불쌍히 여기며 서로 용서하기를 하나님이 그리스도 안에서 너희를 용서하심과 같이 하라 (엡 4:31-32)

이 둘은 대조됩니다. 세상이 만들 수 있는 것은 31절에 나오고, 예수를 믿는 자만이 할 수 있는 것은 32절에 나오는데, 당연히 이런 질문이 나올 것입니다. 예수 안 믿는 사람 중에도 좋은 사람들이 있습니다. 그렇습니다. 그런데 예수를 믿지 않고 이런 덕목을 행사하는 자들은 행사하는 것이 자기 증명에 불과합니다. '나는 너랑 다르다. 난 너같이 못나지 않았다'를 증명하는 것에 불과합니다. 그래서 예수 없이, 하나님과 상관없이, 하나님이 주시는 것 없이 가치와 덕목만 남으면, 거기에는 꼭 비난이 따라옵니다.

나와 다른 사람, 나보다 열등해 보이는 사람을 비난해야 내가 상대적으로 우월한 사람이라는 것이 확인됩니다. 세상의 모든 잣대는 부정적이고 소극적인 가치뿐이라서 사리사욕이 없는 것, 탐심이 없는 것, 부정부패하지 않는 것이 전부입니다. 그런데 무엇을 안 하는 것이 전부여서는 안 됩니다.

앞서 회개를 이야기하면서 설명했듯이, 내가 잘못한 것을 뉘우치는 것이 회개의 목적이 아니라, 하나님에게 찾아가 하나님만이 주시는, 하나님만이 만드시는 위대함을 채우라는 말입니다. 여기로 넘어와야 합니다. 여기에는 감사가 있습니다. 적극적 내용, 즉 용서, 정직, 겸손, 인내가 있기 때문입니다. 나라는 정체성, 존재의 품격에 대한 감사가 있습니다. 그러나 소극적 조건이 전부인 곳에서는 자기는 잘못하지 않은 것이 최고이고, 다른 사람은 아직도 잘못하고 있다고 생각되는 것입니다. 자기 확인은, 옳게 사는 것이 영광이고 자랑이어서가 아니라, 그렇지 않은 사람과 비교해서만 드러납니다. 그래서 언제나 비난이 나옵니다.

교회 안에서도 신앙을 이야기하면 희한하게도 비난이 따라옵니다. '우리 교회에는 기도가 없어'라는 이야기를 많이 합니다. 그럴 때 저는 늘 "그럼, 대신 당신이 많이 기도하십시오" 이렇게 이야기합니다. 왜 기도한다면서, 남들 기도 안 하는 것을 시비를 거냐 이 말입니다. 잘 생각해 보십시오. 자기 안에 가득 채워져 있어서 자기로부터 감격으로 흘러나오지 않고, 자기 자신이 먼저 누리지 못한 채 시비를 거는 것은 세상이 하는 방법입니다. 이것이 세상 사람과 기독교 신자를 나누는 절대적인 구별입니다. 감사가 없는 것은 우리가 아직 고통과 자존심을 넘어오지 못했기 때문입니다.

그런데 성경은 분명히 이렇게 이야기합니다. '아무든지 나를 따라 오려거든 자기를 부인하고 자기 십자가를 지고 나를 좇을 것이니라.' 이 말씀을 알았으니 이제 어떻게 할 것입니까? '내 나라는 높은 사람이 앉아 있고 낮은 사람이 섬기는 것이 아니라, 낮은 사람이 앉아 있고 높은 사람이 섬기는 나라니라.' 섬기는 것은 꿀리는 것이 아닙니다. 지는 것이 아닙니다. 세상이 알고 있는, 보이는 우위를 가지고 부정적이고 소극적으로 자기 확인을 하는 비열하고 값싼 헛된 정체성과는 비교할 수 없는 내용으로 부름받은 자리인 것입니다. 그 내용을 가지는 것입니다. 교회에만, 하나님의 자녀에게만, 예수를 믿는 자에게만 가능한 일입니다. 머리로는 쉽습니다. 그러나 실제로 해 보는 것은 어렵습니다. 실제로 해 보십시오.

우리는 신앙의 길을 가고 있지만, 보상이 주어지지 않아서 원망하며 삽니다. 교회에 와서 삼십 년간 봉사했는데, 아무도 안 알아주더라는 것입니다. 이런 일을 서운해하면서 어떻게 예수를 믿는다는 말을 할 수 있습니까? 예수를 믿는다는 것 자체로 자신에게서 만족을 발견할 수 없다면, 하나님의 일하심과 성실하심이 하나님의 영광이자 하나님의 자랑이요, 다른 무엇과도 비교할 수 없는 위대한 것임을 자기 자신에게 채우는 이 길을 가고 있는데, 누구를 향하여 무엇으로 다른 보상과 다른 확인을 필요로 한다는 말입니까?

우리가 믿음이 약해서 격려에 목매는 것과 그 확인을 사람들에게서 받으려고 하는 것은 이렇게 십자가와 충돌됩니다. 십자가가 유대인에게는 거리끼는 것이요, 헬라인에게는 미련한 것이지만, 믿는 우리에게는 하나님의 지혜요, 하나님의 능력입니다. 이것을 어디에서 확인할 수 있습니까? 우리 자신에게서, 우리의 현실에서 확인할 수 있습니다. 그러니 멋있게 사십시오.

사람들이 몰라보면, 집에 돌아가서 이렇게 외치십시오. '바보 같은 것들!' 사람들 면전에서는 하지 마십시오. 그런 다음 주일날 이렇게 늠름하게 나와야 합니다. 싱글벙글 웃으십시오. 우리끼리는 서로 알아주는 사람들 아닙니까? 도대체 왜 여기 와서 인상을 쓰고 있는 것입니까? 그리고 나가서 세상 누구에다 대고 또 인상을 쓰려는 것입니까? 신앙생활이 무엇인지, 왜 이렇게 이 길이 머나먼지 모르는 사람들 앞에서 왜 인상을 쓰는 것입니까? 우리가 오늘 누려야 할 복을 왜 못 누리고 있는지 분하게 생각해야 합니다. 한국 교회가 어려우니, 한국 사회가 어려우니, 그따위 말로 무슨 핑계가 됩니까? 우리가 살아야 하고, 숨 쉬어야 하고, 일어나야 하고, 결정해야 하고, 걸어가야 하는 인생입니다. 우리 자신의 책임이고, 기회입니다. 그 인생 넉넉히 살아 내기를 바랍니다.

기도

하나님 아버지, 우리만이 감사할 수 있고, 우리만이 위대할 수 있고, 우리만이 넉넉할 수 있습니다. 그 인생 살겠습니다. 어려운 인생, 억울한 인생이라고 말하지 않겠습니다. 우리는 예수를 믿기 때문입니다. 당장 오늘부터 각자의 인생을 살고 얼굴에 웃음 짓고 용서, 관용, 친절, 사랑, 인내, 찬송을 담겠습니다. 복 내려 주옵소서. 예수님 이름으로 기도합니다. 아멘.

8.
그들이 너를 버림이 아니요

1 사무엘이 늙으매 그의 아들들을 이스라엘 사사로 삼으니 2 장자의 이름은 요엘이요 차자의 이름은 아비야라 그들이 브엘세바에서 사사가 되니라 3 그의 아들들이 자기 아버지의 행위를 따르지 아니하고 이익을 따라 뇌물을 받고 판결을 굽게 하니라 4 이스라엘 모든 장로가 모여 라마에 있는 사무엘에게 나아가서 5 그에게 이르되 보소서 당신은 늙고 당신의 아들들은 당신의 행위를 따르지 아니하니 모든 나라와 같이 우리에게 왕을 세워 우리를 다스리게 하소서 한지라 6 우리에게 왕을 주어 우리를 다스리게 하라 했을 때에 사무엘이 그것을 기뻐하지 아니하여 여호와께 기도하매 7 여호와께서 사무엘에게 이르시되 백성이 네게 한 말을 다 들으라 이는 그들이 너를 버림이 아니요 나를 버려 자기들의 왕이 되지 못하게 함이니라 8 내가 그들을 애굽에서 인도하여 낸

날부터 오늘까지 그들이 모든 행사로 나를 버리고 다른 신들을 섬김 같이 네게도 그리하는도다 9 그러므로 그들의 말을 듣되 너는 그들에게 엄히 경고하고 그들을 다스릴 왕의 제도를 가르치라 (삼상 8:1-9)

하나님을 떠날 자유

사무엘은 사실상 이스라엘의 마지막 사사입니다. 그의 두 아들인 요엘과 아비야가 사무엘의 뒤를 이어 사사가 되지만, 실패하여 백성들로부터 외면을 받습니다. 그리고 이제 이스라엘에 왕을 세움으로써 사사의 직분은 사라질 것입니다. 사무엘은 왕을 세워 달라는 백성들의 요구에 대해 매우 분노하며 반대합니다. 자기 자식들이 사사이기 때문에 그런 것은 아닙니다. 이스라엘은 중앙집권체제로 다스려질 나라가 아니라, 정치든, 경제든, 국방이든, 교육이든 하나님의 명령에 따라 하나님과의 관계 속에서 근거하고 유지되고 채워져야 한다는 사실 때문입니다. 그러나 하나님은 왕을 요구하는 이스라엘 백성들의 말을 들어주라고 사무엘에게 이야기하십니다. "그들이 너를 버린 것이 아니고, 나를 버린 것이다. 그러니 그들의 소원을 들어줘라. 왕을 세워라." 매우 혼란스러운 대목입니다.

이런 과정을 보면 하나님은 당신의 백성이 잘못된 길을, 당신을 부인하는 길을 가도록 허락하시는가 하는 의문이 들 것입니다. 하나님은 허락하십니다. 이미 아담에게 그렇게 하셨습니다. 아담에게 자유를 주어 아담이 하나님을 거부하고 자신의 독립된 권리를 주장하는 최초의 범죄를 저지른 일을 성경은 분명히 말씀하고 있습니다. 하나님은 왜 그렇게 하시는가, 왜 이런 자유를 허락하시는가, 우리와 비교할 수 없이 높은 하나님의 권위와 존재, 그리고 거기에 종속되어야만 우리의 삶은 유지되는데, 이것을 거부하는 인간들의 어리석음과 반란과 못난 짓에 대하여 하나님은 왜 다른 방법, 즉 심판을 바로 단행하시든지 아니면 설명을 더 잘해 주시든지, 어쨌든 말을 안 들으면 어떻게 강요해서라도 다른 길로 갈 수 없게 막지 않고 왜 그들 소원대로 허락해 주시는가 하는 의문이 드는 것입니다.

누가복음 15장에 나온 탕자의 비유는 이 문제를 잘 이해할 수 있게 해 줍니다. 작은아들이 아버지에게 자기 몫의 재산을 미리 달라고 하여 받아 가지고 집을 나갑니다. 아버지가 순순히 내보내 주죠. 작은아들이 집을 나가 재산을 탕진하고 배가 고파서 굶어 죽기에 이르자, 이런 생각을 합니다. '내 아버지 집에는 양식이 풍족한 품꾼이 얼마나 많은가. 거기서는 일꾼들도 넉넉하게 사는데, 나는 집 떠나서 굶어 죽게 생겼구나. 이제 집으로 돌아가자.'

아버지는 집 나간 아들이 언제 돌아올까 전전긍긍하며 동네 어귀에서 기다리고 있다가 저 멀리서 아들이 돌아오는 모습을 보자 뛰어나가 반갑게 맞이합니다. 작은아들이 아버지에게 이야기합니다. "아버지, 이제 저는 아버지의 아들이 아닙니다. 저는 아들이라는 무게를 감당할 수 없습니다. 저를 그냥 품꾼의 하나로 보십시오." 아버지의 대답이 무엇이었습니까? "그게 무슨 소리냐? 애야, 빨리 들어가자." 그러고는 하인들을 향해 "여봐라, 내 아들이 살아 돌아왔다. 목욕을 시키고 옷을 갈아입히고 새 신을 신기고 가락지를 끼워 줘라. 제일 살

찐 송아지를 잡아서 거하게 잔치하자." 아버지는 아들의 귀환을 그렇게 반겼습니다. 내보낼 때는 무슨 심정이었을까요? 아버지는 비록 자기 아들이지만, 그를 힘으로 강요할 마음이 없습니다. 폭력으로 붙들어 맬 마음이 없는 것입니다. 아들이 진심으로 자녀의 명예를 깨달을 때까지 시간과 기회와 항변을 허락하시는 하나님이라고 이 비유는 말하고 있습니다.

하나 더 있습니다. 마태복음 25장에 가면 달란트 비유가 나오는데, 먼 나라로 여행을 가게 된 주인이 자기 종 셋에게 각각 다섯 달란트, 두 달란트, 한 달란트를 맡깁니다. 앞의 둘은 충성되게 열심히 일해서 이익을 많이 남겨 주인의 칭찬을 받습니다. 마지막 한 달란트를 받은 자는 주인에게 이렇게 보고합니다. "주인님은 실패를 허락하지 않으시는 엄격하신 분이라서 제가 두려워하여 이것을 땅속에 파묻어 두었습니다. 이제 돌아오셨으니 그것을 돌려 드립니다." 그러자 주인이 우리가 예상한 것보다 더 크게 화를 내서 꾸짖습니다. "이 악하고 게으른 종아, 네가 나를 엄격한 주인인 줄 알았더냐? 그렇다면 왜 은행에 넣어 이자라도 받게 하지 않았느냐?"

이 비유에 담긴 중요한 문제는 종들이 주인을 어떤 사람으로 이해했느냐 하는 것입니다. 앞의 두 종은 자신과 주인의 관계가 공포와 폭력으로 지배되는 상하관계에 묶여 있다고 생각하지 않았습니다. 그들은 기꺼이 주인의 종이면서, 동시에 주인과 동료였습니다. 그러나 세 번째 종은 주인을 두려워했고, 주인과의 관계가 이해관계에 따른 관계일 뿐, 그 이상 아무것도 아니라고 생각했습니다. 그가 주인을 엄격한 분이라라고 이야기한 것은 주인에 대한 모독이었고, 그래서 주인이 종에게 '악하고 게으른 종아'라고 몹시 노하게 된 것입니다.

뜻밖에도 신자 대부분은 하나님의 너그러우심과 우리를 항복시키기 위하여 충분히 기다려 주시는 하나님의 성품에 대해 이해가 부족합니다. 그래서 두려워합니다. 우리가 잘못된 길을 가면 가다가 땅이 꺼질 것 같고, 주일날 등산하러 가면 바위에서 굴러 떨어져 머리가 박살 날 것 같습니다. 이런 신앙에는 두려움 외에 아무것도 없습니다. 진노를 피하고, 심판을 피하고, 잘못된 길을 가지 않는 것이 전부일 뿐, 도무지 자라남이 없습니다. 크지를 않습니다. 거기에는 존경, 기대, 반가움, 해 보는 기회와 같은 것이 없습니다. 그러나 성경은 하나님이 이런 도전을 우리에게 허락하신다고 말하는 것입니다.

하나님을 향해 살아갈 자유

그러면 이런 도전에 어떤 의미가 있을까요? 이것은 예수를 믿는다는 우리의 고백과 신앙생활의 현장 속에서 늘 등장하는 문제인데, 우리는 근본부터 오해하고 있는지 모릅니다. 이제 그 문제를 풀어 보자고 본문 말씀이 우리에게 요구합니다. 로마서 5장에 가 봅시다.

> 우리가 아직 죄인 되었을 때에 그리스도께서 우리를 위하여 죽으심으로 하나님께서 우리에 대한 자기의 사랑을 확증하셨느니라 (롬 5:8)

사랑에는 자격이나 조건이 필요하지 않습니다. 하나님은 우리를 사랑하사 우리에게 복 주시기 위하여 우리 인생에 개입하십니다. 또한 우리를 기뻐하셔서 우리의 모든 조건과 자격을 극복하고 넘어서는 방법으로 우리를 구원하십니다. 그것이 십자가이고 예수입니다. 그런데 우리는 하나님의 지극한 사랑, 무한한 은혜라는 추상 명사를 내세워 이야기함으로써 이 사랑을 잘 이해하지도 못하고 그저 매우 비현실적으로 생각하게 되었습니다. 로마서 5장 8절은 이런 의미입니다. 우리가 하나님을 찾지도 않았고, 하나님에게 상 받을 만한 일도 하지 않았고, 우리 자신이 누군지도 알지 못했을 때, 하나님은 우리를 당신의 자녀로 삼으셨다는 것입니다. 그러면 중요한 문제가 하나 생깁니다. 로마서 6장 1절로 가 보겠습니다.

> 그런즉 우리가 무슨 말을 하리요 은혜를 더하게 하려고 죄에 거하겠느냐 그럴 수 없느니라 죄에 대하여 죽은 우리가 어찌 그 가운데 더 살리요 무릇 그리스도 예수와 합하여 세례를 받은 우리는 그의 죽으심과 합하여 세례를 받은 줄을 알지 못하느냐 그러므로 우리가 그의 죽으심과 합하여 세례를 받음으로 그와 함께 장사되었나니 이는 아버지의 영광으로 말미암아 그리스도를 죽은 자 가운데서 살리심과 같이 우리로 또한 새 생명 가운데서 행하게 하려 함이라
> (롬 6:1-4)

죽은 자로 살던 자가 이제는 산 자로 살아갑니다. 죽음을 살던 자가 새 생명을 살게 됩니다. 이것이 구원입니다. 예수께서 하신 일이 바로 이것입니다. 이것이 은혜입니다. 우리가 구원받을 자격도 없었고, 구원

의 필요성도 몰랐고, 새 생명을 소원하지도 않았고, 구하지도 않았고, 구할 생각도 없었을 때 일어난 일입니다. 그러면 금방 이런 질문이 나옵니다. "아니, 전부 은혜로 되었다면, 우리가 애쓸 필요가 뭐 있는가? 내가 무엇 때문에 열심히 신앙생활을 할 필요가 있는가? 은혜라면서. 내가 모를 때 구원해 줬다면서?" 이에 대해 성경이 답합니다. "그럴 수 없느니라." 말이 안 된다는 것입니다.

우선 가장 중요하게 시간적 측면에서 그렇습니다. 우리는 그때 죄인이었습니다. 그런데 예수가 오셔서 우리를 하나님의 백성으로 삼으셨습니다. 예수가 우리를 위하여 죽으심으로써 우리를 죄인의 자리에서 산 자의 자리로, 하나님의 자녀라는 자리로 옮겨 놓았습니다. 그것이 현재, 곧 우리들의 현재입니다. 과거는 예수를 믿지 않았을 때이고, 몰랐을 때입니다. 예수가 우리를 위하여 아직 구원을 베풀기 전이 과거입니다.

지금은 구원을 받은 현재입니다. 우리는 은혜를 값싸게 여겨서 '은혜로 받았으니 내 마음대로 살아도 되잖아?'라는 말을 종종 하지만, 그렇게 마음대로 사는 과거로는 결코 돌아갈 수가 없습니다. 그것은 과거입니다. 다시 죄인으로 돌아갈 수 없습니다. 여기서 '죄인'이라는 말을 도덕적 의미로만 생각하지 마십시오. 이것은 과거의 우리 지위입니다. 거기서 누가 나를 데리고 왔습니까? 우리가 스스로 오지 않았습니다. 하나님이 업고 오셨습니다. 그러니 걸어온 길이 없죠. 어떻게 여기까지 왔느냐가 없죠. 일이 잘 안 풀리고 신앙생활도 뜻대로 안 될 때는 '내가 뭘 잘못해서 지금 신앙생활이 안 되냐?' 이렇게 묻지 말고, 우리는 과거 죄인의 자리로 돌아갈 수 없는 신자라는 것을 알아야 합니다.

'그런데 왜 시원하게 살지 못하냐?' 이것이 그다음 문제입니다. '내가 왜 신자답지 못하냐?' 그리고 하나 더 가서, '왜 하나님은 내가 아무리 기도해도 신자답게 살 수 있도록 안 도와주시느냐?'는 질문이 이어집니다. 이런 설교를 하면, 자신을 돌아보는 것이 아니라 옆 사람을 흘끗 보는 사람이 있습니다. 이것이 우리 현실입니다. 신자가 소원을 가지고 있는데도 왜 현실에서 신앙인으로 만족스럽게 살지 못합니까? 성경은 일단 이런 답을 합니다. '네가 아무리 네 신앙에 대해 불만스럽더라도 과거로 되돌아갈 수는 없다.' 그렇다면 은혜는 무엇을 하자고 있는 것입니까? '은혜는 할 일 다 했다. 그러나 네가 할 몫이 있다.' 우리가 할 몫이 무엇입니까? 못난 신자로 사느냐, 멋진 신자로 사느냐만 남았으니 여기서 선택하라는 것입니다. 이 이야기가 감사하게 들립니까? 이상하게 들립니까?

우리가 잘못했다고 죄인으로 돌아가지 않습니다. 이 부분을 틀린 채 큰 소리로 주장하는 데가 구원파입니다. 구원파는 '제대로 믿었으면 신앙에서 실패와 불만이 있을 수 없다'고 가르칩니다. 그렇지 않습니다. 예수를 믿고도 불만은 여전히 있습니다. 믿지 않을 때보다 더 힘듭니다. 그때는 적어도 양심이라는 것이 없었거든요. 지금은 양심은 물론 신앙까지 있습니다. 하나님은 우리에게 이렇게 말씀하십니다. "지금은 네 책임의 때다. 그러니 신자답게 살아라." "하나님, 저도 그렇게 살고 싶은데 잘 안 됩니다." "하루아침에 되려고 하지 말고 더 살아 보자. 몇 년이 필요하냐?" 하나님은 우리에게 시간을 충분히 주시고 오래 기다려 주십니다.

하나님이 기다려 주시는 시간

이스라엘은 하나님에게 이런 기회를 몇 년이나 받았습니까? 이스라엘, 더 멀리 아브라함부터 따지면 이천 년이 넘는 역사에다 지금 신약 시대 이천 년 역사를 더하면 약 사천 년 동안 이스라엘에게는 돌아올 기회가 주어졌는데도 그들은 아직 시원한 자리에 와 있지 않습니다. 이스라엘 이 여태 회개하지 않고 있어서 우리로서는 다행입니다. 아직 마지막 문 이 닫히지 않았다는 뜻이기 때문입니다. '이스라엘은 구원받는다'는 것 이 사도 바울의 일관된 증언입니다. 그런데 아직 구원받지 못했습니다. 그러니 우리의 시원치 않은 신앙생활도 아직은 괜찮습니다. 그러니까 이스라엘이 언제 회개하는지 째려보지 말고 앞으로 나아가십시오. 하 루하루를 신자다운 삶으로 채워 나가십시오.

그러니 이 문제에 대하여 하나님은 왜 이런 방법, 혹은 좀 더 좋게 말해서 왜 이런 기회를 허락하셨는가를 생각해야 합니다. 앞서 이렇 게 말씀드린 적이 있습니다. '하나님은 폭력적인 분이 아니다. 하나님 은 강요하지 않으신다. 하나님은 우리의 자발적 항복을 원하신다. 우 리가 진정으로 항복하고 납득할 시간과 경우와 기회를 주신다. 살아 봐라. 그런 다음 하나님 없는 세상과 하나님과 함께하는 세상을 비교 해 봐라.' 그렇게 우리에게 요구하시고 비교를 허락하십니다.

그래서 이 일은 우리의 잘잘못으로 끝나지 않을 것입니다. 이것이 우리의 운명입니다. 하나님은 이루시고야 말 것입니다. 그것은 종말에 서도 예수의 구원과 똑같은 식으로 이 운명이 결정될 것이기 때문입니 다. 우리 구원은 주께서 다시 오시는 날 완성될 것입니다. 주님의 다시

오심은 그가 베푸신 구원을 완성하러 그의 백성들을 영광으로 부르시는 날입니다. 마치 우리가 죄인 되었을 때에 오셔서 구원을 이루신 것과 같이, 우리가 시원치 않은 상황에 있을 때에 오셔서 우리의 구원을 완성하러 오실 것입니다.

그런데 앞의 두 비유는 무엇을 말하고 있습니까? 기독교란 우리가 한 것만큼 받는 종교가 아닙니다. 우리가 한 것들은 하나님이 목적하시는 완성을 향하여 치는 발버둥에 불과합니다. 하나님의 열심과 성의와 능력 속에 치는 몸부림이라고 할 수 있습니다. 다만 내 결정이 내 운명을 정하고 수준을 정하는 것보다 더 큰 것입니다. 우리가 공을 찰 때, 누가 옆에 서서 "네가 직접 차 보렴. 공을 여기다 놓고 직접 차 봐. 잘했어"라고 격려해 준다고 해 봅시다. 공을 직접 차 보는 것은 골을 넣느냐 못 넣느냐보다 더 큰 것입니다. "네가 한번 차 봐. 잘할 거야." 멋진 선수가 될 기회를 허락받는 것이기 때문입니다.

모든 운동 경기의 최종 보상이 무엇입니까? 인간성입니다. 최선을 다해야 하고, 자기를 극복해야 하고, 상대보다 더 노력해야 하고, 때로는 패배를 받아들여야 하고, 승자에게 박수를 보내야 하는 그런 자세를 배우는 것입니다. 매번 실패하는 것이 꼭 손해는 아닙니다. 실패로 인하여 승자보다 더 큰 자리에 나아가게 됩니다. 울지 않고 누가 더 깊은 자리를 갈 수 있겠습니까? 웃음으로는 만들 수 없는 것이 많다는 것을 깨닫지 않았습니까? 안 되는 것들 중 우리를 일으킨 것이 얼마나 많습니까? 우리로 생각하게 하는 일들이 얼마나 많습니까? 그것이 예수 그리스도의 오심에서, 구원에서, 종말에서 동일하게 보입니다. "내가 일하고 있다. 걱정 마라. 너는 내 품 안에 있다. 잘 안 되면 한 번 더 해 보자. 너희 생각에는 이게 옳게 보이냐? 가 봐라. 땅끝까지라도 가 봐라." 이런 자유가 우리에게 허락되어 있습니다.

그러니까 '아무래도 좋다'라고 생각하는 것은 바보 같은 생각이자 헛된 생각입니다. 하나님을 가볍게 여기고, 자기 인생을 책임지지 않으려는 행동은 진정성이 결여된 것입니다. 하나님이 예수를 보내어 우리를 구원하시는, 그의 일하시는 방식이 지닌 진정성을 안다면, 신이 인간이 되어 수난과 고난과 모욕과 죽음을 감수하고 우리를 만들어 내셨다는 예수 믿는 자의 정체성과 운명을 십자가로 이해한다면, 우리는 소홀히 살 수 없는 것입니다. 늘 이겨야 한다는 강박관념을 가지라는 이야기가 아니라, 진지해야 한다고 말하고 싶습니다. 우리의 하루만큼, 우리가 할 수 있는 만큼 진지해야 합니다.

두렵고 떨림으로 이루는 구원

이 문제는 사도행전 3장에서 이렇게 소개됩니다.

베드로가 이르되 은과 금은 내게 없거니와 내게 있는 이것을 네게 주노니 나사렛 예수 그리스도의 이름으로 일어나 걸으라 하고 (행 3:6)

우리가 예수를 믿고, 자신의 구원과 하나님을 만난 감격이 확신에 차 있을 때에는 이런 구절이 다 이해되는 것 같습니다. 그래서 소리 높여 외치며 크게 자랑합니다. 그럴 때는 마치 6절 앞에 '포르티시모'(ff)라도 표기되어 있는 것 같습니다. 이런 말은 속삭이며 할 수 없습니다. 여기는 아주 중요한 내용이 들어 있기 때문입니다. '은과 금이 아닌 것'으로 일을 하는데, 그것은 곧 '나사렛 예수의 이름'인 것입니다. 예수는 죽은 사람입니다. 예수의 죽음이 만든 일입니다. 그는 왜 죽으셨습니까? 우리의 죽음을 붙들려고 죽으셨습니다. 우리의 죽음을 반전하려고 죽으신 분입니다. 그러니 우리의 실패와 우리의 삶에서 우리가 한탄하는 모든 것들이 우리를 반전하여 만들 수 있다고, 그것이 은과 금으로는 할 수 없는, 나면서 못 걷게 된 이를 일으키는 기적을 이루었다고 성경이 그렇게 증언하는 것입니다.

우리의 후회는 우리가 기대하는 그 무엇을 만드는 것보다 더 큰 것을 만들어 낼 것입니다. 우리는 이런 말을 곧잘 합니다. "하나님은 내 기도를 안 들어주셔." 어떻게 해야 들어주실까요? 우리의 기도를 생각해 봅시다. 우리의 자존심이 짓밟히지 않아 고생할 필요가 없고, 발언권을 가지는 지위에 있어야 한다고 생각하는 그런 것들이 일을 하는 것이 아닙니다. 오히려 우리가 원하지 않는 일을 통해 '인생이 이게 뭔가? 왜 이런 일이 생기는가?'가 일을 한다고 깨달아야 합니다.

엠마오로 가는 두 제자가 예수께 뭐라고 불평했습니까? "우리는 그가 구원자인 줄 알았다. 그런데 그가 죽어 버렸다. 그래서 우리는 슬픈 마음으로 고향으로 돌아가는 길이다." 그래서 예수님이 그들에게 자신을 나타내십니다. "이 바보들아, 내가 뭐라고 그랬느냐? 메시아가 고난을 통하여 영광에 들어가야 한다고 성경에 얼마나 많이 예언했더냐?"

고난 자체가 승리를 만드는 것이 아니라, 고난이라는 방법을 통해 하나님이 승리로 가는 길로 인도하셨다고 합니다. 우리는 그것이 싫습니다. 우리가 싫다는 이유로, 마치 하나님이 틀린 것처럼, 내가 잘못한 것처럼 오해하여 아무도 그 길로 들어서지 않게 되었습니다. 이미 들어와 있는데, 받아들이지 않습니다. 그래서 신자로 사는 것을 거부하게 됩니다. 빌립보서 2장에는 사도 바울의 경고가 나옵니다. 그런데 이것은 경고이기 전에 놀라운 격려입니다.

> 너희 안에 이 마음을 품으라 곧 그리스도 예수의 마음이니 그는 근본 하나님의 본체시나 하나님과 동등됨을 취할 것으로 여기지 아니하시고 오히려 자기를 비워 종의 형체를 가지사 사람들과 같이 되셨고 사람의 모양으로 나타나사 자기를 낮추시고 죽기까지 복종하셨으니 곧 십자가에 죽으심이라 이러므로 하나님이 그를 지극히 높여 모든 이름 위에 뛰어난 이름을 주사 하늘에 있는 자들과 땅에 있는 자들과 땅 아래에 있는 자들로 모든 무릎을 예수의 이름에 꿇게 하시고 모든 입으로 예수 그리스도를 주라 시인하여 하나님 아버지께 영광을 돌리게 하셨느니라 (빌 2:5-11)

이 구절은 쉽게 읽을 수 없습니다. 그다음에 이어지는 이 구절 때문입니다.

> 그러므로 나의 사랑하는 자들아 너희가 나 있을 때뿐 아니라 더욱 지금 나 없을 때에도 항상 복종하여 두렵고 떨림으로 너희 구원을 이루라 (빌 2:12)

'너희를 구원하시는 하나님의 방법을 보라. 살 찢고 피 흘려 죽으심으로 이룬 구원이다. 너희의 생애가 얼마나 굉장한 것인지 아느냐? 그러니 너희 삶에 진정을 다해야 한다. 그러나 겁내지 마라.' 이렇게 되는 것입니다. 우리의 삶에서 우리가 소원하는 것들을 떠올려 보면 대개 생각할 필요가 없는 삶입니다. 걱정할 필요 없고, 고민할 필요 없고, 남들에게 괄시받을 필요 없는 것이 우리가 지닌 소원의 전부라면, 예수를 믿는다는 이름으로 이 소원을 구하고 있다면, 얻어맞아도 쌉니다. 욕을 먹어도 쌉니다.

예수를 믿는다는 것은 이보다 훨씬 큰 것입니다. 우리 하루의 삶이 우리와 우리의 존재로 인하여 이 세상 앞에 하나님의 손길이요, 위엄이요, 영광이라는 것을 기억해야 합니다. 우리에게 헛된 하루란 없습니다. 하나님은 하루도 쉬시는 날이 없습니다. 매일 아침 해가 떠오르듯, 매일 새로운 하루를 하나님이 여시고 우리와 동행하십니다. 진지하게 살아서 예수 믿는 자의 영광과 존엄과 기회와 명예를 우리 안에 채우는 복된 신앙과 인생 되기를 바랍니다.

기도

하나님 아버지, 은혜를 감사합니다. 주께서 우리의 모든 연약한 것과 못난 것을 통하여 거기에 하나님이 우리에게 기적을, 운명을, 결론을 담으신다고 믿습니다. 이 믿음을 가지고 아무것도 아닌 것 같은 하루와 일상과 각자의 자리를 지켜 내고 살아 내게 하옵소서. 감사가 있고, 소망이 있고, 무엇보다 순종이 있게 하옵소서. 예수님 이름으로 기도합니다. 아멘.

9.
기스의 아들 사울이 뽑혔으나

17 사무엘이 백성을 미스바로 불러 여호와 앞에 모으고 18 이스라엘 자손에게 이르되 이스라엘 하나님 여호와께서 이같이 말씀하시기를 내가 이스라엘을 애굽에서 인도하여 내고 너희를 애굽인의 손과 너희를 압제하는 모든 나라의 손에서 건져내었느니라 하셨거늘 19 너희는 너희를 모든 재난과 고통 중에서 친히 구원하여 내신 너희의 하나님을 오늘 버리고 이르기를 우리 위에 왕을 세우라 하는도다 그런즉 이제 너희의 지파대로 천 명씩 여호와 앞에 나아오라 하고 20 사무엘이 이에 이스라엘 모든 지파를 가까이 오게 하였더니 베냐민 지파가 뽑혔고 21 베냐민 지파를 그들의 가족별로 가까이 오게 하였더니 마드리의 가족이 뽑혔고 그 중에서 기스의 아들 사울이 뽑혔으나 그를 찾아도 찾지 못한지라 22 그러므로 그들이 또 여호와께 묻되 그 사람이 여기 왔나이까

여호와께서 대답하시되 그가 짐보따리들 사이에 숨었느니라 하셨더라 23 그들이 달려 가서 거기서 그를 데려오매 그가 백성 중에 서니 다른 사람보다 어깨 위만큼 컸더라 24 사무엘이 모든 백성에게 이르되 너희는 여호와께서 택하신 자를 보느냐 모든 백성 중에 짝할 이가 없느니라 하니 모든 백성이 왕의 만세를 외쳐 부르니라 25 사무엘이 나라의 제도를 백성에게 말하고 책에 기록하여 여호와 앞에 두고 모든 백성을 각기 집으로 보내매 26 사울도 기브아 자기 집으로 갈 때에 마음이 하나님께 감동된 유력한 자들과 함께 갔느니라 27 어떤 불량배는 이르되 이 사람이 어떻게 우리를 구원하겠느냐 하고 멸시하며 예물을 바치지 아니하였으나 그는 잠잠하였더라 (삼상 10:17-27)

왕을 허락하신 하나님

이제 사사 시대가 막을 내리고 왕정 시대로 접어들었습니다. 본문 말씀은 이스라엘의 첫 번째 왕 사울이 등극한 이야기입니다. 이스라엘 백성들은 왕을 세우기를 바라지만, 왕을 세우는 이 일을 사무엘이 싫어하고, 하나님도 싫어하십니다. 그런데 본문 말씀을 보면, 사울을 왕으로 삼는 이 일에 하나님이 열심히 주도권을 행사하시는 것을 확인할 수 있습니다. 18절부터 다시 봅시다.

이스라엘 자손에게 이르되 이스라엘 하나님 여호와께서 이같이 말씀하시기를 내가 이스라엘을 애굽에서 인도하여 내고 너희를 애굽인

의 손과 너희를 압제하는 모든 나라의 손에서 건져내었느니라 하셨
거늘 너희는 너희를 모든 재난과 고통 중에서 친히 구원하여 내신 너
희의 하나님을 오늘 버리고 이르기를 우리 위에 왕을 세우라 하는도
다 (삼상 10:18-19 상)

사무엘은 하나님의 뜻과 자신의 뜻 역시 왕을 거부한다는 입장을 마
지막까지 명백히 밝힙니다. 그러나 이스라엘이 왕을 완강하게 요청
하자, 이제 제비뽑기를 하는데 열두 지파에서 각 지파마다 매 천 명씩
나와 제비를 뽑습니다. 여기서 베냐민 지파가 뽑히고, 베냐민 지파에
서 마드리 가족이 뽑히고, 그중에서 기스의 아들 사울이 제비뽑기로
왕이 됩니다. 그런데 사무엘상 9장을 보면, 사울은 이미 은밀한 가운
데 사무엘에 의하여 기름 부음을 받았음을 알 수 있습니다. 하나님이
사울을 이미 내정하셨고, 내정하신 사울을 사무엘과 만나게 하여 왕
으로 세우신 것입니다. 그러나 이것은 공식적 등극이 아니고, 다른 사
람들은 알지 못하는 일이었습니다.

　흥미로운 사실은, 사울은 왕이 되는 이 일에 어떤 상상이나 기대를
전혀 하지 않았다는 것입니다. 그는 자신의 아버지가 잃어버린 나귀
를 찾으러 길을 나섰는데 사흘이나 걸렸고, 그래도 나귀를 찾을 수 없
게 되자 아버지가 걱정할까 봐 돌아가려 합니다. 그런데 따라온 사환
이 '여기 하나님의 선지자가 있으니 만나서 갈 길을 알아보자'라고 해
서 사무엘을 만나게 됩니다. 사무엘은 이미 하나님으로부터 사울이
올 것이라는 통보를 받았고, 사울을 만나자 그에게 기름을 붓습니다.
사무엘이 사울을 왕으로 세우겠다고 하자, 사울은 놀랍니다. "나는 베

냐민 지파 사람입니다. 베냐민 지파는 열두 지파 중 세력이 가장 작은 지파이고, 또 저희 가문도 유력한 가문이 아닌데, 어떻게 제가 왕이 될 수 있습니까?"라고 반문합니다. 그러자 사무엘이 "이것은 하나님의 뜻이다. 이것이 하나님의 뜻이라는 것을 이제 알게 될 것이다. 네가 돌아가는 동안 세 가지 징조가 있을 것인데, 그것으로 확인하게 될 것이다"라고 합니다.

그 세 가지 징조란 이것입니다. 하나는 사울이 라헬의 묘 앞에서 두 사람을 만나게 될 텐데, 그들이 사울에게 '나귀는 이미 찾았고, 네 아버지가 너를 걱정한다'라는 말을 할 것이라고 했는데, 그대로 되었습니다. 두 번째는 벧엘로 올라가는 길에 사울이 세 사람을 만나게 될 텐데, 한 사람은 염소 새끼 세 마리를, 또 한 사람은 떡 세 덩어리를, 나머지 한 사람은 포도주 가죽 부대를 하나 가지고 있을 것이고, 사울에게는 떡 두 덩어리를 줄 것이라고 했는데, 그것도 그대로 되었습니다. 마지막 하나는 사울이, 하나님의 산에서 내려와 성읍으로 들어가는 선지자 무리를 만날 텐데, 그들이 악기를 들고 노래하며 또 예언하면서 내려올 것이고, 그때 사울도 새 영을 받아 예언하게 되리라고 했는데, 그것까지 이루어집니다. 그래서 이 일은 하나님이 예비하시고 하나님이 주장하신 일이라는 점이 증명됩니다. 그리고 이제 사무엘은 미스바에 각 지파들을 불러 모아 제비뽑기를 하고 사울은 공식적으로 등극합니다.

사무엘상 9장 17절을 봅시다. "사무엘이 사울을 볼 때에 여호와께서 그에게 이르시되 보라 이는 내가 네게 말한 사람이니 이가 내 백성을 다스리리라"라는 말씀에서 하나님의 자신감을 확인할 수 있습니

다. 본문 말씀 10장 24절을 보면, 사무엘이 모든 백성에게 한 이 말 '너
희는 여호와께서 택하신 자를 보느냐 모든 백성 중에 짝할 이가 없느
니라'라는 말을 듣고 모든 백성이 '우리 왕 만세'를 외쳤다고 합니다.

그런데 이 일이 특별한 것은, 사울은 결국 실패한 왕이라는 사실 때
문입니다. 그는 비극적으로 생을 마감하게 됩니다. 사울이 왕이 되는
일을 하나님이 주장하시고, 모든 일을 하나님이 다 주관하셨습니다.
사울은 아무 기대도 아무 생각도 없는, 정치나 권세와 아무 관련이 없
는 순진하고 무지한 사람에 불과한데 하나님이 그를 왕으로 세우셨습
니다. 그런데 이상하게 하나님이 그를 다 책임져 주지 않으십니다.

우리는 사무엘서 말씀을 통하여 이 역사의 주인공이 다윗이라는
것을 확인합니다. 그런데 다윗이 첫 왕으로 등극하여 모범적 선례를
남기지 않고, 사울이 초대 왕으로 등극하여 실패한 예를 남깁니다. 그
런 후에야 다윗이 왕으로 등극합니다. 왜 하나님은 일을 이렇게 하셨
을까요? 전능하신 하나님이 사울을 고르고 골라서 불러 세우셨을 텐
데, 그를 실패하게 두십니다. 사실 이러한 일은 우리 모두가 신앙 현
실에서 직면하는 일이기도 합니다.

창조 세계 속에서

욥기 7장에 가 봅시다.

사람이 무엇이기에 주께서 그를 크게 만드사 그에게 마음을 두시고

아침마다 권징하시며 순간마다 단련하시나이까 주께서 내게서 눈을
돌이키지 아니하시며 내가 침을 삼킬 동안도 나를 놓지 아니하시기
를 어느 때까지 하시리이까 사람을 감찰하시는 이여 내가 범죄하였
던들 주께 무슨 해가 되오리이까 어찌하여 나를 당신의 과녁으로 삼
으셔서 내게 무거운 짐이 되게 하셨나이까 주께서 어찌하여 내 허물
을 사하여 주지 아니하시며 내 죄악을 제거하여 버리지 아니하시나
이까 내가 이제 흙에 누우리니 주께서 나를 애써 찾으실지라도 내가
남아 있지 아니하리이다 (욥 7:17-21)

우리가 다 공감하는 불평 아닙니까? 우리의 비명이요, 원망이기도 합
니다. 하나님은 우리를 구원하셨습니다. 하나님은 당신의 아들 예수
를 인간의 몸으로 이 땅에 보내어 수치와 고난 속에서 십자가에 달려
죽게 하셨습니다. 왜 그런 방법을 택하셨을까요? 한발 양보하여 하나
님이 그렇게 하시는 것이 좋으셔서 그렇게 하셨다면, 그다음은 형통
하고 완벽해야 하는 것 아닐까요? 예수를 모르고 살았던 기간도 억울
한데, 오랫동안 죄인으로 살게 하다가 예수 믿게 하는 것도 한심한데,
믿고 난 다음에도 우리의 기대에 부응하는 신앙생활은 거의 불가능
합니다. 소원은 있으나 현실에서는 잘되지 않습니다.

　하나님이 왜 이렇게 일하시는지 우리는 알 도리가 없습니다. 욥기
가 이미 다루고 있고, 이스라엘 역사가 바로 이 문제를 우리에게 알
려 주고 있습니다. 아브라함의 약속부터 시작해서 예수님이 오시기까
지의 기간을, 이스라엘은 제대로 성공하고 승리한 적이 없고, 그 역사
속에서 매번 실패하고, 매번 심판을 받고, 매번 고통 속에서 허우적댑

니다. 그런 긴 기간을 하나님은 왜 두시는가? 우리는 사울 왕과 다윗 왕이라는 사무엘서의 두 주인공의 삶을 통해 그들의 실패와 성공을 비교하게 될 것입니다.

　비교를 다루기 전에 사무엘서 강해를 시작하면서 다뤘던 한나의 기도에 대해 잠시 생각해 보겠습니다. 한나는 사무엘서에서 중요한 인물로 등장합니다. 왜냐하면 '사무엘서'라는 이름이 붙게 된 '사무엘' 이라는 아들을 낳은 사람이기 때문입니다. 이 내용이 사무엘상 2장에 나옵니다. 한나는 낳을 수 없었던 아이를 기도하여 얻습니다. 한나의 기도를 읽어 봅시다.

　한나가 기도하여 이르되 내 마음이 여호와로 말미암아 즐거워하며 내 뿔이 여호와로 말미암아 높아졌으며 내 입이 내 원수들을 향하여 크게 열렸으니 이는 내가 주의 구원으로 말미암아 기뻐함이니이다 여호와와 같이 거룩하신 이가 없으시니 이는 주 밖에 다른 이가 없고 우리 하나님 같은 반석도 없으심이니이다 심히 교만한 말을 다시 하지 말 것이며 오만한 말을 너희의 입에서 내지 말지어다 여호와는 지식의 하나님이시라 행동을 달아 보시느니라 용사의 활은 꺾이고 넘어진 자는 힘으로 띠를 띠도다 풍족하던 자들은 양식을 위하여 품을 팔고 주리던 자들은 다시 주리지 아니하도다 전에 임신하지 못하던 자는 일곱을 낳았고 많은 자녀를 둔 자는 쇠약하도다 여호와는 죽이기도 하시고 살리기도 하시며 스올에 내리게도 하시고 거기에서 올리기도 하시는도다 여호와는 가난하게도 하시고 부하게도 하시며 낮추기도 하시고 높이기도 하시는도다 가난한 자를 진토에서

일으키시며 빈궁한 자를 거름더미에서 올리사 귀족들과 함께 앉게
하시며 영광의 자리를 차지하게 하시는도다 땅의 기둥들은 여호와의
것이라 여호와께서 세계를 그것들 위에 세우셨도다 (삼상 2:1-8)

알다가도 모를 기도입니다. 권세를 가진 자가 하루아침에 꺾일 수가
있고, 아무것도 아닌 자가 권세를 얻을 수 있다, 하나님이 누구를 꺾
어 무너뜨릴 수 있고, 누구로 하여금 새로운 대업이나 성공을 이루게
할 수 있다고 이야기합니다. 말하자면 불연속을 말하고 있습니다. 우
리가 알고 있는 질서, 윤리, 합리성 같은 것들이 여기서는 소용없다고
여겨질 정도입니다. 그것들이 무용해서가 아니라, 이보다 큰 무엇이
있기 때문입니다. 한나의 기도에서 마지막 대목에 가면 이런 내용을
발견할 수 있습니다. 8절을 봅시다.

가난한 자를 진토에서 일으키시며 빈궁한 자를 거름더미에서 올리
사 귀족들과 함께 앉게 하시며 영광의 자리를 차지하게 하시는도다
땅의 기둥들은 여호와의 것이라 여호와께서 세계를 그것들 위에 세
우셨도다 (삼상 2:8)

하나님은 창조의 하나님이십니다. 창조 질서가 존재하는 것이 사실이
지만, 하나님은 이 질서에 매이는 것이 아니라 질서를 넘어서 계십니
다. 그 질서와 원리는 하나님의 중요한 공의요 법칙이지만, 하나님은
언제든지 그것보다 더 나아가실 수 있습니다. 창조의 하나님이시기
때문입니다. 그것이 기독교 신앙입니다. 이것은 욥기에서도 확인됩니

다. 욥기 37장을 보면, 욥을 비난했던 세 친구가 욥에게 충고하고 그를 정죄하였으나 실패합니다. 욥이 친구들의 충고에 항복하지 않자, 그들은 할 말이 없어지게 된 것입니다. 이 상황을 구경하고 있던 엘리후라는 사람이 마지막에 나타나 욥을 길게 책망합니다.

> 욥이여 이것을 듣고 가만히 서서 하나님의 오묘한 일을 깨달으라 하나님이 이런 것들에게 명령하셔서 그 구름의 번개로 번쩍거리게 하시는 것을 그대가 아느냐 그대는 겹겹이 쌓인 구름과 완전한 지식의 경이로움을 아느냐 땅이 고요할 때에 남풍으로 말미암아 그대의 의복이 따뜻한 까닭을 그대가 아느냐 그대는 그를 도와 구름장들을 두들겨 넓게 만들어 녹여 부어 만든 거울 같이 단단하게 할 수 있겠느냐 우리가 그에게 할 말을 그대는 우리에게 가르치라 우리는 어둔하여 아뢰지 못하겠노라 내가 말하고 싶은 것을 어찌 그에게 고할 수 있으랴 삼켜지기를 바랄 자가 어디 있으랴 (욥 37:14-20)

욥기는 '하나님은 창조의 하나님이다. 하나님은 인간의 논리를 벗어나 계시다'라며 창조 세계로 이 논쟁을 날려 보냅니다. 인과응보의 틀로밖에는 주고받을 수 없는 영역에서 이 논쟁을 창조 세계로 보낸 것입니다. 이것이 엘리후의 역할입니다. 이제 엘리후에 이어서 하나님이 등장하시는데, 하나님이 욥에게 하시는 대답도 역시 창조에서 비롯합니다. 38장 1절부터 보겠습니다.

> 그 때에 여호와께서 폭풍우 가운데에서 욥에게 말씀하여 이르시되

무지한 말로 생각을 어둡게 하는 자가 누구냐 너는 대장부처럼 허리를 묶고 내가 네게 묻는 것을 대답할지니라 내가 땅의 기초를 놓을 때에 네가 어디 있었느냐 네가 깨달아 알았거든 말할지니라 누가 그것의 도량법을 정하였는지, 누가 그 줄을 그것의 위에 띄웠는지 네가 아느냐 그것의 주추는 무엇 위에 세웠으며 그 모퉁잇돌을 누가 놓았느냐 그 때에 새벽 별들이 기뻐 노래하며 하나님의 아들들이 다 기뻐 소리를 질렀느니라 바다가 그 모태에서 터져 나올 때에 문으로 그것을 가둔 자가 누구냐 그 때에 내가 구름으로 그 옷을 만들고 흑암으로 그 강보를 만들고 한계를 정하여 문빗장을 지르고 이르기를 네가 여기까지 오고 더 넘어가지 못하리니 네 높은 파도가 여기서 그칠지니라 하였노라 (욥 38:1-11)

해변가에 가 보면 파도가 으르렁거리다가 물러나는 것을 볼 수 있습니다. 넘어올 듯 넘실대지만, 결코 넘어오지 못합니다. 하나님이 그렇게 두셨습니다. 우리가 알고 있는 자연 세계의 모든 질서를 하나님이 그렇게 정해 두신 것입니다. 없던 질서를 창조한 것입니다. 창조 세계로 넘어가자, 욥은 자신의 무지를 깨닫게 됩니다. 합리성과 인과응보를 넘어서 있는, 무에서 유를 만드시는 하나님을 뵙게 되는 것입니다. 창조 세계 속에서 말입니다.

'내가 여호와께 대하여 귀로 듣기만 하였사오나 이제 눈으로 봅니다'라는 고백을 살펴봅시다. 눈으로 보는 것은 무엇입니까? 사진을 보듯이 전체를 한눈에 보는 것입니다. 이유가 없습니다. 논리가 없습니다. 여기 그냥 존재하고 있고, 그것을 그대로 보는 것입니다. 어디서 시작해서 어디로 끝나는 문제가 아니라, 사진 속에 담긴 피사체처럼 명료합니다. 그것이 창조입니다. 욥이 그리로 나옵니다.

예수 그리스도 안에서 묶이다

사울에게 있었던 실패와 다윗에게 있었던 승리가 창조의 통치와 어떻게 맞물려 있는지 우리가 이해하기는 어렵습니다. 사실 구약에서는 갈피가 잘 잡히지 않습니다. 분명히 사울에게서는 꺾어 버리고 무너뜨리시는 심판의 하나님이 보이고, 다윗에게서는 세우시고 살리시는 은혜와 부활의 하나님이 보입니다. 신약에서 예수 그리스도의 십자가 사건 이후에 오면, 이 둘이 묶인 것을 확인해 볼 수 있습니다. 사도행전 9장입니다.

사울이 주의 제자들에 대하여 여전히 위협과 살기가 등등하여 대제사장에게 가서 다메섹 여러 회당에 가져갈 공문을 청하니 이는 만일 그 도를 따르는 사람을 만나면 남녀를 막론하고 결박하여 예루살렘으로 잡아오려 함이라 사울이 길을 가다가 다메섹에 가까이 이르더니 홀연히 하늘로부터 빛이 그를 둘러 비추는지라 땅에 엎드러져 들으매 소리가 있어 이르시되 사울아 사울아 네가 어찌하여 나를 박해하느냐 하시거늘 대답하되 주여 누구시니이까 이르시되 나는 네가 박해하는 예수라 너는 일어나 시내로 들어가라 네가 행할 것을 네게 이를 자가 있느니라 하시니 같이 가던 사람들은 소리만 듣고 아무도

보지 못하여 말을 못하고 서 있더라 사울이 땅에서 일어나 눈은 떴
으나 아무 것도 보지 못하고 사람의 손에 끌려 다메섹으로 들어가서
사흘 동안 보지 못하고 먹지도 마시지도 아니하니라 (행 9:1-9)

'바울의 회심'으로 잘 알려진 본문입니다. 그러나 다른 명칭을 붙여
야 옳습니다. 바울이 회심한 것이 아니라 예수를 만나 거꾸러진 것입
니다. 바울은 예수를 반대했고, 예수 믿는 자들을 잡아 죽인 기독교의
가장 큰 적대자였습니다. 그는 예루살렘에서도 그랬듯이, 다메섹에서
도 예수 믿는 자들을 잡아들이러 살기등등하여 가다가 아무런 준비
없이, 기대 없이, 생각 없이, 도끼에 찍혀 거꾸러지는 고목같이 땅에
쓰러진 것입니다. 여기에 하나님의 꺾으심과 무너뜨리심이 있습니다.
그런 다음 하나님은 사울을 바울로 세우십니다. 사도행전 9장 10절부
터 봅시다.

그 때에 다메섹에 아나니아라 하는 제자가 있더니 주께서 환상 중에
불러 이르시되 아나니아야 하시거늘 대답하되 주여 내가 여기 있나
이다 하니 주께서 이르시되 일어나 직가라 하는 거리로 가서 유다의
집에서 다소 사람 사울이라 하는 사람을 찾으라 그가 기도하는 중이
니라 그가 아나니아라 하는 사람이 들어와서 자기에게 안수하여 다
시 보게 하는 것을 보았느니라 하시거늘 아나니아가 대답하되 주여
이 사람에 대하여 내가 여러 사람에게 듣사온즉 그가 예루살렘에서
주의 성도에게 적지 않은 해를 끼쳤다 하더니 여기서도 주의 이름을
부르는 모든 사람을 결박할 권한을 대제사장들에게서 받았나이다

하거늘 주께서 이르시되 가라 이 사람은 내 이름을 이방인과 임금들
과 이스라엘 자손들에게 전하기 위하여 택한 나의 그릇이라 그가 내
이름을 위하여 얼마나 고난을 받아야 할 것을 내가 그에게 보이리라
하시니 (행 9:10-16)

바울은 예수를 이방에 전파하기 위해 하나님이 택하신 종입니다. 바울
은 그렇게 세움을 받아 신약 성경의 가장 중요한 사도로 우뚝 섭니다.
거기에는 사울의 꺾임이 있습니다. 또한 개명하여 바울이 된 하나님의
종으로서의 충성과 업적이 있습니다. 한 인생, 한 인물에게서 이 두 사
건이 일어난 것입니다. 우리는 이것이 하나님의 택함이라고 생각합니
다. 여기 15절에 나온 바와 같이, 주께서 '가라 이 사람은 내 이름을 이
방인과 임금들과 이스라엘 자손들에게 전하기 위하여 택한 나의 그릇
이라'라고 말씀하시는데, 이 말씀을 들으면 정신이 없습니다. 그러면
바울이 행한 그 앞의 행적은 무엇인가, 예수 믿는 자들을 잡아들이러
돌아다닌 것은 무엇인가, 그를 이렇게 사용하실 것이었다면, 미리 정
규 사관 학교에라도 보내서 일등으로 졸업하게 하고 대통령상이라도
받게 한 다음 그렇게 준비시켜야 맞지 않을까요? 그런데 우리 기대와
전혀 다른 방식으로 바울은 준비됩니다. 갈라디아서 1장에 가 봅시다.

형제들아 내가 너희에게 알게 하노니 내가 전한 복음은 사람의 뜻을
따라 된 것이 아니니라 이는 내가 사람에게서 받은 것도 아니요 배운
것도 아니요 오직 예수 그리스도의 계시로 말미암은 것이라 내가 이
전에 유대교에 있을 때에 행한 일을 너희가 들었거니와 하나님의 교

회를 심히 박해하여 멸하고 내가 내 동족 중 여러 연갑자보다 유대교를 지나치게 믿어 내 조상의 전통에 대하여 더욱 열심이 있었으나 그러나 내 어머니의 태로부터 나를 택정하시고 그의 은혜로 나를 부르신 이가 그의 아들을 이방에 전하기 위하여 그를 내 속에 나타내시기를 기뻐하셨을 때에 내가 곧 혈육과 의논하지 아니하고 또 나보다 먼저 사도 된 자들을 만나려고 예루살렘으로 가지 아니하고 아라비아로 갔다가 다시 다메섹으로 돌아갔노라 (갈 1:11-17)

바울은 모태에서부터 예정된 사람이라고 합니다. 그러면 그의 전반기 생애는 무엇입니까? 예수를 반대하고 예수 믿는 자들을 잡아 죽인 그의 전반기 생애는 뭐가 되는 것입니까? 바울이라는 한 인물 안에서는 이 두 가지, 즉 무너짐과 세우심을 보게 되는데, 사무엘서에서는 이 두 가지를 한 인물에 다 담을 수 없어서 사울과 다윗 두 사람에게 나누어 담고 있는 셈입니다. 그러니 우리는 사울과 다윗에 대하여 '사울은 나쁜 놈이고, 다윗은 좋은 사람이다'라고 하는 그런 쉬운 판단에서 더 나아가야 합니다. 구약의 사울은 무엇인가, 신약의 바울이 회심 전에 예수를 박해했던 일은 무엇인가, 이 질문 앞에서 우리는 바울의 자기 신앙 고백을 들어 볼 필요를 발견합니다.

나를 능하게 하신 그리스도 예수 우리 주께 내가 감사함은 나를 충성되이 여겨 내게 직분을 맡기심이니 내가 전에는 비방자요 박해자요 폭행자였으나 도리어 긍휼을 입은 것은 내가 믿지 아니할 때에 알지 못하고 행하였음이라 우리 주의 은혜가 그리스도 예수 안에 있는 믿음과 사랑과 함께 넘치도록 풍성하였도다 미쁘다 모든 사람이 받을 만한 이 말이여 그리스도 예수께서 죄인을 구원하시려고 세상에 임하셨다 하였도다 죄인 중에 내가 괴수니라 그러나 내가 긍휼을 입은 까닭은 예수 그리스도께서 내게 먼저 일체 오래 참으심을 보이사 후에 주를 믿어 영생 얻는 자들에게 본이 되게 하려 하심이라 영원하신 왕 곧 썩지 아니하고 보이지 아니하고 홀로 하나이신 하나님께 존귀와 영광이 영원무궁하도록 있을지어다 아멘 (딤전 1:12-17)

하나님이 바울에게 당신의 오래 참으심을 보이기 위해서 바울의 이전 생애를 놔두셨다고 합니다. '아무래도 괜찮다'를 말하려는 것이 아닙니다. '구원의 폭이 우리가 가진 절망보다 크다. 우리가 당한 실패보다 크다'라고 증언하게 한 것입니다. 그래도 이것은 너무 소극적이고 부정적인 증언이 아닌가, 이렇게 묻고 싶다면, 여기에 나온 '내가 그때는 몰라서 그랬다'는 말이 가지는 성경의 증언을 좀 새겨 보아야 합니다. '그때는 내가 몰랐다'는 말은 자기의 잘못을 변명하고 합리화하기 위해 등장하지 않았습니다. '내가 알았으면 그러지 않았다' 그런 이야기가 아닙니다. '그때는 알고 말고, 선택의 여지도 없었다.' 몰랐다는 것은 더 큰 죄인 것입니다. '있는 줄도 몰랐다.' 이렇게 되면 할 말이 없는 것입니다. 이 할 말 없음이 무엇을 만들었을까요? 구약의 사울은 무엇일까요? 그런 질문과 연결되는 것입니다.

이것은 우리 모두의 현실이 아닙니까? '좀 더 일찍 예수를 믿어서 하나님의 사람으로 신앙생활을 잘해 볼 걸' 하는 후회와 믿지 않고 오래 산 세월을 회개하고 뉘우치는 간증은 우리 모두가 가지고 있습니다. 문제는 이런 감동과 결심이 있어도 시원하게 살아지지 않는다는 현실입니다. '이럴 바에는 후회라도 안 하게 아예 처음부터 늦게 믿을 걸. 왜 괜히 일찍 믿어서 이게 뭔가?' 하고 푸념하게 됩니다. 당연한 현실입니다.

말이 안 되는 것에 복음을 담으시다

예수를 모르고 살다가 나중에 믿게 된 우리의 삶을 생각해 봅시다. 사울의 삶은 다만 우리가 예수를 믿기 이전의 삶에만 있고, 다윗의 삶은 우리가 예수를 믿고 난 이후의 삶에 구분되어 존재하는 것이 아니라, 이 둘이 우리의 삶에 섞여 있습니다. 사울이 다윗을 핍박하는 것처럼, 사울의 생애와 다윗의 생애가 섞이는 것처럼, 우리의 생애 속에서도 사울이 다윗을 핍박하고 권력을 휘두릅니다. 희한한 일입니다. 그러나 거기서 다윗이 큽니다. 사울은 다윗을 다윗 되게 만드는 중요한 하나의 요소가 됩니다. 무엇을 만들어 냈는지 신약 성경에서 한번 추정해 볼까요? 로마서 9장입니다.

> 내가 그리스도 안에서 참말을 하고 거짓말을 아니하노라 나에게 큰 근심이 있는 것과 마음에 그치지 않는 고통이 있는 것을 내 양심이 성령 안에서 나와 더불어 증언하노니 나의 형제 곧 골육의 친척을 위하여 내 자신이 저주를 받아 그리스도에게서 끊어질지라도 원하는 바로라 (롬 9:1-3)

굉장하지 않습니까? 우리가 예수를 믿고 나면 예수를 믿는 것과 믿지 않는 것은 함께할 수 없습니다. 공존할 수 없습니다. 이 둘은 대척점에 서 있기 때문입니다. 그런데 감히 최고의 사도인 바울이, 자기 동포들이 구원받는 일을 위해서라면 자기가 저주를 받아 그리스도에게서 끊어져도 좋다고 말합니다. 안 믿겠다가 아닙니다. '자기가 받은 은혜가 자기 동포들에게 다 가도 좋다' 그런 뜻입니다. 굉장한 말입니다. 어떻게 이런 말을 할 수 있을까요?

이스라엘은 예수를 믿지 않았습니다. 아직도 그들은 예수가 메시아인 것을 인정하지 않습니다. 그런데 바울은 자기 동포들에 대한 동정, 연민, 공감이 있는 것입니다. 왜 그럴까요? 바울 역시 자기도 그들과 마찬가지였던 사람이기 때문입니다. 자기가 바로 그 실수를 했기 때문입니다. 자기가 회개하지 않기 때문입니다. 자기도 그들과 마찬가지였기 때문에 언제든 그들도 뒤집어질 수 있다고 믿는 것입니다. '나를 구원하기 위하여 예수가 십자가를 지셨다면, 내 동포들을 위하여 내가 버림을 받아도 좋다.' 이 정도쯤 되는 것이 기독교 신앙입니다. 그러니 우리가 우리 안에서 흠 없는 완벽함을 만들려고 하는 결벽증 때문에, 우리 안에 있는 자책, 절망, 원망이 무엇을 만들어 내야 하는지 모르면 현실을 살 수가 없습니다. 현실은 어떻습니까? 불완전하여 자책하는 나와 시원치 않은 조건뿐입니다.

나라 걱정은 어떻게 하는 것입니까? 그냥 나라가 평안해지라고 기도하지 말고, 그들과 공감하십시오. 진보와 보수로 나뉘어 한 편만 공감하지 말고, '하나님이 나를 구원하신 것과 같이, 세상을 구원하시려고 내 인생을 증인으로 삼으신다' 이런 공감을 가지십시오. 예수를 믿는다는 이유로 적대적이고 배타적으로 고함지르지 말고, 십자가 들고 나가서 데모하지 말고, 따뜻한 얼굴로 '너를 위해서라면 내가 죽어도 좋다'라고 각자의 현장에, 삶의 자리에 서 있으십시오. 그것이 기독교입니다. 세력을 규합해야 할 수 있는 것이 아닙니다. 권력을 가져야 하는 것도 아닙니다. 고함을 지를 필요 없습니다. 강요할 필요도 없습니다. 공갈할 필요는 더더욱 없습니다. 공포가 되어서는 안 됩니다. 바울의 이 증언이 우리 모두의 증언이 아닌가요?

바울은 그가 자신의 잘못된 과거를 극복하고 새사람이 된 것으로 우리에게 기억되어 있지만, 따지고 보면 우리 안에는 무지, 무능, 어리석음, 기만, 변명이 그대로 남아 있어서 우리를 여전히 괴롭힙니다. 이것이 우리의 실존입니다. 바로 그 자리에서 일하십시오. 나의 이런 못난 것으로도 하나님이 일하신다는 믿음을 가지고 일하십시오. 모태로부터 택정하여 내정하신 자를 하나님이 그런 길로 쓰셨다는 사실을 기억해서 기죽지 마십시오.

기독교 신앙을 가지십시오. 이것으로도 하나님이 얼마든지 창조를 담으신다고, 말이 안 되는 것에도 담을 수 있다고, 나를 통하여 하나님이 누구를 얼마든지 만날 수 있다고 그렇게 믿는 것입니다. 그렇게 충성하고 인내하는 것입니다. 빌립보서 2장에 가면 사도 바울이 이 문제를 이런 말씀으로 멋지게 결론짓습니다.

너희 안에 이 마음을 품으라 곧 그리스도 예수의 마음이니 그는 근본 하나님의 본체시나 하나님과 동등됨을 취할 것으로 여기지 아니하시고 오히려 자기를 비워 종의 형체를 가지사 사람들과 같이 되셨고 사람의 모양으로 나타나사 자기를 낮추시고 죽기까지 복종하셨으니 곧 십자가에 죽으심이라 이러므로 하나님이 그를 지극히 높여 모든 이름 위에 뛰어난 이름을 주사 하늘에 있는 자들과 땅에 있는 자들과 땅 아래에 있는 자들로 모든 무릎을 예수의 이름에 꿇게 하시고 모든 입으로 예수 그리스도를 주라 시인하여 하나님 아버지께 영광을 돌리게 하셨느니라 (빌 2:5-11)

예수님은 죽어 버리셨습니다. 오해받고, 누명 쓴 채 죽어 버리셨습니다. 그런데 그것이 하나님의 자랑이라고 합니다. '나는 이런 하나님이다.' 그리고 거기다가 부활을 담으십니다. 멋진 데에다 담지 않으시고, 우리가 부러워하는 환상 속에 담지 않으시고, 이 죽음에 담으셨습니다. 우리에게 '너희가 가진 능력 이상의 것을 하라' 그러지 않으시고 '너희가 할 수 있는 만큼 해라' 그러십니다. 이 권면을 잘못 읽지 마십시오. 이어서 12절에는 이런 말씀이 나옵니다.

그러므로 나의 사랑하는 자들아 너희가 나 있을 때뿐 아니라 더욱 지금 나 없을 때에도 항상 복종하여 두렵고 떨림으로 너희 구원을 이루라 (빌 2:12)

여기서 '두렵고 떨림'은 공포를 이야기하는 것이 아닙니다. 하나님의 진정성을 알았다면, 인생을 진지하게 살라는 말씀입니다. 부족하다고 원망하지 마십시오. 우리의 지금 현실만큼 아무것도 아닌 것 같은 그것으로 하나님이 얼마든지 일하신다, 이것이 우리의 믿음입니다.

그러니 각각 자신의 인생을 사십시오. 이 시대와 이 나라를 위한 유일한 소망입니다. 다른 데는 희망이 없습니다. 하나님만이 기적을 베푸실 수 있고, 평화를 주실 수 있고, 정의를 실현하시며, 사랑으로 묶으실 수 있습니다. 우리가 먼저 해야 하고, 우리가 먼저 누려야 합니다. 그런데 우리는 자책하며 자기 안에서 절망하는 바람에 아무것도 못 하고 있습니다. 웃을 여유가 없으니 비난밖에 할 것이 없습니다. 겁이 나기 때문입니다. 누구는 되고 나만 안 되는 거면 안 되니까, 모두를 비난하여 '나만 그런 게 아니다'를 증명하고 싶은 것입니다. 그래서 전부 하향 평준화를 만들어 버렸습니다. 그렇지 않습니다.

우리는 귀한 사람들입니다. 우리는 창세전에 그리스도 안에서 하나님이 택하신 하나님의 자녀들입니다. 그것이 우리가 예수를 믿는다는 고백이요, 우리 인생에서 누리고 실천해야 할 우리의 영광입니다. 그 귀한 인생을 살아가길 바랍니다.

기도

하나님 아버지, 믿음을 갖게 하옵소서. 세상의 위협과 도전과 혼란으로 인하여 우리가 가진 믿음을 놓치지 않게 하여 주옵소서. 압도하려 할 것이 아니요, 분을 내고 보복하려 하지 말고, 말없이 서 있게 하옵소서. 갈보리산 위에 십자가가 섰듯이 우리의 자리에서 하나님의 자녀로 서 있게 하여 주옵소서. 하나님이 기적을 이루신다는 믿음을 가지고 나가게 하옵소서. 예수님 이름으로 기도합니다. 아멘.

10.
왕을 구하는 일을 기뻐하지 않으시다

6 사무엘이 백성에게 이르되 모세와 아론을 세우시며 너희 조상들을 애굽 땅에서 인도하여 내신 이는 여호와이시니 7 그런즉 가만히 서 있으라 여호와께서 너희와 너희 조상들에게 행하신 모든 공의로운 일에 대하여 내가 여호와 앞에서 너희와 담론하리라 8 야곱이 애굽에 들어간 후 너희 조상들이 여호와께 부르짖으매 여호와께서 모세와 아론을 보내사 그 두 사람으로 너희 조상들을 애굽에서 인도해 내어 이 곳에 살게 하셨으나 9 그들이 그들의 하나님 여호와를 잊은지라 여호와께서 그들을 하솔 군사령관 시스라의 손과 블레셋 사람들의 손과 모압 왕의 손에 넘기셨더니 그들이 저희를 치매 10 백성이 여호와께 부르짖어 이르되 우리가 여호와를 버리고 바알들과 아스다롯을 섬김으로 범죄하였나이다 그러하오나 이제 우리를 원수들의 손에서 건져내소서 그리

하시면 우리가 주를 섬기겠나이다 하매 11 여호와께서 여룹바알과 베단과 입다와 나 사무엘을 보내사 너희를 너희 사방 원수의 손에서 건져내사 너희에게 안전하게 살게 하셨거늘 12 너희가 암몬 자손의 왕 나하스가 너희를 치러 옴을 보고 너희의 하나님 여호와께서는 너희의 왕이 되심에도 불구하고 너희가 내게 이르기를 아니라 우리를 다스릴 왕이 있어야 하겠다 하였도다 13 이제 너희가 구한 왕, 너희가 택한 왕을 보라 여호와께서 너희 위에 왕을 세우셨느니라 14 너희가 만일 여호와를 경외하여 그를 섬기며 그의 목소리를 듣고 여호와의 명령을 거역하지 아니하며 또 너희와 너희를 다스리는 왕이 너희의 하나님 여호와를 따르면 좋겠지마는 15 너희가 만일 여호와의 목소리를 듣지 아니하고 여호와의 명령을 거역하면 여호와의 손이 너희의 조상들을 치신 것 같이 너희를 치실 것이라 (삼상 12:6-15)

하나님 대신 왕을 구하는 이스라엘

이제 사울이 공식적으로 등극합니다. 이 자리에서 사무엘은 이스라엘 백성들에게 왕을 세우는 이 일을 두고 경고하며 부탁하는 마지막 설교를 합니다. 본문 말씀에서 보듯이, 사무엘은 백성들이 왕을 구하는 것을 하나님이 기뻐하지 않으시며, 자신도 역시 기뻐하지 않는다는 뜻을 분명히 합니다. 사무엘은 '출애굽 시대나 사사 시대에서나 하나님은 언제나 이스라엘의 왕이 되어 주셨고, 필요한 것이 있어서 부르짖으면 응답해 주시는 하나님이셨거늘 너희가 오늘 하나님 대신 왕을 구하고 세웠다'라고 이스라엘 백성들을 꾸짖습니다. 하나님이 왕을 허락해 주기는 하셨지만, 14절에서 보는 바와 같이 왕이 가진 지위는 이렇습니다.

> 너희가 만일 여호와를 경외하여 그를 섬기며 그의 목소리를 듣고 여호와의 명령을 거역하지 아니하며 또 너희와 너희를 다스리는 왕이 너희의 하나님 여호와를 따르면 좋겠지마는 너희가 만일 여호와의 목소리를 듣지 아니하고 여호와의 명령을 거역하면 여호와의 손이 너희의 조상들을 치신 것 같이 너희를 치실 것이라 (삼상 12:14-15)

14절과 15절에서 보는 바와 같이, 모든 경계와 교훈은 '하나님 한 분에게 순종'이라는 데로 수렴됩니다. 왕의 지위나 역할에 대한 소개는 전혀 없고, 왕도 백성과 마찬가지로 하나님에게 순종해야 하는 자라는 사실을 강조합니다. 그것 말고는 달리 이해할 만한 언급이 없습니다. 왕에 대한 특별한 대접도 언급되어 있지 않습니다. 심지어 당시에 현실적 문제였던 사무엘상 11장에 나오는 암몬 사람 나하스의 침입이나 당시 내내 적국으로 위협되던 블레셋과의 문제도 언급되어 있지 않습니다. 우리에게 익숙한 정치, 경제, 사회, 교육, 국방, 이런 문제에 대한 언급이 전혀 없는 것입니다.

"하나님 한 분으로 충분하다. 너희가 왕을 세워서 하나님을 거역하며 부인한 것 나도 알고 하나님도 아신다. 그러나 하나님이 너희 요구를 들어주셨으니 너희가 세운 왕도 하나님을 순종해야 하고, 너희가 왕을 세워 만든 왕정에서도 하나님에게 순종해라. 너희가 세운 왕이

나 왕정이라는 것이 결코 지금보다 나은 방법이거나 안전한 보장이 아니다." 사무엘의 설교는 이렇게 요약됩니다.

구약 역사를 보면, 이스라엘이 얼마나 하나님을 외면하고 열심히 왕을 구하고 또 우상을 섬겼는지 잘 나타나 있습니다. 사사기에서도 그랬고 열왕기에서도 내내 그랬습니다. 출애굽 사건과 가나안 땅을 정복한 사건에서도 보았듯이, 하나님 한 분이면 충분한 민족이, 그들이 울부짖으면 바로 응답해 주시는 하나님을 두고 왜 이렇게 못난 짓을 계속했는가, 하는 의문이 구약을 읽는 우리에게 당연히 듭니다. 말라기 3장에 가 봅시다.

> 여호와가 이르노라 너희가 완악한 말로 나를 대적하고도 이르기를 우리가 무슨 말로 주를 대적하였나이까 하는도다 이는 너희가 말하기를 하나님을 섬기는 것이 헛되니 만군의 여호와 앞에서 그 명령을 지키며 슬프게 행하는 것이 무엇이 유익하리요 지금 우리는 교만한 자가 복되다 하며 악을 행하는 자가 번성하며 하나님을 시험하는 자가 화를 면한다 하노라 함이라 (말 3:13-15)

구약 성경의 마지막 선지자인 말라기의 글입니다. 이제 이렇게 한 다음 사백 년간 선지자가 끊어졌다가 예수님이 오시고, 이스라엘은 예수님마저 십자가에 못 박아 죽일 것입니다. 그런데 13절, '너희가 완악한 말로 나를 대적하고도 이르기를 우리가 무슨 말로 주를 대적하였나이까'에서 보듯, 이스라엘 백성에게는 하나님에 대해 전혀 관심을 두지 않는 태도가 이미 배어 있습니다. 하나님이 뭐라고 하신들 귀

담아듣지도 존중하지도 않습니다. 그 이유가 14절에 나옵니다. '이는 너희가 말하기를 하나님을 섬기는 것이 헛되니 만군의 여호와 앞에서 그 명령을 지키며 슬프게 행하는 것이 무엇이 유익하리요.' 하나님의 말씀을 들어서 뭐 나은 게 있느냐 하는 것입니다. 더 나아가 15절에서는 '교만하고 악을 행하는 자가 번성하지, 열심히 사는 자가 무슨 복을 받냐, 순종하는 자가 무슨 복을 받냐'라는 말까지 나옵니다.

그러니까 구약 성경 내내 이스라엘 백성이 하나님을 배반하고 불순종하며 신앙에서 실패하는 가장 큰 이유는 말라기서 말씀과 같이, 그들이 하나님을 믿으면 복을 받을 것이라고 기대했으나 현실은 그들의 기대와 달랐기 때문입니다. 이런 경험은 출애굽 시대나 사사 시대나 왕정 시대에서도 얻은 바 있습니다. 아마도 하나님을 충성되게 섬긴 일에 대해 보상이 없고, 교만하고 거짓된 자가 복을 받고 평안한 현실을 보자, 이런 생각을 하게 된 것 같습니다.

하나님이 '너희는 왜 나한테 이렇게 진심과 정성이 없냐?'라고 묻자 이스라엘 백성들은 '우리가 언제 그랬습니까?'라고 막말을 할 만큼 하나님의 하나님 되심에 대해 항복하지 않는 모습이 이스라엘 역사에서 내내 반복됩니다. 그렇다면 그들은 왜 우상을 섬겼을까요? 우상은 현실적이고, 하나님은 비현실적이라서 그랬습니다. 하나님을 믿어 봤자 아무 보상이 없고 결과도 없지만, 우상을 섬기면 결과가 있어서 우상을 섬긴 것입니다. 우리는 구약을 읽을 때 너무 쉽게 읽은 나머지 이스라엘 백성을 욕하느라고 구약 성경이 무슨 이야기를 하고 있는지 제대로 이해하지 못합니다. '쟤들은 왜 맨날 저럴까? 나 같으면 안 그랬을 텐데.' 우리도 지금 그러고 있으면서 말입니다.

보상 없는 신앙생활을 불평함

우리 역시 지금 자신의 생애 속에서 하나님을 섬겨도 보상을 받지 못하는 불만과 원망을 고스란히 드러내며 살고 있습니다. 민수기 11장에서는 출애굽한 이스라엘 백성이 약속의 땅으로 가는 길에서 일어난 일을 다루고 있습니다.

그들 중에 섞여 사는 다른 인종들이 탐욕을 품으매 이스라엘 자손도 다시 울며 이르되 누가 우리에게 고기를 주어 먹게 하랴 우리가 애굽에 있을 때에는 값없이 생선과 오이와 참외와 부추와 파와 마늘들을 먹은 것이 생각나거늘 이제는 우리의 기력이 다하여 이 만나 외에는 보이는 것이 아무 것도 없도다 하니 만나는 깟씨와 같고 모양은 진주와 같은 것이라 백성이 두루 다니며 그것을 거두어 맷돌에 갈기도 하며 절구에 찧기도 하고 가마에 삶기도 하여 과자를 만들었으니 그 맛이 기름 섞은 과자 맛 같았더라 밤에 이슬이 진영에 내릴 때에 만나도 함께 내렸더라 백성의 온 종족들이 각기 자기 장막 문에서 우는 것을 모세가 들으니라 이러므로 여호와의 진노가 심히 크고 모세도 기뻐하지 아니하여 모세가 여호와께 여짜오되 어찌하여 주께서 종을 괴롭게 하시나이까 어찌하여 내게 주의 목전에서 은혜를 입게 아니하시고 이 모든 백성을 내게 맡기사 내가 그 짐을 지게 하시나이까 이 모든 백성을 내가 배었나이까 내가 그들을 낳았나이까 어찌 주께서 내게 양육하는 아버지가 젖 먹는 아이를 품듯 그들을 품에 품고 주께서 그들의 열조에게 맹세하신 땅으로 가라 하시나이까

이 모든 백성에게 줄 고기를 내가 어디서 얻으리이까 그들이 나를 향하여 울며 이르되 우리에게 고기를 주어 먹게 하라 하온즉 책임이 심히 중하여 나 혼자는 이 모든 백성을 감당할 수 없나이다 주께서 내게 이같이 행하실진대 구하옵나니 내게 은혜를 베푸사 즉시 나를 죽여 내가 고난 당함을 내가 보지 않게 하옵소서 (민 11:4-15)

15절에 밑줄을 그어 두십시오. 우리가 매일 하는 말이지 않습니까. 기독교 역사상 가장 큰 올무가 된 문제라 할 수 있습니다. '하나님을 믿는데, 왜 형통하지 않은가? 신앙생활을 열심히 하는데, 왜 삶은 더 어려운가?' 왜 모세는 죽겠다고 저러는 것입니까? 하나님이 하시는 일과 백성이 보인 반응 사이에서 견뎌 보다가 이제 드디어 지친 것입니다. 하나님도 고집부리고 백성도 고집부립니다. 그러다가 마침내 모세는 '하나님, 이제 저는 도저히 못 해 먹겠습니다.' 그렇게 됐죠.

모세가 하나님과 이스라엘 백성들 가운데 섰다는 것은 우리 모두에게도 있는 현실입니다. 인생 속에 늘 나오는 이야기입니다. 하나님이 이렇게 해 주셔야 한다는 이야기를 우리도 많이 해 봤습니다. 소원은 있으나 아무 보상도 없고, 늘 하나님의 요구를 따라서 신앙생활을 할 수도 없는 현실이 우리를 괴롭힙니다. 우리 모두가 이 소원을 가지고 있습니다. '하나님, 저를 빨리 데려가 주옵소서. 제가 정말 잘못해서 지옥에 떨어지기 전에, 아직 천국에 갈 만할 때에 저를 붙들어 데려가 주옵소서'라는 소원 말고는 더 이상의 소원이 우리에게는 없습니다. 구약 성경 내내 이스라엘 역사를 통하여 증언된 이 일, 즉 '하나님의 요구와 우리의 현실은 다르다'는 것이 신앙생활에서 가장 큰 어려움이었던 것입니다.

오해와 멸시와 고통과 배신과 죽음을 감수하여 이루신 구원

그러나 이는 성경이 하는 이야기를 우리가 제대로 이해하지 못해서 생기는 문제입니다. 빌립보서 2장 5절 이하를 봅시다.

> 너희 안에 이 마음을 품으라 곧 그리스도 예수의 마음이니 그는 근본 하나님의 본체시나 하나님과 동등됨을 취할 것으로 여기지 아니하시고 오히려 자기를 비워 종의 형체를 가지사 사람들과 같이 되셨고 사람의 모양으로 나타나사 자기를 낮추시고 죽기까지 복종하셨으니 곧 십자가에 죽으심이라 (빌 2:5-8)

우리를 구원하시는 하나님의 놀라운 능력과 지혜와 사랑과 은혜와 기적이 동원되는 일이 예수의 수난, 고통, 죽음으로 이루어진다고 이야기합니다. 예수를 믿으면 만사형통하는 삶을 살게 되는 것이 아닙니다. 우리의 구원이, 하나님이신 예수님이 우리와 같은 육신으로 오셔서 오해와 멸시와 고통과 배신과 죽음을 감수하여 이루신 것과 같이, 신자의 신앙은 포기와 고난을 통해 성장한다고 이야기합니다.

믿지 않는 사람들과 이야기할 때 제일 먼저 걸리는 난제가 무엇입니까? 우리가 그들에게 예수 믿으라고 말하면, 사람들은 '내가 왜 예수를 믿어야 하나?'라고 묻습니다. 이에 '너는 죄인이기 때문이다'라고 말하면, 그들은 '네가 나 죄짓는 것 봤냐? 예수가 누군데?'라고 묻습니다. 다시 우리가 '예수는 우리 죄를 위하여 죽으신 분이다'라고 말하면 '야, 신이 왜 죽냐? 살아서 펄펄 뛰어도 될까 말까 한 일을 죽어 가지고 뭘 한다는 거냐? 너 미쳤냐?'라고 반박합니다.

어쩌면 우리는 자신이 한 고백 자체를 이해하지 못하고 있는지도 모릅니다. 우리를 구원하기 위해 왜 예수가 죽으셔야 했습니까? 그리고 그것을 왜 고백합니까? 예수의 죽음이 역사적 사실이기 때문입니다. 그럼에도 이에 대해 우리는 한번도 생각해 보지 않고 따져 보려고도 하지 않습니다.

깊은 기도의 자리로 가게 하는 고난

제임스 사이어는 우리 인생을 이렇게 표현합니다. '포기와 고난이 의미 깊은 역사 철학이라는 것을 알아야 한다.' 역사 철학이라고 하면 좀 어렵게 여겨질 것입니다. 풀어서 설명해 보면, '포기와 고난이 인생철학이라는 것을 알아야 한다. 이것이 하나님이 우리를 구원하신 방식이고, 구원한 우리를 완성하시는 방식이다'라는 것입니다. 그러니 우리의 삶이 형통하면 버림받은 것이라 생각하면 됩니다. 형통하면 생각을 안 하게 됩니다. 이런 말이 있습니다. '성공이 궁극적으로는 실패인 것은 인간의 깊은 영역을 건너뛰기 때문이다.' 그렇습니다. 그런데도 우리는 밤낮 생각 없는 사람으로 만들어 달라고 하나님에게 비는 것이나 다름없습니다. 생각할 필요 없는, 땀 흘릴 필요 없는,

고민할 필요 없는 그런 존재가 되게 해 달라는 것입니다.

그러나 하나님은 그렇게 해 주시는 분이 아닙니다. 하나님의 생각은 우리와 다릅니다. 하나님은 우리를 생각 없는 물건으로 만들 의도가 없으십니다. 우리는 고민하고, 회개하고, 의심하고, 도전하고, 울고 떼를 쓰는 존재입니다. 하나님이 이런 조건 속에서 하나님의 사랑, 성실, 자비, 능력과 기적을 동원하여 우리를 만드시고, 구원하시고, 완성하십니다. 이것이 기독교입니다. 그러니 좀 더 정신을 차리고, 신자의 인생에서 겪는 이해할 수 없는 모든 일들을 깊이 생각해 보아야 옳습니다. 고린도전서 1장에 가 봅시다.

십자가의 도가 멸망하는 자들에게는 미련한 것이요 구원을 받는 우리에게는 하나님의 능력이라 기록된 바 내가 지혜 있는 자들의 지혜를 멸하고 총명한 자들의 총명을 폐하리라 하였으니 지혜 있는 자가 어디 있느냐 선비가 어디 있느냐 이 세대에 변론가가 어디 있느냐 하나님께서 이 세상의 지혜를 미련하게 하신 것이 아니냐 하나님의 지혜에 있어서는 이 세상이 자기 지혜로 하나님을 알지 못하므로 하나님께서 전도의 미련한 것으로 믿는 자들을 구원하시기를 기뻐하셨도다 (고전 1:18-21)

'전도의 미련한 것'이란 무슨 뜻입니까? 전도를 미련한 방법이라고 한 것은 무슨 이유에서입니까? '논리적으로 이해될 수 없다'는 뜻에서입니다. 세상은 하나님이 일하시는 방식을 도무지 이해하지 못합니다. 신이라면서 이해 안 되는 방식으로 일하시기 때문입니다. 더 큰 힘을 가지셨으며, 하고 싶은 것이 있으면 시간과 공간을 초월해서 그냥 하실 수 있는 분이 이렇게 일하시기 때문입니다. 그런데 왜 그렇게 안 하실까요? 하다못해 '열려라. 참깨!'를 외워도 문이 열리는데, 왜 이렇게 쉽게 뚝딱 안 해 주시고 우리에게 시간과 공간 속에서 억울하고 겁나고 혼란스러운 인생을 걷게 하시고, 우리 각자에게 '나는 왜 이렇게 사는가?'라는 질문을 하게 만드실까요? 고난은 하나님이 하나님의 뜻을 이루시는 지혜요, 능력이기 때문에 그렇습니다.

형통하면 생각을 안 하게 됩니다. 아무도 이해하려 들지 않습니다. 그렇게 되면 우리 안에 고급한 것이 생기지 않습니다. 제가 좋은 문장을 하나 보고 여기에 적어 왔습니다. '인생의 덫은 우리로 고상한 결정을 내릴 기회를 준다.' 모든 것이 걸려 있는 때쯤 가면 '진정한 가치란 무엇인가? 정말 고급한 것이 무엇인가?' 하고 물을 수밖에 없습니다. 우리 소원대로 되지 않을 때, 비로소 우리는 우리 자신이 누구인가를 묻습니다.

가장 재미있는 현실은, 공부를 잘하는 사람들은 꼴찌들이 공부를 왜 못하는지 모른다는 사실입니다. 공부를 못하는 사람들은 우등생들이 어떻게 공부를 잘하는 것인지 잘 압니다. 남들 놀 때 공부하고, 남들 잠잘 때 공부해서 그렇습니다. 그럼 우리는 왜 공부를 못할까요? 남들 공부할 때 놀고, 남들 잘 때도 놉니다. 누구 생각이 더 깊어질 것 같습니까? 당연히 놀았던 사람들의 생각이 더 깊어집니다. 우리는 공부 못하는 사람들에 대해서 추호의 적개심이 없습니다. 그런데 공부를 잘한 사람들은 공부 못한 사람을 죽어도 이해하지 못합니다. '왜 못해?'라는 이야기밖에 할 줄 못합니다. 그들은 성실하게 잘 살았지만, 관계를 맺어 보면 아무짝에도 쓸모없는 사람이란 것을 알게 됩니다. 정답만 이야기하기 때문입니다. 우리가 여태껏 안심했던 모든 체제와 우리의 실력이 무너지는 경험이 우리 자신에게 도전이 되어야, 그래서 눈이 빠지게 기도해 보아야, 그때 비로소 우리로서는 홀로 넘어갈 수 없는 강을 건너 깊은 기도의 자리에 나아가게 됩니다.

성경에서 말하는 역설

욥을 생각해 보십시오. 욥기의 가치는 무엇입니까? 욥은 잘못한 것이 없습니다. 욥의 친구들이 와서 "잘못한 것 없이 왜 고난을 당하겠느냐? 네가 틀림없이 잘못한 게 있으니 하나님에게 벌 받는 것이다"라고 몰아갑니다. 욥이 "나 그렇게 살지 않았다"라며 자신은 잘못한 적이 없다고 끝까지 우깁니다. 세 친구도 그가 무엇을 잘못했는지 찾아낼 수는 없었습니다.

　욥은 너무 고단하고, 고난은 심하고, 답은 없고, 현실은 이해할 수가 없어서 이런 비명을 지릅니다. "하나님, 차라리 저를 죽여 주십시오." 그가 형통했으면 '죽여 주십시오'라는 자리까지 왔겠습니까? 그런데 그는 '죽여 주십시오' 하는 자리에 와서 하나님을 만납니다. 어떤 하나님입니까? 창조의 하나님입니다. 우리가 아는 이치, 원리, 인과관계를 벗어나 있는, 기계적 차원과 이해 관계의 차원을 벗어나 있는 하나님의 권능을 봅니다. 무에서 유를 만드시는 하나님, 죽은 것을 살리시는 하나님을 만납니다.

기독교 신앙에서 하려는 것이 이것입니다. 하나님은 창조와 부활을 만들고자 하십니다. 그러니 우리는 어디까지 몰려야 됩니까? 한계에 내몰려야 합니다. 극한까지 몰리면 더 좋습니다. 그래서 고린도전서 1장은 십자가와 기독교 복음에 관해 증언하면서 놀랍게도 '너희는 이해하지 못한다'를 그토록 많이 전제하고 있는 것입니다. 고린도전서 1장 22절입니다.

> 유대인은 표적을 구하고 헬라인은 지혜를 찾으나 우리는 십자가에 못 박힌 그리스도를 전하니 유대인에게는 거리끼는 것이요 이방인에게는 미련한 것으로되 오직 부르심을 받은 자들에게는 유대인이나 헬라인이나 그리스도는 하나님의 능력이요 하나님의 지혜니라 하나님의 어리석음이 사람보다 지혜롭고 하나님의 약하심이 사람보다 강하니라 (고전 1:22-25)

이 역설을 기억해야 합니다. 우리의 못난 것이 일을 한다고 깨달아야 합니다. 잘해서 보상받는 정도가 아니라, 못나고 원망스러운 것을 가지고도 하나님이 일하실 수 있다고 말씀합니다. 예수가 그러셨기 때문입니다. 모두가 불만스럽게 여겼던 예수입니다. 메시아가 왜 잡혀 죽는지 아무도 이해하지 못했습니다. 제자들이 다 도망갈 수밖에 없었던 그 일이 하나님의 일이요, 인류 역사를 바꾸는 일이요, 창조 세계를 회복하는 일이었다는 것을 기억하십시오.

우리가 가지고 있는 원망과 신앙생활을 하지 못하는 가장 큰 이유를 떠올려 보십시오. 자신에게 어려움이 생기면 '이건 신앙생활과 관계가 없다. 내가 잘못해서 받는 벌이다' 그런 정도로 포기하고 체념하고 말기 때문에 우리는 더 나아가지 못합니다. 주께서 그의 길을 가는 것이 아버지의 기쁘신 뜻이었고 구원을 이루는 길이었던 것처럼, 내가 잘못한 자리에서마저도 우리의 원망스럽고 말이 안 되는 실패와 절망을 가지고서도 일을 하시는 하나님의 지혜요, 능력을 믿어야 합니다. 그것을 담아낼 수 없으면, 예수를 믿는 것은 승자와 패자, 잘한 자와 못한 자를 분명히 나누어서 옳은 자와 이긴 자에게만 주는 보상이 되고 말 것입니다. 그러면 그것이 어떻게 복음일 수 있습니까? '예수께서 오셔서 가난한 자와 죄인의 친구가 되셨도다'가 무슨 소용이 있습니까? 그러니 다시 생각해야 합니다. 사도행전 9장에 가 봅시다. 이런 역설은 성경에 너무나 많습니다.

> 주께서 이르시되 가라 이 사람은 내 이름을 이방인과 임금들과 이스라엘 자손들에게 전하기 위하여 택한 나의 그릇이라 그가 내 이름을 위하여 얼마나 고난을 받아야 할 것을 내가 그에게 보이리라 하시니
> (행 9:15-16)

주께서 아나니아를 보내시면서 사울에 대해 설명하는 장면입니다. 아나니아를 사울에게 보내자, 아나니아가 말합니다. "주여, 이 사람은 기독교를 반대하고 박해하고 여러 사람을 잡아 죽인 사람입니다." "그렇지 않다. 가라. 그는 내가 택한 나의 종이다. 그가 내 이름을 위하여 고난을 받아야 하고 임금들 앞에 서야 한다." 바울은 무슨 자격으로 섭니까? 저명한 학자로, 상류 사회의 신분으로 서지 않습니다. 죄수로 섭

니다. 놀랍지 않습니까? 이런 많은 역설이 우리 현실에 매주 아니 매일 반복되는데, 우리가 이런 이해를 갖지 못하면 거기서는 신앙생활을 할 수 없게 됩니다.

이런 말이 안 되는 데서 신앙생활을 어떻게 해야 합니까? 순종해야 합니다. 잘못했으면 어떻게 해야 합니까? 잘못했으면 회개하십시오. 민망해하고 부끄러워해야 합니다. 그러나 원망하지는 마십시오. 내가 맺지 않은 결과가 발생해도 분노하지 마십시오. 그 초라함을 견디십시오. 억울한 일을 견디십시오. 그것이 신앙생활입니다. 무엇을 이루어 낼 것 같지 않은 수치가, 오해밖에 만들어 낼 것이 없는 그 조건들이 일을 한다고 믿어야 합니다. 그것이 예수 믿는다는 말의 의미입니다. 고린도후서 12장에 가 봅시다.

여러 계시를 받은 것이 지극히 크므로 너무 자만하지 않게 하시려고 내 육체에 가시 곧 사탄의 사자를 주셨으니 이는 나를 쳐서 너무 자만하지 않게 하려 하심이라 이것이 내게서 떠나가게 하기 위하여 내가 세 번 주께 간구하였더니 나에게 이르시기를 내 은혜가 네게 족하도다 이는 내 능력이 약한 데서 온전하여짐이라 하신지라 그러므로 도리어 크게 기뻐함으로 나의 여러 약한 것들에 대하여 자랑하리니 이는 그리스도의 능력이 내게 머물게 하려 함이라 그러므로 내가 그리스도를 위하여 약한 것들과 능욕과 궁핍과 박해와 곤고를 기뻐하노니 이는 내가 약한 그때에 강함이라 (고후 12:7-10)

우리도 고백할 수 있어야 합니다. "내가 약한 그때에 강하다. 하나님이 약한 것들로 일하신다. 사단의 가시를 빼 준 다음 일하게 하시지 않는다. 그러니 너희도 그걸 감수하며 살아가라." 자신의 신앙이 감사가 없고, 원망으로 가득 찬 이유를 스스로 점검해 보십시오. 우리가 원망하고 저주하는 우리의 약점과 실수와 한계들이 예수를 믿는다는 고백 속에 포함되어 있다는 것을 기억하십시오. 아무것도 아닌 자로서 신앙을 지킨다는 것, 얼마나 멋있는 일인지 아십니까? 해 보십시오. 그래서 감사하는 자들이 되십시오.

기도

하나님 아버지, 은혜를 감사합니다. 하나님은 열심히 일하고 계시지만, 우리는 깨닫지 못합니다. 우리가 부르짖으면 하나님은 응답하시며, 우리를 죄와 사망에서 꺼내십니다. 실패와 눈물에서 건져 올리십니다. 우리가 울고 한숨 지었던 것들을 아름다운 열매로, 놀라운 은혜로 채우십니다. 우리가 좋아하는 일만 하는 것이 아니고, 하나님이 우리에게 기쁘신 뜻을 두고 이루시는 일들에 우리의 마음을 쏟을 수 있는 그런 신앙을 주시옵소서. 자신의 인생을 살아 낼 그런 담대함을 주시옵소서. 거기서 기적을 만나게 하여 주옵소서. 예수님 이름으로 기도합니다. 아멘.

11.
왕이 여호와의 말씀을 버렸으므로

---

17 사무엘이 이르되 왕이 스스로 작게 여길 그 때에 이스라엘 지파의 머리가 되지 아니하셨나이까 여호와께서 왕에게 기름을 부어 이스라엘 왕을 삼으시고 18 또 여호와께서 왕을 길로 보내시며 이르시기를 가서 죄인 아말렉 사람을 진멸하되 다 없어지기까지 치라 하셨거늘 19 어찌하여 왕이 여호와의 목소리를 청종하지 아니하고 탈취하기에만 급하여 여호와께서 악하게 여기시는 일을 행하였나이까 20 사울이 사무엘에게 이르되 나는 실로 여호와의 목소리를 청종하여 여호와께서 보내신 길로 가서 아말렉 왕 아각을 끌어 왔고 아말렉 사람들을 진멸하였으나 21 다만 백성이 그 마땅히 멸할 것 중에서 가장 좋은 것으로 길갈에서 당신의 하나님 여호와께 제사하려고 양과 소를 끌어 왔나이다 하는지라 22 사무엘이 이르되 여호와께서 번제와 다른 제사를 그의 목소리

를 청종하는 것을 좋아하심 같이 좋아하시겠나이까 순종이 제사보다
낫고 듣는 것이 숫양의 기름보다 나으니 23 이는 거역하는 것은 점치는
죄와 같고 완고한 것은 사신 우상에게 절하는 죄와 같음이라 왕이 여호
와의 말씀을 버렸으므로 여호와께서도 왕을 버려 왕이 되지 못하게 하
셨나이다 하니 24 사울이 사무엘에게 이르되 내가 범죄하였나이다 내
가 여호와의 명령과 당신의 말씀을 어긴 것은 내가 백성을 두려워하여
그들의 말을 청종하였음이니이다 25 청하오니 지금 내 죄를 사하고 나
와 함께 돌아가서 나로 하여금 여호와께 경배하게 하소서 하니 26 사
무엘이 사울에게 이르되 나는 왕과 함께 돌아가지 아니하리니 이는 왕
이 여호와의 말씀을 버렸으므로 여호와께서 왕을 버려 이스라엘 왕이
되지 못하게 하셨음이니이다 하고 27 사무엘이 가려고 돌아설 때에 사
울이 그의 겉옷자락을 붙잡으매 찢어진지라 28 사무엘이 그에게 이르
되 여호와께서 오늘 이스라엘 나라를 왕에게서 떼어 왕보다 나은 왕의
이웃에게 주셨나이다 29 이스라엘의 지존자는 거짓이나 변개함이 없
으시니 그는 사람이 아니시므로 결코 변개하지 않으심이니이다 하니
30 사울이 이르되 내가 범죄하였을지라도 이제 청하옵나니 내 백성의
장로들 앞과 이스라엘 앞에서 나를 높이사 나와 함께 돌아가서 내가 당
신의 하나님 여호와께 경배하게 하소서 하더라 31 이에 사무엘이 돌이
켜 사울을 따라가매 사울이 여호와께 경배하니라 (삼상 15:17-31)

순종이 제사보다 낫고

우리에게 사울은 다윗과 늘 대조되는 실패한 왕이자 나쁜 왕으로 기억되어 있습니다. 사무엘서에서 주인공으로 여겨지는 다윗은 우리의 이상형이자 신앙의 모델입니다. 그러나 사무엘서의 초점은 사울의 생애와 역할, 그리고 다윗의 생애와 역할이 우리에게 무엇을 말해 주고 있는가에 있습니다. 사울은 왜 사울이 되었고, 다윗은 왜 다윗이 되었는가, 우리는 어떻게 사울이 되지 않고 다윗이 될 수 있는가, 하는 것을 궁금해하고, 성경은 이것을 이야기해 주고 싶어 합니다.

사무엘상 15장을 보면, 사울은 아말렉을 진멸하라는 하나님의 명령을 제대로 순종하지 않아서 폐위됩니다. 사무엘상 13장에서 이미 그런 조짐이 있었습니다. 블레셋과의 전쟁을 위하여 모인 이스라엘 백성들 앞에 사무엘이 먼저 와서 제사를 드린 다음 전쟁을 치렀어야 했는데, 사무엘이 약속된 기한 내에 오지 않자 다급해진 사울은 자기가 직접 제사를 드립니다. 그리고 이 일로 사무엘에게 혹독한 꾸중을 듣는데, '왕이 망령되이 행하여 왕의 날이 길지 않을 것입니다'(삼상 13:13, 14 참조)라는 1차 경고를 받습니다.

사무엘상 15장에 오면, 이것이 더 준엄한 심판이 되어서 '하나님이 왕을 버렸습니다'라고 하는 지점까지 옵니다. 진멸하라는 아말렉을 멸하지 않고, 사울이 아말렉 사람의 왕 아각을 사로잡아 와서 포획물 중 좋은 것들을 남겨 두었기 때문입니다. 사무엘이 이 점을 지적하자, 사울은 '여호와께 제사를 드리려고 이 좋은 것들을 남겨 둔 것입니다'라고 변명했는데, 사무엘은 준엄한 말로 아주 냉정하게 끝맺습니다.

"순종이 제사보다 낫습니다. 왕이 하나님을 버렸으므로 하나님도 왕을 버렸습니다. 이제 다른 왕이 당신을 대신할 것입니다." 대체 사울은 무엇을 잘못했기에 이런 꾸중을 듣는 것일까요?

이 사건을 통해 '순종이 제사보다 낫고, 듣는 것이 숫양의 기름보다 낫다'는, 익히 들어 온 표현을 마주하게 되는데, 순종과 제사가 어떻게 대조되는지 마태복음 9장을 찾아보겠습니다.

> 예수께서 그 곳을 떠나 지나가시다가 마태라 하는 사람이 세관에 앉아 있는 것을 보시고 이르시되 나를 따르라 하시니 일어나 따르니라 예수께서 마태의 집에서 앉아 음식을 잡수실 때에 많은 세리와 죄인들이 와서 예수와 그의 제자들과 함께 앉았더니 바리새인들이 보고 그의 제자들에게 이르되 어찌하여 너희 선생은 세리와 죄인들과 함께 잡수시느냐 예수께서 들으시고 이르시되 건강한 자에게는 의사가 쓸 데 없고 병든 자에게라야 쓸 데 있느니라 너희는 가서 내가 긍휼을 원하고 제사를 원하지 아니하노라 하신 뜻이 무엇인지 배우라 나는 의인을 부르러 온 것이 아니요 죄인을 부르러 왔노라 하시니라
> (마 9:9-13)

하나님은 제사도 요구하시고, 율법도 요구하셨습니다. 그렇게 요구하신 것은 여기 나온 말씀과 같이 긍휼을 원하셨기 때문입니다. 그러나 율법과 제사 역시 결국은 비난과 심판의 도구로 왜곡됩니다. 본문 말씀에서 보는 사울 왕의 실패에 대해서 생각해 보면, 사실 제사란 원래 하나님에게 순종하는 행위의 한 예식이고 형식입니다. 그러나 사울 왕에

게 제사는 다만 종교적인 치장이나 형식에 불과한 것으로 타협됩니다. 하지만 본문 말씀은 순종이 제사보다 낫다, 제사라는 것은 형식이나 조건으로서 지켜져야 하는 것이 아니라 내용으로 지켜져야 한다, 이것은 매우 중요한 싸움이다, 이렇게 강조합니다.

하나님과 묶여 있지 않은 종교 행위

이 일은 마태복음 12장에 다시 등장합니다.

> 그 때에 예수께서 안식일에 밀밭 사이로 가실새 제자들이 시장하여 이삭을 잘라 먹으니 바리새인들이 보고 예수께 말하되 보시오 당신의 제자들이 안식일에 하지 못할 일을 하나이다 예수께서 이르시되 다윗이 자기와 그 함께 한 자들이 시장할 때에 한 일을 읽지 못하였느냐 그가 하나님의 전에 들어가서 제사장 외에는 자기나 그 함께 한 자들이 먹어서는 안 되는 진설병을 먹지 아니하였느냐 또 안식일에 제사장들이 성전 안에서 안식을 범하여도 죄가 없음을 너희가 율법에서 읽지 못하였느냐 내가 너희에게 이르노니 성전보다 더 큰 이가 여기 있느니라 나는 자비를 원하고 제사를 원하지 아니하노라 하신 뜻을 너희가 알았더라면 무죄한 자를 정죄하지 아니하였으리라 인자는 안식일의 주인이니라 하시니라 (마 12:1-8)

이 말씀에서도 제사가 무엇으로 등장하는가 보십시오. 당시 바리새인들이 가졌던 행위, 즉 율법주의자들이 가졌던 율법과 저들이 가졌던 모든 종교 행위는 비난과 심판을 위한 규칙에 불과했습니다. 또한 제사가 가진 내용은, 하나님은 긍휼을 베풀고 자비를 베풀기를 원하시며 죄인을 구원하러 오셨다는 것인데, 제사라는 형식이 제사가 추구하는 내용을 방해하고 있는 현상으로 인하여 제사는 순종과 대조되어 있습니다. 이런 차원에서 제사가 순종과 대조되어 있는 것입니다. 그러면 사울에게 이 일은 왜 문제가 되었을까요?

사무엘서에서 사울은 대단히 종교적인 사람으로 그려져 있습니다. 그는 반드시 제사를 드려야 한다고 생각했습니다. 사무엘상 14장에 나온 블레셋과의 싸움에서 드러나는 사울의 행동을 보면 잘 알 수 있습니다. 사울은 자기 아들 요나단이 전쟁의 승기를 잡는 대단히 영웅적인 행위를 하여 전세를 휘어잡고 블레셋을 몰아가는 것을 보며, 여기에 종교적 의미를 더하여 이 싸움을 거룩한 싸움 즉 성전(聖戰)으로 선포합니다. 그래서 금식을 명합니다. 그런데 요나단이 이 명령을 어깁니다. 요나단은 아버지가 금식을 명한 줄도 모른 채, 꿀을 먹고 힘을 얻었던 것입니다. 그런데 나중에 자기 아버지가 금식을 명해서 병사들이 지쳤다는 사실을 알게 됩니다. 전투에서 승리했음에도 기운이 없어 승리의 막바지에 수확을 제대로 할 수 없었다는 사실을 알게 된 것입니다.

결국 이 일이 큰 문제가 됩니다. 사울이 누구의 잘못인지 따져 보자고 하다가, 요나단의 잘못인 것이 드러나게 됩니다. 사울은 망설임 없이 요나단을 처벌하기로 합니다. 지극한 종교성입니다. 그러나 사울은 종교가 드러내는 형식만 취할 뿐, 종교가 지향하는 가치나 내용은

갖고 있지 않습니다. 즉 하나님과 묶여 있지 않은 것입니다. 종교는
사울에게 그저 치장일 뿐입니다. 자기의 권력과 지위를 유지하는 보
조 수단에 불과했던 것입니다. 여기에 성경이 들이대는 심판을 보십
시오. '하나님과 묶여 있지 않은 종교 행위는 아무 가치가 없다.' 본문
말씀에서 확인하려고 하는 것이 바로 이것입니다. 이런 의미에서 보
면, 사울은 하나님과의 관계에 별로 관심이 없는 자임을 알 수 있습니
다. 사무엘상 본문으로 돌아가면, 아주 기가 막힌 표현이 나옵니다.

> 다만 백성이 그 마땅히 멸할 것 중에서 가장 좋은 것으로 길갈에서
> 당신의 하나님 여호와께 제사하려고 양과 소를 끌어 왔나이다 하는
> 지라 (삼상 15:21)

자세히 들여다보면, 사울이 언급한 하나님은 '나의 하나님'이 아닌
'당신의 하나님'이라고 되어 있습니다. 사울은 왕이고, 사무엘은 종교
계의 대표자입니다. 그래서 자기가 믿는 하나님이 아니라 당신의 하
나님, 즉 사무엘이 섬기는 하나님인 것입니다. 사울에게는 하나님도,
종교도 보조 수단에 불과합니다. 여기에 사울의 허점, 사울의 망발이
있습니다. 그리하여 사울은 제거됩니다. 이후에도 왕직을 여러 해 더
유지하지만, 그는 결국 이 사건이 결정적 계기가 되어 폐위되고 맙니
다. 그렇다면 사울은 제사와 대조되는 순종에서 실패한 것인데, 사무
엘서는 '거역하는 것은 점치는 죄와 같고, 완고한 것은 사신 우상에게
절하는 죄'(삼상 15:23)와 같다고 말씀합니다. 불순종이 우상과 묶여
있다는 것을 기억해야 합니다. 여기서 우리는 묻게 됩니다. 도대체 불

순종은 어떤 문제일까요?

모든 사람을 순종하지 아니하는 가운데 가두어 두심은

로마서 11장에 오면, 순종에 대한 중요한 말씀이 나옵니다.

> 너희가 전에는 하나님께 순종하지 아니하더니 이스라엘이 순종하
> 지 아니함으로 이제 긍휼을 입었는지라 이와 같이 이 사람들이 순
> 종하지 아니하니 이는 너희에게 베푸시는 긍휼로 이제 그들도 긍휼
> 을 얻게 하려 하심이라 하나님이 모든 사람을 순종하지 아니하는
> 가운데 가두어 두심은 모든 사람에게 긍휼을 베풀려 하심이로다
> (롬 11:30-32)

이스라엘은 구원을 얻을 것인가 하는 것이 로마서 11장의 중요한 주
제입니다. 왜냐하면 그들은 예수를 믿지 않았고, 예수를 십자가에 못
박은 당사자들이기 때문입니다. 그래서 기독교는 이천 년 기독교 역
사 내내 유대교를 고수하는 이스라엘을 폄하하며 비난하는 것으로
그 긴 세월을 보낸 것입니다. 이스라엘이 순종하지 않았다는 이유에
서입니다.

　기독교는 유대교와 동일한 뿌리를 갖고 있습니다. 유대교가 유일
하신 하나님을 믿고 율법을 그 내용으로 삼고 메시아가 오실 것을 기
다리는 구약이 전부인데 반하여, 기독교는 메시아에 대한 약속이 예

수 안에서 성취되었다는 것을 믿는 종교입니다. 그래서 이름도 '기독교'인 것입니다. '그리스도'를 음역하면 '기독(基督)'이 되니, '기독교'란 '예수교'인 것입니다. 즉 기독교는 예수를 믿는 종교입니다. 이스라엘 백성은 구약 시대 내내 그들이 믿고 구원을 기다리며 섬기는 주인인 하나님이 당신과 당신의 약속을 예수 안에서 보이셨다는 것을 아직도 믿지 않고 있습니다.

이스라엘이 구원을 얻을 것인가에 대한 바울의 답은 이것입니다. 바울이 이스라엘의 구원을 믿는 것은 이런 근거에서입니다. "너희 이방인들은 이스라엘보다 원래 더 나쁜 조건에 있었다. 하나님이 이스라엘에게는 약속을 주셨고 이스라엘은 이 약속을 받았으나, 결국 이스라엘은 자기들과 함께해 오신 하나님을 거부했다. 그러나 너희는 이스라엘이 가졌던 역사와 과거도 물려받지 않은 자들이었다. 이런 의미에서 구원이 이방에 흘러간 것이 아무 조건 없이 주어진 긍휼과 기적의 문제였다면, 너희보다 나은 조건에 있었던 유대인이야말로 그런 긍휼을 받는 것이 더욱 당연한 일이지 않겠느냐. 그것이 이상한 일이냐."

이스라엘이 하나님과의 약속을 저버렸다면, 그런데 이방은 그 약속을 알지도 못했다는 것이라면, 이스라엘과 이방이 모두 동일한 방법, 즉 하나님의 긍휼로 구원을 얻을 것이라는 논리입니다. '그런데 그것이 어떻게 순종과 연결되느냐? 그것이 왜 불순종의 문제가 되느냐?'라고 바울은 묻고 있는 것입니다. 좀 전에 인용한 로마서 11장 32절을 보면, "하나님이 모든 사람을 순종하지 아니하는 가운데 가두어 두심은 모든 사람에게 긍휼을 베풀려 하심이로다"라고 말씀합니다. 이방인은 아예 몰랐습니다. 거절하고 말 것도 없이 이방인들은 몰랐습니다. 그리고 이스라엘은 거부했습니다. 불순종했습니다.

그런데 하나님은 왜 모두를 불순종에 가두어 두셨습니까? 기독교가 하는 '예수를 믿는다'는 고백이 가지는 심오한 신비가 여기에 있습니다. '너희의 상상과 기대와 납득을 넘어서 있는 일을 위하여 너희가 이해할 수 없는 그 과정을 내가 넘어섰다. 너희는 순종할 수 없었다. 내가 너희에게 가진 목적, 뜻, 내용을 너희는 이해할 수 없었고, 그래서 아무도 순종할 수 없었다. 이 일은 순종과 이해를 벗어나 있는 일이다. 그것이 내가 너희에게 주려고 하는 것이었고, 그러하기 때문에 이것은 너희의 반응과 노력에 대한 보상으로 주어지는 것이 아니다. 내가 목적하고 의도했기 때문에 주어지는 것이다. 이 점을 분명히 해야 한다.' 이것이 불순종에 대한 성경의 생각입니다.

성경이 이 논리를 어떻게 사용하고 있는가, 믿음에 대한 문제를 언급하면서 로마서 4장은 이렇게 이야기합니다. 여기서 드러나는 기독교 신앙의 논리를 이해해 봅시다.

아브라함이나 그 후손에게 세상의 상속자가 되리라고 하신 언약은 율법으로 말미암은 것이 아니요 오직 믿음의 의로 말미암은 것이니라 만일 율법에 속한 자들이 상속자이면 믿음은 헛것이 되고 약속은 파기되었느니라 율법은 진노를 이루게 하나니 율법이 없는 곳에는 범법도 없느니라 그러므로 상속자가 되는 그것이 은혜에 속하기 위하여 믿음으로 되나니 이는 그 약속을 그 모든 후손에게 굳게 하려 하심이라 율법에 속한 자에게뿐만 아니라 아브라함의 믿음에 속한 자에게도 그러하니 아브라함은 우리 모든 사람의 조상이라 (롬 4:13-16)

아브라함은 믿음의 조상입니다. 아브라함이 하나님을 믿었습니다. 여기서 아브라함이 가진 믿음은 지금 우리가 아는 믿음이 아닙니다. 아브라함은 약속을 받았는데, 약속을 지켜야 할 책임은 약속을 한 자에게 있습니다. '내가 너로 열국의 아비가 되게 하겠다.' 이것은 하나님의 약속이자 하나님의 의지이며 하나님의 뜻입니다. 그 약속을 받은 첫 번째 사람이 아브라함입니다. 그는 열국의 아비가 될 것입니다. 하나님이 아브라함을 부르신 것과 같이, 우리 인류를 부르실 것입니다. 이 약속은 언제 성취되었습니까? 예수님이 오신 후에야 성취되었습니다. 그리하여 오늘날 우리에게까지 온 하나님의 뜻, 즉 우리로 하나님의 자녀가 되게 하는 이 일은 우리가 이룬 역사, 우리가 가진 노력의 결과물이거나 보상일 수 없습니다. 이것은 아브라함이 열국의 아비, 즉 그의 후손이 하늘의 별 같고 바다의 모래 같이 되는 일에 필요한 후손을 아브라함은 가지지 못했다는 역사적 사실에서 증언됩니다.

　아브라함은 자식이 없습니다. 이삭이 있지만, 이삭은 아브라함이 낳은 자식이 아닙니다. 이삭에 관한 그 후의 설명을 이어서 더 봅시다. 로마서 4장 17절부터 이삭에 대한 이야기가 나오는데, 여기서는 '이삭은 약속의 자녀. 약속의 자녀란 하나님이 주기로 약속하셔서 주신 것이지, 너와 사라가 만든 아이가 아니다'를 증거하고 있습니다. 그러니 아브라함에게 하신 약속이 우리의 것이 되게 하기 위하여 우리의 자격, 우리의 조건, 우리의 요청, 우리의 기대, 우리의 능력의 결과물이 아닌, 하나님의 의지, 하나님이 우리에게 이루시려는 목적이 예수 그리스도로 말미암아 성취된 것입니다. 이것이 기독교 신앙입니다.

　"하나님이 모든 사람을 순종하지 아니하는 가운데 가두어 두심은 모든 사람에게 긍휼을 베풀려 하심이로다"(롬 11:32). 여기서 이야기하는 아브라함을, 하나님이 율법을 주시기 전에 부르신 것은 이 약속이 우리의 조건이나 자격의 결과물이 아니라는 것을 알려 주기 위하여 시간적 차이를 둔 것이다, 율법이 없을 때는 범법도 없었다, 그때는 잘하고 못하고의 기준이 없을 때였다, 만일 이 약속이 율법에 의한 것이었으면 실패했을 것이다, 왜냐하면, 우리는 하나님이 목적하시는 결과를 만들어 낼 실력이 없기 때문이다, 그 조건을 만족시킬 수 없기 때문이다, 그래서 하나님의 목적을 분명하게 하기 위해, 실패하지 않게 하기 위해 율법으로 하지 않고 약속으로 했다, 은혜로 했다, 이것이 기독교입니다.

하나님과 묶여 있는 다윗의 삶

사울에게서 드러나는 가장 큰 특징이 무엇입니까? 사울은 매우 종교적인 사람이지만, 그렇다고 그가 하나님과 묶여 있는 사람이라는 이야기는 아닙니다. 하나님이 하려고 하시는 것, 하나님이 만들려고 하시는 일에 그는 아무런 기업이 없습니다. 사울의 생애는 비극적입니다. 그런데 사울은 다윗과 비교해서 특별히 더 잘못한 것은 없어 보입니다. 다윗도 사무엘이 와서 기름 부음을 받아 왕이 되고, 사울도 사무엘이 와서 기름 부음을 받아 왕이 되었습니다. 하나님이 사울에게 영을 주셔서 그는 예언도 하고 성령 충만도 받고 군사적 승리도 얻어 내고 모든 좋은 것을 다 얻었으나, 그의 생애는 두려움과 비난과 시샘과 보복과 폭력과 공포와 절망과 사망으로 끝나고 맙니다. 모든 자연인의 결국이 이와 같습니다.

다윗을 보면 알게 되는 것이 있습니다. 사울과 다윗, 양쪽 모두의 조건은 비슷한데, 은혜가 들어오면 인간이 만들어 낼 수 없는 것을 하나님이 어떻게 만드시는가를 다윗의 생애는 보여 줍니다. 사울과 다윗의 대조는 실패한 사람과 성공한 사람의 대조가 아닙니다. 하나님이 우리에게 무엇을 어떻게 하시는가, 하나님이 없으면 어떤 결과가 일어나는가, 하나님이 들어오시면 어떻게 승리하게 되는가를 대비해서 보여 주는 것입니다.

이사야 42장 8절에 의하면, "나는 여호와이니 이는 내 이름이라 나는 내 영광을 다른 자에게, 내 찬송을 우상에게 주지 아니하리라"라고 말씀합니다. 하나님이 무엇을 만들고 싶어 하시는지 알겠습니까? 우리가 흔히 말하는 '예수 믿으면 착해요', '예수 믿으면 옳아요.' 그런 정도를 넘어서는 것입니다. '그 사람은 진실해요', '그 사람은 성실해요.' 그런 것들은 다 형용사에 불과합니다.

이 대조는 내용이 무엇이 되느냐 하는 싸움입니다. 하나님이 채우고 싶은 내용은 하나님의 자녀 된 영광입니다. 이사야 43장 7절을 봅시다. "내 이름으로 불려지는 모든 자 곧 내가 내 영광을 위하여 창조한 자를 오게 하라 그를 내가 지었고 그를 내가 만들었느니라." 이것이 기독교 신앙의 핵심입니다. 하나님이 만들고 싶은, 하나님의 자녀라는 이름에 걸맞은 영광되고 명예롭고 위대한 존재 말입니다. 로마서 6장에 가 봅시다.

하나님께 감사하리로다 너희가 본래 죄의 종이더니 너희에게 전하여 준 바 교훈의 본을 마음으로 순종하여 죄로부터 해방되어 의에게 종이 되었느니라 너희 육신이 연약하므로 내가 사람의 예대로 말하노니 전에 너희가 너희 지체를 부정과 불법에 내주어 불법에 이른 것 같이 이제는 너희 지체를 의에게 종으로 내주어 거룩함에 이르라 너희가 죄의 종이 되었을 때에는 의에 대하여 자유로웠느니라 너희가 그 때에 무슨 열매를 얻었느냐 이제는 너희가 그 일을 부끄러워하나니 이는 그 마지막이 사망임이라 그러나 이제는 너희가 죄로부터 해방되고 하나님께 종이 되어 거룩함에 이르는 열매를 맺었으니 그 마지막은 영생이라 죄의 삯은 사망이요 하나님의 은사는 그리스도 예수 우리 주 안에 있는 영생이니라 (롬 6:17-23)

이 말씀은 '죄지으면 멸망하고, 신앙을 지키면 영생을 얻는다.' 이런 조건절이 아닙니다. 몇 해 전에 나온 〈프리즌〉이라는 영화가 있습니다. 한석규 씨가 악역을 연기한 유명한 영화입니다. 사악한 죄수가 악행을 저지르는 과정을 다루는 것이 이 영화의 스토리인데, 영화가 개봉되기 전에 한석규 씨의 인터뷰가 일간지에 실렸습니다. 그때 인터뷰어가 이렇게 물었습니다. "어떻게 악역을 생각하고 준비했는가?" 여기서 한석규 씨가 중요한 대답을 합니다. 고함을 지르지 않기로 했답니다. 그 말에서 제가 영감을 받았습니다. 한석규 씨는 제가 관심 있게 보는 배우 중 하나입니다. 왜냐하면 그는 두 가지 얼굴을 가지고 있기 때문입니다. 그가 웃으면 세상 천진난만한 표정이 나오고, 그가 악한 짓을 하면 세상 사악한 표정이 됩니다. 그렇게 둘을 완벽하게 해

내는 배우는 드문데 말입니다. 악역을 연기하면서 고함을 지르지 않겠다는 말은 무슨 뜻일까요? 원래 악당 중에 고함을 지르는 것들은 별 볼일 없는 것들입니다. 정말 악당이면 상대방을 쏘면 되는 것입니다. 웃으면서 쏘면 그만인 것입니다. 그러니까 문제는 내용인 것이죠. 악인이 쏟아 내는 것은 악 그 자체입니다. 고함을 질러서 과장할 필요가 없는 것입니다. 그가 고함을 지르지 않고 목청을 낮추어 악역을 해낸 것은 한국 배우들의 연기 지평을 높여 주는 일 같아 보였습니다.

이와 비슷한 대사가 드라마 〈모래시계〉에도 나왔습니다. 박근형 씨가 자기에게 막 대드는 딸을 보며 "얘야, 다른 사람들이 네 말을 듣게 하고 싶거든 목소리를 낮춰라"라고 말했습니다. 우리도 똑같습니다.

로마서 6장에 나오는 말씀처럼, 자기 자신을 누구에게 바쳤느냐는 자신의 행동으로 나타나는 것입니다. 표현을 겉치레로 하라는 말씀이 아니라, 마음속에 있는 것이 저절로 우러나오는 법이라는 의미입니다. 웃으면 다가 아니고, 웃으면서 무슨 말을 했느냐죠. 우리는 상대방에게 웃으면서 "기도도 안 하고, 천연덕스럽게 성가대에 앉아 있구나" 이따위로 말할 수도 있는 것입니다. 그리고 얼마든지 웃으면서 "그렇게 잘하는 성가를 왜 일 년에 한 번만 하는 거야?"라고 놀릴 수도 있는 것입니다.

결국 우리가 하는 말은 무엇이며, 우리는 매일 무엇을 꺼내 놓습니까? 거기에 용서, 이해, 겸손, 온유, 감사, 기쁨, 명예, 반가움이 있습니까? 아니면 이런 것들은 다 제쳐 두고 온갖 명분을 동원해서 '한국 교회는 끝났어'와 같은 이야기를 하고 다닙니까? 누가 그따위 말을 합니까? 그런 말을 하고 다니는 행동이 자기 책임을 면하는 것인가요? 그

런 태도는 사울 왕과 똑같습니다. 사무엘이 사울에게 "왕이여, 당신이
하나님을 버렸기 때문에 하나님도 당신을 버렸습니다. 나 갑니다"라고
경고했지만, 사울은 "그건 상관없습니다. 그래도 제사는 지내고 가십
시오. 나로 제사에 참여하게 해 주십시오"라고 한 것 아닙니까? 그래서
어떻게 했습니까? 가는 사무엘을 붙잡느라 사무엘의 옷이 찢어졌습니
다. 심하게 몸싸움을 한 것 같습니다. 사무엘은 못한다 그랬고, 사울은
제사라도 드려 주고 가야지 안 하면 죽여 버린다쯤 된 거죠. 그래서 사
무엘이 가서 제사를 드리죠.

예수를 믿는다는 것이 무엇입니까? 이 명예를, 이 내용을 가지는
것입니다. 이는 우리만 할 수 있는 것입니다. 악당은 할 수가 없습니
다. 그저 악하고 선하고의 문제가 아닙니다. 예수를 믿어야만, 하나님
에게서만 선과 진리와 생명과 명예에 관한 것이 나옵니다. 하나님 없
이는 이것들을 절대 만들 수 없습니다. 그러니 우리가 해야 합니다.
이 멋진 것을 하십시오. 멋있는 소리는 이 내용에서 나옵니다. 그것이
우리 생애에 펼쳐져야 합니다. 사울이 되지 말고, 다윗이 되십시오. 그
래서 은혜받은 자의 역할을 다하십시오. 사울을 쫓아다니면서 비난하
지 말고 다윗으로 살아가십시오.

기도

하나님 아버지, 우리는 하나님의 자녀이자 세상의 빛입니다. 우리는 구원과
용서와 회복과 기적을 증언하는 존재입니다. 우리가 안 하면 할 사람이 없습
니다. 그러니 책임 있게, 복되게 살게 하여 주옵소서. 내가 보냄받은 그 자리

에 하나님의 은총을 위하여 책임 있는 인생을 기쁨으로 누리게 하옵소서. 예수님 이름으로 기도합니다. 아멘.

12.

너는 칼과 창과 단창으로
내게 나아오거니와

---

41 블레셋 사람이 방패 든 사람을 앞세우고 다윗에게로 점점 가까이 나아가니라 42 그 블레셋 사람이 둘러보다가 다윗을 보고 업신여기니 이는 그가 젊고 붉고 용모가 아름다움이라 43 블레셋 사람이 다윗에게 이르되 네가 나를 개로 여기고 막대기를 가지고 내게 나아왔느냐 하고 그의 신들의 이름으로 다윗을 저주하고 44 그 블레셋 사람이 또 다윗에게 이르되 내게로 오라 내가 네 살을 공중의 새들과 들짐승들에게 주리라 하는지라 45 다윗이 블레셋 사람에게 이르되 너는 칼과 창과 단창으로 내게 나아 오거니와 나는 만군의 여호와의 이름 곧 네가 모욕하는 이스라엘 군대의 하나님의 이름으로 네게 나아가노라 46 오늘 여호와께서 너를 내 손에 넘기시리니 내가 너를 쳐서 네 목을 베고 블레셋 군대의 시체를 오늘 공중의 새와 땅의 들짐승에게 주어 온 땅으로 이스라엘

에 하나님이 계신 줄 알게 하겠고 **47** 또 여호와의 구원하심이 칼과 창에 있지 아니함을 이 무리에게 알게 하리라 전쟁은 여호와께 속한 것인즉 그가 너희를 우리 손에 넘기시리라 **48** 블레셋 사람이 일어나 다윗에게로 마주 가까이 올 때에 다윗이 블레셋 사람을 향하여 빨리 달리며 **49** 손을 주머니에 넣어 돌을 가지고 물매로 던져 블레셋 사람의 이마를 치매 돌이 그의 이마에 박히니 땅에 엎드러지니라 (삼상 17:41-49)

영웅적 출발, 초라한 결말

본문 말씀에는 다윗의 놀라운 등장이 소개되어 있습니다. 다윗의 등장은 예수 믿는 모든 신자들이 바라는 웅장한 승리이자 위대한 신앙고백으로 나타나 있어서 우리의 뇌리에 '영웅 다윗'이라는 말을 새기게 하는 출발입니다. 다윗은 "너는 칼과 창과 단창으로 내게 나아오지만, 나는 만군의 여호와의 이름으로 네게 간다"라고 외친 다음, 잘 무장한 맹장 골리앗을 물맷돌 하나로 잡아 이스라엘을 구하는 놀라운 구원을 펼칩니다.

그러나 사무엘서 전체를 살펴보면, 다윗을 대표하는 사건은 골리앗을 물리친 이 사건이 아닙니다. 다윗의 생애는 이처럼 굉장히 영웅적이고 신화적인 승리에서 출발하지만, 이후의 생애는 피난을 가고, 생명의 위협을 받고, 큰 실수를 저지르고, 자신이 가장 사랑했던 아들이 일으킨 반란으로 도망을 다니고 울어야 하는 그런 인생을 살게 됩니다.

다윗은 물론 영웅이며, 위대한 사람입니다. 이러한 점은 신약을 시작하는 마태복음 1장 1절, "아브라함과 다윗의 자손 예수 그리스도의 계보라"라는 말씀에서 알 수 있습니다. '기독교'라는 이름이 성립하는 조건이자 근거인 예수 그리스도를 소개하는 일을 아브라함과 다윗을 들어 설명하고 있습니다. 그러나 다윗은 우리가 아는 신화적이고 영웅적인 면모를 지닌 인물이 아닙니다. 성경이 사무엘서를 통해 하고 싶은 더 깊고 긴 이야기가 있다는 맥락에서 다윗이 이렇게 등장한다는 점을 기억해야 합니다.

시작은 굉장했으나 이후의 생애는 그 시작과 같지 않았던 인물들이 많은데, 우리가 자주 놓칩니다. 모세만 해도 그렇습니다. 모세는 열 가지 재앙을 일으키고, 홍해를 가르고, 이스라엘 백성을 인도해 냈지만, 광야 사십 년 동안 자기가 데리고 나온 백성들에게서 원망만 듣다가 결국 약속의 땅 가나안에 들어가지 못하고 광야에서 죽습니다. 모세가 이끄는 출애굽 사건의 후반부는 이렇습니다. 모세는 백성들의 불평 때문에 괴로워하고 분노하고 원망하다가 마침내 '하나님, 이제 저는 도저히 못 해 먹겠습니다. 그냥 죽여 주십시오'라고 자폭하는 사람으로 그려져 있습니다. 그리고 결국 약속의 땅을 바라보기만 하다가 들어가지 못한 채 광야에서 죽습니다.

엘리야의 생애도 그렇습니다. 엘리야는 갈멜산에서 유일하게 하나님을 섬기던 선지자로, 아합 왕과 당시 모든 이스라엘이 섬겼던 바알과 아세라의 선지자들 팔백오십 명에 홀로 맞서 싸워 이깁니다. 엘리야의 제사로 말미암아 삼 년 반 동안 내리지 않던 비가 내리는 큰 역사로 모든 백성이 항복합니다. 그랬던 엘리야가 이제는 이세벨의 위협에 내쫓겨 사마리아에서 호렙산까지 도망을 갑니다. 이해를 돕기 위해서 과장하자면, 서울에서 사이판까지 도망을 간 셈입니다. 엘리야는 도망간 호렙산 굴에 숨어 하나님으로부터 꾸중을 듣습니다. "엘리야야, 엘리야야, 네가 왜 여기 있느냐?" "하나님, 몰라서 물으십니까? 아합이 하나님의 모든 선지자와 백성들을 죽여서 저 하나 겨우 남았는데, 이제 저까지 죽이려고 합니다. 제가 도망치는 것 말고 무슨 수가 있겠습니까?" 이렇게 절망한 엘리야 앞에 하나님이 강한 바람이나 불이나 지진으로 나타나지 않으시고, 세미한 음성 속에서 이런 답을 주십니다. "너는 가서 하사엘을 아람 왕으로 삼고, 예후로 이스라엘 왕을 삼고, 엘리사로 네 후계인 선지자로 삼아라." 이해를 돕기 위해 우리 시대로 비유하자면, '시진핑의 후임을 세우고, 김정은의 후임을 세우고, 네 후임을 세워라.' 그렇게 이야기하는 셈입니다.

자기를 죽이려고 위협하며 하나님을 반대하고 못살게 구는 아합 정권의 후임을 세우고, 그보다도 더 크게 이스라엘에 제일 큰 위협이 되는 가장 강대한 나라인 아람 왕의 대를 잇게 하라고 하신 것입니다. 엘리야는 목숨을 걸고 하나님을 섬겼습니다. 하나님을 부인하고 거부하고 바알을 섬기는 자들을 대적하여 하나님 앞에 충성하며 하나님이 누구신가와 자기가 누구인가를 갈멜산의 승리로 증명한 후에, 이렇게 소리 소문 없이 역사 속에 묻혀 버리게 되는 것입니다. 결국 엘리야는 별 볼일 없는 사람이 되고 맙니다.

죽음으로 영광의 길을 가신 예수

그런데 이와 같은 길을 다른 분도 아닌 예수님이 걸으십니다. 요한복음 13장을 봅시다.

> 유월절 전에 예수께서 자기가 세상을 떠나 아버지께로 돌아가실 때가 이른 줄 아시고 세상에 있는 자기 사람들을 사랑하시되 끝까지 사랑하시니라 마귀가 벌써 시몬의 아들 가룟 유다의 마음에 예수를 팔려는 생각을 넣었더라 (요 13:1-2)

요한복음은 시간 순으로 기록되어 있지 않습니다. 마태복음이나 누가복음은 예수님의 일대기를 시간 순서대로 기록해 놓았는데, 요한복음은 예수님의 생애와 사역을 주제별로, 사건별로 나눠 놓았습니다. 요한복음 13장은 예수께서 잡히시던 밤에 일어난 일을 기록하고 있습니다. 이제 유다는 예수를 팔 작정을 하고 있고, 이어 21절 이하를 보면, 예수님은 이렇게 알쏭달쏭한 말씀을 하십니다.

> 예수께서 이 말씀을 하시고 심령이 괴로워 증언하여 이르시되 내가 진실로 진실로 너희에게 이르노니 너희 중 하나가 나를 팔리라 하시니 제자들이 서로 보며 누구에게 대하여 말씀하시는지 의심하더라 예수의 제자 중 하나 곧 그가 사랑하시는 자가 예수의 품에 의지하여 누웠는지라 시몬 베드로가 머릿짓을 하여 말하되 말씀하신 자가 누구인지 말하라 하니 그가 예수의 가슴에 그대로 의지하여 말

하되 주여 누구니이까 예수께서 대답하시되 내가 떡 한 조각을 적셔다 주는 자가 그니라 하시고 곧 한 조각을 적셔서 가룻 시몬의 아들 유다에게 주시니 조각을 받은 후 곧 사탄이 그 속에 들어간지라 이에 예수께서 유다에게 이르시되 네가 하는 일을 속히 하라 하시니 이 말씀을 무슨 뜻으로 하셨는지 그 앉은 자 중에 아는 자가 없고 어떤 이들은 유다가 돈궤를 맡았으므로 명절에 우리가 쓸 물건을 사라 하시는지 혹은 가난한 자들에게 무엇을 주라 하시는 줄로 생각하더라 유다가 그 조각을 받고 곧 나가니 밤이러라 그가 나간 후에 예수께서 이르시되 지금 인자가 영광을 받았고 하나님도 인자로 말미암아 영광을 받으셨도다 만일 하나님이 그로 말미암아 영광을 받으셨으면 하나님도 자기로 말미암아 그에게 영광을 주시리니 곧 주시리라 (요 13:21-32)

예수님은 동정녀에게서 태어나시고, 공생애 중에 백성들이 기대할 만한 여러 기적을 보이십니다. 가나 혼인 잔치의 기적을 시작으로 문둥병자를 낫게 하시고, 앉은뱅이를 고치시며, 맹인의 눈을 뜨게 하시며, 죽은 자를 일으키십니다. 또 바다를 잠잠하게 하시며, 오병이어의 기적을 일으키십니다. 그래서 모두가 예수를 메시아로 기대하여 그의 예루살렘 입성을 기뻐합니다. '호산나 찬송하리로다 주의 이름으로 오시는 이여'를 외치고, 예수께서도 백성들의 환영을 받으며 예루살렘에 들어가십니다.

그런데 거기서 만찬을 베푼 다음, 제자들에게 자신이 죽어야 한다고 이야기하십니다. '죽어야 한다.' 우리가 잘 알듯이 예수께서 잡혀가서 법정에 서자, 이스라엘 백성들은 자기네가 가졌던 기대가 무너졌다는 이유로 예수께 증오심을 드러냅니다. 빌라도가 "나는 이 사람에게서 죄를 찾을 수가 없다. 그를 죽여야 할 이유가 없다. 이 사람을 놓아주자"라고 하자, 백성들은 "아니요. 저 사람을 죽이고 대신 바라바를 놓아주십시오. 그 사람을 죽인 책임을 우리에게 돌리십시오. 그 피를 우리와 우리 자손에게 돌리십시오"라는 원망과 증오와 비명을 쏟아 냅니다. 예수는 묵묵히 이 길을 걸으십니다.

요한복음 13장 31절을 보면, '그가 나간 후에'라고 되어 있습니다. 유다가 예수를 팔려고 나간 것입니다. 이제 곧 예수님은 팔려 가 잡혀 죽을 것입니다. 그런데 이런 상황에서 예수님은 "지금 인자가 영광을 받았고, 하나님도 인자로 말미암아 영광을 받으셨도다"라고 말씀하십니다. 이것을 기억해야 합니다.

우리 생각에는 하나님의 일하심이 용두사미 같습니다. 하나님이 이렇게 크게 시작해 놓고서는 왜 어물어물 끝내시는가, 그런 생각이 듭니다. 그것이 우리 모두에게 가장 큰 불만 아닙니까? 우리는 예수 믿은 것을 부인할 수 없습니다. 예수를 믿기 이전으로 다시 돌아갈 수 없고 그럴 마음도 없는데, 지금 서 있는 자리에서 발걸음을 떼지도 못합니다. 처음 경험한 예수를 믿는 기쁨과 감격, 회개 때 하나님을 만난 절절함과 영광스러움을 얼마 지속하지 못합니다. 모두가 죽지 못해 겨우 살아가듯이, 다른 방법이 없어서 믿고 있습니다. 주일에 교회 오는 얼굴을 보면, 일주일 동안 진이 빠진 표정을 하고들 오십니다. 예배 시간 내내 '이게 뭔가, 이게 뭔가' 하는 표정으로 앉아 계십니다.

순종과 제사

유진 피터슨은 다윗에 대해 이렇게 말한 적이 있습니다. '다윗은 영웅이 아니다. 성경은 다윗을 위대한 사람으로 그릴 목적이 없다. 성경은 하나님이 그에게서 무슨 일을 하셨는가를 보라고 말씀한다. 그 하신 일이 무엇인가? 죽어나는 일이었다. 다윗을 포함한 우리 모든 예수 믿는 자들은 먼저 하나님을 만난 다음, 긴 여정에 걸쳐 훈련되고 성숙한다.'* 아멘입니다.

  다윗을 위인으로 치켜세우지 않아 너무나 다행입니다. 다윗은 자신의 인생 전반기에서 큰 승리를 하여 즉 '사울이 죽인 자는 천천이요, 다윗이 죽인 자는 만만이로다'라는 칭송을 받아 놓고서는, 후반기에는 왜 사울에게 쫓겨 다니고, 울며불며 피난길을 다니는 인생을 살아야 했는지, 그가 그 큰 승리와 영광의 자리에 앉아 하나님을 위해 봉헌하겠다는 성전을 하나님은 왜 못 짓게 하셨는지, 무엇보다 밧세바 사건이 일어나지 않게 왜 막아 주지 않으셨는지, 그리고 왜 하필 자기 자식에게 배반을 당하여 망신을 당할 수밖에 없었는지에 대하여 성경은 전혀 설명이 없습니다. 다윗이 뭘 잘못했다, 뭘 잘했다, 하는 설명은 없고, 그 사건들을 사실 그대로 보여 주면서 우리에게 전하고 싶은 말이 있는데, 우리는 성경이 하는 그 말을 안 듣고 안 믿습니다.

  사울은 순종보다 제사로 표현되는 종교적 행위에 더 치중하였습니다. 사울이 폐위하게 된 가장 결정적인 실패는 사무엘의 꾸중에서 확

* 유진 피터슨 지음, 이종태 옮김,《다윗, 현실에 뿌리박은 영성》(IVP) 참조.

인해 볼 수 있습니다. "하나님이 우리가 하나님의 말씀을 순종하는 것보다 제사와 번제를 더 원하십니까? 불순종은 우상을 섬기는 것과 같습니다. 왕이 하나님을 순종하지 않아서 하나님도 왕을 버렸습니다. 순종이 제사보다 낫습니다."

그런데 다윗은 어떤 사건을 계기로 순종과 제사에 대해 배우게 됩니까? 뒤에 나오게 될 밧세바 사건입니다. '하나님은 제사를 원치 않으신다. 하나님이 원하시는 것은 상한 심령이다'를 배웁니다. 성경이 사울과 다윗을 통해 하고 싶었던 이야기는 무엇입니까? 제사로 표현된 사울의 행동은 이런 의미입니다. 사울은 순종이 아닌 제사로 가는 바람에 하나님으로부터 받아야 할 영광과 하나님에게서 오는 내용을 거부하고 인간의 최선을 추구하였기에 그는 잘못했다, 반면에 다윗은 잘못했으나 은혜를 구하였기에 자기의 최선이 아니라 하나님의 최선을 구하는 자가 되었다고 둘을 대조하는 것입니다.

우상 숭배

이스라엘 역사를 살펴봅시다. 하나님이 아브라함을 택하여 그의 후손들로 이룬 나라가 역사 내내 하나님 앞에 어떤 잘못을 저지릅니까? 우상 숭배입니다. 우상은 무엇입니까? 자신의 기대를 만족시켜 주는 것, 자기 기대와 자기 욕심을 채워 주는 것입니다. 욕심이 도덕적으로나 종교적 기준에서 잘못됐다는 이야기를 하려는 것이 아닙니다. 자신의 기대와 자기가 만족하는 선에서 요구하고 만족하는 것, 그것이 우상입니다. 하나님이 그토록 우상을 싫어하시는 이유가 무엇일까요? 하나님이 우리에게 가지신 목적이 하나님의 기대, 하나님의 뜻, 하나님의 소원으로 나타나는데, 우리가 거기까지 이르기를 원하지 않고 중간에서 타협하고 말기 때문입니다.

다윗의 생애에서는 그 타협이 어떻게 좌절됩니까? 다윗을 그의 한계에 붙잡으심으로, 그가 지른 비명과 절규와 하나님에게 무릎 꿇는 것으로 말미암아 하나님만이 주실 수 있는, 하나님이 주려고 준비하신 것으로 다윗의 마음과 그의 생애를 열어 담게 되는 것입니다. 그러니 다윗의 생애를 보면, 다윗은 그가 당하는 모든 어려움에서 떠밀려 하나님 앞으로 나아가 하나님에게 은혜를 구하게 되고, 그 은혜가 결국 그를 만들어 갑니다. 그는 어떤 자가 됩니까? 하나님의 성품에 참예하는 자, 하나님이 목적하시는 인간의 위대함과 그 깊은 행복, 감사, 사랑, 겸손이라는 것을 아는 자로 인도됩니다.

그것이 시편입니다. 시편의 절반 가량을 다윗이 지었는데, 그 지은 시 대부분이 어떤 내용인지 보십시오. 다윗은 자신이 어떻게 막다른 골목에 몰려서 하나님 앞에 은혜를 구할 수밖에 없었는가를 노래합니다. 그가 뭘 잘못해서 맞게 된 위기도 아니요, 그가 남보다 못났기 때문에 자초한 한계도 아닙니다. 하나님이 그를 한계로 밀어서 그가 한 고백, 그가 한 선언, 그가 한 주장과 그 주장이 가지는 실제적인 내용이 그의 실체가 되고, 본질이 되고, 성품이 되도록 그의 인생을 인도하셨습니다. 이 일을 다윗의 생애가 증언하고 서 있는 것입니다.

그러니 여기가 시작입니다. 이 시작에서 우리가 다윗보다 못한 것이 무엇이 있습니까? 우리가 부르는 찬송가에도 이런 가사가 있습니다. '내 구주 예수를 더욱 사랑/엎드려 비는 말 이것일세/내 진정 소원이 내 구주 예수를/더욱 사랑 더욱 사랑.' 눈물을 흘리며 지금도 기도할 수 있습니다. 그런데 왜 눈물이 안 나오죠? 그다음 페이지를 몰라서 못 울었던 것입니다. 그다음 페이지는 계속 진행되고 있는데, 그 과정 중에 있는 우리는 현재 무슨 일이 일어나는지 다 모르고 있기 때문입니다.

예수님이 동정녀에게서 나심으로써, 신이 인간으로 오신 이 장엄과 신비를 말로 다 설명할 수 없는 하나님의 열심, 능력, 진정성이 어떤 방법을 통하여 완성을 이루고 그 내용을 채우러 간다는 것입니까? 배신, 수치, 고통, 우리 손에 죽는 십자가로 가는데, 예수님은 이것으로 '내가 영광을 받았다'고 말씀하셨습니다. 이것이 영광인 이유가 무엇입니까? 십자가로 만들어지는 내용이 영광이기 때문입니다. 왜 하나님은 이런 식으로 영광을 담으실까요? 이 방법은 우리의 한계를 깨트립니다. 형통이 행복이 아니고 형통이 승리가 아닙니다. 형통을 가지고 만들 수 있는 것은 다만 한순간의 달콤함에 불과하기 때문입니다. 그래서 하나님이 우리를 꺾으십니다. 그런데도 아직 모르겠습니까? 우리가 '아멘'을 안 하는 이유가 여기 있습니다. 우리의 침묵에는 '알겠지만, 그래도 그리는 못 갑니다'가 들어 있는 것입니다.

그렇습니다. 우리는 고통 외에는 다른 잣대가 없습니다. 하나님만 우리에게 영광이 있다고 이야기하십니다. 환갑을 넘긴 사람들에게 인생을 살면서 배운 것이 무엇이냐고 물어보면 다 이렇습니다. '세상이 인생에 만들어 줄 수 있는 것은 없다. 부귀영화가 결단코 명예와 영광과 행복과 만족을 만들어 내지 못한다.' 성경이 하는 말이 무엇입니까?

이 세상의 어떤 도전도 슬픔도 고통도 억울함도 그리스도 예수 안에 있는 하나님의 사랑에서 우리를 끊을 수 없다는 것입니다.

창조를 완성하는 구원의 길

그럼에도 우리의 신앙생활이 위축되어 있는 이유가 무엇일까요? 그 이후를 모르기 때문입니다. 우리의 기대는 사무엘상 17장에 나온 골리앗을 물리친 사건에서 다 끝나고 말았죠. 다윗은 골리앗 앞에서 한 고백과 선언에 이어지는 모습을 더 이상 지니지 못합니다. 그러나 그 속을 채우는 길로 인도됩니다. 그래서 요한복음 13장이 있습니다. 이 길이 어디로 이어지나 봅시다. 놀랍게도 13장은 31절과 32절에서 '이 배신의 길, 죽음의 길이 예수에게 영광이고, 이 영광은 하나님의 영광이라'고 이야기하고, 33절에서는 이해하기 어려운 말씀을 하십니다.

> 작은 자들아 내가 아직 잠시 너희와 함께 있겠노라 너희가 나를 찾을 것이나 일찍이 내가 유대인들에게 너희는 내가 가는 곳에 올 수 없다고 말한 것과 같이 지금 너희에게도 이르노라 새 계명을 너희에게 주노니 서로 사랑하라 내가 너희를 사랑한 것 같이 너희도 서로 사랑하라 너희가 서로 사랑하면 이로써 모든 사람이 너희가 내 제자인 줄 알리라 (요 13:34-35)

34절과 35절은 잘 알려진 말씀입니다. 그런데 이 '사랑하라'는 말씀

뒤에는 '내가 이미 이야기한 것과 같이 너희는 내가 가는 곳에 따라올
수 없다'는 말씀이 반복해서 나옵니다.

> 시몬 베드로가 이르되 주여 어디로 가시나이까 예수께서 대답하시
> 되 내가 가는 곳에 네가 지금은 따라올 수 없으나 후에는 따라오리
> 라 베드로가 이르되 주여 내가 지금은 어찌하여 따라갈 수 없나이
> 까 주를 위하여 내 목숨을 버리겠나이다 예수께서 대답하시되 네가
> 나를 위하여 네 목숨을 버리겠느냐 내가 진실로 진실로 네게 이르노
> 니 닭 울기 전에 네가 세 번 나를 부인하리라 (요 13:35-38)

베드로는 진심이 있었으나 실력은 없었다, 그런 이야기가 아닙니다.
베드로의 죽음은 죽는 것이 다입니다. 그러나 예수의 죽음은 다릅니
다. 예수의 죽음은 인류가 자초한 사망을 뒤집는 싸움입니다. 예수님
만이 하실 수 있고, 또 하셔야 하는 일입니다. 그 일을 위해서 오셨습
니다. 비로소 사망이 끝이 아니고, 사망을 지나 부활을 이루기 위해
갈 것입니다. 예수의 길을 아무도 동행할 수 없습니다. 누구도 도울
수 없고, 따라올 수도 없습니다. 베드로는 진심을 가졌으나 예수님이
이 길을 열어 주기 전에는 걸을 수가 없습니다. 우리가 아는 창조 세
계의 마지막은 사망에 불과합니다. 그러나 예수께서 사망을 깨고 길
을 열 것입니다. 그러니 이 길이 영광된 길이죠. 그래서 그 후에야 쫓
아올 수 있을 것입니다. 이 내용이 14장입니다.

너희는 마음에 근심하지 말라 하나님을 믿으니 또 나를 믿으라 내

아버지 집에 거할 곳이 많도다 그렇지 않으면 너희에게 일렀으리라 내가 너희를 위하여 거처를 예비하러 가노니 가서 너희를 위하여 거처를 예비하면 내가 다시 와서 너희를 내게로 영접하여 나 있는 곳에 너희도 있게 하리라 내가 어디로 가는지 그 길을 너희가 아느니라 도마가 이르되 주여 주께서 어디로 가시는지 우리가 알지 못하거늘 그 길을 어찌 알겠사옵나이까 예수께서 이르시되 내가 곧 길이요 진리요 생명이니 나로 말미암지 않고는 아버지께로 올 자가 없느니라 (요 14:1-6)

그렇습니다. 이것은 창조를 완성하는 구원의 길입니다. 재창조 사역입니다. 없는 것을 만드는 길입니다. 예수가 그 일을 하러 오셨고, 이제 그 길을 여십니다. 우리가 그 길을 모르고 어떻게 좇아갈 수 있습니까? '내가 길을 연다. 나는 하나님이 이 세상을 창조한 것과 같이, 하나님이 당신의 형상으로 너희를 만들고 축복하고 사랑한 것과 같이 그것을 완성하러 왔다. 내가 그 길을 연다. 내가 길이다. 내가 진리다. 내가 생명이다. 내가 창조한다. 나만이 만들 수 있다.' 우리는 창조주가 아닙니다. 없는 것을 만들어 내지 못합니다. 이 창조는, 이 구원은, 이 영광은 우리에게 주려고 하나님이 만드신 것입니다. 우리는 수혜자입니다. 그러니 예수님은 우리에게 '나를 따르라'라고 말씀합니다.

빌립이 이르되 주여 아버지를 우리에게 보여 주옵소서 그리하면 족하겠나이다 예수께서 이르시되 빌립아 내가 이렇게 오래 너희와 함께 있으되 네가 나를 알지 못하느냐 나를 본 자는 아버지를 보았거

늘 어찌하여 아버지를 보이라 하느냐 내가 아버지 안에 거하고 아버
지는 내 안에 계신 것을 네가 믿지 아니하느냐 내가 너희에게 이르는
말은 스스로 하는 것이 아니라 아버지께서 내 안에 계셔서 그의 일
을 하시는 것이라 내가 아버지 안에 거하고 아버지께서 내 안에 계심
을 믿으라 그렇지 못하겠거든 행하는 그 일로 말미암아 나를 믿으라
내가 진실로 진실로 너희에게 이르노니 나를 믿는 자는 내가 하는
일을 그도 할 것이요 또한 그보다 큰 일도 하리니 이는 내가 아버지
께로 감이라 너희가 내 이름으로 무엇을 구하든지 내가 행하리니 이
는 아버지로 하여금 아들로 말미암아 영광을 받으시게 하려 함이라

(요 14 : 8-13)

예수께서 이 구원의 문을 여십니다. 구원이란 지옥으로 갈 자가 천국
으로 가는 일이라고 그렇게 간단히 이해하고 끝날 이야기가 아닙니
다. 사망이 최종 운명이 아닌 길을 여십니다. 예수께서 여십니다. 우리
를 위하여 여십니다. 하나님이 창조 때 가지셨던 목적과 내용을 승리
로, 완성으로 이제 열어 놓은 것입니다. 이 십자가의 길을 걷는 것을,
그를 따라가는 길을 주께서 열어 놓으심으로써, '나를 믿는 자는 내가
하는 일을 저도 할 것이요 이보다 큰일도 하게 되는 길'로 들어서게 되
는 것입니다. 주께서 그 길 즉 우리를 구원으로 돌려놓는 일을 손쉽게
해치우지 않으셨습니다. 쉽게 생각하듯, 주께서 짠 하고 나타나셔서
'여태껏 있었던 것은 다 무효다. 이제부터 새로 시작이다.' 이렇게 말
한마디로 때우지 않으셨습니다. 하나님이 만드시고 우리가 망쳐 놓은
세상을 친히 이어받아 그것을 회복하셨습니다. 하나님은 우리가 하나

님을 몰라보아 대적하고 거부한 그것을 감수하여 만들어 내는 방법으로 이 일을 이루기로 하셨습니다.

그러니까 이 일은 궁극적 결과, 운명, 내용에서뿐만 아니라, 방법이나 의지에서도 하나님의 영광이 드러납니다. 하나님은 우리의 철없음, 무지, 반발, 어리석음을 받아 뒤집으심으로 우리를 항복시키십니다. 하나님이 우리에게 요구하시는 삶이 무엇이라고 생각하십니까? 우리가 당하는 어려움이 하나님의 지혜이고 능력이라는 것을 기억하십시오.

전도의 미련한 것

고린도전서 1장입니다.

십자가의 도가 멸망하는 자들에게는 미련한 것이요 구원을 받는 우리에게는 하나님의 능력이라 기록된 바 내가 지혜 있는 자들의 지혜를 멸하고 총명한 자들의 총명을 폐하리라 하였으니 지혜 있는 자가 어디 있느냐 선비가 어디 있느냐 이 세대에 변론가가 어디 있느냐 하나님께서 이 세상의 지혜를 미련하게 하신 것이 아니냐 하나님의 지혜에 있어서는 이 세상이 자기 지혜로 하나님을 알지 못하므로 하나님께서 전도의 미련한 것으로 믿는 자들을 구원하시기를 기뻐하셨도다 유대인은 표적을 구하고 헬라인은 지혜를 찾으나 우리는 십자가에 못 박힌 그리스도를 전하니 유대인에게는 거리끼는 것이요 이방인에게는 미련한 것이로되 오직 부르심을 받은 자들에게는 유대인이나 헬라인이나 그리스도는 하나님의 능력이요 하나님의 지혜니라

(고전 1:18-24)

놀랍지 않습니까? '전도의 미련한 것'이란 무엇입니까? 세상이 아는 방법, 세상이 이기는 방식이 아니라는 뜻입니다. 그렇기에 전도가 미련하게 보인다는 뜻입니다. 세상에서의 승리는 진 자를 짓밟을 수 있는 방법이지만, 성경은 정반대의 방법을 요구합니다. 세상이 기대하고 세상이 이해하는 그런 내용이 아닌, 그것과 비교할 수 없는 방법이 있기 때문입니다. 세상이 요구하는 그 틀을 깨야 하는 반전, 하나님의 하나님 되심을 드러내는 내용과 방법이 있습니다. 이것을 우리에게 요구하십니다. 그것이 영광입니다. 그것은 하나님의 지혜이자 하나님의 능력입니다. 그러니 이어 나오는 2장을 보십시오. 하나님이 우리에게 무엇이라고 명하시는가를 깨달으십시오.

형제들아 내가 너희에게 나아가 하나님의 증거를 전할 때에 말과 지혜의 아름다운 것으로 아니하였나니 내가 너희 중에서 예수 그리스도와 그가 십자가에 못 박히신 것 외에는 아무 것도 알지 아니하기로 작정하였음이라 내가 너희 가운데 거할 때에 약하고 두려워하고 심히 떨었노라 내 말과 내 전도함이 설득력 있는 지혜의 말로 하지 아니하고 다만 성령의 나타나심과 능력으로 하여 너희 믿음이 사람의 지혜에 있지 아니하고 다만 하나님의 능력에 있게 하려 하였노라

(고전 2:1-5)

'아무 데나 가라. 지금의 조건으로 가라. 겁내지 마라.' 이것입니다. 바울이 고린도에 갈 때 아무것도 없는 곳에 나가서 복음을 전하고 고린도교회를 세웁니다. 그들의 조건은 바울로서는 상상이 가지 않는 것입니다. 그들은 유대인이 아니고 이방인이며, 헬레니즘에 젖어 있는 사람들입니다. 바울은 그들에게 나아갈 때에 그들에게 무엇을 준비시켜야 하는지, 자기는 무엇을 더 준비하고 가야 하는지, 그런 것들을 다 집어치우기로 결심합니다. 아무래도 좋다는 것입니다. 왜냐하면, 예수 그리스도와 십자가는 반전이고 역설이기 때문입니다. 그들이 가진 조건이 아무리 나빠도 상관없고, 또 어떤 좋은 조건 속에 있더라도 상관이 없는 것입니다.

지금 딱 우리가 원망하는 내용입니다. 세상이 내 말을 듣거나 아니면 내가 더 큰 우위에 서서 권력을 잡고 있거나, 둘 중 하나는 해 줘야 예수를 믿을 것 아닙니까? 안 그렇습니까? 그러나 이 둘 다가 아닌 조건 속에 예수님이 오십니다. 그 방법으로 예수님이 이 일을 이루시죠. 우리에게 그것이 영광의 길이라고 합니다. 세상이 폭력과 사망밖에는 담을 것이 없는 자리에 우리만이 무엇을 담고 간다고 합니까? 생명, 진리, 은혜, 용서를 가지고 존재합니다. 그 길을 가라는 것입니다.

사도행전 9장을 보면, 사울은 살기가 등등해서 예수 믿는 자들을 잡아 죽이러 다메섹으로 가다가 예수를 만납니다. 기가 막힌 반전입니다. 아무런 준비도 없고 회개의 기미조차 없는 사람을 예수님이 오셔서 꺾으신 것입니다. 그리고 자기 종으로 삼습니다. 복음의 사도로 삼습니다. 하나님이 아나니아라는 제자를 보내어 사울에 대해 이야기합니다. '그는 내가 택정하고 내가 준비한 나의 그릇, 내 종이다. 그가 이방인과 임금들 앞에서 복음을 전해야 한다'라고 하십니다.

예수님의 말처럼 바울은 실제로 그렇게 되었습니다. 어떤 지위와 신분으로 그 일을 합니까? 죄수의 신분으로 합니다. 죄수로 임금과 왕 앞에 섭니다. 듣는 임금들과 왕이 누가 우위에 있다고 생각했겠습니까? 어떤 신자가 죄수라는 지위나 처지에서 복음을 전하는 것을 용납하겠습니까? 또한 우리 스스로도 그런 조건밖에 주어지지 않는다면 솔직히 만족하겠습니까? 그러나 예수를 믿는다고 고백한다면, 그것이 바울에게서 승리였고, 영광이었고, 기적이었고, 복이었듯이, 우리 생애에도 그럴 것은 자명한 일입니다. 이 길을 사는 것입니다. 처절해야 하고, 치열해야 하고, 담력이 강해야 하고, 그런 것이 아닙니다. 너무나 당연한 것입니다. 이것이 우리 모든 신자에게 허락하신 '나를 믿는 자는 내가 하는 일을 저도 할 것이요 이보다 더 큰일도 하리라'에 나온 일들입니다. 아멘입니다.

기도

하나님 아버지, 예수를 믿는다는 고백과 우리가 처한 조건이 얼마나 놀라운 것인지요. 하나님의 지혜이고 하나님의 능력입니다. 우리는 하나님의 손길입니다. 우리가 있는 곳에 하나님이 함께하시고 우리가 축복하는 자를 하나님이 복을 내리시며, 우리가 저주하는 자를 하나님이 저주하실 것입니다. 이 귀한 권세를 우리를 위하여 사용하지 않게 하옵소서. 하나님의 뜻과 사랑과 용서와 그 귀한 영광과 기적에 부름받았음을 아는 신자의 명예와 위대함과 담대함과 인내와 충성을 주시옵소서. 예수님 이름으로 기도합니다. 아멘.

13.

죽어나는 다윗의 삶에 담긴 것

———

5 다윗은 사울이 보내는 곳마다 가서 지혜롭게 행하매 사울이 그를 군대의 장으로 삼았더니 온 백성이 합당히 여겼고 사울의 신하들도 합당히 여겼더라 6 무리가 돌아올 때 곧 다윗이 블레셋 사람을 죽이고 돌아올 때에 여인들이 이스라엘 모든 성읍에서 나와서 노래하며 춤추며 소고와 경쇠를 가지고 왕 사울을 환영하는데 7 여인들이 뛰놀며 노래하여 이르되 사울이 죽인 자는 천천이요 다윗은 만만이로다 한지라 8 사울이 그 말에 불쾌하여 심히 노하여 이르되 다윗에게는 만만을 돌리고 내게는 천천만 돌리니 그가 더 얻을 것이 나라 말고 무엇이냐 하고 9 그 날 후로 사울이 다윗을 주목하였더라 10 그 이튿날 하나님께서 부리시는 악령이 사울에게 힘 있게 내리매 그가 집 안에서 정신 없이 떠들어대므로 다윗이 평일과 같이 손으로 수금을 타는데 그 때에 사울의 손에 창

이 있는지라 11 그가 스스로 이르기를 내가 다윗을 벽에 박으리라 하고 사울이 그 창을 던졌으나 다윗이 그의 앞에서 두 번 피하였더라 12 여호와께서 사울을 떠나 다윗과 함께 계시므로 사울이 그를 두려워한지라 13 그러므로 사울이 그를 자기 곁에서 떠나게 하고 그를 천부장으로 삼으매 그가 백성 앞에 출입하며 14 다윗이 그의 모든 일을 지혜롭게 행하니라 여호와께서 그와 함께 계시니라 15 사울은 다윗이 크게 지혜롭게 행함을 보고 그를 두려워하였으나 16 온 이스라엘과 유다는 다윗을 사랑하였으니 그가 자기들 앞에 출입하기 때문이었더라 (삼상 18:5-16)

실패한 사울의 왕직을 회복하는 다윗

본문 말씀인 사무엘상 18장부터 시작해서 사무엘상 마지막 장까지를 살펴보면, 이제 다윗은 사울 왕의 수하로서 그의 핍박을 견뎌야 하는 고단한 인생을 보내게 됩니다. 우리는 다윗이 어떤 사람인지에 대해 이미 잘 알고 있기에 다윗은 왜 폐위되어 실패한 사울 왕 밑에서 이 고생을 해야 하나 하는 의문이 들 것입니다. 다윗은 왜 이런 고생을 해야 했을까요? 우리 역시 고단한 인생을 살고 있어서 이 질문은 중요합니다. 우리는 부활 생명을 지닌, 약속 받은 하나님의 자녀임에도 불구하고 실제로는 세상의 불의와 사망 권세에 붙잡힌 현실을 감수하고 살아가야 하기 때문에 그렇습니다. 그러니 예수를 믿는다는 것이 현실에서 어떤 모습과 정황으로 나타나는지에 대한 성경의 설명을 확인하지 않으면, 일상에서 그냥 체념하고 지나가게 됩니다. 그렇게 외면하지 마십시오. 이것이 성경에서 반복하여 설명하는 신앙 현실이며, 하나님이 당신의 백성들에게 요구하는 정황이요, 책임이라는 사실을 깨달아야 합니다. 다윗의 생애를 통해 이 내용을 온전히 이해하기 바랍니다.

이스라엘의 첫 번째 왕인 사울은 실패합니다. 앞 장에서 언급했듯이, 사울은 순종하지 않아서 하나님이 그를 버리시고, 그가 재위하는 동안 비밀리에 다윗을 왕으로 세우십니다. 그러니까 실제로 사울은 폐위된 왕이고, 다윗은 하나님이 세우신 왕입니다. 또 다윗은 잘하지만, 폐위된 왕 사울은 아직 그가 지니고 있는 권력으로 다윗을 죽이려 듭니다. 그래서 다윗은 목숨을 보전하기 위하여 망명의 길을 떠나 고단한 인생을 살아야 하는 긴 세월이 사무엘상의 중요한 내용으로 기록되어 있습니다.

다윗은 사울 왕이 저지른 실패를 회복하는 역할을 맡습니다. 사울은 하나님이 이스라엘에 왕을 세워 그들에게 허락하신 왕권이 무엇인가를 보여 주는 일에 실패했습니다. 사울은 그 왕권을 폭력으로밖에는 사용하지 못했습니다. 대표적으로 사울은 다윗에게 폭력을 행사했습니다. 그러나 하나님은 왕을 세워 약속된 백성, 즉 하나님이 구별하여 부르신 자기 백성에게 무엇을 주시려고 하는가를 다윗이라는 사람을 통해 보여 줍니다. 하나님에게서만 얻을 수 있는 경건, 정의, 평화, 복, 명예, 승리, 영광을 왕인 그가 베풀어야 합니다. 그런데 이 모든 가치는 인간이 스스로 만들어 낼 수 있는 것이 아닙니다.

사울은 하나님에게 다해야 하는 신앙적 책임을 제사라는 행위로 때우고자 했습니다. 하나님에게서만 받아서 나눌 수 있는 진정한 내용에 대해 사울은 미처 알지도 못했고, 그래서 기대도 하지 않았고, 당연한 결과로 실천하지도 않았습니다. 그러니 하나님이 사울을 왕위에서 내쫓아야 마땅합니다. 사울은 하나님의 거룩하심, 하나님의 위대하심, 하나님만이 주실 수 있는 충만한 복들을 자기 백성들과 나눌 수 있는 사람이 아니기 때문입니다. 그래서 하나님은 이 일을 위하여 다윗을 부르시고, 다윗은 이 일에 성공한 자가 됩니다. 그런데 다윗의 성공은 성경적 관점에서 살펴보아야 합니다. 하나님은 다윗을 이런 조건, 즉 권력을 가졌으나 권력을 잘못 휘두르고 있는 실패한 사울 왕 밑에서 그 잘못된 권력의 남용으로 피해를 입는 조건 속에서 만들어 가신다는 사실입니다. 이것이 다윗의 생애가 지닌 가장 중요한 메시지가 됩니다.

팔려 간 곳에서 세상을 구한 요셉

우리 현실과 매우 흡사하지 않습니까? 우리는 세상의 빛과 소금으로 살면서 하나님의 은혜를 세상과 나누고 싶다는 생각에 우리가 빨리 왕권을 가져야 한다고 생각합니다. 물론 하나님이 우리에게 왕권을 주셨지만, 실제로는 세상이 가진 죄와 사망의 권력 밑에서 그들 때문에 피해를 입고 도망 다녀야 하는 현실을 살아갑니다. 그런데 하나님은 고난받는 자리와 상황 속에서 우리에게 그 왕권을 회복하라고, 거기서 승리하라고 명하십니다. 그래서 우리는 이 문제를 성경이 얼마나 깊고 분명하게 가르쳤는가를 다시 확인할 필요가 있습니다. 시편

105편으로 갑시다. 요셉의 일생을 간략히 다룬 시편입니다.

> 그가 한 사람을 앞서 보내셨음이여 요셉이 종으로 팔렸도다 그의 발
> 은 차꼬를 차고 그의 몸은 쇠사슬에 매였으니 곧 여호와의 말씀이
> 응할 때까지라 그의 말씀이 그를 단련하였도다 왕이 사람을 보내어
> 그를 석방함이여 뭇 백성의 통치자가 그를 자유롭게 하였도다 그를
> 그의 집의 주관자로 삼아 그의 모든 소유를 관리하게 하고 그의 뜻
> 대로 모든 신하를 다스리며 그의 지혜로 장로들을 교훈하게 하였도
> 다 (시 105:17-22)

요셉의 생애에 대해서는 익히 잘 알고 있지만, 성경이 요셉의 생애를
통찰해서 교훈하려고 하는 내용을 다시 한번 살펴볼 필요가 있습니
다. 야곱의 열한 번째 아들인 요셉은 아버지의 편애를 받는다는 이유
로 형들의 미움을 삽니다. 게다가 어느 날 그는 이상한 꿈을 꿉니다.
형들이 자기한테 절하는 묘한 꿈을 꿨다고 얄밉게 자랑하는 바람에
그러지 않아도 꼴 보기 싫었는데 더 미운 털이 박히게 됩니다. 요셉의
형들은 양을 치는 자들이었는데, 양들에게 먹일 풀을 찾아 먼 거리를
이동하게 되자, 아버지 야곱은 요셉에게 형들과 양들의 안부를 확인
하고 오라며 심부름을 보냅니다. 멀리서 자기네들을 향해 오고 있는
요셉을 본 형들이 '야, 저기 꿈꾸는 자가 온다. 저 미운 놈이 혼자 왔구
나. 이참에 죽여 버리고 아버지에게는 짐승이 잡아먹었다고 하자'라
고 모의합니다. 그러자 맏형 르우벤이 '죽이느니 팔아먹자'라고 해서
지나가던 미디안 상인들에게 요셉을 팔아넘깁니다.

이제 요셉은 돈으로 팔려 갔으니 노예가 된 셈입니다. 요셉은 애굽 친위대장의 집에 노예로 들어가게 되고, 거기서 친위대장의 아내가 던지는 유혹을 이겼으나 무고를 당하여 억울하게 감옥에 가게 됩니다. 감옥에 갇힌 요셉은 넋이 빠진 채로 긴 세월을 보냅니다. 전에 여러 번 언급했듯이, "그의 발은 차꼬를 차고 그의 몸은 쇠사슬에 매였으니"(시 105:18)라는 구절을 풀어 보면, '쇠사슬이 그의 혼을 꿰뚫었다'는 의미라고 말씀드렸습니다. 우리가 흔히 쓰는 표현으로 하면, 혼비백산한 것입니다.

어느 날 요셉이 갇힌 감옥에 애굽 왕 바로의 신하 둘이 잡혀 들어옵니다. 하나는 떡 맡은 관원장이고, 다른 하나는 술 맡은 관원장입니다. 그곳에서 둘이 각기 다른 꿈을 꾸고, 요셉이 그들의 꿈을 해석해 주었는데, 요셉의 해석대로 하나는 죽고 하나는 복권됩니다. 만 이 년 후에 바로가 꿈을 꾸었는데, 꿈의 내용이 이렇습니다. 살진 소 일곱 마리가 강둑에 올라와 풀을 뜯고 있는데, 비쩍 마른 흉측한 소 일곱 마리가 갑자기 다가오더니 살진 소들을 다 삼켜 버립니다. "이게 무슨 꿈이냐?" 바로가 묻지만, 아무도 해몽하지 못합니다. 그러자 복권되었던 술 맡은 관원장이 바로에게 "왕이여, 제가 잊고 있었습니다. 이 년 전에 이만저만한 일이 있었는데, 제 꿈을 해석해 준 그 사람을 불러서 왕이 꾸신 꿈에 대해 물어보는 게 어떨까요"라고 해서 요셉이 등장하여 바로 왕의 꿈을 해석해 줍니다. "왕이여, 이제 앞으로 칠 년 동안 풍년이 들 것입니다. 그리고 그 후에는 칠 년 흉년이 뒤따라올 텐데, 흉년이 얼마나 심한지 앞의 풍년을 다 삼켜 버릴 것입니다." 이에 바로가 묻습니다. "어떡하면 좋겠느냐?" 요셉은 "창고를 짓고 칠 년 풍년 동안에 모든 양식들을 저장하여 이제 닥칠 칠 년 흉년을 대비해야 합니다"라고 대비책을 마련합니다. 바로가 "그럼, 네가 맡아서 해봐라"라고 해서 요셉은 애굽의 총리가 됩니다.

이 일의 놀라움은 요셉이 대학에 들어가서 총리직을 배운 것이 아니라는 점입니다. 대학 나온 사람들에게 시비 걸자는 의도가 아니라는 것쯤은 알 것입니다. 요셉은 그 일을 배울 수 있는 자리가 아니라, 전혀 배울 수 없는 곳에 있었다는 이야기입니다. 결코 배울 수 없는 곳에서 배우게 된 것입니다. 갖은 고생 끝에 총리 자리에 오른 성공 신화, 입지전적 신화를 이야기하려는 것이 아닙니다. 노예로 팔려 간 요셉이 애굽을 구합니다. 자기를 가두고 있었던 애굽을 구합니다. 나라를 구하고, 자기를 팔아먹은 형들을 구합니다. 요셉은 어디서 무엇을 하고 있다가 이런 일을 이루어 냅니까? 차꼬를 차고 쇠사슬에 묶여 있던 자리에서 이 일을 만들어 냅니다.

요셉의 생애 속에는 이 일을 이루어 낼 만한, 말이 되는 과정이 전혀 없었습니다. 그는 한 번도 총리직에 의욕을 보인 적도 없었고, 그런 길을 선택할 기회조차 없었습니다. 그는 수동적으로 잡혀 있었고, 수동적으로 끌려왔을 뿐입니다. '그가 한 사람을 앞서 보내셨음이여'(시 105:17)라는 구절을 봅시다. 요셉이 애굽에 팔려 간 것이 하나님의 뜻이었다는 것입니다.

그런데 하나님의 뜻이 현실에서는 어떻게 나타났습니까? 형들의 배신으로 이루어졌습니다. 세상에 어떻게 그런 일이 있을 수 있습니까? 형들이 동생을 팔아먹고, 팔려 간 요셉은 정직하게 굴어서 감옥에 들어가 거기서 차꼬에 묶인 채 혼비백산해 있는 동안에 하나님이 무엇을 하셨다고요? 거기서는 만들어질 수 없는 일을 만들어 내셨습니다.

요셉이 총리가 되어 세상을 구한 것입니다. 나중에 형들이 요셉 앞에 와서 "우리가 그때 잘못했는데, 우리를 용서하기 바랍니다"라고 빌자, 요셉이 이렇게 답합니다. "형님들, 걱정하지 마십시오. 나를 이리로 보낸 것은 형님들이 아니고 하나님입니다."

이것이 요셉의 생애입니다. 그리고 우리의 생애입니다. 하나님은 구원을 만들어 낼 수 없는 세상에 우리를 보내서 '거기서 하나님이 우리를 통해 무엇을 만드실 수 있는가'를 보이라고 하십니다. 그러니 우리가 미치겠는 것입니다. 우리가 만들 수 있는 것이 세상이 만드는 것과 비교할 수 없이 위대하고 훨씬 우위에 있는 것이라면, 우리가 권력을 가져야 하지 않겠습니까? 그런데 하나님은 그런 방법으로 일하지 않으십니다. 오히려 권력은 세상에 맡겨서 세상이 우리의 운명을 좌지우지하는 것 같은 인생을 살게 하십니다. 그리하여 피해를 감수하고, 교회사 내내 있었던 핍박과 순교와 피 흘림의 과정을 감당하라고 그러십니다. '이 인생을 감수하면 내가 너희 안에 영광을 담겠다.' 이렇게 말씀하는 것이 요셉의 생애이고, 오늘 말씀에 나오는 다윗의 생애입니다.

그러니 요셉이 총리의 자리에 올라서서 이 일, 즉 기근에 굶주린 백성들을 먹여 살려 구원하는 일을 할 때, 단 한 번의 기적을 베풀어 하나님의 영광을 보이고 자신의 위대함을 드러낸 것이 아닙니다. 그동안 요셉이 고생한 것들을 통해 하나님이 은혜를 베풂으로써, 구원이 만들어질 수 없는 자리에서 구원을 이루어 내는 것을 증언하는 인생을 살게 하십니다. 무에서 유를 창조하신 하나님의 역사를 요셉의 인생 속에서 드러내고 있는 것입니다.

섬김으로 세우는 나라

무에서 유를 창조한다고 할 때, 떠오르는 인물이 누가 있습니까? 아브라함입니다. 성경에 나온 것과 같이, 아브라함이 믿은 하나님은 죽은 자를 살리시며, 없는 것을 있는 것으로 부르신 하나님(롬 4:17 참조), 창조와 부활의 하나님이십니다. 이것을 담기 위하여 하나님은 우리에게 기꺼이 죽음을 감수하라고 하십니다. 성경은 이것이 하나님이 일하시는 방법이라고 내내 말씀하는데, 우리는 잘 안 믿습니다. 누가복음 22장에 가 봅시다.

또 그들 사이에 그 중 누가 크냐 하는 다툼이 난지라 예수께서 이르시되 이방인의 임금들은 그들을 주관하며 그 집권자들은 은인이라 칭함을 받으나 너희는 그렇지 않을지니 너희 중에 큰 자는 젊은 자와 같고 다스리는 자는 섬기는 자와 같을지니라 앉아서 먹는 자가 크냐 섬기는 자가 크냐 앉아서 먹는 자가 아니냐 그러나 나는 섬기는 자로 너희 중에 있노라 너희는 나의 모든 시험 중에 항상 나와 함께 한 자들인즉 내 아버지께서 나라를 내게 맡기신 것 같이 나도 너희에게 맡겨 너희로 내 나라에 있어 내 상에서 먹고 마시며 또는 보좌에 앉아 이스라엘 열두 지파를 다스리게 하려 하노라 (눅 22:24-30)

이 말씀의 배경은 마지막 만찬 자리입니다. 이제 예수님은 십자가를 질 것을 결심하시고, 예루살렘에 입성하여 제자들과 유월절 만찬을 나누십니다. 그런데 이 자리에서 제자들은 누가 더 큰 공을 세웠는가를 두고 다툼을 벌입니다. 그들은 예수께서 이제 로마의 권세를 깨트려 이스라엘을 구원하시고 해방자로서 당신의 승리와 권력을 보이실 것이라고 기대합니다. 그들이 이런 기대를 품게 된 데는 다 이유가 있었습니다. 예수께서 죽은 자를 살리시고 귀신을 쫓아내시고 바다를 잠잠하게 하셨기 때문입니다. 여기에 무엇이 더 필요하겠습니까? 그런데 예수께서는 '이 세상은 권력을 가진 사람이 상석에 앉아 대접받지만, 내 나라는 그렇지 않다. 내 나라는 높은 자가 낮은 자를 섬기는 나라다'라는 말이 안 되는 이야기를 하신 다음, 이런 말씀을 계속 이어 가십니다.

> 시몬아, 시몬아, 보라 사탄이 너희를 밀 까부르듯 하려고 요구하였으나 그러나 내가 너를 위하여 네 믿음이 떨어지지 않기를 기도하였노니 너는 돌이킨 후에 네 형제를 굳게 하라 (눅 22:31-32)

어떤 시험을 받습니까? 예수가 죽는 것을 보고 다 도망가 버리는 시험을 받습니다. 엠마오로 가는 두 제자의 체념은 한마디로 이것이었습니다. '우리는 그가 메시아인 줄 알았는데, 아니더라.' 절망에 빠진 두 제자가 예루살렘에서 엠마오로 내려가고 있는데, 누군가 나타나 그들과 동행하며 묻습니다. "너희가 길 가면서 서로 무슨 이야기를 주고받았느냐? 무슨 일이 있었느냐?" 제자들이 얼굴에 슬픈 빛을 띠며 대답합니다. "당신은 예루살렘에 있으면서도 거기서 일어난 일을 모릅니까? 우리는 우리가 모신 분이 메시아인 줄 알았습니다. 그는 큰 기적을 행하셨고, 못 하실 것이 없는 분이었습니다. 그런데 그런 그가 이상하게도 그냥 잡혀가 죽고 말았습니다. 그래서 우리는 이렇게 절망에 빠져서 집으로 돌아가고 있습니다." 이것이 바로 그 시험입니다. 이 시험을 베드로가 구체적으로 이렇게 드러냅니다.

그가 말하되 주여 내가 주와 함께 옥에도, 죽는 데에도 가기를 각오하였나이다 이르시되 베드로야 내가 네게 말하노니 오늘 닭 울기 전에 네가 세 번 나를 모른다고 부인하리라 하시니라 (눅 22:33-34)

'어떤 어려움이 있더라도 저는 주님과 함께하겠습니다. 결국 주님이 승리하실 것이라고 믿습니다. 그러니 어떤 고난도, 어떤 핍박도 주님과 같이하여 충성되게 주를 따르겠습니다'라는 베드로의 당찬 고백에 대하여 예수님은 '오늘 닭 울기 전에 네가 세 번 나를 모른다고 부인하리라'라고 찬물을 끼얹으십니다. 이후에 베드로는 어떻게 됩니까? 예수님이 잡혀가시던 밤에 여종 하나가 베드로를 보더니 이렇게 말합니다. "너도 그의 제자였다." 베드로는 부인합니다. "아니다." '너도 그의 제자였다'가 무슨 의미이기에 베드로는 부인하였을까요? 베드로가 예수의 제자라는 것이 확인되면, 그도 예수와 같이 붙잡혀 들어가야 했던 것입니다.

예수가 잡혀 들어가는 위기에 처했는데도 하늘 권세는 세상 권세를 이기는 모습으로 나타나지 않습니다. 그러니 베드로는 여종 앞에서 자신이 예수의 제자임을 부인해야 했던 것입니다. 또 어떤 사람이 베드로더러 '너도 정녕 그중의 하나이다'라고 하자, 베드로는 예수를 부인하는 데서 더 나아가 예수를 저주하는 자리까지 이릅니다. 왜 그랬을까요? 예수가 저 지경까지 몰리기 전에 나타났어야 하는 하나님의 권세, 하나님의 확인이 드러나지 않자, 베드로도 그만 무너져 내린 것입니다. 더 가 봅시다. 마태복음 16장입니다.

시몬 베드로가 대답하여 이르되 주는 그리스도시요 살아 계신 하나님의 아들이시니이다 예수께서 대답하여 이르시되 바요나 시몬아 네가 복이 있도다 이를 네게 알게 한 이는 혈육이 아니요 하늘에 계신 내 아버지시니라 또 내가 네게 이르노니 너는 베드로라 내가 이 반석 위에 내 교회를 세우리니 음부의 권세가 이기지 못하리라 내가 천국 열쇠를 네게 주리니 네가 땅에서 무엇이든지 매면 하늘에서도 매일 것이요 네가 땅에서 무엇이든지 풀면 하늘에서도 풀리리라 하시고 이에 제자들에게 경고하사 자기가 그리스도인 것을 아무에게도 이르지 말라 하시니라 이 때로부터 예수 그리스도께서 자기가 예루살렘에 올라가 장로들과 대제사장들과 서기관들에게 많은 고난을 받고 죽임을 당하고 제삼일에 살아나야 할 것을 제자들에게 비로소 나타내시니 베드로가 예수를 붙들고 항변하여 이르되 주여 그리 마옵소서 이 일이 결코 주께 미치지 아니하리이다 예수께서 돌이키시며 베드로에게 이르시되 사탄아 내 뒤로 물러 가라 너는 나를 넘어지게 하는 자로다 네가 하나님의 일을 생각하지 아니하고 도리어 사람의 일을 생각하는도다 하시고 이에 예수께서 제자들에게 이르시

되 누구든지 나를 따라오려거든 자기를 부인하고 자기 십자가를 지
고 나를 따를 것이니라 (마 16:16-24)

영광스러운 교회를 약속하신 예수께서 자신은 이제 곧 죽을 것이라
고 하십니다. 말이 되지 않습니다. 베드로가 나서서 "주님, 절대 그럴
수 없습니다. 저라도 미력을 다하여 주의 승리와 구원 사역의 완성을
돕겠습니다. 그러니 주님, 그렇게 말씀하지 마십시오"라고 하자, 무슨
꾸중이 돌아옵니까? "사탄아, 내 뒤로 물러가라"라고 내치십니다. 이
꾸중에는 '내 나라는 폭력으로 세울 수 있는 나라가 아니다. 내 나라
는 이 모든 폭력과 죄를 힘으로 뒤집어엎어 세우는 나라가 아니다. 내
나라는 자기를 부인하고 자기 십자가를 지는 방식, 즉 섬김으로 세우
는 나라다'라는 의미가 들어 있습니다.

　다윗이, 사울이 휘두르는 폭력의 희생자가 되어서 하나님의 통치
와 우리에게 목적하시는 영광을 다윗 안에 담아 보이시는 것이 바로
이것입니다. 이 영광은 세상이 주는 폭력이나 공포와 다른 것이다, 폭
력의 결과도 아니요, 폭력을 이긴 폭력도 아니요, 세상의 폭력과는 내
용과 질이 전혀 다른 것임을 가르쳤듯이, 우리 생애에서도 이 일을 하
겠다는 것을 보이십니다.

　주께서 이 일을 하실 것입니다. 그러니 베드로가 말하는 '주여, 그
리 마옵소서'에 대해 예수님이 '사탄아'라고 꾸짖은 말에는 이런 의미
가 들어 있습니다. '세상의 폭력을 더 강한 힘으로 눌러 이기려는 자
는 사탄이다. 너는 그런 말을 함으로써 내가 가야 하는 길을 막는 사
탄이다. 이것이 가장 큰 시험이다. 내 나라는 힘으로 이기는 나라가

아니다. 우월함으로 이기는 나라가 아니다. 이것은 하나님이 이루시는 창조의 완성이며, 그가 이루시는 구원의 실제적인 내용이다. 이 죽음으로 나는 이 모든 것을 삼켜 생명과 진리와 감사와 사랑과 영광을 만들 것이다. 그러므로 나는 죽어야 한다'입니다.

죽음은 세상이 휘두르는 모든 폭력을 남김없이 받는 자리까지 들어가는 것입니다. 죽으면 망하는 줄 알았고, 죽으면 끝인 줄 알았습니다. 그래서 세상은 모든 것을 사망으로 몰았으나 예수는 세상이 저지르는 모든 폭력을, 모든 죄를, 모든 악한 불의를 다 받아 감수하여 섬기셨습니다. 그리하여 마침내 사망이 만들 수 없는 것, 배신이 만들 수 없는 것, 오용과 부패가 만들 수 없는 것을 만들어 내셨습니다.

예수를 믿고 있는 것이 증거

요한복음 13장입니다.

그가 나간 후에 예수께서 이르시되 지금 인자가 영광을 받았고 하나님도 인자로 말미암아 영광을 받으셨도다 만일 하나님이 그로 말미암아 영광을 받으셨으면 하나님도 자기로 말미암아 그에게 영광을 주시리니 곧 주시리라 작은 자들아 내가 아직 잠시 너희와 함께 있겠노라 너희가 나를 찾을 것이나 일찍이 내가 유대인들에게 너희는 내가 가는 곳에 올 수 없다고 말한 것과 같이 지금 너희에게도 이르노라 새 계명을 너희에게 주노니 서로 사랑하라 내가 너희를 사랑한 것 같이 너희도 서로 사랑하라 너희가 서로 사랑하면 이로써 모든 사람이 너희가 내 제자인 줄 알리라 (요 13:31-35)

세상이 사랑을 만들 수 없는 이유, 죄가 사랑을 만들 수 없는 이유가 무엇일까요? 세상과 죄는 결국 사망이 끝이기 때문입니다. 사망이 끝입니다. 모든 것을 무효로 만드는, 모든 것을 소멸하는, 모든 것을 진저리치게 하는 절망과 멸망이 사망입니다. 여기서는 사랑을 만들 수 없습니다. 세상에서는 사랑도 오염되고 부패되고 결국은 망합니다. 사랑을 만드는 것은 사망을 이기는 힘으로만 가능합니다. 예수께서 이제 그 길을 걸을 것입니다. 그런데 지금은 제자들이 예수를 따라올 수 없다고 합니다. 왜 그런지 이어서 더 읽어 봅시다.

시몬 베드로가 이르되 주여 어디로 가시나이까 예수께서 대답하시되 내가 가는 곳에 네가 지금은 따라올 수 없으나 후에는 따라오리라 베드로가 이르되 주여 내가 지금은 어찌하여 따라갈 수 없나이까 주를 위하여 내 목숨을 버리겠나이다 예수께서 대답하시되 네가 나를 위하여 네 목숨을 버리겠느냐 내가 진실로 진실로 네게 이르노니 닭 울기 전에 네가 세 번 나를 부인하리라 (요 13:36-38)

앞서 이야기한 바와 같이 베드로의 충성은 진심입니다. 목숨까지 버리는 충성입니다. 그런데 그가 할 수 있는 것 역시 충성이 전부입니다. 하지만 베드로의 충성에 대한 예수님의 반응은 냉정합니다. "네가 죽어 봤자 시체뿐인데, 뭐에다 쓰겠냐." 우리는 자기 목숨을 걸겠다는 각오로 신앙을 대신하는 경우가 많습니다. 그렇게 하지 마십시오. 그런 각오가 진심인 것은 좋습니다. 그런데 '목숨을 건다'는 말은, 세상은 죽음밖에 만들 수 없으나, 하나님은 영광을, 승리를, 생명을 만드실 수 있다는 이해에서 사용해야 합니다. 그렇게 되면 '목숨을 건다'는 말은 '세상이 만드는 것에 내 진심을, 내 운명을 바치지 않고, 하나님이 만드시는 일에 나를 바친다'라는 뜻으로 이해될 것입니다.

그러니 이런 비장함이나 치열함으로 미화되는 단어로 자신의 신앙을 드러내서는 안 됩니다. 그렇게 할수록 기도하면서 억울한 생각만 들기 때문입니다. "하나님, 제 목숨을 달라고 하시면 드리겠습니다. 그런데 제 인생이 왜 이렇습니까?" 이런 절규를 바로 '닭 울기 전에 네가 세 번 나를 부인할 것이라'는 예수님의 예언에서 엿볼 수 있습니다. 한 여종 앞에서, 아무것도 아닌 사람들 앞에서 손가락질 하나에 뒤집어지는 것이 우리입니다. 예수 믿는 보상이 드러나게 주어진 것이 하나도 없기 때문입니다. 그러니 기절할 노릇입니다.

그런데 예수께서 이제 그 문을 여십니다. 사망이 끝이 아닙니다. 사망을 뒤집어 부활을 만드십니다. 그것을 믿는 것입니다. 그러니 우리 생애 속의 고단함과 죽음이 어른거리는 현실 속에서 각자의 인생을 감수할 수 있어야 합니다. "하나님, 세상은 계속 죽음을 만들어 내지만, 하나님은 여기에도 부활을 담으실 수 있다는 것을 저는 믿습니다. 그러니 저도 포기하지 않겠습니다." 이렇게 나아가는 것이 신앙이요, 현실적 신앙생활입니다. 그럼에도 우리는 끊임없이 자기를 속입니다. "하나님, 제가 이만큼 했으니까 이제 보상해 주십시오." 아직 이렇게밖에 기도할 수 없는 것은 닭이 아직 안 울어서 그럴 것입니다. 닭이

울면 정신을 차릴 텐데 말입니다. 이것이 성경이 우리에게 하는 말입
니다. 요한복음 14장 5절부터 봅시다.

> 도마가 이르되 주여 주께서 어디로 가시는지 우리가 알지 못하거늘
> 그 길을 어찌 알겠사옵나이까 예수께서 이르시되 내가 곧 길이요 진
> 리요 생명이니 나로 말미암지 않고는 아버지께로 올 자가 없느니라
> (요 14:5-6)

'예수를 안 믿으면 안 된다'라는 말은 이런 뜻입니다. 예수가 아니면
창조와 구원과 부활이 있을 수 없습니다. 그것은 우리의 노력을 기울
여도, 심지어 믿음이라는 이름을 갖다 붙여도 안 되는 것입니다. 믿음
이란 하나님이 예수 안에서 일으키신 은혜, 기적이라는 말이지, 세상
에서 하는 것과 같이 신념, 베팅, 도박이 아닌 것입니다. 한번 걸어 보
고 안 되면 마는 것이 아닙니다. 우리가 우리 자신을 봐도, 우리 조건
을 봐도, 우리 행적을 봐도 말이 안 되는 것을 하나님이 우리 안에 이
루시겠다는 약속이요, 역사요, 실체입니다. 이것을 어떻게 알 수 있습
니까?

　우리가 예수를 믿고 있는 것이 그 첫 번째 증거입니다. 우리가 예
수를 믿기 전에 예수를 믿으려고 발버둥치고 시험 봐서 믿게 되었다
고요? 그런 사람이 어디 있습니까? 우리 모두 어느 날 갑자기 믿게 되
었습니다. 우리가 얼마나 놀랐습니까? 믿고 난 다음이 시원치가 않습
니다. 우리 모두 다윗의 생애를 걷고 있는 것입니다. 이것이 하나님이
우리에게 담으시고 만들어 내시는 것입니다.

　　우리가 살아가는 이 모든 경우에 하나님을 아는 지식, 창조와 부활과 권능과 기적과 그 안에만 있는 명예와 영광을 하나님이 담고 계시는 중입니다. 앞서 사무엘상 17장을 설교하면서 이야기했듯이, 골리앗을 죽인 일이 다윗이 이룬 최고의 행위나 영웅담이 아니고, 그 뒤에 죽어나는 다윗의 삶에 계속 담기는 것들이 진짜입니다. 무엇이 계속 담길까요? 은혜, 진리, 생명, 감사, 영광, 기적입니다. 이것을 자기 삶에 담아내어 살아 내십시오. 이것이 기독교이며, 예수를 믿는다는 말입니다. 로마서 8장 1절을 오늘 말씀의 결론으로 삼겠습니다.

　　그러므로 이제 그리스도 예수 안에 있는 자에게는 결코 정죄함이 없나니 이는 그리스도 예수 안에 있는 생명의 성령의 법이 죄와 사망의 법에서 너를 해방하였음이라 (롬 8:1-2)

기도

하나님 아버지, 감사합니다. 예수를 믿는 인생이 무엇인지 새삼스럽게 확인합니다. 우리의 눈물과 한숨이 결단코 창조와 부활과 구원을 방해할 수 없습니다. 이는 우리가 아는 식으로 주어지는 것이 아니고, 이기는 것을 자랑하는 것이 아니라, 하나님의 깊은 성품, 사랑하고 온유하고 용서하고 감사하고 기뻐하는 것으로 채우기 위한 하나님의 방법입니다. 그 나날들을 믿음으로 살게 하셔서 우리의 얼굴에 신앙의 꽃이 피게 하여 주시옵소서. 예수님 이름으로 기도합니다. 아멘.

14.
하나님의 자기 증언

10 그 날에 다윗이 사울을 두려워하여 일어나 도망하여 가드 왕 아기스에게로 가니 11 아기스의 신하들이 아기스에게 말하되 이는 그 땅의 왕다윗이 아니니이까 무리가 춤추며 이 사람의 일을 노래하여 이르되 사울이 죽인 자는 천천이요 다윗은 만만이로다 하지 아니하였나이까 한지라 12 다윗이 이 말을 그의 마음에 두고 가드 왕 아기스를 심히 두려워하여 13 그들 앞에서 그의 행동을 변하여 미친 체하고 대문짝에 그적거리며 침을 수염에 흘리매 14 아기스가 그의 신하에게 이르되 너희도 보거니와 이 사람이 미치광이로다 어찌하여 그를 내게로 데려왔느냐 15 내게 미치광이가 부족하여서 너희가 이 자를 데려다가 내 앞에서미친 짓을 하게 하느냐 이 자가 어찌 내 집에 들어오겠느냐 하니라 22:1그러므로 다윗이 그 곳을 떠나 아둘람 굴로 도망하매 그의 형제와 아

버지의 온 집이 듣고 그리로 내려가서 그에게 이르렀고 2 환난 당한 모든 자와 빚진 모든 자와 마음이 원통한 자가 다 그에게로 모였고 그는 그들의 우두머리가 되었는데 그와 함께 한 자가 사백 명 가량이었더라 (삼상 21:10-22:2)

하나님의 은혜가 담긴 다윗, 인간의 최선이 담긴 사울

사무엘서의 주인공은 다윗입니다. 하나님은 다윗 왕권의 영원한 지위와 운명을 약속하십니다. 그런데 우리의 관심은 다른 데에 있습니다. 사울은 하나님이 지목하여 기름 부음을 받은 자인데, 그는 왜 실패하였는가, 또 다윗은 어떻게 영원한 왕권을 약속받게 되었는가 하는 이 둘의 차이를 알고 싶어 합니다. 우리가 다윗을 좋아하는 여러 이유 중 하나는 아마 다윗이 사울과는 다른 운명에서 비롯한 사람이지 않을까 하는 기대 때문이라고 생각합니다. 그리고 사울과는 다른 운명을 갖게 된 원인을 다윗에게서 찾으려고 합니다. 다윗의 신앙을 우리에게 대입해서 어떻게 하면 우리도 다윗과 같은 승리, 성공, 영광, 운명을 가질 수 있는가 하는 것이 우리의 관심사입니다.

　　그런데 성경을 자세히 살펴보면, 다윗의 인생은 그렇게 위대하지 않습니다. 그럼에도 우리가 다윗을 위인으로 여기는 것은 다윗은 위대하다는 선입관을 가지고 있기 때문입니다. 사실 그의 생애는 사울보다 크게 나아 보이지 않습니다. 그런데 성경이 다윗을 사울보다 나은 사람으로, 위대한 사람으로 취급하고 있는 것도 사실입니다. 이 대

목을 세밀히 살펴보아야 하나님의 일하심과 우리의 인생을 이해할
수 있게 되어 각자에게 허락된 삶을 잘 살아 낼 수 있게 될 것입니다.

나중에 사울은 사실상 폐위되지만, 하나님이 그를 죽이지는 않고
그냥 두십니다. 그는 사무엘상 말미에 가야 죽습니다. 그때까지는 사
울의 뒤를 잇게 된 다윗이 기름 부음을 받고, 사울의 휘하에서 그의
부하로 있다가 사울의 시기를 받고 그에게 쫓기게 됩니다. 이 기나긴
세월을 다윗은 쫓기는 자로 고단한 인생을 살게 됩니다. 다윗의 생애
를 어떻게 이해해야 하느냐 하는 문제가 사무엘서가 다윗을 통해 말
하고 싶은 진정한 내용일 텐데, 결론적으로 이야기하면 다윗의 삶은
하나님의 은혜가 담기는 생애라는 것을 증언합니다. 다윗이 스스로
은혜를 만들어 내는 것이 아니고 자기가 한 일에 대한 보상을 은혜로
받은 것도 아니라, 하나님이 부으시는 은혜가 그의 생애에 담깁니다.

그러면, 사울은 무엇입니까? 사무엘상 15장을 보면, 사울은 아말
렉 왕 아각을 죽이고 아말렉을 진멸하라는 하나님의 명령에 거역하
여 불순종하다가 폐위됩니다. 이 사건에서 알 수 있듯이, 사울은 불순
종하는 사람, 하나님만이 주실 수 있는 본문이나 가치가 담기지 않은
사람이라고 할 수 있습니다. 사울의 생애 속에 담긴 것은 자기가 만든
것이 전부입니다. 그것이 사울입니다. 그러니까 사울은 자신의 인생
에서 직면하는 모든 문제 속에서 인간이 할 수 있는 것을 전부 해 본
사람, 인간이 할 수 있는 최선을 다한 사람에 대해 보여 줄 뿐입니다.
그 최선이란 결국 폭력이고, 보복이고, 저주이고, 사망에 불과합니다.
이것을 보여 주는 사람이 사울입니다. 반면 다윗은 하나님이 함께하
시면 인간이 스스로 만들어 내지 못하는 의, 선, 긍휼, 자비, 인내, 감

사, 기쁨, 명예, 영광, 생명 같은 것을 하나님에게서 얻는 자라는 점을
대조해 줍니다.

사울은 인간이 만들어 낼 수 있는 모든 것을 다 해 본 사람이고, 다
윗은 하나님만이 만들어 낼 수 있는 것을 자기 안에 담은 사람입니
다. 그러니까 다윗은 처음부터 끝까지 자신이 스스로 잘한 것이 아닙
니다. 그런 반응이나 결과가 나올 수 없는 정황에서 세상과 다른 반응
을 한 것입니다. 대표적으로는 사울을 두 번이나 죽일 기회가 있었으
나 살려 줬던 일, 사울과 그의 아들 요나단의 죽음을 진심으로 애도한
일, 이런 모든 것은 인간이 스스로 만들어 낼 수 없는 것을 하나님이
다윗과 함께하심으로 그의 삶을 통해 보여 주는 하나님의 자기 증언
에 해당하는 것입니다. 성경은 사울과 다윗의 삶을 들어 이 둘을 대조
합니다.

율법에도 예외와 면제가 있다

사무엘상 21장에는 두 가지 일이 기록되어 있습니다. 다윗이 진설병
을 먹은 일과 다윗이 아기스 앞에서 미친 체한 일입니다. 본문 말씀을
보면, 다윗이 사울을 피해 처음으로 도망가는 장면이 나옵니다. 다윗
은 놉이라는 땅으로 피난 가서 아히멜렉 제사장에게 도움을 청하는
데, 너무 다급하게 도망간 나머지 아무런 준비도 못 하고 갑니다. 먹
을 것도 없고 무기도 없습니다. 다윗이 배가 고파 떡을 구하자, 아히
멜렉은 진설병밖에 없다고 합니다. 진설병은 하나님에게 드리기 위

하여 안식일마다 성소의 상 위에 차려 놓는 떡으로, 일반인은 못 먹고 제사장만이 먹을 수 있는 떡입니다. 진설병은 일주일에 한 번씩 새 것으로 갈아 놓으니까 그 전주에 진열했던 떡은 물리게 됩니다. 다윗이 너무나 배고픈 나머지 진설병을 달라고 하자, 아히멜렉이 다윗에게 줍니다. 아히멜렉은 떡을 주면서 다윗이 왜 혼자 왔는지 묻습니다. 여기서 다윗은 거짓말을 합니다. 아히멜렉의 입장에서는 다윗이 혼자 온 일이 좀 놀라웠던 것 같습니다.

당시 이스라엘의, 지금으로 치면 육군 참모 총장쯤 되는 사람이 주변에 호위병이나 거느리는 수하도 없이 단신으로 나타났으니 나라에 무슨 일이 일어났나, 무슨 어려운 일이 생겼는가, 하고 놀란 것입니다. 그러자 다윗이 '사울 왕이 비상하고 긴급한 밀령을 내려서 내가 홀로 왔다. 그러니 나를 도와줘야 한다'라고 사기를 칩니다. 다급해서 그렇게 한 것입니다. 전혀 훌륭한 일이 아닙니다.

그런데 이 사건이 마태복음 12장에서 신기하게 인용된 것을 볼 수 있습니다. 예수님이 이 일을 희한하게 인용하신 것입니다. 제가 '희한하게'라고 표현한 이유는 다음 구절들을 읽어 보면 이해가 될 것입니다.

그 때에 예수께서 안식일에 밀밭 사이로 가실새 제자들이 시장하여 이삭을 잘라 먹으니 바리새인들이 보고 예수께 말하되 보시오 당신의 제자들이 안식일에 하지 못할 일을 하나이다 예수께서 이르시되 다윗이 자기와 그 함께 한 자들이 시장할 때에 한 일을 읽지 못하였느냐 그가 하나님의 전에 들어가서 제사장 외에는 자기나 그 함께

한 자들이 먹어서는 안 되는 진설병을 먹지 아니하였느냐 또 안식일
에 제사장들이 성전 안에서 안식을 범하여도 죄가 없음을 너희가 율
법에서 읽지 못하였느냐 내가 너희에게 이르노니 성전보다 더 큰 이
가 여기 있느니라 나는 자비를 원하고 제사를 원하지 아니하노라 하
신 뜻을 너희가 알았더라면 무죄한 자를 정죄하지 아니하였으리라
인자는 안식일의 주인이니라 하시니라 (마 12:1-8)

바리새인들과 당시 사회 지도자들은 예수를 환영하지 않았습니다. 예
수님이 하시는 일은 물론 예수님이라는 존재 자체를 거부했습니다.
메시아는 이러저러한 조건을 갖춘 분이어야지, 메시아란 저런 존재여
서는 안 된다, 그렇게 생각했던 것 같습니다. 이들은 늘 사사건건 시
비를 걸었는데, 본문에서는 안식일이 시빗거리가 되었습니다.

　안식일에는 아무 일도 하지 않아야 하는데, 예수의 제자들이 밀밭
사이를 걷다가 밀을 따서 잘라 먹은 것입니다. 그래서 바리새인들이
시비를 걸었습니다. 그러자 뜻밖에 예수님이 사무엘상 21장에 나온
다윗의 예를 든 것입니다. "다윗이 제사장밖에는 먹지 못하는 진설병
을 먹은 사실을 알지 못하느냐?" 아니, 예수님이 핑계를 다윗에게 대
면 어쩌자는 것입니까? 다윗이 예수님에게 핑계를 대는 것이라면 말
이 되지만, 예수님이 다윗에게 핑계를 갖다 대는 것은 우스운 일 아
닙니까? 그러나 그렇게 함으로써 '율법은 정죄하는 것이 목적이 아니
다'라고 이렇게 확 열어 놓으신 것입니다.

　그렇다고 하면 우리는 더 의아스럽습니다. 사울은 하나님의 명령,
즉 '아말렉 왕 아각을 죽이고 모두를 진멸하라'는 명령을 거부함으로

써 폐위되었는데, 다윗은 먹으면 안 되는 진설병을 먹고도 멀쩡히 살아 있는 이 모순을 어떻게 이해해야 하는가, 어떤 의미에서 보면 사울과 달리 다윗에게 형벌을 면제해 주는 것 같은 이런 율법의 예외적인 적용이 왜 일어나느냐 하는 것입니다. 앞 장에서는 하나님이 다윗에게 무엇을 담는다고 했습니까? 은혜를 담습니다. 하나님이 다윗에게 이렇게 은혜를 담으시자, 다윗은 인간이 만족시킬 수 없고, 외면할 수 없는 율법을 넘어서는 자리까지 이르게 되는 일을 허락받게 된 것입니다. 이런 일들이 다윗의 생애와 그가 가진 가치를 보여 주는 것입니다.

이 일은 주께서 오신 목적에서 드러나는 '나는 자비를 원한다. 긍휼을 원한다'는 하나님의 의도, 우리를 향한 뜻과 긴밀히 연결되어 기독교를 이해하게 하고, 기독교인으로 사는 인생을 이해하게 하는 데에 매우 중요한 지표가 되지 않습니까? 신앙생활을 잘해야 하지만, 잘못해도 끝은 아니라고 성경이 이야기하는데, 우리는 이마저도 싫다고 하는 것입니까? 그래서 교회 올 때마다 자꾸 못마땅한 표정을 짓는 것입니까? 설마 법대로 하자는 것입니까? 그것은 기독교가 무엇인지, 십자가가 무엇인지, 하나도 모르는 것입니다.

저는 이런 이야기를 들으면 고마운 마음이 듭니다. 다윗을 위대하다고 치켜세워 예외적인 인물로 대우하지 않고, 오히려 그의 부족함에도 율법을 만족시킨 사람이라고 말함으로써 율법을 자꾸 견고히 세우려 하지 말고, '율법에도 예외와 면제가 있다. 그러니 우리도 살았다.' 이렇게 숨을 내쉴 수 있어야 비로소 우리 인생도, 예수를 믿는 일도, 숨통이 트이고 견딜 수 있어 살아 낼 수 있는 것입니다.

다윗, 하나님이 누구신지 보여 주는 자

사무엘상 21장에 나온 두 번째 사건은 다윗이 아기스 왕에게까지 피
난을 간 사건입니다. 아기스는 블레셋의 다섯 방백 중 하나로 한 지방
의 우두머리인데, 다윗은 피난처가 없어서 적국까지 피난을 가야 했
던 것입니다. 적국까지 피난을 갔다는 것은 다윗이 엄청난 궁지에 몰
린 형편임을 말해 줍니다. 다윗이 아기스 왕에게 피난을 오자 적국의
신하들이 다윗을 먼저 알아봅니다. "저 사람은 우리의 주적입니다. 우
리의 용사 골리앗을 죽인 자이지요. '사울이 죽인 자는 천천이요, 다
윗이 죽인 자는 만만이다'에서 그 '만만'은 전부 우리 블레셋 사람들
입니다. 다윗은 우리에게 최대의 적입니다. 그러니 이참에 다윗을 죽
여야 합니다." 이런 정황을 감지한 다윗이 '아이고, 여기서는 안 되겠
구나' 싶어 사지를 벗어나기 위해 미친 체합니다. 이 방법말고는 다른
방도가 없었던 것입니다.

생각해 보십시오. 다윗은 국가에 충성하고 사울에게도 충성했으나
사울로부터 시기를 받아 사지로 몰립니다. 그는 원통하고, 더 이상 갈
수 없는 데까지 내몰리게 되자, 미친 체해서 사지를 헤쳐 나와야 하는
처참한 자리까지 옵니다. 그런데 다윗은 이 사건을 비극으로 받아들
이지 않습니다. 시편 34편을 보면, 제호 옆에 '다윗이 아비멜렉 앞에
서 미친 체하다가 쫓겨나서 지은 시'라는 부제가 붙어 있습니다.

내가 여호와를 항상 송축함이여 내 입술로 항상 주를 찬양하리이다
내 영혼이 여호와를 자랑하리니 곤고한 자들이 이를 듣고 기뻐하리

로다 나와 함께 여호와를 광대하시다 하며 함께 그의 이름을 높이세 내가 여호와께 간구하매 내게 응답하시고 내 모든 두려움에서 나를 건지셨도다 그들이 주를 앙망하고 광채를 내었으니 그들의 얼굴은 부끄럽지 아니하리로다 이 곤고한 자가 부르짖으매 여호와께서 들으시고 그의 모든 환난에서 구원하셨도다 여호와의 천사가 주를 경외하는 자를 둘러 진 치고 그들을 건지시는도다 너희는 여호와의 선하심을 맛보아 알지어다 그에게 피하는 자는 복이 있도다 너희 성도들아 여호와를 경외하라 그를 경외하는 자에게는 부족함이 없도다 젊은 사자는 궁핍하여 주릴지라도 여호와를 찾는 자는 모든 좋은 것에 부족함이 없으리로다 너희 자녀들아 와서 내 말을 들으라 내가 여호와를 경외하는 법을 너희에게 가르치리로다 생명을 사모하고 연수를 사랑하여 복 받기를 원하는 사람이 누구뇨 네 혀를 악에서 금하며 네 입술을 거짓말에서 금할지어다 악을 버리고 선을 행하며 화평을 찾아 따를지어다 여호와의 눈은 의인을 향하시고 그의 귀는 그들의 부르짖음에 기울이시는도다 여호와의 얼굴은 악을 행하는 자를 향하사 그들의 자취를 땅에서 끊으려 하시는도다 의인이 부르짖으매 여호와께서 들으시고 그들의 모든 환난에서 건지셨도다 여호와는 마음이 상한 자를 가까이 하시고 충심으로 통회하는 자를 구원하시는도다 의인은 고난이 많으나 여호와께서 그의 모든 고난에서 건지시는도다 그의 모든 뼈를 보호하심이여 그 중에서 하나도 꺾이지 아니하도다 악이 악인을 죽일 것이라 의인을 미워하는 자는 벌을 받으리로다 여호와께서 그의 종들의 영혼을 속량하시나니 그에게 피하는 자는 다 벌을 받지 아니하리로다 (시 34:1-22)

우리도 모두 다 겪는 가장 현실적인 경험입니다. 우리 모두가 매일 당하는 원통하고 비참하고 처참한 처지, 신자라고 해서 면제되지 않는 현실입니다. 이런 상황에서 어떻게 찬송이 나올 수 있을까요? 원망하고 보복하고 폭력을 휘둘러야 할 상황 같은데 말입니다. 그런데 그런 반응은 사울이 맡은 역할입니다. 인간이 할 수 있는 유일한 대응입니다. 그러나 다윗은 다르다고 앞서 말했습니다. 다윗이라는 사람 자체가 훌륭해서가 아니라, 다윗은 '하나님이 누구신가'를 보여 주시기 위한, 그 모든 경우에 대한 하나님의 반응을 담아 놓은 자이기 때문입니다.

다윗은 이 일을 통하여 어떤 은혜를 담습니까? 인간이 만들어 낼 수 없는 은혜를 자신 안에 담습니다. '하나님은 맛이 변하지 않는 분'이라는 진리를 자신의 생애에 담아냅니다. '미친 체했다'는 말은 '맛이 변했다'는 뜻입니다. '미쳤다'는 단어의 히브리어 원뜻은 '맛이 변했다'입니다. '하나님의 선하심을 맛보아 알라. 하나님은 맛이 변하지 않는 분이다.' 우리는 부패하고, 더럽고, 수치스럽고, 혼란스러운 존재이지만, 하나님은 그렇지 않습니다. 그러니 우리가 쏟아 내는 폭력, 실패, 허망함과 다른 것이 하나님에게서는 끊임없이 나오는 것입니다. 즉 생명과 진리와 영광과 충만과 자랑과 감사와 즐거움이 계속 흘러 넘쳐 나오는 것입니다.

이를 어떻게 알 수 있습니까? 인간이 만들어 내는 최악의 자리, 절망과 포기의 자리에서 오히려 '하나님은 누구신가?'를 깨닫게 된다는 점에서 알 수 있습니다. 사람이 이런 것들을 만들어 냈을 리 없습니다. 인간이 만들어 낸 결과나 보상이 아니라, 하나님만이 그러하신 분이라는 것을 최악의 조건에서 알게 됩니다. 우리가 우리 인생 속에서 밤낮 만나고, 또 우리가 할 수 있는 최선은 불만, 자폭, 분노뿐입니다.

하나님이 은혜를 베푸시기에 우리의 삶은 자폭으로 끝나지 않을 것입니다. 우리는 하나님의 회복하심과 용서로 인하여 감사하는 삶으로 부름을 받고 있습니다. 그런데 우리는 이 둘을 종종 오해하곤 합니다. 하나님이 내 편을 들어주셨다면, 왜 나한테 절망과 비참한 현실이 있는가 하고 화를 냅니다. 그렇게 하지 마십시오. 하나님이 도대체 내게 무엇을 담으려고 하시는가, 무엇을 약속하고 계시는가, 내가 예수를 믿는다는 것이 무슨 이야기인가를 알게 되는 자리에 오면, 나의 부족한 조건이나 실력이나 잘잘못의 결과에 붙들리지 않고, 세상이 하는 모든 도전과 우리가 가진 실력 없는 한계가 빚는 모든 비극 속에서도 하나님이 감사와 승리와 영광을 담을 수 있다고 증언하고 누리게 될 것입니다.

기독교 신앙을 가졌다고 해서 신자가 최고의 권력을 갖게 되지는 않습니다. 또한 가져야 하는 것도 아닙니다. 기독교 신앙의 답은 모든 문제를 해결하는 데에 있지 않습니다. 기독교 신앙이 갖는 최고의 신비, 최고의 은혜가 있다면, 그것은 바로 그것이 생겨날 수 없는 곳에서 구원이, 소망이, 믿음이, 실력이 생긴다는 사실입니다. 주일에 우리가 교회에 나와 앉아 있는 것보다 더 큰 기적은 없습니다. 그렇지 않습니까? 우리는 교회 나와서 설교 시간 대부분을 졸고 있습니다. 사실 설교를 잘 알아듣지도 못합니다. 그런데도 왜 매주 교회에 나올까요? 와서 기도 응답을 받은 것이 무엇이 있습니까? 늙지를 않습니까? 안 아프기나 합니까? 자식들이 잘되기를 합니까?

하나님이 다윗에게 증언한 모든 것들을 우리 각자에게도 반복하여 일하고 계십니다. 이러한 사실은 시편 34편에 나온 대로, '너희는 여호와의 선하심을 맛보아 알지어다'라는 구절에서 충분히 표현되어 있습니다. 하나님은 성실하십니다. 하나님은 우리 안에 소망과 기쁨과 담대함을 만들어 내십니다. 세상은 폭력밖에 저지를 것이 없고, 우리에게 시비 걸 일밖에 없습니다. 그런데 신자가 받은 답은 세상을 무너뜨리는 것이 아닙니다. 우리 각자가 헛되고 더러워지고 자폭하는 데서 벗어나, 하나님이 주시는 것들로 채워진 위대한 인생을 살아내는 것입니다. 눈물 나는 인생이지만, 손해 보거나 잘못된 인생이 아닙니다.

탕자의 비유에서 보듯이, 탕자는 자기 맘대로 살고 싶은 생각에 아버지에게 자기 몫을 미리 달라고 해서 받아 들고 나가 허랑방탕하게 삽니다. 여기서 말하는 '허랑방탕'은 소비되고 낭비되는 것을 뜻합니다. 창의력이 없고, 생산할 힘이 없어 재생산을 하지 못하고 낭비되고 소진되다가 결국 죽고 마는 것입니다. 그때 탕자의 마음속에 든 생각이 무엇입니까? '우리 아버지 집은 얼마나 다른가. 얼마나 풍요로웠던가'입니다. 그런 아버지를 둔 자와 그런 아버지가 없는 자는 인생에 대한 이해에서 태도나 반응이 얼마나 다르겠습니까? 사울과 다윗이 다른 것처럼, 하나님 없이 사는 자와 하나님과 함께하는 자의 차이를 우리 안에서 당연히 확인해야 합니다. 그것은 책임이며 명예입니다. 이 대목을 신자들이 많이 놓치는 것 같습니다.

고생하지 않는 다윗, 잘나가는 다윗, 만사형통하는 다윗, 째려보면 상대방을 녹아 없어지게 하는 능력이 있는 다윗, 우리가 원하는 다윗은 그런 다윗입니다. 우리는 자기가 만든 다윗 이미지에 붙잡혀 있느라 다윗이 얼마나 지난한 현실을 걸어 왔는지, 고난 속에서 얼마나 혹독하게 견뎌 위대한 존재가 되었는가, 하는 문제를 모두 놓칩니다. 그것은 우리 자신에 관한 이야기입니다. 우리 모두가 다 다윗인 것입니다.

하나님이 주신 대사대로 연기하라

사무엘상 22장을 보면, 다윗이 아둘람 굴로 피신하자 환난을 당한 자, 고난을 당한 자, 억울한 자 등 총 사백 명이 다윗의 수하에 찾아온 내용이 등장합니다.

다윗을 찾아온 사람들은 어떤 사람들입니까? 사회에서 손해 본 사람들인데, 여기서는 착하게 살았으나 억울하게 피해 본 자들만 말하는 것이 아닙니다. 사회의 일정한 기준에 미흡한 자들, 능력 없는 자들, 범법자들까지 포함하여 정상적인 사회 활동을 할 수 없는 자들이 다윗에게로 모여든 것입니다. 자기 목숨 하나 부지하기 위해 미친 체해야 살 수밖에 없는 조건에 처한 다윗이 그들에게 피난처가 되어 줍니다.

이 무슨 기막히고, 닮고 싶지 않은 인생입니까? 우리 생각에는 빨리 돈 많이 벌어서 좋은 시설을 갖춘 보육원을 짓고, 요양원도 만들고, 학교도 세우고, 선교 센터도 짓고 해야 하는 것 아닙니까? 그런데 다윗은 미친 척해서 침을 흘리고 벌벌 기어서 겨우 사지를 벗어난 주제에 아무도 돌보지 않는 자들의 피난처요, 위로자요, 보호자가 됩니다. 이런 기가 막힌 인생이 있습니까? 그런데 하나님이 실제로 그렇게 이끄십니다. 여기서 우리는 예수님의 오심이 바로 다윗이 처한 본문 속 상황과 방불한 것을 확인하게 됩니다. 마태복음 4장에 가 봅시다.

> 예수께서 온 갈릴리에 두루 다니사 그들의 회당에서 가르치시며 천국 복음을 전파하시며 백성 중의 모든 병과 모든 약한 것을 고치시니 그의 소문이 온 수리아에 퍼진지라 사람들이 모든 앓는 자 곧 각종 병에 걸려서 고통 당하는 자, 귀신 들린 자, 간질하는 자, 중풍병자들을 데려오니 그들을 고치시더라 갈릴리와 데가볼리와 예루살렘과 유대와 요단 강 건너편에서 수많은 무리가 따르니라 (마 4:23-25)

우리는 예수님이 기적을 베푸셨다는 사실을 당연하게 여기지만, 사실 예수님은 지금 굉장히 곤궁한 자리에 처해 있습니다. 무한한 신이 유한 속에 들어와 갇혀 있습니다. 육신을 입고 시간 속에 잡혀 들어와 있습니다. 영광과 권세를 내려놓고 아무것도 아닌 그저 한 가난한 천민으로 오십니다. 그가 병을 고치지만, 이 기적은 다른 표적을 위해서 베푸신 것입니다. 예수께서 당신이 메시아이심을 나타내는 데에 이 기적을 쓰실 뿐, 그의 신분이나 힘을 자랑하고 드러내는 데에는 사용하시지 않습니다.

이제 그는 십자가에서 죽으실 것입니다. 가장 낮은 자리, 우리가 생각할 때 가장 아니다 싶은 조건 속에서, 우리가 가장 희구하는 모든 회복과 승리와 영광을 만드신다는 것을 듣고도 우리는 믿지 않습니다. 우리는 복음서의 이런 말씀들을 읽으면서 '저는 목숨을 걸고 주를 위하여 어느 곳에서나 섬기겠습니다'라고 고함을 질러 그 간절함에 대한 보상을 받는 것으로 써먹고 있을 뿐, 그런 현실을 살아 내거나 인정하지 않으려 합니다.

그래서 예수 믿는 사람들 중에는 허황된 생각을 하는 사람들이 많습니다. 하나님이 일하고 계신다는 것을 모릅니다. 아무것도 아닌 자리가 하나님이 나를 보내신 자리라는 것을, 하나님이 그 아들을 보내신 조건이며, 정황이며, 방법이라는 사실을 인정하지 않습니다. 그래서 예수를 믿으면 믿을수록 원망만 늘어 갑니다. 나보다 못한 사람이 더 잘살고, 내가 다른 사람들보다 복을 받지 못한 것이 억울해서 미칠 것 같습니다. 이번 여름 수련회에 가서 '미칠 것 같은 간증 대회'를 열어 누가 제일 얼마나 억울한지 겨루어 볼까요?

모두가 억울합니다. 아무도 감사하지 않습니다. '나는 하나님을 안다. 예수를 보내신 방식대로 나도 보냄을 받았다는 걸 안다. 내 인생이 귀하다는 걸 안다. 하나님이 여기서 가장 큰일을 이루신다는 걸 안다.' 이런 표정을 지닌 얼굴은 어디에도 없습니다. 오죽하면 제가 매주 강단에 올라서서 좋은 표정이라도 좀 지어 보라고 이렇게 부탁하겠습니까? 누가 속까지 바꾸라고 했습니까? 속은 아니래도 표정이라도 좀 좋게 지어 봅시다. 그러나 우리는 그것도 못합니다. 왜 그럴까요? 우리는 성경을 잘못 읽고 있어서 그렇습니다. 예수를 믿는다는 말을 성경이 하는 대로 수긍하지 않고, 우리 하고 싶은 대로 고집부리고 있는 것입니다.

어쩌면 우리는 사울의 권세와 다윗의 위대함을 모두 동시에 갖고 싶은 것인지 모릅니다. 여기에 하나님의 현존과 임재와 권능과 일하시는 신비를 놓치게 된 진실이 있습니다. 다 같이 여기서 망하는 것입니다. 마태복음 4장이 이야기하는 대로 보면 우리는 이런 존재입니다. 12절부터 봅시다.

> 예수께서 요한이 잡혔음을 들으시고 갈릴리로 물러가셨다가 나사렛을 떠나 스불론과 납달리 지경 해변에 있는 가버나움에 가서 사시니 이는 선지자 이사야를 통하여 하신 말씀을 이루려 하심이라 일렀으되 스불론 땅과 납달리 땅과 요단 강 저편 해변 길과 이방의 갈릴리여 흑암에 앉은 백성이 큰 빛을 보았고 사망의 땅과 그늘에 앉은 자들에게 빛이 비치었도다 하였느니라 (마 4:12-16)

우리는 빛입니다. 생명입니다. 복입니다. 하나님이 우리를 금고 속에 가두어 두지 않고, 우리를 사방에 비추시며 뿌리고 있습니다. 꽃을 뿌리듯, 양식을 뿌리듯, 비를 내리듯, 해를 비치듯 말입니다. 우리를 세상에 보내시어 우리가 세상을 끌어안게 하십니다. 정다운 말을 하게 하시며, 희망을 약속하게 하십니다. 그런데도 우리는 무엇이 억울합니까? 하나님의 진지한 역사, 구체적 역사를 생각해 보십시오. 우리와 하나님이 함께 당신의 뜻을 이루십니다. 인류를 향한 당신의 사랑과 약속하신 복을, 영광을, 위대함을, 매일 모든 개인의 인생을 통해 일하고 계십니다. 그러니 고린도후서 1장 말씀을 기억하십시오.

> 우리 곧 나와 실루아노와 디모데로 말미암아 너희 가운데 전파된 하

나님의 아들 예수 그리스도는 예 하고 아니라 함이 되지 아니하셨으니 그에게는 예만 되었느니라 하나님의 약속은 얼마든지 그리스도 안에서 예가 되니 그런즉 그로 말미암아 우리가 아멘 하여 하나님께 영광을 돌리게 되느니라 (고후 1:19-20)

여기서 '예'는 긍정을 의미합니다. 예수는 모든 일을 반전하실 수 있다고 합니다. 예수 안에서는 모든 일의 반전이 가능하다고 합니다. 여기서 말하는 반전은 승리와 회복을 말하는 것입니다. 예수로 말미암는 반전, 예수로 말미암는 기적이 무엇일까요? 얼마든지 하나님이 약속하신 복과 영광과 명예로 예수가 적용됩니다. 그러니 다윗의 생애를 보면서 우리가 기억할 것은, 다윗은 사울과 무엇이 다르냐 하는 점입니다. 사울은 자기에게 일어나는 인생의 모든 경우에서 인간이 할 수 있는 모든 반응을 한 사람입니다. 그러자 거기에는 온갖 치사한 것만 나열될 뿐이었습니다.

우리가 인생을 살면서 확인한 바와 같이, 세상은 만만치 않습니다. 어느 누구도 만만한 사람은 없습니다. 강한 자가 힘으로 자신의 권력을 유지하고 있다면, 약한 자는 독을 품고 살아갑니다. 어느 것 하나 쉽지 않습니다. 그래서 예수를 믿는 사람도 세상을 살아가는 동안에는 최소한의 독 정도는 품고 살아야 한다고 알고 있습니다. 그래서 우리는 말하자면 십자가 끝에 독침을 발라 놓은 셈입니다. 그러니까 '당신, 내 말 안 들으면 찌를 겁니다' 하는 마음으로 살고 있는지도 모릅니다. 우리 모두가 그것을 당연시하며 살고 있습니다.

그런데 하나님이 다윗에게서 어떤 일을 하십니까? 작가가 대사를 주는데, 어떤 사람에게는 자기가 하고 싶은 대로 말을 하게 놔두고, 어떤 사람에게는 장면마다 '그때는 이 말을 해라. 이때는 이렇게 대처해라'라고 대사와 지시를 내립니다. 그래서 좋은 영화나 드라마 속 주인공의 위대함을 보게 되면 '아, 저 사람은 참 멋있다'라고 하다가, 나중에 깨닫게 되는 점이 있습니다. '이 작품을 쓴 작가는 대단해'라는 말을 하게 되는 것입니다. 주인공은 자기가 하고 싶은 말을 한 것이 아니라 작가가 써 준 대로 한 것이기 때문입니다.

사무엘서의 작가는 누구입니까? 하나님이십니다. 하나님이 다윗에게 준 대사들, 다윗의 입술과 인생을 통하여 담아낸 은혜는 인간이 만들어 낸 것과 대조됩니다. '여기에만 가치가 있습니다. 여기에만 명예가 있습니다'를 보여 주는 것이 다윗의 생애입니다. 예수님이 오셔서 우리에게 만들어 내신 일입니다. 그 인생을 사십시오. 성경이 이렇게 이야기합니다. 로마서 8장 31절 이하를 봅시다.

> 그런즉 이 일에 대하여 우리가 무슨 말 하리요 만일 하나님이 우리를 위하시면 누가 우리를 대적하리요 자기 아들을 아끼지 아니하시고 우리 모든 사람을 위하여 내주신 이가 어찌 그 아들과 함께 모든 것을 우리에게 주시지 아니하겠느냐 누가 능히 하나님께서 택하신 자들을 고발하리요 의롭다 하신 이는 하나님이시니 누가 정죄하리요 죽으실 뿐 아니라 다시 살아나신 이는 그리스도 예수시니 그는 하나님 우편에 계신 자요 우리를 위하여 간구하시는 자시니라 (롬 8:31-34)

'우리를 위하여 죽으시고 살아나시고 하늘 보좌에 앉으신 이는 예수가 아니냐? 그는 우리를 위하여 기도하시는 자이니라.' 그러니 이 모든 격려가 무슨 말을 하는지, 무엇을 조건으로 삼고 있는지 기억하여 우리의 비명과 원망이 쏟아져 나오는 현실이 하나님이 당신의 열심으로 일하시는 자리라는 사실을 깨달아야 합니다. 그 인생을 살아 내야 합니다.

멋있게 살아 내십시오. 대본에 없는 대사는 하지 마십시오. 그러면 영화를 처음부터 다시 찍어야 합니다. 한 번밖에 살 수 없는 인생입니다. 위대한 인생, 감사하는 인생을 살아가길 바랍니다.

기도

하나님 아버지, 은혜를 감사합니다. 하나님이 우리에게 생명과 진리와 영광과 위대함을 맡기셨습니다. 그리고 누리게 하셨습니다. 하나님의 자녀로 사는 인생입니다. 그러니 자랑하고 살아야 맞습니다. 넉넉하게 살아야 맞습니다. 진지하게 살아야 맞습니다. 이 명예를 누리게 하여 주시고, 우리 얼굴에 기쁨이 피어나게 하여 주시옵소서. 예수님 이름으로 기도합니다. 아멘.

15.
순종하게 하는 은혜

14 아히멜렉이 왕에게 대답하여 이르되 왕의 모든 신하 중에 다윗 같이 충실한 자가 누구인지요 그는 왕의 사위도 되고 왕의 호위대장도 되고 왕실에서 존귀한 자가 아니니이까 15 내가 그를 위하여 하나님께 물은 것이 오늘이 처음이니이까 결단코 아니니이다 원하건대 왕은 종과 종의 아비의 온 집에 아무것도 돌리지 마옵소서 왕의 종은 이 모든 크고 작은 일에 관하여 아는 것이 없나이다 하니라 16 왕이 이르되 아히멜렉아 네가 반드시 죽을 것이요 너와 네 아비의 온 집도 그러하리라 하고 17 왕이 좌우의 호위병에게 이르되 돌아가서 여호와의 제사장들을 죽이라 그들도 다윗과 합력하였고 또 그들이 다윗이 도망한 것을 알고도 내게 알리지 아니하였음이니라 하나 왕의 신하들이 손을 들어 여호와의 제사장들 죽이기를 싫어한지라 18 왕이 도엑에게 이르되 너는 돌아

가서 제사장들을 죽이라 하매 에돔 사람 도엑이 돌아가서 제사장들을
쳐서 그 날에 세마포 에봇 입은 자 팔십오 명을 죽였고 19 제사장들의
성읍 놉의 남녀와 아이들과 젖 먹는 자들과 소와 나귀와 양을 칼로 쳤
더라 (삼상 22:14-19)

육체의 일과 성령의 열매

본문 말씀을 보면, 다윗을 죽이려고 열심을 내는 사울 왕의 모습이 폭
력적 광기로 드러나 있는 것을 발견할 수 있습니다. 사울은 아히멜렉
을 비롯한 모든 제사장이 놉 땅의 제사장 마을에 와서 다윗을 도와 그
의 도피를 성공시켰다는 사실을 알게 되자 제사장 팔십오 명과 그 가
족들을 비롯하여 가축과 어린아이까지 다 죽이는 처참한 폭력을 행
사합니다. 물론 사울의 이러한 행위는 절대적으로 잘못한 일이고 곤
란한 사고라고 금방 판단되지만, 우리의 진정한 관심은 사울과 다윗
의 차이가 무엇인가 하는 것입니다. '사울은 잘못했고, 다윗은 잘했다'
는 대조는 알겠는데, 어떻게 해서 사울은 이렇게 폭력과 광기로 내달
리는, 실패하는 인생을 살게 되었는가, 그리고 다윗은 어떻게 은혜와
승리의 길을 가게 되었는가 하는 것이 우리의 관심사입니다.

사울과 다윗을 구별 짓는 가장 결정적인 단어는 아마 순종일 것입
니다. 사무엘상 15장을 보면, 사울은 아말렉을 진멸하여 아각 왕을 죽
이고 모든 것을 멸하라는 하나님의 명령을 듣지 않습니다. 그리고 본
문 말씀을 보면, 사울은 하나님이 그토록 명령하셨을 때는 하지 않았

던 일을, 이제는 하나님의 명령이 없는데도 이렇게 처참하고 잔혹하게 자행하는 모습을 보게 됩니다. 사울이 이렇게 행동하는 이유를 우리는 사울이 원래 하나님의 명령을 불순종하는 사람이기 때문이라고 이야기합니다. 그런데 우리는 성경이 순종과 불순종에 대해 말하는 이 문제를 도덕적 규칙을 기계적으로 적용하듯, '순종했는가, 불순종했는가', '옳은가, 그른가'로 나누는 바람에 성경이 하고 싶은 이야기에서 비켜나게 됩니다. 이 둘의 차이, 곧 순종과 불순종의 차이를 갈라디아서 5장은 이렇게 설명합니다.

> 내가 이르노니 너희는 성령을 따라 행하라 그리하면 육체의 욕심을 이루지 아니하리라 육체의 소욕은 성령을 거스르고 성령은 육체를 거스르나니 이 둘이 서로 대적함으로 너희가 원하는 것을 하지 못하게 하려 함이라 너희가 만일 성령의 인도하시는 바가 되면 율법 아래에 있지 아니하리라 육체의 일은 분명하니 곧 음행과 더러운 것과 호색과 우상 숭배와 주술과 원수 맺는 것과 분쟁과 시기와 분냄과 당 짓는 것과 분열함과 이단과 투기와 술 취함과 방탕함과 또 그와 같은 것들이라 전에 너희에게 경계한 것 같이 경계하노니 이런 일을 하는 자들은 하나님의 나라를 유업으로 받지 못할 것이요 (갈 5:16-21)

이렇게 육체의 일에 대해 열거한 다음, 22절 이하에서는 성령의 열매를 언급합니다. 성경은 육체가 도모하는 것에는 열매가 맺히지 않는다고 판단하여 '열매'라는 표현 대신 '육체의 일'이라고 묘사하였지만, 여기서는 쉽게 대조하기 위해서 편의상 '육체의 열매'라고 해 봅시다.

  육체의 열매와 성령의 열매를 비교해 보면, 육체의 열매는 하나님 없이 인간이 최선을 다하여 얻을 수 있는 것과 그 결과를 말하고, 성령의 열매는 말 그대로 하나님이 만들어 주시는 것, 하나님만이 맺으실 수 있는 것을 말합니다. 여기서 순종이란 자신을 누구에게 드려서 속하느냐 하는 문제인 것입니다. 자기가 자기 인생의 주인이 되고, 하나님이 되고, 전부가 되는 자와 하나님에게 속하여 하나님으로부터 생명과 진리와 가치를 부여받는 자와의 대조입니다.

  그러니 성경은 사울을 통해 '사울처럼 살면 안 돼'보다 더 깊은 내용을 이야기하는 것입니다. 하나님에게 속하여 있지 않으면, 인간은 스스로 선한 것을 만들어 낼 수 없고, 무엇밖에 만들지 못하더라는 말씀입니까? 최선을 다하여 분노와 원망과 폭력과 자멸과 살육으로 갈 뿐이라고 합니다. 거기는 결과가 사망밖에 없습니다.

  다윗은 다릅니다. 다윗에게는 영생이 있는데, 그 영생은 은혜로 주어진 것입니다. 그러니 '사울은 은혜를 못 받았고, 다윗은 은혜를 받았다'라는 대조도 더 깊이 들어가서 '하나님이 당신의 가치와 생명을 부어 주는 자에게는 이런 열매가 맺히고, 하나님에게 속하지 않고 자기 스스로 무엇을 만드는 자에게는 사망만이 결과한다'를 대조하는 것이 사울의 인생과 다윗의 인생입니다. 그렇다고 여기서 '누구는 은혜를 받아서 다윗이 되고, 누구는 은혜를 받지 못해서 사울이 된다'라는 대조를 이야기하는 것이 아님을 주의해야 합니다.

옛 사람과 새사람

한 걸음 더 들어가서 에베소서 4장을 읽어 봅시다.

그러므로 내가 이것을 말하며 주 안에서 증언하노니 이제부터 너희
는 이방인이 그 마음의 허망한 것으로 행함 같이 행하지 말라 그들
의 총명이 어두워지고 그들 가운데 있는 무지함과 그들의 마음이 굳
어짐으로 말미암아 하나님의 생명에서 떠나 있도다 그들이 감각 없
는 자가 되어 자신을 방탕에 방임하여 모든 더러운 것을 욕심으로
행하되 오직 너희는 그리스도를 그같이 배우지 아니하였느니라 진리
가 예수 안에 있는 것 같이 너희가 참으로 그에게서 듣고 또한 그 안
에서 가르침을 받았을진대 너희는 유혹의 욕심을 따라 썩어져 가는
구습을 따르는 옛 사람을 벗어 버리고 오직 너희의 심령이 새롭게 되
어 하나님을 따라 의와 진리의 거룩함으로 지으심을 받은 새 사람을
입으라 (엡 4:17-24)

이 권면은 누구에게 하는 것입니까? 성도들에게 하는 권면입니다. '너
는 사울이 될 수도 있고, 다윗이 될 수도 있다. 그러니 노력하여 다윗
이 되라'는 이야기가 아닙니다. '너는 당연히 다윗으로 살아야 한다.
그런데 다윗으로 살아야 한다는 것을 명분이나 규칙으로 알아듣지
마라. 사울을 통해 보인 것처럼 하나님에게 속하여 하나님으로부터
은혜를 받지 않는다면, 하나님만이 만드실 수 있는 것을 하나님에게
서 공급받지 못한다면, 인생이 무엇밖에 만들 수 없는가를 보라. 지금

껏 네 인생에서 실컷 보지 않았느냐?'라는 이야기입니다.

17절에 있는 '이방인이 그 마음의 허망한 것으로 행함 같이 행하지 말라'라는 말씀을 봅시다. 하나님이 없는 곳에서는 아무도 가치 있는 것을 만들 수가 없습니다. 모든 것이 다 헛됩니다. 나이만 먹고, 인생이 그냥 지나가 버립니다. 있으나 마나 한 존재가 되고 맙니다. 어떤 가치도 없습니다. 세상이 말하는 유혹과 시험도 헛되지만, 이겨서 얻어야 하는 것, 잘나야 하는 것들도 다 헛됩니다. 그 끝이 사망이기 때문입니다. 거기에는 어떤 가치도 없습니다. 이것은 너무나 분명한 일입니다.

세상은 총명이 어두워져서 무지하고, 분별이 없고, 감각이 없고, 고집을 부리고, 다 나쁜 쪽으로만 줄줄이 서서 자신을 방탕에 방임하여 인생을 그냥 흘려보내고, 늘 더러운 것을 욕심냅니다. 그렇다면, 이 말씀은 '세상은 이렇게 악한데, 예수 믿는 자들은 이렇게 선하다'라는 단순한 대비가 아님을 짐작할 수 있을 것입니다. 인간이라는 존재가 스스로 만들어 낼 수 있는 것은 무엇인가, 세상에서 실컷 보는 것과 각자가 자기 인생에서 실컷 보는 것이, 하나님이 예수로 말미암아 구원한 당신의 백성들에게 만들려고 하시는 것, 그리고 결국 만들어 내신 것과 대조되어 있습니다.

사울이 저지른 것과 다윗에게 담긴 것

다윗의 생애에는 우리가 부러워할 만한 여러 가지가 있습니다. 그에게는 평안이 있고, 감사가 있고, 자랑이 있습니다. 사울에게는 없는 것들입니다. 그렇다고 사울은 늘 실패했고, 다윗은 늘 성공했습니까? 다윗도 실패한 적이 한두 번이 아닙니다. 그런데 다윗은 잘못되면 회개합니다. 다윗은 하나님에게 자신을 붙들어 매는 일을 실패할 때마다 회개하여 하나님으로부터 주어지는 것들을 자신의 생애에 채우는 일을 계속해 갑니다. 사무엘상 24장을 보면 다윗은 사울을 죽일 수 있는 기회에서 그를 살려 주고, 26장에서도 똑같은 일을 합니다. 다윗은 사울에게 보복할 수 있는 두 번의 기회를 다 사양한 것입니다. 그런 후에 다윗이 사울에게 말합니다. "내가 당신을 죽일 수 있었으나 죽이지 않았습니다. 왕이여, 내가 무엇을 잘못했습니까?" 사울이 이렇게 대답합니다. "너는 잘못하지 않았다. 네가 옳다. 너는 나보다 의롭다."

사울의 이런 말을 들을 때, 우리에게 생기는 의문은 이것입니다. '사울은 저렇게 깨달았으면서 왜 거기서 돌이키지 않았을까?' 그러나 성경이 하려는 이야기는 이것이 아닙니다. 세상에서 실컷 보듯이, 사울은 억울해서 혼자 죽을 수 없는 사람, 억울해서 가만있을 수 없는 사람, 그래서 폭력을 저지를 수밖에 없는 사람으로 등장합니다. "너 죽고 나 죽자. 나 혼자는 억울해서 못 죽겠다." 무협지 용어로 '동귀어진(同歸於盡)'이라고 하는데, '너 죽고 나 죽자' 그것밖에는 할 수가 없는 사람입니다. 우리까지 가세해서 사울에게 '그렇게 하는 건 나쁜 짓이다'라고 비난할 것 하나도 없습니다. 거기에는 어떤 가치도, 감사도, 보람도, 의미도 없기 때문입니다. 우리가 너무나 잘 압니다. 우리 영혼이 잘 아는 것입니다.

그러니 성경이 말하는 성령의 열매, 즉 사랑과 희락과 화평과 오래 참음과 자비와 양선과 충성과 온유와 절제와 같은 덕목은 그 자체로 가치가 있다는 것을 우리 영혼이 잘 압니다. 그 대조입니다. 성령의 열매는 하나님으로부터만 허락된다, 그분만이 가치를 창조하신다, 그분만이 창조를 완성하신다, 그분만이 충만케 하시며 풍성케 하시며 복되게 하시며 영광스럽게 하신다를 다윗의 생애에 담습니다. 그렇게 사울과 다윗을 대조해 놓은 다음, 우리에게 '각자 자신의 삶을 이들과 대조해 보라' 그러는 것입니다. 이것이 구약이 말씀하는 방식입니다.

그런데 우리는 모든 문제를 이렇게 정적이고 개념적이고 추상적이고 명분적으로 비교하는 실수를 자주 저지릅니다. 옳아서 하고 옳지 않아서 안 하고, 이처럼 옳은 것과 옳지 않은 것을 자꾸 나누는데, 우리 영혼이 우리에게 들려주는 말은 '옳은 것은 우리에게 영광이고 기쁨이 된다. 옳지 않은 것은 부끄럽고 더럽다'는 것입니다. 하나님은 이 대조를 교리나 개념이나 명분으로 우리에게 제시하고 요구하고 강요하는 것이 아니라, 우리의 삶과 우리가 부딪히는 현실에서 우리에게 물으십니다. "자, 여기서 어떻게 할래?"

이 질문에 사울은 이런 반응을 보이는 것입니다. 사울은 자신이 선택하는 최선이 전부인 삶으로 계속 나아갑니다. 그는 권력을 쟁취하는 방식, 남보다 우위에 서는 방식, 힘으로 상대를 때려눕히는 방식으로 자신을 확인하고자 합니다. 이 모든 것으로 그는 상대를 죽일 뿐만 아니라 자기 역시 죽어 나갑니다. 자기가 망해 나갑니다. 광기에 휩싸입니다. 성경의 표현대로 하면 악령에 휘둘립니다. 미치게 되는 것입니다.

그러나 다윗은 미친 사울의 추적을 피하고 쫓기는 억울한 처지에 있지만, 하나님이 그와 함께하시기에 하나님이 주시는 것들로 그 모든 악을 사양하며 나갑니다. 폭력을 사양하고, 보복을 사양한 자리에 더 좋은 것을 담습니다. 용서를 담습니다. 자기를 두 번이나 죽이려는 사울을 용서한 것입니다. 예수님이 십자가 위에서 "아버지여, 저들을 사하소서. 저들은 자기가 하는 일을 알지 못하나이다"라고 기도한 것처럼 말입니다. 이는 얼마나 굉장한 것입니까?

십자가의 길

예수님이 십자가에 달리실 때, 그의 좌우편에 각각 강도가 달립니다. 한 편 강도가 예수를 향해 "너는 그리스도가 아니냐? 너와 우리를 구원하라"라고 저주합니다. 그러자 다른 한 편 강도가 "우리는 우리가 행한 일에 보응 받는 것이 당연한데, 이 사람은 그렇지 않다. 예수여, 당신의 나라에 임하실 때 나를 기억하옵소서"라고 예수께 자신의 영혼을 의탁합니다. 저주와 의탁이 공존하는 자리에서 예수님이 이 말씀을 하십니다. "아버지여, 저들을 사하소서."

십자가는 모든 것을 희생하는 억울한 자리에서 하나님이 우리를 위하여 수모를 감수하고 만 정도가 아니라, 수치와 죽음이 그를 누를 수 없었다는 것을 보이는 자리입니다. 거기서 그는 '아버지여, 저들을 사하소서'라고 말씀하실 수 있는 분입니다. 가시관을 씌우고 채찍으로 때리고 십자가에 못 박아 죽이는 자리에서, 마음껏 내지른 조롱을 받는 자리에서도 이 선언을 하실 수 있는 분인 것입니다. 이것이 십자가의 놀라움입니다.

세상에서 우리가 실컷 보복한 자리, 상대방을 한껏 죽음으로 몰아 넣어 승리한 자리, 상대방이 굴복했다고 생각한 자리에서 들여다보면, 사실 상대방이 진정으로 항복한 것은 아님을 볼 수 있습니다. 세상이 항복하지 않은 자리에서도 예수는 당신의 길을 가십니다. 예수는 거기서 영광을 받으시고 승리하시며 그의 창조주 되시고 구원자 되신 권위를 남김없이 드러내십니다. 신자라면 이 길을 따라야 합니다. 그러니 우리에게 '사울이 될래, 다윗이 될래?'를 물을 때는 결정론적 운명을 묻는 것이 아니라, 무엇이 가치 있고 무엇이 진정한 신자된 내용인가를 분별하라는 것입니다.

그래서 우리 인생 속에 매일같이 이 질문이 던져집니다. 자녀들 앞에서, 이웃들 앞에서 우리가 몸담고 사는 사회 속에서 원망과 분노로 만나는 현실, 세상이 우리에게 늘 던지는 '너, 내 말 안 들으면 죽어. 내 말 안 들으면 망해'라는 위협과 협박 속에서, 아니 실제로 그렇게 매일 당하는 피해 앞에서 성경은 계속 이렇게 권면합니다. "그런 것은 걱정하지 말고 너는 내가 너희에게 가르쳐 준 것을 행해라. 너희는 모두를 용서해라. 너희는 덕을 세우는 말을 해라." 계속 봅시다. 에베소서 4장입니다.

그런즉 거짓을 버리고 각각 그 이웃과 더불어 참된 것을 말하라 이는 우리가 서로 지체가 됨이라 분을 내어도 죄를 짓지 말며 해가 지도록 분을 품지 말고 마귀에게 틈을 주지 말라 도둑질하는 자는 다시 도둑질하지 말고 돌이켜 가난한 자에게 구제할 수 있도록 자기 손으로 수고하여 선한 일을 하라 무릇 더러운 말은 너희 입 밖에도 내지 말고 오직 덕을 세우는 데 소용되는 대로 선한 말을 하여 듣는 자들에게 은혜를 끼치게 하라 하나님의 성령을 근심하게 하지 말라 그 안에서 너희가 구원의 날까지 인치심을 받았느니라 너희는 모든 악독과 노함과 분냄과 떠드는 것과 비방하는 것을 모든 악의와 함께 버리고 서로 친절하게 하며 불쌍히 여기며 서로 용서하기를 하나님이 그리스도 안에서 너희를 용서하심과 같이 하라 (엡 4:25-32)

순종을 진심과 책임의 관점에서 이야기하는 본문입니다. 순종이란 진심을 바치는 것이 아니라, 책임을 따르는 것입니다. 교회에서 서로 좋은 말을 나누라고 하면, 마음속에 진심이 없는데 어떻게 빈말을 하냐고 반문합니다. 그런데 우리 안에 좋은 말을 해 주는 진심이 생길 때까지 기다렸다가는 죽을 때까지 좋은 말을 한마디도 못 해 볼 것입니다. 마음은 원하지 않아도 행동으로 한번 실천해 보는 것이 순종입니다. 진정한 은혜가 있다면 그 은혜가 우리의 진심마저 바꿔 놓을 것이라고 생각하는 바람에, 평생 좋은 말 한 번도 못 해 보고 죽는 것입니다. 그리고 진심이 아직 생기지 않았는데, 좋은 말을 하는 것은 위선이라며 자꾸 자신을 누릅니다. 그렇지 않습니다. 그런 순간에도 좋은 말을 하는 것이 신앙입니다.

진심이 사랑은 아닙니다. 사랑은 순종하는 것입니다. 무엇에 순종하는 것입니까? 사랑의 정의를 생각해 봅시다. 사랑은 오래 참는 것입니다. 사랑의 첫걸음은 상대방에게 보복하지 않는 것이며, 인상을 쓰지 않는 것입니다. 하고 싶은 말을 참는 것입니다. 좋은 말을 해 줄 수 있어야 합니다. 나쁜 말이 나오려거든 꾹 참아야 합니다. "나는 김

집사 설치고 다니는 꼴 보기 싫어서 교회 가기 싫어." 그런 말은 하는
것이 아닙니다. 하려면 하나님 앞에서만 하십시오. 하나님은 듣고도 소
문을 안 내십니다. 다른 사람한테는 그런 험담을 하지 마십시오. 그런
말을 하고 다니면 꼭 누군가 동조하게 됩니다. 옆에서 '나도 그래. 김집
사 좀 이상해'라고 동조하면, '아니야. 그 사람 좋은 사람이야. 겉보기에
는 그래도 속이 깊은 사람이야'라고 말해 주십시오. 상대방이 '어떻게
알아?'라고 물으면, '그건 나도 모르지' 하고 빙그레 웃으십시오. 우리
에게 이 역할을 하라는 것입니다. 그것이 십자가의 길이라고 합니다.

순종은 책임을 따르는 것

우리가 이렇게 행동하면, 세상은 우리더러 패배했다고 놀릴 것입니
다. 그래서 우리가 마음껏 보복하려는 것인지도 모르겠습니다. 그러
나 하나님은 '그렇지 않다. 그것은 내가 영광을 담는 길이다. 나의 성
의와 지혜를 담는 자리다. 내가 누구인지를 증거하는 자리다'라고 이
야기하십니다. 우리는 그 역할을 해야 합니다. 그러니 성경이 던지는
이 도전, '사울이냐, 다윗이냐'를 운명론적으로 이해하지 마십시오.
  우리가 다윗이 되도록, 다윗의 역할을 하도록, 하나님이 은혜를 베
풀어야 한다고 그렇게 떼를 써야 하는 문제가 아닙니다. 매일 이 일을
자기 일로 선택하고 책임을 져야 합니다. 하나님이 이런 때에는 입 다
물라고 하셨다, 하고 생각하며 인내해야 합니다. 그런데 우리는 인내
하기보다 '하나님이 기왕 은혜를 주셨으면 그런 갈등이나 실패가 없

이 결정하도록 만들어 줘야 하지 않나요'라는 원망을 합니다.

　은혜란, 하나님이 우리를 당신이 원하시는 사람으로 만들겠다는 의지입니다. 어떤 업적이나 명분이나 이해나 고백이나 선언에 관한 이야기가 아니라, 내가 그렇게 되어야 하는 문제입니다. 기회가 주어질 때마다 매번 해 보라는 것입니다. 여러 번 틀릴 수 있습니다. 틀리면 그때마다 돌이키십시오. 몇 번이라도 돌이켜서 기어코 그런 사람이 되어야 합니다. 되기 전에는 죽을 수도 없습니다. 오래 살고 싶으면, 계속 불순종해 보십시오. 계속 그렇게 거역하면 한 육백 살쯤 살게 될 것입니다. 하나님은 우리가 실력을 갖춘 사람이 되기를 원하십니다. 그것이 성경에 내내 나와 있는 강조점입니다. 이어서 에베소서 5장을 봅시다.

　너희가 전에는 어둠이더니 이제는 주 안에서 빛이라 빛의 자녀들처럼 행하라 빛의 열매는 모든 착함과 의로움과 진실함에 있느니라 주를 기쁘시게 할 것이 무엇인가 시험하여 보라 너희는 열매 없는 어둠의 일에 참여하지 말고 도리어 책망하라 (엡 5:8-11)

이런 권면은 성도들에게 너무나 분명하게 주어진 신앙 행위입니다. 좋은 말을 해 주는 실력이 다 갖춰지고 마음에 진심이 충만해져서 행동으로 자연스럽게 흘러나오게 되는 것이 아니라, 은혜가 우리를 이 자리로 불렀기 때문에 하나님에게 우리를 귀속시키는 방법으로 순종을 택하는 것입니다. 한번 해 보는 것입니다. 하면 실력이 생깁니다. 안 하면 안 생깁니다. 가장 중요한 문제입니다. 그래서 우리 인생이 있습니다. 매일의 인생이 있습니다. 반복되는 하루하루의 일상에서 조금씩 더 낫게 굴어야 합니다. 자녀에 대해서도, 이웃에 대해서도 더 나은 반응을 보이십시오. 그것은 다만 선행이며, 감동적이어서 하라는 것이 아닙니다. 하나님 없이 사는 자들의 반응과 비교되는 하나님이 원하시는 반응으로 자신을 몰고 가십시오. 그렇게 매일 하나님과 자신을 묶어 나가는 일로 자신을 훈련하십시오. 그것이 은혜입니다. 그 은혜가 나를 만들어서 완성의 자리로 끌고 갈 것입니다. 이것은 성경이 줄기차게 반복하여 요구하는 권면이라서 외면할 수가 없습니다. 로마서 6장에 가 봅시다.

그런즉 어찌하리요 우리가 법 아래에 있지 아니하고 은혜 아래에 있으니 죄를 지으리요 그럴 수 없느니라 너희 자신을 종으로 내주어 누구에게 순종하든지 그 순종함을 받는 자의 종이 되는 줄을 너희가 알지 못하느냐 혹은 죄의 종으로 사망에 이르고 혹은 순종의 종으로 의에 이르느니라 하나님께 감사하리로다 너희가 본래 죄의 종이더니 너희에게 전하여 준 바 교훈의 본을 마음으로 순종하여 죄로부터 해방되어 의에게 종이 되었느니라 너희 육신이 연약하므로 내가 사람의 예대로 말하노니 전에 너희가 너희 지체를 부정과 불법에 내주어 불법에 이른 것 같이 이제는 너희 지체를 의에게 종으로 내주어 거룩함에 이르라 너희가 죄의 종이 되었을 때에는 의에 대하여 자유로웠느니라 너희가 그 때에 무슨 열매를 얻었느냐 이제는 너희가 그 일을 부끄러워하나니 이는 그 마지막이 사망임이라 (롬 6:15-21)

너무나 분명한 말씀입니다. 그때 우리는 무슨 열매를 맺었습니까? 살면서 경험했다시피, 화를 내면 무엇이 돌아옵니까? 상대가 회개합니까? 화를 낸다고 상대방이 회개하지 않습니다. 화를 내면 보복이 돌아옵니다. 그러면 보복을 당한 사람은 어떻게 합니까? 보복한 자를 죽여 버립니다. 죽이면 또 어떻게 됩니까? 자신도 죽습니다. 자기가 먼저 사망을 삼키지 않고는 사망을 만들어 낼 수가 없기 때문입니다. 그래서 세상은 모두를 죽이고 자신도 죽습니다.

우리만 다릅니다. 우리는 우리 자신을 살릴 뿐만 아니라, 그렇게 하여 상대를 살립니다. 이것이 하나님이 일하시는 십자가의 방법입니다. 하나님은 우리가 행한 대로 갚지 아니하시며, 우리의 행위대로 벌하지 않으십니다. 그는 우리의 아버지시며, 우리에게 은혜를 베푸사, 우리로 하나님의 영광의 찬송이 되게 하기를 원하십니다. 이 길이 매일 우리에게 훈련으로, 증언으로, 하나님이 일하시는 기적으로 펼쳐져 있습니다. 세상에서 빛을 발하도록 우리 인생이 주어져 있습니다. 이 길을 걸어야 합니다. 15절을 다시 봅시다.

그런즉 어찌하리요 우리가 법 아래에 있지 아니하고 은혜 아래에 있으니 죄를 지으리요 그럴 수 없느니라 (롬 6:15)

은혜는 우리로 죄를 못 짓게 하는 기계적 장치가 아닙니다. 오히려 은혜는 우리로 자유롭게 선택하도록 합니다. 성령의 열매와 세상의 일을 비교하게 하고, 분별하게 하여 실천해 보게 합니다. 그래서 사망에 이르는 길도 우리가 실제로 가 보고 나서 '이건 아니구나. 나는 은혜가 만드는 영생의 길로 가겠다'는 자발성과 실력을 기르는 일을 허락받습니다. 이런 결단을 위하여 하나님이 오래 참으시는 중에 우리 인생을, 각각의 생애를 허락하십니다. 이런 은혜가 주어졌으니 아무것도 안 해도 운명적으로 승리의 길을 가게 될 것이라는 기대는 잘못된 생각입니다.

우리는 매일 갈등과 도전과 긴장과 불안 속에 살 수밖에 없습니다. 거기서 훌륭한 일을 한번 선택해 보는 뿌듯함, 훌륭한 일을 직접 시도해 보는 희열, 그것이 열매 맺는 것을 보는 기쁨, 이것을 신자의 현실 속에서 누리라고 하십니다. 이것이 하나님이 일하시는 방법이자 부활의 길이라고 성경이 증언하는 것입니다. 이 길을 걸어 원망과 보복에 빠지지 마십시오. '이 일은 너 때문이야.' '아니야. 누구 때문이야'라고 원망하다가 마지막에는 '하나님 때문입니다'라고까지 가 버리는 모든 원한을 거두십시오. 우리를 부르신 하나님의 위대한 목적지까지 이르러서 우리로 그 영광을 만들라고 격려하시는 하나님의 은혜를 매일의 힘으로, 지혜로, 자랑으로 삼아 예수 믿는 감격을 다른 사람에게서 들으려 하지 말고, 우리 생애와 우리 입술로 고백하고 항복하는 그런 신자가 되길 바랍니다.

기도

하나님 아버지, 은혜를 감사합니다. 우리가 불평하는 현실이 하나님이 은혜를 베푸시고 우리를 만드시는 기적의 기회라고 믿습니다. 순종하여 우리 생애를 주 앞에 바쳐 명예와 자랑과 영광으로 가겠습니다. 넘어지면 다시 일어나겠습니다. 돌아서겠습니다. 기도하겠습니다. 하나님이 놓지 않으신다는 것을 믿고 살아가겠습니다. 최후 승리를 바라보고 하루만큼씩 기쁘게 그리고 위대하게 걷겠습니다. 예수님 이름으로 기도합니다. 아멘.

16.

이게 뭔가 하고 묻게 되는 자리

————

1 사울이 블레셋 사람을 쫓다가 돌아오매 어떤 사람이 그에게 말하여 이르되 보소서 다윗이 엔게디 광야에 있더이다 하니 2 사울이 온 이스라엘에서 택한 사람 삼천 명을 거느리고 다윗과 그의 사람들을 찾으러 들염소 바위로 갈새 3 길 가 양의 우리에 이른즉 굴이 있는지라 사울이 뒤를 보러 들어가니라 다윗과 그의 사람들이 그 굴 깊은 곳에 있더니 4 다윗의 사람들이 이르되 보소서 여호와께서 당신에게 이르시기를 내가 원수를 네 손에 넘기리니 네 생각에 좋은 대로 그에게 행하라 하시더니 이것이 그 날이니이다 하니 다윗이 일어나서 사울의 겉옷 자락을 가만히 베니라 5 그리 한 후에 사울의 옷자락 벰으로 말미암아 다윗의 마음이 찔려 6 자기 사람들에게 이르되 내가 손을 들어 여호와의 기름 부음을 받은 내 주를 치는 것은 여호와께서 금하시는 것이니 그는 여호

와의 기름 부음을 받은 자가 됨이니라 하고 7 다윗이 이 말로 자기 사람들을 금하여 사울을 해하지 못하게 하니라 사울이 일어나 굴에서 나가 자기 길을 가니라 8 그 후에 다윗도 일어나 굴에서 나가 사울의 뒤에서 외쳐 이르되 내 주 왕이여 하매 사울이 돌아보는지라 다윗이 땅에 엎드려 절하고 9 다윗이 사울에게 이르되 보소서 다윗이 왕을 해하려 한다고 하는 사람들의 말을 왕은 어찌하여 들으시나이까 10 오늘 여호와께서 굴에서 왕을 내 손에 넘기신 것을 왕이 아셨을 것이니이다 어떤 사람이 나를 권하여 왕을 죽이라 하였으나 내가 왕을 아껴 말하기를 나는 내 손을 들어 내 주를 해하지 아니하리니 그는 여호와의 기름 부음을 받은 자이기 때문이라 하였나이다 11 내 아버지여 보소서 내 손에 있는 왕의 옷자락을 보소서 내가 왕을 죽이지 아니하고 겉옷 자락만 베었은즉 내 손에 악이나 죄과가 없는 줄을 오늘 아실지니이다 왕은 내 생명을 찾아 해하려 하시나 나는 왕에게 범죄한 일이 없나이다 12 여호와께서는 나와 왕 사이를 판단하사 여호와께서 나를 위하여 왕에게 보복하시려니와 내 손으로는 왕을 해하지 않겠나이다 13 옛 속담에 말하기를 악은 악인에게서 난다 하였으니 내 손이 왕을 해하지 아니하리이다 14 이스라엘 왕이 누구를 따라 나왔으며 누구의 뒤를 쫓나이까 죽은 개나 벼룩을 쫓음이니이다 15 그런즉 여호와께서 재판장이 되어 나와 왕 사이에 심판하사 나의 사정을 살펴 억울함을 풀어 주시고 나를 왕의 손에서 건지시기를 원하나이다 하니라 (삼상 24:1-15)

사울 같기를 원하는가, 다윗 같기를 원하는가?

앞서 사무엘상 22장에서는 분노한 사울이 폭력을 동원하여 다윗을 죽이려고 하는 모습을 보았습니다. 본문 말씀 사무엘상 24장에서는 피해자인 무죄한 다윗이 가해자인 사울을 용서하는 이야기가 등장합니다. 이런 장면을 읽고 나서 '다윗은 선한 왕이고, 사울은 악한 왕이다'라고 결론 지으면 쉽습니다. 그런데 기독교 신앙은 한 인간의 인격과 성품과 영혼을 항복시킬 정도로 깊습니다. 도덕성 정도로는 종교가 될 수 없습니다. 종교란 그보다 훨씬 더 깊은 항복이 있어야 하는 것이고, 당연히 성경은 이런 쉬운 규범과 도덕성의 판단보다 더 깊은 내용을 다루고 있습니다.

사울은 모든 것을 가진 자를 대표합니다. 모든 것을 가졌으나, 결국 폭력과 사망밖에는 만들어 낼 수 없는 인간의 한계를 보여 주는 자가 사울입니다. 다윗은 하나님이 담아내시는 것을 드러내는 자, 하나님만이 주실 수 있고 만드실 수 있는 것이 무엇인가를 드러내는 자로 등장합니다.

본문 말씀에서 보는 바와 같이 다윗에게는 용서가 있습니다. 명예가 있고, 궁극적 승리가 있습니다. 그런데도 우리는 '다윗은 선한 왕이고, 사울은 악한 왕이다'라고 단순 비교를 하기에 급급합니다. 성경은 '당신의 삶이 사울 같기를 원하는가, 다윗 같기를 원하는가?'라고 묻는데, 우리는 아직 이 질문에 대한 답을 하기보다 '어떻게 하면 사울이 되고, 어떻게 하면 다윗이 되는가?'라고 운명론적으로, 방법론적으로 결론짓기를 좋아합니다. 그렇게 하지 말고 이렇게 자문해 봅시다. 자신의 존재와 가치가 '사울처럼 사는 게 좋은가? 다윗처럼 사는 게 좋은가?' 하고 말입니다. 우리는 자신이 다윗처럼 살지 못하는 이유를, 자신에게 주어진 조건이 부족해서라고 생각합니다. 권력이나 지위나 환경이 열악해서 다윗이 될 수 없다고 생각하는 것입니다. 하지만 다윗은 가장 나쁜 조건에서 이 본문을 담고 있다는 것을 기억해야 합니다. 그러니 우리로서는 할 말이 없습니다.

사울은 왜 이렇게밖에 못하는가, 왜 그는 죄와 악, 보복, 폭력 그리하여 결국 사망이라는 결론밖에 내지 못하는가, 이 점이 우리로서는 궁금합니다. 우리는 사무엘상 15장에서 하나님이 사울에게 아말렉을 진멸하라고 명했을 때에 사울이 순종하지 않았던 것을 그의 패인으로 삼습니다. 그는 순종하지 않았습니다. 그러면 이와 대조하여 '다윗은 순종했다'라고 이렇게 둘을 단순 비교하면 끝나는 문제일까요? 그렇게 해서는 성경이 궁극적으로 주고 싶어 하는 교훈을 얻을 수가 없습니다.

성경은 '다윗이 남다르게 잘 순종했다'라고 특별히 묘사하지는 않습니다. 순종에 관한 문제는 독특하고 또 분명하게 '사울은 불순종했다'로 제시됩니다. 성경은 사울은 하나님에게 순종하지 않았다, 그는 불순종해서 죄를 지었다는 이야기를 하려는 것이 아니라, 하나님으로부터 받은 것 없이 자신이 가진 것으로만 채우는 것은 가치가 없음을 알려 주는 존재가 사울이라는 것을 보여 주고 싶어 합니다. '하나님에게 순종했더니 이런 좋은 것을 결과시켰다'가 아니라, '하나님에게 순종하는 자 속에는 그가 만들지 않은 내용이 담기는데, 그것은 바로 하나님이 주신 것이다'를 알려 주는 존재가 다윗이라는 것입니다.

그러니 성경은 요즘 우리가 흔히 하는 식으로 '오늘 말씀을 통해서 순종해야겠다'는 구체적 적용으로 바로 가야 한다고 요구하지 않습니다. 단지 순종과 불순종의 문제가 아니고 사람이 만들어 낼 수 있는 최대치와 하나님이 우리 안에 담으려고 하는 영광을 비교하라고 가르치는 것입니다. 그래서 이 결론을 어디로 끌고 가는가 하면, '너라는 인간은, 네 삶은, 네 존재는, 네 가치는 어떤 것이 되고 싶냐?' 이렇게 묻는 것입니다. 중요한 문제입니다.

우리는 성경을 읽고 난 후 바로 방법론으로 넘어가 버리기 때문에 금방 선택의 문제나 의지의 문제로 갈 뿐, 성경이 무엇을 제시하는지 차근차근 단계를 밟아 생각해 보려 하지 않습니다. 그래서 늘 틀립니다. 우리가 약도를 그릴 때 보면 지도와 달리 축척을 일정하게 사용하지 않고 자기가 아는 데를 중심으로 그립니다. 예를 들어 누군가 '남포교회를 가려고 하는데, 어떻게 찾아가면 되느냐?'라고 물으면, '일단 삼성동으로 와라. 그다음에 종합운동장 앞까지 와서 길을 건너 아시아 선수촌 상가로 들어오면 교회가 있다'라고 답하지 않습니다. 남포교회가 어디에 있는지 잘 아는 사람은 이렇게 이야기합니다. "거기서 쭉 가다가 오른쪽으로 틀면 보여." 그 '쭉'이 도대체 얼마나 긴 '쭉'인지, 얼마나 여러 번의 의문과 망설임을 들게 하는 '쭉'인지 아는 사람은 알지만, 그 약도를 받아 든 사람은 환장하는 것입니다.

그런데 우리는 성경을 읽을 때도 그렇게 합니다. 그냥 '쭉' 읽고서는 바로 이해했다고 생각합니다. 쭉 순종, 쭉 믿음, 쭉 승리. 이제는 그 '쭉'을 성경이 이야기하는 대로 따라가 보고자 합니다. 사무엘서는 '다윗의 존재와 생애는 명예롭고, 사울의 존재와 생애는 부끄럽다'를 이야기하는데, 이것을 성경이 의도하는 대로 알아들어야 합니다. 여기서 말하는 명예로움이란 한 인간이 지니고 있는 정체성의 차이에서 비롯한 것입니다. 인간의 차이는 어떻게 드러납니까? 사울과 다윗은 '인간이란 어떤 존재냐?'라는 정체성에서 대조적 차이를 보이는데, 이 말은 '다윗이 보인 위대함은 하나님만이 만들 수 있다'로 요약해 볼 수 있습니다. 이 말의 의미를 조금 더 확장해서 표현하면 이렇습니다. '진정한 기독교 신앙을 가지면 인간에 대한 자신감이 생깁니다. 왜냐하면 기독교는 인간의 운명에 대하여 소망이 있다고 말하기 때문입니다.' 그리고 당연히 소망은 그 자체로 근거를 가지지 않고, 하나님이 우리를 향하여 가지신 기쁜 목적이라는 것과 연결되어 있습니다. 그러니까 우리가 다윗의 명예로움을 이해하게 되면, 신앙이란 결국 하나님과의 관계 속에서 자기의 정체성이 명예, 가치, 영광, 이해, 용서, 충성, 겸손, 이런 것으로 이루어져 있다는 것을 단번에 알게 됩니다.

그럼에도 우리는 이런 명예와 영광이 다윗이 처한 조건, 즉 사울에게 위협을 받아 자기 목숨을 부지하기 위해 도망 다녀야 하는 억울한 조건 속에 담길 수 있다는 것을 늘 간과합니다. 이런 명예는 일단 내가 승리하고 난 다음 양보하는 것, 내가 먼저 더 가진 다음 나누는 것으로 생각하지, 핍절하고 곤궁하고 억울하고 모호하고 절망스러운 곳에다 이것을 담을 수 있다는 것은 전혀 생각하지 못합니다. 그러는 바람에 다윗을 사모하는 이유가 다만 그의 궁극적인 승리와 위대함이라는 명성과 결부되어 있을 뿐, 지금 내가 처한 현실적 조건이 다윗이 담아냈던 영광과 승리와 명예의 여정이었다는 것을 자신의 인생에 그대로 적용하지 못하는 것입니다.

사울이 회개하기를 바라지 말고, 다윗을 부러워하지 말고

누가복음 23장으로 가면 예수님이 십자가에 달리시는 장면이 나옵니다.

> 해골이라 하는 곳에 이르러 거기서 예수를 십자가에 못 박고 두 행악자도 그렇게 하니 하나는 우편에, 하나는 좌편에 있더라 이에 예수께서 이르시되 아버지 저들을 사하여 주옵소서 자기들이 하는 것을 알지 못함이니이다 하시더라 그들이 그의 옷을 나눠 제비 뽑을새 백성은 서서 구경하는데 관리들은 비웃어 이르되 저가 남을 구원하였으니 만일 하나님이 택하신 자 그리스도이면 자신도 구원할지어다 하고 군인들도 희롱하면서 나아와 신 포도주를 주며 이르되 네가 만일 유대인의 왕이면 네가 너를 구원하라 하더라 그의 위에 이는 유대인의 왕이라 쓴 패가 있더라 달린 행악자 중 하나는 비방하여 이르되 네가 그리스도가 아니냐 너와 우리를 구원하라 하되 하나는 그 사람을 꾸짖어 이르되 네가 동일한 정죄를 받고서도 하나님을 두려워하지 아니하느냐 우리는 우리가 행한 일에 상당한 보응을 받는 것이니 이에 당연하거니와 이 사람이 행한 것은 옳지 않은 것이 없느니라 하고 이르되 예수여 당신의 나라에 임하실 때에 나를 기억하소서 하니 예수께서 이르시되 내가 진실로 네게 이르노니 오늘 네가 나와 함께 낙원에 있으리라 하시니라 (눅 23:33-43)

예수의 죽음은 우리 모든 신자에게 가장 중요한 사건이자 증언이며 복음으로 가는 문입니다. 그런데 우리는 예수의 십자가로 구원받은 일을, 그 사건을, 그 역사를 회고할 때는 대개 감상적으로 받아들이는 경향이 있습니다. 예전에 멜 깁슨이 만들었던 영화 〈The Passion of the Christ〉에서도 십자가의 고난이 실제로 얼마나 고통스러운 것이었느냐에 초점이 있었고, 십자가를 설교하거나 성찬식을 거행할 때면 다들 울고 통곡하는 것이 통상적 반응이었습니다.

그런데 예수님이 십자가에 달리신 장면에서 놀라운 점은 이것입니다. 예수가 십자가에 못 박히자, 관리들이 예수를 조롱하고 군인들도 그를 희롱합니다. "네가 만일 하나님의 아들이거든 십자가에서 내려와 보라. 너를 구원해 보라." 심지어 예수와 함께 십자가형을 받은 죄수 중 하나도 예수를 모욕합니다. 한 편 죄수가 "네가 그리스도라면 너 자신부터 구원하라. 그리고 우리를 구원하라"라고 조롱하자, 다른 편 죄수가 이렇게 말합니다. "우리는 우리가 지은 죄에 마땅한 형벌을 받는 것이나 이 사람은 그런 분이 아니다. 주여, 당신의 나라에 임하실 때에 저를 기억하소서." 그러자 주께서 십자가에 매달린 그 자리에서 "네가 오늘 나와 함께 낙원에 있으리라"라고 하십니다.

절대 처절하지 않습니다. 예수의 권세가 그대로 펄펄 살아 있습니다. 십자가가 우주를 뚫고 하나님의 보좌에까지 걸쳐져 있는 것입니다. 그런데 왜 십자가만 이야기하면, 울먹울먹하고 난리들입니까? 도대체 예수를 믿는다는 것이 무엇인지를 아는 것입니까, 모르는 것입니까? 자신의 현실과 조건이 뭐가 어쨌다는 것입니까? 도대체 뭐가 억울하고, 뭘 할 수 없다는 것입니까? 대체 무엇이 있어야 신앙생활을 할 수 있다고 생각하는 것입니까?

우리라는 존재가 예수를 믿어 하나님의 자녀가 된다는 것이 무엇을 의미하고, 우리가 걷는 인생에서 우리에게 주어진 지금의 정황, 지금의 조건이 십자가보다 못할 것은 없지 않습니까? 하나님이 십자가까지, 죽음에까지 와서 당신의 통치를 펼치시는 것입니다. 죽음에 지는 것이 아니라, 죽음을 뒤집으러 오시는 것입니다. 거기까지 찾아오시는 하나님의 날 선 권세, 아무도 방해할 수 없는 권세, 아무도 하나님을 무릎 꿇릴 수 없는 권세가 여기까지 그대로 살아 있지 않습니까? 가시관을 쓰고, '자칭 유대인의 왕'이라는 모욕적 언사가 쓰인 팻말을 달고, 십자가에서 피 흘리는 자리에서도, 여전히 예수는 저들의 죄를 사하시며 '네가 오늘 나하고 낙원에 있으리라'라고 선언하시는 하나님이십니다. 왜 그 인생을 못 살아갑니까?

다윗을 왜 부러워하십니까? 다윗이 뭐가 그리 부럽습니까? 예수에게서 완성될 하나님의 통치와 신비를 하나님이 다윗에게서 그대로 증명하십니다. 다윗은 쫓겨 다니고, 죽을 자리에 처하고, 원수를 죽일 수 있는 기회를 얻었으나 사양하며 그를 놓아줍니다. 우리가 바라는 것은 대체 무엇일까요? 우리는 사울이 회개하기를 바랍니다. 그러나 사울은 자기 길을 가고, 다윗 역시 자기 길을 갑니다. 사울은 자기 길에서 담아낼 수 있는 것이 사망밖에 없음을 증명하며, 망하고 헛되고 후회할 인생을 끝까지 살아가는 사람을 대표하는 자이고, 다윗은 그의 모든 억울함과 기나긴 피난 생활 전부가 하나님은 누구시며 하나님은 우리에게 무엇을 담으시는가, 우리 영혼의 깊은 만족과 승리와 가치는 무엇인가를 드러내는 자로 살고 있습니다. 이것이 우리입니다. 다윗을 부러워할 것 없습니다. 우리보다 군번이 좀 앞설 뿐입니다.

왜 하나님이 모세에게 한 번 반짝 나타나셨다가, 다윗에게 또 한 번 반짝 내려오신 것처럼, 무슨 UFO나 외계인이 나타난 것처럼 기이하게 생각합니까? 하나님의 창조, 통치, 섭리, 구원, 부활, 이런 단어들이 오늘날까지 그대로 우리에게서 고백되고 찬송되고 증언되는데, 왜 각자 삶에서는 그렇게 맥없이 살아갑니까? 신자로 산다는 것이 무엇인지 아무것도 모르는 얼굴을 하고서 그렇게 천연덕스럽고 뻔뻔하게 살아가는 것입니까?

극적 반전이 있을 것이라는 잘못된 희망

누가복음 22장에 가 봅시다.

또 그들 사이에 그 중 누가 크냐 하는 다툼이 난지라 예수께서 이르시되 이방인의 임금들은 그들을 주관하며 그 집권자들은 은인이라 칭함을 받으나 너희는 그렇지 않을지니 너희 중에 큰 자는 젊은 자와 같고 다스리는 자는 섬기는 자와 같을지니라 앉아서 먹는 자가 크냐 섬기는 자가 크냐 앉아서 먹는 자가 아니냐 그러나 나는 섬기는 자로 너희 중에 있노라 너희는 나의 모든 시험 중에 항상 나와 함께 한 자들인즉 내 아버지께서 나라를 내게 맡기신 것 같이 나도 너희에게 맡겨 너희로 내 나라에 있어 내 상에서 먹고 마시며 또는 보좌에 앉아 이스라엘 열두 지파를 다스리게 하려 하노라 시몬아, 시몬아, 보라 사탄이 너희를 밀 까부르듯 하려고 요구하였으나 그러나 내가 너를 위하여 네 믿음이 떨어지지 않기를 기도하였노니 너는 돌이킨 후에 네 형제를 굳게 하라 그가 말하되 주여 내가 주와 함께 옥에도, 죽는 데에도 가기를 각오하였나이다 이르시되 베드로야 내가 네게 말하노니 오늘 닭 울기 전에 네가 세 번 나를 모른다고 부인하리라 하시니라 (눅 22:24-34)

베드로가 예수를 부인한 사건에 대해서는 더 깊이 생각해 보아야 합니다. 우리는 주의 죽으심과 부활을 알고 있어서 베드로의 배신이 우스워 보이지만, 베드로의 입장에서는 부인할 만한 사유가 있었던 것입니다. 제자들 사이에서 '우리 중에 누가 크냐?' 하는 다툼이 난 것은 마지막 만찬 자리에서입니다. 예수님은 유월절에 예루살렘으로 들어가셨고 이제 곧 잡히실 것입니다. 이 자리에서 제자들은 그동안 예수께서 보여 주셨던 그의 생애 속 기적들을 떠올려 보았을 것입니다. 죽은 자를 살리시고, 바다를 잠잠하게 하시고, 문둥병자를 고치신 능력을 발휘하여 하늘로부터 오는 어떤 권세를 힘입어 반드시 승리할 것이라고 그들은 믿고 있었습니다. 그러면서 누구의 공이 더 크냐를 다투고 있었습니다. 예수의 승리를 예상하고 있는 것입니다.

그런데 이제 예수님은 죽으실 것입니다. 누가 크냐 하는 다툼을 벌이는 그들을 향하여 예수님은 "내 나라는 큰 자가 섬기는 나라다. 섬기는 자가 크다. 그리고 이제 나는 죽을 것이다"라고 말씀하십니다. 이때 베드로가 나서서 "주여, 제가 주와 함께 옥에도 가고 죽을 수도 있습니다"라고 다짐하자 예수님은 "너는 오늘 밤 닭 울기 전에 세 번 나를 부인할 것이다"라고 단호하게 말씀하십니다. 베드로는 "그럴 리가 없습니다"라며 손사래를 칩니다. 그러나 예수님은 "너는 돌이킨 후에 네 형제를 굳게 하라"라고 말씀하십니다.

그런 다음 예수님이 잡혀가시고 베드로가 그 뒤를 조용히 따라갑니다. 멀찍이서 잡혀가는 예수를 베드로가 따라가서 엿보고 있는데, 사람들이 손가락질하며 묻습니다. "너도 저 사람의 제자가 아니냐?" "아니다." 좀 있다가 또 다른 사람이 베드로에게 "너도 저 사람과 함께 다니던데, 네 얼굴 많이 봤다"라며 아는 체를 합니다. "나는 아니다." 세 번을 그러고 나자 닭이 웁니다. 그제야 베드로는 예수님의 말이 생각나서 웁니다. 베드로는 왜 울었을까요? 그는 끝까지 어떤 기대 속에 있었던 것입니다. '비록 아직은 이런 상태지만, 곧 극적인 반전이 있을 것이다. 이대로 끝나면 말이 안 된다'라는 기대가 있었습니다. 그래서 사람들의 손가락질까지 감내하면서 반전을 기다리고 있었습니다. 그런데 반전은커녕 예수님이 그냥 잡혀가시는 것입니다. 환장하겠죠. 닭이 웁니다. 날 샜습니다. '날 샜다'는 말 잘 알 것입니다.

이제 어쩔 도리가 없습니다. 베드로가 가서 통곡합니다. 무엇을 통곡했을까요? 자신의 약한 의지력을, 불신앙을 통곡했을까요? 아뇨. 거기에는 굉장히 복잡한 사연이 있습니다. 베드로의 통곡에는 '이게 뭔가?'가 들어 있는 것입니다. 이후 예수님은 부활하신 다음, 갈릴리 바닷가에서 나타나셔서 베드로에게 묻습니다. "네가 나를 사랑하느냐?" 그렇게 물어보시다니 베드로는 환장하겠죠. "네, 주님, 제가 주를 사랑합니다." "정말이냐?" "그렇습니다. 정말입니다." "그게 정말이냐?" 사실 베드로의 답변 뒤에는 '주여, 더 물어보지 마옵소서. 창피합니다'라는 말이 생략되어 있었을 것입니다.

돌이킨 베드로가 본 것은 무엇이었을까요? 하나님이 당신의 기적을 어디에 담으시는가를 보았습니다. 또한 어디에든 담을 수 있다는 것도 확인했습니다. 그럼에도 우리가 곤고한 이유는 무엇입니까? 우리가 만들어 낸 실상 옆에 가서 하나님이 주신 것을 견주어 보아야 합니다. 흑암 속에 빛이 들어가야 합니다. 죽음의 자리에 부활이 들어가야 합니다. 그런데 우리는 어둠 속에서 묵묵히 빛을 비추기보다 자꾸 가로등끼리 모여 있자고 하는 것 아닙니까? 부활끼리 모여 있자는 것이죠.

하나님이 인류를 구원하기 원하시고, 역사 속에서 그리고 각자의 생애 속에서 항복할 기회와 도전과 반응을 던져 그들의 거부와 불순종을 감싸안아 하나님이 이 항복을 각각 개인의 생애 속에서 받아 내겠다고 하는 것이 기독교 역사입니다. 그래서 아직 교회가 서 있고, 여전히 우리가 살아 있고, 후손이 있고, 하늘나라가 보류되어 있습니다. 각각의 생애 속에 이 기회가 있는 것입니다. 그러니 우리는 열심히 이 인생을 살아야 합니다. 세상의 눈으로 보아서는 아무 희망이 없고 아무 자랑거리가 없다고 생각되는 그곳에, 세상이 자랑하고 세상이 우월하다고 우기는 것에서는 전혀 만들어 낼 수 없는 것이 우리에게서만 만들어지는 것입니다.

그러니 예수께서 우리에게 이렇게 말씀하신 것입니다. "너희는 세상의 빛이다." 우리만 빛입니다. 세상은 어두움입니다. 그러니 우리는 세상이 어두울수록 빛을 발해야 맞습니다. 우리는 다른 존재입니다. 권력을 가졌거나, 힘을 가져서 다르지 않습니다. 명분이 다른 것이 아니라, 존재가 다른 것입니다.

여기서 예수님이 제자들을 어떻게 파송하셨나를 생각해 봅시다.

마태복음 28장 19절 이하에 있는 바와 같습니다. "그러므로 너희는 가서 모든 민족을 제자로 삼아 아버지와 아들과 성령의 이름으로 세례를 베풀고 내가 너희에게 분부한 모든 것을 가르쳐 지키게 하라 볼지어다 내가 세상 끝날까지 너희와 항상 함께 있으리라 하시니라." 항상 함께 계신다고 했으니 지금 우리 조건 속에서도 함께 계시는 것입니다. 그런데 우리가 이 복을 못 누리고 살고 있습니다.

이것이 사무엘서가 하고 싶은 이야기입니다. '너는 어떤 인생을 살래?' 하고 묻고 있습니다. 이 인생을 사십시오. 이것은 '너희가 순종하면, 다윗의 인생이 된다'를 넘어서 있는 일입니다. 이미 하나님의 자녀로 부름받아 사는데, 거기서 우리는 자신의 기회와 책임을 자꾸 오해하고 있는 것인지 모릅니다. 그래서 이상한 반응을 보이게 됩니다. 어떤 조건이 잘 갖춰지면 신앙생활이 저절로 잘될 것이라 생각하는 바람에, '기도 응답을 많이 받으면', '내가 큰 은혜를 받게 되면'이라는 조건을 내걸어 바로 지금의 자리에서 할 수 있는 책임과 기회를 미루고 변명하며 삽니다. 그렇게 살면 안 됩니다. 이런 조건이 갖춰지지 않은 곳에서 그렇게 살아 내야 합니다. 이렇게 사는 것은 도덕적이거나 정치적이거나 사회적이거나 윤리적이거나 하는 것보다 더 큰 안목의 차원에서 그런 것입니다.

평생 기억해야 할 네 본문

오늘 말씀의 결론으로 성경 말씀 네 본문을 뽑아 왔으니 잘 기억해 두기 바랍니다. 먼저 고린도후서 12장입니다.

> 여러 계시를 받은 것이 지극히 크므로 너무 자만하지 않게 하시려고
> 내 육체에 가시 곧 사탄의 사자를 주셨으니 이는 나를 쳐서 너무 자
> 만하지 않게 하려 하심이라 이것이 내게서 떠나가게 하기 위하여 내
> 가 세 번 주께 간구하였더니 나에게 이르시기를 내 은혜가 네게 족
> 하도다 이는 내 능력이 약한 데서 온전하여짐이라 하신지라 그러므
> 로 도리어 크게 기뻐함으로 나의 여러 약한 것들에 대하여 자랑하리
> 니 이는 그리스도의 능력이 내게 머물게 하려 함이라 그러므로 내가
> 그리스도를 위하여 약한 것들과 능욕과 궁핍과 박해와 곤고를 기뻐
> 하노니 이는 내가 약한 그 때에 강함이라 (고후 12:7-10)

'세계를 기독교화하자. 선교사가 되어 땅끝까지 가서 전도하자. 하나
님, 이 나라를 제게 주시면 얼른 복음화하겠습니다.' 그런 헛소리들
하지 마세요. 그것보다 우선 자신의 자리를 지키는 일부터 하십시오.
"내 은혜가 네게 족하다. 네 인생 살아라. 너 나서지 마라. 넌 자꾸 나
서는 나쁜 버릇이 있더라. 그러니 얻어맞기 전에 가만있어라. 네 자리
를 지켜라. 그게 위대한 일이고, 그게 내가 일하는 신비다." 예수는 기
나긴 인류 역사의 중간에 오셔서 고작 삼십삼 년의 생애 동안, 갈릴리
에서 예루살렘까지 다닌 것이 전부인 삶으로 인류 역사와 운명과 우
주라는 창조 세계를 바꿔 놓으셨습니다. 그러니 걱정하지 마십시오.
큰일을 하고, 큰 업적을 이뤄야 한다는 당위, 이것이 신자에게 가장
큰 시험입니다. 큰일을 이루려 애쓰지 마십시오.

두 번째, 빌립보서 4장 10절 이하입니다.

내가 주 안에서 크게 기뻐함은 너희가 나를 생각하던 것이 이제 다시 싹이 남이니 너희가 또한 이를 위하여 생각은 하였으나 기회가 없었느니라 내가 궁핍하므로 말하는 것이 아니니라 어떠한 형편에든지 나는 자족하기를 배웠노니 나는 비천에 처할 줄도 알고 풍부에 처할 줄도 알아 모든 일 곧 배부름과 배고픔과 풍부와 궁핍에도 처할 줄 아는 일체의 비결을 배웠노라 내게 능력 주시는 자 안에서 내가 모든 것을 할 수 있느니라 (빌 4:10-13)

'조건과 환경은 아무래도 좋다. 내게 능력 주시는 자 안에서 내가 모든 것을 할 수 있다.' 이 말씀은 능력에 관한 이야기가 아닙니다. 여기 '모든 것'에는 고난도 포함됩니다. 모든 경우가 다 포함됩니다. 그러니 사도 바울의 이 말은 '어떤 처지든 괜찮다'는 것입니다. 기억하십시오. 앞으로 다윗의 생애를 더 읽어 나가면 알겠지만, 다윗이 얼마나 기가 막힌 인생을 살아가는지, 얼마나 치사한 자리까지 내몰리는지 끝까지 지켜봐야 합니다. 다윗을 부러워들 하지 마세요. 물맷돌 던진 것은 철없던 시절의 승리일 뿐입니다. 나이가 들면 그것보다 더 깊은 것을 담아냅니다. 그러나 깊은 것을 담아내게 하는 정황은 처절합니다. 심지어 부끄럽기까지 합니다. 하나님이 우리에게 무엇을 담으시는지 기억하는 빌립보서 4장 말씀이기를 바랍니다.

세 번째, 로마서 14장 17절 이하입니다.

하나님의 나라는 먹는 것과 마시는 것이 아니요 오직 성령 안에 있는 의와 평강과 희락이라 이로써 그리스도를 섬기는 자는 하나님을 기쁘시게 하며 사람에게도 칭찬을 받느니라 그러므로 우리가 화평의 일과 서로 덕을 세우는 일을 힘쓰나니 음식으로 말미암아 하나님의 사업을 무너지게 하지 말라 만물이 다 깨끗하되 거리낌으로 먹는 사람에게는 악한 것이라 고기도 먹지 아니하고 포도주도 마시지 아니하고 무엇이든지 네 형제로 거리끼게 하는 일을 아니함이 아름다우니라 네게 있는 믿음을 하나님 앞에서 스스로 가지고 있으라 자기가 옳다 하는 바로 자기를 정죄하지 아니하는 자는 복이 있도다 의심하고 먹는 자는 정죄되었나니 이는 믿음을 따라 하지 아니하였기 때문이라 믿음을 따라 하지 아니하는 것은 다 죄니라 (롬 14:17-23)

믿음이란 굉장한 것입니다. 믿음은 방법과 능력과 신비라는 차원에서 쓰는 것이 아니고, 하나님과의 관계에서 쓰는 단어입니다. 하나님과의 관계, 즉 '하나님과 함께'입니다. '하나님의 뜻을 따라'라는 말은 '하나님과의 관계를 생각하라'는 것입니다. 혈육과 정의 사이에 충돌이 있으면 어느 입장을 취하겠습니까? 혈육과 정의 사이에서 선택하라고 하면, 우리나라 사람들은 대개 정의 실현을 택했습니다. 예수가 오기 전에는 정의가 최고의 가치였기 때문에 그렇습니다.

그러나 예수가 오시자, 예수는 우리에게 법대로 집행하지 않으시고, 우리를 당신의 자녀로 받으시며 용서하십니다. 그것이 성경이 말하는 은혜이고 용서이고 구원입니다. 법보다 관계가 앞선 것입니다. 예수님은 죄인과 함께하시고, 죄인의 죽음에 동참하십니다. 바울은

"내 동포, 내 혈육을 구하기 위해서라면 내가 저주를 받아 예수에게서 끊어져도 좋다"라고 외칩니다. 이 말이 무슨 의미인지 알아야 합니다.

믿음을 요구한다는 것은 얼마나 고마운 일입니까? 윤리, 도덕, 정의, 능력, 명분을 조건으로 요구하는 것이 아니라, 믿음을 요구한다고 합니다. 하나님은 우리에게 '괜찮다. 난 언제나 네 편이니 뭐든지 해봐라'라고 하시는 것입니다. 틀려도 괜찮습니다. 이것이 기독교의 가장 중요한 근거입니다. 하나님도 예수 안에서 우리의 모든 것을 용서하시며, 한없이 열어 놓고 계셨습니다. 이것을 우리의 배짱으로 삼아야 합니다. 우리의 용기와 소망의 근거가 되는 참 고마운 말씀입니다.

네 번째, 로마서 15장 1절 이하입니다.

믿음이 강한 우리는 마땅히 믿음이 약한 자의 약점을 담당하고 자기를 기쁘게 하지 아니할 것이라 우리 각 사람이 이웃을 기쁘게 하되 선을 이루고 덕을 세우도록 할지니라 그리스도께서도 자기를 기쁘게 하지 아니하셨나니 기록된 바 주를 비방하는 자들의 비방이 내게 미쳤나이다 함과 같으니라 무엇이든지 전에 기록된 바는 우리의 교훈을 위하여 기록된 것이니 우리로 하여금 인내로 또는 성경의 위로로 소망을 가지게 함이니라 이제 인내와 위로의 하나님이 너희로 그리스도 예수를 본받아 서로 뜻이 같게 하여 주사 한마음과 한 입으로 하나님 곧 우리 주 예수 그리스도의 아버지께 영광을 돌리게 하려 하노라 (롬 15:1-6)

부요함을 말하고 있는 본문입니다. 부요함이란 무엇일까요? 혼자 잘난 길을 가면 되는 것이 아니라, 같이 가는 것입니다. 같이 가는 기쁨, 같이 가는 믿음, 같이 가는 나눔, 용서, 책임, 이런 것들이 서슬이 퍼런 배타적 증명으로 나타나지 않고, 기쁨과 반가움을 함께 나누는 부요함으로 우리를 인도하고 있습니다. 이런 인생을 사십시오. 우리의 모든 정황과 하루하루 삶의 자리에서 이 안목을 유지하십시오.

직장에서, 사회에서 친구를 만나거든 좋은 말을 해 주십시오. 친구가 막 시퍼렇게 짜증 내고 원망하면 "나는 너 같은 친구를 둬서 좋아"라고 말해 주십시오. 그러면 막 화내던 친구가 "뭔 소리야? 내가 지금 성질부리고 있는데, 너 갑자기 왜 그래?"라고 따질 것입니다. 그때 "너는 예나 지금이나 패기가 있잖아." 그렇게 말해 줘야 합니다. 예전부터 사고방식이 글러 먹었다느니, 정치관이 이상하다느니, 인생관이 잘못됐느니, 그때부터 성격이 거지 같았다느니, 그런 이야기는 안 하기로 하는 것입니다. 그런 이야기가 막 나오려고 하면 "잠깐만, 나 지금 집에 가야 해. 다음에 만나" 이렇게 말하고 얼른 자리를 뜨십시오. 이것이 신앙생활입니다.

기도

하나님 아버지, 우리로 우리 인생에 소망이 있게 하시고, 자신감이 있게 하시고, 그리고 기쁨이 있게 하옵소서. 하루마다 이 기쁨을, 이 기적을 담아내고 증언하여 함께 나누는 귀한 책임을 넉넉히 감당하는 믿음의 승리를 주옵소서. 예수님 이름으로 기도합니다. 아멘.

17.
고난이 하는 일

17 사울이 다윗의 음성을 알아 듣고 이르되 내 아들 다윗아 이것이 네
음성이냐 하는지라 다윗이 이르되 내 주 왕이여 내 음성이니이다 하고
18 또 이르되 내 주는 어찌하여 주의 종을 쫓으시나이까 내가 무엇을
하였으며 내 손에 무슨 악이 있나이까 19 원하건대 내 주 왕은 이제 종
의 말을 들으소서 만일 왕을 충동시켜 나를 해하려 하는 이가 여호와시
면 여호와께서는 제물을 받으시기를 원하나이다마는 만일 사람들이면
그들이 여호와 앞에 저주를 받으리니 이는 그들이 이르기를 너는 가서
다른 신들을 섬기라 하고 오늘 나를 쫓아내어 여호와의 기업에 참여하
지 못하게 함이니이다 20 그런즉 청하건대 여호와 앞에서 먼 이 곳에서
이제 나의 피가 땅에 흐르지 말게 하옵소서 이는 산에서 메추라기를 사
냥하는 자와 같이 이스라엘 왕이 한 벼룩을 수색하러 나오셨음이니이

다 21 사울이 이르되 내가 범죄하였도다 내 아들 다윗아 돌아오라 네가 오늘 내 생명을 귀하게 여겼은즉 내가 다시는 너를 해하려 하지 아니하리라 내가 어리석은 일을 하였으니 대단히 잘못되었도다 하는지라 22 다윗이 대답하여 이르되 왕은 창을 보소서 한 소년을 보내어 가져가게 하소서 23 여호와께서 사람에게 그의 공의와 신실을 따라 갚으시리니 이는 여호와께서 오늘 왕을 내 손에 넘기셨으되 나는 손을 들어 여호와의 기름 부음을 받은 자 치기를 원하지 아니하였음이니이다 24 오늘 왕의 생명을 내가 중히 여긴 것 같이 내 생명을 여호와께서 중히 여기셔서 모든 환난에서 나를 구하여 내시기를 바라나이다 하니라 25 사울이 다윗에게 이르되 내 아들 다윗아 네게 복이 있을지로다 네가 큰 일을 행하겠고 반드시 승리를 얻으리라 하니라 다윗은 자기 길로 가고 사울은 자기 곳으로 돌아가니라 (삼상 26:17-25)

하나님 없는 사람의 최선은 헛되다

우리는 다윗을 중요한 인물로 생각합니다. 하나님이 '이새의 아들 다윗을 만나니 내 마음에 맞는 사람이라 내 뜻을 다 이루리라'(행 13:22)라고 말씀하셨으니 신앙의 영역에서 다윗을 최고 위인으로 삼는 것은 당연한 생각일 것입니다. 그러나 다윗의 생애는 위대하다기보다 고난으로 점철되어 있는 고단한 삶입니다. 시편에 들어 있는 그의 많은 기도에서 알 수 있듯이, 다윗의 삶은 늘 고난과 눈물과 아픔과 비명으로 가득 차 있었습니다. 실제로 그의 생애는 형통하거나 평탄한 생애는 아니었던 것입니다. 이번 장에서는 '다윗은 정말 위대한 사람인가' 하는 주제를 놓고 성경이 말하고 싶은 대로 따라 들어가는 것이 목표입니다.

다윗을 이해하려면 사울 왕과의 갈등을 빼놓을 수가 없습니다. 사울은 어떻게 사울이 되었고 다윗은 어떻게 다윗이 되었는지, 우리 모두는 자신이 사울처럼 될까 봐 겁을 내고, 또 다윗처럼 되고 싶은데 되지 못하는 문제를 고민하고 있는데, 이번 장에서는 이 문제를 성경이 어떻게 풀어내며 여기에 무엇을 담고 있는지 생각하려고 합니다.

살펴볼 점은 사무엘상 26장에서 다윗이 사울을 죽일 기회를 얻었음에도 그를 죽이지 않고 살려 보낸 것이, 사무엘상 24장에 나온 엔게디 광야에서의 사건과 매우 흡사하다는 점입니다. 24장에서는 엔게디 광야가 배경이었고, 26장에서는 십 광야라는 점이 다를 뿐입니다. 본문 말씀을 보면 다윗을 쫓던 사울 왕과 그의 군사들이 십 광야에서 다 깊은 잠에 빠져 있습니다. 이때 다윗이 자기 군장과 함께 가서 사울을 너끈히 죽일 기회가 있었으나, 다윗은 '여호와의 기름 부음 받은 자를 내가 죽일 수 없다'라며 사울의 창과 물병만 가지고 나옵니다. 그런 후에 다윗은 사울에게 '왕이여, 나를 향한 왕의 폭력은 부당합니다. 나는 잘못한 것이 없습니다. 나는 왕을 죽일 기회가 있었으나 죽이지 않았습니다'라며 자신의 결백을 주장합니다. 이에 사울 왕이 다윗의 항변을 수긍하고 '내가 잘못했다. 결국 네가 이길 것이다' 하고 돌아갑니다.

우리는 이 장면을 보면서 다윗은 어떻게 사울을 용서할 수 있었을까, 왜 사울은 전 인생에 걸쳐 이런 못난 자리를 마침내 죽을 때까지 고집하는가, 하는 점을 생각해 보아야 합니다. 이렇게 이야기하는 이유는 '다윗처럼 되고, 사울처럼은 되지 말자'는 구호를 말로 하기는 쉽지만, 실제는 그렇게 잘되지 않아서 그렇습니다. 우리 인생에는 사울과 같은 경험과 시험이 있고, 또 한편 다윗과 같은 소원과 갈증이 있습니다. 이 둘이 우리 속에서 함께 갈등하며 뒤엉켜 싸우고 있기에 우리에게는 분별과 이해, 더 나아가 은혜가 필요합니다. 단순한 결론을 도출해 내는 데에 급급하지 말고 하나님이 다윗을 만들어 가시는 역사적 현실과 그의 생애, 또 사울이 담고 있는 메시지의 역사적 컨텍스트를 추적해야 합니다. 사울이 보여 주는 것은, 하나님 없이 사는 사람이 가진 최선은 결국 헛되다, 망할 수밖에 없는 것들만 만들어 낼 뿐이라는 것입니다.

이 같은 사실을 사무엘상 24장에서 이미 살펴보았습니다. 이런 내용은 사무엘상 22장에 나오는 사울의 폭력을 다룬 대목에서 이미 드러나기 시작했습니다. 하나님이 은혜를 베푸시고 하나님이 만들어 내시는 것은 사람이 만들어 내는 것과 어떻게 다른가, 얼마나 굉장한 것인가를 보여 주는 대표자로 다윗은 서 있습니다. 그런데 이 모범을 '은혜를 구하고, 은혜 속에 살면 다윗이 된다' 이렇게 쉽게 풀면 안 됩니다. 다윗이 경험한 경우와 정황과 사건 속에서 풀어내야 합니다. 그러니 따라가 봅시다.

들어도 모르고 보아도 모른다

마태복음 13장에 가 봅시다. 이 문제의 이해를 돕는 예수님의 가르침이 나옵니다.

그 날 예수께서 집에서 나가사 바닷가에 앉으시매 큰 무리가 그에게로 모여 들거늘 예수께서 배에 올라가 앉으시고 온 무리는 해변에 서 있더니 예수께서 비유로 여러 가지를 그들에게 말씀하여 이르시되 씨를 뿌리는 자가 뿌리러 나가서 뿌릴새 더러는 길 가에 떨어지매 새들이 와서 먹어버렸고 더러는 흙이 얇은 돌밭에 떨어지매 흙이 깊지 아니하므로 곧 싹이 나오나 해가 돋은 후에 타서 뿌리가 없으므로 말랐고 더러는 가시떨기 위에 떨어지매 가시가 자라서 기운을 막았고 더러는 좋은 땅에 떨어지매 어떤 것은 백 배, 어떤 것은 육십 배, 어떤 것은 삼십 배의 결실을 하였느니라 귀 있는 자는 들으라 하시니라 제자들이 예수께 나아와 이르되 어찌하여 그들에게 비유로 말씀하시나이까 대답하여 이르시되 천국의 비밀을 아는 것이 너희에게는 허락되었으나 그들에게는 아니되었나니 무릇 있는 자는 받아 넉넉하게 되되 없는 자는 그 있는 것도 빼앗기리라 그러므로 내가 그들에게 비유로 말하는 것은 그들이 보아도 보지 못하며 들어도 듣지 못하며 깨닫지 못함이니라 이사야의 예언이 그들에게 이루어졌으니 일렀으되 너희가 듣기는 들어도 깨닫지 못할 것이요 보기는 보아도 알지 못하리라 이 백성들의 마음이 완악하여져서 그 귀는 듣기에 둔하고 눈은 감았으니 이는 눈으로 보고 귀로 듣고 마음으로 깨달아 돌이켜 내게 고침을 받을까 두려워함이라 하였느니라 그러나 너희 눈은 봄으로, 너희 귀는 들음으로 복이 있도다 내가 진실로 너희에게 이르노니 많은 선지자와 의인이 너희가 보는 것들을 보고자 하여도

보지 못하였고 너희가 듣는 것들을 듣고자 하여도 듣지 못하였느니라 (마 13:1-17)

이 비유는 어려울 것이 없어 보입니다. 그런데 제자들은 이런 이야기를 왜 비유로 하는지 몰라서 예수님에게 묻습니다. 사실 이 비유는 어려운 내용이 없습니다. 너무 쉬워서 어렵다고 하는 것인지도 모릅니다. 씨가 길가에 떨어졌으니 새들이 주워 먹고, 돌밭에 떨어졌으니 뿌리를 못 내리고, 가시떨기에 떨어졌으니 가시가 자라서 기운을 막고, 옥토에 떨어졌으니 결실하는 것을 누가 모르겠습니까? 굳이 비유로 하지 않고, 그냥 '심은 대로 거두게 될 것이니 옥토가 되자'라고 하면 쉽습니다.

그런데 이 비유는 하나님 나라를 설명합니다. 예수님은 그들에게 비유로 말씀하시는 이유를 이사야의 예언을 들어 설명합니다. 이사야서 6장은 이사야가 소명을 받는 장면을 다루고 있습니다. 이사야는 하나님 앞에 선지자로 부름받는 과정에서 하늘의 영광을 보게 됩니다. 거기서 그는 하늘 보좌에 앉으신 하나님의 영광과 둘러선 천사들의 창화 소리를 듣습니다. "거룩하다 거룩하다 거룩하다." 그때 하나님이 "누가 우리를 위하여 갈꼬" 하며 탄식하십니다. 이사야가 대답합니다. "제가 여기 있습니다. 저를 보내 주소서." 이에 하나님이 이사야를 보내시면서 "가라. 그러나 저희가 듣기는 들어도 깨닫지 못할 것이요, 보기는 보아도 알지 못하리라"라고 말씀하십니다. 이사야가 이 사명을 받습니다.

이사야가 소명을 받은 당시는 기원전 7세기입니다. 북 왕국 이스라엘은 이미 망했고, 남 왕국 유다는 멸망을 향하여 달려가던 시기입니다. 이스라엘 백성이 하나님의 말씀에 순종하지 않고 우상을 섬기자 하나님이 회개하라고 줄곧 경고하시며 꾸짖으십니다. 그러나 그들이 말을 듣지 않자 결국 기원전 586년에 망합니다. 이사야는 기원전 640년 즈음부터 선지자 노릇을 하며 계속 이 경고를 해 왔습니다. '저들이 듣기는 들어도 깨닫지 못하며, 보기는 보아도 알지 못하며'라고 하나님이 말씀하신 대로, 이사야가 한 사역이 헛되게 남 왕조 유다는 망하고 마는 것입니다. 그것을 예수님이 끌어와 지금 씨 뿌리는 비유를 통해서 '이것은 이사야의 예언이 이루어진 것이다. 너희는 보아도 모르고 들어도 모른다. 그것이 이루어졌다'라고 하신 다음 이어서 이렇게 말씀하십니다. 16절입니다.

> 그러나 너희 눈은 봄으로, 너희 귀는 들음으로 복이 있도다 내가 진실로 너희에게 이르노니 많은 선지자와 의인이 너희가 보는 것들을 보고자 하여도 보지 못하였고 너희가 듣는 것들을 듣고자 하여도 듣지 못하였느니라 그런즉 씨 뿌리는 비유를 들으라 (마 13:16-18)

이사야에게 주어졌던 예언과 같이, 그의 사역은 처음부터 실패하는 사역이었고, 실제로도 북 왕국 이스라엘과 남 왕조 유다는 회개하지 않습니다. 이에 대해 예수님이 "이스라엘은 끊임없이 진정한 구원자를 기다리고 있었다. 너희가 복된 것은 나를 보았기 때문이다. 너희는 나를 봄으로써 복되다. 모든 선지자가 보고 싶어 했던 이 메시아를 봄으로써 너희는 복되다. 내가 왔으니 너희는 복되다"라고 말씀해 놓고 "그런즉 씨 뿌리는 비유를 들으라"라고 하신 다음, 이 이야기를 들려 주십니다.

> 아무나 천국 말씀을 듣고 깨닫지 못할 때는 악한 자가 와서 그 마음에 뿌려진 것을 빼앗나니 이는 곧 길 가에 뿌려진 자요 돌밭에 뿌려졌다는 것은 말씀을 듣고 즉시 기쁨으로 받되 그 속에 뿌리가 없어 잠시 견디다가 말씀으로 말미암아 환난이나 박해가 일어날 때에는 곧 넘어지는 자요 가시떨기에 뿌려졌다는 것은 말씀을 들으나 세상의 염려와 재물의 유혹에 말씀이 막혀 결실하지 못하는 자요 좋은 땅에 뿌려졌다는 것은 말씀을 듣고 깨닫는 자니 결실하여 어떤 것은 백 배, 어떤 것은 육십 배, 어떤 것은 삼십 배가 되느니라 하시더라 (마 13:19-23)

과거에 아무도 깨닫지 못했고, 당시에도 깨닫지 못한, 그리고 깨달을 수 없는 경우의 비유와 함께 예수님은 당신이 오셨음을 말씀하십니다. "내가 왔다. 진정한 메시아가 왔다. 그런즉 너희는 들어라. 너희 선조와 선지자들이 기다리던 메시아가 왔다"라고 하신 후 똑같은 이야기를 하십니다. 도대체 뭐가 달라졌는지 알 수가 없습니다. 앞엣것과 뒤엣것의 차이가 무엇입니까? 앞엣것은 선택의 여지 없이 아무도 옥토가 될 수 없었던 인류의 현실, 메시아가 와도 알아볼 수가 없었던 현실과 회개하지 않았던 상황을 비유했다면, 이제 예수가 오셔서 바꿔 놓으셨다는 말입니다.

예수가 오셔서 바꿔 놓으셨는데, 자기네 처지를 스스로 바꾸지도 못하고 이해하지도 못하던 이 같은 상황을, 길가며 돌밭이며 가시떨기에 있는 이 상황을 다시 갖다 쓰는 이유는 이것입니다. "말하자면 이제 너희에게는 기회가 생겼다. 새로운 인생을 살게 될 기회와 새로운 운명을 부여받았는데, 그때는 너희가 그것을 이해하지 못하는 상태에 있었고, 이제는 이해하고 선택해야 하는 정황이 되었다." 이렇게 말씀하는 자리입니다. 예전에는 알아들을 수 없고, 선택의 여지가 없는 자리였고, 희망이 없는 자리였다, 이제는 구원을 받았는데 다시 우리에게 '너 돌밭 할래? 가시떨기 할래? 옥토 할래?'라고 제시하고 있다는 말씀입니다. 그러면 메시아가 오셔서 무엇을 하신 것입니까? 메시아가 오셔서 구원하셨기 때문에 다 옥토가 되며, 갈등이 없고 선택할 필요가 없는 만사형통과 모든 것의 승리와 안심과 평화가 주어진 것이 아니라, 새삼스럽게 다른 갈등 즉 선택이라는 갈등이 주어졌는데, 그것을 복이라고 이야기하고, 그것이 은혜가 하는 일이라고 이야기하고 있습니다.

오호라 나는 곤고한 사람이로다

로마서 7장으로 가 봅시다.

내 속 곧 내 육신에 선한 것이 거하지 아니하는 줄을 아노니 원함은 내게 있으나 선을 행하는 것은 없노라 내가 원하는 바 선은 행하지 아니하고 도리어 원하지 아니하는 바 악을 행하는도다 만일 내가 원하지 아니하는 그것을 하면 이를 행하는 자는 내가 아니요 내 속에 거하는 죄니라 그러므로 내가 한 법을 깨달았노니 곧 선을 행하기 원하는 나에게 악이 함께 있는 것이로다 내 속사람으로는 하나님의 법을 즐거워하되 내 지체 속에서 한 다른 법이 내 마음의 법과 싸워 내 지체 속에 있는 죄의 법으로 나를 사로잡는 것을 보는도다 오호라 나는 곤고한 사람이로다 이 사망의 몸에서 누가 나를 건져내랴 (롬 7:18-24)

도대체 이것이 무슨 비명일까요? 왜 내 육신에는 선한 것이 거하지 않아서 아무리 소원해도, 아무리 옳은 것을 알아도 그것을 만들어 내지 못하는 것일까요? 여기서 절규하고 있는 이 사람은 예수를 안 믿는 사람일까요? 아니면, 예수를 믿는데도 이 갈등이 있는 것일까요? 이 절규는 바울의 고백입니다. 믿는 자의 고백이라는 것입니다. 이것은 도대체 뭔가, 왜 그는 이런 몸부림을 쳐야 하는가, 왜 그는 아직도 이렇게 절규해야 하는가를 생각해 봅시다. 조금 더 앞으로 가서 로마서 7장 9절부터 보겠습니다.

전에 율법을 깨닫지 못했을 때에는 내가 살았더니 계명이 이르매 죄는 살아나고 나는 죽었도다 생명에 이르게 할 그 계명이 내게 대하여 도리어 사망에 이르게 하는 것이 되었도다 죄가 기회를 타서 계명으로 말미암아 나를 속이고 그것으로 나를 죽였는지라 (롬 7:9-11)

율법을 모를 때는 오히려 괜찮았는데, 율법이 오자 죄가 깨어나고 자신은 죽어 버리더라는 말입니다. 그러니 이것이 도대체 무슨 말인가 하는 것입니다. 율법이 하는 일이 무엇인가, 율법이 우리를 은혜로 민다는 말이 무엇인가, 왜 율법이 오면 내가 살아나고 죄가 살아날까, 그 선한 것을 그렇게 소원하는데도 왜 그것이 나를 절망케 하고 실패케 할까, 조금 더 가야 합니다. 마태복음 22장에 가 봅시다.

> 예수께서 사두개인들로 대답할 수 없게 하셨다 함을 바리새인들이 듣고 모였는데 그 중의 한 율법사가 예수를 시험하여 묻되 선생님 율법 중에서 어느 계명이 크니이까 예수께서 이르시되 네 마음을 다하고 목숨을 다하고 뜻을 다하여 주 너의 하나님을 사랑하라 하셨으니 이것이 크고 첫째 되는 계명이요 둘째도 그와 같으니 네 이웃을 네 자신 같이 사랑하라 하셨으니 이 두 계명이 온 율법과 선지자의 강령이니라 (마 22:34-40)

율법의 목적은 사랑하는 것이라고 합니다. 율법이 오자, 왜 죄가 살아났을까요? 옳고 그른 문제에 대해서는 우리도 자신이 있다, 이렇게 된 것입니다. 옳은 일은 하고 틀린 일은 안 하는 것, 이것이 율법의 요구이고 우리가 할 수 있는 일입니다. 그런데 예수님이 하신 말씀은 그것이 율법의 목적이 아니고, 사랑하는 것이 목적이라고 합니다. 옳은 일을 해 보면 알겠지만, 자신이 옳으면 타인을 비난합니다. 옳으면 이웃을 정죄합니다. 사랑하지 않습니다. 여기서 바리새인들을 향한 예수님의 꾸중이 어떤 것인가가 드러납니다. 마태복음 23장에 가 봅시다.

> 화 있을진저 외식하는 서기관들과 바리새인들이여 너희는 천국 문

을 사람들 앞에서 닫고 너희도 들어가지 않고 들어가려 하는 자도 들어가지 못하게 하는도다 (마 23:13)

옳은 것이 무엇을 만들었습니까? 인간이 만든 그것이 구원이라고, 복이라고, 인간의 궁극적 가치라고 하면서 만들었습니다. 이에 대한 예수님의 지적은 이것입니다. "네 옳음이 사랑으로 가고 있느냐?" 다들 겪어 보았겠지만, 법을 잘 지키고 도덕적으로 행동하는 사람일수록 비정합니다. 무정합니다. 이상한 일입니다. 인격을 벗어나 명분, 완벽, 이런 것으로 타인을 잡습니다. 가장 쉽게 말해서 용서, 이해, 인내, 기다려 줌이 없습니다. 율법을 지키면 지킬수록, 율법이 나를 사랑으로부터 다 떼어 놓습니다. 그러면 하나님도 없고, 은혜도 없어집니다. 나는 내가 율법을 지킬 수 있고, 잘할 수 있으니 자랑하고 싶은 것입니다. 어떻게 자랑합니까? 타인에게 시비를 걸어서 자랑합니다. '나는 맞고, 쟤는 틀렸습니다', '나는 옳고, 쟤는 틀렸습니다', '나는 잘났고, 쟤는 못났습니다.' 이 문제를 다만 교만이라든가 겸손이라는 추상 명사로 끌고 가지 마십시오. '인간이라는 존재가 어느 쪽이 더 낫냐?'라고 예수님이 묻고 계십니다.

지난 장에서 사무엘상 24장을 강해하며 이렇게 질문했던 것으로 기억합니다. "여러분은 정의 실현과 잘못을 한 자식을 용서하는 문제에서 선택해야 한다면, 무엇을 선택하겠습니까?" 성경은 우리에게 "너는 내가 어느 편을 들면 좋겠느냐?" 이렇게 묻습니다. 우리 대부분은 철저한 정의의 실천을 선택합니다. 그러면 남아나는 사람이 없습니다. 하나님이 칼같은 정의 구현만 요구하시면, 아무도 그 앞에 설 수 없습니다.

우리가 기독교 신앙을 자랑하는 이유가 무엇입니까? 용서와 회복이 있기 때문입니다. 용서와 회복은 법을 어기자는 데에 목적이 있는 것이 아닙니다. 승리케 하자는 것입니다. 그런데 법으로는 승리하게 하지 못합니다. 하나님이 어떤 은혜를 주셨습니까? 우리를 용서해 주셨습니다. 용서받았으니 은혜의 자리에 와서 사랑을 채우라고 합니다. 법보다 더 나아가자고 합니다. 그것이 '오호라 나는 곤고한 사람이로다'라는 비명으로 튀어나온 사도 바울의 깨달음입니다. 우리가 가진 최선이 종교라는 이름을 뒤집어쓴 채, 어떻게 진정한 은혜를 반대하더냐, 어떻게 자기를 죽이더냐고 로마서 7장이 밝히는 것입니다. 기독교의 진정한 승리와 내용을 좀 더 설명하기 위해서 다시 로마서 7장으로 가 봅시다.

오호라 나는 곤고한 사람이로다 이 사망의 몸에서 누가 나를 건져내랴 우리 주 예수 그리스도로 말미암아 하나님께 감사하리로다 그런즉 내 자신이 마음으로는 하나님의 법을 육신으로는 죄의 법을 섬기노라 (롬 7:24-25)

이런 고백이 이어집니다. 희한한 고백입니다. 무엇이 희한합니까? 이 고백은 곤고한 사람을 죄의 몸에서 꺼내어 그리스도 안에 붙잡아 승리케 하는 약속에 대한 것이 아닙니다. 예수 그리스도로 말미암아 하나님에게 감사하는데, 여전히 갈등 구조는 남아 있습니다. 마음으로는 하나님의 법을, 육신으로는 죄의 법을 섬기는 갈등 구조로 불러냈는데, 여기서 바울은 '감사하리로다'라는 고백을 한 것입니다. 바울이 왜 감사한다고 했는지에 대해서는 로마서 8장이 밝혀 줍니다.

책임의 자리로 인도하시다

로마서 8장에 가 봅시다.

> 그러므로 이제 그리스도 예수 안에 있는 자에게는 결코 정죄함이 없
> 나니 이는 그리스도 예수 안에 있는 생명의 성령의 법이 죄와 사망의
> 법에서 너를 해방하였음이라 (롬 8:1-2)

틀리면 죽이고, 잘못하면 죽이는 그런 법이 아닙니다. 살리고 또 살리
는 법입니다. 그렇다고 해서 무법천지를 만들거나 혼란을 초래하자
는 것이 아닙니다. 고치고 고쳐서, 밀고 밀어서, 채우고 채워서 기어코
승리케 하는 하나님의 법이 우리의 운명을 붙잡고 계십니다. 그런데
이 법은 우리의 생각이나 기대와 다릅니다. 우리의 생각은 이렇습니
다. 그렇다면 "예수께서 오셔서 우리를 좋은 밭으로 만들어 좋은 결실
을 하게 하시고 우리로 삼십 배, 육십 배, 백 배의 열매를 맺는 인생을
살게 하시는 것으로 끝내시지, 왜 이런 갈등을 두어 비명을 지르게 하
고, 실패케 하고, 완성 사이에 긴 세월을 두는 것입니까? 그 이유가 무
엇입니까?" 이런 질문이 나오게 됩니다.

  그런데 현실적 문제는 이것입니다. 로마서 6장에서는 '너희가 예수
로 말미암아 구원을 얻었고 은혜를 받았으니 너 자신을 죄와 불의에

넘기지 말고, 너희 몸을 의에게, 하나님에게 바쳐라'라고 권유합니다. 승리가 확보된 환경과 결론을 미리 주지 않고, 우리를 책임의 자리로 자꾸 밀고 있습니다. 8장도 마찬가지입니다.

> 율법이 육신으로 말미암아 연약하여 할 수 없는 그것을 하나님은 하시나니 곧 죄로 말미암아 자기 아들을 죄 있는 육신의 모양으로 보내어 육신에 죄를 정하사 육신을 따르지 않고 그 영을 따라 행하는 우리에게 율법의 요구가 이루어지게 하려 하심이니라 육신을 따르는 자는 육신의 일을, 영을 따르는 자는 영의 일을 생각하나니 육신의 생각은 사망이요 영의 생각은 생명과 평안이니라 육신의 생각은 하나님과 원수가 되나니 이는 하나님의 법에 굴복하지 아니할 뿐 아니라 할 수도 없음이라 육신에 있는 자들은 하나님을 기쁘시게 할 수 없느니라 만일 너희 속에 하나님의 영이 거하시면 너희가 육신에 있지 아니하고 영에 있나니 누구든지 그리스도의 영이 없으면 그리스도의 사람이 아니라 또 그리스도께서 너희 안에 계시면 몸은 죄로 말미암아 죽은 것이나 영은 의로 말미암아 살아 있는 것이니라 예수를 죽은 자 가운데서 살리신 이의 영이 너희 안에 거하시면 그리스도 예수를 죽은 자 가운데서 살리신 이가 너희 안에 거하시는 그의 영으로 말미암아 너희 죽을 몸도 살리시리라 (롬 8:3-11)

11절은 궁극적 승리를 약속합니다. 현실은 7장 24절처럼 '오호라 나는 곤고한 사람이로다 이 사망의 몸에서 누가 나를 건져내랴'라고 한숨짓지만, 약속된 궁극적 승리에 대해서는 8장 11절이 선포합니다.

그 간극이 얼마나 큽니까? 12절로 가 봅시다.

> 그러므로 형제들아 우리가 빚진 자로되 육신에게 져서 육신대로 살
> 것이 아니니라 너희가 육신대로 살면 반드시 죽을 것이로되 영으로
> 써 몸의 행실을 죽이면 살리니 무릇 하나님의 영으로 인도함을 받는
> 사람은 곧 하나님의 아들이라 너희는 다시 무서워하는 종의 영을 받
> 지 아니하고 양자의 영을 받았으므로 우리가 아빠 아버지라고 부르
> 짖느니라 (롬 8:12-15)

다시 나옵니다. '오호라 나는 곤고한 사람이로다'에서 기어코 승리하
는 궁극적 약속과 지금의 현실 사이는 우리가 책임져야 하고, 울부짖
어야 하고, 권면 받고 꾸중 받고 살아야 하는 시간으로 이렇게 우리
현실 속에 놓여 있습니다. 그 사이에서 '너희 자신을 죄에 대해 바치
지 말고 영을 따라 행하라'라는 말씀으로 권면하고 계십니다. 하나님
은 왜 그렇게 하실까요, 하고 물어보아야 하는 지점입니다. 왜 하나님
은 우리를 이 자리에 묶어서 우리로 고난 속에, 갈등 속에, 자책 속에
서 예수 그리스도로 말미암아 달라진 세계를 살게 하실까요? 이어지
는 16절에 그 이유가 나옵니다.

> 성령이 친히 우리의 영과 더불어 우리가 하나님의 자녀인 것을 증언
> 하시나니 자녀이면 또한 상속자 곧 하나님의 상속자요 그리스도와
> 함께 한 상속자니 우리가 그와 함께 영광을 받기 위하여 고난도 함
> 께 받아야 할 것이니라 (롬 8:16-17)

영광으로 가는 길은 고난이라는 과정을 통과해야 한다고 말씀합니다. 이 고난은 무슨 고난입니까? '오호라 나는 곤고한 사람이로다'에서 출발하여 예수 안에 있는 승리가 완성되는 것 사이에 있는 고난입니다. 그것이 우리 인생입니다. 우리가 그 속에 있습니다. 예수님마저도 히브리서 5장 8, 9절에 나온 증언과 같이, '그가 아들이시면서도 받으신 고난으로 순종함을 배워서 온전하게 되셨'다고 합니다.

　고난이 일을 한다는 것입니다. 이러한 사실은 사울과 다윗의 갈등에서 확인할 수 있습니다. 다윗은 하나님의 사람이고 사울은 세상에 속한 사람인데, 사울이 권력을 쥐고 박해하여 다윗은 도망 다닐 수밖에 없게 고난으로 내몰립니다. 그것은 다만 외부에 있는 박해자에게서 받는 고난이요, 억울한 피난자로서 겪는 고난만이 아니라, 다윗 스스로 자책하는 데서 오는 고난입니다. "주여, 어느 때까지입니까? 도대체 제가 뭘 잘못해서 이런 일을 당하게 하십니까? 제가 어떻게 해야 좋겠습니까? 저란 사람은 정말 아닌 것입니까? 영원히 아닌 것입니까? 제가 어떻게 해야 하나님 마음에 들겠습니까?" 하는 아우성입니다. 욥기에 나오는 욥의 유명한 탄식에서 본 적 있는 아우성입니다. "하나님, 저 까짓 게 뭐라고 이렇게 열심을 내십니까? 그냥 죽게 내버려두십시오."

영광으로 가는 자유

우리는 이 과정이 무엇인가 생각하지 않을 수 없습니다. 로마서 8장 18절 이하에 신자의 현실에 관한 이야기가 나옵니다.

생각하건대 현재의 고난은 장차 우리에게 나타날 영광과 비교할 수
없도다 피조물이 고대하는 바는 하나님의 아들들이 나타나는 것이
니 피조물이 허무한 데 굴복하는 것은 자기 뜻이 아니요 오직 굴복
하게 하시는 이로 말미암음이라 그 바라는 것은 피조물도 썩어짐의
종 노릇 한 데서 해방되어 하나님의 자녀들의 영광의 자유에 이르는
것이니라 (롬 8:18-21)

영광으로 가는 자유입니다. 사랑이 율법의 수준을 깨트리듯이, 자신
의 비정한 옳음을 넘어 용서하며, 끌어안으며, 감사하며, 자랑하는 자
리로 우리를 인도하는 것입니다. 성경이 말하는 구원, 기독교가 말하
는 구원이 무엇이냐 할 때에, 하나님의 백성 된 정체성과 본질적 내용
을 무엇으로 만들겠다는 것이냐고 물었을 때에 나온 답변입니다. 사
랑이 오기 때문에 율법으로서는 그것을 감당할 수 없다는 것이었습
니다. 우리의 치성이나 최선으로는 만들 수 없다는 것을 우리에게 확
인시킵니다.

　이 싸움은 왜 고난 속에서 해야 합니까? 우리가 자유를 가져야 하
기 때문입니다. 자유를 가져야만 사랑이 성립되고, 믿음이 성립됩니
다. 자발성에 의하지 않고, 이해관계나 강제력에 따르는 기계적 차원
에서는 사랑과 믿음이라는 것이 성립하지 않습니다. 하나님이 우리에
게 자유를 요구하시는데, 자유를 요구하신다는 것은 우리에게 죄지을
기회를 주신다, 그런 뜻입니다. 어떤 죄지을 기회입니까? 막가는 죄를
짓는 기회가 아니라, 하나님 없이 최선을 만들 수 있고, 하나님 없이
내가 좋아하는 것으로 타협하려는 기회를 말합니다. 하나님이 그것을

깨트리십니다. '너는 그 정도에 머무를 존재가 아니다. 네가 옳으면 그만이 아니다. 너는 쓸모 있기만 하면 되는 정도가 아니다. 나와 함께 사랑을 나누자. 너와 내가 기뻐하며 반가워하며 감사하며 서로 목을 매자." 이것이 십자가입니다.

그런데 왜 우리가 고난을 받아야 합니까? 사실 우리는 사울이 되고 싶은 것인지 모릅니다. 권력을 가져 내 마음대로 휘두르고 잘해 보고 싶은 것인지도 모릅니다. 여기서 잘하고 싶은 것은 내가 만든 어떤 가치입니다. 도덕이고, 윤리이고, 능력이고, 명분일 것입니다. 이것들이 다 무엇을 만족시키지 못한다고요? 사랑을 못 만들더라고요. 사랑은 실력이 있어야 하는데, 그 실력을 어디서 기를 수 있습니까? 직접 살아 보게 함으로써, 우리라는 존재는 사랑을 만들 수 없다는 것을 깨닫게 하십니다. 오직 하나님에게서만이 사랑이 온다는 것을, 하나님 외에는 사랑이 오지 않는다는 것을 알게 되는 자리가 우리를 기다리고 우리에게 반복적으로 기회를 주고 우리에게 도전해 옵니다. 그것이 인생입니다. 그것이 역사입니다. 인류 역사 내내 하는 것입니다. 하나님이 일하고 계십니다.

하나님은 우리에게 선택하라고 하십니다. 잘한 선택, 못한 선택이 문제가 아니라, 이 선택을 할 수 있는 자리까지 오라는 것입니다. "잘못된 선택이라도 좋다. 세상을 따라갔더니 어떻더냐? 네가 아는 최선을 다했더니 뭐가 나오더냐? 해 봐라. 더 해 봐라. 또 해 봐라." 하나님이 우리에게 주시는 기회입니다. 우리를 사랑하시기에, 우리로부터, 우리의 진심에서, 우리의 항복에서, 다른 무엇을 줘도 바꾸지 않을 마음 즉 '악인의 장막에서 사는 것보다 내 하나님의 성전 문지기로 있는 것이 좋사오니' 하는 마음이 자원하여 일어나기를 원하시는 것입니다. 이렇게 우리 속을 실제로 만들고 채워 가는 시간을 하나님이 우리 생애에 기회로 주시는 것입니다.

하나님이 각자의 생애에 어떤 기회를 허락하셨는지 깨달아야 합니다. 그래서 이제 우리가 스스로 선택한 모든 것들을 우리 각자가 행하고 또 행해서 기어코 이 자리까지 이르도록 하나님이 일하고 계신다는 것을 기억한다면, 우리의 하루는 다만 죽어나는 하루가 아니라, 한 걸음씩 깨닫는 하루, 나아지는 하루가 되었다는 것을 알게 될 것입니다. 반복되는 절망과 체념으로 자신을 밀지 말고, 과거를 만회하는 일로 세월을 보내지 말고, 그 실패가 우리를 한 걸음씩 더 나아가게 해야 합니다. 가장 대표적인 것이 무엇입니까? 성질부려 봐야 소용없다, 보복해 봐야 만족이 없다, 미운 짓은 해 봤자 아무 쓸데없다를 알게 됩니다.

그러면 맨 처음 무엇을 해야 합니까? 좋은 표정을 지어 주고 웃어야 합니다. 그것은 굉장한 실력이 담긴 첫걸음입니다. 타인을 존중하고, 자기에게 벌어진 현실을 진지하게 대면하여 각자의 실력을 확인해야 합니다. 모든 실패와 후회를 그냥 과거로 묻어 버리지 말고, 그것을 디딤돌 삼아 한 걸음씩 발전하고 나아지는 생애를 살아 내야 합니다. 이 일이 우리 각자에게 열려 있습니다. 힘껏 살아가고 나아갑시다.

기도

하나님 아버지, 우리에게 열려 있는 시대, 기회, 인생입니다. 하나님이 열어 주셨습니다. 힘차게 하루하루를 이어 가고 쌓아 가서 하나님의 사람으로 걸어 나가겠습니다. 하나님이 부어 주시는 은혜가 일한다는 것을 믿습니다. 충성과 인내를 약속합니다. 예수님 이름으로 기도합니다. 아멘.

18.
사울과 다윗이 나뉘는 분기점

15 사무엘이 사울에게 이르되 네가 어찌하여 나를 불러 올려서 나를 성가시게 하느냐 하니 사울이 대답하되 나는 심히 다급하니이다 블레셋 사람들은 나를 향하여 군대를 일으켰고 하나님은 나를 떠나서 다시는 선지자로도, 꿈으로도 내게 대답하지 아니하시기로 내가 행할 일을 알아보려고 당신을 불러 올렸나이다 하더라 16 사무엘이 이르되 여호와께서 너를 떠나 네 대적이 되셨거늘 네가 어찌하여 내게 묻느냐 17 여호와께서 나를 통하여 말씀하신 대로 네게 행하사 나라를 네 손에서 떼어 네 이웃 다윗에게 주셨느니라 18 네가 여호와의 목소리를 순종하지 아니하고 그의 진노를 아말렉에게 쏟지 아니하였으므로 여호와께서 오늘 이 일을 네게 행하셨고 19 여호와께서 이스라엘을 너와 함께 블레셋 사람들의 손에 넘기시리니 내일 너와 네 아들들이 나와 함께 있으리라

여호와께서 또 이스라엘 군대를 블레셋 사람들의 손에 넘기시리라 하
는지라 20 사울이 갑자기 땅에 완전히 엎드러지니 이는 사무엘의 말로
말미암아 심히 두려워함이요 또 그의 기력이 다하였으니 이는 그가 하
루 밤낮을 음식을 먹지 못하였음이니라 21 그 여인이 사울에게 이르러
그가 심히 고통 당함을 보고 그에게 이르되 여종이 왕의 말씀을 듣고
내 생명을 아끼지 아니하고 왕이 내게 이르신 말씀을 순종하였사오니
22 그런즉 청하건대 이제 당신도 여종의 말을 들으사 내가 왕 앞에 한
조각 떡을 드리게 하시고 왕은 잡수시고 길 가실 때에 기력을 얻으소서
하니 23 사울이 거절하여 이르되 내가 먹지 아니하겠노라 하니라 그의
신하들과 여인이 강권하매 그들의 말을 듣고 땅에서 일어나 침상에 앉
으니라 24 여인의 집에 살진 송아지가 있으므로 그것을 급히 잡고 가루
를 가져다가 뭉쳐 무교병을 만들고 구워서 25 사울 앞에와 그의 신하들
앞에 내놓으니 그들이 먹고 일어나서 그 밤에 가니라 (삼상 28:15-25)

영광의 자리에서 바닥까지 떨어진 사울

사울은 블레셋과의 전쟁을 앞두고 있습니다. 이스라엘 백성은 이 큰
전쟁 앞에 세 부족을 느끼고 절망합니다. 전통적으로 이스라엘은 모
든 전쟁을 하나님의 지시에 따라서 수행하는 나라인데, 이번 전쟁에
서는 하나님이 사울에게 아무런 답을 주시지 않습니다. 선지자를 보
내 주시지도 않고, 직접 기도해도 아무런 응답이 없습니다. 그래서 사
울은 할 수 없이 사무엘을 찾아갑니다. 그런데 사무엘은 이미 죽었기

때문에 신접한 여인을 찾아가 사무엘을 불러올리라고 명합니다. 이 스라엘에서는 금하는 행위입니다. 무당을 부르거나 신접하는 행위를 하는 사람들을 사울 왕 스스로가 쫓아냈으면서도 상황이 다급해지자 하나님의 뜻을 알고 싶어서 아니 더 구체적으로 표현하면 도움을 받고 싶어서 사무엘을 불러올리라고 합니다. 이에 사무엘이 등장하는데, 그는 사울에게 처음부터 부정적이고 적대적으로 대합니다. "왜 조용히 있는 나를 끌어들여서 시끄럽게 하느냐? 하나님이 너를 버리셨다는 사실을 정말 모른단 말이냐? 하나님이 네 왕위를 버려 다른 사람에게 주셨다. 너와 이스라엘은 이번 전쟁에서 다 죽으리라"라고 경고하며, 사무엘상 15장에서 사울이 하나님의 명령에 불순종하여 아말렉 왕 아각과 그 가축을 살려 둔 일을 재론합니다. 그러자 사울은 그만 혼절해 버리고, 신접한 여인이 완전히 엎드러진 사울을 깨워 떡한 조각을 먹여서 돌려보내는 그런 기가 막힌 사건입니다.

어쩌다 사울은 신정 정치 속 대리자의 자리, 즉 하나님의 통치를 대행하는 신정 국가의 높은 지위에 올라 왕으로서 본래 지니는 권세보다 더 큰, 하나님의 다스림을 대행하는 권위와 영광의 자리에서 이 바닥까지 스스로 떨어졌을까 하는 것이 사무엘서가 던지는 중요한 질문입니다. 사울은 하나님이 자신을 버리자, 하나님에게서 은혜를 받을 수 없게 되었고, 하나님으로부터 은혜를 받지 못하자, 자기 혼자서는 권위도 가치도 승리도 자랑도 안심도 만들 수 없게 되었다는 사실을 사무엘서는 긴 장에 걸쳐 설명하는 중입니다.

그러면 이 시점에서 사울은 어떻게 행동해야 옳습니까? 당연히 회개해야 맞습니다. 그래서 우리도 다 물어보고 싶습니다. 왜냐하면 우리는 자신이 다윗 같은가, 사울 같은가, 이렇게 물어보면 아무래도 뒤가 좀 켕기기 때문입니다. 다윗처럼 하는 것은 어렵습니다. 그러나 사울의 역할은 마음만 먹으면 아무 때나 할 수 있습니다. 그러니 사울의 마지막 순간에 무슨 희망이라도 있어야 우리로서는 안심이 되는 것입니다.

회개에 대한 오해

사울은 회개했어야 했습니다. 그런데 사울은 회개하지 않았습니다. 이 점이 우리로서는 수수께끼입니다. 사울은 왜 회개하지 않았을까요? 가장 중요한 이유는, 아마도 지금의 우리에게 '너희는 사울처럼 되면 안 된다'를 말해 주기 위해서 사울은 회개를 못 한 것인지 모릅니다. 아전인수 격인 해석 같지만, 사실이 그렇습니다. 성경이 이 기록을 우리에게 남겨 두는 이유는 '너희는 사울이 되지 마라. 여기서라도 돌이키라'라고 경고하기 위해서입니다. 그렇다면 '우리는 왜 돌이키는 일을 실패할까요?' 오히려 그렇게 물어보아야 합니다.

우리 모두가 사실은 사울의 실패를 반복합니다. 회개라는, 간단해 보이는 신앙 행위가 왜 그토록 어려운가를 따져 봅시다. 우리는 회개가 과거를 만회하고 지우는 것이라고 생각합니다. 우리는 회개를, 과거의 잘못을 지우고 자책하고 후회하여 씻겨지기를 바라는 마음으로 정의합니다. 그래서 오늘을, 우리의 과거를 만회하는 데에 다 소진하느라 내일로 가는 시작의 문으로 받아들이지 않습니다. 내일로 가는 시작이 무엇일까요? 마태복음 16장에 가 봅시다. 마태복음 16장은 제자도에 관한 말씀으로 널리 알려진 본문입니다.

> 이 때로부터 예수 그리스도께서 자기가 예루살렘에 올라가 장로들과 대제사장들과 서기관들에게 많은 고난을 받고 죽임을 당하고 제 삼일에 살아나야 할 것을 제자들에게 비로소 나타내시니 베드로가 예수를 붙들고 항변하여 이르되 주여 그리 마옵소서 이 일이 결코 주께 미치지 아니하리이다 예수께서 돌이키시며 베드로에게 이르시되 사탄아 내 뒤로 물러 가라 너는 나를 넘어지게 하는 자로다 네가 하나님의 일을 생각하지 아니하고 도리어 사람의 일을 생각하는도다 하시고 이에 예수께서 제자들에게 이르시되 누구든지 나를 따라 오려거든 자기를 부인하고 자기 십자가를 지고 나를 따를 것이니라
> (마 16:21-24)

예수님이 걸어가신 길에 대해서 로마서 4장은 이렇게 말씀합니다. 즉 '예수는 우리가 범죄한 것 때문에 내줌이 되고 또한 우리를 의롭다 하시기 위하여 살아나셨'습니다(롬 4:25). 예수께서는 우리를 위하여 십자가를 지고 가셨습니다. 그런데 마태복음 16장을 보면 베드로는 이런 의미로 항변합니다. "예수님, 메시아가 되시려면, 인류를 구원하시려면 승자가 되셔야 합니다. 권력을 가지셔야 합니다. 적군을 때려 엎어야 합니다." 그러자 예수께서 베드로에게 '사탄아 물러가라'라고 하신 것입니다.

예수께서 우리 죄를 지시고 죄가 만드는 결국인 죽음의 길을 열어

젖히셨습니다. 예수님이 죄를 짊어지고 들어가 죄를, 사망을 엎으시고 거기서 살아나셔서 부활의 문을 여셨습니다. 죽음의 길이 부활의 길로 가는 문이 되도록 만드셨습니다. 그리고 우리에게 요구하십니다. '내가 이 길을 열었으니 너희도 십자가를 지고 나를 좇으라.' 예수께서 우리 죄를 위해 십자가를 지신 것과 같이 우리에게도 자기 십자가를 지고 좇아오라고 하십니다. 죽어야 하는 그 십자가를 지고 좇아오라고 하십니다. 절망, 후회, 실패, 자책을 안고 신앙의 길을 계속 걷는 것, 그것이 십자가를 따르는 것입니다. 과거를 다 씻고 만회해야 주를 따를 수 있는 자격이 주어지는 것이 아니라, 해결할 수 없는 것들을 끌어안고 가는 것입니다. 그러니까 과거에 한 실수를 '잘못했습니다. 잘못했습니다'라고 해야 이 문이 열리는 것이 아닙니다. 해결하지 못한 일, 부끄러움까지 그냥 다 메고 들어오라고 합니다. 그것이 십자가이며, 제자도입니다.

그런데 우리는 자꾸 어디로 갑니까? 과거로 갑니다. 과거를 꼼꼼히 씻어 내는 것이 제일 속 편하고, 가장 마음이 놓입니다. 그래서 회개가 너무 깁니다. 그러면 무슨 문제가 생깁니까? 오늘이 어제에 대한 후회와 결벽에 묶이느라 내일로 나가는 첫발을 내딛지 못합니다. 내일로 나가는 첫걸음을 떼지 못합니다. 그러면 결벽을 떠는 회개 대신 무엇을 해야 할까요? 예수님이 우리에게 '나를 따르라'라고 말씀하셨습니다. 우리는 '주여, 제가 어떻게 주를 따를 수 있습니까? 저는 죄인입니다'라며 주저합니다. 예수님은 계속 말씀하십니다. '괜찮다. 거기서부터 하자. 나를 따르라.' 우리가 또 묻습니다. "주님, 무엇부터 할까요?" 이에 예수님은 "새 계명을 너희에게 주노니 서로 사랑하라"고 명령하십니다. 얼마나 뜬구름 잡는 요구입니까? 차라리 "나라를 구해라. 선교사가 되어 아프리카로 가라" 이렇게 말씀하셨더라면 훨씬 실감이 날 텐데, 서로 사랑하라니요. 아니, 무슨 이렇게 현실감 없는 말씀을 하십니까, 하는 생각이 듭니다.

사랑하는 일은 우리가 당장 할 수 있는 일입니다. 언제나 지금 당장 각오하고 실천할 수 있습니다. 사랑해야 합니다. 사랑의 첫 번째 특성이 무엇이었습니까? 고린도전서 말씀에서 보듯 '사랑은 오래 참고'입니다. 즉 사랑은 오랜 고통입니다. 그러니 일단 눈에서 힘부터 빼 봅시다. 언제나 할 수 있는 것, 오늘 해야 하는 것, 내일로 미룰 수 없는 일입니다. 내일로 가는 시작이 오늘이기 때문입니다. 회개하면서 제가 무엇을 하지 말라고 했습니까? 만회하지 말라고 했습니다. "주님, 제가 이런저런 죄를 지었습니다. 이제 다시는 안 짓겠습니다. 더 충성되겠습니다." 이렇게 울고불고하며 씻어 내느라고 오늘을 다 허비해 버렸습니다. 신앙생활을 시작도 하지 못하고 하루가 다 가 버렸습니다. 시작하기도 전에 과거에 딱 붙잡힌 것입니다. 사탄이 와서 "네가 무슨 자격으로 기도하느냐? 이런 잘못들을 저질러 놓고, 말이 되냐?"라고 비웃더라도 예수님이 '나는 죽어야 한다. 그리고 너희는 나를 따르라'라고 하신 말씀을 기억해야 합니다. "내가 죽어서 너희에게 이 길을 만들겠다. 너희는 뭐든지 다 갖고 와라. 스스로 씻고 올 필요 없다. 잘못을 둘러메고라도 와라."

여기가 지금 사울과 다윗이 나뉘는 분기점입니다. 저 길은 가지 말라는 것입니다. 죽은 사무엘을 불러들여 물을 일이 아니라, 거기서 무릎 꿇어야 하는 일입니다. 지금 우리 모두의 현실입니다. 무릎을 꿇으십시오. 무엇이 겁이 납니까? 내가 잘못한 일이 폭로되는 것, 내가 잘못한 일이 징벌로 돌아오는 것, 내가 잘못한 일 때문에 희망을 가질 수 없다는 자책, 그런 것들을 다 넘어서는 것이 십자가입니다. 그것이 아니라면, 누가 예수를 믿겠습니까? 어떤 철학자가 한 말처럼 '도대체 어떤 종교가 신이 십자가에 못 박혀 죽어 가면서 자기를 믿으라고 하느냐. 그러는 신이 어디 있느냐?' 그렇지 않습니까? 이것이 말이 되는 소리입니까?

우리는 늘 '우리 마음에 지닌 모든 죄를 해결하지도 못한 채, 내가 따라갈 수 있을까?' 하는 걱정 때문에 예수를 따라가지 못하고 있습니다. 이렇게 걱정만 하고 있으려면, '예수가 십자가에 못 박혀 죽으시고 부활하셨다'도 부인해야 하는 것입니다. 이 둘은 긴밀하게 묶여 있기 때문입니다. 예수를 믿는다고 고백했다면, 나의 못난 과거까지 합력해서 일을 한다고 믿어야 합니다. 더 이상 우리 생애에 겁날 것이 없습니다. 훌륭해야 예수를 믿을 수 있는 것이 아니고, 거룩해야만 예수의 제자가 될 수 있는 것이 아닙니다. 따라 들어가는 믿음만 있으면 됩니다. '주여, 주여' 하고 주님을 불러 보십시오. 이 얼마나 신나는 호칭인지 알 수 없습니다. "주여, 우리를 불쌍히 여겨 주시옵소서." 이런 기도는 우리만이 할 수 있습니다.

죽은 자 가운데서 부활에 이르려 하노니

고린도전서 1장에는 십자가에 대한 사도 바울의 정의가 나옵니다.

"십자가의 도가 멸망하는 자들에게는 미련한 것이요 구원을 받는 우리에게는 하나님의 능력이라"(고전 1:18). 십자가가 유대인에게는 거리끼는 것이요, 이방인에게는 미련한 것이로되, 믿는 우리에게는 하나님의 지혜요, 권능이라고 합니다. 십자가는 그렇게 쓰는 것입니다. 십자가는 그것을 들어 강요하고, 의견을 피력하라고 있는 것이 아닙니다. 십자가는 역사이고, 현실이고, 하나님이 우리 모두에게 구체적 증언으로 보이신 것입니다. 갈보리산 위에 세우시고 우리 마음에 세우신, 오늘 우리 삶의 현장까지 찾아와 누구나 어디서나 따라 들어올 수 있는 증언입니다.

누군가 '사울은 왜 이랬어요?'라고 묻는다면, '모자라니까 그랬지' 하고 자신 있게 말하기 바랍니다. 누군가 '당신은 사울보다 나아요?'라고 묻는다면, '당연히 낫지'라고 당당하게 말씀하십시오. 사울에게는 아직 예수가 오지 않았고, 우리에게는 예수가 왔으니 말입니다. 예수가 우리한테 무엇을 약속하셨는지, 무슨 길을 열어 주셨는지 알게 됐으니 말입니다. 빌립보서 3장에 가면, 바울의 자랑이 나옵니다.

끝으로 나의 형제들아 주 안에서 기뻐하라 너희에게 같은 말을 쓰는 것이 내게는 수고로움이 없고 너희에게는 안전하니라 개들을 삼가고 행악하는 자들을 삼가고 몸을 상해하는 일을 삼가라 하나님의 성령으로 봉사하며 그리스도 예수로 자랑하고 육체를 신뢰하지 아니하는 우리가 곧 할례파라 그러나 나도 육체를 신뢰할 만하며 만일 누구든지 다른 이가 육체를 신뢰할 것이 있는 줄로 생각하면 나는 더욱 그러하리니 나는 팔일 만에 할례를 받고 이스라엘 족속이요 베냐민 지파요 히브리인 중의 히브리인이요 율법으로는 바리새인이요 열심으로는 교회를 박해하고 율법의 의로는 흠이 없는 자라 그러나 무엇이든지 내게 유익하던 것을 내가 그리스도를 위하여 다 해로 여길뿐더러 또한 모든 것을 해로 여김은 내 주 그리스도 예수를 아는 지식이 가장 고상하기 때문이라 내가 그를 위하여 모든 것을 잃어버리고 배설물로 여김은 그리스도를 얻고 그 안에서 발견되려 함이니 내가 가진 의는 율법에서 난 것이 아니요 오직 그리스도를 믿음으로 말미암은 것이니 곧 믿음으로 하나님께로부터 난 의라 내가 그리스도와 그 부활의 권능과 그 고난에 참여함을 알고자 하여 그의 죽으심을 본받아 어떻게 해서든지 죽은 자 가운데서 부활에 이르려 하노니 내가 이미 얻었다 함도 아니요 온전히 이루었다 함도 아니라 오직 내가 그리스도 예수께 잡힌 바 된 그것을 잡으려고 달려가노라 (빌 3:1-12)

그리스도와 비교할 수 있는 것은 아무것도 없고, 아무리 잘난 것으로도 십자가를 대신할 수 없습니다. 그 반대도 성립합니다. 아무리 못난 것도 십자가로 감당 못할 것은 없습니다. 그러니 '누구든지 나를 따라오려거든 자기를 부인하고 자기 십자가를 지고 나를 따를 것'이라는 부르심에 대해 예수님은 이런 이야기로 설명하기도 하셨습니다. 마태복음 19장 16절 이하를 보면, 어떤 부자 청년이 예수께 와서 "주여, 제가 무슨 선한 일을 하여야 영생을 얻겠습니까?"라고 묻습니다. 계명을 지키라는 예수의 대답에 청년은 "제가 어려서부터 계명을 다 지켰습니다"라고 답합니다. 예수님은 "그러면 네 재산을 팔아서 가난한 자들에게 주고 너는 나를 따르라"라고 말씀하십니다. 부자 청년은 많은 재산 때문에 예수님의 말씀대로 하지 못했습니다. 이 대화는 재물에 대한 욕심을 버려야 한다는 것이 주제가 아닙니다.

지금 바울이 이야기한 바와 같이, 그는 자신의 자랑거리들을 배설물로 여겼습니다. 못난 것이 우리의 당연한 현실입니다. 이 모든 것이 십자가로 해결됩니다. 부자 청년의 이야기도 이와 동일한 것입니다. 부자이기 때문에 예수를 따르지 못한 이야기나 결벽증 때문에 예수를 따르지 못한 것이 똑같은 이야기라고 합니다. '나를 따르라. 대체 뭐가 방해가 되느냐? 나를 따르라.' 예수를 따르는 것이 우리의 오늘이어야 합니다.

과거로 되돌아가 자신의 실수를 만회하느라 오늘을 소진할 것인지, 내일로 가는 시작을 열 것인지 성경은 우리에게 묻습니다. 마태복음 6장 33절을 떠올려 봅시다.

그런즉 너희는 먼저 그의 나라와 그의 의를 구하라 그리하면 이 모든 것을 너희에게 더하시리라 그러므로 내일 일을 위하여 염려하지 말라 내일 일은 내일이 염려할 것이요 한 날의 괴로움은 그 날로 족하니라 (마 6:33-34)

오늘을 살아야 합니다. 오늘을 살아 내어 내일로 이어 가십시오. 십자가가 가리키는 승리의 길로 가십시오. 바로 이 이야기에 이어 바울이 빌립보서 3장 10절 이하에서 이렇게 이야기합니다.

내가 그리스도와 그 부활의 권능과 그 고난에 참여함을 알고자 하여 그의 죽으심을 본받아 어떻게 해서든지 죽은 자 가운데서 부활에 이르려 하노니 내가 이미 얻었다 함도 아니요 온전히 이루었다 함도 아니라 오직 내가 그리스도 예수께 잡힌 바 된 그것을 잡으려고 달려가노라 형제들아 나는 아직 내가 잡은 줄로 여기지 아니하고 오직 한 일 즉 뒤에 있는 것은 잊어버리고 앞에 있는 것을 잡으려고 푯대를 향하여 그리스도 예수 안에서 하나님이 위에서 부르신 부름의 상을 위하여 달려가노라 (빌 3:10-14)

'죽은 자 가운데서 부활에 이르려 하노니.' 굉장한 표현입니다. 자격을 갖춰야 시작할 수 있는 것이 아닙니다. 죽은 자 가운데서, 죽어 마땅한 자리에서 부활로 가는 것입니다. '티끌과 재 가운데서 회개합니다.' 욥기 설교에서 자주 들어 보았던 표현입니다. 이 구절을 어떻게 읽을 수 있다고 했습니까? "티끌과 재라는 존재로 회개합니다. 죽은 자로서 주를 따릅니다. 죽어 마땅한 현실에서 주를 따르겠습니다." 이런 길이 열려 있습니다. 사울을 불쌍히 여기지 말고, 사울의 길을 따라가지 마십시오. 우리의 고백과 우리에게 주어진 약속이 우리의 오늘이 되고 미래가 되는, 하나님의 자녀들에게 예비된 승리를 구가하길 바랍니다.

기도

하나님 아버지, 은혜를 감사합니다. 우리에게는 소망이 있고, 하나님의 권능 아래 있는 영광스러운 운명이 있습니다. 우리의 못난 것들을 극복하고, 하나님의 은총으로 넘치는 삶을 살도록 우리의 인생이 예비된 줄 아는 믿음과 순종과 용기를 가지게 하옵소서. 그리하여 하나님의 자녀, 빛의 사람, 하나님의 은혜와 기적이 되는 인생을 살아 내는 우리 교우들 되게 하여 주시옵소서. 우리의 입술에 찬송이 있고 기쁨이 있고 증거가 있고 자랑이 있게 하여 주옵소서. 예수님 이름으로 기도합니다. 아멘.

19.

복음이 복음이고 은혜가 은혜인 이유

1 다윗과 그의 사람들이 사흘 만에 시글락에 이른 때에 아말렉 사람들이 이미 네겝과 시글락을 침노하였는데 그들이 시글락을 쳐서 불사르고 2 거기에 있는 젊거나 늙은 여인들은 한 사람도 죽이지 아니하고 다 사로잡아 끌고 자기 길을 갔더라 3 다윗과 그의 사람들이 성읍에 이르러 본즉 성읍이 불탔고 자기들의 아내와 자녀들이 사로잡혔는지라 4 다윗과 그와 함께 한 백성이 울 기력이 없도록 소리를 높여 울었더라 5 (다윗의 두 아내 이스르엘 여인 아히노암과 갈멜 사람 나발의 아내였던 아비가일도 사로잡혔더라) 6 백성들이 자녀들 때문에 마음이 슬퍼서 다윗을 돌로 치자 하니 다윗이 크게 다급하였으나 그의 하나님 여호와를 힘입고 용기를 얻었더라 (삼상 30:1-6)

과거로 돌아가는 사울, 미래로 나아가는 다윗

다윗은 사울 왕을 피해 블레셋에 망명해 있습니다. 그는 블레셋의 한 방백인 아기스 밑에서 피난처를 구하여 지내고 있는데, 이스라엘과 블레셋 사이에 전쟁이 나자 총동원령이 떨어지고, 다윗은 아기스 방백을 따라서 출전합니다. 그러자 블레셋 군인들이 다윗을 가리키며 "저 사람은 우리의 원수입니다. 전에 우리의 영웅인 골리앗을 물리친 적군의 장수로서, 이제 와서 우리와 함께 이스라엘과 싸우는 전쟁터에 나간다고 하는데, 실제로 저 사람이 어느 편을 들지는 알 수가 없습니다"라고 합니다. 아기스가 "아니다. 다윗이 충성을 맹세했다. 그는 우리 편이다"라고 군인들을 설득해도 그들은 "다윗을 믿을 수 없습니다"라고 해서 다윗은 이제 사흘 만에 시글락에 돌아오게 됩니다.

사흘 만에 돌아온 다윗은 그동안 아말렉이, 다윗과 그의 추종자들이 피난처로 삼았던 시글락을 쳐서 자기들의 식구 즉 다윗과 그를 추종하는 육백 명의 모든 식솔과 가축과 재산을 다 약탈해 간 사실을 확인합니다. 이것이 본문 말씀 6절에서 보는 상황입니다. 다윗은, 자녀들 때문에 마음이 슬픈 백성들이 '다윗을 돌로 치자' 하고 달려드는 자리까지 처하게 됩니다. 그는 너무 다급한 나머지 정말 죽고 싶었을 것입니다. 다윗에게는 특별한 대책이 없었으나, '그의 하나님 여호와를 힘입고 용기를 얻었'(삼상 30:6)다고 본문 말씀에 나와 있습니다. 그리고 뒤이어 나온 구절들을 보면, 다윗이 군대를 추격하여 자기네가 빼앗겼던 식솔들과 재산도 찾아오고, 아말렉이 다른 데를 쳐서 가져왔던 전리품까지 다 빼앗아 돌아와 그 전리품을 나누고 또 자기가 속해 있는 유다 지파의 모든 지방에 선물로 보낼 만큼 넉넉히 승리를 누리게 된 사실을 알 수 있습니다. 지금의 실패와 절망을 만회하는 일들이 기록되어 있는 것입니다.

우리는 이미 사무엘상 28장에서 사울이 마주했던 현실적 절망을 보았습니다. 블레셋의 침공을 받아 대책이 없어진 사울은 한 나라의 책임자로서 아무 대안이 없는 현실에 처하자 절망합니다. 그는 이 문제를 해결하기 위하여 과거로 돌아가는 방법을 택합니다. 사울은 죽은 사무엘을 불러올리게 하여 그를 만납니다. 오늘의 이 절망은 어제의 실패에 원인이 있다고 생각했기 때문입니다. 그리고 오늘이 절망스러운 만큼 사울에게는 내일이 없습니다. 사울이 최후의 발버둥을 쳐 과거로 돌아가 사무엘을 부를 수밖에 없었다면, 다윗은 오늘의 실패에서 하나님을 힘입어 미래로 나아갑니다. 다윗은 하나님에게 묻습니다. "제가 이 군대를 추격하면, 저들을 따라잡을 수 있겠습니까?" "그럴 수 있다. 네가 빼앗긴 것들을 다 회복할 수 있다." "이길 수 있습니까?" "이길 수 있다." 이렇게 하나님이 다윗에게 용기를 북돋아 주고, 또 약속해 주고, 실제로 다윗은 그 결과를 얻습니다.

사울은 왜 다윗처럼 하지 못했는가, 사울은 왜 이 일에 실패했는가, 다윗이 가진 믿음 혹은 용기, 또 여호와께 구하는 열심이 사울에게는 왜 없었는가, 이처럼 우리는 쉽게 묻습니다. 그러나 사무엘서를 시작하는 첫 설교에서 사무엘서를 읽는 관점과 역사서를 이해하는 방법을 말씀드렸듯이, 이 문제가 드러내는 대조를 잘 살펴보아야 합니다. 그런데 대조라고 해서 '다윗은 믿음을 가졌고, 사울은 믿음을 가지지 않았다' 하는 간단한 비교가 아닙니다. 자신의 최선을 다 기울여 얻을 수 있는 것이 절망밖에 없는 사람과 하나님이 도와주심으로써 절망할 수밖에 없는 곳에서 운명과 미래가 달라져 자신의 인생을 승리한 사람을 비교하는 것입니다. 두 사람이 가진 실력의 차이가 아니라, 하나님이 외면하신 사람과 하나님이 만나 주신 사람과의 차이, 하나님 없이 사는 자와 하나님이 함께해 주시는 자의 차이를 대조하는 것입니다.

이런 이야기를 하면, 우리는 '나는 누구인가, 나는 어디에 속한 사람인가' 하며 자신에게 묻습니다. '나는 하나님이 외면한 사람입니까? 아니면, 하나님이 만나 준 사람입니까?' 그렇게 물어보면 '나는 하나님이 만나 준 사람이다'라는 것이 답입니다. 그런데 이 답변을 성경이 이야기하는 컨텍스트를 다 연결하여 그것이 지닌 역사성 속에서 확인하지 않으면, 이것은 모호한 주문이나 개념, 명분처럼 남게 됩니다. 그렇게 되면 우리가 절망에 빠졌을 때, 하나님이 주시는 위로와 권면과 돌이킴이 우리 현실에 실체화되지 않습니다.

구약 성경의 이야기가 지닌 역사적 가치는 신약 성경에서의 해결과 손을 잡을 때 우리의 현실을 구하는 힘이 생기게 됩니다. 사울에게 일어나는 모든 실패는 우리에게도 늘 일어나는 실패요, 다윗에게 일어나는 승리 즉 은혜의 승리는 예수 안에 있는 모든 신자의 운명이자 현실입니다. 이 둘을 묶는 성경의 설명을 따라가 봅시다.

죽음을 피하려는 사탄과 죽음의 길로 들어가는 예수

마태복음 16장입니다.

> 이에 예수께서 제자들에게 이르시되 누구든지 나를 따라오려거든
> 자기를 부인하고 자기 십자가를 지고 나를 따를 것이니라 (마 16:24)

제자도에 관한 구절로 알려진 예수님의 말씀인데, 자기 부인과 자기
십자가를 지는 것이 지극함, 헌신, 열심, 최선의 의지 같은 가치로 종
종 오해되곤 합니다. 따라서 이 구절을 우리에게 적용하려면 죽음까
지 불사하는 각오가 있어야 하고, 주를 따르기 위해서는 자신이 저지
른 모든 죄와 실수에 대한 해결이 선행되어야 한다는 의미로 잘못 이
해합니다. 주를 따르려거든 한 점의 부끄러움도 없고 주를 위해서 모
든 것을 버리고 헌신해야 한다고 생각하는 것입니다. 그러다 보면 신
실하고 부끄러울 것 없는 정성으로 주를 만나기 위해 자신의 흠과 자
책과 절망을 씻어 내는 회개에 집중하게 됩니다.

그러나 이 구절은 그 앞에 나온 맥락을 따라 이해해야 합니다. 예수
님은 이제 당신이 죽어야 한다고 선언하시고, 이 선언에 대한 베드로
의 반응과 충성 맹세를 꾸짖으십니다. 제자도의 말씀은 이런 맥락에
이어져 있습니다. 예수님이 "내가 죽어야 한다"고 하시자, 베드로가
"안 됩니다. 이럴 수 없습니다. 주님, 죽으시면 안 됩니다. 그리고 모두
가 주를 버릴지라도 저만은 주를 버리지 않겠습니다"라고 만류합니
다. 그래서 베드로는 뭐라고 꾸중을 듣죠? "사탄아, 내 뒤로 물러가라.

너는 나를 넘어지게 하는 자로다. 네가 하나님의 일은 생각하지 아니하고 도리어 사람의 일을 생각하는도다"라고 합니다. 이런 맥락 속에서 제자도에 대한 말씀이 나온 것입니다.

예수님은 베드로에게 왜 사탄이라고 꾸짖으셨을까요? 사탄의 길이 무엇이기에 그러셨을까요? 죽음을 피하는 길이 사탄의 시험이기 때문입니다. 예수께서 공생애를 시작하시기 전에 받으신 시험 중 하나도 이것이었습니다. '사탄에게 절하면'입니다. 죽음을 모면하는 타협의 길, 죽음의 권세를 가진 이 세상과 죄와 사탄의 권력, 베드로가 요구하고 서약한 '죽는 일이 일어나지 못하도록 제가 주를 돕고 지키겠습니다'는 그의 각오 앞에 예수님은 '죽는 길이 하나님의 길이다. 그런데 너는 이 길을 막고 있다. 너는 사탄이다.' 이렇게 된 것입니다.

예수의 죽으심은 무엇일까요? 사탄이라는 꾸중을 들은 베드로의 고백은 무엇이었을까요? 요한복음 21장에 가면, 이 질문에 대한 대답을 추정해 볼 수 있습니다. 성경이 말하는 베드로의 고백에 등장한 '사탄'이라는 지적과 예수께서 져야 하는 '십자가'가 어떻게 연결되는지 살펴보겠습니다.

그들이 조반 먹은 후에 예수께서 시몬 베드로에게 이르시되 요한의 아들 시몬아 네가 이 사람들보다 나를 더 사랑하느냐 하시니 이르되 주님 그러하나이다 내가 주님을 사랑하는 줄 주님께서 아시나이다 이르시되 내 어린 양을 먹이라 하시고 또 두 번째 이르시되 요한의 아들 시몬아 네가 나를 사랑하느냐 하시니 이르되 주님 그러하나이다 내가 주님을 사랑하는 줄 주님께서 아시나이다 이르시되 내 양

을 치라 하시고 세 번째 이르시되 요한의 아들 시몬아 네가 나를 사
랑하느냐 하시니 주께서 세 번째 네가 나를 사랑하느냐 하시므로 베
드로가 근심하여 이르되 주님 모든 것을 아시오매 내가 주님을 사랑
하는 줄을 주님께서 아시나이다 예수께서 이르시되 내 양을 먹이라
(요 21 : 15-17)

부활하신 예수께서 베드로에게 나타나 세 번 물으십니다. "요한의 아
들 시몬아, 네가 이 사람들보다 나를 더 사랑하느냐?" 예수님은 과거
에 베드로가 했던 어떤 말을 염두에 두고 이렇게 물으신 것일까요?
'모두 주를 버릴지라도 나는 결코 버리지 않겠나이다'(마 26:33)라는
고백을 염두에 두고 하신 질문입니다. 예수님의 질문에 베드로가 대
답합니다. "네. 주님. 그렇습니다." 예수님이 다시 물으십니다. "요한
의 아들 시몬아, 네가 나를 사랑하느냐?" "내가 주를 사랑하는 줄 주
께서 아십니다." 세 번째 물으십니다. "요한의 아들 시몬아, 네가 나를
사랑하느냐?" 이번에도 베드로는 똑같이 대답합니다. "내가 주님을
사랑하는 줄 주님께서 아십니다."

　'내가 주를 사랑하는 줄 주께서 아십니다'라는 고백은 총 세 번 등
장합니다. '주께서 아십니다'라는 고백에 나오는 주께서 아시는 베드
로의 사랑은 그가 주님이 죽는 현장까지 좇아갔다가 그만 주를 부인
하고 만 사랑입니다. 베드로의 사랑은 목숨을 건 사랑이었습니다. 사
랑하는 이를 지키기 위해 자기 목숨까지 걸었는데, 예수님은 죽음의
자리를 자초하여 기꺼이 죽으러 가십니다. 베드로로서는 더 이상 사
랑할 수가 없습니다. 그의 사랑은 예수를 지키기 위한 것이었는데, 예

수는 죽음의 자리까지 내려간 것입니다. 따라갈 수 없었죠. 아마 그런 이유로 베드로가 예수를 부인했을 것입니다.

부활하신 주께서 베드로에게 다시 나타나 묻습니다. "네가 나를 사랑하느냐?" "제가 주를 사랑하는 줄 주께서 아십니다. 저는 이 이상 따라갈 방법이 없습니다." "네가 정말 나를 사랑하느냐?" "제가 주를 사랑하는 줄 주께서 아십니다. 제 절망을, 제 부인을 주께서 아십니다." "네가 정말 나를 사랑하느냐?" 베드로가 근심합니다. 나중에 내가 또 뒤집어지는 건 아닐까 하고 걱정했을지도 모릅니다. 세 번이나 주께서 물으시자 베드로가 근심하며 같은 고백을 합니다. '죽음의 자리까지 따라갔으나 거기가 끝이었습니다. 그 이상은 제가 좇아가지 못했습니다.' '내 양을 먹이라. 내 양을 치라.' 더 이상 따라갈 수 없는 자리, 따라가야 그만인 사망의 뒤편에서 손이 나와 베드로를 잡아당기고 있습니다. '네 사랑이, 죽음 앞에서 멈출 수밖에 없었던 네 사랑이 내 부활로 인하여 죽음을 극복한 영원한 사랑이 될 것이다.' 이것이 요한복음 21장에 나온 부활하신 예수님이 베드로에게 보여 주신 사랑의 진실입니다. 진정한 승리와 반전을 이룬 부활입니다.

그러니 이제 다윗의 인생 속에서 하나님의 은혜를 발견할 수 있을것입니다. '다윗은 어떻게 그의 하나님 여호와를 힘입어 이길 수 있었느냐?'라고 물으면 그 비결은 바로 '은혜'입니다. 은혜의 승리, 즉 은혜가 승리한 것입니다. 주께서 죽음을 뚫고 들어와 우리를 끌어내시기 때문에 베드로는 오늘의 절망을 이길 수 있었고, 오늘이 끝인 인생을 지나 내일로 넘어갈 수 있었던 것입니다. 베드로에게서 본 바와 같이 말입니다.

우리가 할 일은 무엇입니까? 우리는 죽음을 넘어서지 못하지만, 주께서 죽음을 넘어 우리를 이끌어 가시니, 우리가 할 일은 자기를 부인하고 자기 십자가를 지고 주를 따르는 것뿐입니다. 이때 자기 부인과 자기 십자가는 우리의 한계이자 우리의 절망입니다. 그러니 우리는 예수를 믿는다는 고백을 하면서도 '나는 이래서 안 돼. 내가 이렇게 큰 잘못을 했는데, 나 같은 게 무슨 희망이 있어?'라고 절망한 나머지 오늘을 살아 내지 못하고 있는 것입니다.

사울 왕이 그렇게 했습니다. 오늘을 이길 수가 없어서 그랬을 것입니다. 그리고 오늘이 이길 수 없는 날이 된 것은 자신이 저지른 과거의 실패가 만든 결과입니다. 거기에 대해서 예수께서 말하기를 '네 실패, 네 절망, 네 마지막까지 감싸서 끌고 들어오라'는 것입니다. 과거를 해결하고 들어오라고 하시지 않습니다. 그것까지 끌고 들어오라고 하십니다.

본문 말씀을 보면 다윗의 부하들은 자식들이 잡혀간 일로 인해서 다윗을 돌로 치자고 했습니다. 다윗은 다급하였으나 여호와 하나님을 힘입어 용기를 냅니다. "하나님, 제가 좇아가면 붙잡을 수 있습니까? 따라잡을 수 있습니까?"라고 묻자 하나님이 대답하십니다. "할 수 있다." "이길 수 있습니까?" "이길 수 있다." 성경은 은혜가 하는 일, 하나님이 하는 일을 역사적 사건으로 이렇게 우리 앞에 꺼내놓고 있습니다.

그래서 은혜이며, 그래서 복음이다

우리가 자폭과 자책과 절망으로 '이건 아니야' 하고 넘어지게 되면,

자신을 씻어 내는 일로 그날을 허비하지 말고, "주여, 전 끝났습니다. 그러니 저를 붙들어 주시옵소서. 주께서 저를 위해 십자가를 지셔서 새 인생을 열어 놓고 사망을 극복했다고 약속하셨으니 저도 내일을 바라보며 살겠습니다." 그렇게 앞날을 향하여 전진해 가라는 것입니다. '네가 그런 꼴을 하고 이 말을 할 수 있냐?' 하는 비난 속에서도 '그러니까 복음이고, 그러니까 십자가고, 그러니까 부활이다. 내가 잘해서 받는 보상이라면, 그것이 어떻게 기독교며 복음이겠느냐. 그렇다면 왜 십자가를 앞세우겠느냐?' 이것이 성경이 하고 싶은 이야기입니다.

왜 나는 아니라고 생각하여 스스로 돌아서 버립니까? 왜 자폭하고 맙니까? 누구 맘대로 그렇게 좌절하며 절망합니까? 우리가 어디서 매번 틀리는지 생각해 보십시오. 우리는 할 말이 없는 사람들입니다. 우리가 받은 것은 복음이고, 은혜입니다. 그래서 복음이 감사이고 기적인 것입니다. 예수 믿은 것이 감사일 뿐, 나의 자랑이 되거나 내가 교만할 수 없는 이유입니다. '나는 잘나서 보상받았고, 너는 못나서 버림받았다'라는 생각이 우리 자신을 절망하게 합니다. '내가 무슨 꼴로, 무슨 자격으로 주 앞에 나갈 면목이 있느냐?' 그렇게 말하는 것은 십자가를 외면하는 생각입니다. 이렇게 행동하면, '사탄아, 내 뒤로 물러가라'라는 꾸중을 듣게 될 것입니다. 기억하십시오.

우리는 이 일이 그렇게 쉽게 믿어지지 않을 것입니다. 이것이 말이 되나 싶을 것입니다. '누구든지 나를 따라오려거든 자기를 부인하고 자기 십자가를 지고'(마 16:24)라는 말씀이 어떻게 다가옵니까? 우리의 수치, 후회, 자책, 말이 안 되는 모든 절망을 끌어안고 따라가면 된다, 그런 것들에 지지 말고 돌이키라는 의미로 읽히기보다는, 죄 안 짓고 회개하고 깨끗해지라는 조건으로 먼저 이해됩니다. '주여, 저를 불쌍히 여기소서'라고 십자가를 붙잡아 오늘을 내일로 연결하라는 것이 우리한테는 바로 이해되지 않는 것입니다. 이것을 우리에게 올바로 이해시키기 위해 외면할 수 없고 우리 마음에 흡족한 증거를 성경이 이렇게 기록해 두고 있습니다. 사도행전 9장입니다.

사울이 주의 제자들에 대하여 여전히 위협과 살기가 등등하여 대제사장에게 가서 다메섹 여러 회당에 가져갈 공문을 청하니 이는 만일 그 도를 따르는 사람을 만나면 남녀를 막론하고 결박하여 예루살렘으로 잡아오려 함이라 사울이 길을 가다가 다메섹에 가까이 이르더니 홀연히 하늘로부터 빛이 그를 둘러 비추는지라 땅에 엎드려져 들으매 소리가 있어 이르시되 사울아 사울아 네가 어찌하여 나를 박해하느냐 하시거늘 대답하되 주여 누구시니이까 이르시되 나는 네가 박해하는 예수라 너는 일어나 시내로 들어가라 네가 행할 것을 네게 이를 자가 있느니라 …… 그 때에 다메섹에 아나니아라 하는 제자가 있더니 주께서 환상 중에 불러 이르시되 아나니아야 하시거늘 대답하되 주여 내가 여기 있나이다 하니 주께서 이르시되 일어나 직가라 하는 거리로 가서 유다의 집에서 다소 사람 사울이라 하는 사람을 찾으라 그가 기도하는 중이니라 그가 아나니아라 하는 사람이 들어와서 자기에게 안수하여 다시 보게 하는 것을 보았느니라 하시거늘 아나니아가 대답하되 주여 이 사람에 대하여 내가 여러 사람에게 들사온즉 그가 예루살렘에서 주의 성도에게 적지 않은 해를 끼쳤다 하더니 여기서도 주의 이름을 부르는 모든 사람을 결박할 권한을 대

제사장들에게서 받았나이다 하거늘 주께서 이르시되 가라 이 사람
은 내 이름을 이방인과 임금들과 이스라엘 자손들에게 전하기 위하
여 택한 나의 그릇이라 그가 내 이름을 위하여 얼마나 고난을 받아
야 할 것을 내가 그에게 보이리라 하시니 (행 9:1-16)

바울은 사도가 되는 일에 아무런 준비가 없었습니다. 먼저 주 앞에 찾
아 나오지도 않았습니다. 바울은 예수를 믿는 길과 단지 정반대로 간
정도가 아니라, 옳게 가고 있는 사람들을 핍박하고 그들을 잡아 가두
기까지 한 사람입니다. 하나님이 바울의 무지와 반발과 그가 한 모든
못난 짓들 속에 손을 휘저어 그를 이렇게 붙잡아 끌어오셨습니다. 바
울은 아무런 준비가 되어 있지 않았던 것도 모자라 자기가 잘하고 있
는 줄 알고 살기가 등등해서 예수 믿는 자들을 가혹하게 잡으러 다니
고 있었는데 말입니다. 의기양양하게 길을 나섰던 바울은 예수님이
날린 어퍼컷 한 방에 그대로 끌려옵니다. "주여, 뉘시오니까?" "나는
네가 박해하는 나사렛 예수니라."

　얼마나 기가 막힌 반전입니까? 여기에 무슨 조건이나 이유나 자격
이 붙어 있습니까? 아나니아가 한 말 그대로 아닙니까? "주여, 제가
바울에 대해서 잘 압니다. 이놈은 아닙니다. 이놈은 나쁜 놈입니다."
주님의 대답은 이것입니다. "이 사람은 내 이름을 이방인과 임금들과
이스라엘 자손들에게 전하기 위하여 택한 나의 그릇이다." 그러니 아
나니아로서는 더 이상 할 말이 없는 것입니다. 우리도 역시 마찬가지
입니다. 바울이라서 남다를 것이라고 생각했습니까?

창세전에 그리스도 안에서 택한 자

바울이 우리와 다르지 않다는 사실을 말씀을 통해 확인해 보겠습니다. 에베소서 1장입니다.

> 찬송하리로다 하나님 곧 우리 주 예수 그리스도의 아버지께서 그리스도 안에서 하늘에 속한 모든 신령한 복을 우리에게 주시되 곧 창세 전에 그리스도 안에서 우리를 택하사 우리로 사랑 안에서 그 앞에 거룩하고 흠이 없게 하시려고 그 기쁘신 뜻대로 우리를 예정하사 예수 그리스도로 말미암아 자기의 아들들이 되게 하셨으니 이는 그가 사랑하시는 자 안에서 우리에게 거저 주시는 바 그의 은혜의 영광을 찬송하게 하려는 것이라 (엡 1:3-6)

에베소서 1장 4절에 따르면, 우리는 '창세 전에 그리스도 안에서 택함을 받은 자'라고 합니다. 바울은 어떻습니까? 갈라디아서 1장에 보면, 바울은 하나님이 자신을 '내 어머니의 태로부터 나를 택정하시고 그의 은혜로 나를 부르'(갈 1:15)셨다고 소개합니다. 우리의 군번이 더 빠릅니다. 기억하십시오. 우리는 창세전에 그리스도 안에서 택함 받은 존재입니다. 반전은 모두에게 있습니다. 하나님이 왜 이런 방법으로 일하시는지 우리가 지금은 모르지만, 하나님은 못난 짓과 말이 안 되는 일을 뒤집어 당신이 목적하신 것을 이루시고야 말 것이라고 약속하십니다.

우리 중에 누가 감히 '나는 원래부터 준비된 자이고, 나는 예수 없이도 하나님의 자녀가 될 수 있는 자였다. 그러나 너는 예수로 말미암아서 된 자니, 내가 더 낫다'라고 자랑할 수 있겠습니까? 십자가 없이 우리의 오늘을 하나님에게 묶을 수 있는 다른 방법이 있는가 생각해 보십시오.

이 모든 일에 기독교가 증언하는 복음과 예수를 믿는다는 말이 무슨 의미인지 깨달았다면, 우리의 오늘을 포기하거나 체념하거나 원망할 이유는 하나도 없습니다. 우리의 못난 것과 자격 없는 것까지 하나님의 손안에서 고스란히 뒤집어질 수 있으며, 영광과 승리와 은혜와 하나님이 함께하시는 기적으로 우리의 생애를 채울 수 있다고 언제나 믿어야 합니다. 그래서 우리의 잘못을 이기고 딛고 일어나 하나님의 사람으로 내일을 기다릴 수 있어야 합니다. 그 생애를 살아 내는 기적의 인생 되기를 진심으로 축원합니다.

기도

하나님 아버지, 은혜를 감사합니다. 우리의 운명과 오늘이 십자가 안에 있습니다. 예수의 찾아오심, 우리를 위한 대속, 부활, 승리, 영광에 둘러싸여 있습니다. 우리가 우리 자신에 대해서 생각하고 기대하는 것과 비교할 수 없는 하나님의 뜻과 능력이 우리와 우리 생애를 붙들고 있습니다. 믿음을 갖고 승리하여 기적의 생애를 사는 우리와 우리 인생이 되게 하여 주옵소서. 예수님 이름으로 기도합니다. 아멘.

20.

다윗이 이 슬픈 노래로
사울을 조상하고

———

17 다윗이 이 슬픈 노래로 사울과 그의 아들 요나단을 조상하고 18 명령하여 그것을 유다 족속에게 가르치라 하였으니 곧 활 노래라 야살의 책에 기록되었으되 19 이스라엘아 네 영광이 산 위에서 죽임을 당하였도다 오호라 두 용사가 엎드러졌도다 20 이 일을 가드에도 알리지 말며 아스글론 거리에도 전파하지 말지어다 블레셋 사람들의 딸들이 즐거워할까, 할례 받지 못한 자의 딸들이 개가를 부를까 염려로다 21 길보아 산들아 너희 위에 이슬과 비가 내리지 아니하며 제물 낼 밭도 없을지어다 거기서 두 용사의 방패가 버린 바 됨이니라 곧 사울의 방패가 기름 부음을 받지 아니함 같이 됨이로다 22 죽은 자의 피에서, 용사의 기름에서 요나단의 활이 뒤로 물러가지 아니하였으며 사울의 칼이 헛되이 돌아오지 아니하였도다 23 사울과 요나단이 생전에 사랑스럽고 아름

다운 자이러니 죽을 때에도 서로 떠나지 아니하였도다 그들은 독수리보다 빠르고 사자보다 강하였도다 24 이스라엘 딸들아 사울을 슬퍼하여 울지어다 그가 붉은 옷으로 너희에게 화려하게 입혔고 금 노리개를 너희 옷에 채웠도다 25 오호라 두 용사가 전쟁 중에 엎드러졌도다 요나단이 네 산 위에서 죽임을 당하였도다 26 내 형 요나단이여 내가 그대를 애통함은 그대는 내게 심히 아름다움이라 그대가 나를 사랑함이 기이하여 여인의 사랑보다 더하였도다 27 오호라 두 용사가 엎드러졌으며 싸우는 무기가 망하였도다 하였더라 (삼하 1:17-27)

애도하는 다윗

이제 사울은 블레셋과의 전투에서 죽습니다. 그의 아들 요나단도 함께 죽습니다. 사울은 자결했으나 아직 숨이 붙어 있자 적군에게 조롱과 수치를 당할 것을 두려워한 나머지, 아말렉 소년에게 자신의 목숨을 끊어 달라고 부탁합니다. 소년이 사울을 죽인 다음, 사울의 왕관과 팔찌를 가지고 다윗에게 갑니다. 소년의 생각에 자기가 사울의 죽음을 전하면 다윗에게 당연히 큰 상을 받게 되리라 예상했던 것 같습니다. 그러나 놀랍게도 다윗은 이 아말렉 소년을 죽이고, 사울과 요나단의 죽음을 크게 슬퍼합니다.

다윗의 생애 중 오랜 기간 자신의 목숨을 노리고 집요하게 추적해왔던 사울, 어떤 의미에서 다윗의 가장 큰 대적이라 할 수 있는 사울의 죽음을 다윗은 진심으로 애도합니다. 사울은 당시 권력과 군사력까지 동원하여 자신을 위협했던 인물인데도, 다윗은 사울의 죽음을 진심으로 애도하는 것입니다.

다윗이 무엇을 애도하는지, 사실 우리로서는 갈피가 잘 잡히지 않습니다. 사울이 다윗을 적대한 것 외에 무슨 일을 했는가, 다른 잘한 일이 무엇이 있는가, 위대한 면이 도대체 어디에 있는가 하는 생각이 듭니다. 혹은 다윗이 쇼를 하고 있나 그런 생각마저 듭니다. 그러나 이 애도가 진심이라는 것은 앞서 사무엘상 24장과 26장에서 사울을 죽일 수 있는 기회를 두 번이나 얻었음에도 다윗이 그렇게 하지 않은 데서 알 수 있습니다. 이를 통해 다윗의 애도가 진심이며, 그의 일관된 자세라는 것을 알아볼 수 있습니다.

사무엘상 24장을 다시 한번 봅시다. 엔게디 광야 굴속에서 다윗이 사울을 죽일 수 있었으나 죽이지 않고 그의 옷자락만을 베어 옵니다. 나중에 다윗이 이 사실을 멀리 떨어진 곳에 서서 사울에게 외쳐서 알립니다. 이에 대한 사울의 반응이 16절 이하에 나옵니다.

다윗이 사울에게 이같이 말하기를 마치매 사울이 이르되 내 아들 다윗아 이것이 네 목소리냐 하고 소리를 높여 울며 다윗에게 이르되 나는 너를 학대하되 너는 나를 선대하니 너는 나보다 의롭도다 네가 나 선대한 것을 오늘 나타냈나니 여호와께서 나를 네 손에 넘기셨으나 네가 나를 죽이지 아니하였도다 사람이 그의 원수를 만나면 그를 평안히 가게 하겠느냐 네가 오늘 내게 행한 일로 말미암아 여호와께서 네게 선으로 갚으시기를 원하노라 보라 나는 네가 반드시 왕이 될 것을 알고 이스라엘 나라가 네 손에 견고히 설 것을 아노니 그런즉 너는 내 후손을 끊지 아니하며 내 아버지의 집에서 내 이름을 멸하지 아니할 것을 이제 여호와의 이름으로 내게 맹세하라 하니라 (삼상 24:16-21)

사울은 자신이 다윗의 우월함 그리고 다윗의 승리와 운명을 알고 있다고 그에게 이야기합니다. 그리고 이후에 다윗이 정말 그렇게 승리하게 되면, 부디 자기 자손들을 은혜로 대접해 달라고 부탁합니다. 우리가 가진 상식으로 이 구절을 읽으면 당연히 이런 질문이 나옵니다. 사울은 다윗이 옳고 하나님이 다윗을 편들어 주는 것과 자기가 망할 것을 알고 있고, 장차 자기 자식들을 다윗에게 은혜로 대해 줄 것을 요청할 수 있다면, 왜 사울은 하나님 앞에 회개하지 않을까 하는 질문입니다. 대개는 자기 잘못을 모르고, 하나님을 붙들어야 한다는 것을 몰라서 회개를 못 한 것이지, 사울은 이것을 다 알고 있으면서도 왜 회개하지 않았을까, 하는 생각이 듭니다. 이것이 우리가 지니는 보통의 생각입니다.

그러나 사무엘서가 다윗과 사울을 들어 가르치고 싶은 것은 선택의 문제가 아닙니다. 사무엘서는 회개를 선택한 사람과 회개를 거부한 사람으로 대조하고 있지 않습니다.

왕다움을 보여 준 다윗

욥기를 읽을 때 드는 가장 큰 오해가 무엇입니까? 욥의 세 친구가 하는 지적이 다 옳다는 사실 때문에 욥기를 읽는 데에 어려움이 있습니다. '도대체 욥은 뭘 잘했고, 또 뭘 잘못했는가? 그는 왜 고난을 받는가?' 하는 질문이 미궁에 빠지게 됩니다. 이럴 때 욥기의 전제를 다시 한번 살펴볼 필요가 있습니다. 욥기의 설정은 두 가지입니다. 하나는 욥이 의로운 사람이라는 것과 다른 하나는 욥은 죽을 수 없다는 것이었습니다. 하나님이 욥에게 하실 일을 다 이루실 때까지 그는 죽을 수도 없습니다.

욥은 재난을 당하여 자신이 죽기를 원한다고 여러 장에 걸쳐 탄식하지만, 사실 그는 죽을 수 없습니다. 우리와 형편이 비슷합니다. 욥의 친구들이 하는 이야기는 다 옳지만, 사실 욥의 경우에는 들어맞지 않습니다. 욥은 친구들이 말하는 인과응보의 원리로 설명되는 경우보다 더 어려운 처지에 처해 있는 것입니다. 하나님이 우리가 알고 있는 질서, 우리가 알고 있는 인과관계 법칙보다 훨씬 큰 하나님의 지혜와 능력의 차원과 창조의 관점으로 욥을 끌어올리십니다. 그렇게 하여 하나님이 욥에게 가르치시려는 것은 인과관계나 세상의 법칙보다 큰 은혜의 세계, 초월의 세계, 하나님이 궁극적으로 목적하시는 영광의 자리를 보여 주려는 것입니다.

마찬가지로 다윗과 사울 역시 각각 '자신의 인생을 믿음으로 순종했냐, 안 했냐' 하는 선택의 문제로 대조되는 것은 아닙니다. 사무엘상 15장에서 이미 본 바와 같이, 사울은 하나님의 명령을 따르지 않고 거역함으로써 순종을 거부했습니다. 사무엘상 15장에서는 사울을 단지 순종을 거부한 자의 몰락이 어떠한지에 대해 다루려는 것이 아닙니다. 하나님으로부터 오는 은혜를 거부하여 은혜를 입지 못한, 하나님에게서 오는 모든 필요를 스스로 거부했기 때문에 홀로 살아야 하는 사람의 운명을 사울을 통해 보여 주고 있는 것입니다.

'사울은 하나님을 믿지 않았어. 다윗은 믿었어'라는 평가는 옳지만, '그것이 어떻게 무슨 현실로 드러나는가'에 대해서는 우리가 자주 틀립니다. 사울은 순종을 거부했기에 명령 불복종으로 죽게 되는 것이 아닙니다. 사울은 '하나님이 없으면 그가 가진 모든 최선, 그가 가진 현실이 다 말라 죽고 헛되다'를 증명하는 자로 서 있고, 다윗은 하나님으로부터 생명과 지혜와 은혜를 계속 공급받는 자로 서 있습니다. 그래서 다윗이 잘한 일은 '그가 잘났다'는 평가로 가야 할 문제가 아니라, 그 경우에 사울이 보인 반응과 다윗이 보인 반응의 차이는 어디에서 기인하는가를 생각해야 하는 것입니다.

'한 사람은 순종했고, 다른 한 사람은 불순종했다'고 이렇게 막막한 단어로 대조하지 말고, '모든 선한 일, 가치 있는 일, 명예로운 일은 하나님만이 주시고 만드시고 유지하시고 채우실 수 있다'는 기준으로 대조해야 하는 것입니다. '사울처럼 돼서는 안 된다'는 다짐을 촉구하려고 이 둘의 대조를 보여 주었다기보다 '하나님 없이 살면 다 이렇게 될 수밖에 없구나'를 보여 주고자 한 것입니다. 불순종하면 단지 벌을 받는다는 정도가 아니라, 그것보다 더 큰, 피할 수 없는 운명에 붙잡힌다는 것을 보여 줍니다. 불순종의 끝은 사망일 수밖에 없습니다. '생명이 은혜를 입으면, 가면 갈수록 더 아름답고 풍성하고 영광스럽게 된다. 다윗은 자기 실력으로 이렇게 된 것이 아니라, 하나님으로부터 온 것이고 받은 것이다'를 여기서 증언하고 있는 것입니다.

그런 차원에서 본문 말씀을 보면, 다윗은 세상에서 보는 바와 같이 자신의 경쟁자를 꺾음으로써 왕권을 유지하는 데에 목적이 있지 않다는 점을, 사울의 죽음을 애도하는 다윗의 모습에서 확인할 수 있습니다. 세상에서는 권력을 경쟁자와 함께 나누지 않습니다. 나눌 수 없습니다. 경쟁자를 꺾어야 권력이, 지위가 온전히 자기 것이 되기 때문입니다.

그러나 다윗은 그렇게 하지 않습니다. 그는 사울을 죽일 수 있었을 때에도, 주변에서 모두 '그를 죽여야 합니다. 당신이 하나님 앞에 왕으로 기름 부음을 받았으니 사울을 죽여서 왕권을 획득하십시오'라고 자신을 설득해도 거절합니다. 다윗은 왕권을 권력과 폭력의 차원으로 보지 않고, '왕다움의 문제'로 이해하고 있는 것입니다. 다윗은 이 일을 통해 자신의 위대함이 아닌, 자신의 왕권은 하나님이 허락하셨다는 사실을 보여 주는 것입니다. 성경에서 신약 성도들을 향해 '너희는 왕 같은 제사장'(벧전 2:9 참조)이라고 부릅니다. 이 말은 우리가 권력을 가졌다는 의미가 아닙니다. 왕 같은 제사장에 걸맞은 권위와 실력을 갖추며 내용을 갖추라는 것을 말합니다. 그것이 성경이 하고 싶은 이야기입니다.

다른 이로써는 구원을 받을 수 없나니

앞에서 이야기한 내용을 알기 쉽게 이해하기 위해서 사도행전 3장으로 가 봅시다.

제 구 시 기도 시간에 베드로와 요한이 성전에 올라갈새 나면서 못 걷게 된 이를 사람들이 메고 오니 이는 성전에 들어가는 사람들에게 구걸하기 위하여 날마다 미문이라는 성전 문에 두는 자라 그가 베드로와 요한이 성전에 들어가려 함을 보고 구걸하거늘 베드로가 요한과 더불어 주목하여 이르되 우리를 보라 하니 그가 그들에게서 무엇을 얻을까 하여 바라보거늘 베드로가 이르되 은과 금은 내게 없거니와 내게 있는 이것을 네게 주노니 나사렛 예수 그리스도의 이름으로 일어나 걸으라 하고 오른손을 잡아 일으키니 발과 발목이 곧 힘을 얻고 뛰어 서서 걸으며 그들과 함께 성전으로 들어가면서 걷기도 하고 뛰기도 하며 하나님을 찬송하니 (행 3:1-8)

오순절 성령 강림 이후에 권능을 받은 사도들이 처음으로 일으킨 커다란 기적입니다. 나면서부터 못 걷게 된 사람을 일으키자 온 예루살렘성이 시끄러워집니다. '은과 금은 내게 없거니와 내게 있는 이것을 네게 주노니 곧 나사렛 예수 그리스도의 이름으로 일어나 걸으라'(행 3:6). 앉아서 구걸하던 사람에게 한 이 말은 굉장히 중요합니다. 그런데 우리는 이 기적을 좀 간단하게 생각하는 경향이 있습니다. 이 말씀은 사실이고, 이 사건도 사실이며, 오늘날에도 얼마든지 반복해서 일어나는 기적이기도 합니다. 여기 나온 '나사렛 예수 그리스도의 이름'이라는 말을, 예수의 이름만 갖다 붙이면 어떤 일이든 이루어지는 수단이나 주문 정도로 이해해서는 안 됩니다. 좀 더 중요한 내용이 빠져 있기 때문입니다. 사도행전 4장 5절 이하에 가면, '나사렛 예수 그리스도의 이름으로 일어나 걸으라'라는 이 말이 무슨 뜻인지 이렇게 잘 소개되어 있습니다.

> 이튿날 관리들과 장로들과 서기관들이 예루살렘에 모였는데 대제사
> 장 안나스와 가야바와 요한과 알렉산더와 및 대제사장의 문중이 다
> 참여하여 사도들을 가운데 세우고 묻되 너희가 무슨 권세와 누구의
> 이름으로 이 일을 행하였느냐 이에 베드로가 성령이 충만하여 이르
> 되 백성의 관리들과 장로들아 만일 병자에게 행한 착한 일에 대하여
> 이 사람이 어떻게 구원을 받았느냐고 오늘 우리에게 질문한다면 너
> 희와 모든 이스라엘 백성들은 알라 너희가 십자가에 못 박고 하나님
> 이 죽은 자 가운데서 살리신 나사렛 예수 그리스도의 이름으로 이
> 사람이 건강하게 되어 너희 앞에 섰느니라 이 예수는 너희 건축자들
> 의 버린 돌로서 집 모퉁이의 머릿돌이 되었느니라 다른 이로써는 구
> 원을 받을 수 없나니 천하 사람 중에 구원을 받을 만한 다른 이름을
> 우리에게 주신 일이 없음이라 하였더라 (행 4:5-12)

예수 외에 '구원을 받을 만한 다른 이름을 우리에게 주신 일이 없음이
라'는 말씀이 우리에게는 '나는 예수를 믿어서 천국 가고, 너는 안 믿
어서 지옥 간다'는 배타적 이분법으로 각인되어 버렸습니다. 이것은
진리의 일면이지만, 그 일면을 전부로 오해하는 바람에 더 중요한 내
용이 감춰져 버렸습니다. '너희는 메시아를 죽였으나, 그 죽은 메시아
가 이 사람을 일으켰다. 세상은 죽이자고 덤벼들지만, 예수는 살리자
고 오셨다.' 이렇게 대조되는 것입니다. '예수 이름 외에 다른 이로써
는 구원을 받을 수 없다. 세상에 존재하는 모든 것들은 할 수 있는 최

선이 죽이고 죽는 것뿐이다. 예수만이 죽음을 뒤집고 용서하고 회복하고 살릴 수 있는 분이다.' 이것이 '예수 외에 다른 이름이 없다'는 말의 의미입니다. 그러니 '나는 믿었고, 너는 안 믿었으니까 저주를 받아라'와 같은 내용은 전혀 들어 있지 않은 것입니다. 요한복음 3장 16절을 읽어 봅시다.

> 하나님이 세상을 이처럼 사랑하사 독생자를 주셨으니 이는 그를 믿는 자마다 멸망하지 않고 영생을 얻게 하려 하심이라 (요 3:16)

이어 17절을 보겠습니다. 16절보다는 덜 읽히지만, 매우 중요한 구절입니다.

> 하나님이 그 아들을 세상에 보내신 것은 세상을 심판하려 하심이 아니요 그로 말미암아 세상이 구원을 받게 하려 하심이라 (요 3:17)

예수는 우리를 시험하기 위해서 보내진 것이 아닙니다. 패를 가르라고 보내진 것도 아닙니다. 구원을 위하여 보내졌습니다. 그런데도 신자들이 자기의 신앙에 대하여 자신감이 부족한 것은 '예수를 믿고 나면 우리의 존재 자체로 이미 신앙의 여정이 시작된다'는 사실을 모르기 때문입니다. 잘해야만 잘 믿는다고 생각하기 때문입니다. 그러니 특별히 위대한 일을 하고 있지 않는 한, 신자의 삶은 괴롭습니다. 하다못해 하루에 성경은 열 장 이상 읽고 기도도 한 시간 정도 해야 하는데, 그것도 하지 못하고 그렇다고 멀리 선교사로 나가지도 못하고 순교는 더더욱 할 수도 없는 노릇이라서 그러면 나는 뭔가, 하는 생각이 듭니다.

요한복음 3장 17절은 하나님이 예수로 말미암아 구원을 주신다는 말이 무슨 뜻인가, 우리가 구원을 받았다는 말이 무슨 뜻인가에 관한 성경의 중요한 증언입니다. 흔히 '예수를 믿는다'는 말을 들으면, 하나님 앞에 기도하면 응답을 받고, 은혜를 구하면 하나님이 우리를 지키시고, 이제 우리는 죽으면 천국에 가서 영원히 죽지 않는다는 사실로 이해합니다. 그러나 이런 약속들이 자기도 모르게 배타적 이분법으로 이해되고 말았습니다. 예수를 믿음으로써 가지게 된 것들이, 예수를 믿지 않으면 얻을 수 없는 것들이 배타적 이분법으로 이해되어 버린 것입니다. 사울과 다윗을 나누듯이, 세상 사람들과 예수 믿는 자들을 이렇게 나누어서, 세상이 더 크고 그중에 하나님이 구원과 은혜를 베푼 자들은 세상의 악함과 불행에서 이렇게 면제를 받는 정도로 하나님의 구원이 세상의 어떤 한 부분에 국한된다고 좁혀 버리고 만 것입니다. 그러나 더 크게 생각해야 합니다.

창조가 있다

기독교가 이야기하는 것이 무엇입니까? 보이는 세상이 전부가 아니고, 자연 질서가 궁극적 질서가 아니라, 그보다 더 큰 질서가 있다는 것입니다. 창조가 있고, 이 모든 것을 지으신 창조주 하나님이 계십니다. 하나님을 창조주라고 인정한다면, 하나님의 통치를 벗어나 있는 일은 세상에 존재할 수가 없습니다. 기독교 신앙을 갖는다는 것은 보이는 세계와 보이는 질서, 보이는 조건과 결과가 전부가 아님을 인정하는 것입니다.

기독교에 들어오면 무엇이 있습니까? 은혜가 있습니다. 회복이 있습니다. 기적이 있습니다. 창조주가 세상 위에 있으니 세상의 질서보다 큰 존재가 있음을 인정하는 것입니다. 그리고 그분이 이 타락한 세상, 하나님을 거역한 부패한 세상을 구원하기로 하셨습니다. 그래서 당신의 아들을 보내십니다. 그러니 조금 전에 읽은 요한복음 3장 16절은 하나님의 의도와 하나님의 의지 모두를 드러내고 있음을 알 수 있습니다. 그러므로 모든 기독교인은 이 궁극적 권위의 주인이 세상을 회복하시고, 세상에 복 주기를 원하시며, 세상을 구원하기를 원하신다고 하는 하나님의 의도에 마땅한 생각과 자세를 가져야 합니다. 하나님을 거부하고 반대하는 것들을 쳐부수는 것이 구원이 아니라, 그들을 회복하려고 하는 것이 하나님의 의도라는 것입니다.

'하나님은 모두를 구원하자는 것이다.' 이것이 하나님의 큰 틀입니다. 그러니 우리도 그 틀에 따라 생각해야 합니다. '우리도 죄인이었으나 은혜로 구원을 얻었다. 그런데 저들은 아직도 믿지 않고 있다. 저들은 어떻게 되는 거냐? 우리는 모른다. 우리는 그들에 대하여 미운 소리를 할 수가 없다. 그건 우리가 할 말이 아니다. 왜냐하면 하나님은 구원하자는 분이기 때문이다. 구원을 의도하고 계시기 때문이다. 하나님이 저주를 퍼붓지 않기로 하셨기 때문이다. 하나님이 모두에게 복 주기를 기뻐하셨기 때문이다.' 그래서 우리도 그리하기로 합니다.

'예수 외에 구원을 얻을 만한 다른 이름을 주신 적이 없다'는 말씀은 결국 이 세상이 궁극적 권세가 아니다, 세상이 만들어 낼 수 없는 방법으로 하나님이 구원을 베푸셨다는 말씀입니다. 세상의 정체가 드러난 데가 십자가입니다. 세상은 예수를 십자가에 못 박았습니다. 거기서 하나님이 구원을 완성하셨다는 사실에 우리는 놀랍니다. 우리가 최악의 결정을 내린 자리, 최악의 행위를 한 자리에서 구원이 완성된다는 것은 우리로 입을 다물게 합니다. 그러니 누구를 치고 꺾고 정죄해서 자신의 안심과 자랑으로 삼을 이유가 없습니다. 이제는 멋지게 굴어야 합니다. 앞서 읽은 사도행전 말씀에 이어서 사도행전 4장 23절부터 봅시다.

> 사도들이 놓이매 그 동료에게 가서 제사장들과 장로들의 말을 다 알리니 그들이 듣고 한마음으로 하나님께 소리를 높여 이르되 대주재여 천지와 바다와 그 가운데 만물을 지은 이시요 또 주의 종 우리 조상 다윗의 입을 통하여 성령으로 말씀하시기를 어찌하여 열방이 분노하며 족속들이 허사를 경영하였는고 세상의 군왕들이 나서며 관리들이 함께 모여 주와 그의 그리스도를 대적하도다 하신 이로소이다 (행 4:23-26)

24절에 있는 '대주재여'라는 단어와 26절 끝에 있는 '하신 이로소이다'라는 단어에 밑줄을 그어 보십시오. 그러니까 초대교회 사람들이, 이 사도들이 기적을 일으키고 예수 이름을 증언하고 붙잡혀 갔다가 풀려나서 확인한 것은 '하나님이시여, 당신은 창조주시며 존재하는 모든 것의 주인이시며, 반대하는 세력마저 허락하신 분입니다'라는 사실입니다. 반대하는 세력을 하나님이 허락하셨습니다. 그래서 어쩌자는 것입니까?

> 과연 헤롯과 본디오 빌라도는 이방인과 이스라엘 백성과 합세하여 하나님께서 기름 부으신 거룩한 종 예수를 거슬러 하나님의 권능과 뜻대로 이루려고 예정하신 그것을 행하려고 이 성에 모였나이다 (행 4:27-28)

'맞습니다. 저 악당들이 하나님과 그리스도를 거스르는 자기 역할을 하러 모였습니다'라는 말 뒤에 '주여, 저들을 한 방에 날려 주시옵소서'와 같은 말은 나오지 않습니다. 그다음은 무엇이라고 되어 있습니까?

> 주여 이제도 그들의 위협함을 굽어보시옵고 또 종들로 하여금 담대히 하나님의 말씀을 전하게 하여 주시오며 손을 내밀어 병을 낫게 하시옵고 표적과 기사가 거룩한 종 예수의 이름으로 이루어지게 하옵소서 하더라 (행 4:29-30)

'저놈들은 악당 노릇을 하러 이곳에 모였습니다. 우리도 궐기하여 우리 역할 다하겠습니다. 저들이 우리를 죽이고자 한다면 죽이라고 하십시오.' 이것이 기독교 신앙입니다. 우리만이 저주하지 않고, 용서할 수 있고, 기다릴 수 있고, 웃을 수 있습니다. 예수를 믿는다는 고백이 가지는 하나님의 일하심에 동참함으로써, 죄인이었던 나를 위하여 죽으실 수 있는 하나님의 구원하시는 방법이 나라는 존재 속에 있음으로써, 우리만이 화해와 은혜와 용서와 회복과 하나님의 개입을 기다리는 자로 서 있을 수 있는 것입니다. 세상이라면 다시는 안 볼, 다시는 용서하지 않을 자리에서조차 말입니다. 그렇게 서 있는 것 자체로 하나님의 위대한 임재를 드러내는 것입니다.

그러니 원망과 보복에서 벗어나야 합니다. 이런 단어들이 한국 교회에서는 명분으로 쓰이는 바람에 신앙이 의지의 문제에 불과해지고 말았습니다. 기독교 신앙이 가지는 이런 큰 세계관, 인생관, 하나님이 세상을 어떻게 지으시고, 구원을 어떻게 이루시고, 우리 인생 속에서 무엇을 만드시며, 어떤 일을 하시는가에 대한 이해로 연결되지 않는 것입니다. 물론 말하기는 쉽습니다. "회개하고 믿음을 좀 가져 봐." 그러나 이런 말은 맥락 없는 돌직구에 불과해지고 말았습니다. 다 비수가 되어 상대방에게 꽂히고 말았죠.

신앙이 하나님을 믿는 자신에게 세계를 보는 안목이나 인생에 대한 깊은 항복 같은 것으로 나타나지 못하는 바람에 신자로서 무엇을 해야 하는지, 존재 자체가 무엇인지에 대해 생각하지 않게 되어 버렸습니다. 하나님이 나에게 주지 않으신 능력, 지위, 해결은 다 상관없는 문제라는 것을 기꺼이 감수하는 순종이 만들어지지 않는 것입니다.

로마서 12장에 가면, 이런 구체적인 권면이 나옵니다. 이 구절을 이번 장의 결론으로 삼으면 실감이 날 것입니다. "너희를 박해하는 자를 축복하라 축복하고 저주하지 말라 즐거워하는 자들과 함께 즐거워하고 우는 자들과 함께 울라"(롬 12:14-15). 슬퍼하는 사람한테 가서 '네가 믿음이 없어서 그래' 그따위 말 좀 하지 마십시오. 그 무슨 멋대가리 없는 소리입니까? 대신 '얼마나 힘드냐. 내가 맛있는 밥 사 줄게'라는 따뜻한 말을 해 주십시오.

누군가 딸을 시집 보내고 즐거워하면 "야, 그렇게 좋아할 것 없어. 시집 보내면 끝인 줄 알아?" 그런 말은 왜 하는 거예요, 도대체? 예수 믿는다는 것이 무엇입니까? "이번에 보니까 네 딸 결혼 참 잘했더라. 하나님이 함께하시는구나. 참 보기 좋다." 이런 좋은 말을 해 주십시오. 이어 나오는 말씀을 더 봅시다. "서로 마음을 같이하며 높은 데 마음을 두지 말고 도리어 낮은 데 처하며 스스로 지혜 있는 체 하지 말라"(롬 12:16). 세상 다 아는 것처럼 이야기하지 말라고 합니다. "학교 들어가면 다인 줄 알아? 공부하는 게 얼마나 힘든 줄 알아?" 그런 말 좀 하지 마십시오. 그런 말은 악당들이 하게 놔두고, 서로 좋은 말을 해 주십시오.

아무에게도 악을 악으로 갚지 말고 모든 사람 앞에서 선한 일을 도모하라 할 수 있거든 너희로서는 모든 사람과 더불어 화목하라 내 사랑하는 자들아 너희가 친히 원수를 갚지 말고 하나님의 진노하심에 맡기라 기록되었으되 원수 갚는 것이 내게 있으니 내가 갚으리라고 주께서 말씀하시니라 네 원수가 주리거든 먹이고 목마르거든 마시게 하라 그리함으로 네가 숯불을 그 머리에 쌓아 놓으리라 악에게 지지 말고 선으로 악을 이기라 (롬 12:17-21)

악을 제거하려 들지 마십시오. 우리가 있어야 선한 역할이 나오며, 은혜, 생명, 창조, 구원, 회복, 기적, 이런 것들이 증언됩니다. '변호인, 말씀하시죠'라는 대사가 나오면 그때 말하면 됩니다. "당신은 아직 하나님을 몰라서 그리한 줄로 압니다. 저는 당신의 죄를 묻지 않겠습니다. 저와 같이 당신도 은혜 입기를 바랍니다." 이런 대사를 할 수 있기 바랍니다. 먼저 좋은 표정으로 대하십시오. 사설을 늘어놓지 마십시오. 시도 때도 없이 정답을 이야기하는 것을 '설교하고 앉아 있네'라고 합니다. 그런 역할은 맡지 마십시오. 삶을 살아 내고, 따뜻하게 교제하며, 책임을 맡으며, 하나님의 위대한 임재를 드러내는 그런 인생을 살아 내십시오.

기도

하나님 아버지, 은혜를 감사합니다. 예수를 믿는다는 말이 가지는 위대함과 신비를 확인했으니 축복하며 용서하며 기다리며 좋은 말을 해 주며 살겠습니다. 우리를 시험하는 악한 자들과 거스르는 대적자들을 만났을 때, 우리의 역할을 감당하는 믿음의 승리를 주시옵소서. 우리에게 허락된 진실한 성육신의 길을 살아가게 하옵소서. 예수님 이름으로 기도합니다. 아멘.

21.

깊고 푸른 역사

8 사울의 군사령관 넬의 아들 아브넬이 이미 사울의 아들 이스보셋을 데리고 마하나임으로 건너가 9 길르앗과 아술과 이스르엘과 에브라임과 베냐민과 온 이스라엘의 왕으로 삼았더라 10 사울의 아들 이스보셋이 이스라엘 왕이 될 때에 나이가 사십 세이며 두 해 동안 왕위에 있으니라 유다 족속은 다윗을 따르니 11 다윗이 헤브론에서 유다 족속의 왕이 된 날 수는 칠 년 육 개월이더라 (삼하 2:8-11)

이게 뭔가 싶은 다윗의 인생

사울은 죽었고, 이제 다윗은 왕이 되는 일에 아무런 장애가 없습니다. 그럼에도 다윗은 즉시 왕위에 오르지 못하고, 사울의 아들 이스보셋을 옹립하여 분립한 아브넬과 그 정권의 도전과 경쟁으로 칠 년 반의 세월을 보내야 했습니다. 아브넬은 사울의 군대 장관이었던 사람입니다. 다윗이 이렇게 긴 세월 동안 왕위에 오르지 못했던 것은 열두 지파 중 유다 지파만이 다윗을 왕으로 인정했기 때문인데, 이러한 상황은 앞에 일어난 일련의 일들에 자연스럽게 이어지는 결과는 아닙니다.

세상 역사에서야 잘하고도 욕을 먹고 정당한 사람이 오히려 희생을 당하기도 하는 일들이 더러 일어나지만, 이스라엘 역사는 하나님이 통치하시는 역사인데, 하나님이 인정해 주시는 일이 왜 이렇게 우여곡절을 겪어야 하는지, 왜 순조롭게 진행되지 않는지 좀 짚어 봐야 합니다. 왜냐하면 우리 모든 성도가 현실에서 겪는 일이 이와 똑같기 때문입니다. 하나님은 왜 내 기도에 응답해 주시지 않는지, 왜 저 웬수는 늘 형통한지, 이것이 우리가 궁금한 대목입니다. 사실 성경은 이미 그 주제를 다루고 있는데도, 우리가 성경을 잘못 읽고 있기 때문에 그렇게 깨닫지 못하는 것인지 모릅니다.

사무엘상 15장에는 사울이 폐위되는 장면이 나옵니다. 사무엘이 사울을 향하여 '왕이 하나님 말씀에 순종하지 않았기 때문에 하나님도 왕을 버렸습니다'라고 선언합니다. 그런 후에도 사울 왕의 정권은 꽤 오랜 시간을 더 이어 가고, 지금 사울이 죽은 후에도 그 자식에게 왕권이 이어지고 있습니다. 사무엘상 16장에서는 다윗이 기름 부음을 받는 장면이 나오고, 이어 17장에 가면 다윗이 골리앗을 물리치는 유명한 사건이 나옵니다. 24장에서는 다윗이 자기를 죽이려는 사울을 살려 주고, 26장에서는 사울을 한 번 더 살려 줍니다. 31장에서는 사울의 죽음이 나오고, 다윗은 사울의 죽음을 애통해합니다.

이제 사무엘하 1장에서는 위대한 용사 사울과 요나단의 죽음을 슬퍼하는 다윗의 애가가 나옵니다. 다윗의 생애를 돌아보면 그에게는 별다른 보상이 주어진 것 같지 않습니다. 그는 우리가 알고 우리 역시 겪는, 세상 모든 사람이 맞이하는 보편적 인생을 살아갑니다. 우리 생각에 다윗의 인생은 하나님이 좀 더 특별하게 대우해 주시지 않을까 싶지만 말입니다. 다윗은 특별하고 위대한 사람인 것 같은데, 우리가 겪는 것과 방불한 인생을 살아야 한다는 점은 얼핏 납득이 가지 않습니다. 그는 골리앗을 무찌른 사람입니다. '나는 네가 저주하는 만군의 주 여호와의 이름으로 네게 가노라'라는 확신에 찬 선언과 함께 승리를 얻어 낸 사람이요. '여호와의 기름 부음 받은 자를 나는 죽일 수 없다'라며 복수의 기회를 두 번이나 사양한 사람이고, 그렇게 하여 마침내 사울의 항복까지 받아 냅니다. 다윗은 사울에게서 "다윗아, 너는 나보다 옳다. 네가 승리할 것이다. 나도 안다"라는 고백을 받아 내지만, 그렇다고 하나님이 다윗에게 평탄한 인생을 허락하지는 않으십니다. 우리는 이게 뭔가 하는 생각이 듭니다.

다윗의 생애 전체를 보면, 다윗의 인생은 사울의 인생과 대조되어 있다는 것을 알 수 있습니다. 사울이 '하나님 없이 사는 인간이 최선을 다해서 얻을 수 있는 것의 결국은 사망이나 실패밖에 없다'는 사실을 보여 준다면, 다윗은 '하나님만이 주실 수 있는 것의 결국은 명예,

승리, 그리고 은혜'라는 사실을 드러내 줍니다. '사울은 믿지 않고 순종하지 않았으나, 다윗은 믿고 순종했다'는 개인의 수준을 비교하는 것이 아닙니다. 여기서는 '하나님에게서 공급이 있었는가, 없었는가' 하는 차이를 두 인물의 대조를 통해 보여 주는 것입니다. 그런데 우리는 '하나님이 은혜를 주신 사람에게는 승리와 보상이 따른다'는 생각밖에 하지 않아서 그저 다윗이 보상을 많이 받았으려니 하고 짐작합니다. 그러나 이후에도 다윗은 별반 그렇게 두드러지게 평탄한 삶을 살지는 않습니다. 그는 어렵게 왕위에 올랐으나 자식들의 반란을 겪어야 했고, 여느 사람들과 같이 나중에는 늙고 병듭니다. 그의 말년을 보면, 그저 보통 사람들이 늙어 죽는 것과 똑같습니다. 무엇을 먹어도 맛이 없고, 이불을 덮어도 춥고, 정신도 하나 없고, 그렇게 시시하게 종말을 맞이합니다. 우리는 이게 뭔가 싶습니다.

역사, 하나님의 계시

예수 그리스도로 시작되는 신약 시대를 열어젖히는, 하나님의 구원을 여는 일의 시작에 이런 인생을 산 다윗을 등장시킨다는 것은 놀라운 일이 아닐 수 없습니다. 마태복음 1장 1절에 나온 '아브라함과 다윗의 자손 예수 그리스도의 계보'라는 구절에서 예수를 증언하는 위대한 일에 다윗의 이름이 들어가 있는 것을 알 수 있습니다. 이번에 '다시 보는 사무엘서'를 강해하면서, 전체 설교 제목을 '깊고 푸른 역사, 사무엘서'라고 지어 보았습니다.

우리가 경험하듯이 역사란, 각 개인의 인생이 들어간 모든 인류의 인생을 종합한 것입니다. 역사학자들이 말하는 대로 그리고 우리 자신이 납득하는 대로 역사에는 의식이 없습니다. 의지도 없습니다. 법칙도 없습니다. 왜 그런 일들이 일어났는지, 왜 그렇게밖에 될 수 없었는지를 아무도 분명한 논리로 제시하지 못합니다. 그런데도 역사를 외면할 수 없는 이유는 이것입니다. 역사는 논리가 없지만 실제로 일어난 사실이기 때문입니다. 그래서 외면할 수가 없습니다.

역사에 있는 분명한 내용 중 하나는 공포입니다. 역사 속에는 공포가 있습니다. 어떤 공포입니까? 세상에는 늘 폭력과 절망과 비명이 난무하다는 공포입니다. 인류 역사에 편안한 날이란 없었고, 지금도 없습니다. 우리는 묻고 싶습니다. 하나님이 창조하셨고, 그 창조를 회복하겠다고 하신 역사가 왜 이런 재앙을 겪어야 하느냐고 말입니다. 그리고 예수 그리스도로 구원하신, 그 아들을 주시기까지 사랑하시고 그 큰 능력으로 깨우치시고 새사람 되게 하신 신자들을 왜 이런 역사 속에 살게 두시는가도 역시 묻고 싶습니다. 왜 그럴까요? 그것은 역사가 중요한 역할을 맡고 있기 때문입니다.

역사는 하나님의 계시 중 하나인데, 어떤 내용을 담고 있는 계시입니까? 세상에 있는 죄와 폭력과 사망이 실체라는 것을 보여 주는 계시입니다. 그러면 우리는 또 묻습니다. 하나님이 죄와 폭력과 사망을 미워하신다면 이것들을 그냥 빨리빨리 제거하면 될 것 아니냐고 말입니다. 하지만 하나님은 그렇게는 안 하십니다. 오히려 하나님이 목적하시는, 그가 사랑하시고 정성을 다하여 인도하시려는 당신의 백성들을 역사 속에서 훈련하신다고 말합니다. 이것이 사울의 존재가 지니는 가치입니다.

사울은 어떤 존재입니까? 그가 정치적으로, 인간적으로 문제가 있는 인물이라는 것이 성경이 사울을 바라보는 핵심이 아니라, 사울은 생명과 진리를, 명예와 영광을 만들어 낼 수 없는 자로 서 있다는 점을 깨달아야 합니다. 세상이 그러하듯, 인간은 하나님 없이는 가치를 만들어 낼 수가 없습니다. 명예를 만들 수가 없습니다. 승리는 있지만, 복되지 않습니다. 우리 인생과 역사에서 매일 보는 모습입니다. 명예와 가치는 하나님만이 만드시고 주실 수 있습니다. 그러면 그냥 부어 주면 될 것 아닌가, 설마 이렇게 단순하게 생각하는 사람은 없을 것이라 생각합니다.

하나님은 우리가 바보가 되는 것을 원하지 않으십니다. 하나님은 우리를, 아무런 고통도 못 느끼고 생각도 없는 존재로 만들기를 원치 않으십니다. 우리를 하나의 상자 정도로 여겨 그 상자 속에 복을 집어넣으면 그만인 존재로 의도하지 않으셨습니다. 하나님은 우리가 깊이 생각하고 고민하고 확인하여 하나님에게 진심으로 항복하기를 원하십니다. 굴종을 원하시는 것이 아닙니다. 영광, 명예, 하나님을 아는 기쁨과 가치를 깨달아 하나님이 우리를 사랑하시는 그 마음에 응답하는 실체가 되기를 원하십니다. 그래서 하나님은 하나님의 은혜와 당신이 목적하시는 가치를 담은 우리를 죄와 폭력과 재앙이라는, 하나님 없는 조건 속에 넣어 그러한 환경과 정황 속에서 하나님이 우리에게 주기를 원하시는 것과 대조하게 하시는 것입니다. 그것이 다윗의 인생입니다.

다윗은 영웅이고 하나님이 함께하시는 자이지만, 그는 하나님이 함께하심에 대한 증거로 안심이나 평안이나 형통을 누리는 것이 아닙니다. 죄와 사망이 전부인 것 같은 조건, 즉 불운과 배신과 눈물과 비명이 난무하는 곳에 보내집니다. 그것이 하나님이 우리 인류에게 가르치려는 것이요, 우리 각 개인의 인생을 통하여 하나님이 임재하시고 인도하사 우리에게 만드시려는 것입니다. 물론 눈물을 없애고, 슬픔을 없애고, 사망을 없애는 일이 약속되어 있습니다. 그런데 이 약속은 주님 다시 오시는 날에 실현될 것입니다.

그렇다면 왜 우리는 이 긴 시간을 이런 갈등과 긴장과 절망과 분노와 공포 속에서 살아야 합니까? 그 시간이 우리를 만들어 가기 때문입니다. 그러니 우리는 우리의 현실, 즉 진심이 있으나 보상받지 못하며, 예수를 믿게 되었으나 손해가 되는 것 같은 인생을 살아 내야 합니다. 이것이 다윗의 생애에서 이미 증거되었고, 또한 예수의 십자가에서 증거되고 약속되었습니다. 그러니 우리는 이 세상이 가지고 있는 눈물과 절망과 사망의 공포에서 이 세상에 희망을 주고자 하시는 하나님의 손길과 하나님의 증인으로 서야 한다는 것을 이해하고 순종해야 합니다.

율법에 근거하지 않고 은혜에 속한 일

이 일에 대한 가장 중요한 성경의 약속은 로마서 4장에 이렇게 소개되어 있습니다.

아브라함이나 그 후손에게 세상의 상속자가 되리라고 하신 언약은
율법으로 말미암은 것이 아니요 오직 믿음의 의로 말미암은 것이니
라 만일 율법에 속한 자들이 상속자이면 믿음은 헛것이 되고 약속은
파기되었느니라 율법은 진노를 이루게 하나니 율법이 없는 곳에는 범
법도 없느니라 그러므로 상속자가 되는 그것이 은혜에 속하기 위하
여 믿음으로 되나니 이는 그 약속을 그 모든 후손에게 굳게 하려 하
심이라 율법에 속한 자에게뿐만 아니라 아브라함의 믿음에 속한 자
에게도 그러하니 아브라함은 우리 모든 사람의 조상이라 (롬 4:13-16)

아브라함은 믿음의 조상입니다. 예수가 이 땅에 오셔서 우리를 구원
하시는 이 모든 일이 믿음에 속한 일이고, 하나님이 하시는 일이고,
구원과 복은 우리를 목적하여 하나님이 베푸신 일이라고 합니다. 예
수의 희생, 예수에게서 완성되는 기적이 우리를 대상으로 하고 있고,
우리를 목적하여 이루신 일인데, 이것은 우리가 잘한 일에 보상을 주
려는 것이 아니라, 하나님이 목적하시고 의도하셔서 이루어진 일이라
고 합니다. 그래서 믿음과 은혜가 나오고, 아브라함과 다윗이 등장하
는 것입니다. 아브라함이 믿음의 조상이 된 것은 믿음이 은혜에 속한
것임을 보이기 위해서였습니다. 로마서 4장 4절 이하를 봅시다. 다윗
이 했던 말도 여기 들어 있습니다.

일하는 자에게는 그 삯이 은혜로 여겨지지 아니하고 보수로 여겨지
거니와 일을 아니할지라도 경건하지 아니한 자를 의롭다 하시는 이
를 믿는 자에게는 그의 믿음을 의로 여기시나니 일한 것이 없이 하나

님께 의로 여기심을 받는 사람의 복에 대하여 다윗이 말한 바 불법이
사함을 받고 죄가 가리어짐을 받는 사람들은 복이 있고 주께서 그 죄
를 인정하지 아니하실 사람은 복이 있도다 함과 같으니라 (롬 4:4-8)

왜 믿음에 은혜가 더하여지고, 믿음과 은혜를 설명하는 일에 아브라
함과 다윗이 등장합니까? 아브라함이 누구입니까? 아브라함은 모두
가 하나님을 안 믿고 있을 때 혼자 믿은 사람이 아닙니다. 아브라함은
하나님이 일하시고 목적하시는 복을 증언하기 위하여 하나님이 이방
으로 이끌고 나온 자입니다. 아브라함은 복의 근원이 될 것입니다. 아
브라함을 보는 사람들은 아브라함을 통해 복이 무엇인지를 알게 됩
니다. 아브라함은 이 일을 위해 부르심을 받은 자입니다. 그래서 그
는 평생을 이방에서 나그네로 살아야 했고, 하나님의 복을 증언하기
위해 더 많은 사람을 만나야 했습니다. 다윗이 한 말처럼 이것이 은혜
인 것은 우리가 복을 보상으로 받은 것이 아니라, 하나님이 주도권을
가지고 목적하신 우리의 운명이 하나님의 의지에 속했기 때문입니다.

  율법에 의한 것이 아니고 은혜에 속한 것이다, 율법에 근거하면 실
패한다, 그러나 이것은 은혜에 속하였기 때문에 실패할 수 없다, 이것
이 아브라함과 다윗의 생애가 전하는 역사적 증언입니다. 그러니 오
늘 우리가 인생을 살면서 하게 된 고민, 즉 신자 된 가장 큰 시험은 이
런 것입니다. '왜 하나님은 내 정성에, 내 헌신에 답하시지 않는가. 왜
나는 이렇게 실력이 없는가. 왜 나는 자책과 실망을 벗어날 수 없는
인생을 매일 쳇바퀴 돌 듯이 살고 있는가. 왜 나는 아무 쓸모없는 신
자가 되었는가.' 이 문제에 대하여 성경은 이렇게 대답합니다. 그렇게

말하는 것은 네가 아직도 예수를 믿는다는 말이, 아브라함이 믿음의
조상이라는 말이, 다윗이 은혜의 대표자라는 말이 무엇인지 모르는
것이라고 말입니다.

사도행전 9장에 가면, 이른바 '사울의 회심' 사건이 나옵니다. 13절
부터 봅시다.

> 아나니아가 대답하되 주여 이 사람에 대하여 내가 여러 사람에게 들
> 사온즉 그가 예루살렘에서 주의 성도에게 적지 않은 해를 끼쳤다 하
> 더니 여기서도 주의 이름을 부르는 모든 사람을 결박할 권한을 대제
> 사장들에게서 받았나이다 하거늘 주께서 이르시되 가라 이 사람은
> 내 이름을 이방인과 임금들과 이스라엘 자손들에게 전하기 위하여
> 택한 나의 그릇이라 그가 내 이름을 위하여 얼마나 고난을 받아야
> 할 것을 내가 그에게 보이리라 하시니 (행 9:13-16)

하나님의 약속이 율법에 근거하지 않고 은혜에 근거한다는 것이 하
나님의 의지와 능력에 속한 일이며, 우리가 아는 보상 논리와 인과법
칙을 상회한다고 사도 바울의 생애에 그대로 증언되어 있습니다. 사
울은 당시 예수 믿는 자들을 대적하여 예수의 추종자들을 핍박하려
고 잡으러 다닌 사람이었습니다. 그는 예수 믿는 자들을 잡아 가두기
위해 살기가 등등한 채 다메섹으로 가다가 예수를 만나 뒤집어집니
다. 그런 다음 예수님은 아나니아에게 나타나 "아나니아야, 너는 일어
나 직가라는 거리로 가서 사울을 찾아 그에게 가서 안수해라"라고 말
씀하십니다. 아나니아가 "못합니다. 그는 우리의 원수입니다"라며 항

변하지만, 예수님이 이렇게 쐐기를 박으십니다. "가라. 그는 내가 택한 나의 종이다."

그러면 한번 생각해 보십시오. 하나님이 택하신 자라면, 될성부른 나무는 떡잎부터 달라야 하지 않겠습니까? 왜 그동안 사울이 예수를 대적하는 자로 자라게 하여 죄인 중 괴수의 길을 걷게 하다가 나중에야 주님의 부름을 받게 한 것입니까? 그가 부름을 받아 이방과 임금들 앞에 설 것인데, 임금들 앞에 서려면 귀족이나 특별한 지위가 있어야 좋은 것 아닙니까? 왜 하필 죄수로 서게 하시는 것입니까?

그리스도에게서 끊어질지라도

성경이 하고 싶은 이야기는 이것입니다. 우리가 기대하고, 우리가 알고 있는 인과율, 원인과 결과의 법칙, 보상의 논리가 지배하는 영역을 넘어서 있는 목적이 하나님에게 있다는 것입니다. 질서와 원칙이 무효하다는 이야기가 아니라, 하나님이 우리에게 하시려는 것은 우리의 상상을 넘어서 있다는 의미입니다. 그래서 바울이 이방의 사도가 된 것입니다. 바울이 어떻게 이방의 사도가 되었습니까? 그는 다메섹에서 예수를 만나 거꾸러집니다. 바울이 이제 진리를 깨닫게 되자, 가장 먼저 자기 동족들에 대해 애타는 마음을 가지게 됩니다. 자기가 했던 오해와 똑같은 오해를 하고 있는 자기 동족들을 위하여 로마서 9장에서 이렇게 이야기합니다.

내가 그리스도 안에서 참말을 하고 거짓말을 아니하노라 나에게 큰 근심이 있는 것과 마음에 그치지 않는 고통이 있는 것을 내 양심이 성령 안에서 나와 더불어 증언하노니 나의 형제 곧 골육의 친척을 위하여 내 자신이 저주를 받아 그리스도에게서 끊어질지라도 원하는 바로라 (롬 9:1-3)

굉장한 선언입니다. 제가 절친한 동료 목사에게 이런 이야기를 한 적이 있습니다. "우리 평생 의리를 지키며 살자. 서로의 잘잘못으로 마음이 왔다 갔다 하지 말고, 무조건 의리를 지키자." 그가 동의했습니다. 그래서 제가 뒤에 한마디를 덧붙였죠. "지옥도 같이 가자." 그러자 이 친구가 기겁하며 이렇게 말했습니다. "지옥은 같이 못 가." 지금 그 이야기입니다. 그런데 바울은 '너희를 위해서라면 내가 지옥에 떨어져도 좋다'는 것입니다. 바울의 말을 들으니 기독교가 무엇인지 우리가 너무 모르고 있었다는 생각이 듭니다. 논리적이고 합리적인 질서와 그 차원에서의 상상력을 넘어서 있는 것이 기독교인데 말입니다.

그러니 모세도 하나님에게 이렇게 담대히 기도했던 것입니다. "이 백성을 죽이시려면 제 이름도 빼 주십시오." 얼마나 굉장한 소리입니까? 하나님이 그 말을 들으시고 뭐라고 하셨습니까? "기특한 녀석!" 그렇게 말씀하셨죠. 여러분 성경에는 없나요? 모세의 이런 마음을, 바울의 애타는 심정을, 하나님의 불타는 마음을 알지 못하면, 우리는 기독교가 무엇인지를 아직 모르는 것입니다. 바울이 이런 고백을 하게 된 이유가 무엇입니까? 바울은 자신부터 본래 그랬던 사람이었으니 이런 고백을 할 수 있었던 것입니다. "나를 구하셨으면, 이 백성도 구하셔야 맞습니다."

예수처럼, 바울처럼

기독교 이천 년 역사 속에서 교회가 이스라엘을 경멸하며 저주해 온
이 말, '너희는 예수를 십자가에 못 박았다. 너희는 그를 믿지 않았다.'
라는 비난을 바울이 뒤집습니다. "아니다. 저들도 구원받는다." 사람들
은 바울의 이 말에 '그게 말이 되냐?'고 따집니다. 바울의 항변은 이렇
습니다. '너희 이방은 원래 선택의 여지도 없었다. 너희는 하나님이 구
원하시는 대상 속에 들어와 있지도 않았다. 그런데 이스라엘이 불순종
하는 바람에 구원이 너희한테 넘어갔다'는 것입니다. 이 말은 '이스라
엘이 순종했으면 너희한테 못 갈 뻔했다' 그런 이야기가 아닙니다. '이
스라엘이 불순종해서 복음이 너희에게 넘어간 이치를 생각해 보라. 원
래는 그들이 순종으로 증언했어야 할 일이다. 그러나 이스라엘이 실패
했는데도 복음이 넘어갈 수 있었다면, 그들이 불순종했다고 복음이 실
패할 것 같으냐? 무효로 될 것 같으냐?' 이렇게 이야기하는 셈입니다.

바울이 왜 이런 이야기를 하는지 생각해 보십시오. 우리 인생에서
우리가 신자답지 못하다고 생각하는 것들이 우리의 신자 된 인생을
실패하게 할 수 없다는 이야기로 받아들여야 합니다. 그렇게 하지 못
한다면, 우리는 끝없이 자격을 따지는 결벽에 빠져 자신감을 회복하
는 데에 그저 인생을 소모하느라 실제로는 아무것도 못 하게 됩니다.

만나는 이웃에게 활짝 웃어 주는 것, 하루에 열두 번 실패하더라도

한 번 웃어 주는 일을 지금 해 보는 것입니다. 마치 구름 사이에 잠깐 비치는 햇살같이 말입니다. 우리만이 할 수 있는 것을 하면 됩니다. 하루 종일 잘하라 그러지 않을 테니 하루에 한 번이라도 좋은 표정을 지어 보십시오. 자책이 우리를 아무것도 하지 못하게 하는 바람에 늘 교회 와서 울고불고 씻어 내느라 아무 일도 안 하고 있습니다. 하루에 하나씩 하십시오. 인사할 때 웃으십시오. 그 한 가지를 못해서 지금 우리 실력이 이런 것입니다. 결국 무엇이 우리를 막았나 보십시오. '세상의 공포가 제거되어야만 나는 웃겠다'가 되어서 그런 것입니다. 우리가 무엇을 하지 못하고 있습니까?

신자인 우리 모두의 소원은 '예수처럼, 바울처럼' 되는 것 아닙니까? '예수처럼, 바울처럼'을 구호로 쓸 때 우리가 기대하는 바는 무엇입니까? 그들의 자신감일 것입니다. 그러나 그런 의미로 쓰면 안 됩니다. '예수처럼, 바울처럼'이라는 말은, 예수님도 그랬고 바울도 그랬듯이, 대접받지 못하고 마음대로 할 수 없는 상황에서 자기 길을 의연하고 묵묵히 걸어가야 한다는 뜻이어야 합니다. 그러니 우리도 마찬가지입니다. 외적 환경만이 아니라 내적 상황으로도 어찌할 수 없는 조건에서 부족한 믿음을 감수하고 할 수 있는 만큼 하는 것입니다. 그것이 신앙생활이며 우리 인생입니다. '어제보다 오늘은 좀 더 낫게' 생각해야 합니다. 나 아니면 아무도 지을 수 없는 웃음을 보여야 합니다.

세상은 자기가 할 수 있는 일을 모두 쏟아붓고 있는데, 교회는 교회만이 할 수 있는 것을 아무도 하지 않고 있습니다. 지금의 이런 현실에서 나 한 사람이라도 말 한마디, 행동 하나로 '예수처럼, 바울처럼' 살아가려 애써야 합니다. 예수님은 오해받았으나 변명하지 않으셨습니다. 이사야 53장에 나온 말씀 그대로입니다. '그가 곤욕을 당하여 괴로울 때에도 그의 입을 열지 아니하였음이여 마치 도수장으로 끌려 가는 어린 양과 털 깎는 자 앞에서 잠잠한 양 같이 그의 입을 열지 아니하였도다'(사 53:7).

우리 자신이 가야 할 길이니 변명할 필요 없습니다. 타협하지도, 보복하지도, 원망하지도 않고 그 길을 걸어야 합니다. 우리 인생은 우리 것입니다. 이 인생은 무지한 죄인을 위해 구세주가 구원하신 삶입니다. 우리가 하면 우리에게 복이고, 못 하면 후회가 남을 것입니다. 못했다고 벌받지 않습니다. 그것으로 끝나지 않습니다. 그러니 걱정하지 마십시오. 각자의 하루를 신자답게 사십시오. 그러면 세상이 내는 폭력 속에 한 줄기 생명이 되고, 소망이 되고, 위안이 될 것입니다. 이 복된 인생을 살아 내는 우리 모두가 되기를 바랍니다.

기도

하나님 아버지, 우리 신앙 인생은 열려 있습니다. 매일 24시간, 일주일에 7일, 한 달에 30일, 일 년에 365일 열려 있습니다. 우리가 입을 열어야 하고, 웃어야 하고, 손을 내밀어야 하고, 격려해야 합니다. 권력을 가질 필요도, 누구의 도움을 받을 필요도 없습니다. 주께서 주신 권세입니다. 그 길 기쁘게 걷게 하셔서 우리 자신과 우리가 속한 사회와 시대 앞에 하나님의 임재를 증언하게 하여 주옵소서. 예수님 이름으로 기도합니다. 아멘.

22.
전혀 달콤하지 않은 신앙 인생

---

31 다윗이 요압과 및 자기와 함께 있는 모든 백성에게 이르되 너희는 옷을 찢고 굵은 베를 띠고 아브넬 앞에서 애도하라 하니라 다윗 왕이 상여를 따라가 32 아브넬을 헤브론에 장사하고 아브넬의 무덤에서 왕이 소리를 높여 울고 백성도 다 우니라 33 왕이 아브넬을 위하여 애가를 지어 이르되 아브넬의 죽음이 어찌하여 미련한 자의 죽음 같은고 34 네 손이 결박되지 아니하였고 네 발이 차꼬에 채이지 아니하였거늘 불의한 자식의 앞에 엎드러짐 같이 네가 엎드러졌도다 하매 온 백성이 다시 그를 슬퍼하여 우니라 35 석양에 뭇 백성이 나아와 다윗에게 음식을 권하니 다윗이 맹세하여 이르되 만일 내가 해 지기 전에 떡이나 다른 모든 것을 맛보면 하나님이 내게 벌 위에 벌을 내리심이 마땅하니라 하매 36 온 백성이 보고 기뻐하며 왕이 무슨 일을 하든지 무리가 다

기뻐하므로 37 이 날에야 온 백성과 온 이스라엘이 넬의 아들 아브넬을 죽인 것이 왕이 한 것이 아닌 줄을 아니라 38 왕이 그의 신복에게 이르되 오늘 이스라엘의 지도자요 큰 인물이 죽은 것을 알지 못하느냐 39 내가 기름 부음을 받은 왕이 되었으나 오늘 약하여서 스루야의 아들인 이 사람들을 제어하기가 너무 어려우니 여호와는 악행한 자에게 그 악한 대로 갚으실지로다 하니라 (삼하 3:31-39)

갈 길이 먼 신앙 현실

사울이 죽자, 사울의 군대 장관이었던 아브넬이 사울의 아들 이스보셋을 왕으로 삼고자 합니다. 그러자 뜻밖에도 유다 지파를 제외한 이스라엘 온 나라가 이스보셋을 왕으로 세우게 됩니다. 우리로서는 이 상황이 잘 이해되지 않습니다. 사울은 인기가 없는 왕이었는데, 어떻게 이스라엘 절대다수가 사울의 아들을 따라가고, 다윗은 유다 지파 하나만 다스리는 그런 지위로 전락했을까 하는 점이 궁금합니다.

다윗은 사울을 죽일 수 있는 기회가 두 번이나 있었으나 그를 죽이지 않았습니다. 결국 사울은 적과의 전투 중에 전사했고, 다윗이 기름 부음을 받은 사실을 온 나라 백성들이 알고 있으니 당연히 다윗이 왕위를 이어받는 것이 맞는데, 마치 성경은 우리에게 달콤한 꿈에서 깨어나라고 면박을 주는 것 같습니다. 그러나 이런 이야기가 있어서 다행으로 여겨지는 것은, 예수 믿는 우리네 인생도 다윗과 비슷하기 때문입니다. 우리의 문제가 쉽게 해결되지 않고 우리에게 남은 것은 하나도 없어 보이고, 아직도 갈 길이 먼 것이 신앙 현실입니다.

다윗 역시 여전히 먼 길을 가야 합니다. 이스보셋이라는 사울의 아들을 왕으로 세운 실제 권력자는 사울의 군대 장관이었던 아브넬인데, 그는 여러 가지 면에서 통치자로서의 소양을 지니고 있지 않습니다. 그저 권력을 갖고 있을 뿐입니다. 그는 사울의 첩 리스바와 간통하는 바람에 이스보셋이 화를 낸 적도 있습니다. 이스보셋의 입장에서 보면 아브넬의 행동은 자기 아버지의 왕권에 대한 도전이고 또 자신의 지위에 대해 무례를 나타낸 것이기 때문에 화를 내는 것이 당연해 보입니다. 그런데 이때 아브넬이 본색을 드러냅니다. '누가 널 왕으로 만들어 주었냐? 내가 은혜를 베풀어서 너를 다윗의 손에 내주지 않은 것인데, 나한테 화를 내다니'라고 한 다음, 이스라엘 장로들을 설득하고 다윗에게 소식을 보내어 '원래 이 나라는 전부 하나님이 왕에게 준 것입니다. 그러니 제가 이 나라를 왕께 돌려드리겠습니다'라고 합니다. 그러자 다윗이 그것을 또 넙죽 받아들이고, 아브넬은 다윗에게 친히 와서 타협에 따르는 보상을 받고 평안히 돌아갑니다.

그때 자리에 없었던 요압이 나중에 돌아와서 아브넬이 왔다가 아무런 해를 받지 않고 돌아간 일에 대해 듣고서 화를 냅니다. 사무엘상 31장에서 본 바와 같이 사울은 먼저 죽고, 이후에 아브넬이 이스보셋을 옹립하여 세운 나라인 이스라엘과 다윗이 왕이 된 유다가 전쟁을 벌이고 거기서 유다 지파가 이깁니다. 이에 아브넬을 죽이기 위해 스루야의 아들인 아사헬이 그 뒤를 쫓습니다. 스루야의 아들들은 요압, 아비새, 아사헬, 이렇게 삼 형제인데, 스루야는 다윗의 누이입니다. 요압이 군대 장관이고, 아비새가 그다음이고, 아사헬, 이렇게 삼 형제가 다 용맹한 군 지휘관인데, 아사헬이 열 일 다 제쳐 놓고 아브넬만 쫓아갑니다. 발 빠른 아사헬이 자꾸 집요하게 추적해 오자, 아브넬이 '너는 다른 사람을 쫓아가서 공을 세워라. 나를 쫓아오면 내가 널 죽일 수밖에 없는데, 왜 그런 모험을 하려고 하느냐?'라고 합니다. 아사헬이 그 말을 듣지 않고 쫓아갔다가 아브넬에게 죽임을 당합니다. 요압과 아비새의 입장에서는 아브넬이 원수죠. 그런데 이 사정을 뻔히 잘 알고 있는 다윗이 아브넬을 평안히 보냈다는 사실 때문에, 요압이 급히 자기 부하들을 보내어 돌아가는 중인 아브넬을 모셔 옵니다. 은밀히 이야기하는 척 아브넬을 데리고 가서는 그를 죽여 버리죠. 그러자 다윗이 아브넬을 위하여 국장을 치릅니다. 다윗이 슬퍼하여 백성들과 함께 울자, 백성들이 다윗을 염려하여 음식을 권합니다. 이에 다윗이 무시무시한 말을 합니다. 35절부터 봅시다.

> 석양에 뭇 백성이 나아와 다윗에게 음식을 권하니 다윗이 맹세하여 이르되 만일 내가 해 지기 전에 떡이나 다른 모든 것을 맛보면 하나님이 내게 벌 위에 벌을 내리심이 마땅하니라 하매 온 백성이 보고 기뻐하며 왕이 무슨 일을 하든지 무리가 다 기뻐하므로 이 날에야 온 백성과 온 이스라엘이 넬의 아들 아브넬을 죽인 것이 왕이 한 것이 아닌 줄을 아니라 (삼하 3:35-37)

우리는 성경을 볼 때 대충 읽는 경향이 있어서 이 대목이 얼마나 깊은 내용을 감추고 있는지를 다들 놓칩니다. 여기는 다윗이 신앙적 결단으로 행동하는 자리가 아니라, 정치적 행보를 보이는 자리입니다. 아브넬에게 원수를 갚으면, 아브넬이 세운 나라와 그를 추종했던 백성들이 겁을 먹을 것입니다. 그래서 다윗은 아브넬의 죽음을 애통해하는 것입니다. 사실 다윗의 입장에서는 아브넬이 죽은 것이 다행입니다. 잘된 일이죠. 그런데 그것을 모르는 백성들이 와서 정말 웁니다. 그 꼴을 지켜봐야 하는 것도 다윗으로서는 쉽지 않았을 것입니다. '저것들을 위해서 내가 이렇게까지 봉사해야 하나.' 그런 생각이 들었을 것입니다. 그런데 하나 더 나아가서 이 대목 끄트머리에 이 쇼의 백미가 나오는데, 38절부터 봅시다.

> 왕이 그의 신복에게 이르되 오늘 이스라엘의 지도자요 큰 인물이 죽은 것을 알지 못하느냐 내가 기름 부음을 받은 왕이 되었으나 오늘 약하여서 스루야의 아들인 이 사람들을 제어하기가 너무 어려우니 여호와는 악행한 자에게 그 악한 대로 갚으실지로다 하니라 (삼하 3:38-39)

스루야의 아들들인 요압과 아비새에 대한 원망을 드러내는 대목입니다. 다윗의 이 말이 '나는 힘이 없다. 쟤들이 실권자라서 나는 아무 일도 못 하겠다'라는 의미로 들립니까? 아니면, '내가 어쩔 수 없어서 이렇게 된 꼴을 보고 앉아 있는 거지. 나는 그럴 마음이 없다'는 책임 회피로 들립니까? 두 번째 의미가 더 맞을 것입니다.

다윗이 요압과 아비새에게 휘둘리는 면이 없지 않지만, 그것보다는 다른 틀로 생각해 봅시다. 정치라는 국면에서 보면 우리가 생각하는 순수한 완벽함이라는 것은 사실 모자란 기준으로 보입니다. 모자란 기준이라는 말은 이런 뜻입니다. '방향은 길을 가르쳐 주지 않는

다'는 말이 있습니다. 동쪽으로 가기 위해서 해 뜨는 곳을 향하여 가야 하는데, 그곳을 가기 위해서 직선으로 가는 것은 이야기가 다릅니다. 어디를 가야 한다고 할 때, 그 방향을 향하여 직선으로만 갈 수는 없습니다. 돌아가야 할 때도 있고 계속 제자리인 것 같은 길도 있습니다. 길은 방향과 다르기 때문입니다. 길은 갈 수 있어야 하는 것입니다. 갈 수 없는 데는 돌아가야 하고 가는 길에 쉬기도 해야 합니다. 지금 다윗은 신앙적 기준에는 조금 못 미쳐 보이는 정치적 행보를 보이고 있는 형국입니다.

인간의 현실을 보여 주는 사울과 신자의 현실을 보여 주는 다윗

사무엘서에서 사울과 다윗으로 증거되는 것은 이것입니다. 사울은 인간의 최선이 전부인 조건에서 인간이 만들어 낼 수 있는 본문을 보여 주는 자라면, 다윗은 하나님이 인간에게 주셔서 담아내는 것을 보여 주는 자로 존재합니다. 사울은 다른 사람보다 어깨 위에 머리 하나가 더 컸던 훤칠한 용사입니다. 그러나 사울이 용사일지라도 그에게는 가치와 명예가 생산되지 않습니다. 그는 권력 싸움과 시샘으로 인해 명예로운 행동과 근거를 전혀 가지지 못합니다. 그러나 다윗은 다릅니다. 다윗이라는 인간 자체가 훌륭하다는 이야기가 아니라, 하나님이 다윗에게 담아서 보여 주시는 것은 사람이 만들어 낼 수 있는 것과 다르다는 것입니다.

　사울이 모든 인간의 현실을 보여 주는 자라면, 다윗은 모든 신자의 현실을 보여 주는 자입니다. 우리가 생산하는 것이 아니요, 하나님이 예수 안에서 그의 백성에게 주시는 은혜와 명예, 용서와 위대함과 온 갖 멋진 것이 다윗에게 들어 있습니다. 이것을 사무엘상에서는 사울 과 다윗을 대조하여 우리에게 확인시켜 주었다면, 이제 사무엘하에 오면, 하나님이 다윗에게 담으신 것을 세상이라는 체제 속으로, 정황 속으로 밀어 넣는 것을 보게 됩니다. 그래서 다윗을 역사 속에 밀어 넣으십니다. 죄가 여전히 최고 권력인 체제와 환경, 사망이 매일 위협 하고 폭력이 난무하는 속에서 '너 죽을래?' 아니면 '너 죽어라'는 칼부 림이 일어나는 속에 다윗을 밀어 넣으신 것입니다.

하나님이 왜 이런 방법으로 일하시는지는 우리가 알지 못합니다. 인 간의 눈으로는 이해가 되지 않습니다. 그런데 성경은 이렇게 증언합니 다. 고린도전서 1장에 가 보면, 십자가의 도가 멸망하는 자들 즉 믿지 않는 자들에게는 미련한 것이지만, 구원을 받는 이들 즉 믿는 이들에 게는 하나님의 지혜이자 하나님의 능력이라고 말입니다. 하나님이 이 방법을 최선이라고 정하셨습니다. 그래서 우리가 알지 못하고 우리로 서는 이해가 가지 않는 것이 역사이고, 인생이며, 각자의 신앙 현실인 것입니다. '내가 예수를 열심히 믿고 헌신해도 보상이 따라오거나 세 상이 달라지지 않는다. 우리의 헌신과 감동에도 불구하고 달라지지 않 고 여전한 세상 속에서, 마치 그들이 우리를 삼켜 버릴 것 같은 세상 속 에서, 하나님이 나보고 그 속에서 일하라고 하신다. 그들을 납득시키 라거나 그들을 무찌르라고 하시지 않고, 너는 네 갈 길을 의연하게 걸 어가라고 하신다.' 이것이 역사이고, 우리 각자의 인생입니다.

이번 사무엘서 강해 제목이 '깊고 푸른 역사, 사무엘서'라고 말씀드렸습니다. 이 제목을 보고 그 의미를 처음부터 알아본 사람이 누가 있겠습니까? '깊고 푸른 역사'. 우리가 보기에는 역사가 늘 무책임하고 말이 안 되고 비극이고 절망인 것처럼 보이지만, 성경은 그렇지 않다고 이야기하는 것입니다. 역사가 절망처럼 여겨지는 것은 외부에서 보이는 환경과 정황일 뿐이고, 하나님의 일하심은 역사 속에서 끊임없이 이어지고 있다고 성경은 이야기합니다. 하나님은 여전히 일하고 계십니다. 매일 아침 해가 떠오르듯, 매일 하나님이 일하고 계시는 곳이 현실이자, 역사이며, 우리 믿는 사람들의 인생입니다. 그래서 여기서 말하고자 하는 성경의 의도는 결국 세상은 배신할 수밖에 없다, 그래서 절망할 수밖에 없다, 왜냐하면 세상은 아무런 가치도 없을 뿐만 아니라 가치를 생산해 낼 수도 없기 때문이다. 세상이 만든 최고의 가치는 도덕과 양심인데, 이것 역시 자신의 변명과 유익을 위해 정치적 이익이나 이해타산을 위해 쓸 뿐이지, 그것을 자신의 운명과 내용으로 삼고 살지는 않기 때문입니다.

인간은 그 정도로 훌륭하지 않습니다. 무엇이 옳은 줄은 알지만, 옳다고 그 길을 다 걷는 것은 아닙니다. 여기에 대하여 성경은 말합니다. 세상이 가지는 절망이나 낭패에 대하여 기독교가 가지는 자랑은 이것입니다. '모든 세상과 역사와 인생은 예수를 믿는다는 이름으로 가치와 근거를 가지게 된다.' 예수가 오셔서 하나님의 지혜가 되고 하나님의 능력이 된다는 것은 세상이 말하는 권력 싸움에서 우위를 차지하는 것과 같은 개념이 아닙니다. 인간성, 인생의 가치, 그 운명의 영광에 대해 성경이 이렇게 증언하고 있습니다.

길과 진리와 생명

요한복음 14장 6절 말씀을 생각해 봅시다. '내가 곧 길이요 진리요 생명이니 나로 말미암지 않고는 아버지께로 올 자가 없느니라.' 여기서 말하는 길과 진리와 생명은 명분이나 개념이 아닙니다. 예수가 길이고 진리이고 생명입니다. 그가 우리에게 이것을 주러 오셨습니다. 우리에게 당신을 내어 주심으로써 우리는 비로소 위대할 수 있고, 자랑스러울 수 있고, 영광스러울 수 있게 된 것입니다. 이것이 성경이 하는 이야기입니다.

올해는 종교개혁 오백 주년이 되는 해입니다. 1517년, 마르틴 루터에서 비롯한 종교개혁이 오백 주년을 맞은 것입니다. 종교개혁이 이룬 성과가 무엇입니까? 로마 가톨릭 안에 있던 도덕성의 타락과 부패, 그들이 말하는 구원관에 대조되는 일을 이룬 정도가 아닙니다. 훨씬 깊은 차원에서의 진보가 있음을 볼 수 있습니다. 당시 로마 가톨릭이 신앙을, 교회라는 조직과 성직자라는 대리자에 묶어 놓은 것을 은혜의 관점으로 밝혀낸 것이 루터의 공헌입니다. 각 개인이 하나님 앞에 직접 구원을 받는 것이지 교회나 성직자를 통해서 구원받는 것이 아니라는 것을, 구원은 하나님이 직접 베푸시는 은혜임을 확인시켜 주었습니다.

이신칭의(以信稱義) 즉 '믿음으로 구원을 얻는다'는 말을 한 번쯤 들어 보았을 것입니다. 하나님에 대한 우리의 열심이나 진심이나 능력이 보상을 받는 것이 구원이 아니며, 우리가 어떤 규칙을 지켜서 가는 자리가 천국이 아니라, '구원은 신이 주도권을 가진 것이다'라고 인간

의 책임에서 하나님의 은혜라는 데로 차원을 올려놓은 것입니다. 그
것이 종교개혁의 시작이며 성과입니다.

종교개혁을 시작한 이가 루터였다면, 이를 완성한 사람은 칼빈이
라고 할 수 있습니다. 칼빈주의의 핵심 원리 중 하나는 예정론입니다.
예정론이란, 하나님은 우리가 내일 어디에 갈지, 무슨 옷을 입을지 미
리 알고 계신다는 정도의 이야기가 아닙니다. 우리의 미래와 이 세상
의 끝이 하나님의 계획과 의지와 목적 안에 있다는 것이 예정론의 핵
심입니다. 우연을 넘어서 있는 것입니다. 그래서 '나는 믿지만 너는
믿지 않았다. 나는 믿음을 지키고 살았지만, 너는 네 마음대로 살았
다'라고 자꾸 이분법으로 신자 됨을 확인하지 말라고 합니다.

또한 언제 세상이 평화로워지며, 행복해질까라는 질문에 대해서도
'이 모두가 하나님의 통치 아래에 있다. 우리 눈에 반대되고 말이 안
되는 것 속에서도 하나님이 일하신다. 그러니 기다리고 지켜보자'라
고 이해하여 전체를 끌어안는 마음을 가지라고 합니다. 이것이 십자
가입니다. 우리가 아직 죄인이었을 때 오셔서 죽으신 예수입니다. 그
러니 우리는 할 말이 없습니다. 우리가 믿으니까, 모여서 부르짖으니
까 그제야 응답하시는 예수가 아니라, 우리가 몰랐을 때, 부르지 않았
을 때 오신 예수, 이것이 예정론의 핵심인 것입니다.

그러니 지금 다윗의 생애에서 보는 이런 일에 대하여 우리가 전혀
관심을 보이거나 집중하지도 않고, 다만 억울해하고 원망하는 이유는
하나님의 일하심이 현실 속에서 어떻게 구체화되어 펼쳐지는지 모르
기 때문입니다. 우리는 자신이 져야 할 책임을, 다만 열심이나 진심을
가지는 것으로 때우는 경향이 있습니다. 다윗이 그리했던 것처럼 말

입니다. 다윗은 왜 이렇게 했을까요?

어쩌면 다윗은 교활한 사람이었을 수도 있습니다. 그러나 좀 더 적극적으로 살펴보면, 그는 하나님의 일하심에 이끌려 새로운 길을 우리에게 보여 준 사람입니다. 원하든 원치 않든 우리가 현실에서 보는 것은 이것입니다. 비록 우리의 이상이 하늘 끝에 닿아 있다 할지라도, 거기까지는 자기 발로 몸소 걸어가야 한다는 것입니다. 이것이 현실입니다. 걸어가려면 무엇을 해야 합니까? 굽혀야 합니다. 무릎을 굽혀 발을 내디뎌야 합니다. 수영을 하려면 머리를 숙여야 합니다. 굽히고 숙이는 것은 타협이 아닙니다.

하나님이 왜 이렇게 일하시는지 우리는 잘 알지 못합니다. 하지만 하나님은 예수의 성육신과 고난과 죽음이 부활을 만든다, 나는 이 방식으로 일하겠다, 이렇게 말씀하셨습니다. 이것을 우리는 겟세마네 기도에서 확인합니다. "아버지여, 할만 하시거든 이 잔을 내게서 지나가게 해 주시옵소서." 예수님이 하셨던 기도입니다. "하나님, 왜 이런 방식으로 일하십니까?" 그러나 하나님은 역사 내내 이 방법을 고집하셨습니다. 히브리서 5장 8절 이하를 보면, '그가 아들이시면서도 받으신 고난으로 순종함을 배워서 온전하게 되셨'다고 이야기합니다. 이것이 신앙 현실입니다.

그러니 더 이상 징징대면 안 됩니다. 원망하는 것은 아직 기독교를 모르는 것입니다. 우리는 자기 자신이 가장 억울하다고 생각합니다. 그런데 그렇게 따지면 예수님이 제일 억울할 것입니다. 그러나 십자가의 길이 하나님의 지혜이고 능력임을 안다면, '예수를 믿는다'는 말이 그것을 포함하고 있다는 것을 안다면, 우리는 이 문제에 대해 깊은 항복이 있어야 합니다. 그것이 없으면 자기 인생을, 신자로서의 존재와 가치를 구체화할 수 없습니다. 다 이런 진심이나 소원이라는 이름으로 여기다 떠다밀고는 회개하고 그만입니다. 회개 자체가 뭐 그리 잘못이겠습니까마는, 회개만 하느라 정말 살아 내야 하는 현실에는, 눈물과 한숨으로 쩔쩔매고 전전긍긍해야 하는 현실에는 발을 들여놓지 않은 인생이 되는 바람에 기적이 없는 것입니다. 우리가 자라지도 성숙해지지도 않는 것입니다.

존재의 완성을 향해 가는 신자의 싸움

시편 39편을 봅시다. 오늘 나누는 이 말씀에 대하여 성경이 여러 모양으로 증언하고 있습니다.

> 여호와여 나의 기도를 들으시며 나의 부르짖음에 귀를 기울이소서 내가 눈물 흘릴 때에 잠잠하지 마옵소서 나는 주와 함께 있는 나그네이며 나의 모든 조상들처럼 떠도나이다 (시 39:12)

시편을 쓴 지은이는 주님과 함께하지만, 그는 나그네이자 떠돌이 신세입니다. 도무지 하나님이 함께하시는 것 같지 않은 현실을 사는 것입니다. 그래서 그는 하나님에게 문제가 있든지 아니면 자신에게 문제가 있을 것이라고 생각합니다. 예수 믿는 것이 신나지 않고 넉넉하지 않고 현실이 어려운 것은 사실이지만, 이 길이 십자가의 길이라는 것을 기억하십시오. 십자가의 길은 사람들에게 인정받는 길이 아닙니다. 당사자가 모르면 어떻게 그 길을 걷겠습니까? 그런 차원에서 성경이 우리에게 요구하는 신앙생활이란, 세상이 만들어 내는 절망, 체념, 기만, 변덕과 얼마나 다른지 이제 비교해 볼 수 있을 것입니다. 로마서 15장에 가 봅시다.

> 믿음이 강한 우리는 마땅히 믿음이 약한 자의 약점을 담당하고 자기를 기쁘게 하지 아니할 것이라 우리 각 사람이 이웃을 기쁘게 하되 선을 이루고 덕을 세우도록 할지니라 그리스도께서도 자기를 기쁘게 하지 아니하셨나니 기록된 바 주를 비방하는 자들의 비방이 내게 미쳤나이다 함과 같으니라 무엇이든지 전에 기록된 바는 우리의 교훈을 위하여 기록된 것이니 우리로 하여금 인내로 또는 성경의 위로로 소망을 가지게 함이니라 이제 인내와 위로의 하나님이 너희로 그리스도 예수를 본받아 서로 뜻이 같게 하여 주사 한마음과 한 입으로 하나님 곧 우리 주 예수 그리스도의 아버지께 영광을 돌리게 하려 하노라 (롬 15:1-6)

예수님은 비방을 받습니다. 예수는 세상이 가진 권력의 관점에서 볼 때 피해자의 자리에 서 있습니다. 권력을 휘두르는 자리가 아니라, 휘두른 권력의 피해를 보는 자리에 서 있습니다. 또 구원하러 온 메시아라는 지위에도 불구하고, 그렇게 박해를 받아서 어떻게 구원과 해방이 있을 수 있느냐는 오해를 삽니다. 우리 역시 피해와 오해를 각자의 현실에서 경험하고 있습니다. '이 길을 가라'라고 말할 수 있는 것은 얼마나 굉장한 것입니까? 그런데도 우리가 이렇게 비방을 받는 일과 피해를 당하는 일을 거부하는 이유가 무엇이라고 생각합니까? 절망 밖에 없기 때문입니다. 다 같이 죽어야 하는데, 살아생전에 무슨 덕목을, 가치를, 명예를 논하겠느냐, 이것입니다. 그저 한바탕 꿈이고, 한바탕 춤이고, 한바탕 취하는 것이 전부이죠. 모두 체념이고, 절망입니다. 그럼에도 마침내 우리가 '아멘'이라고 화답할 수 있는 이유는 이것입니다. 결국 우리의 끝은 승리고 감사고 영광이고 찬송이기 때문일 것입니다.

　우리가 이것을 어떻게 알까요? 우리가 처음 예수를 믿었을 때를 상기해 보십시오. 그때 우리에게 있었던 감동과 감격은 세상이 만들어낼 수 없던 것이었음을 알고 있습니까? '그래. 이게 진짜 인간이야. 이게 정말 인간의 위대함이야'라고 우리가 하나님 앞에 부르짖었습니다. 눈물을 흘리며 회개한 것이 문제가 아닙니다. 단지 잘못한 일에 대한 회개가 아닙니다. 여기서 회개는 '나는 그동안 사람이 아니었습니다. 이제야 내가 사람이라는 것과 하나님의 자녀라는 것을 알게 되었습니다. 그 위대함을, 나를 향한 하나님의 창조의 목적을, 그 가치와 영광을 알게 되었습니다.' 여기에 붙들려 있었는데, 그만 그다음이 어려워서 우리가 잊고 지내 왔습니다.

　다윗의 생애도 그럴 것입니다. 다윗도 왔다 갔다 했을 것입니다. 잘했다 못했다가 있지만, 그 모든 것이 우리에게 은혜가 됩니다. 다윗은 은혜의 상징이기 때문입니다. 그가 완벽했으면, 사실 은혜가 들어설 자리가 없습니다. 그래서 다윗이 우리만큼 못하는 때가 제일 고맙고 은혜가 됩니다. 거기까지도 하나님이 끌어안으시고 용서하시고 인정

하시는 자리라고 성경이 말씀하는 것은 얼마나 다행입니까? 그러니
우리에게 어떻게 살라고 권면합니까? 다른 사람과 잘났느니 못났느
니 우열을 비교하는 것은 의미 없다고 하십니다.

> 이제 인내와 위로의 하나님이 너희로 그리스도 예수를 본받아 서로
> 뜻이 같게 하여 주사 한마음과 한 입으로 하나님 곧 우리 주 예수 그
> 리스도의 아버지께 영광을 돌리게 하려 하노라 (롬 15:5-6)

타인과 비교하여 상대적 우월감이나 자랑을 가지는 것이 아니라, 누
구와 비교하고 경쟁할 필요가 없는, 하나님의 사람으로 사는 인생이
되었다는 말씀입니다. 적을 만들어 누구를 격파하고 누구를 이겨서가
아니라, 우리 각각이 하나님 앞에서 자기 인생을, 자기 가치를, 자기
존재를 만들어 가는 싸움인 것입니다. 그러니 옆에 있는 사람들이 문
제 될 것이 전혀 없습니다. 못난 사람을 보거든 '나는 저러지 말아야
지' 하면 되고, 잘난 사람을 만나거든 '나도 저렇게 살아야지' 그러면
됩니다. '저놈만 죽이면, 내가 일등이 되는데' 이런 경쟁이 우리에게는
자리 잡을 수 없습니다.

> 그러므로 그리스도께서 우리를 받아 하나님께 영광을 돌리심과 같
> 이 너희도 서로 받으라 (롬 15:7)

누구를 받으라고 시작한 것입니까? 약한 자를 받으라, 못난 자를 받
으라고 하십니다. 요즘 우리가 가진 최고의 원망이 무엇입니까? '한국

정치판은 왜 이 꼴인가?'입니다. 이렇게 물으면 '괜찮다. 그것과 상관 없다. 그건 문제도 아니다'라고 성경이 이야기할 것입니다. 거리에 나가 '우린 괜찮아'를 애써 증명해 보일 필요 없다는 말입니다. 그렇게 사십시오. 좋은 표정을 짓고 다니십시오. "좋은 일도 없어 보이는데, 쟤네들은 뭐지?" 이런 말을 들을 수밖에 없는 예수 믿는 사람의 위대함을 살아 내기 바랍니다.

기도

하나님 아버지, 세상에서 일어나는 모든 일이 우리에게 아무런 장애가 될 수 없습니다. 우리는 예수 믿는 사람들입니다. 그래서 진실하게 현실을, 자기 자리를 지키겠습니다. 같이 울고, 같이 웃고, 같이 기도하고, 함께 섬기고, 서로 용서하고, 믿음을 가지고 충성하겠습니다. 하루의 삶이 기적이라는 것을 누리는 귀한 믿음의 식구들 되게 하여 주시옵소서. 예수님 이름으로 기도합니다. 아멘.

23.
악인은 악역을, 신자는 신자 역할을

5 브에롯 사람 림몬의 아들 레갑과 바아나가 길을 떠나 볕이 쬘 때 즈음에 이스보셋의 집에 이르니 마침 그가 침상에서 낮잠을 자는지라 6 레갑과 그의 형제 바아나가 밀을 가지러 온 체하고 집 가운데로 들어가서 그의 배를 찌르고 도망하였더라 7 그들이 집에 들어가니 이스보셋이 침실에서 침상 위에 누워 있는지라 그를 쳐죽이고 목을 베어 그의 머리를 가지고 밤새도록 아라바 길로 가 8 헤브론에 이르러 다윗 왕에게 이스보셋의 머리를 드리며 아뢰되 왕의 생명을 해하려 하던 원수 사울의 아들 이스보셋의 머리가 여기 있나이다 여호와께서 오늘 우리 주 되신 왕의 원수를 사울과 그의 자손에게 갚으셨나이다 하니 9 다윗이 브에롯 사람 림몬의 아들 레갑과 그의 형제 바아나에게 대답하여 그들에게 이르되 내 생명을 여러 환난 가운데서 건지신 여호와께서 살아 계심

을 두고 맹세하노니 10 전에 사람이 내게 알리기를 보라 사울이 죽었다 하며 그가 좋은 소식을 전하는 줄로 생각하였어도 내가 그를 잡아 시글락에서 죽여서 그것을 그 소식을 전한 갚음으로 삼았거든 11 하물며 악인이 의인을 그의 집 침상 위에서 죽인 것이겠느냐 그런즉 내가 악인의 피흘린 죄를 너희에게 갚아서 너희를 이 땅에서 없이하지 아니하겠느냐 하고 12 청년들에게 명령하매 곧 그들을 죽이고 수족을 베어 헤브론 못 가에 매달고 이스보셋의 머리를 가져다가 헤브론에서 아브넬의 무덤에 매장하였더라 (삼하 4:5-12)

죽이려는 자 사울, 용서하는 자 다윗

사울이 죽었으니 이제 그다음은 다윗이 당연히 이스라엘의 왕이 되어야 하지만, 뜻밖에도 다윗은 반대 세력의 저항에 부딪혀 유다 지파의 왕으로밖에는 등극하지 못합니다. 사울의 군대 장관이었던 아브넬이 사울의 아들 이스보셋을 옹립하여 북 왕국 이스라엘을 만들었기 때문입니다. 그런데 아브넬이 이스보셋과 갈등을 겪게 되자, 아브넬은 공공연하게 다윗을 지지하고 그를 찾아와서는 북 왕국을 넘겨주겠다고 이야기하고, 다윗은 그 제안을 달게 받고 그를 평안히 보냅니다. 그런데 요압의 형제 아사헬이 아브넬의 뒤를 쫓다가 죽는 일이 일어나고, 요압은 아브넬이 왔다가 평안히 돌아갔다는 말에 격분하여 아브넬을 뒤쫓아가 그를 죽여 버립니다. 아브넬이 죽자 다윗은 그의 죽음을 슬퍼합니다.

사무엘하 4장에 오면, 이스보셋은 실권이 없는 허수아비 왕에 불과해지고, 결국 다윗에게로 정세가 기울어지는 상황을 보게 됩니다. 이스보셋의 휘하에 있던 두 명의 장수인 림몬의 아들 레갑과 바아나가, 집에서 낮잠을 자고 있는 이스보셋을 죽여 그 목을 베어 가지고 다윗에게 옵니다. 그러나 다윗은 그들을 칭찬해 주지 않습니다. 전에 사울이 죽었을 때 그 소식을 전하면 상이라도 받을 줄 알고 사울의 자결을 도왔던 소년병을 죽인 것과 같이, 여기서도 다윗은 이 두 사람을 죽입니다. 이런 대목을 읽으면 이런 사건들이 다 뭔가 하는 생각이 듭니다.

우리는 성경 속에 잘하면 복을 받고, 잘못하면 심판받고, 한 번 잘못했으나 용서받고 돌이켜서 잘하게 된 이야기들만 있는 줄 압니다. 이 세 경우 외에는 기대하는 바가 없습니다. 그런데 성경을 읽어 보면, 사실 우리가 기대하는 이야기는 잘 안 나오고, 저잣거리에서나 일어날 법한 이야기들로 가득 차 있습니다. 사무엘서에서 다윗은 사울과 대조되는데, 우선 사울은 불순종했고 다윗은 순종했습니다. 하나님은 사무엘을 통하여 사울을 이렇게 꾸짖습니다. '순종이 제사보다 낫다. 네가 불순종하였으므로 네 왕위는 폐위되었다.' 사울의 불순종은 제사로 포장되어 있었는데, 여기서 말하는 제사는 인간이 신을 내세워 자신의 진심과 욕심으로 종교적 명분을 얻어 내는 행위를 상징합니다.

그러니까 사울은 인간이 만들어 낼 수 있는 최선이 무엇인가를 보여 주는 사람으로, 다윗은 하나님이 주시는 은혜를 드러내는 순종하는 자로 등장하여 대조를 이룹니다. 이 둘의 가장 큰 차이점을 생각해 보면, 사울은 죽이려는 자로 자신의 생애를 살고, 다윗은 용서하는 자로 자신의 생애를 산다고 할 수 있습니다. 이 대조를 확인해야 합니다. 단순히 '하나는 착하고, 다른 하나는 악하다'이거나 '하나는 순종하고, 다른 하나는 불순종했다'로, 다만 명분을 들이밀어 대조하지 마십시오. 하나님 없이 사는 자와 하나님과 함께 사는 자의 차이가 사무엘상에서는 사울과 다윗의 대조로 드러났다면, 사울이 제거된 사무엘하에서는 세상 속에 들어온 다윗이 이전의 다윗과 대조되는데, 이는 곧 역사 속에 들어온 다윗입니다.

인류 역사가 폭력 속에 있다는 것을 성경은 이렇게 증언하고 있습니다. 사울이 다윗을 죽이려고 한 일이나 아브넬이 폭력으로 자기 나라를 세워 이스보셋을 허수아비 왕으로 세운 일이나 또 요압이 아브넬을 죽인 일이나 본문 말씀에 등장하는 레갑과 바아나가 이스보셋을 죽인 일들을 보면, 세상은 전부 폭력 아래 있음을 알 수 있습니다. 폭력 아래 있다는 말은, 영원한 진리나 가치를 만들어 낼 실력이 인간에게는 없기 때문에 폭력을 벗어난 행위 역시 인류 역사에는 존재할 수 없다는 의미입니다. 잘나도 폭력을 쓰고, 못나도 폭력을 씁니다. 가진 것도 폭력이 되고, 못 가진 것도 폭력이 됩니다. 권력을 가진 것만 폭력이 되는 것이 아니라, 못 가지면 원망으로, 비난으로, 분노로, 너 죽고 나 죽자 할 수 있는 것이 인생이라는 것을 역사 속에서 실컷 확인하고 있습니다. 참으로 처절한 진실입니다.

하나님은 여기에 다윗을 보내심으로써 하나님이 역사와 인생 속에, 신약 성도들이라면 예수로 인하여 어떤 희망을, 약속을, 복을 허락하고 있는가를 보이십니다. 가장 크게 대조되는 일이 무엇입니까? 사울은 다윗을 이유 없이 죽이려고 하지만, 다윗은 결코 그렇게 하지 않음으로써 폭력만이 유일한 방법인 세상 속에서 다윗은 그것을 거부하는 자로 자리매김을 합니다. 기가 막힙니다. 다윗은 사울이 죽어야 자기가 왕이 되는데도 사울을 죽인 자를 기뻐하지 않고 오히려 사울의 죽음을 애도하는 자로 서 있다는 사실이 우리를 놀라게 합니다.

그런데 뜻밖에도 성경을 읽으면서 이런 대목에서 은혜를 받는 사람은 많지 않습니다. '아, 다윗은 여기서 어떻게 이럴 수 있을까?'를 물어볼 수 있어야 합니다. 구구단을 외우듯이 기계적으로 '사울은 나쁜 놈, 다윗은 좋은 사람'이라고 아무 데나 갖다 붙이는 바람에 우리는 성경 속 어떤 스토리도 못 좇아가고 있습니다. 그래서 성경을 이야기하고, 기도하고, 교제를 나눌 때에도 명분을 가진 언어유희 외에, 진정한 인생의 무게가 담긴 진솔한 대화를 나누는 자리에 들어가지 못하고 있습니다. 그러고는 늘 와서 하는 원망은 무엇입니까? 진심은 있는데, 하나님이 자기 진심을 안 알아준다는 것입니다. 제가 알아주겠습니다. 헤매고 있다는 것을 제가 알아주겠으니 헤매지 말고 이제부터라도 신자답게 제대로 살아 내십시오.

저들은 자기네 일을, 우리는 주의 일을

다윗은 사울의 죽음을 애도하고, 아브넬의 죽음을 애도하고, 이스보셋을 죽인 자를 처형합니다. 세상이 휘두르는 폭력의 행사와 다르게 행동하는 다윗은 도대체 무엇을 갖고 있기에 모든 인류가 폭력을 벗어날 수 없고 폭력이라는 수단밖에는 쓸 것이 없는 자리에서 다윗만

은 그것을 거부하고 외면하는 자신만의 인생을 살아 낼 수 있는가, 그
렇다면 그의 인생이 증언하고 싶은 것은 무엇이며, 폭력이 아닌 그 어
떤 것을 가져야 이 일이 가능한가를 이제 살펴보려고 합니다. 우리는
이 문제에 대하여 굉장히 중요한 초대교회의 증언을 가지고 있습니
다. 사도행전 3장에 가 봅시다.

> 제 구시 기도 시간에 베드로와 요한이 성전에 올라갈새 나면서 못 걷
> 게 된 이를 사람들이 메고 오니 이는 성전에 들어가는 사람들에게 구
> 걸하기 위하여 날마다 미문이라는 성전 문에 두는 자라 그가 베드로
> 와 요한이 성전에 들어가려 함을 보고 구걸하거늘 베드로가 요한과
> 더불어 주목하여 이르되 우리를 보라 하니 그가 그들에게서 무엇을
> 얻을까 하여 바라보거늘 베드로가 이르되 은과 금은 내게 없거니와
> 내게 있는 이것을 네게 주노니 나사렛 예수 그리스도의 이름으로 일
> 어나 걸으라 하고 오른손을 잡아 일으키니 발과 발목이 곧 힘을 얻고
> 뛰어 서서 걸으며 그들과 함께 성전으로 들어가면서 걷기도 하고 뛰
> 기도 하며 하나님을 찬송하니 모든 백성이 그 걷는 것과 하나님을 찬
> 송함을 보고 그가 본래 성전 미문에 앉아 구걸하던 사람인 줄 알고
> 그에게 일어난 일로 인하여 심히 놀랍게 여기며 놀라니라 (행 3:1-10)

원래 이 대목은 평범하게 읽으면 안 됩니다. 하다못해 춘향전을 읽을
때도 '암행어사 출두요!' 하는 대목에서는 다 목청을 높이는 법입니
다. 또 이 대목은 어떻습니까? 이몽룡이 거지꼴을 하고 잔치 자리에
앉아서 밥을 얻어먹고 앉아 있자, 거기 온 선비들이 "꼴에 양반이라고

갓은 쓰고 왔네. 남의 집에서 밥이라도 얻어먹으려면 시라도 한 수 지어야지"라고 놀리자, 이몽룡이 이렇게 읊어 대던 장면을 기억할 것입니다.

금준미주 천인혈(金樽美酒 千人血) 금 동이에 담긴 좋은 술은 뭇 사람의 피요
옥반가효 만성고(玉盤佳肴 萬姓膏) 옥쟁반 위의 맛있는 안주는 만백성의 기름이라
촉루락시 민루락(燭淚落時 民淚落) 촛농이 떨어질 때 백성의 눈물 떨어지고
가성고처 원성고(歌聲高處 怨聲高) 노랫소리 높은 곳에 원망 소리 높구나

이런 대목을 읊을 때 모르는 글자를 더듬거리며 읽듯, 낱말 따라 덤덤하게 읽는 사람이 어디 있겠습니까? 그런데 왜 우리는 성경을 그렇게 밋밋하게 읽을까요? 스토리를 못 따라가서 그렇습니다. 지금이 어떤 상황인지 잘 모르는 것입니다. 영화관에서 〈벤허〉를 보면서 메살라가 전차 경주 중에 넘어지려고 할 때 그냥 앉아 있었습니까? 정말 죽나, 안 죽나 일어나 봐야 할 것 아닙니까? 앞사람에 가려서 이 흥미로운 광경을 놓치면 안 되니 말입니다.

사도행전 3장에 나오는 기적 역시 우리로 자리에서 벌떡 일어나게 하는 사건입니다. '은과 금은 내게 없거니와 내게 있는 이것을 네게 주노니 나사렛 예수 그리스도의 이름으로 일어나 걸으라.' 베드로의 이 말에 백성들이 '도대체 이것이 무슨 일인가' 하며 다 놀랍니다. 이후에 베드로와 요한이 예수로 말미암는 구원을 증언하며, 베드로가 이렇게 설교합니다. 사도행전 3장 19절입니다.

그러므로 너희가 회개하고 돌이켜 너희 죄 없이 함을 받으라 이같이
하면 새롭게 되는 날이 주 앞으로부터 이를 것이요 (행 3:19)

그렇다면 모두 다 회개해야 하지 않을까요? 우리 생각에는 이 사건에
서 누가 회개하는 것이 맞습니까? 빌라도가 해야죠. 헤롯도 하고. 그
런데 그들은 회개하지 않고 오히려 예수 믿는 자들을 잡아갑니다. 나
사렛 예수의 이름으로, 앉아서 구걸하던 자를 일으키고 모든 사람 앞
에 이 권세를 가지고 회개하라고 외쳤더니 그들이 와서 '네 이놈!' 하
며 베드로와 요한을 잡아갔다는 말입니다.
　　예수 믿는 사람들이 기겁하는 현실입니다. 하나님이 나에게 온 천
하와도 바꿀 수 없는 은혜를, 구원을, 소망을 주셨는데, 내가 그렇게
감동했는데, 나을 수 없는 병이 나았는데, 나 같은 사람이 더할 나위
없는 감격과 하나님의 능력을 체험했는데, 내가 눈물을 흘리며 내 인
생을 주 앞에 바쳐서 '남은 생애는 주를 위해서 살겠습니다' 하고 서
원했는데, 나오는 길에 그만 교회 계단에서 굴렀단 말입니다. "아니,
이 계단이, 이게 정신이 있는 놈이야, 없는 놈이야? 계단아, 회개해
라." 그렇게 해 본 적 없다고요?
　　이 지점에서 우리가 깜빡 넘어가 역사를 제대로 못 읽어 내고 있습
니다. 이 큰 권능과 지금 눈앞에서 벌어진 기적 앞에서도 사도들이 붙
잡혀 가는 것이 현실입니다. 세상 권세가 더 크기 때문입니다. 그래서
베드로와 요한을 잡아간 것입니다. 잡아간 관리들이 백성들 때문에
베드로와 요한을 풀어 주면서 이렇게 입단속합니다. "너 예수 이름으
로 이따위 소리하고 다니지 마라." 그런 다음 풀어 줍니다. 그들이 풀

려 나와서 이 이야기를 합니다. 사도행전 4장 23절 이하입니다.

> 사도들이 놓이매 그 동료에게 가서 제사장들과 장로들의 말을 다 알
> 리니 그들이 듣고 한마음으로 하나님께 소리를 높여 이르되 대주재
> 여 천지와 바다와 그 가운데 만물을 지은 이시요 또 주의 종 우리 조
> 상 다윗의 입을 통하여 성령으로 말씀하시기를 어찌하여 열방이 분
> 노하며 족속들이 허사를 경영하였는고 세상의 군왕들이 나서며 관
> 리들이 함께 모여 주와 그의 그리스도를 대적하도다 하신 이로소이
> 다 과연 헤롯과 본디오 빌라도는 이방인과 이스라엘 백성과 합세하
> 여 하나님께서 기름 부으신 거룩한 종 예수를 거슬러 하나님의 권
> 능과 뜻대로 이루려고 예정하신 그것을 행하려고 이 성에 모였나이
> 다 주여 이제도 그들의 위협함을 굽어보시옵고 또 종들로 하여금 담
> 대히 하나님의 말씀을 전하게 하여 주시오며 손을 내밀어 병을 낫게
> 하시옵고 표적과 기사가 거룩한 종 예수의 이름으로 이루어지게 하
> 옵소서 하더라 빌기를 다하매 모인 곳이 진동하더니 무리가 다 성령
> 이 충만하여 담대히 하나님의 말씀을 전하니라 (행 4:23-31)

잡혔다 풀려난 사도들이 자기네가 겪었던 이야기를 들려주자, 모두가
알아듣습니다. '맞습니다. 주여, 저 원수들이 주의 일을 행하려고 주를
거슬러 여기에 왔습니다. 우리는 주의 일을 행하려고 주를 순종하여
이 자리에 있습니다. 저들이 자기네 일을 하는 것과 같이, 우리는 우
리 일을 하게 하옵소서'라고 합니다. 이 말의 의미는 '맞다. 이것이 예
수 그리스도의 성육신이요, 십자가 사건의 재현이다. 이미 시편 2편

에서 세상은 하나님이 하시는 일을 끝까지 반대한다고 그랬다. 본디오 빌라도와 헤롯과 제사장들은 악역을 맡았고, 우리는 우리의 역할이 있다. 우리더러 그 속에서 우리 역할을 하라고 하신다'라는 것입니다. 이후에 이들이 성령 충만하여 병자들을 고치고, 일어난 기적을 보며 찬송했다고 합니다.

그런데 우리는 어디서 헷갈리는 것입니까? 우리는 우리의 권세가 세상의 권세보다 더 크니까 저들이 도망가거나 우리 앞에 무릎 꿇고 회개하여 순종할 것이라고 믿는데, 성경은 아니라고 합니다. 우리는 여기서 가장 많이 틀립니다. 하나님이 어떻게 일하시는지, 우리를 구원하는 방법에서부터 다르게 하셨고, 구원을 주신 다음에 이어지는 신자의 인생을 사는 법에서도 하나님은 우리의 기대와 완전히 다른 방법을 요구하고 계십니다.

사울이 하는 세상 통치, 다윗이 드러내는 하나님의 다스림

고린도전서 1장을 보겠습니다.

십자가의 도가 멸망하는 자들에게는 미련한 것이요 구원을 받는 우리에게는 하나님의 능력이라 기록된 바 내가 지혜 있는 자들의 지혜를 멸하고 총명한 자들의 총명을 폐하리라 하였으니 지혜 있는 자가 어디 있느냐 선비가 어디 있느냐 이 세대에 변론가가 어디 있느냐 하나님께서 이 세상의 지혜를 미련하게 하신 것이 아니냐 하나님의 지혜에 있어서는 이 세상이 자기 지혜로 하나님을 알지 못하므로 하나님께서 전도의 미련한 것으로 믿는 자들을 구원하시기를 기뻐하셨도다 유대인은 표적을 구하고 헬라인은 지혜를 찾으나 우리는 십자가에 못 박힌 그리스도를 전하니 유대인에게는 거리끼는 것이요 이방인에게는 미련한 것이로되 오직 부르심을 받은 자들에게는 유대인이나 헬라인이나 그리스도는 하나님의 능력이요 하나님의 지혜니라 하나님의 어리석음이 사람보다 지혜롭고 하나님의 약하심이 사람보다 강하니라 (고전 1:18-25)

다윗은 하나님에게 순종한 결과로 사울을 이기고 왕의 자리에 오르게 된 것이 아닙니다. 성경은 다윗을 사울과 대조하여 '하나님이 원하시는 통치는 이런 것이다'를 다윗의 삶을 통해 보입니다. 사울이 보여 준 것처럼 군사력과 정치력을 갖추며, 남보다 더 우월한 권력을 지니는 것이 하나님이 요구하시는 왕권이 아니다, 이것은 하나님의 통치 방법도 내용도 아니다, 하나님이 통치하시는 방법은 순종과 섬김이다, 이 사실을 보여 주는 존재가 다윗이라는 말씀입니다. 다윗은 이기는 것을 목표로 사울과 싸운 것이 아니라, 자신의 정체성과 신분과 지위가 무엇인지를 보이기 위해서 싸워야 했던 사람입니다.

다윗에게 외적 조건은 아무래도 좋습니다. 그는 사울의 죽음을 진심으로 슬퍼할 수 있고, 아브넬의 죽음과 이스보셋의 죽음에 가슴 아파하며 분노할 수 있는 존재입니다. 인생이 폭력과 자기 이익이라는 이해관계에서 벗어나지 못하고 죽어 가는 것을 슬퍼함으로써, 하나님이 다윗에게 맡긴 것은 눈물과 해함이 없는, 하나님 나라의 기쁨과 감

사와 만족을 그의 삶으로 드러내며 증언하는 역할인 것입니다. 그것
이 신자인 우리의 역할이기도 합니다.

　십자가는 우리 모두가 보아도 이해되지 않습니다. 예수님은 지상
에서 많은 기적을 이루셨기 때문입니다. 죽은 자를 살리셨고, 병든 자
를 고치셨고, 가난한 자와 모든 죄인을 용납하셨습니다. 예수께서 죄
인을 용납하셨다는 사실은 잊고, 그가 행한 기적을 폭력이나 권력으
로 휘두르기를 바랐던 무리가 예수가 자기네 편을 드는 것 같지 않자,
겁이 나서 예수를 죽인 것입니다. 그래서 예수의 권세는 세상 권력 아
래 지는 것 같은 형태로 십자가에서 막을 내리는 듯이 보였습니다. 그
러나 그것은 세상에 예수의 정체를 드러내는 것이요, 하나님의 권능
은 그 폭력이 만들어 내는 사망을 뒤집는 것이라고 부활로 증언합니
다. 이 길을 우리가 갑니다.

　예수가 십자가에서 받은 조롱이 무엇입니까? "네가 다른 사람은
살렸으면서 너는 왜 죽느냐? 네가 하나님의 아들이거든 십자가에서
내려와 봐라." 이 같은 질문을 우리도 스스로 던지고 있습니다. "나는
하나님 앞에 진심이 있고, 하나님의 사람으로 잘 살고 싶다. 나는 멋
진 신앙인이 되고 싶다. 그런데 왜 안 되는가?" 뭐가 안 됩니까? 지금
우리는 우리의 조건이 불만인 것입니다. 무엇을 더 갖고 싶어서 그렇
습니까? 권력을 더 갖고 싶어서 그렇습니다. 우리의 존재와 증언이,
우리의 삶이, 세상 사람들이 폭력으로 이룰 수 있는 것보다 더 큰 권
력이었으면 싶고, 세상 사람들의 열심이나 꾀보다 더 큰 지혜를 가졌
으면 싶은 것입니다. 이런 것은 신앙이 아닙니다. 우월감 외에 아무것
도 아닙니다. 하나님이 예수 그리스도의 십자가에서 증언하신 방법으

로 우리 생애에, 우리 이웃 앞에 지금도 증언하고 계시다는 사실을 이해하지 못하는 것입니다.

그러니 우리는 질 수 있어야 합니다. 여기서 진다는 것은 다만 승부의 문제가 아닙니다. 이겨야만 살아남는 폭력의 원리에서, 폭력만을 수단으로 삼는 논리와 조건을 넘어서야 한다는 의미입니다. 우리만이 할 수 있습니다. 또한 우리가 해야만 합니다. 이 일을 하지 않으면 교회는 의미를, 가치를, 목적을 상실합니다. 나가서 바보가 되라는 소리가 아닙니다. '너를 죽여야 내 자리가 있다'라고 외치는 세상 속에서 자존심과 이해관계를 벗어나는 차원에서 행동해야 합니다. 그것이 얼마나 어려운 일입니까?

상대방이 우리를 누르면서 자기가 이겼다고 생각하는 것, 우리를 속였다고 생각하는 것, 우리를 자기 앞에 무릎 꿇렸다고 생각하는 것 속에서, 뜻밖에 온 인류가 역사 이래 이제까지 궁금해하는 것은, 인생이란 무엇일까, 인간이라는 존재는 무슨 가치가 있을까, 하는 점입니다. 이 사람은 무엇일까, 이 사람은 나한테 겁을 내는 것 같지 않은데 왜 나한테 져 주는 것일까, 이것이 하나님이 택하신 방법입니다. 이기는 것만이 진정한 승리는 아니라고 가르치는 것입니다. 너희가 이긴다고 생각하는 것은 죽고 죽이는 것에 불과하지 않느냐, 우리는 살고 살리는 것이다, 그러니 내 말을 따라오라, 이것입니다.

새사람을 입으라

이 문제는 에베소서 4장에서 구체적으로 이렇게 요구됩니다.

> 그러므로 내가 이것을 말하며 주 안에서 증언하노니 이제부터 너희
> 는 이방인이 그 마음의 허망한 것으로 행함 같이 행하지 말라 그들
> 의 총명이 어두워지고 그들 가운데 있는 무지함과 그들의 마음이 굳
> 어짐으로 말미암아 하나님의 생명에서 떠나 있도다 그들이 감각 없
> 는 자가 되어 자신을 방탕에 방임하여 모든 더러운 것을 욕심으로
> 행하되 오직 너희는 그리스도를 그같이 배우지 아니하였느니라 진리
> 가 예수 안에 있는 것 같이 너희가 참으로 그에게서 듣고 또한 그 안
> 에서 가르침을 받았을진대 너희는 유혹의 욕심을 따라 썩어져 가는
> 구습을 따르는 옛 사람을 벗어 버리고 오직 너희의 심령이 새롭게 되
> 어 하나님을 따라 의와 진리의 거룩함으로 지으심을 받은 새 사람을
> 입으라 (엡 4:17-24)

여기 나온 '새사람을 입으라'는 말씀이 우리에게는 주로 어떻게 이해
되었느냐 하면, 자기 안에 진실함과 선함과 의와 사랑이 가득해서 그
것이 넘쳐 흘러 나오는 존재가 되는 것이라고 생각했습니다. 그래서
이 말씀을 잘 실천하기가 쉽지 않았습니다. 우리가 실수하거나 속마
음과 다른 행동이 나가면 위선이라고 생각해서 자신을 쳐서 회개했
던 것입니다. 그런데 이 말씀은 그렇게 이해하는 것이 아닙니다. 이것
은 훈련이고 연습이고 증언입니다. 기회가 왔을 때 한 번씩 하라는 것

입니다. 어떻게 하는 것입니까? 25절 이하를 봅시다.

> 그런즉 거짓을 버리고 각각 그 이웃과 더불어 참된 것을 말하라 이
> 는 우리가 서로 지체가 됨이라 분을 내어도 죄를 짓지 말며 해가 지
> 도록 분을 품지 말고 마귀에게 틈을 주지 말라 도둑질하는 자는 다
> 시 도둑질하지 말고 돌이켜 가난한 자에게 구제할 수 있도록 자기 손
> 으로 수고하여 선한 일을 하라 무릇 더러운 말은 너희 입 밖에도 내
> 지 말고 오직 덕을 세우는 데 소용되는 대로 선한 말을 하여 듣는 자
> 들에게 은혜를 끼치게 하라 하나님의 성령을 근심하게 하지 말라 그
> 안에서 너희가 구원의 날까지 인치심을 받았느니라 너희는 모든 악
> 독과 노함과 분냄과 떠드는 것과 비방하는 것을 모든 악의와 함께 버
> 리고 서로 친절하게 하며 불쌍히 여기며 서로 용서하기를 하나님이
> 그리스도 안에서 너희를 용서하심과 같이 하라 (엡 4:25-32)

이 일은 한꺼번에 되지 않습니다. 하루에 한 번씩 해 보십시오. 하루
종일 기회가 있습니다. 매일 우리는 사람을 만나든지 사건을 만납니
다. 그러면 그때 한 번씩 하면 됩니다. 나쁜 말이 나오려고 하면 꾹 참
으십시오. 좋은 말을 해 주기까지는 오래 걸리니 우선 나쁜 말이라도
하지 않는 연습을 해야 합니다. 그런데 우리는 자기가 나쁜 말을 한
것을 가지고 돌아와 늘 울고 회개하다가 끝납니다. '주여, 오늘도 실
패했습니다.' 그렇게 와서 울고 가는 바람에, 흠을 잡고 완벽해지려는
싸움으로 가는 바람에, 하루에 한 번이라도 해 볼 수 있는 좋은 기회
조차 지나치고 맙니다.

하루에 한 번 하면 됩니다. 한 번이 익숙해지면, 하루에 두 번 하세요. 영어를 배우듯이 하면 됩니다. 일단 외국 사람을 만나면, 'Hello'를 해 본다, 그것이 영어 회화의 시작입니다. 안 하면 안 늡니다. 그런데 무엇이 우리의 발목을 잡는가 하면, 내 마음이 우러나올 때 해야 한다고 생각하는 바람에 이 한마디를 못 하는 것입니다. 기회가 있을 때 하십시오. 기회가 지나갈 즈음에 '아차' 싶거든 그때라도 하면 됩니다.

아무리 친한 사이라도 이런 말은 절대 하지 마십시오. '내가 왜 널 미워하겠어? 내 친구도 네가 이상하다고 그러고, 또 다른 내 친구도 네가 이상하다고 그러니 어떻게 나만 널 안 미워할 수 있겠니? 내가 미워하는 건 내 탓이 아니고 네 탓이잖아.' 이런 말은 절대 해서는 안 됩니다. '이 말은 하지 않으려고 했는데…'로 시작하는 말은 무조건 하면 안 됩니다. 그런 말은 왜 합니까? 일단 그 말부터 막아야 합니다.

우리가 내는 것은 다 폭력이니 그렇습니다. 일단 안 해야 합니다. '거, 정말 내가 하고 싶은 말이 많은데, 성경이 그런 말은 하지 말라고 해서 안 한다'라는 말도 하지 마십시오. 자존심을 세우지 않고 하면 멋있습니다. 그냥 '음' 하고 넘어가십시오. '너 지금 뭐 하는 거야?' 하고 누군가 물으면, '몰라도 돼'라고 하십시오. 이런 류의 말들은 많이 알아 두어야 합니다. 하나씩 버리고, 하나씩 만드세요. 좋은 말을 해 주십시오. '반갑습니다.' 이 말이 제일 중요한 말입니다. 우리 교회의 올해 표어가 있었죠. '훌륭한 사람 되지 말고, 반가운 사람 됩시다.'

이것이 우리를 보내신 자리에서 우리가 해야 하는, 성육신을 따라가는 신자의 정체성입니다. 다윗의 생애 내내 이것이 나옵니다. 다윗은 폭력 속에 붙잡혀 있기 때문에 그의 생애는 평안하지 않습니다. 그의 위대함은 이 모든 문제를 해결하는 데에 있지 않습니다. 이것을 하나님이 예수 안에서 하신 것과 같이 하는 것입니다. 즉 할 수 있는 일은 하고, 해서는 안 되는 일은 안 하는 것으로, 감수하고 살아 내는 것입니다. 이것이 다윗의 위대함입니다.

우리도 할 수 있는 일입니다. 우리 역시 할 수 있는 가장 쉬운 일은 표정을 좋게 짓는 것입니다. 사람의 얼굴에서 제일 이쁜 것은 앞니다, 이것 하나는 기억하고 삽시다. 그러면 하나님이 함께하신다는 사실을 확인하게 됩니다. 우리 인생이 복되다는 것을 알게 되며 나 자신과 내 이웃이 중요한 사람이라는 것을 알게 됩니다. 권력으로써 아니라, 하나님이 일하시는 역사와 현실 속에서 말입니다.

기도

하나님 아버지, 우리 인생과 우리 존재의 위대함을 깨닫습니다. '주님이 여기와 계시다면 좋겠습니다'와 같은 기도는 하지 않겠습니다. 제가 그 뒤를 따르는 제자여야 옳기 때문입니다. 주님께서 모두를 받아 주신 것처럼, 우리를 용서하신 것처럼, 우리를 사랑하신 것처럼, 우리 생애와 내 자리에서 최선을 다하여 하나님의 뜻을 순종하는 자 되게 하옵소서. 그리하여 나를 만나는 사람들이 기적을, 구원을, 용서와 감사를 나누는 귀한 열매가 우리 생애에 늘 충만하게 하여 주옵소서. 예수님 이름으로 기도합니다. 아멘.

24.
현실 속에서 빚어지는 신자의 인생

1 이스라엘 모든 지파가 헤브론에 이르러 다윗에게 나아와 이르되 보소서 우리는 왕의 한 골육이니이다 2 전에 곧 사울이 우리의 왕이 되었을 때에도 이스라엘을 거느려 출입하게 하신 분은 왕이시었고 여호와께서도 왕에게 말씀하시기를 네가 내 백성 이스라엘의 목자가 되며 네가 이스라엘의 주권자가 되리라 하셨나이다 하니라 3 이에 이스라엘 모든 장로가 헤브론에 이르러 왕에게 나아오매 다윗 왕이 헤브론에서 여호와 앞에 그들과 언약을 맺으매 그들이 다윗에게 기름을 부어 이스라엘 왕으로 삼으니라 4 다윗이 나이가 삼십 세에 왕위에 올라 사십 년 동안 다스렸으되 5 헤브론에서 칠 년 육 개월 동안 유다를 다스렸고 예루살렘에서 삼십삼 년 동안 온 이스라엘과 유다를 다스렸더라 6 왕과 그의 부하들이 예루살렘으로 가서 그 땅 주민 여부스 사람을 치려 하매

그 사람들이 다윗에게 이르되 네가 결코 이리로 들어오지 못하리라 맹인과 다리 저는 자라도 너를 물리치리라 하니 그들 생각에는 다윗이 이리로 들어오지 못하리라 함이나 7 다윗이 시온 산성을 빼앗았으니 이는 다윗 성이더라 8 그 날에 다윗이 이르기를 누구든지 여부스 사람을 치거든 물 긷는 데로 올라가서 다윗의 마음에 미워하는 다리 저는 사람과 맹인을 치라 하였으므로 속담이 되어 이르기를 맹인과 다리 저는 사람은 집에 들어오지 못하리라 하더라 9 다윗이 그 산성에 살면서 다윗 성이라 이름하고 다윗이 밀로에서부터 안으로 성을 둘러 쌓으니라 10 만군의 하나님 여호와께서 함께 계시니 다윗이 점점 강성하여 가니라 (삼하 5:1-10)

마침내 등극한 다윗

드디어 다윗은 북쪽 지파의 지지까지 받아 통일 왕국의 왕으로 등극합니다. 오랜 기다림 끝에 얻은 승리입니다. 다윗은 사울 왕 때 이미 기름 부음을 받았으나 사울에게 쫓겨 다니는 삶을 살았고, 기다리고 기다린 끝에 유다의 왕이 되고, 또 칠 년 반을 더 기다려서 이제 북 왕조의 나머지 열한 지파의 추대까지 받게 됩니다. 이렇게 다윗은 유다에서 칠년 반, 통일 왕국에서 삼십삼 년, 도합 사십 년 동안 이스라엘을 다스립니다. 그리고 다윗이, 여부스 원주민들이 가지고 있던 아주 견고한 성, 난공불락의 성으로 불리는 시온 산성을 빼앗는 이야기가 나오는데, 빼앗은 다음 그 성의 이름을 '다윗성'으로 바꿉니다. 그 성이 점점 커지고 넓어져서 왕궁이 들어서고 성전이 지어지고 주민들이 늘자 나중에는 그곳이 이스라엘의 수도인 예루살렘이 됩니다.

당시에는 예루살렘이라는 이름이 쓰이지 않았겠지만, 본문 말씀에서 추정해 보면, 이 기록을 남길 때쯤에는 이미 그 이름이 예루살렘으로 굳어져 있었을 것입니다. 그런데 이 시온성은 워낙 견고해서 다윗이 그 성을 치러 오자, 여부스 사람들이 '너 같은 것이 이리로 쳐들어오다니 어림도 없다. 맹인이나 다리 저는 자도 너 정도는 쫓아낼 수 있을 것이다'라며 비웃습니다. 그들은 다윗이 감히 쳐들어오지는 못할 것이라고 생각했던 것입니다.

다윗은 사무엘상 17장에 등장하여 이 자리에 오기까지 순종과 믿음, 성실의 대표자로 인정된 신앙인입니다. 그동안 우리는 불순종한 사울과 순종한 다윗을 대조하는 관점에서 성경을 읽어 왔고, 믿음과 성실로 순종의 삶을 이어 온 다윗의 인생을 확인했습니다. 이러한 순종이 이제 다윗으로 왕이 되게 하고, 이렇게 시온성을 빼앗아 다윗성으로 삼는 그런 놀라운 승리의 절정을 이루게 한 것 같습니다.

그런데 지금 여기는 사무엘하 5장입니다. 다윗은 죽으려면 아직 많이 남았습니다. 그러니 성경에 나온 다윗의 이야기에서 조심해야 하는 것은 '다윗이 신실하고, 순종하고, 믿음을 지키고, 인내했더니 마침내 왕이 되어 영원토록 행복하게 살았더라'로 끝나지 않는다는 말씀입니다. 그러니 이 절정은 결말이 아니라 뜻밖에 시작인 것입니다. 왜 그런지 살펴봅시다.

시온산과 시내산

시온성은 다윗이 함락시킬 수 없는 험한 산성이었는데, 다윗이 그것을 쟁취해서 '다윗성'이라고 이름을 붙입니다. 그런데 성경에서 '다윗성'이라는 이름은 좀처럼 나오지 않고, 계속 '시온성'이라고 언급됩니다. 하나님이 이스라엘 백성을 지키시고 복을 주시고 승리케 하시는 약속과 그 목적의 영광에 대해 이야기할 때는 늘 '시온'이라는 단어를 써 왔기에 '다윗성'보다는 '시온성'으로 불리게 된 것 같습니다. '시온'이라는 이름이 등장하는 대표적 본문인 시편 84편을 함께 살펴봅시다.

> 만군의 여호와여 주의 장막이 어찌 그리 사랑스러운지요 내 영혼이 여호와의 궁정을 사모하여 쇠약함이여 내 마음과 육체가 살아 계시는 하나님께 부르짖나이다 나의 왕, 나의 하나님, 만군의 여호와여 주의 제단에서 참새도 제 집을 얻고 제비도 새끼 둘 보금자리를 얻었나이다 주의 집에 사는 자들은 복이 있나니 그들이 항상 주를 찬송하리이다 주께 힘을 얻고 그 마음에 시온의 대로가 있는 자는 복이 있나이다 그들이 눈물 골짜기로 지나갈 때에 그 곳에 많은 샘이 있을 것이며 이른 비가 복을 채워 주나이다 그들은 힘을 얻고 더 얻어 나아가 시온에서 하나님 앞에 각기 나타나리이다 만군의 하나님 여호와여 내 기도를 들으소서 야곱의 하나님이여 귀를 기울이소서 (시 84:1-8)

이 시에서는 시온의 대로가 등장합니다. 시온에서 만난 하나님은 어떤 분입니까? 승리를 주시는 하나님, 회복하시는 하나님, 허락하신 것을 이루시고 약속을 지키시는 하나님입니다. 이런 하나님을 소개할 때, 구약 성경에서는 '시온'이라는 이름을 자주 사용합니다. 그러니 시온산, 즉 하나님의 보좌를 언급하며 하나님이 시온성으로 시작하게 하신 다윗의 후반기 생애가 가지는 하나님의 의도와 내용은 사실 우리를 새삼스러운 관심으로 초대하는 셈입니다.

시온산을 시내산과 비교해 보십시오. 출애굽 사건을 내내 자기 민족의 기원으로 삼아 왔던 이스라엘은 시내산을 하나님과 이스라엘 백성의 관계를 암시하는 곳이자 자기네들의 지위와 신분이 확립된 곳으로 기억하고 있습니다. 시내산은 하나님이 율법을 주신 곳이자 거룩을 선포하시며 또 자기 백성들에게 거룩함을 요구하신 곳입니다. 그런데 이제 이스라엘은 시내산으로 대표되지 않고 시온산으로 대표됩니다. 이는 시내산에서 맺은 거룩함을 백성들에게 요구하신 하나님이 그 '거룩함'을 좁은 의미의 옳음과 그름, 속됨과 성스러움으로 나누는 정도가 아니라, 회복, 충만, 영광, 자랑, 기대라는 가치로 인도하신다는 더 넓은 차원으로 우리를 불러내신다는 의미가 들어 있습니다. 이런 일들은 우리에게 약간 낯선 문제처럼 보입니다.

우리 대부분은 시내산에 서 있는 것 같습니다. 신앙생활의 현실을 돌아보면, 우리는 과거에 하나님을 다 모르고 살았습니다. 예수 믿는 것이 무엇인지도 모르고 살다가 예수를 만나 감격하고 회개하고 고백하고 감동을 받았습니다. 그 시절을 생각해 보십시오. 거기가 끝이었고, 그다음은 모르겠는 것입니다. 그러니 각자의 생애를 돌아볼 때마다 시내산은 있는데, 시온산은 없는 것입니다. 시내산이 절정이고, 그 이후는 모두 이런 갈등입니다. 하나님이 왜 나를 안 데려가시고,

이 세상에 이렇게 놔둬서 고생시키는지 모르게 된 것입니다.

실감이 안 나면 이런 예를 들어 보겠습니다. 자녀가 열심히 공부해서 원하는 대학에 들어갔다고 해 봅시다. 매우 기쁜 일입니다. "우리 아이가 좋은 대학에 갔습니다." 모두가 축하하고 기뻐하고 잔치를 벌입니다. 그런데 원하는 대학에 들어가면 그것으로 끝이어서는 안 됩니다. 가서 배워야 합니다. 그래서 훌륭해져야 합니다. 합격 통지서만 있고, 훌륭해진 현실이 없으면 잘못 간 것입니다. 이것이 성경이 하고 싶은 이야기입니다.

시내산이 지닌 약속과 지위, 시온산이 지니는 약속과 지위가 있습니다. 그러니 우리 모두가 여기서 시작해서 지금 나아가야 하는데, 하나님이 그다음을 인도하시는 문제에 우리가 충분한 이해와 관심을 가지지 못하는 것은, 앞에 있는 감격에 비해 그 이후는 좀 시시하기 때문입니다. 합격 통지서를 처음 받았을 때 가졌던 기쁨이 학교 다니는 내내 지속될 리는 당연히 없겠지만, 기대보다 훨씬 더 밋밋하기 때문입니다. 이 문제는 성경이 자주 언급하고 약속하지만, 우리가 과거에 맛본 이 감격의 절정은 분명한데 비하여, 두 번째 약속한 현실에 대해서는 모두가 그렇게 분명하게 느껴지지 않는 것 때문에 우리의 신앙에 늘 문제가 있다는 생각이 듭니다. 다음 본문들에서 확인해 봅시다.

세상과 대조되는 하나님의 권력

로마서 5장 8절 이하를 보겠습니다.

우리가 아직 죄인 되었을 때에 그리스도께서 우리를 위하여 죽으심
으로 하나님께서 우리에 대한 자기의 사랑을 확증하셨느니라 그러
면 이제 우리가 그의 피로 말미암아 의롭다 하심을 받았으니 더욱
그로 말미암아 진노하심에서 구원을 받을 것이니 곧 우리가 원수 되
었을 때에 그의 아들의 죽으심으로 말미암아 하나님과 화목하게 되
었은즉 화목하게 된 자로서는 더욱 그의 살아나심으로 말미암아 구
원을 받을 것이니라 그뿐 아니라 이제 우리로 화목하게 하신 우리
주 예수 그리스도로 말미암아 하나님 안에서 또한 즐거워하느니라
(롬 5:8-11)

성경이 하고 싶은 이야기는 이것입니다. '너희가 죄인이었을 때 하나
님이 너희를 사랑하사 예수의 죽음으로 너희를 하나님과 화목하게
하셨다면, 화목하게 된 이후에는 더 큰 은혜를 누려야 마땅한 것 아니
냐. 몰랐을 때도 이런 사랑을 받았다면, 그 사랑으로 화목하게 된 다
음에는 그 전보다 더 큰 자리에 와 있다는 사실을 알아야 할 것 아니
냐.' 어떤 학생이 그토록 원하던 학교에 입학 원서를 내고 시험을 봤는
데, 그만 떨어졌습니다. 그런데 그 학생이 제출한 답안지를 본 대학 총
장이 거기 적힌 답안에 감동해서 특별히 입학을 허가해 줬다고 해 봅
시다. '내가 네 시험지를 보니 비록 답은 틀렸지만, 글씨에 진심이 가
득하더라. 내가 너에게 기회를 줄 테니 우리 학교에 와서 공부해라'라
고 했다면, 너무 기쁜 나머지 '내가 이 학교에 들어가게 된 것은 전부
다 총장님의 큰 은혜입니다'라고 말하고 다니기만 하면 전부입니까?
들어갔으면 공부를 열심히 해야 하는 것 아닙니까? 배우고 커야 합니

다. '하나님이 너희를 위하여 자기 아들마저 십자가에 매달았다면, 죽음으로 너희에게 구원을 베풀었다면, 살아서 도울 때는 얼마나 더 풍성하겠느냐?' 이처럼 성경은 구원받고 난 다음에 신자가 겪는 현실을 이중으로 약속하고 격려하고 있는데, 우리는 누리지 못하는 것입니다.

예수님은 제자들에게 '나를 믿는 자는 내가 하는 일을 그도 할 것이요 또한 그보다 큰 일도 하리니 이는 내가 아버지께로 감이라'(요 14:12)라는 약속을 하십니다. '땅에 내려와 제한된 생애를 살아야 했던 곳에서 한 일보다 하늘에 올라가 모든 권세를 쥐고 더 크게 한 일에 너희가 동참하고 있다. 이 권세를 너희도 같이 누리고 있다'는 뜻입니다. 이 구절을 읽으면, 마태복음 28장에서 약속하셨던 말씀이 기억날 것입니다. '볼지어다 내가 세상 끝날까지 너희와 항상 함께 있으리라'(마 28:20).

그런데 사실 우리는 삶에서 이 약속을 못 누립니다. 왜 그렇습니까? 우리의 기대와 현실이 좀 다르기 때문입니다. 어떤 점이 다를까요? 우리는 세상에서 권세와 권력을 마음껏 누릴 것이라고 기대합니다. 요즘 우리나라는 어려움에 처해 있고, 교회 역시 세상의 비난 속에 있습니다. 우리 생각에는 하나님이 잘 이해되지 않습니다. 하나님이 우리를 위해 자기 아들을 십자가에 못 박아 죽이시고 우리에게 땅 끝까지 함께하겠다고 하신 약속을 지키시는 분이라면, 어떤 기적이 일어나야 마땅합니까? 한국 교회가 일주일 동안 매일 특별 새벽 기도회, 철야 금식 기도회를 열어 북한의 핵 위협을 비롯한 이 나라의 모든 문제와 땅에 떨어진 교회의 영광을 세우는 일을 위하여 기도하면, 북한 핵이 모두 달나라로 올라가서 자폭하고 모든 한국 교회가 세상 앞에서 실력이나 도덕성이나 유용성으로 앞서서 정치, 경제, 사회, 교육, 국방 문제를 다 해결하는 기적이 일어나 교회에 있는 십자가는 전부 금빛으로 변할 것이요, 밤에도 빛나는 다이아몬드 같아야 할 것입니다. 그런데 하나님은 그렇게 일하지 않으시고, 이 비난과 욕을 우리와 함께 먹습니다. 이것이 이해되지 않습니다.

이스라엘은 '출애굽'이라는 큰 사건에서 출발했지만, 그 마지막은 '바벨론 포로'라는 말도 안 되는 결과로 끝이 납니다. 바벨론 포로는 다만 이스라엘이 정치와 군사 문제에서 실패하여 당한 일이기보다 하나님과의 관계, 즉 신앙의 문제로 받은 벌이라고 할 수 있습니다. 그런데 이 벌로 인한 멸망이 하나님에게는 굉장히 큰 부담으로 남습니다. 바벨론 사람들은 '우리가 믿는 신인 므로닥이 이스라엘이 믿는 여호와보다 더 강하다. 그들의 신은 힘이 부족하다. 애굽에서 꺼낸 실력은 있었을지 몰라도 바벨론에게는 안 된다'는 말마저 감수하십니다.

'이스라엘이 믿는 하나님은 실력이 없다'와 같은 모욕을 하나님이 감수하시는 것입니다. 하나님은 왜 그렇게 하실까요? 하나님이 이스라엘에 만들고자 하셨던 것, 즉 우리 생애에 이루고자 하셨던 것은 우리 기대와 사뭇 다르기 때문입니다. 하나님이 이스라엘을 바벨론에 보내어 이스라엘을 정화하신 것을 생각해 봅시다. 이처럼 우리는 이러한 문제가 하나님이 정치, 경제, 사회 문제에 대한 안전 보장 장치나 수단이 아님을 압니다. 하나님은 '하나님이 목적이요, 하나님이 내용인 것을 이스라엘이 알도록 요구하고 있다'라고 말씀하신 것과 같이, 신약 시대에도 예수를 보내신 것은 '예수가 권력을 가져 우리와 권력을 나누거나 우리에게 권력으로 해방을 주러 오신 것이 아니라,

예수의 죽음으로 말미암아 세상 권력과 대조되는 하나님의 영광을 주려고 하신다'는 증언임을 기억해야 할 것입니다.

부부, 그리스도와 교회의 연합

이러한 증언은 신자의 삶, 특히 부부로 맺어 주신 결혼 생활에 잘 드러납니다. 에베소서 5장을 봅시다.

> 아내들이여 자기 남편에게 복종하기를 주께 하듯 하라 이는 남편이 아내의 머리 됨이 그리스도께서 교회의 머리 됨과 같음이니 그가 바로 몸의 구주시니라 그러므로 교회가 그리스도에게 하듯 아내들도 범사에 자기 남편에게 복종할지니라 남편들아 아내 사랑하기를 그리스도께서 교회를 사랑하시고 그 교회를 위하여 자신을 주심 같이 하라 이는 곧 물로 씻어 말씀으로 깨끗하게 하사 거룩하게 하시고 자기 앞에 영광스러운 교회로 세우사 티나 주름 잡힌 것이나 이런 것들이 없이 거룩하고 흠이 없게 하려 하심이라 이와 같이 남편들도 자기 아내 사랑하기를 자기 자신과 같이 할지니 자기 아내를 사랑하는 자는 자기를 사랑하는 것이라 누구든지 언제나 자기 육체를 미워하지 않고 오직 양육하여 보호하기를 그리스도께서 교회에게 함과 같이 하나니 우리는 그 몸의 지체임이라 그러므로 사람이 부모를 떠나 그의 아내와 합하여 그 둘이 한 육체가 될지니 이 비밀이 크도다 나는 그리스도와 교회에 대하여 말하노라 (엡 5:22-32)

결혼에 대해 잠시 생각해 봅시다. 하나님이 남녀를 만나게 하고 서로 사랑하게 하셔서 부부로 불러 가정을 이루신다는 것을 종종 이해하기 힘든 때가 있습니다. 물론 부부가 되는 것은 사랑으로 결실되는, 그리하여 행복이 기대되는 아름답고 기쁜 허락이지만, 실제로 겪는 결혼 생활은 기대만 못합니다. 본문 말씀에서도 이제 다윗이 왕이 되었으나 그것이 절정이거나 끝이 아니라 시작인 것처럼, 결혼 역시 사랑의 끝이 아니라 시작입니다. 그러나 우리는 그렇게 생각하지 않습니다. 사랑으로 모든 난관, 즉 신분과 가문과 조건까지 다 극복하여 결실해 낸 사랑이 드디어 빚어낸 결과가 행복한 결합인데, 결혼한 다음은 결혼 전에 했던 기대와 사뭇 다릅니다. '그때 내 눈에 콩깍지가 씌었나 봐' 하는 생각이 매일 듭니다. 그래서 괜히 어머니한테 "어머니, 그때 저를 왜 안 말리셨습니까?" 하고 항의하는 것입니다. 그러면 어머니는 "그때 내가 많이 말렸다"라고 합니다. 그래도 우리는 지지 않고 "더 말리셨어야죠" 하며 원망합니다. 이게 뭔가, 왜 결혼 생활이 우리 기대만 못한가, 하는 생각이 듭니다.

그때는 사랑이 환상이 아니고, 실력을 갖추어야 할 수 있는 것이라는 사실을 몰랐습니다. 결혼이 사랑의 결실이 아니라 사랑의 시작이라는 사실을 깨닫지 못한 것입니다. 결혼은 우리가 가진 사랑이 실제로 힘을 발휘하기 위해서는 많은 것을 참고 내공을 쌓아야 한다고 가르칩니다. 먼저 원망과 분노를 해결해야 합니다. 서로 마음에 들지 않는 것들이 너무 많습니다. 왜냐하면 들이닥친 현실의 문제나 도전은 너무나 큰데, 대책이 없기 때문입니다. 충분히 벌어 오지도 못하고, 벌어 온 것을 잘 관리하지도 못합니다. 그리고 어떻게 결정해야 할지,

언제 결정해야 할지, 어떻게 살아야 할지를 우리는 사실 너무 모릅니다. 최선을 다하지만 잘되지 않고, 서로 관점이 정말 다릅니다. 오죽했으면《화성에서 온 남자, 금성에서 온 여자》라는 책이 다 나왔겠습니까? 우리는 당황하죠. 그러나 성경은 우리에게 부부가 되는 것은 '그리스도와 교회의 연합' 같은 신비라고 말씀합니다.

우리가 받은 구원은 그저 하나의 고백에 그치는 것이 아닙니다. 우리가 예수를 믿고 영접하는 순간, 주께서는 자신을 우리 생애에 내어 주십니다. 주님을 부르면 그때서야 찾아오시는 것이 아니라, 우리의 못나고 생각 없는 일상에, 우리가 저지른 분명한 잘못에 주님은 늘 같이하십니다. 기가 막힌 일입니다. 마치 부부 사이에서 자신의 배우자가 한 모든 일에 자기도 함께 책임지고 참여할 수밖에 없는 것과 같습니다. 주님은 우리에게 당신을 내어 주셔서 우리가 처한 수준과 우리가 벌인 모든 일에 자신의 명예와 능력을 기울여 동참하십니다. 앞서 이야기한 대로, 바벨론 포로 사건이 보여 준 하나님 자신에 대한 모욕과 비난을 하나님이 감수하십니다. 이스라엘을 놓지 않으십니다. 쉽게 해결해 주시지도 않습니다. 이것이 기독교 신앙의 신비입니다. 우리를 항복시켜 우리 자신이 실력을 갖춘 사람으로 구체화되기를 원하시는 것입니다. 거기에 예수 믿는 인생의 어려움이 있습니다.

하나님이 우리의 고백과 기대에 대하여 쉽게 응답해 주시기를 바랍니까? 부부로 살면서 남편에게 내 맘대로, 또 아내에게 내 소원대로 요구하며 답을 내라고 책임을 지울 수 없다는 현실에서 배우게 될 것입니다. 모든 것을 다 해 줄 수 없고, 다 할 수도 없습니다. 모든 병을 고치고, 모든 마음을 달래고, 늘 눈에서 광채가 나고, 그렇게는 살

수 없습니다. 그것은 뻔한 사실입니다. 문제는 내 배우자가 다른 사람만 못하다는 데에 있는데, 몰라서 그렇지 어느 집이나 똑같을 것입니다. 같이 안 살아 봐서 모를 뿐입니다. 하나님이 거기서 무엇을 하실까요? 우리로 비겁함을 극복하게 하십니다. 상대방에게 원망과 분노를 쏟아 내고, 자기가 져야 할 책임을 상대방에게 돌리는 비겁한 일을 멈추게 하십니다.

하나님이 부부에게 명령하신 것은 무엇입니까? 아내는 남편에게 복종하고, 남편은 아내를 사랑하라고 말씀하십니다. 계급의 문제나 지위의 고하를 언급하는 것이 아닙니다. 배우자를 사랑하는 것은 자기 자신을 사랑하는 것이라고 하면서 부부가 되어 힘든 과정을 함께 겪어 내다 보면 주님 앞에 거룩하고 흠이 없는 영광된 자리에 서게 될 것이라고 약속하십니다. 놀랍습니다.

차꼬와 쇠사슬

그러니 우리가 분노하는 까닭은 하나님이 우리에게 하시는 일을 오해해서 그렇습니다. 시편 105편에는 요셉의 생애가 이렇게 간략하게 요약되어 있습니다.

그가 한 사람을 앞서 보내셨음이여 요셉이 종으로 팔렸도다 그의 발은 차꼬를 차고 그의 몸은 쇠사슬에 매였으니 곧 여호와의 말씀이 응할 때까지라 그의 말씀이 그를 단련하였도다 (시 105:17-19)

차꼬와 쇠사슬에 매였다는 것은 가장 강력한 제한입니다. 부부가 되어서 제일 크게 분노하는 지점이 무엇입니까? 제한입니다. '내가 왜 저 사람과 결혼해서 이 고생을 하고 있나.' 내 슬픔만으로도, 내 책임만으로도 너무 버거운데 짐이 하나 더 늘었습니다. 결혼하면 서로 짐을 나누어 져 주는 것이 아니라, 서로가 서로에게 짐을 더 지우게 됩니다.

그런데 우리가 아무리 힘들다 한들 아무려면 요셉만 하겠습니까? 요셉은 형들이 팔아먹어 낯선 땅에 넘겨지지 않았습니까? 팔린 곳에서도 무고를 당하여 옥에 갇힙니다. 그곳에서는 아무것도 할 수가 없죠. 그러나 거기서 하나님이 요셉을 총리로 만드십니다. 요셉에게 다만 총리라는 높은 자리에 앉힌 다음 권세를 쥐여 주는 정도가 아니라, 그를 총리답게 만드십니다. 요셉은 칠 년 동안의 풍년을 활용하여 다음에 오는 칠 년의 흉년을 대비하며, 모든 신하를 다스리며 장로들을 교훈하는 지혜를 배웁니다. 어디서 배웠습니까? 감옥입니다. 그의 발은 차꼬를 차고 그의 몸은 쇠사슬에 매인, 넋이 나간 그 형편에서 배웁니다. 그것이 요셉의 현실이자 우리의 현실입니다.

우리가 이 땅에 부부로 살면서 서로가 서로에게 바라는 것은 다만 안심 외에 다른 것이 없습니다. 우리의 소원은 겨우 이 정도밖에 안 되는데, 하나님은 훨씬 큰일을 하려고 하시니 우리는 각자의 한계를 인정하고 서로를 하나님의 뜻으로 알고 받아들여야 합니다. 하나님이 그를 나에게 짝지어 주사 나를 복되게 하려고 보내신 주님의 선물이라고 알아야 한다는 것입니다. 상대를 '예수'로 생각하고 그렇게 대하라는 것입니다. 주께서 세상 끝날까지 우리를 지키시는 것처럼, 부부가 되면 죽을 때까지 같이 가는 이유가 무엇입니까? 그때까지 하나님이 우리를 놓지 않으시고, 하나님의 능력과 지혜와 약속으로 우리를 지키고 계신다는 표이기 때문입니다.

그러니 우리도 이제 다윗의 말년에 대하여 새로운 기대를 품고 접근해 볼 수 있습니다. 그의 후반기는 별 재미가 없습니다. 그러나 현실입니다. 거기서 하나님이 무엇을 만드시는지를 보게 됩니다. 기독교 신앙은 오늘 우리의 안심을 비축해 두거나, 복이 자동으로 나오게 하는 장치를 구비해 두는 것이 아니라, 하루만큼 하나님이 우리를 키우시는 자리입니다. 무엇을 키우신다고요? 하나님이 우리 안에 만드신 하나님의 형상입니다. 인내와 헌신, 용서와 감사를 할 줄 아는 명예로운 존재를 만들어 내십니다.

감사를 하는 것은 넉넉해서가 아닙니다. 실력이 있어야 감사할 줄 알게 됩니다. 이 명예와 영광을 매일 시험받고, 훈련받고, 마침내 하나님이 만족하실 만큼 우리를 크게 만들 때까지 절대 졸업시키지 않는다, 이 사실을 기억한다면, 우리의 신앙생활과 기도는 더욱 놀라워질 것입니다. 학교 다니는 제 손녀딸에게 일전에 제가 이렇게 물어봤습니다. "오늘은 뭘 배웠느냐?" "맨날 똑같아. 할아버지." 이처럼 매일 반복되는 일상을 통해 우리를 위대한 신자로 만들어 가시는 하나님의 일하심을 경험하길 바랍니다.

기도

하나님 아버지, 은혜를 감사합니다. 우리 인생이 하나님이 일하시는 기적이라는 사실을 확인합니다. 매일 가장 영광스럽고 위대하고 명예로운 것으로

채워지는 하루하루입니다. 무엇이 두렵겠습니까? 감사와 지혜와 믿음과 충

성으로 우리의 삶을 살아 내는 귀한 인생 되게 하여 주시옵소서. 예수님 이

름으로 기도합니다. 아멘.

25.

법궤를 보며 춤추는 다윗

12 어떤 사람이 다윗 왕에게 아뢰어 이르되 여호와께서 하나님의 궤로 말미암아 오벧에돔의 집과 그의 모든 소유에 복을 주셨다 한지라 다윗이 가서 하나님의 궤를 기쁨으로 메고 오벧에돔의 집에서 다윗 성으로 올라갈새 13 여호와의 궤를 멘 사람들이 여섯 걸음을 가매 다윗이 소와 살진 송아지로 제사를 드리고 14 다윗이 여호와 앞에서 힘을 다하여 춤을 추는데 그 때에 다윗이 베 에봇을 입었더라 15 다윗과 온 이스라엘 족속이 즐거이 환호하며 나팔을 불고 여호와의 궤를 메어오니라 16 여호와의 궤가 다윗 성으로 들어올 때에 사울의 딸 미갈이 창으로 내다보다가 다윗 왕이 여호와 앞에서 뛰놀며 춤추는 것을 보고 심중에 그를 업신여기니라 17 여호와의 궤를 메고 들어가서 다윗이 그것을 위하여 친 장막 가운데 그 준비한 자리에 그것을 두매 다윗이 번제와 화목제를

여호와 앞에 드리니라 18 다윗이 번제와 화목제 드리기를 마치고 만군의 여호와의 이름으로 백성에게 축복하고 19 모든 백성 곧 온 이스라엘 무리에게 남녀를 막론하고 떡 한 개와 고기 한 조각과 건포도 떡 한 덩이씩 나누어 주매 모든 백성이 각기 집으로 돌아가니라 20 다윗이 자기의 가족에게 축복하러 돌아오매 사울의 딸 미갈이 나와서 다윗을 맞으며 이르되 이스라엘 왕이 오늘 어떻게 영화로우신지 방탕한 자가 염치 없이 자기의 몸을 드러내는 것처럼 오늘 그의 신복의 계집종의 눈앞에서 몸을 드러내셨도다 하니 21 다윗이 미갈에게 이르되 이는 여호와 앞에서 한 것이니라 그가 네 아버지와 그의 온 집을 버리시고 나를 택하사 나를 여호와의 백성 이스라엘의 주권자로 삼으셨으니 내가 여호와 앞에서 뛰놀리라 22 내가 이보다 더 낮아져서 스스로 천하게 보일지라도 네가 말한 바 계집종에게는 내가 높임을 받으리라 한지라 23 그러므로 사울의 딸 미갈이 죽는 날까지 그에게 자식이 없으니라 (삼하 6:12-23)

성공이 절정은 아니다

사무엘하 6장에 나온 다윗의 행보와 형편은 조심스럽게 해석해야 합니다. 다윗의 전 생애를 놓고 보면, 이때가 최고 절정에 다다른 시기라는 것을 알게 됩니다. 그는 왕으로 기름 부음을 받고도 오랫동안 사울의 위협 속에 피난살이를 해야 했으나, 그 어려움을 원망하거나 사울에게 보복하지 않고 잘 견뎌 냅니다. 사울이 죽자, 다윗은 그의 죽음을 진심으로 애도합니다. 또한 북쪽의 열한 지파가 다윗을 반대하였지만, 시간을 들여 그들에게서 마음 깊은 항복을 받아 내어 마침내 통일 왕국의 왕이 됩니다. 그리고 여부스 족속이 자랑하는 시온성이라는 견고한 성을 빼앗아 자신의 성으로 삼고, 두로 왕 히람이 백향목과 목수들을 보내자 그들로 아름다운 성과 궁전도 짓게 합니다.

이쯤 되면 이제 이후로는 다윗이 이 모든 간난을 겪고 등극한 자리에서 왕으로서 휘황찬란한 영광과 업적을 남겼을 것이라고 당연히 예상되는데, 이후에 펼쳐지는 다윗의 생애는 그렇게 통쾌하지 않고, 이해도 잘 가지 않는 일에 묶여 있는 것을 발견하게 됩니다. 이런 내용은 단지 다윗을 이해하기 위해서뿐만 아니라 우리 모든 신자들을 위해 필요합니다. 우리는 하나님을 제대로 알지 못하고 제멋대로 살던 자리에서 은혜를 입어 감격과 항복 속에 신앙생활을 시작하였으나, 기대처럼 형통하지도 자랑스럽지도 않은 현실을 맞닥뜨리게 됩니다. 그래서 다윗의 후반부 인생을 이해하는 것이 신자 된 현실을 이해하는 데 매우 중요한 실마리가 된다는 것을 기억하고 사무엘서를 읽어야 합니다.

다윗은 법궤를 가져오기로 결심합니다. 법궤는 하나님의 임재를 상징하는 것이기에 정치적으로나 사회적으로 중요한 의미를 지닙니다. 특히 이스라엘에서 법궤는 종교적으로 매우 중요한 의미를 지니고 있어서 꼭 모셔 와야 했습니다. 그래서 기럇여아림에 있던 법궤를 가지고 온 것입니다. 전에 법궤를 블레셋에 뺏겼다가 찾아오는 과정에서 당시 법궤를 들여다본 사람들이 죽는 바람에 겁이 나서 실로에서 가져오지도 못하고 기럇여아림에 맡겨 놓았었는데, 이제 그 법궤를 가지고 오는 것입니다. 그런데 이번에는 소가 뛰는 바람에 법궤가

넘어질 것이 걱정된 웃사가 손으로 법궤를 붙들자, 웃사가 죽는 일이
일어납니다. 본문 말씀 앞에 나온 구절을 봅시다. 사무엘하 6장 6절
이하입니다.

> 그들이 나곤의 타작 마당에 이르러서는 소들이 뛰므로 웃사가 손
> 을 들어 하나님의 궤를 붙들었더니 여호와 하나님이 웃사가 잘못함
> 으로 말미암아 진노하사 그를 그 곳에서 치시니 그가 거기 하나님의
> 궤 곁에서 죽으니라 여호와께서 웃사를 치시므로 다윗이 분하여 그
> 곳을 베레스웃사라 부르니 그 이름이 오늘까지 이르니라 다윗이 그
> 날에 여호와를 두려워하여 이르되 여호와의 궤가 어찌 내게로 오리
> 요 하고 (삼하 6:6-9)

그래서 그 궤를 다윗성으로 가져오지 않고 오벳에돔에 모셔 놓습니
다. 이상하게도 법궤를 가져오는 일에 은혜와 기쁨이 있지 않고, 죽
음, 분노 그리고 두려움이 있습니다. 참으로 이상한 일입니다. 그런데
이제는 오벳에돔에 법궤를 갖다 놓았더니 그 집안이 전부 복을 받았
다는 소리를 듣습니다. 그러자 이번에는 오벳에돔에서 법궤를 제대로
가져와서 다윗성으로 모셔 옵니다.

이때 다윗이 정성을 다하여 나가서는 가장 기쁘게, 가장 감격하여
춤을 춥니다. 그런데 다윗의 기쁨과 정성의 표현은 뜻밖에도 부인 미
갈로 인해 먹칠이 됩니다. 미갈이 '왕이여, 왕이 오늘 경박하게 행동
하셨습니다'라고 미운 말을 하자, 다윗이 분을 냅니다. "내가 춤춘 것
은 하나님 앞에서 한 것이다. 내가 모두에게 멸시를 당한다고 해도 너

한테만은 당할 수 없다." 그래서 다윗은 평생 미갈의 곁에 가지 않아 그녀는 아이를 낳을 수 없게 됩니다.

이처럼 사무엘하 6장에서는 법궤를 모셔 오는 다윗의 기쁨을 이야기하고 있지만, 이상하게도 여기에는 은혜와 감사와 기쁨이 없고, 방금 전에 이야기한 대로 죽음, 분노, 두려움 그리고 약간의 과장과 질시, 보복, 이런 것들로 가득 차 있습니다.

사무엘하 6장에 나온 다윗은 좀 오버하는 것처럼 보이기도 합니다. 이 대목은 다윗의 후반기를 이해하는 데에 더 깊은 통찰이 필요한 내용으로 남겨 두고, 여기서는 다윗이 순종하고 인내하고 믿음을 지켜서 얻은 승리가 이후 그 승리로 마땅히 누려야 할 영광과 기쁨으로 가지 못한다는 점을 일단 생각해 보기로 합니다.

환난 중에도 즐거워하나니

로마서 5장에 가 봅시다.

그러므로 우리가 믿음으로 의롭다 하심을 받았으니 우리 주 예수 그리스도로 말미암아 하나님과 화평을 누리자 또한 그로 말미암아 우리가 믿음으로 서 있는 이 은혜에 들어감을 얻었으며 하나님의 영광을 바라고 즐거워하느니라 (롬 5:1-2)

우리 모든 성도가 경험하는 현실입니다. 1절과 2절은 '그리스도로 말미암아 하나님과 누리는 화평'을 이야기합니다. 하나님은 공포의 대상이 아니고, 우리에게 언제나 복을 주려고 하시는 분이기에 화평을 누리자는 것입니다. 그래서 우리는 하나님의 영광을 바라고 즐거워하는 기대와 소망 속에 있습니다. 이어 3절에 가면, '다만 이뿐 아니라 우리가 환난 중에도 즐거워하나니'라는 말씀이 나옵니다. 하나님과의 화평, 하나님의 영광을 바라는 기대와 소망, 약속 속에서 맞이하는 현실은 환난인 것입니다. 그런데 성경은 환난 속에서 즐거워하라고 합니다.

다윗도 지금 그렇지 않은가요? 그의 인내, 그의 순종, 그의 믿음이 지닌 영광이 그를 다시 환난으로 밀어내고 있습니다. 이것이 다윗의 후반기 인생입니다. 다윗의 생애를 보면, 그가 온 힘을 다 기울여 얻은 보상과 우리 눈에 정점으로 보이는 곳에서 본격적으로 무슨 일이 일어나더라는 것을 알 수 있습니다. 그 정점은 우리가 기대하는 형통과 승리로 이루어져 있지 않습니다. 지금껏 다윗이 이룬 공은 일종의 준비나 머리말과 같아서 이제 앞으로 본격적인 이야기가 나온다고 예고하는 것으로 보입니다. 다윗에게뿐만 아니라, 우리 모든 성도에게도 말입니다. 그러니 이 일은 신중하게 살펴야 하며, 더 깊은 이해를 위해 다른 말씀을 더 참조할 수밖에 없습니다. 에베소서 5장으로 가 봅시다.

그런즉 너희가 어떻게 행할지를 자세히 주의하여 지혜 없는 자 같이 하지 말고 오직 지혜 있는 자 같이 하여 세월을 아끼라 때가 악하니라 그러므로 어리석은 자가 되지 말고 오직 주의 뜻이 무엇인가 이

해하라 술 취하지 말라 이는 방탕한 것이니 오직 성령으로 충만함을
받으라 시와 찬송과 신령한 노래들로 서로 화답하며 너희의 마음으
로 주께 노래하며 찬송하며 범사에 우리 주 예수 그리스도의 이름으
로 항상 아버지 하나님께 감사하며 그리스도를 경외함으로 피차 복
종하라 (엡 5:15-21)

'술 취하지 말라 이는 방탕한 것이니 오직 성령으로 충만함을 받으라'
는 권면을 우리는 잘 알고 있습니다. 성령 충만을 받는 것은 우리가
생각하는 것처럼 단지 어떤 하나의 사건이나 체험, 충격, 감동 같은
것이 아닙니다. '성령 충만'이 '술 취하는 것'과 비교되어 있다는 점을
주목해야 합니다. 술 취하여 시간을 낭비하는 것이 성령 충만과 대조
되어 있습니다. '술 취하는 것'을 방탕하다고 표현한 것은 윤리적 차
원에서 내린 판단이 아니라 '생각 없이 시간을 허비한다'는 관점에서
그렇게 표현한 것입니다. 시간을 낭비하지 말고 성령으로 채우라는
것이 '성령으로 충만함을 받으라'는 말씀의 의미입니다. 왜냐하면 앞
에서 '세월을 아끼라'고 명령하였기 때문입니다.

　세월을 아끼라, 어리석은 자가 되지 마라, 지혜를 가져라, 너희에게
준 세월이 무엇인가를 기억하여 성령으로 채우라고 합니다. 그런데
우리가 기대하는 것은 무엇입니까? 여기 나온 다윗의 승리와 같이,
예수를 믿고 우리 마음에 고백과 항복과 헌신이 있으면, 그다음부터
는 놀라운 업적, 즉 주를 위한 통쾌한 인생의 탄탄대로가 기다리고 있
을 것이라는 기대입니다. 그러나 성경이 하는 이야기는 우리의 기대
와 다릅니다.

우리의 세월과 시간을 성령으로 충만하게 채워야 한다고 말씀합니다. 즉 생각하고, 집중하고, 분별하고, 노력해서 하루하루를 헛되게 살지 말라고 이야기하는 것입니다. 아직은 이 말씀이 실감 나지 않고 맥락이 잘 이어지지 않을 것입니다. 그런데 그다음에 나온 권면을 좀 더 읽으면 무슨 이야기인지 알게 됩니다.

가정에서 훈련받는 신자의 인생

에베소서 5장 22절 이하입니다.

아내들이여 자기 남편에게 복종하기를 주께 하듯 하라 이는 남편이 아내의 머리 됨이 그리스도께서 교회의 머리 됨과 같음이니 그가 바로 몸의 구주시니라 그러므로 교회가 그리스도에게 하듯 아내들도 범사에 자기 남편에게 복종할지니라 남편들아 아내 사랑하기를 그리스도께서 교회를 사랑하시고 그 교회를 위하여 자신을 주심 같이 하라 이는 곧 물로 씻어 말씀으로 깨끗하게 하사 거룩하게 하시고 자기 앞에 영광스러운 교회로 세우사 티나 주름 잡힌 것이나 이런 것들이 없이 거룩하고 흠이 없게 하려 하심이라 이와 같이 남편들도 자기 아내 사랑하기를 자기 자신과 같이 할지니 자기 아내를 사랑하는 자는 자기를 사랑하는 것이라 누구든지 언제나 자기 육체를 미워하지 않고 오직 양육하여 보호하기를 그리스도께서 교회에게 함과 같이 하나니 우리는 그 몸의 지체임이라 (엡 5:22-30)

왜 여기서 부부에 대한 이야기가 갑자기 나올까요? 게다가 느닷없이 어떤 명령으로 시작하는데, 이 명령을 기억해야 합니다. '아내들이여 자기 남편에게 복종하기를 주께 하듯 하라.' 여자 성도들이 싫어하는 말씀입니다. '남편들아 아내 사랑하기를 그리스도께서 교회를 사랑하시고 그 교회를 위하여 자신을 주심 같이 하라.' 남자 성도들이 부담스러워하는 말씀입니다. 이런 명령이 느닷없이 나오는 것은 '너희 둘을 부부로 맺어 둔 것은 나 하나님이다. 내가 너희에게 승리와 만족과 영광을 줄 테니 너희는 다만 이것을 지켜라.' 그런 뜻입니다. 이 명령에는 현실에서 보는 어떤 어려움이 전제되어 있습니다.

우리가 결혼했던 때를 떠올려 보면, 사랑하는 사람과 결혼하기 위해 최선을 다했습니다. 사랑하고, 헌신하고, 기다리고, 애를 써서 장인 장모가 될 분들에게 찾아가 무릎 꿇고, 따님을 달라고 빌고, 평소에는 잘 먹지도 않는 밥을 두 그릇씩이나 달라고 해서 먹고, 맛없는 반찬도 맛있게 먹고, 데이트하면서 그녀의 모든 이야기에 귀 기울여 주고, 모든 까탈스러움을 감내하고 결혼합니다. 여자도 마찬가지입니다. 장차 시어머니가 될 사람을 찾아가 평생 순종하고 잘 공경하고 살 것처럼 하고, '어떻게 해서든지 같이 살게만 해 준다면, 이 은혜를 평생에 걸쳐 갚겠습니다'라고 조아려 그렇게 모든 난관을 극복한 다음 마침내 결혼합니다. 나이 지긋한 사람들이 예식장에 와서는 신랑 신부를 축하해 주는 법이 없습니다. 다들 혀를 찹니다. "너희 이제 시작이다." 얼마나 현실적인 말입니까? 그렇게 애를 태우고, '이 사람 없으면 차라리 죽는 게 낫다. 이 사람만 있으면 세상 그 무엇도 없어도 좋다'는 소원을 품고 한 결혼이 최악의 선택이라는 것을 아는 데에 얼마 걸리지 않습니다.

대체 이것이 뭐냐 하는 것입니다. 인간의 능력으로는 그렇게 엮으려야 엮을 수 없습니다. 이렇게 서로 가장 싫어하는 사람끼리 만나게 할 수는 없습니다. 적어도 어느 한쪽은 좀 견딜만 해야 하지 않을까 싶은데, 서로 가장 정반대인 웬수끼리 부부가 되게 하는 일은 하나님 외에는 할 수 없다고 생각합니다. '누구랑 살아도 이 사람만 아니라면 이보다는 나을 것이다.' 이런 생각이 우리가 결혼 생활에서 만나는 현실입니다. 거기서 정신을 차려야 합니다. 이런 현실이 일을 한다고 하나님이 말씀하시기 때문입니다. '나는 네 소원, 네 기대보다 더 큰 걸 만든다. 네 사랑이 만든 것은 예복 차려입고, 웨딩드레스 입는 것이 전부였다. 내가 만들려고 하는 건 그것과 비교가 안 된다. 그러니 마음 놓고 복종해라. 마음 놓고 사랑해라'라고 성경이 이야기합니다. 사랑할 수 없을 때는 어떻게 해야 합니까? 울어라. 술 한잔 마셔라. 바가지 긁어라. 그 속에서 얼마든지 허락되는 것입니다. 내 배우자가 사랑하는 사람이 아니라, 웬수같고, 족쇄같고, 걸림돌같고, 우리를 막는 가장 큰 장벽같습니다.

그런데 이 문제에 대한 성경의 아주 중요한 증언이 있는데, 바로 요셉입니다. '그가 한 사람을 앞서 보내셨음이여 요셉이 종으로 팔렸도다 그의 발은 차꼬를 차고 그의 몸은 쇠사슬에 매였으니 곧 여호와의 말씀이 응할 때까지라 그의 말씀이 그를 단련하였도다'(시 105:17-19). 요셉은 갑자기 죄수로 전락한 자신의 처지에 희망을 품을 것이 하나도 없었습니다. 그에게는 억울할 뿐만 아니라, 고통스러운 삶이 이어지고 있는 상황입니다. 가질 수 있는 것이 절망밖에 없습니다. 그러나 하나님은 거기서 그를 총리로 만드십니다. 학원도 못 다니고, 쓸 만한 사람 하나 만나지 못하고, 고통으로 혼비백산하여 넋이 빠진 자리에서 하나님은 그를 총리로 세우십니다. 그가 총리가 되었을 때, 성경은 "그의 뜻대로 모든 신하를 다스리며 그의 지혜로 장로들을 교훈하게 하였도다"(시 105:22)라고 증언합니다. 하나님이 우리에게 무엇을 만들려고 하시고, 무엇을 뚫으려고 하시는지 알겠습니까?

결혼 생활을 해 보면, 깨닫게 되는 것이 있습니다. 쉬운 욕심과 쉬운 해답을 다 포기해야 한다는 것입니다. 그저 아내한테 바가지 긁히지 않는 것이 최종 소원이 됩니다. 이것은 가장 간단한 소원이 아니라, 가장 큰 소원입니다. 그것보다 큰 것은 없습니다. 아내와 잘 지낼 줄 알면 세상에 감당하지 못할 시험은 없습니다. 아내가 그렇다면 그런 것입니다. 아내에게 설명하고 논리를 따지는 사람은 아직도 멀었습니다. 아내가 기차 바퀴를 세모라고 하면 세모인 것입니다. 이것을 어디서 배운다고요? 결혼 생활에서 배웁니다.

남자를 철들게 하는 것은 여자이고, 여자를 철들게 하는 것은 자식입니다. 여자들은 자기 자식한테는 꼼짝도 못 합니다. 이것이 하나님의 기이한 섭리입니다. 오죽하면 아들이 입영 통지를 받게 되자, 펑펑 울던 아내가 기도 응답을 받아 왔다며 남편에게 이렇게 말하더랍니다. "하나님이 당신더러 대신 군대 가래. 당신은 한 번 가 봤잖아." 우리는 결혼 생활을 통하여 다른 소원은 마다하고, 한 여인을 웃음 짓게 하는 것, 자기 아들을 훌륭하게 하는 일을 위하여 자기 한 몸 기꺼이 희생하고 당연히 인내하는 것을 배우게 됩니다. 이것을 억지로 만들 수는 없는 것입니다.

어디에도 담길 수 있는 진리

성공은 인내를 만들어 내지도, 사람으로 희생을 배우게 하지도 못합니다. 성공은 헛바람을 잡는 것 같습니다. 세상의 위협과 기만 앞에서 인간의 진정한 내용을 만드는 일은 하나님만이 하십니다. 어디에서 하십니까? 바로 각자의 가정에서 하십니다. 가정은 평화롭지 않습니다. 하나를 이겨 내면 다음 문제가 닥쳐옵니다. 이렇게 평생 시달리다 보면, 어느새 우리 자신이 훌륭해져 있는 것을 봅니다. 제가 감히 약속할 수 있습니다. 이런 고생을 억울해할 필요가 없는 것은 우리가 훌륭해질 뿐만 아니라, 가정에서 겪는 고난이 이렇게 연결되기 때문입니다.

> 그러므로 사람이 부모를 떠나 그의 아내와 합하여 그 둘이 한 육체가 될지니 이 비밀이 크도다 나는 그리스도와 교회에 대하여 말하노라 (엡 5:31-32)

이것이 신자의 존재론입니다. 부부가 한 몸으로 부름받아 결합하는 것처럼, 우리는 모두 그리스도께서 당신을 우리 각자에게 내어 주신 존재입니다. 부부 중 한쪽이 잘못하면 다른 쪽도 함께 고생하게 됩니다. 그런데 예수님은 잘못이 없음에도 우리와 묶여 있기 때문에 우리가 가는 자리에 다 따라오십니다. 우리가 말을 안 듣는다고 해서 잠깐 별거하자고 하시지 않습니다. 우리의 못난 선택과 잘못된 행보에 주님은 우리와 묶여 있습니다. 기가 막히지 않습니까?

보여 주고 싶지 않은 우리의 자리, 실력 없는 우리의 자리에 들어오

서서 주님은 그 자리가 마치 그리스도 당신의 자리인 것처럼 우리와 더불어 지내십니다. 그것이 예수께서 우리를 위하여 자신을 내어 주신 길입니다. 죄에서 꺼내실 뿐만 아니라, 하나님의 자녀로 부르셨습니다. 주께서 우리의 완성을 위하여 '볼지어다 내가 세상 끝날까지 너희와 항상 함께 있으리라'고 약속하셨습니다. 이것이 기독교인의 존재론이요 인생관이자, 우리의 소망이며 비밀입니다.

그러니 이 일에 대한 성경의 고백을 외면한 채, 사실 지금 우리가 이럴 리가 없다고 생각하는, 평범하고 하찮아 보이고 늘 실패하는 우리 일상 속에서 하나님이 큰일을 이루신다는 사실을 모르니까, '왜 하나님은 내 감격, 내 고백, 내 기대, 내 헌신에 보상하지 않는가?'로 매일매일 체념하거나 원망하고 마는 것입니다. '주님, 제가 뭘 더 바라겠습니까? 그저 욕 안 먹고 살게 해 주십시오'와 같은 소망에 머무는 것은, 좀 전에 읽은 '술 취하지 말라 이는 방탕한 것이니 오직 성령으로 충만함을 받으라'는 말씀과 반대로 사는 것입니다. 일상 속 이 아무것도 아닌 것이 얼마나 큰일을 담아내고 있는지 모르는 것입니다.

"십자가의 도가 멸망하는 자들에게는 미련한 것이요, 구원을 받는 우리에게는 하나님의 능력이니라"(고전 1:18)는 말씀에서 보듯, 말이 안 되는 곳에 가장 큰 본문을 담았다는 사실이 놀랍지 않습니까? 이 컨텍스트가, 컵이, 그릇이, 대야가 얼마나 휘황찬란하냐가 중요한 것이 아니라, 거기에 무엇이 담겼냐가 중요합니다. 보잘것없는 질그릇 속에 기적의 물이 담길 수 있습니다. 컵에는 영혼이 살고 영광과 명예를 아는 자로 자라는 물이 매일 담길 것입니다. 금이 간 컵에, 흙 묻은 바가지에 하나님이 우리에게 매일 생수를 담아 주고 계십니다. 그런데 우리는 이 일이 너무 힘들어서 이렇게까지 비명을 지르고 있습니다. 욥기 7장입니다.

> 내가 생명을 싫어하고 영원히 살기를 원하지 아니하오니 나를 놓으소서 내 날은 헛 것이니이다 사람이 무엇이기에 주께서 그를 크게 만드사 그에게 마음을 두시고 아침마다 권징하시며 순간마다 단련하시나이까 주께서 내게서 눈을 돌이키지 아니하시며 내가 침을 삼킬 동안도 나를 놓지 아니하시기를 어느 때까지 하시리이까 사람을 감찰하시는 이여 내가 범죄하였던들 주께 무슨 해가 되오리이까 어찌하여 나를 당신의 과녁으로 삼으셔서 내게 무거운 짐이 되게 하셨나이까 주께서 어찌하여 내 허물을 사하여 주지 아니하시며 내 죄악을 제거하여 버리지 아니하시나이까 내가 이제 흙에 누우리니 주께서 나를 애써 찾으실지라도 내가 남아 있지 아니하리이다 (욥 7:16-21)

충분히 공감이 가는 비명입니다. '제가 왜 살아서 이 꼴을 봐야 합니까? 하나님, 제가 뭘 그렇게 잘못했기에 이런 형벌을 주십니까? 왜 제가 우는 인생을 살아야 합니까? 제가 왜 억울해야 합니까? 주님, 저는 누구보다도 진심이 있는데, 제가 왜 이렇게 힘들어야 합니까?'라는 비명입니다. 하나님의 대답은 이것입니다. '네 눈물과 고통을 내가 안다. 그러나 네가 너 자신에게서 기대하는 것보다 나는 네게 더 큰 목적을 가졌기 때문에 너를 눈물 골짜기로 인도하는 것이다. 그것이 마침내 네게 영광이 되고 감사가 될 것이다. 내가 약속하마.' 이에 대해 우리는 무엇이라 말합니까? '왜 저 같은 것에까지 신경을 쓰셔서 저를 이렇게 고생시키십니까?' 자식이 부모한테 자주 하는 말입니다. "어머님, 저 학교 보내느라고 매일 고생하시는데, 저도 나가서 날품 팔아 가정 경제에 보탬이 되겠습니다." 부모가 그러죠. "너 죽을래?" 이 모든 고난과 원망을 지나 답을 찾게 된 욥의 고백이 욥기 42장에 나옵니다.

> 욥이 여호와께 대답하여 이르되 주께서는 못 하실 일이 없사오며 무슨 계획이든지 못 이루실 것이 없는 줄 아오니 무지한 말로 이치를 가리는 자가 누구니이까 나는 깨닫지도 못한 일을 말하였고 스스로 알 수도 없고 헤아리기도 어려운 일을 말하였나이다 내가 말하겠사오니 주는 들으시고 내가 주께 묻겠사오니 주여 내게 알게 하옵소서 내가 주께 대하여 귀로 듣기만 하였사오나 이제는 눈으로 주를 뵈옵나이다 그러므로 내가 스스로 거두어들이고 티끌과 재 가운데에서 회개하나이다 (욥 42:1-6)

하나님은 원인과 결과의 법칙, 즉 심은 대로 거둔다는 대원칙을 가지고 계십니다. 그리고 그 위에 은혜의 법칙으로 하나 더 쌓으십니다. 기적으로 하나 더 쌓으십니다. 하나님의 지혜로 하나 더 쌓으십니다. 그 위에 쌓이는 이런 원칙들은 맨 밑에 있는, 심은 대로 거둔다는 인과율을 혼란스럽게 하거나 모순되게 하지 않습니다. 이 원칙 위에 더하는 것입니다. 은혜란 혼란도 무질서도 아닙니다. 은혜는 더 주는 것입니다.

하나님은 창조의 하나님이십니다. 심은 것을 거두게 하실 뿐만 아니라, 거둔 것을 언제든지 백 배로 만들어 주실 수 있고, 심지 않은 것까지 주실 수 있습니다. 그러면 우리는 금방 그렇게 요구할 것입니다. 심지 않고 거두는 것만 하게 해 달라고 말입니다. 하나님이 원칙 위에 더하시고 더 쌓으셔서 전부 우리의 것이 되게 하십니다.

매일 반복되는 우리의 일상은 하나님이 그 모든 복을 우리에게 나의 것으로 구체적으로 만드시는 하나님의 성의요, 우리의 존재에 대한 하나님의 기쁘신 뜻입니다. 우리는 규칙이나 명분이나 수단으로 전락하는 것이 아니라, 하나님의 목적이자 대상이요 사랑과 믿음과 축복의 주인공이 되는 것입니다. 그 길로 인도되는 하루하루를 기뻐할 줄 모른다면, 예수 믿는다는 말의 의미를 모르는 것입니다. 하나님의 진정성, 하나님의 창조와 부활의 권능이 우리의 매일을 의미 있게 만들고, 우리의 오늘을 이기게 하고, 즐기도록 역사하실 것입니다. 이 믿음을 간직하는 귀한 인생 되기를 바랍니다.

기도

하나님 아버지, 은혜를 감사합니다. 하나님이 예수로 말미암아 우리를 하나님의 자녀로 삼으시고, 영광되게 하시며, 우리의 삶을 복되게 하신다는 것을 믿습니다. 우리의 눈물, 땀, 한숨, 비명이 헛되지 않은 줄 믿습니다. 깊고 풍성하고 영광된 자리로 가는 하루를 충성하기로 약속합니다. 예수님 이름으로 기도합니다. 아멘.

26.

네가 나를 위하여 집을 건축하겠느냐

1 여호와께서 주위의 모든 원수를 무찌르사 왕으로 궁에 평안히 살게 하신 때에 2 왕이 선지자 나단에게 이르되 볼지어다 나는 백향목 궁에 살거늘 하나님의 궤는 휘장 가운데에 있도다 3 나단이 왕께 아뢰되 여호와께서 왕과 함께 계시니 마음에 있는 모든 것을 행하소서 하니라 4 그 밤에 여호와의 말씀이 나단에게 임하여 이르시되 5 가서 내 종 다윗에게 말하기를 여호와께서 이와 같이 말씀하시되 네가 나를 위하여 내가 살 집을 건축하겠느냐 6 내가 이스라엘 자손을 애굽에서 인도하여 내던 날부터 오늘까지 집에 살지 아니하고 장막과 성막 안에서 다녔나니 7 이스라엘 자손과 더불어 다니는 모든 곳에서 내가 내 백성 이스라엘을 먹이라고 명령한 이스라엘 어느 지파들 가운데 하나에게 내가 말하기를 너희가 어찌하여 나를 위하여 백향목 집을 건축하지 아니하

였느냐고 말하였느냐 8 그러므로 이제 내 종 다윗에게 이와 같이 말하라 만군의 여호와께서 이와 같이 말씀하시기를 내가 너를 목장 곧 양을 따르는 데에서 데려다가 내 백성 이스라엘의 주권자로 삼고 9 네가 가는 모든 곳에서 내가 너와 함께 있어 네 모든 원수를 네 앞에서 멸하였은즉 땅에서 위대한 자들의 이름 같이 네 이름을 위대하게 만들어 주리라 10 내가 또 내 백성 이스라엘을 위하여 한 곳을 정하여 그를 심고 그를 거주하게 하고 다시 옮기지 못하게 하며 악한 종류로 전과 같이 그들을 해하지 못하게 하여 11 전에 내가 사사에게 명령하여 내 백성 이스라엘을 다스리던 때와 같지 아니하게 하고 너를 모든 원수에게서 벗어나 편히 쉬게 하리라 여호와가 또 네게 이르노니 여호와가 너를 위하여 집을 짓고 12 네 수한이 차서 네 조상들과 함께 누울 때에 내가 네 몸에서 날 네 씨를 네 뒤에 세워 그의 나라를 견고하게 하리라 13 그는 내 이름을 위하여 집을 건축할 것이요 나는 그의 나라 왕위를 영원히 견고하게 하리라 14 나는 그에게 아버지가 되고 그는 내게 아들이 되리니 그가 만일 죄를 범하면 내가 사람의 매와 인생의 채찍으로 징계하려니와 15 내가 네 앞에서 물러나게 한 사울에게서 내 은총을 빼앗은 것처럼 그에게서 빼앗지는 아니하리라 16 네 집과 네 나라가 내 앞에서 영원히 보전되고 네 왕위가 영원히 견고하리라 하셨다 하라 17 나단이 이 모든 말씀들과 이 모든 계시대로 다윗에게 말하니라 (삼하 7:1-17)

본문은 후반부에 있다

사무엘하 7장에는 다윗이 성전을 짓겠다는 소원을 하나님에게 드리
자, 하나님이 나단 선지자를 다윗에게 보내어 '너 뭐 하는 짓이냐?' 하
고 면박을 주는 장면이 담겨 있습니다. 그런데 하나님이 면박을 주신
다음, 곧바로 대단한 약속이 이어지기 때문에, 우리는 성전을 짓겠다
는 다윗의 정성을 하나님이 받으셨다, 이렇게 결론짓고 넘어가곤 했
습니다. 우리에게 잘 알려져 있는 왜곡된 본문 해석 중 하나죠. "네가
나한테 해 줄 수 있는 게 뭐가 있단 말이냐? 주는 건 나다. 내가 너한
테 줄 수 있다." 이런 장면인데, 우리는 종종 오해합니다. 이번 장에서
는 다윗이 어떤 꾸중을 받았고, 또 무슨 약속을 받았는가 하는 문제를
살펴보겠습니다.

　다윗에게 왕권을 허락하신 하나님이 '내가 네 왕권을 영원하게 하
겠다. 네 자손이 뒤를 이을 것이며, 내가 사울에게 한 것과 같이 네게
는 그리하지 않을 것이다. 네가 잘못해도 그 왕권을 취소하지 않겠다'
라고 약속하셨기 때문에 우리는 다윗의 정성이 하나님에게 통했으며,
이제 드디어 다윗의 진심이 보상을 받는다고 생각하여 다윗의 생애를
너무 간단하게 이해하는 경향이 있습니다. 그런데 이 뒤에 일어나는
사건을 보면 좀 이상한 대목이 있습니다. 사무엘하 8장에서 10장까지
의 내용을 살펴보면, 다윗은 모압, 블레셋, 암몬, 아람, 이렇게 여러 나
라를 패퇴시키고 이스라엘 국력을 신장시키며 그 위엄과 명예를 주변
국가들에게 확실히 확인시킨 것을 알 수 있습니다. 그런데 이런 일들
뒤에 밧세바 사건이 일어납니다. 이 순서를 놓치면 안 됩니다.

밧세바 사건은 우리가 알고 있던 다윗, 순종하고 인내하고 정성을 바치던 진실하고 위대한 다윗이 지닌 모든 덕목에 찬물을 끼얹는 사건입니다. 이 사건으로 다윗은 파국을 맞게 됩니다. 그의 전 인생이 다 깨지고, 뒤집어엎어지고, 내동댕이쳐집니다. 이후 다윗의 삶은 많은 사람이 생각하는 것처럼, '다윗은 진실한 신앙생활을 해서 하나님으로부터 복을 받았으나, 밧세바 사건으로 죄를 짓는 바람에 말년에는 고생하고 끝났다'는 식으로 잘못 전달됩니다.

이제부터 다윗의 말년이 소개됩니다. 다윗은 아들들의 반란을 겪고, 인구 조사를 잘못하는 실수도 저지릅니다. 그러나 성경이 하고 싶은 이야기는 지금껏 다윗이 행한 이전의 모든 성과가 다윗을 설명해 주는 전부가 아니고, 이제 나올 뒷이야기가 본문이라는 것입니다. 우리로서는 선뜻 이해되지 않습니다.

다윗에 대한 올바른 이해를 돕기 위해 지난 장에서 결혼으로 예를 들어 설명하였습니다. 대부분의 결혼은 한 남자와 한 여자가 사랑으로 모든 역경을 극복하여 그 사랑을 결실하는 것입니다. 모든 역경을 극복하여 결혼이라는 결실을 거두었으니 이제 앞으로는 그 열매를 누리는 행복이 있으리라고 생각되지만, 현실에서 보는 바와 같이 결혼 이전과 결혼 이후는 비교할 수 없이 이후가 힘듭니다. 결혼은 눈에 뭔가 씌어서 잘못 결정한 것이고, 이제 정신을 차리고 보니 사망의 음침한 골짜기에 들어와 있는 것입니다. '이게 뭐냐? 내가 결혼을 잘못한 것이냐?' 하는 생각이 들 텐데, 그런 것이 아닙니다.

결혼 전에는 우리가 인생에 담아낼 수 있는 것이 진심이나 열정밖에 없습니다. 결혼 이후에야 비로소 지혜, 분별, 관용, 인내, 깊이 같은 것을 인생 속에 담을 수 있게 됩니다. 우리가 결혼하고 나서야 뜻밖의 생애를 맞닥뜨리듯, 하나님이 다윗의 생애에서도 같은 패턴을 보여 주고 있다는 것을 기억해야 합니다. 다윗은 여기서 망하는 것이 아닙니다. 우리가 알고 있던 다윗, 우리가 칭찬해 마지않던 다윗의 최선과 진심이 그다음 국면으로 가기 위한 디딤돌이나 도움닫기에 불과하다는 것을 알게 됩니다. 앞에 이룬 성공은 도움닫기에 불과하고, 그 후의 인생이 진짜 본문입니다. 앞에 나온 성공이 본문은 아니다, 앞은 뒤를 위하여 있는 것이다, 앞이 뒤를 만드는 것이 아니다, 앞이 깨지지 않고는 뒤가 나올 수 없다, 이렇게 성경이 말하는 것을 따라올 수 있게 됩니다. 그러니 이런 해석이 중요합니다.

왜냐하면 우리 삶이 앞에서는 깨졌는데, 뒤는 아직 도착한 데가 없으니 그렇습니다. 이제 우리는 우리가 어디까지 인도되어 왔고, 왜 우리가 기대한 것과 다른 인생을 살아야 하는지에 대해 성경 본문이 말하는 대로 따라갈 수밖에 없습니다. 다윗의 후반기 삶이 더 놀라운 생애였다는 것은 앞에 나온 덕목이 훌륭했기 때문에 대조되어 더 크게 와닿는 것일 수 있습니다. 다윗은 순종하는 사람이었고, 신앙이 좋은 사람이었습니다. 이는 사울의 불순종과 대조되어 자주 등장합니다. 다윗은 골리앗을 향해 '너는 칼과 창과 단창으로 내게 나아 오거니와 나는 만군의 여호와의 이름 곧 네가 모욕하는 이스라엘 군대의 하나님의 이름으로 네게 나아가노라'(삼상 17:45) 하는 진심을 가지고 있었습니다. 순도 백 퍼센트의 열심입니다.

살면서 알다시피, 우리가 기대하는 종교성이란 인간이 가지는 명분이나 도덕성을 지니고 있으면서도 이것을 초월하는 더 큰 가치이

기를 바라지만, 그것이 구체적 내용을 만들 수 없기 때문에 늘 진심의
순도나 열정의 크기로만 종교성을 측정합니다. 울면서 하는 기도가
그냥 하는 기도보다 나을 것 같고, 금식 기도가 세 끼 다 챙겨 먹고 하
는 기도보다 더 권능이 있을 것 같고, 잠을 자지 않고 하는 철야 기도
가 잘 것 다 자고 하는 기도보다 더 효과가 좋을 것 같습니다. 진심이
무슨 내용을 갖고 있느냐, 어디로 가는 진심이냐, 하는 분별은 이처럼
늘 막막하고 모호한 법입니다.

다윗과 방불한 인생_아브라함, 모세, 바울, 욥

이런 관점에서 다윗을 이해할 수 있게 하는 성경의 한 패턴이 있습니
다. 성경을 자세히 살펴보면, 성경의 인물들에게 이런 패턴이 반복되
어 나타난다는 것을 알 수 있습니다.

　가장 대표적인 인물이 아브라함입니다. 하나님이 느닷없이 아브
라함에게 나타나 '내가 너로 큰 민족을 이루려 하니 너는 네 본토 아
비 집을 떠나라'는 명령을 하십니다. 아브라함은 안정된 기반과 익숙
하고 확실한 곳을 떠나 전혀 모르는 땅, 모르는 사람들 앞에 나그네로
살아야 했습니다. 그는 늘 불안에 떨어야 했고, 기근이 들어 애굽에
내려갔을 때는 바로에게 밉보일까 봐 아내를 누이라고 속이기까지
하는 비겁한 인생을 살게 됩니다. 그러나 성경은 아브라함을 '믿음의
조상'이라고 부릅니다. 그러니 여기서 '믿음의 조상'이라는 것은 아브
라함이 처음부터 믿음으로 출발했다는 이야기가 아니라는 것을 알

수 있습니다. 아브라함의 생애를 제대로 이해해야 믿음이 무엇인지를 알게 됩니다.

믿음은 하나님이 일하시는 방법이면서 또한 하나님이 우리에게 요구하시는 내용입니다. 하나님과 우리의 관계에서 우리가 가진 믿음이 근거가 된다는 것이 아니라, 하나님이 시작하여 완성하시는 구원 역사에서 당신의 백성들에게 요구하시는 중요한 본질이자 실체가 믿음이라는 이야기입니다. 이런 이유로 아브라함이 이삭을 바친 사건에서 하나님이 아브라함에게 그의 전 생애에 걸쳐서 무엇을 만드셨는가가 확인되는 것입니다. 아브라함이 믿는 하나님은 이런 분이다, 백 세에 난 아들도 기꺼이 바칠 수 있게 하는 하나님임을 알게 하십니다. 우리의 이해, 우리의 가치, 우리의 상상을 벗어나 기꺼이 순종할 만한 대상이라는 차원에서 '믿음'을 이해해야 하고, 그런 차원에서 '아브라함은 믿음의 조상'이라는 것입니다. 그러니 우리가 지금의 신자 된 현실에서 겪는 막막함과 의심과 불만은 따지고 보면 전부 아브라함의 생애 속에 있었던 것들입니다.

이처럼 우리는 아브라함과 방불한 생애를 살아갑니다. 하나님이 먼저 우리에게 찾아오셨고, 우리와 동행하시고, 우리가 사는 내내 만나는 사람들 앞에 우리가 하나님의 복이자, 임재이며, 권능이 되어 '너를 축복하는 자에게는 내가 복을 내리고, 너를 저주하는 자에게는 내가 저주하리라'라는 약속 속에 살게 하십니다. 그리고 약속의 결과와 완성은 우리가 이삭을 바칠 때까지 많은 시간과 기회로 그 과정이 만들어져 가는 것입니다.

우리는 지금 어디쯤 왔을까요? 애굽에 내려와서 자기 아내를 누이라고 우기면서 바로를 속이고 있을까요? 아니면 조카 롯을 구하고 있을까요? 지금 우리의 불만은 어디에 있습니까? 우리에게 아직도 안심과 확신, 그리고 기쁨과 평안이 없다는 데에 있습니다. 그런데 아브라함도 그랬습니다. 이삭을 잡으러 갈 때 춤추며 뛰어가지 않았습니다. 그러나 순종하는 데까지 이르렀습니다. 이 같은 일이 모세에게도 일어납니다.

모세는 자기가 누구인지도 모르고 궁에서 편안히 살다가 장성한 후에 자기가 히브리 사람이라는 것을 알게 됩니다. 모세는 자신의 인생을 바로의 왕자로서 자기 혼자 맘 편하게 그냥 누리고 살 수 없다는 깊은 애국심과 신앙심이 있었습니다. 그래서 담대하게 자기 백성 편을 들지만, 여기에 하나님이 응해 주시지 않았습니다. 그래서 그는 미디안 광야로 쫓겨갑니다. 그의 마음이 어땠을까요? '내 진심을 받아 주지 않으시는 하나님, 내 모든 것을 걸고 하나님의 종으로 살기로 했지만, 백성들도 저를 외면했고 하나님 역시 답이 없었습니다.' 도망친 미디안 광야에서 그는 사십 년 동안 어떻게 지냈을까요? 아마 재가 되어 버렸을 것입니다. 가슴이 다 녹고 애간장이 다 탔을 것입니다. 그때 하나님이 모세를 부르십니다. 모세의 반응이 어땠습니까? "하나님, 무슨 일을 이렇게 하십니까? 이런 법이 어디 있습니까?" "나는 스스로 있는 자니라. 내가 하나님이다. 네 방법, 네 이해가 조건이 아니라, 내 방법, 내 때가 최선이다." 하나님은 우리를 혼란스럽게 하려고 이렇게 하시는 것일까요? 그렇지 않습니다. 하나님은 우리로 도약하게 하고, 비상하게 하십니다. 우리의 상상을 넘어서는 하나님의 목적이 있기 때문입니다.

다윗도 여기서 무너지는 것입니다. 다윗은 밧세바 사건을 저지르고 나서 아무 할 말이 없게 됩니다. 오죽하면 우리가 다윗을 이야기할 때는 주일학교 시절에 배운 '골리앗을 물리친 다윗'만 이야기하겠습니까? 철들어서는 그 이야기를 하지 않습니다. 밧세바 사건이 너무 커서, 골리앗을 무찌른 업적 같은 것은 승리도 아닌 것입니다. 그 작은 성공으로 이 큰 밧세바 사건을 덮어 버릴 수는 없는 것입니다. 그러니 이것이야말로 다윗이 '은혜의 대표자'가 되는 하나님의 가장 큰 방법이었음을 알게 됩니다. 이렇게 성경은 우리의 기대와 만족을 깨부숩니다.

신약의 시작은 어떠합니까? 신약은 이렇게 열립니다. '아브라함과 다윗의 자손 예수 그리스도의 계보라'(마 1:1). 예수 그리스도가 이 족보 속에 들어오십니다. 아브라함을 조상으로, 다윗을 조상으로 하는 계보 속에 들어오시는 것입니다. 아브라함으로 대표되는 믿음, 다윗으로 대표되는 은혜, 믿음과 은혜라는 이 조건, 믿음과 은혜라는 하나님의 일하심 속에 예수가 들어오셔서 예수가 하나님의 권능이며 예수가 우리 모두를 구원하며 부활로 인도하는 하나님의 약속이고 뜻이라고, 그렇게 자신의 성육신을 역사 속에 실체화하십니다. 그 조건을 이어서, 아브라함과 다윗을 이어서, 거기서 드러낸 일들로 결과를 만드신다고, 이것이 하나님이 일하시는 방법이라고 이야기합니다. 이런 일들에 무슨 유익이 있을까요? 성경은 우리가 지금 겪는 아브라함의 나그네 된 심정과 다윗의 수치스러운 잘못에 대한 자책, 변명할 여지 없는 실체가 일을 한다고 말씀합니다. 그렇다고 잘했다며 칭찬해 주지는 않습니다. 그러나 이 일은 우리의 모든 이해와 소원을 깨고 우리로 도약하게 합니다. 하나님의 일하심으로 말입니다.

이해를 돕기 위해 좀 더 극적인 성경의 인물로 예를 들어 보겠습니다. 욥은 당대의 의인이자 완전한 자인데, 어느 날 느닷없는 시험과 곤경에 빠집니다. 전 재산을 약탈당하고 자식들이 모두 한날에 죽습니다. 욥의 친구들이 와서 '네가 무슨 죄를 지었는지 빨리 이실직고하라'라고 추궁합니다. 욥은 할 말이 없습니다. "난 잘못한 적 없다." "그럼, 왜 이런 일이 생기겠냐? 우리가 모르는 무슨 죄가 있을 게 아니냐?" "없다." "야, 네가 말을 이따위로 하는 것만 봐도 너 수상하다." 그래서 욥과 세 친구 간의 기나긴 논쟁이 시작되었습니다. 마침내 욥은 어디로 끌려갑니까? 하나님의 동역자, 즉 창조의 동역자의 자리까지 가게 됩니다. 자기가 가진 이해의 세계에서는 답이 나올 수 없는 이 일, 잘못한 것이 없는데 일어난 고난, 남들이 말하는 죄의 대가일 수 없는 재난, 하나님이 주인이라면 앞뒤가 맞지 않는 이 일을 하나님 외에 누가 설명할 수 있겠습니까?

이제 욥기 마지막에 가면, 하나님이 등장하십니다. "내가 일하는 세계는 원인과 결과의 법칙을 넘어서 있는 창조의 세계니라. 나는 가치를 세우고 모순을 합하여 기적을 만드는 만군의 하나님이다." 거기가 욥을 불러내는 자리였습니다. 욥은 자신의 극심한 고난 속에서 이 말밖에 할 것이 없었습니다. "죽여 주시옵소서." 우리가 사는 현실도 욥과 크게 다르지 않을 것입니다. 우리 역시 욥의 처지와 같을 것입니다. 증상이 더 심하다, 좀 견딜 만하다 할 뿐이지, 여기에 시원한 해답을 갖고 있는 사람은 만나 본 적이 없습니다.

바울은 어땠습니까? 바울은 하나님을 믿는, 하나님의 약속을 기다리는 사람으로 신실하게 자신의 신앙을 지키느라고 예수와 예수 믿는 자들을 박해하러 다녔습니다. 예수께서 다메섹 도상에서 바울을 불러 박살내 버립니다. "주여, 뉘시오니까?" "나는 네가 핍박하는 예수다." 이 얼마나 놀라운 일입니까? 주께서 아나니아에게 나타나 '너 얼른 가서 바울에게 안수해서 그 눈을 뜨게 하라'라고 하자, 아나니아는 거부합니다. "못 갑니다. 이놈은 나쁜 놈입니다." "아니다. 그는 내가 택한 나의 종이다." 우리 생각에는 의아합니다. 하나님이 예정하신 사람인데, 그런 이상한 과거를 살게 했다고는 이해가 되지 않습니다. 실제로 바울은 그의 생애에서 그가 맡은 일이 너무 컸기 때문에 하나님이 그에게 이런 과거를 주셨을 뿐만 아니라, 고린도후서 12장에 나타난 바와 같이, 사단의 가시를 그의 육체에 허락하셨다는 사실을 깨닫습니다. 바울이 복음을 전하는 일에 방해가 되니 이 가시를 빼 달라고 주께 간구합니다. 주께서 주신 답은 이것입니다. "내 은혜가 네게 족하도다. 이는 내 능력이 약한 데서 온전하여짐이라." 우리로서는 도무지 이해할 수가 없는 하나님의 일하심입니다.

고난은 하나님의 기적이자 권능

우리가 하는 기도의 내용을 생각해 보십시오. 우리의 이해에서 비롯한 기도를 돌아보십시오. 우리의 기도는 전부 여기에 집중되어 있습니다. "하나님, 제가 뭐 큰 것 달라고 하지 않겠습니다. 그저 다른 사람들에게 손가락질 받지 않고, 자식들 속 썩이지 않게만 해 주신다면 만족하겠습니다. 이 정도에서 양보할 테니 하나님도 요만큼 들어주십시오. 제가 무슨 욕심을 내겠습니까? 다시는 하나님을 찾아올 일만 없게 해 주시옵소서." 하나님이 고난을 통해 무엇을 만들어 내시는지 모르기에 이런 기도를 하는 것입니다. 우리의 구원을 왜 십자가로 이루셨는지 몰라서 그렇습니다. 그러니 우리는 늘 자신의 현실이 불만입니다. 하나님이 당신의 뜻을 이루기 위하여 우리로서는 말이 안 되는 모순과 말이 안 되는 고난을 겪게 하신다, 고난이 무엇을 만드는가, 우리는 의문이지만 하나님이 이것으로 일하신다고 합니다. 이것은 고통이 아니라 하나님의 기적이고 권능이랍니다. 여기를 고쳐 내지 못하면 신자의 인생은 늘 답답할 수밖에 없습니다. 이에 대해 성경은 이렇게 약속합니다. 에베소서 1장 말씀인데, 늘 기억해 두었으면 좋겠습니다.

> 찬송하리로다 하나님 곧 우리 주 예수 그리스도의 아버지께서 그리스도 안에서 하늘에 속한 모든 신령한 복을 우리에게 주시되 곧 창세 전에 그리스도 안에서 우리를 택하사 우리로 사랑 안에서 그 앞에 거룩하고 흠이 없게 하시려고 그 기쁘신 뜻대로 우리를 예정하사 예수 그리스도로 말미암아 자기의 아들들이 되게 하셨으니 이는 그가 사랑하시는 자 안에서 우리에게 거저 주시는 바 그의 은혜의 영광을 찬송하게 하려는 것이라 (엡 1:3-6)

하나님이 우리의 찬송이 되어 주시겠다는 약속에는 하나님의 거룩하심과 위대하심에 대한 우리의 항복이 전제되어 있습니다. 여기서 우리의 항복은 굴욕을 의미하지 않습니다. 하나님의 영광을 알아보는 존재의 당연한 반응을 의미합니다. 명예가 무엇인지 알며 영광이 무엇인지를 아는 존재로 우리를 부르셨다고 이야기합니다. 그것이 그리스도 예수 안에서 우리를 예정하신 하나님의 뜻입니다.

하나님은 우리를 어디로 인도하십니까? 예수께서 십자가를 지셨듯이, 우리 역시 고난 속으로 인도됩니다. 왜 그렇습니까? 우리의 얕은 생각, 작은 소원, 성급한 체념, 간사한 타협을 깨트리시기 위해서입니다. 더 많은 것을 담아내게 하기 위해서 하나님은 우리를 울게 하십니다. '눈물 젖은 빵을 먹어 본 사람이 아니면 그 맛을 모른다'는 경구를 사무엘서를 시작하면서 언급한 적이 있습니다. 우리의 이해로 바꾸어 보면, '눈물에 밥 말아 먹어 본 적 없는 자들과는 대화를 할 수 없다'입니다. 이런 맥락에서 보면, 시편 22편에 왜 이런 기도문이 있는지, 시편에는 왜 그렇게 아우성을 치는 기도가 많은지 이해될 것입니다.

내가 주의 이름을 형제에게 선포하고 회중 가운데에서 주를 찬송하리이다 여호와를 두려워하는 너희여 그를 찬송할지어다 야곱의 모든 자손이여 그에게 영광을 돌릴지어다 너희 이스라엘 모든 자손이여 그를 경외할지어다 그는 곤고한 자의 곤고를 멸시하거나 싫어하지 아니하시며 그의 얼굴을 그에게서 숨기지 아니하시고 그가 울부짖을 때에 들으셨도다 큰 회중 가운데에서 나의 찬송은 주께로부터 온 것이니 주를 경외하는 자 앞에서 나의 서원을 갚으리이다 겸손한 자는 먹고 배부를 것이며 여호와를 찾는 자는 그를 찬송할 것이라 너희 마음은 영원히 살지어다 땅의 모든 끝이 여호와를 기억하고 돌아오며 모든 나라의 모든 족속이 주의 앞에 예배하리니 나라는 여호와

의 것이요 여호와는 모든 나라의 주재심이로다 (시 22:22-28)

이는 우리가 당연히 가져야 하는 이해입니다. 하나님의 광대하심, 하나님의 구원, 하나님의 통치를 우리는 다 알고 있습니다. 그러나 이것은 본문 말씀과 같이, 이런 파국을 겪고 나서 우리의 소원과 작은 만족을 꺾어 만들어 내시는 하나님의 모습, 하나님의 진실을 발견한 다음, 우리의 영광이 합쳐져 나온 고백인 것입니다. 이어 나오는 말씀을 봅시다.

세상의 모든 풍성한 자가 먹고 경배할 것이요 진토 속으로 내려가는 자 곧 자기 영혼을 살리지 못할 자도 다 그 앞에 절하리로다 (시 22:29)

진토 속으로 내려가는 자가 누구입니까? 우리는 자신이 진토 속에 있는 자 같거나 자기 영혼은 더 이상 희망이 없다고 생각한 적이 있을 것입니다. 그러나 이 못난 것이 우리의 운명으로 끝나지 않을 것입니다. 또한 성경은 이 모든 것이 하나님의 영광에 대하여 장애가 되지 않을 것이라고 말씀합니다. 하나님을 향한 찬송은 그 찬송을 입에 올릴 모든 은혜와 승리와 감격과 기쁨 속에서 터지는 것입니다. 하나님은 공포의 하나님이 아니십니다. 우리의 생애가 바로 이런 하나님의 인도와 선조들의 역사적 증언 앞에 있습니다. 그러니 겁내지 마십시오. 신자들이 기억해야 할 귀한 진리의 내용을 제가 이렇게 써 보았습니다.

믿음은 신뢰나 이해나 기대보다 크고, 하나님은 거룩하사 은혜와 자비와 복과 넘치는 충만의 권능을 베푸신다. 은혜는 우리의 가난함과 헛됨의 진정한 내용과 정체성으로 우리를 위대하게 한다. 모든 기도는 막막함 속에서 하나님의 권능을, 우리의 자격을 넘어 구하는 것이다. 그 기도와 응답은 해결을 넘어 우리의 인생과 존재에 새겨지고 쌓이고 자라서 하나님의 영광의 찬송이 된다.

하나님은 우리 각각의 생애를 오직 이 세상에 나 혼자만 존재하는 것처럼 전력을 기울이십니다. 성경에 증언된 위인들이, 우리가 높이 추켜세우느라 감히 쫓아가지 못할 존재로 생각했던 위인들이 우리와 방불한 생애를 살았고, 그렇게 하여 마침내 하나님에게서 좋은 결실을 얻은 사람이라는 것을 기억하는 소망과 승리가 있기를 바랍니다.

기도

하나님 아버지, 은혜를 감사합니다. 우리에게 일어나는 어떠한 일도 하나님의 은혜와 사랑과 능력에서 우리를 끊을 수 없으며 우리에게 일어나는 어떤 실패도 우리에게 손해될 것이 없습니다. 우리 마음에 있는 진심과 열심은 더 많은 내용으로 채워지고 마침내 기어코 찬송이 될 것입니다. 그 길을 걸어내는 신비와 기적의 인생을 사는 줄 아는 감사와 충성이 있게 하여 주시옵소서. 예수님 이름으로 기도합니다. 아멘.

27.
당신이 그 사람이라

_____

7 나단이 다윗에게 이르되 당신이 그 사람이라 이스라엘의 하나님 여호와께서 이와 같이 이르시기를 내가 너를 이스라엘 왕으로 기름 붓기 위하여 너를 사울의 손에서 구원하고 8 네 주인의 집을 네게 주고 네 주인의 아내들을 네 품에 두고 이스라엘과 유다 족속을 네게 맡겼느니라 만일 그것이 부족하였을 것 같으면 내가 네게 이것 저것을 더 주었으리라 9 그러한데 어찌하여 네가 여호와의 말씀을 업신여기고 나 보기에 악을 행하였느냐 네가 칼로 헷 사람 우리아를 치되 암몬 자손의 칼로 죽이고 그의 아내를 빼앗아 네 아내로 삼았도다 10 이제 네가 나를 업신여기고 헷 사람 우리아의 아내를 빼앗아 네 아내로 삼았은즉 칼이 네 집에서 영원토록 떠나지 아니하리라 하셨고 11 여호와께서 또 이와 같이 이르시기를 보라 내가 너와 네 집에 재앙을 일으키고 내가 네 눈앞

에서 네 아내를 빼앗아 네 이웃들에게 주리니 그 사람들이 네 아내들과
더불어 백주에 동침하리라 12 너는 은밀히 행하였으나 나는 온 이스라
엘 앞에서 백주에 이 일을 행하리라 하셨나이다 하니 13 다윗이 나단에
게 이르되 내가 여호와께 죄를 범하였노라 하매 나단이 다윗에게 말하
되 여호와께서도 당신의 죄를 사하셨나니 당신이 죽지 아니하려니와
14 이 일로 말미암아 여호와의 원수가 크게 비방할 거리를 얻게 하였으
니 당신이 낳은 아이가 반드시 죽으리이다 하고 15 나단이 자기 집으로
돌아가니라 (삼하 12:7-15)

본문 말씀에 나오는 밧세바 사건은 다윗의 생애를 이해하는 데 가장
중요한 사건입니다. 그런데 이 사건을 대하는 우리의 마음은 어처구
니없고 있어서는 안 될 일이 일어났다는 안타까움 그 자체입니다. 그
위대한 다윗이 이런 실수를 저지르다니, 골리앗을 물리치고 사울의
핍박을 되갚지 않고 용서했던 다윗이 일생일대에 이런 치욕적인 실
수를 저지르는 바람에 그의 명성에 흠이 갔다고 생각합니다.

  그런데 이 사건에서 주의해야 할 점은 다윗의 이 죄를 안타깝게 생
각하는 계기가 된 전제, 즉 '다윗쯤 되는 위대한 영웅이 어떻게 이런
큰 죄를 지을 수 있는가?' 하는, 그 '다윗쯤 되는 위대한 영웅'이라는
말이 이 사건에서 어떻게 쓰이고 있는가 살펴보아야 합니다. 왜냐하
면 다윗은 이 큰 죄를 범하고 나서도 나단이 와서 그의 죄를 지적하는
비유를 듣고 '당신이 그 사람이라'는 지적을 받고서야 비로소 자신의
죄를 깨달았기 때문입니다.

나단은 이야기 하나를 다윗에게 들려줍니다. 한 성읍에 두 사람이 살았다, 한 사람은 부유하여 양과 소가 심히 많으나 한 사람은 가난하여 작은 암양 새끼 한 마리뿐이었다, 어느 날 부유한 사람에게 행인이 찾아오자, 부자는 자기 양 떼에서 잡아 손님을 대접하지 않고 가난한 이웃집의 하나뿐인 양을 뺏어다가 대접했다는 이야기입니다. 이 이야기를 들은 다윗이 크게 분노하여 '양을 빼앗은 그 부자는 마땅히 죽어야 하고, 빼앗은 양 대신 네 배나 갚아야 한다'고 외치자, 나단이 말합니다. "당신이 그 사람입니다." 그때야 다윗이 뒤집어집니다. 이때 다윗이 보인 반응을 보면, 그는 자신의 죄를 알면서도 능청을 떨거나 시치미를 떼고 있었던 것 같지 않습니다. 벼락을 맞은 것처럼, 자신이 저지른 일의 실체를 마주하며 그제야 자신의 본질을 충격적으로 깨닫는 모습으로 묘사되어 있기 때문입니다. 이런 장면으로 미루어 보면 다윗은 죄를 지을 때 자기가 뭘 하고 있는지도 몰랐던 것으로 보입니다.

알지 못하고 행하였음이라

자신이 저지른 일이 얼마나 큰 죄인지 깨닫지 못하는 사례가 성경에 또 있습니다. 바울이 자신의 죄에 대해 고백하는 장면인데, 디모데전서 1장에 가 봅시다.

나를 능하게 하신 그리스도 예수 우리 주께 내가 감사함은 나를 충성되이 여겨 내게 직분을 맡기심이니 내가 전에는 비방자요 박해자요 폭행자였으나 도리어 긍휼을 입은 것은 내가 믿지 아니할 때에 알지 못하고 행하였음이라 우리 주의 은혜가 그리스도 예수 안에 있는 믿음과 사랑과 함께 넘치도록 풍성하였도다 미쁘다 모든 사람이 받을 만한 이 말이여 그리스도 예수께서 죄인을 구원하시려고 세상에 임하셨다 하였도다 죄인 중에 내가 괴수니라 (딤전 1:12-15)

바울은 자기 자신이 비방자요, 박해자요, 폭행자였으나 긍휼을 입은 것은 그때는 자기가 알지 못하고 했기 때문이라고 고백합니다. 이런 말을 들으면 우리는 '그때는 모르고 그랬으니 봐줄 만했다. 알고도 했다면 용서받지 못했을 텐데, 모르고 했던 거니까 하나님이 넘어가 주기로 하셨구나' 정도로 생각합니다. 그런데 바울의 고백은 이런 어조로 끝이 납니다. '내가 받은 것은 은혜다. 나 같은 사람에게도 은혜가 내려오는 바람에 죄인 중에 괴수인 나도 구원을 받을 수 있었다. 그러니 다른 사람들은 더 자격이 있다'는 뉘앙스입니다.

그러면 바울이 말하는 '몰랐다'는 말은 '좀 봐줄 만하지 않은가' 하는 자기 합리화의 의미로 쓰이지 않았다는 것쯤은 이해가 될 것입니다. 바울은 몰랐다는 것이 더 큰 잘못이라고 이야기하는 셈입니다. '비방자요, 박해자요, 폭행자였는데, 심지어 아무것도 몰랐다'라고 고백하는 것이기 때문입니다. '몰랐다'는 말은 '선택의 여지조차 없었다'는 뜻입니다. 선택의 여지마저 없었던 바울은 힘을 다하여 하나님을 섬기려는 진심과 지극함으로 오히려 하나님의 아들을 박해하기까지 이르게 된 것입니다.

비슷한 상황이 다윗에게도 펼쳐집니다. 다윗은 우리가 잘 아는 대로 하나님의 종입니다. 그는 골리앗을 무찌른 사람이요, 사울을 용서한 사람이요, 성전을 짓겠다고 한 사람입니다. 그런데 다윗이 성전을 짓겠다고 했을 때 하나님이 보이신 반응은 꾸중이었습니다. "내가 언제 너더러 나를 위하여 집을 지으라고 하더냐? 내가 누구한테 그런 요구를 하더냐? 너희가 지은 집에 내가 어떻게 살겠느냐? 내가 하나님이다. 너희에게 복을 주는 것은 나지, 너희가 어떻게 내 필요를 채울 수 있단 말이냐?"라고 한 다음에 무엇이 나옵니까? '내가 너로 왕을 삼고, 네 왕권을 대대로 영원하게 하겠다'는 다윗 왕권의 영원함에 대한 하나님의 약속이 등장하고, 그러고 나서 밧세바 사건이 터지는 것입니다.

우리가 흔히 하는 이해대로 정리해 보면, 먼저 밧세바 사건이 앞에서 터지고, 이를 만회할 어떤 일을 다윗이 행한 다음, 자신이 저지른 밧세바 사건에 대해 낱낱이 회개하고 나면, 그제서야 비로소 하나님이 나타나 '네가 노력했고, 이만큼 공도 세웠으니, 좋다. 그럼 네가 성전을 지어라' 이렇게 돼야 맞을 것 같습니다. 그런데 순서가 좀 뒤바뀐 것처럼 보이지 않습니까? 도대체 다윗에게 일어난 밧세바 사건은 우리에게 어떤 가르침을 주려는 것일까요?

존재론적 회개

시편 51편에는 다윗의 회개가 나오는데, 여기서 회개는 우리가 생각하는 그런 회개가 아닙니다. 다윗은 훨씬 더 깊은 회개를 하는데, 대부분 피상적으로 읽는 바람에 놓치는 대목입니다. 이 회개는 우리가 생각하는 회개와 어떻게 다른가 살펴봅시다.

> 하나님이여 주의 인자를 따라 내게 은혜를 베푸시며 주의 많은 긍휼
> 을 따라 내 죄악을 지워 주소서 나의 죄악을 말갛게 씻으시며 나의
> 죄를 깨끗이 제하소서 무릇 나는 내 죄과를 아오니 내 죄가 항상 내
> 앞에 있나이다 내가 주께만 범죄하여 주의 목전에 악을 행하였사오
> 니 주께서 말씀하실 때에 의로우시다 하고 주께서 심판하실 때에 순
> 전하시다 하리이다 내가 죄악 중에서 출생하였음이여 어머니가 죄
> 중에서 나를 잉태하였나이다 (시 51:1-5)

다윗은 밧세바 사건만을 두고 회개하는 것이 아닙니다. 이 사건으로
알게 된 자신에 대해 존재론적 회개를 하는 것입니다. '이 일은 그저
드러난 하나의 사건일 뿐이고, 나는 언제나 죄를 지을 수밖에 없는 존
재라는 걸 알았습니다'라는 회개입니다. 여태 그런 일이 안 일어났을
뿐인 것입니다.

  예수님이 산상 설교에서 이렇게 말씀하셨던 것을 기억할 것입니
다. '살인하지 말라 누구든지 살인하면 심판을 받게 되리라 하였다는
것을 너희가 들었으나 나는 너희에게 이르노니 형제에게 노하는 자
마다 심판을 받게 되고 형제를 대하여 라가라 하는 자는 공회에 잡혀
가게 되고'(마 5:21-22). 무슨 뜻입니까? '살인'이라는 사건은 살인할
조건을 가진 자에게 나타난 결과일 뿐이라는 것입니다. 살인할 조건
을 가지고 다른 열매를 맺을 수는 없는 것입니다. 미워하는 사람이 맺
는 것이 용서일 수 없는 것과 마찬가지입니다. 미움은 살인밖에 결과

할 수가 없습니다. "하나님, 이번 사건을 통해서 나라는 사람은 선택의 여지 없이 죄밖에 지을 수 없는 사람이란 것을 알았습니다." 그러면 그 앞에 나왔던 다윗의 위대한 행위들은 어떻게 이해해야 하느냐 하는 문제가 생깁니다. 그 문제는 다음 장에서부터 다루겠습니다. 이번 장에서는 다윗의 회개가 너무 중요해서 이것부터 짚고 넘어가야 합니다. 이 문을 열고 들어가야 그다음 문제를 풀 수 있습니다.

다윗이 이야기하는 '나는 존재 자체가 죄인입니다. 죄밖에 지을 수 없는 죄인입니다'라는 존재론적 회개가 로마서 3장에서는 이렇게 소개되어 있습니다.

> 그러면 어떠하냐 우리는 나으냐 결코 아니라 유대인이나 헬라인이나 다 죄 아래에 있다고 우리가 이미 선언하였느니라 기록된 바 의인은 없나니 하나도 없으며 깨닫는 자도 없고 하나님을 찾는 자도 없고 다 치우쳐 함께 무익하게 되고 선을 행하는 자는 없나니 하나도 없도다 그들의 목구멍은 열린 무덤이요 그 혀로는 속임을 일삼으며 그 입술에는 독사의 독이 있고 그 입에는 저주와 악독이 가득하고 그 발은 피 흘리는 데 빠른지라 파멸과 고생이 그 길에 있어 평강의 길을 알지 못하였고 그들의 눈 앞에 하나님을 두려워함이 없느니라 함과 같으니라 (롬 3:9-18)

이것이 죄인의 실상입니다. '열린 무덤'이란 무엇입니까? 그 속에서 나올 수 있는 것이 죽음, 시체밖에 없다는 것입니다. 그 입에는 무엇이 있습니까? 속임, 독사의 독, 저주와 악독이 있습니다. 그 발은 피 흘리는 데 빠르며, 파멸과 고생이 그 길에 있어 평강의 길을 알지 못하고, 하나님을 두려워함이 없습니다. 이렇게 나열하면, 우리는 이런 오해를 하곤 합니다. 이런 말씀이 그저 윤리나 명분, 또는 도덕적 규칙으로 전락하여 '죄를 짓지 말자. 미운 짓 하지 말자. 착하게 살자' 하며 구호를 외칠 뿐입니다. 여기 나온 로마서 말씀에서 하고 싶은 이야기는 그것이 아닙니다. 우리 중 누구도 마음속에서 선과 악을 선택할 수 없다, 우리 마음에는 악만 있다, 그런 이야기입니다. 망치로 죽일까, 톱으로 죽일까, 가위로 죽일까만 있는데, 그런 것을 두고 선택이라 하지 않습니다. 예수를 믿고 나야 비로소 용서라는 선택지가 생깁니다.

우리는 본성상 사랑할 수 없는 존재입니다. 그리고 사랑을 받을 수도 없는 존재입니다. 예수를 믿고 나면 무엇이 다릅니까? 비로소 사랑을 흉내 내 볼 수 있습니다. 그제야 선택이라는 것을 할 수가 있습니다. 우리가 살면서 제일 많이 겪는 것이 무엇입니까? 망가지는 것과 악독하게 구는 것은 언제나 할 수 있습니다. 생각 없이 하고 보면 늘 그것입니다. 아이를 키워 보면 알 것입니다. 아이가 학교 가면 제일 빨리 배우는 말이 욕입니다. 우리가 아무리 예수를 믿는 자라고 해도 개인적 이해관계에서 참지 못할 일이 생기면 좋은 말을 해 주지 못합니다. '하나님이여, 저 사람을 굽어살펴 주옵소서'라는 말을 입 밖에 내지 않습니다. 그런 말을 입 밖에 내느니 '너 죽을래?' 이 말이 훨씬 빠릅니다. 비난하고 독한 표정을 짓는 것은 우리가 언제든 할 수 있는 일입니다. 늘 할 수 있습니다.

이것을 다윗이 배웁니다. 여태껏 한 일이 자기라는 정체가 바뀌어서 한 것이 아니라, 하나님이 자기 인생에 부으셔서 하신 일이라는 것을, 하나님만이 선행을, 사랑을, 의를 행할 수 있다는 것을 배웁니다. 자신은 사울과 대조되기 위한 목적으로 사용되었을 뿐, 다윗 자신이 정작 하나님의 사람으로 변화되어 한 일은 없다는 것을 밧세바 사건을 통해서 확인하게 된 것입니다.

우리는 무엇을 알게 됩니까? 죽을 자가 되었다는 것을 알게 됩니다. 할 줄 아는 것이 죽거나 죽이는 것 외에 아무것도 없다는 것을 알게 됩니다. 그래서 기도하는 것입니다. 무엇을 기도합니까? "하나님, 나를 고쳐 주옵소서. 나를 새로 만들어 주옵소서." 이것이 다윗의 회개입니다. 이 회개는 '내가 그 일을 잘못했다고 고백하오니 용서해 주옵소서'가 아닙니다. 이런 회개는 우리가 익히 알고 있는 회개일 뿐입니다. 잘못하고 와서 빌고, 또 잘못하고 와서 빌고, 또 빌어서 그 사건이 무마되고 죄책감이 사라지는 회개가 아니라 '하나님, 저를 죄짓는 사람으로 놔두지 말고 하나님의 백성으로 바꾸어 주십시오'가 존재론적 회개인 것입니다.

주께서는 제사를 기뻐하지 아니하시나니

시편 51편으로 다시 돌아가 봅시다.

보소서 주께서는 중심이 진실함을 원하시오니 내게 지혜를 은밀히
가르치시리이다 우슬초로 나를 정결하게 하소서 내가 정하리이다
나의 죄를 씻어 주소서 내가 눈보다 희리이다 내게 즐겁고 기쁜 소리

를 들려 주시사 주께서 꺾으신 뼈들도 즐거워하게 하소서 주의 얼굴
을 내 죄에서 돌이키시고 내 모든 죄악을 지워 주소서 하나님이여 내
속에 정한 마음을 창조하시고 내 안에 정직한 영을 새롭게 하소서
(시 51:6-10)

재창조입니다. 신약 시대에 쓰는 표현으로 중생(重生)을 간구하는 것
입니다. 그래서 중요한 시입니다.

주여 내 입술을 열어 주소서 내 입이 주를 찬송하여 전파하리이다
주께서는 제사를 기뻐하지 아니하시나니 그렇지 아니하면 내가 드렸
을 것이라 주는 번제를 기뻐하지 아니하시나이다 하나님께서 구하시
는 제사는 상한 심령이라 하나님이여 상하고 통회하는 마음을 주께
서 멸시하지 아니하시리이다 (시 51:15-17)

'제사를 기뻐하지 않는다'는 말은 굉장히 중요한 선언입니다. '주께서
는 제사를 기뻐하지 않으신다. 하나님이 구하시는 제사는 상한 심령이
다'라는 말이 구약 시대에 선포되었다는 것은 무슨 의미입니까? 하나
님이 상한 심령을 원하시는 것은 무슨 이유 때문입니까? 상한 심령 즉
하나님 앞에 아무런 쓸모없는 자를 하나님의 사람으로 바꿔 주시는 문
제이기 때문입니다. 따라서 다윗이 '하나님은 제사를 기뻐하지 않으신
다. 하나님이 구하시는 제사는 상한 심령이다'라고 고백한 것은 '나는
하나님 앞에 내 최선과 진심을 드리고 무엇을 바쳐 보상을 받는 존재
가 아닙니다. 그렇게 생각했던 자리에서 이제 내려와 하나님의 자녀로

존재가 바뀌었습니다'라는 고백입니다. 우리가 신앙생활에서 매일 매일 신자로 살면서 분별하고, 책임지고, 선택하는 일을 말하는 것이 아니라, 기독교가 말하는 구원이 가지는 성경적 이해를 말하는 것입니다. 나라는 사람이 존재, 정체성, 신분에서 변하는 것이 구원입니다.

그런데 그 앞은 어떤 사건으로 이루어져 있습니까? 다윗이 법궤를 모셔 오고, 성전을 짓겠다고 하는 문제에서 삐걱대는 소리가 난 것입니다. 그가 법궤를 가져오게 했는데, 가져오는 동안 소가 날뛰는 바람에 법궤가 넘어지려고 하자 그것을 붙든 웃사가 바로 죽임을 당합니다. 이 일을 다윗이 분하게 여겨 다시 법궤를 가져오게 했고, 법궤가 들어오자 그 앞에서 웃통을 벗고 기뻐 춤추며 좋아했는데, 미갈이 '왕이여, 체통을 지키십시오'라고 핀잔을 줍니다. 다윗이 분노하여 '내가 너에게서만은 괄시를 받을 수 없다'고 하여 다시는 미갈의 곁에 가지 않습니다. 이런 일들이 파생되는 것으로 보아, 법궤를 가져오는 일에는 성경이 말하는 기독교 신앙의 가장 대표적인 덕목이 등장하지 않는 것 같습니다. 즉 은혜가 없습니다. 여기에는 증오와 보복과 공포가 있을 뿐, 사랑이나 화평이나 감사는 들어오지 못하고 있습니다. 이 대조를 꼭 기억해 두십시오.

시편 40편으로 가면, 시편 51편에 나왔던 이야기를 좀 더 다른 각도에서 설명하는 것을 알 수 있습니다.

내가 여호와를 기다리고 기다렸더니 귀를 기울이사 나의 부르짖음을 들으셨도다 나를 기가 막힐 웅덩이와 수렁에서 끌어올리시고 내 발을 반석 위에 두사 내 걸음을 견고하게 하셨도다 새 노래 곧 우리

하나님께 올릴 찬송을 내 입에 두셨으니 많은 사람이 보고 두려워하여 여호와를 의지하리로다 여호와를 의지하고 교만한 자와 거짓에 치우치는 자를 돌아보지 아니하는 자는 복이 있도다 (시 40 : 1-4)

'기가 막힐 웅덩이와 수렁'은 죄인이라는 신분, 죄인이라는 처지, 죄인이라는 현실을 상징합니다. 그것은 아무리 잘해 봤자, 죄를 안 짓는 것이 전부입니다. 참는 것이 전부입니다. 죽이려고 했다가 마는 것이 전부이지, 적극적으로 이웃에게 사랑을 베풀고 이웃을 섬기는 일은 없습니다. 그런 일은 할 수 없습니다. 예수 믿는 사람들의 제일 큰 걱정이 무엇입니까? 말씀대로 살고 싶은데, 그렇게 하면 상대가 나를 업신여기더라는 것입니다. 안 그렇습니까? 그러니 세상이 총칼을 들고 위협해 올 때, 우리는 하다못해 성경책에 '너 죽을래?' 이렇게라도 쓰고 나가야 했던 것입니다.

세상의 위협과 방법 앞에서 우리는 타인을 해할 필요가 없는 자들입니다. 저들이 우리를 죽인다고 해서 우리가 끝나지 않습니다. 우리가 그런 존재라는 우리의 정체성과 지위를 우리는 잘 모릅니다. 다윗은 이것을 회개하고 있는 것입니다. '나를 기가 막힐 웅덩이와 수렁에서 끌어올리셨습니다. 그러니 우리는 더 이상 더럽고, 비참하고, 비열하고, 치사할 필요가 없게 되었습니다'라는 고백입니다. 비로소 의가 있고, 선이 있고, 용서가 있고, 참을 수 있고, 져 줄 수 있습니다. 그것이 기독교입니다. 예수 안에서 드러난 증거입니다.

주께서 원하시는 제사는 상한 심령이라

이제 우리는 여기로 넘어왔으나 그렇게 못 살고 있는 것이 문제입니다. 지금 다윗은 그가 성전을 짓겠다고 하고 법궤를 모셔 왔지만, 이러한 일련의 행위를 '일종의 명분을 쌓아 하나님 앞에 보상을 받는 것'이라고 생각했다가 밧세바 사건이 터진 것입니다. 밧세바 사건은 어떤 사건입니까? 하나님에 의해 세워진 왕권이라는 명예와 권세를 가지고서도 남의 부인을 뺏어 와 한 가정을 파괴하는 일밖에 하지 못했다는 사실, 살인을 저지를 수밖에 없었다는 사실, 밧세바는 자신의 아름다움을 가지고 비극을 불러온 것 외에 좋은 열매를 맺지 못했다는 사실을 성경이 제시하고 있습니다. 우리가 그토록 원하는 무엇을 더 가지면, 능력과 지위와 진심을 더 가지면, 신앙생활이 만족스럽고 인생이 의미가 있을 것이라고 생각하는 것은 성경이 말하는 핵심에서 얼마나 멀리 떨어져 있는 것입니까?

그러니 예수를 믿는다는 것은 얼마나 굉장한 일입니까? 우리는 비로소 강제로라도 '사랑해야 한다. 정직해야 한다. 분노하거나 저주해서는 안 된다'는 말씀 앞에 서게 된 것입니다. 그러면 이제 어떻게 해야 합니까? 그 모든 기회에 좋은 말을 하여라, 일흔 번씩 일곱 번이라도 용서하라, 이 자리까지 왔습니다. 본질적으로 다른 존재가 되었다는 것을 알아야 합니다. 시편 40편은 그다음을 이렇게 이어 갑니다.

여호와를 의지하고 교만한 자와 거짓에 치우치는 자를 돌아보지 아니하는 자는 복이 있도다 (시 40:4)

'자기의 힘만 믿고 폭력을 행사하여 자신을 지키고, 그것 외에는 아무런 쓸모가 없는 자들을 부러워하지 마라. 우리는 그들과 다른 신분이다'는 뜻입니다.

> 여호와 나의 하나님이여 주께서 행하신 기적이 많고 우리를 향하신 주의 생각도 많아 누구도 주와 견줄 수가 없나이다 내가 널리 알려 말하고자 하나 너무 많아 그 수를 셀 수도 없나이다 주께서 내 귀를 통하여 내게 들려 주시기를 제사와 예물을 기뻐하지 아니하시며 번제와 속죄제를 요구하지 아니하신다 하신지라 그 때에 내가 말하기를 내가 왔나이다 나를 가리켜 기록한 것이 두루마리 책에 있나이다 나의 하나님이여 내가 주의 뜻 행하기를 즐기오니 주의 법이 나의 심중에 있나이다 하였나이다 (시 40:5-8)

기막힌 구절입니다. 히브리서 말씀을 보면, 예수 그리스도께서 이 예언, 이 약속의 주인공으로 오셨다고 말씀합니다(히 10:7 참조). 그러나 여기 시편에서는 '하나님의 뜻을 행하러 온 사람'이 다윗이라고 합니다. '그 때에 내가 말하기를 내가 왔나이다'라는 구절을 보면 다윗은 어떤 말씀을 듣고 온 것입니까? '제사와 예물을 기뻐하지 아니하시며 번제와 속죄제를 요구하지 아니하신다.' 그래서 다윗이 냉큼 뛰어나옵니다. '그렇다면 내가 오겠습니다. 잘잘못을 따지지 않고 우리더러 뭘 내놓으라고 하시는 것이 아니라면, 내가 오겠습니다'인 것입니다.

이것이 시편 51편에서는 어떤 말로 표현되어 있습니까? '주께서 원하시는 제사는 상한 심령이라.' 생각해 보면, 우리가 뭐 그리 잘한 것이 있겠습니까? 잘잘못의 문제가 아니라, 하나님이 우리를, 우리라는 존재 자체를 요구하신 것입니다. 우리의 정체성은 우리가 만들어 낸 것이 아니라, 우리를 하나님의 자녀로 만들기 위하여 하나님이 찾아오셔서 만들어진 것입니다. 죄밖에 모르는 우리의 자리에, 죄밖에 선택할 여지가 없는 자리에 하나님이 찾아오신 것입니다. 바로 이것이 구원이고, 회개입니다. '나는 그동안 하나님 없이 살았습니다. 그러니 내 안에 의와 평강과 정의와 기쁨을 가질 수 없었습니다.' 이것이 회개입니다. '이제 하나님이 나의 아버지가 되셨으니 나는 이제 마음껏 누릴 수 있습니다.' 이렇게 됐으니 그러면 이제 그렇게 한번 살아 보라는 것이 우리의 신앙 인생인 것입니다. 그런데 한번 해 보니 옛 습관이 너무 많이 나오는 것입니다.

한국 사람이 영어를 하면 이런 요상한 말이 나오곤 합니다. "헬로야." 그러니까 듣는 사람이 당황합니다. '헬로우'는 알겠는데, '헬로야'는 처음 듣기 때문입니다. 지금 우리가 계속 이 실수를 하는 셈입니다. '주께서 내게 말씀하시기를 나는 번제와 속죄제를 요구하지 않는다'를 시편 51편 식으로 하면, '하나님이 원하시는 제사는 상한 심령이다'입니다. '너 나한테 쓸모 있는 존재가 되려고 애쓰지 말고, 내가 너를 만들고 목적한 그 자리에 들어와라'라고 말씀하시는데, 우리는 자꾸 이 사실을 잊고 옛 방식을 고집하고 있는 것입니다.

우리만이 할 수 있는 덕목들

이 문제가 에베소서 4장에는 이렇게 표현되어 있습니다.

> 그러므로 내가 이것을 말하며 주 안에서 증언하노니 이제부터 너희
> 는 이방인이 그 마음의 허망한 것으로 행함 같이 행하지 말라 그들
> 의 총명이 어두워지고 그들 가운데 있는 무지함과 그들의 마음이 굳
> 어짐으로 말미암아 하나님의 생명에서 떠나 있도다 그들이 감각 없
> 는 자가 되어 자신을 방탕에 방임하여 모든 더러운 것을 욕심으로
> 행하되 (엡 4:17-19)

17절에서 19절까지 나온 권면은 그 옛날 죄인 된 자리에서는 선택할
수도 없는 덕목들입니다. 여기로 와야 비로소 선택할 수 있는 것들입
니다. 죄인 된 자리에 있을 때는 마음이 허망하고, 총명이 어두워지
고, 무지하고, 굳어져 있고, 감각이 없어 무엇이 잘못이고 무엇이 잘하
는 것인지 구별하지 못합니다. 구별할 수가 없습니다. 모든 승리와 모
든 만족이 거짓말을 하거나 속이거나 누구를 희생해야만 얻을 수 있
는 것들입니다. 그러나 이제 우리는 다릅니다.

> 오직 너희는 그리스도를 그같이 배우지 아니하였느니라 진리가 예수
> 안에 있는 것 같이 너희가 참으로 그에게서 듣고 또한 그 안에서 가
> 르침을 받았을진대 너희는 유혹의 욕심을 따라 썩어져 가는 구습을
> 따르는 옛 사람을 벗어 버리고 오직 너희의 심령이 새롭게 되어 하나

님을 따라 의와 진리의 거룩함으로 지으심을 받은 새 사람을 입으라
(엡 4:20-24)

그리고 이제 요구되는 윤리적 덕목들이 다음과 같이 나열됩니다.

> 그런즉 거짓을 버리고 각각 그 이웃과 더불어 참된 것을 말하라 이
> 는 우리가 서로 지체가 됨이라 분을 내어도 죄를 짓지 말며 해가 지
> 도록 분을 품지 말고 마귀에게 틈을 주지 말라 도둑질하는 자는 다
> 시 도둑질하지 말고 돌이켜 가난한 자에게 구제할 수 있도록 자기 손
> 으로 수고하여 선한 일을 하라 무릇 더러운 말은 너희 입 밖에도 내
> 지 말고 오직 덕을 세우는 데 소용되는 대로 선한 말을 하여 듣는 자
> 들에게 은혜를 끼치게 하라 하나님의 성령을 근심하게 하지 말라 그
> 안에서 너희가 구원의 날까지 인치심을 받았느니라 너희는 모든 악
> 독과 노함과 분냄과 떠드는 것과 비방하는 것을 모든 악의와 함께 버
> 리고 서로 친절하게 하며 불쌍히 여기며 서로 용서하기를 하나님이
> 그리스도 안에서 너희를 용서하심과 같이 하라 (엡 4:25-32)

우리만이 할 수 있는 것들입니다. 우리만이 할 수 있고, 세상은 절대 할
수 없는 것들입니다. 세상과 우리의 차이를 이해하겠습니까? 이것이
속 시원하게 안 되는 이유는 우리가 이것과 반대되는 현실 속 위협, 즉
세상이 우리에게 '너 죽어라. 너 내 밑에 엎드려 복종하라'고 하는 명령
속에서 이 일을 해야 하기 때문입니다. 우리는 실천하려고 해도 마음껏
할 수도 없습니다. 우리가 정직하게 살고 양보하고 살면, 우리가 가는

길이 총칼 들고 덤비는 사람들보다는 좀 더 우위에 서서 형통해져야
하는데, 하나님이 이 세상 권력, 즉 죄짓는 폭력 앞에 우리로 손해를 보
게 하면서 계속 이것을 하라 하시니 우리가 못 해 먹겠는 것입니다. 그
러나 예수를 믿는다는 고백은 바로 그것을 포함하고 있습니다.

우리가 가는 길이 위대한 길이요, 우리가 잠시 받는 어려움이 지극
히 크고 영원한 영광의 중한 것을 우리 안에 이루어 낸다고, 그러니
결코 손해 보지 않는다고 믿는 것이 성경이 말하는 신앙생활의 핵심
입니다. 그러니 '다윗은 왜 그런 죄를 저질렀나?' 이렇게 물어보는 것
은 다윗을 통하여 하나님이 우리에게 무엇을 그토록 보여 주고 싶으
신가 하는 것을 놓치는 것입니다. 여기를 통과하지 못하면, 우리도 평
생 미주알고주알 씻어 내는 회개와 파편화된 감사만 할 뿐이지, 우리
의 인생을 스스로 살아 내는 주체자, 인격적 실존으로서 하나님의 자
녀로 사는 일은 불가능해집니다.

우리에게 일어나는 모든 일, 심지어 넘어지는 일까지 포함한 이 모
든 일이 우리를 완성하며, 위대한 자리로 이끌고 가기 위하여 하나님
이 다윗의 생애에 그 증거를 이렇게 깊이 남겨 놓으셨습니다. 아브라
함이니 다윗이니 하는 성경의 인물들을 칭송하며 위대하다고 이야기
함으로써 자신의 인생을 때우거나 변명하지 말고, 하나님이 예수 안
에서 주신 구원이 지니는 위대한 신분과 기적을 맛보며 인생을 살아
내는 기쁨을 누리길 바랍니다.

기도

하나님 아버지, 감사합니다. 우리가 누구를 부러워할 것도, 시샘할 것도, 원 망할 것도 없이 자신의 인생을 살게 하여 주시옵소서. 주님께서 십자가의 길 을 걸어 기꺼이 하나님의 기쁨이 된 것과 같이 우리 인생이 하나님 앞에 그 리고 우리 자신에게 기쁨과 기적이 되게 하여 주시옵소서. 예수님 이름으로 기도합니다. 아멘.

28.
솔로몬을 허락하신 하나님

20 다윗이 땅에서 일어나 몸을 씻고 기름을 바르고 의복을 갈아입고 여호와의 전에 들어가서 경배하고 왕궁으로 돌아와 명령하여 음식을 그 앞에 차리게 하고 먹은지라 21 그의 신하들이 그에게 이르되 아이가 살았을 때에는 그를 위하여 금식하고 우시더니 죽은 후에는 일어나서 잡수시니 이 일이 어찌 됨이니이까 하니 22 이르되 아이가 살았을 때에 내가 금식하고 운 것은 혹시 여호와께서 나를 불쌍히 여기사 아이를 살려 주실는지 누가 알까 생각함이거니와 23 지금은 죽었으니 내가 어찌 금식하랴 내가 다시 돌아오게 할 수 있느냐 나는 그에게로 가려니와 그는 내게로 돌아오지 아니하리라 하니라 24 다윗이 그의 아내 밧세바를 위로하고 그에게 들어가 그와 동침하였더니 그가 아들을 낳으매 그의 이름을 솔로몬이라 하니라 여호와께서 그를 사랑하사 25 선지자 나단

을 보내 그의 이름을 여디디야라 하시니 이는 여호와께서 사랑하셨기
때문이더라 (삼하 12:20-25)

다윗은 우리야의 아내에게서 솔로몬을 낳고

밧세바 사건은 대부분의 성도에게 매우 안타까운 일로 남아 있을 것
입니다. 다윗은 골리앗을 물리치고, 사울 왕을 용서해 주며, 사울과 요
나단의 죽음을 애도한, 참으로 위대하고 훌륭한 하나님의 사람입니
다. 그런데 어쩌다가 밧세바 사건을 일으키는 바람에 자신의 명성에
먹칠을 하게 되고, 그래서 이후의 생애는 흐지부지하게 끝나는 사람
으로 기억되고 말았습니다.

그런데 전에도 말씀드렸듯이, 밧세바 사건은 결코 간단한 문제가
아닙니다. 본문 말씀에서 보듯, 다윗과 밧세바 사이에 태어난 아이는
죽고 말기 때문입니다. 어찌 보면 당연한 일입니다. 두 사람의 일은 불
륜이자 범죄이며 수치이고 과오입니다. 그런데 그다음에 하나님은 이
두 사람 사이에 다른 아들을 주십니다. 그 아들이 솔로몬인데, 이 이름
은 '여디디야' 즉 '하나님의 사랑을 입은 자'라는 놀라운 뜻을 지녔습
니다.

마태복음 1장 1절은 신약을 여는 첫 구절로, "아브라함과 다윗의
자손 예수 그리스도의 계보라"라는 말씀으로 시작합니다. 여기 나열
된 족보에 솔로몬이 등장하는데, '다윗은 우리야의 아내에게서 솔로
몬을 낳고'(마 1:6)라는 구절에 나옵니다. '밧세바에게서'도 아니고 '우

리야의 아내에게서'라고 표현했습니다. 참으로 수치스럽고 잊을 수 없는 부끄러운 기록을 남긴 것입니다.

그런데 예수가 오신 일은 부끄러운 일이 아니고, 실망스러운 일도 당연히 아닙니다. 그럼에도 예수가 그런 부끄러운 족보를 통하여 오셨다는 사실은 우리로 밧세바 사건을 다시 생각하게 합니다. 거기에는 죽음이 있으며 동시에 부활이 있습니다. 이런 사실에 우리는 놀라게 됩니다. 죽음과 부활, 이 상반되는 두 가치가 어떻게 공존할 수 있는지 이해할 필요를 느끼게 됩니다.

제사와 예물을 기뻐하지 않으시는 하나님

전에 말씀드린 대로, 시편 51편에 나온 다윗의 회개는 자신이 저지른 특정한 범죄에 대한 회개가 아니라 '존재론적 회개'입니다. '제가 그런 큰 죄를 범했습니다'라든가, '그 사건에서 제가 잘못했습니다'가 아니라, '저는 늘 잘못를 저지를 수밖에 없는 죄인입니다'라는 회개입니다. 그러니 '저를 용서해 주십시오'가 아니라, '구원해 주십시오'라고 고백한 것입니다. 시편 51편을 살펴봅시다.

하나님이여 내 속에 정한 마음을 창조하시고 내 안에 정직한 영을 새롭게 하소서 나를 주 앞에서 쫓아내지 마시며 주의 성령을 내게서 거두지 마소서 주의 구원의 즐거움을 내게 회복시켜 주시고 자원하는 심령을 주사 나를 붙드소서 그리하면 내가 범죄자에게 주의 도를 가르치리니 죄인들이 주께 돌아오리이다 하나님이여 나의 구원의 하나님이여 피 흘린 죄에서 나를 건지소서 내 혀가 주의 의를 높이 노래하리이다 주여 내 입술을 열어 주소서 내 입이 주를 찬송하여 전파하리이다 주께서는 제사를 기뻐하지 아니하시나니 그렇지 아니하면 내가 드렸을 것이라 주는 번제를 기뻐하지 아니하시나이다 하나님께서 구하시는 제사는 상한 심령이라 하나님이여 상하고 통회하는 마음을 주께서 멸시하지 아니하시리이다 (시 51:10-17)

대개 우리는 성경 말씀도 세상적 편견을 가지고 읽기 때문에 다윗이 한 이 회개는 밧세바 사건을 저지른 잘못을 용서받기 원하는 회개라고 쉽게 생각합니다. 그런데 이 시에서는 용서를 구한다거나 다시는 죄를 짓지 않겠다는 각오를 피력하지 않고, 구원과 기적을 요구하고 있습니다. '하나님, 저를 죄짓는 존재에서 구원하셔서 하나님의 의와 기쁨에 참여하는 존재로 만들어 주십시오.' 이렇게 구원을 갈망하는 기도를 드린 것입니다.

흔히 우리는 이런 회개 기도를 많이 합니다. '이번 일만 용서해 주시면, 다시는 죄를 짓지 않겠습니다.' 이것이 잘못된 기도라는 이야기를 하려는 것이 아닙니다. 우리는 잘못과 회개 기도, 이 둘 사이에서 방황하게 두시는 하나님이 이해가 가지 않습니다. 잘하고 싶은데 아직도 죄를 짓는 문제, 의와 거룩함의 길을 걷게 해 달라고 그렇게 기도했는데도 우리를 그냥 내버려두시는 하나님이 이상하지 않습니까? 여기서 문제가 풀리지 않는 바람에 우리의 회개는 날마다 쳇바퀴를 도느라 구원에 대한 기쁨과 소망으로 나아가지 못합니다.

다윗의 기도가 증언하는 바는 하나님이 바로 이 자리, 즉 첫째 아이가 죽을 수밖에 없는 현실에다 희망과 구원과 승리를 담으신다는 것입니다. 이것이 기독교 복음이 가르치는 내용입니다. 우리가 만들 수 없는 승리를, 우리가 만들어 낼 수 없는 명예와 영광을, 하나님이 어디에 담겠다고 하십니까? 우리 자신에게 담겠다고 하십니다. 우리가 누구인데 그렇게 하시는 것일까요? 우리는 죄밖에 짓지 못하는 죄인인데 말입니다. 다윗은 자기가 지은 죄를 용서해 달라는 것이 아니라, 죄를 지은 자리에서 거룩한 자리로의 정체성과 존재의 변화, 구원, 부활을 부르짖고 있습니다. 시편 40편도 마찬가지입니다.

내가 여호와를 기다리고 기다렸더니 귀를 기울이사 나의 부르짖음을 들으셨도다 나를 기가 막힐 웅덩이와 수렁에서 끌어올리시고 내 발을 반석 위에 두사 내 걸음을 견고하게 하셨도다 새 노래 곧 우리 하나님께 올릴 찬송을 내 입에 두셨으니 많은 사람이 보고 두려워하여 여호와를 의지하리로다 여호와를 의지하고 교만한 자와 거짓에 치우치는 자를 돌아보지 아니하는 자는 복이 있도다 여호와 나의 하나님이여 주께서 행하신 기적이 많고 우리를 향하신 주의 생각도 많아 누구도 주와 견줄 수가 없나이다 내가 널리 알려 말하고자 하나 너무 많아 그 수를 셀 수도 없나이다 주께서 내 귀를 통하여 내게 들려 주시기를 제사와 예물을 기뻐하지 아니하시며 번제와 속죄제를 요구하지 아니하신다 하신지라 그 때에 내가 말하기를 내가 왔나이다 나를 가리켜 기록한 것이 두루마리 책에 있나이다 나의 하나님이여 내가 주의 뜻 행하기를 즐기오니 주의 법이 나의 심중에 있나이다

하였나이다(시 40:1-8)

다윗은 무엇이 주께서 행하신 기적이라고 노래합니까? 기가 막힐 웅
덩이와 수렁에서 끌어올린 일이 기적이라고 합니다. 하나의 사건, 하
나의 범죄, 하나의 실수를 계속 고쳐 나가면서 용서받는 문제가 아니
라, 죄밖에는 선택의 여지가 없는 우리라는 존재를, 거기서 꺼내어 의
와 진리와 생명으로 살게 하시는 것이 성경이 말하는 구원이자, 하나
님이 창조하신 목적이라는 것입니다. 이것이 기적이며, 다윗은 이 기
적을 노래하고 있습니다. 또한 이 일에 대해 하나님이 무엇이라고 다
윗의 귀를 통하여 알려 주셨다는 것입니까? '나는 제사와 예물을 기
뻐하지 아니한다.' 다윗은 밧세바 사건을 저지르기 바로 직전에 성전
을 짓겠다고 하나님에게 말씀드렸다가 면박을 당합니다. "왜 네가 나
를 위해서 일을 하냐. 네가 내 필요 중에 무엇을 감당할 수 있단 말이
냐. 내가 너를 도와줘야 맞지, 네가 나를 도와준다는 것이 말이 되느
냐. 내가 창조주이고 내가 만물의 주인인데, 어찌 네가 나에게 해 줄
게 있단 말이냐." 그런 후에 밧세바 사건이 터진 것입니다.

하나님이 제사와 예물을 기뻐하지 아니하신다는 것은 무슨 뜻일까
요? 하나님과 우리의 관계는 보상관계가 아니라는 뜻입니다. 하나님
은 우리를 만드신 창조의 하나님이시고, 우리라는 존재의 영광과 명
예를 목적하신 하나님입니다. 하나님은 우리에게 하나님의 자녀라는
이름을 주시고, 자녀 된 명예와 영광을 목적하셨고, 이에 걸맞은 삶을
요구하고 계십니다. 우리는 잘잘못에 붙잡혀서 밤낮 시험 치고 채점
받기 급급한데 말입니다.

여기 나온 다윗의 반응을 보아도 그렇습니다. "주께서 내 귀를 통하여 내게 들려 주시기를 제사와 예물을 기뻐하지 아니하시며 번제와 속죄제를 요구하지 아니하신다 하신지라"(시 40:6). 다윗의 귀에 들린 이 말씀을 힘입고 다윗이 금방 뛰어나옵니다. "그렇다면 내가 여기 있나이다. 나를 받아주소서." 하나님 앞에 쓸모 있어야 하고, 하나님 앞에 합격점을 받아야 하는 문제가 아닌 것입니다. "하나님에게는 우리 자신이 목적이고, 하나님의 기쁘신 뜻을 둔 존재가 우리라면, 나부터 은혜로 찾아와 주십시오." 그것이 다윗의 기도인 것입니다. 그러니 다윗이 저지른 일과 하나님이 다윗에게 하신 일이 보여 주는 모순을 확인하십시오. 다윗은 칭찬받을 일을 하지 못했고, 오히려 큰 죄를 저질렀습니다. 어떤 큰 죄입니까? 밧세바 사건입니다. 그러나 하나님은 구원을 베푸셨습니다. 그들에게 다른 아이를 주신 것입니다.

밧세바 사건이 지적하는 진정한 내용은 무엇입니까? 다윗으로 하여금 이전의 삶을 돌아보게 하는 계기가 된 이 사건은 어떤 의미를 가지고 있습니까? 이 사건이 말해 주는 것은 '다윗아, 너는 수도꼭지다'라는 것입니다. 수도꼭지를 틀면 물이 나오지만, 이 물은 수도꼭지에서 생산된 것이 아닙니다. 다윗의 전반기 생애는 하나님이 다윗이라는 수도꼭지를 매개로 은혜를, 명예를, 승리를 흘려보내신 것이라 할 수 있습니다. 반면, 사울은 수도꼭지를 잠가 놓은 사람이었습니다. 사울에게서는 아무것도 나올 것이 없었습니다.

그런데 이제 다윗은 자기 수도꼭지에서 구정물이 나오는 것을 보았습니다. 그것이 밧세바 사건입니다. 저기 상수원에서부터 오염된 구정물이 수도꼭지까지 흘러와서 나온 것이 아니라, 수도관이 오염

되어 구정물이 나온 것입니다. 수도관 때문에 물이 오염된 것이죠. 다윗이 밧세바와 나눈 것은 사랑이 아니라, 부끄러운 짓이며 불륜이었습니다. 또한 충성이 배신이 되어 버렸습니다. 다윗의 모든 명예와 승리가 사망을 초래한 것입니다. 다윗은 너무 놀랐습니다. '하나님, 저는 다만 수도꼭지에 불과했고, 구정물을 만드는 존재에 불과했습니다'를 깨달은 것입니다. 이것이 밧세바 사건입니다. 그렇다고 '수도꼭지가 늘 청결해야 한다.' 이렇게 적용하지는 마십시오. 하나님이 다윗에게 은혜를 주시는 것은 무엇 때문입니까? 구원 때문입니다. 밧세바 사건에서 펼쳐진, 다윗의 전반기 생애를 돌아보며 한 차원 높은 관점에서 증언하는 구원입니다. 구원은 우리와 함께 일하자고 하나님이 부르신 부름입니다.

그리스도께서 오셨다

마태복음 13장으로 가 봅시다.

그 날 예수께서 집에서 나가사 바닷가에 앉으시매 큰 무리가 그에게로 모여 들거늘 예수께서 배에 올라가 앉으시고 온 무리는 해변에 서 있더니 예수께서 비유로 여러 가지를 그들에게 말씀하여 이르시되 씨를 뿌리는 자가 뿌리러 나가서 뿌릴새 더러는 길 가에 떨어지매 새들이 와서 먹어버렸고 더러는 흙이 얕은 돌밭에 떨어지매 흙이 깊지 아니하므로 곧 싹이 나오나 해가 돋은 후에 타서 뿌리가 없으므로 말랐고 더러는 가시떨기 위에 떨어지매 가시가 자라서 기운을 막았고 더러는 좋은 땅에 떨어지매 어떤 것은 백 배, 어떤 것은 육십 배, 어떤 것은 삼십 배의 결실을 하였느니라 귀 있는 자는 들으라 하시니라 제자들이 예수께 나아와 이르되 어찌하여 그들에게 비유로 말씀하시나이까 대답하여 이르시되 천국의 비밀을 아는 것이 너희에게는 허락되었으나 그들에게는 아니되었나니 무릇 있는 자는 받아 넉넉하게 되되 없는 자는 그 있는 것도 빼앗기리라 그러므로 내가 그들에게 비유로 말하는 것은 그들이 보아도 보지 못하며 들어도 듣지 못하며 깨닫지 못함이니라 이사야의 예언이 그들에게 이루어졌으니 일렀으되 너희가 듣기는 들어도 깨닫지 못할 것이요 보기는 보아도 알지 못하리라 이 백성들의 마음이 완악하여져서 그 귀는 듣기에 둔하고 눈은 감았으니 이는 눈으로 보고 귀로 듣고 마음으로 깨달아 돌이켜 내게 고침을 받을까 두려워함이라 하였느니라 그러나 너희 눈은 봄으로, 너희 귀는 들음으로 복이 있도다 내가 진실로 너희에게 이르노니 많은 선지자와 의인이 너희가 보는 것들을 보고자 하여도 보지 못하였고 너희가 듣는 것들을 듣고자 하여도 듣지 못하였느니라 (마 13:1-17)

잘 아는 비유인데, 생각해 보면 좀 이상합니다. 너무 뻔한 이야기이기 때문입니다. 이런 뻔한 말씀을 비유로 하시다니 하며 제자들이 당황합니다. 옥토가 되면 많은 열매를 맺을 수 있을 것이라는 점은 당연합니다. 길가나 돌밭이나 가시떨기에서는 열매를 맺을 수 없는 것도 사실입니다. 너무나 당연한 이야기인데, 그것이 왜 기가 막힌 비유이며, 어떻게 그것이 이사야를 보냈을 때 하신 예언이라고 하는 것일까요? 보아도 보지 못하고 들어도 깨닫지 못하는 이런 비유를 왜 예수님이 하신다는 말입니까?

여기서 중요한 핵심은 예수 그리스도가 오셨다는 사실입니다. 우리가 부르지 않았고, 요청하지 않았습니다. 하나님이 직접 오셔서 사망에 갇혀 있다가 무덤을 열고 부활하심으로써 무덤 위에 부활이라는 열매를 맺으십니다. 우리 모두 다 아는 사실입니다. 길가와 돌밭, 가시떨기에 불과한 황무지, 아무것도 결실할 수 없는 척박한 곳에 열매와 꽃이 피는 것입니다. 이것이 기독교가 말하는 복음입니다. 우리가 싹을 틔우지 않았는데, 우리가 만들지 않고 결실하지 않은 열매가 맺혔습니다.

그러면 그 밭은 어떻게 된 것입니까? 우리로서는 이해가 되지 않습니다. 우리가 만들지 않았고, 우리가 원하지도 않았기 때문입니다. 그러나 일어났습니다. 누가 일으켰습니까? 하나님이 일으키셨습니다. 이 일은 구약에 예언되어 있던 일입니다. 이사야를 읽을 때마다 신기하게 생각했던 점인데, 이사야 35장에 가면 하나님의 꿈이자 기쁜 목적으로 이렇게 생생하게 기록되어 있는 것을 발견하게 됩니다.

> 광야와 메마른 땅이 기뻐하며 사막이 백합화 같이 피어 즐거워하며 무성하게 피어 기쁜 노래로 즐거워하며 레바논의 영광과 갈멜과 사론의 아름다움을 얻을 것이라 그것들이 여호와의 영광 곧 우리 하나님의 아름다움을 보리로다 너희는 약한 손을 강하게 하며 떨리는 무릎을 굳게 하며 겁내는 자들에게 이르기를 굳세어라, 두려워하지 말

라, 보라 너희 하나님이 오사 보복하시며 갚아 주실 것이라 하나님이
오사 너희를 구하시리라 하라 그 때에 맹인의 눈이 밝을 것이며 못
듣는 사람의 귀가 열릴 것이며 그 때에 저는 자는 사슴 같이 뛸 것이
며 말 못하는 자의 혀는 노래하리니 이는 광야에서 물이 솟겠고 사
막에서 시내가 흐를 것임이라 뜨거운 사막이 변하여 못이 될 것이며
메마른 땅이 변하여 원천이 될 것이며 승냥이의 눕던 곳에 풀과 갈
대와 부들이 날 것이며 거기에 대로가 있어 그 길을 거룩한 길이라
일컫는 바 되리니 깨끗하지 못한 자는 지나가지 못하겠고 오직 구속
함을 입은 자들을 위하여 있게 될 것이라 우매한 행인은 그 길로 다
니지 못할 것이며 거기에는 사자가 없고 사나운 짐승이 그리로 올라
가지 아니하므로 그것을 만나지 못하겠고 오직 구속함을 받은 자만
그리로 행할 것이며 여호와의 속량함을 받은 자들이 돌아오되 노래
하며 시온에 이르러 그들의 머리 위에 영영한 희락을 띠고 기쁨과 즐
거움을 얻으리니 슬픔과 탄식이 사라지리로다 (사 35 : 1-10)

이사야 1장에서 39장까지는 이스라엘과 유다의 멸망을 선포하는 하
나님의 심판이 등장합니다. 이사야 선지자가 활동하던 당대 북 왕조
이스라엘은 앗수르에 멸망하고 남 왕조도 멸망을 향하여 가고 있을
때인데, 하나님이 이스라엘과 유다와 모든 민족을 꾸짖으시며 진노의
심판을 명하시는 그 한복판에서 놀라운 일 즉 '광야에서 물이 솟겠고,
사막에서 시내가 흐를 것'이라는 말씀이 주어진 것입니다. 만들 수 없
는 곳에 가장 뛰어난 영광과 복이 넘쳐날 것을 선언하신 그대로, 하나
님은 죄를 저지른 우리가 만들 수 없고 상상할 수 없는 정체성과 영광

을 만들어 내신다고 구약 내내 선언하시고 약속하셨고, 마침내 예수를 보내어 우리가 요청하지도, 기도하지도, 알지도 못했던 구원을 우리에게 이루십니다. 이 일에 우리 모두는 산 증인입니다.

열매에 걸맞은 밭이 되는 일

예수 부활의 능력 없이 예수를 믿을 수 있는 사람은 없습니다. 그런데 우리의 현실적 어려움은 이것입니다. 꽃은 피었는데, 밭은 그대로 있다는 사실입니다. 우리는 우리 자신을 볼 때마다 놀랍니다. 당연히 우리는 여전히 돌밭이고, 아직도 가시떨기가 더 많습니다. 거기에 분명히 백합화는 필 것이고, 장미꽃도 피어날 것이고, 샘도 흐를 것이나 우리는 아직 그럴듯한 사람이 되지 못했습니다. 이런 현실에 대고 이사야 35장은 무엇이라고 말씀하고 있습니까?

> 너희는 약한 손을 강하게 하며 떨리는 무릎을 굳게 하며 겁내는 자들에게 이르기를 굳세어라 두려워하지 말라 보라 너희 하나님이 오사 보복하시며 갚아 주실 것이라 하나님이 오사 너희를 구하시리라 하라 (사 35:3-4)

이미 우리라는 땅은 꽃이 피었고, 열매가 맺혔습니다. 신약식으로 설명하면, 그리스도께서 오사 우리를 구원하시고 당신과 우리를 묶으셨습니다. 그리스도인이라는 신자의 정체성이 의미하는 바는, 이제 우리 자신은 혼자가 아니라는 것입니다. 예수와 나는 하나로 묶여 있습니다. 우리는 그의 몸입니다. 주께서는 우리와 함께하시며 우리에게 구원을 주셨을 뿐만 아니라, 주신 구원을 완성하실 것입니다. 이 일은 많은 시간이 필요한 일인데, 그 이유는 우리를 다만 수단이나 방법 정도로 다루시지 않고 우리라는 존재를 '꽃이 피어나는 밭'으로 만드시겠다는 목적이 있기 때문입니다. 우리에게 그 밭이 되어 열매를 맺으라고 이야기하지 않고, 결실한 열매에 걸맞은 밭이 되라고 하십니다. 이것이 우리의 생애이자 현실입니다. 실패할 수 없는 운명이 예정되어 있고, 거기에 어울릴 만한 밭이 되기 위하여 우리는 힘써 명예로운 책임을 져야 합니다.

그런데 우리는 여기서 항상 틀린 생각을 해 왔습니다. 내가 잘못하면 그 잘못을 뒤집어엎어야 열매가 생긴다고 생각했는데, 그것이 아니었습니다. 열매를 맺게 될 약속과 완성된 운명을 가지고, 그것이 내 것이 되게 하는 시간을 살아가는 것입니다. 다윗이 하나님의 이름으로 골리앗을 물리치고 사울을 용서하는 정도가 아니라, 그의 존재 자체가 달라지는 것입니다. 꽃과 열매가 맺힐 밭으로 바뀌어 나가는 시간을 주시는 것입니다. 이 사실을 로마서 6장이 이렇게 가르칩니다.

그런즉 우리가 무슨 말을 하리요 은혜를 더하게 하려고 죄에 거하겠느냐 그럴 수 없느니라 죄에 대하여 죽은 우리가 어찌 그 가운데 더 살리요 무릇 그리스도 예수와 합하여 세례를 받은 우리는 그의 죽으심과 합하여 세례를 받은 줄을 알지 못하느냐 그러므로 우리가 그의 죽으심과 합하여 세례를 받음으로 그와 함께 장사되었나니 이는 아

버지의 영광으로 말미암아 그리스도를 죽은 자 가운데서 살리심과
같이 우리로 또한 새 생명 가운데서 행하게 하려 함이라 만일 우리
가 그의 죽으심과 같은 모양으로 연합한 자가 되었으면 또한 그의 부
활과 같은 모양으로 연합한 자도 되리라 (롬 6:1-5)

기독교 신앙을 어렵게 하며, 우리를 혼란스럽게 하는 문제가 무엇입
니까? 하나님의 사람으로 거듭났는데, 왜 아직도 죄를 짓고 사는가,
왜 하나님은 우리를 죄 안 짓는 완벽한 인간으로 바꾸어 주시지 않는
가, 그리고 어차피 모든 것이 은혜로 말미암는 것이라면, 무엇 때문에
우리는 속 끓이고 살아야 하는가, 하는 문제입니다. 다윗이 저지른 역
사적 사건은 바로 이 문제에 대한 답이 됩니다. 그가 밧세바 사건을 저
지르고 나서 깨달은 것이 무엇입니까? "나는 생명을 아름답게 만들 수
가 없는 사람입니다. 나에게는 명예도 가치도 없습니다. 내가 할 수 있
는 건 아무리 잘해 봤자, 흠을 내지 않고 손해 보게 하지 않는 것뿐입
니다. 그것 외에는 할 수 있는 게 없습니다. 그러니 나라는 사람은 아
무것도 안 해야 맞습니다. 나는 차라리 없는 편이 최선인 그런 존재입
니다."

기도란, 인간성의 자라남

하나님이 다윗에게 솔로몬 즉 여디디야를 주셨습니다. 부활을 주신
것입니다. 부활이 무엇입니까? 사망을 이기고 죄를 이긴 구원, 더러

움과 부끄러움과 비참함과 실패와 멸망과 수치로부터의 구원입니다. 흠을 없애는 것에 머무르지 않고, 더 나아가는 것입니다. 비로소 의와 진리와 생명과 자랑과 감사로 나가는 것입니다. 쉽지 않습니다. 내 것이 되어야 하는 문제이기 때문에 우리는 씨름하여 이 길을 이겨 내야 합니다. 그러면 이제 무엇을 해야 합니까? 생각하고 분별해야 합니다. 고민하고 갈등해야 합니다. 그리고 결정하고 책임을 져야 합니다. 그것이 내 것이 되는 유일한 길입니다. 하나님이 그 기회를 우리에게 걸으라고 하시는 것입니다.

'아무 짓도 안 하면 된다'는 것은 사실 말이 안 되는 것입니다. 그것은 인격도 아니며, 가치 있는 존재일 수가 없습니다. 그저 물건에 불과한 것입니다. 다윗이 겪은 인생이 무엇인지 이해하십시오. 다윗은 왜 밧세바 사건을 저질러서 이런 망신을 당하는가, 아무 짓도 안 하면 되었는데, 라는 식으로 문제를 해결하려는 것은 말이 안 되는 것입니다. 사실 우리 모두가 그렇게 하고 있습니다. "하나님, 내가 그때 그 친구들 만나기 싫으니 내 발을 부러뜨려 달라고 기도하지 않았습니까? 왜 나를 멀쩡하게 걸어가게 두셔서 나로 하여금 그런 잘못을 저지르게 하셨습니까?" 이 얼마나 어리석은 기도입니까? 학교에 가지 않아도 되고, 공부하지 않아도 되고, 숙제도 없고, 실패도 없고, 못난 짓도 안 하게 해 달라는 것은 얼마나 한심한 기도입니까? 그렇게 그냥 돌이고, 바위이고, 나무에 불과한 인생으로 놔두라는 기도는 얼마나 어리석은 기도입니까?

하나님은 인격자이시며 우리를 사랑하시는 분입니다. 하나님은 우리에게 믿음을 요구하십니다. 믿음은 인격적 문제입니다. 살아서 고

민하며 한숨짓고 매일 그렇게 하루씩 나아져야 합니다. 하나님의 창
조와 보냄받은 예수와 십자가를 기억하고 나아가야 됩니다. 하나님이
일하시는 진정성과 그에 걸맞은 답을 하는 인생길을 걸으십시오. 자
신의 생애, 각자의 경우와 조건에서 신자는 어떻게 자라며, 무엇이 자
라납니까? 무엇이 하나님을 닮는 것이며, 무엇이 십자가의 길입니까?
로완 윌리엄스에 의하면 '기도란, 인간성의 자라남'*이라고 합니다.
무슨 인간성입니까? 신자의 인간성입니다. 이를 기억하여 각자의 삶
을 명예로 책임지는 귀한 인생 되기를 바랍니다.

기도

하나님 아버지, 우리 인생을 복되게 하시기 위해 우리에게 큰 기회를 주셨습
니다. 우리에게 책임을, 명예를 얹으셨으니 우리가 자녀답게 살게 하여 주시
옵소서. 매일 하루 만큼 자라 우리 모두의 입술에 하나님을 찬양하며 하나님
의 자녀 됨을 감사하는 기쁨의 자리에 도달하게 하여 주옵소서. 예수님 이름
으로 기도합니다. 아멘.

---

* 로완 윌리엄스 지음, 김기철 옮김, 《그리스도인이 된다는 것》(복 있는 사람), 97쪽 참조.

29.

은혜의 담지자 다윗

───────

20 그의 오라버니 압살롬이 그에게 이르되 네 오라버니 암논이 너와 함께 있었느냐 그러나 그는 네 오라버니이니 누이야 지금은 잠잠히 있고 이것으로 말미암아 근심하지 말라 하니라 이에 다말이 그의 오라버니 압살롬의 집에 있어 처량하게 지내니라 21 다윗 왕이 이 모든 일을 듣고 심히 노하니라 22 압살롬은 암논이 그의 누이 다말을 욕되게 하였으므로 그를 미워하여 암논에 대하여 잘잘못을 압살롬이 말하지 아니하니라 23 만 이 년 후에 에브라임 곁 바알하솔에서 압살롬이 양 털을 깎는 일이 있으매 압살롬이 왕의 모든 아들을 청하고 24 압살롬이 왕께 나아가 말하되 이제 종에게 양 털 깎는 일이 있사오니 청하건대 왕은 신하들을 데리시고 당신의 종과 함께 가사이다 하니 25 왕이 압살롬에게 이르되 아니라 내 아들아 이제 우리가 다 갈 것 없다 네게 누를

끼칠까 하노라 하니라 압살롬이 그에게 간청하였으나 그가 가지 아니하고 그에게 복을 비는지라 26 압살롬이 이르되 그렇게 하지 아니하시려거든 청하건대 내 형 암논이 우리와 함께 가게 하옵소서 왕이 그에게 이르되 그가 너와 함께 갈 것이 무엇이냐 하되 27 압살롬이 간청하매 왕이 암논과 왕의 모든 아들을 그와 함께 그에게 보내니라 28 압살롬이 이미 그의 종들에게 명령하여 이르기를 너희는 이제 암논의 마음이 술로 즐거워할 때를 자세히 보다가 내가 너희에게 암논을 치라 하거든 그를 죽이라 두려워하지 말라 내가 너희에게 명령한 것이 아니냐 너희는 담대히 용기를 내라 한지라 29 압살롬의 종들이 압살롬의 명령대로 암논에게 행하매 왕의 모든 아들들이 일어나 각기 노새를 타고 도망하니라 30 그들이 길에 있을 때에 압살롬이 왕의 모든 아들들을 죽이고 하나도 남기지 아니하였다는 소문이 다윗에게 이르매 31 왕이 곧 일어나서 자기의 옷을 찢고 땅에 드러눕고 그의 신하들도 다 옷을 찢고 모셔 선지라 32 다윗의 형 시므아의 아들 요나답이 아뢰어 이르되 내 주여 젊은 왕자들이 다 죽임을 당한 줄로 생각하지 마옵소서 오직 암논만 죽었으리이다 그가 압살롬의 누이 다말을 욕되게 한 날부터 압살롬이 결심한 것이니이다 33 그러하온즉 내 주 왕이여 왕자들이 다 죽은 줄로 생각하여 상심하지 마옵소서 오직 암논만 죽었으리이다 하니라 34 이에 압살롬은 도망하니라 파수하는 청년이 눈을 들어 보니 보아라 뒷산 언덕길로 여러 사람이 오는도다 35 요나답이 왕께 아뢰되 보소서 왕자들이 오나이다 당신의 종이 말한 대로 되었나이다 하고 36 말을 마치자 왕자들이 이르러 소리를 높여 통곡하니 왕과 그의 모든 신하들도 심히 통곡하니라 37 압살롬은 도망하여 그술 왕 암미훌의 아들 달매에게로

갔고 다윗은 날마다 그의 아들로 말미암아 슬퍼하니라 38 압살롬이 도
망하여 그술로 가서 거기에 산 지 삼 년이라 39 다윗 왕의 마음이 압살
롬을 향하여 간절하니 암논은 이미 죽었으므로 왕이 위로를 받았음이
더라 (삼하 13:20-33)

은혜의 조상 다윗

다윗의 생애에서 가장 중요한 사건 둘을 꼽는다고 하면 골리앗 사건
과 밧세바 사건일 것입니다. 예수 믿는 사람들이 다윗을 부러워하는
것은 그가 골리앗을 물리칠 때에 보여 준 신앙의 담대함과 분명함 때
문일 것입니다. 그런데 성경은 다윗이 골리앗을 물리친 사건을 이후
에 단 한 번도 다시 언급하지 않습니다. 시편에 나온 다윗의 기도를
살펴보아도 골리앗을 죽였을 때의 용맹스럽고 자신만만한 기도는 잘
나오지 않습니다.

이런 관점에서 보면, 다윗을 다윗 되게 하는 요인은 골리앗을 물리
친 사건이 아닌 것입니다. 성경이 다윗의 생애를 통해 하고 싶은 이야
기는 오히려 밧세바 사건에 담겨 있다고 할 수 있습니다. 다윗이 밧세
바 사건을 저지른 다음에 한 회개와 그 이후의 삶이 눈물과 한숨으로
기록되어 있다는 데서 확인할 수 있습니다. 다윗의 생애는 밧세바 사건
을 기점으로 그 이전과 이후로 나뉘며 이 둘은 극적으로 대조됩니다.

알다시피 다윗은 은혜의 담지자(擔持者)입니다. 아브라함이 믿음
의 조상인 것처럼 다윗은 은혜의 조상입니다. 은혜가 무엇인지 보여

주는 대표적 증인이 다윗인 것입니다. 로마서 4장은 예수를 믿음으로 말미암는 구원을 소개하면서 그것이 전적으로 은혜에 속한 것임을 증언하기 위하여 이렇게 말씀합니다.

> 그런즉 육신으로 우리 조상인 아브라함이 무엇을 얻었다 하리요 만일 아브라함이 행위로써 의롭다 하심을 받았으면 자랑할 것이 있으려니와 하나님 앞에서는 없느니라 성경이 무엇을 말하느냐 아브라함이 하나님을 믿으매 그것이 그에게 의로 여겨진 바 되었느니라 일하는 자에게는 그 삯이 은혜로 여겨지지 아니하고 보수로 여겨지거니와 일을 아니할지라도 경건하지 아니한 자를 의롭다 하시는 이를 믿는 자에게는 그의 믿음을 의로 여기시나니 일한 것이 없이 하나님께 의로 여기심을 받는 사람의 복에 대하여 다윗이 말한 바 불법이 사함을 받고 죄가 가리어짐을 받는 사람들은 복이 있고 주께서 그 죄를 인정하지 아니하실 사람은 복이 있도다 함과 같으니라 (롬 4:1-8)

'예수로 말미암은 구원'에서 가장 중요한 단어는 '예수'입니다. 이는 '나는 예수를 믿는다'는 말에서 '예수'가 가장 강조되어야 하는 것과 맥을 같이 합니다. '믿는다'를 강조하지 않고, '예수'를 강조합니다. '예수로 말미암은 구원'은 '믿음'이라는 방법으로 이루어진다, 그 믿음은 전적인 은혜를 말하는 것이다, 은혜는 조건이나 자격으로 작용하지 않는다, 이에 대한 역사적 증거는 아브라함에게서 그리고 다윗에게서 나온다, 이것이 로마서 4장이 '예수를 믿어 얻는 구원'을 설명하는 일에 우리의 이해를 돕기 위해서 든 역사적 인용입니다. 성경은 다윗이

'은혜의 대표자'로 그의 생애가 조명되어야지, 영웅으로 조명되어서
는 안 된다고 이야기하는 것입니다.

밧세바 사건이 있기 전, 다윗은 종교성과 신앙심에서 가히 영웅다
운 면모를 보여 주었던 사람입니다. 그러나 밧세바 사건으로 인하여
그 앞의 모든 자랑과 영웅성은 찬물을 끼얹은 것처럼 다 사라지고, 그
는 참담한 존재가 되고 맙니다. 우리는 그것이 다윗의 생애에서 발견
되는 유일한 실수 즉 옥에 티 정도라고 이야기하고 싶겠지만, 성경은
다윗이 밧세바 사건 이전에 가졌던 덕목들을 기독교 신앙의 최선이
나 모범으로 여기지 말라고 우리에게 못을 박아 둔 셈입니다. 그러면
영웅성이 사라진, 아무것도 아닌 다윗의 후반기 인생은 어떻게 보아
야 하는가 하는 문제가 남습니다.

다윗의 전반기와 후반기, 이 둘을 극적으로 대조하는 성경의 중요
한 힌트는 이것입니다. 다윗이 여호와의 이름을 의지하여 물맷돌 다
섯 개를 들고 골리앗 앞에 선 모습, 자기를 죽이려고 쫓아다니는 사울
왕을 피해 도망가다가 사울 왕을 죽일 수 있었던 두 번의 기회를 다 사
양한 채 멀리서 "사울 왕이여, 내가 당신을 죽일 수 있었습니다. 그러
나 여호와께서 기름 부으신 자를 죽일 수 없었기에 살려 두었습니다"
라고 외친 멋진 고백, 사울과 요나단의 죽음에 대한 진심 어린 애도
즉, 가장 겨루기 어려운 적이었음에도 하나님 앞에서 사울의 생애를
귀하게 생각하며 진심으로 애도하는 이런 위대한 일들이 '제가 주를
위하여 성전을 짓겠습니다'라고 하는 서원에서 마지막 정점을 찍었는
데, 하나님으로부터 면박을 받는 데에서 이 둘이 극적으로 대조되어
있음을 확인하게 됩니다.

다윗이 하나님을 위해 성전을 지어 드리겠다고 하자, 하나님이 다윗에게 이렇게 면박을 줍니다. "너 까짓 게 내 필요를 채울 수 있다고 생각한단 말이냐? 건방진 놈!" 이 말을 꼭 기억하십시오. "내가 네 도움이나 받으려고 네게 복을 주었다고 생각하느냐? 필요한 것이 있으면 내가 네게 주었지, 네가 내 필요를 채운단 말이냐?" 그런 다음 밧세바 사건이 일어난 것입니다.

그러니 다윗의 생애를 통하여 우리는 다음과 같은 질문을 생각해야 합니다. 다윗이 이루었던, 인간이 가질 수 있었던 최선의 종교 행위와 하나님이 인간에게 만들고자 하신, 소위 예수 안에서 우리를 구원하여 부활 생명과 영생을 약속하신 것은 도대체 어떻게 다른 것이냐, 어떻게 극단적으로 대조되는 것이냐를 물어야 합니다.

화려한 전반기, 초라한 후반기

로마서 6장에 가면, 신자 대부분이 잘 읽어 내지 못하는 구절이 나옵니다. 알 것 같지만 사실 잘 모르는 대목입니다.

우리가 알거니와 우리의 옛 사람이 예수와 함께 십자가에 못 박힌 것은 죄의 몸이 죽어 다시는 우리가 죄에게 종 노릇 하지 아니하려 함이니 이는 죽은 자가 죄에서 벗어나 의롭다 하심을 얻었음이라 만일 우리가 그리스도와 함께 죽었으면 또한 그와 함께 살 줄을 믿노니 이는 그리스도께서 죽은 자 가운데서 살아나셨으매 다시 죽지 아니

하시고 사망이 다시 그를 주장하지 못할 줄을 앎이로라 그가 죽으심
은 죄에 대하여 단번에 죽으심이요 그가 살아 계심은 하나님께 대하
여 살아 계심이니 이와 같이 너희도 너희 자신을 죄에 대하여는 죽
은 자요 그리스도 예수 안에서 하나님께 대하여는 살아 있는 자로
여길지어다 (롬 6:6-11)

이 대조는 그리 어려울 것 없이 쉽게 이해할 수 있습니다. '예수 믿는
자답게 살자. 예수를 믿어 거듭났으니 예수를 모를 때 하던 세상 풍속
을 좇아 죄짓는 삶에서 이제 돌이켜 열심히 신앙생활하자'는 쉬운 이
야기입니다. 그런데 이 대조에는 더 깊은 뜻이 들어 있습니다. 다윗에
게서 보는 바와 같이, 인간의 종교심을 최고의 형태로 드러내는 정성
이나 위협이 신앙생활은 아니다, 세상이 만드는 것과 전혀 다른 것이
있다, 즉 하나님이 만드시는 인간의 영광과 지위와 운명이 있다, 이렇
게 말하는 것이 '예수가 우리를 위하여 죽으시고, 무덤에서 부활하셨
다. 그래서 우리는 세상과 다른 존재다'라는 이야기입니다.

둘을 비교하자면 이렇습니다. 인간이 만들 수 있는 최선의 인생과
운명을, 하나님이 창조 때 목적하신 인간의 정체성, 지위, 운명과 비교
하지 말라, 이는 전혀 다른 것이다, 혼동하지 마라, 둘을 섞지 마라, 이
렇게 둘을 나눠 놓는 것이 밧세바 사건입니다. 예수의 죽음은 우리의
죄를 씻기 위해서요, 우리를 죄의 권세에서 불러내기 위해서입니다. 죄
의 권세에 묶여 있던 우리가 죽음으로써 우리의 존재와 지위가 죄에
서 벗어납니다. 죽었으니까 그렇습니다. 그리고 예수의 부활로 부름
을 받은 부활 생명에 우리의 존재와 지위와 운명이 들어가게 됩니다.

　다윗의 생애도 그렇게 이야기하는 것입니다. 다윗이 행한 앞엣것, 즉 밧세바 사건 이전의 행적은 우리가 보기에도 비난할 필요가 없는, 아니 비난이라는 단어를 사용할 필요가 없는 생애를 산 것 같지만, 이것은 신앙이 아니라고 성경은 말씀하는 것입니다. 신앙 세계에서 만들어지는 것, 즉 하나님이 하시려고 하는 것은 인간이 가진 최선이나 도덕성과 종교성의 최선이 아니라, 그것과 전혀 다른 것, 즉 예수 안에서 만드시는 하나님의 창조와 부활에 속한 영광된 인생이라고 말합니다.

　그런데 이렇게 되기 위해서는 죽음을 맞이해야 합니다. 다윗에게는 그 죽음이 밧세바 사건이었습니다. 자신에게서 생산되는 것은 죽음뿐이라는 것을 이 사건을 통하여 알게 된 것입니다. 그러니까 시편 51편에서 다윗이 한 회개는 이 실수를 용서하고 이 사건을 해결해 달라는 기도가 아니라, 존재론적 회개인 것입니다. '나라는 존재는, 내가 만드는 것으로는 죽음을 극복할 수 없습니다. 즉 사망을 넘어서는 가치인 진리와 생명을 만들 수 없습니다. 그건 하나님만 하실 수 있습니다. 나를 거기서 건져 주십시오'라는 것입니다.

　그런데 우리는 여기서 이 '회개'라는 단어 때문에 도덕성과 종교성에 끝까지 붙들려 다닙니다. 여기서 회개는 존재론적 회개, 정체성과 존재에서의 변화를 의미하는데 말입니다. 그렇다고 다윗이 밧세바 사건과 같은 치명적 사건을 저지르는 바람에 회개한 것은 아닙니다. 밧세바 사건이 다윗의 존재와 본질과 정체와 운명에 대하여 죽음을 직면하게 했듯이, 하나님이 우리 생애에 찾아오실 때는 무슨 문제로든 우리의 죽음을 직면하게 하십니다. 우리는 자신의 죽음에 직면하지 않고는 예수를 만날 수가 없습니다. 예수를 만나면 예외 없이 우리는 자신이 죽었으나, 그 죽음을 극복했다는 것을 알게 됩니다. '나는 예전의 내가 아니고, 이제는 거듭난 나다.' 그런데도 우리는 자꾸 자신을 속입니다. '그러니까 이젠 죄짓지 마라. 신령한 능력을 가져라'라고 다그침으로써, 구원을 받고도 다윗의 밧세바 사건 이전의 생애를 부러워하는 인생을 살고 있는 것이라 할 수 있습니다.

그런데 이런 생각이 대체 뭐가 잘못이냐 하는 생각이 듭니까? 우리는 전반기에서 영웅답다고 평가한 다윗의 생애가 후반기에서 애매모호하고 흐지부지해지는 것을 못 참습니다. 왜 하나님은 이런 식으로 다윗을 대하시는가, 그 휘황찬란했던 전반기의 생애에서 암논이 이복 여동생을 강간한 사건처럼 말도 안 되는 끔찍한 일을 겪게 하시는가, 이 일에 격분한 다윗이 왜 아무 말도 할 수 없게 하시는가, 이 사건에서 다윗이 암논에게 무슨 말을 할 수 있었겠습니까? 자기가 먼저 그런 짓을 저질렀으니 말입니다. 다윗에게 왜 이런 생애를 살게 하셔서 그의 후반기는 아무 할 말 없고, 큰소리도 한번 못치는 생애를 살게 하시는가, 하는 생각이 들 것입니다.

하나님은 우리가 소원하는 큰소리치는 신앙인이 되게 해 주시지 않고, 해야 할 말도 할 수 없는 면목 없는 삶을 살게 하시는가, 하는 대목이 풀리지 않으니까, 끊임없이 밧세바 사건을 다윗의 실수로만 여기는 것입니다. 그래서 다윗이 평생 이 실수를 안고 가야 하는 것으로 이해합니다. 이처럼 과거에 지나간 실수를 회개하고 사는 것이 전부인 것처럼 이야기하는 것은 다윗의 후반기 생애를 전혀 이해하지 못하는 것입니다.

고난으로 일하신다

하나님은 무엇을 하고 계실까요? 가장 중요하게 이것을 하십니다. 우리를 고난 속에 넣으심으로써 우리로 아무 할 말이 없게 하십니다. 우리가 예수를 믿기 때문에 세상에 대고 이렇게 큰소리칠 수 있으면 얼마나 좋겠습니까? '모든 한국 교회 신자가 전부 모여서 하루씩 돌아가며 금식 기도하면 저 북한의 핵이 스스로 녹아 버릴 것입니다.' 이러면 얼마나 시원합니까? 다윗은 실탄 다섯 발을 장전한 권총을 손에 들고 간 것도 아니고, 돌멩이 다섯 개 들고 가서는 '나는 네가 저주하는 만군의 여호와의 이름으로 가노라'라고 한 후에 돌을 던져 골리앗을 쓰러트립니다.

　하나님은 왜 이런 식으로 기적을 베풀어 일하시지 않는가, 왜 이렇게 우리로 망신스럽고 할 말 없는 인생을 살게 하시는가, 사회에서 교회더러 '야, 너희 뭐 하고 있냐? 너희가 기도하면 우리가 이루지 못한 기적이 일어나야 하는데, 왜 너희는 더 한심하게 사느냐?'라고 비난하면, 우리는 위축됩니다. 이런 문제들을 풀어내지 못하니까 실제 삶에서 신앙생활을 잘하지 못하고 있는 것입니다. 여기서 이사야 53장이 하는 이런 선언에 대해서 살펴봅시다.

우리가 전한 것을 누가 믿었느냐 여호와의 팔이 누구에게 나타났느냐 그는 주 앞에서 자라나기를 연한 순 같고 마른 땅에서 나온 뿌리 같아서 고운 모양도 없고 풍채도 없은즉 우리가 보기에 흠모할 만한 아름다운 것이 없도다 그는 멸시를 받아 사람들에게 버림 받았으며 간고를 많이 겪었으며 질고를 아는 자라 마치 사람들이 그에게서 얼굴을 가리는 것 같이 멸시를 당하였고 우리도 그를 귀히 여기지 아니하였도다 (사 53:1-3)

우리는 예수님이 당하신 고난을 모두 다 알고 있습니다. 예수님은 비난받고 외면받고 오해받고 수치를 겪고 배신을 당하고는 죽으십니다. 예수님의 그런 고난은 다 인정하면서 같은 방법으로 우리가 하나님의 자녀로 부름받고 자라난다는 것은 믿지도 않고 원하지도 않습니다. 예수가 왔으나 모두가 다 그를 보고 어떻게 생각했다고 합니까? "그가 무슨 메시아냐. 그가 무슨 하나님이냐. 그가 어떻게 구원을 베푸느냐. 그는 요셉의 아들이 아니냐. 그는 나사렛 사람이요, 그저 평범하기 짝이 없는 사람 아니냐." 이것이 '우리가 전한 것을 누가 믿었느냐. 여호와의 팔이 누구에게 나타났느냐'라는 말씀의 의미입니다.

우리가 세상을 향해 '교회가 기도해서 지금껏 대한민국이 이렇게 보호받고 있습니다'라고 이야기하면, 세상 사람들이 뭐라 그러겠습니까? "야, 그런 웃기는 소리가 어디 있냐? 너 그런 이야기하고 싶으면, 지금 당장 기도해서 내 주머니에 있는 천 원짜리를 만 원짜리로 변하게 해 봐." 그렇게 이야기할 것입니다. 우리가 대단한 능력이나 권력을 가지고 있다고 누가 알아주겠습니까? 어느 날 처음으로 참석해 보는 어떤 목회자 모임에 갔을 때, 이런 인사를 주고받는 것이 재미있었습니다. "목사님은 어디서 목회하세요? 교인들이 얼마나 돼요?"라고 물어 올 때, "아, 저희 교회는 상가에 있습니다"라고 답하면 더 이상 안 물어봅니다. 이 재미를 아시겠죠?

우리라는 존재가 아무것도 아닙니다. 예수가 아무것도 아닌 모양으로 오신 것처럼, 다윗의 후반부 생애가 우리 마음에 안 들듯이 우리가 그런 존재입니다. 그러나 그것이 하나님이 일하시는 방법이었습니다. 결국 예수님은 어떻게 됩니까? 이사야 53장에 가 봅시다. "그는 주 앞에서 자라나기를 연한 순 같고 마른 땅에서 나온 뿌리 같아서 고운 모양도 없고 풍채도 없은즉 우리가 보기에 흠모할 만한 아름다운 것이 없도다 그는 멸시를 받아 사람들에게 버림 받았으며 간고를 많이 겪었으며 질고를 아는 자라 마치 사람들이 그에게서 얼굴을 가리는 것 같이 멸시를 당하였고 우리도 그를 귀히 여기지 아니하였도다"(사 53:2-3). 예수님은 이처럼 고난으로 가득한 생애를 살아오셨습니다.

우리 스스로가 그렇습니다. 우리도 우리 자신을 귀히 여기지 않습니다. 왜 그럴까요? 자기가 봐도 한심하니까 그렇습니다. 뭐 하나 신통한 게 없습니다. 후반기가 전반기보다 못합니다. 그런데 이 후반기가 진지한 데란 말입니다. 여기가 담는 데입니다. 전반부는 내가 날뛰던 데고, 후반부는 하나님이 담으시는 데입니다. 우리는 의아스럽습니다. 왜 이 일이 이렇게 고난을 받고 수치를 당하고 하는 꼭 그런 길로 가야 하는가? 성경은 하나님이 이런 방법으로만 일하신다고 증언합니다.

우리가 잘 아는 요셉을 생각해 봅시다. 요셉은 형들에게 미움을 받아서 애굽으로 팔려 갑니다. 원래는 형들이 요셉을 죽이려고 했습니다. 그런데 죽여 봤자, 고깃값을 받겠어요, 뭐가 남겠어요? 그러니 팔아먹어 버렸습니다. 요셉을 사 간 미디안 상인들이 그를 바로의 친위대장의 집에 종으로 팝니다. 그렇게 팔려 간 곳에서 요셉은 종으로 열심히 삽니다. 충성했는데, 억울하게 무고를 당하여 감옥에 갇힙니다.

이 대목을 성경은 이렇게 표현합니다.

> 그가 한 사람을 앞서 보내셨음이여 요셉이 종으로 팔렸도다 그의 발
> 은 차꼬를 차고 그의 몸은 쇠사슬에 매였으니 곧 여호와의 말씀이
> 응할 때까지라 그의 말씀이 그를 단련하였도다 (시 105:17-19)

요셉이 억울하게 생각했던 시간들이 하나님이 당신의 말씀을 요셉에게 채우시는 중이었다고 합니다. 이것이 어떻게 나타납니까? 그가 바로의 꿈을 해석해 주고 풀려나 총리가 되는데, 요셉이 총리가 된 일을 언급한 성경 말씀에서 확인해 볼 수 있습니다. "그의 뜻대로 모든 신하를 다스리며 그의 지혜로 장로들을 교훈하게 하였도다"(시 105:22). 요셉이 가진 배신감, 억울함, 고통이 그를 무엇으로 만들었습니까? 그로 총리의 실력을 갖추게 하였습니다.

군대에 가면 매일 '선착순 집합'을 시킵니다. '저기 앞에 보이는 창고 벽을 치고 돌아와 선착순 다섯 명!'이라고 하면 다들 뜁니다. 그런데 결국 돌아올 것을 왜 갔다 오게 할까요? 뭘 가져오라는 것도 아닌데 말입니다. 말 그대로 '선착순'입니다. 순전히 순서만 정하면 끝이고, '6등부터는 다시 뛰기'를 시킵니다. 그런데 '선착순 집합' 훈련을 매일 받으면 무엇이 늘게 될까요? 체력이 강해지고, 심폐 기능이 좋아집니다. 이를 악무느라 치아는 좀 흔들거리겠지만, 인내심과 지구력이 몸에 배게 됩니다. 사람이 단단해지고, 실력이 쌓입니다.

하나님이 훈련 속에서 우리를, 우리의 본바탕을, 우리의 심령을, 우리의 성격을, 우리의 정신을 강건하게 하십니다. 마음껏 담을 수 있는

그릇이 되게 하시며, 실제로도 담으십니다. 그것이 성경이 말하는 고난이 하는 일입니다. '그 고난은 예수님이 당하셨습니다. 하나님의 후사가 되기 위해서는, 영광을 받기 위해서는 주님과 함께 고난에 참여해야 한다'고 이야기하는 것은, 하나님이 우리에게 채우시려는 것이 형통이나 평안보다 더 큰 것이기 때문입니다. 그것은 하나님의 지혜이고, 하나님의 능력입니다. 그리고 이 일은 우리 자신에게만 적용되는 것이 아니라, 훨씬 더 큰 목적으로 우리를 부르고 있습니다.

나를 믿는 자는 그보다 큰 일도 하리니

요한복음 14장에 가 봅시다.

빌립이 이르되 주여 아버지를 우리에게 보여 주옵소서 그리하면 족하겠나이다 예수께서 이르시되 빌립아 내가 이렇게 오래 너희와 함께 있으되 네가 나를 알지 못하느냐 나를 본 자는 아버지를 보았거늘 어찌하여 아버지를 보이라 하느냐 내가 아버지 안에 거하고 아버지는 내 안에 계신 것을 네가 믿지 아니하느냐 내가 너희에게 이르는 말은 스스로 하는 것이 아니라 아버지께서 내 안에 계셔서 그의 일을 하시는 것이라 내가 아버지 안에 거하고 아버지께서 내 안에 계심을 믿으라 그렇지 못하겠거든 행하는 그 일로 말미암아 나를 믿으라 내가 진실로 진실로 너희에게 이르노니 나를 믿는 자는 내가 하는 일을 그도 할 것이요 또한 그보다 큰 일도 하리니 이는 내가 아버지

께로 감이라 (요 14:8-12)

주께서 하신 일은 어마어마한 일입니다. 인류와 역사와 우주를 회복하는 일, 곧 구원입니다. 하나님은 우리가 이 일에 참여할 것이라고 하십니다. 예수의 고난이 인류의 운명을 바꾼 것처럼, 우리가 받는 고난은 주께서 하신 일의 연장이라고 합니다. 우리는 예수님이 '내가 하는 일을 그도 할 것이요 또한 그보다 큰 일도 하리니'(요 14:12)라는 말씀대로 더 큰 일을 하게 될 것입니다. 어떻게 그럴 수 있을까요? 예수님은 그때 갈릴리 지역이라는 제한된 장소에 잡혀 계셨지만, 이제 우리는 세계 곳곳에 다 있기 때문입니다. 우리는 더 많은 사람 앞에, 더 큰 나라들 속에서 예수께서 이루신 부활이 만들어 낸 많은 증거를 가지고 일할 수 있게 되었습니다. 어떤 의미에서 보면, 예수님은 자신의 얼굴, 자신의 성격으로 단 한 번 일하셔야 했지만, 우리는 합창하듯이 다양한 화음으로 멋진 공연을 하고 있는 것입니다. 이 말이 우리에게 놀라움으로 다가오는 이유가 무엇일까요? 아까 이야기한 것과 같이, 요셉의 고난은 자신도 미처 상상할 수 없는 자리로 요셉을 보내어 자기와 연결된 모든 사람을 구원하게 합니다. 자기를 팔아먹은 형들을 구원하고 자기를 잡아넣은 애굽을 구원합니다. 세상에 이런 일이 어디 있습니까?

요셉 안에는 보복할 마음이 없습니다. 우리가 가지는 소원에 보복이 들어 있나 안 들어 있나를 생각해 보면, 우리가 가진 소원이 정당한 소원인가 아닌가가 금방 드러납니다. 우리의 기도는 밤낮 이런 것 아닙니까? '생각 없이 살게 해 주시고, 세상 사람들에게 괄시받지 않

고 살게 해 주시옵소서.' 철야 기도를 해도, 금식 기도를 해도 결국은
그 기도입니다. 찬송과 경탄이 우리의 상상을 넘어서는, '과연 하나님
은 내 아버지십니다'라는 그런 항복이 터져 나오는 기도를 우리는 하
지 못합니다. 이런 위대한 인생으로 우리가 부름받았다는 사실을 깨
닫지도, 상상하지도 못하는 것은 우리가 갈 길이 아직 멀다는 뜻입니
다. 그러나 이 말은 반대로 우리의 인생은 기대할 만한 인생이라는 말
도 됩니다. 이사야 53장으로 돌아가면, 이 말씀은 이처럼 놀랍게 이미
예수에게서 증언되어 있었음을 확인해 볼 수 있습니다.

> 그는 실로 우리의 질고를 지고 우리의 슬픔을 당하였거늘 우리는 생
> 각하기를 그는 징벌을 받아 하나님께 맞으며 고난을 당한다 하였노
> 라 그가 찔림은 우리의 허물 때문이요 그가 상함은 우리의 죄악 때
> 문이라 그가 징계를 받으므로 우리는 평화를 누리고 그가 채찍에 맞
> 으므로 우리는 나음을 받았도다 우리는 다 양 같아서 그릇 행하여
> 각기 제 길로 갔거늘 여호와께서는 우리 모두의 죄악을 그에게 담당
> 시키셨도다 (사 53:4-6)

형들은 요셉을 팔아먹는 것으로 자기가 지은 죄의 고통을 요셉에게
다 쌓아 두었습니다. 요셉은 형들의 죄를 짊어진 채 팔려 가고, 사건
의 진상을 잘못 파악한 친위 대장의 오해를 짊어지고 감옥에 들어갑
니다. 감옥에 갇혀서는 지은 죄 하나 없이, 죄인 취급을 받는 고통을
겪게 됩니다. 그렇게 해서 그들을 구원합니다. 그들이 저지른 죄를 우
리가 뒤집어쓰고 사는 것 같은 세상 속에서 하나님은 우리와 우리에

게 못된 짓을 저지르는 자들을 구원하십니다. 예수에게서 그리하신 것처럼 우리 시대에도 그렇게 하십니다. 이것이 명예입니다.

모든 부모에게 최고의 아첨은 무엇일까요? 그들에게서 최고의 호의를 받아 내고 싶으면, 가서 그의 자식을 칭찬하십시오. 바보들은 꼭 이렇게 이야기합니다. "당신 자녀는 당신만 못하군요." 그것은 진짜로 더 잘났고 못났고의 문제가 아닙니다. 모든 부모는 자기 자식이 자신보다 나은 사람이기를 소원하고, 자기보다 나은 사람이 되게 하기 위하여 무슨 희생이든 할 준비가 되어 있습니다. 그 희생 중에는 물론 화를 내는 것도 포함됩니다. 평생 어떤 것에도 화를 내 본 적 없으나, 자식을 위해서는 화를 낼 수 있습니다. 망가질 수 있습니다. 그것이 성경이 우리에게 전하는, 하나님이 자기 아들을 보내어 우리를 구원하신다는 말씀이 무슨 뜻인가에 대해 다윗 생애를 통해 펼쳐 보인 역사적 증언인 것입니다.

밧세바 사건 이후의 다윗은 이제 할 말이 없는 사람으로 죄인처럼 살아가고, 언제나 사람들이 옆에서 째려보는 멸시 속에 살아가게 될 것입니다. 그런데 거기서 그는 하나님이 만드시는 진정한 사람이 되어 갑니다. 겸손을 배우며, 인내를 배우며, 관용을 배우며, 세상이 만들어 낸 어떤 영웅적인 행위보다도 큰 사랑을 배우며, 나중에는 반역한 압살롬까지 사랑하게 됩니다. 그는 자기가 져도 좋고, 자기가 죽어도 좋은 것입니다. 누구를 죽이러 나가지 않고, 큰소리치러 나가지 않고, 자기 자신이 죽을 수도 있는 것입니다. 수치를 당할 수 있게 된 것입니다. 참으로 위대해지는 모습입니다.

지금 우리는 한국 교회와 한국 사회가 어려움을 겪는 현실에 와 있습니다. 그것을 해결해 달라고 기도만 하지 말고, '이런 때에 신자는 무엇을 해야 하는 것인가?'라는 질문에 답을 하십시오. 누군가 '왜 교회는 이렇습니까?'라고 물으면, '미안합니다'라고 말할 수 있어야 합니다. '당신도 예수 믿지?'라고 물으면, '그렇습니다'라고 대답하시고, '어느 교회 다녀?'라고 의심쩍게 물으면 빙그레 웃어 주십시오. 무엇 때문에 같이 핏대를 올릴 필요가 있습니까? 잘난 사람이 잘난 짓을 하는 것으로 모든 문제를 해결하여 상대방을 만족시켜 주지 않습니다. 우리가 이 모든 짐을 지고, 그들의 원망을 감수하고 걸으면, 하나님이 죽음을 열어 부활을 만들어 내실 것입니다. 그러니 기꺼이 명예로운 이 길을 걸으며 이 시대의 임마누엘로 살아가기를 바랍니다.

기도

하나님 아버지, 우리 인생은 정말 위대한 인생이 되었습니다. 우리가 예수를 믿기 때문입니다. 예수님이 '나를 믿는 자는 내가 하는 일을 그도 할 것이요 또한 그보다 큰 일도 하리니'라고 말씀하셨습니다. 그렇습니다. 우리가 기도하고, 우리가 감수하고, 우리가 속을 태워서 주 안에서 이루신 하나님의 기적이 이 나라, 이 민족과 이 시대와 우리 자손들에게 재현될 것을 믿습니다. 그러니 큰소리치고 나가는 것보다 더 큰 믿음과 용기와 실력을 갖추게 하셔서 이 길을 걷게 해 주시옵소서. 한 걸음씩 한 걸음씩 하나님의 자녀가 가는 위대한 길을 걸어가는 우리가 되게 하시고, 그래서 우리 시대가 복을 받고 우리 후손이 큰 빛을 보는 그런 생애가 되게 하여 주시옵소서. 예수님 이름으로 기도합니다. 아멘.

30.
무명의 자리에서도 일하신다

1 스루야의 아들 요압이 왕의 마음이 압살롬에게로 향하는 줄 알고 2 드고아에 사람을 보내 거기서 지혜로운 여인 하나를 데려다가 그에게 이르되 청하건대 너는 상주가 된 것처럼 상복을 입고 기름을 바르지 말고 죽은 사람을 위하여 오래 슬퍼하는 여인 같이 하고 3 왕께 들어가서 그에게 이러이러하게 말하라고 요압이 그의 입에 할 말을 넣어 주니라 4 드고아 여인이 왕께 아뢸 때에 얼굴을 땅에 대고 엎드려 이르되 왕이여 도우소서 하니 5 왕이 그에게 이르되 무슨 일이냐 하니라 대답하되 나는 진정으로 과부니이다 남편은 죽고 6 이 여종에게 아들 둘이 있더니 그들이 들에서 싸우나 그들을 말리는 사람이 아무도 없으므로 한 아이가 다른 아이를 쳐죽인지라 7 온 족속이 일어나서 당신의 여종 나를 핍박하여 말하기를 그의 동생을 쳐죽인 자를 내놓으라 우리가 그의

동생 죽인 죄를 갚아 그를 죽여 상속자 될 것까지 끊겠노라 하오니 그
러한즉 그들이 내게 남아 있는 숯불을 꺼서 내 남편의 이름과 씨를 세
상에 남겨두지 아니하겠나이다 하니 8 왕이 여인에게 이르되 네 집으
로 가라 내가 너를 위하여 명령을 내리리라 하는지라 9 드고아 여인이
왕께 아뢰되 내 주 왕이여 그 죄는 나와 내 아버지의 집으로 돌릴 것이
니 왕과 왕위는 허물이 없으리이다 10 왕이 이르되 누구든지 네게 말하
는 자를 내게로 데려오라 그가 다시는 너를 건드리지도 못하리라 하니
라 11 여인이 이르되 청하건대 왕은 왕의 하나님 여호와를 기억하사 원
수 갚는 자가 더 죽이지 못하게 하옵소서 내 아들을 죽일까 두렵나이다
하니 왕이 이르되 여호와께서 살아 계심을 두고 맹세하노니 네 아들의
머리카락 하나도 땅에 떨어지지 아니하리라 하니라 12 여인이 이르되
청하건대 당신의 여종을 용납하여 한 말씀을 내 주 왕께 여쭙게 하옵소
서 하니 그가 이르되 말하라 하니라 13 여인이 이르되 그러면 어찌하여
왕께서 하나님의 백성에게 대하여 이같은 생각을 하셨나이까 이 말씀
을 하심으로 왕께서 죄 있는 사람 같이 되심은 그 내쫓긴 자를 왕께서
집으로 돌아오게 하지 아니하심이니이다 14 우리는 필경 죽으리니 땅
에 쏟아진 물을 다시 담지 못함 같을 것이오나 하나님은 생명을 빼앗지
아니하시고 방책을 베푸사 내쫓긴 자가 하나님께 버린 자가 되지 아니
하게 하시나이다 15 이제 내가 와서 내 주 왕께 이 말씀을 여쭙는 것은
백성들이 나를 두렵게 하므로 당신의 여종이 스스로 말하기를 내가 왕
께 여쭈오면 혹시 종이 청하는 것을 왕께서 시행하실 것이라 16 왕께서
들으시고 나와 내 아들을 함께 하나님의 기업에서 끊을 자의 손으로부
터 주의 종을 구원하시리라 함이니이다 17 당신의 여종이 또 스스로 말

하기를 내 주 왕의 말씀이 나의 위로가 되기를 원한다 하였사오니 이는
내 주 왕께서 하나님의 사자 같이 선과 악을 분간하심이니이다 원하건
대 왕의 하나님 여호와께서 왕과 같이 계시옵소서 (삼하 14:1-17)

할 말 없는 처지에 놓인 다윗

사무엘서에서 가장 중요하게 다루는 주제는 다윗의 생애입니다. 다윗
의 생애를 전반기와 후반기로 나눌 때, 그 분기점이 되는 사건은 '밧
세바 사건'입니다. 구약 성경에서 아브라함이 '믿음의 조상'으로 등장
한 것과 같이 다윗은 '은혜의 담지자'로 등장합니다. 은혜를 담은 사
람, 은혜가 무엇인지 보여 주는 사람 즉, 은혜의 대표자인 것입니다.
'은혜의 대표자'라는 말에는 다윗이 영웅이거나 신화적 존재이기에
그가 이룬 업적을 기리자는 의미가 들어 있지 않습니다. '은혜'라는
단어에서 알 수 있듯이, 다윗은 '받을 수 없는 것을 받은 사람'을 대표
합니다. 대개 우리는 성경에서 자기가 좋아하는 인물을 택하여 부러
워하고 영웅시하여, 그와 똑같이 되기를 소원하는데, 이것은 신앙의
진보에 종종 장애가 되거나 더 깊고 진정한 내용으로 들어가는 데 방
해가 되곤 합니다.
 다윗의 생애를 대할 때도 그렇습니다. 다윗의 영웅성은 밧세바 사
건 때문에 좀 흠이 갔고, 그래서 이전에 다윗은 영웅적 삶을 살았는
데, 밧세바 사건으로 인해 그의 후반기 인생이 내리막길을 걷는 것처
럼 되었다는 생각은 잘못된 판단입니다. 이런 생각은 '다윗은 은혜의

대표자'라는 말에 연결될 수 없음을 기억해야 합니다. 다윗의 생애에서 중요한 초점은 밧세바 사건 이후에 있는 것입니다. 그는 밧세바 사건으로 인하여 부끄럽고 민망하고 할 말이 없는 처지에 놓입니다. 게다가 그 이전까지 그는 너무나 잘나가는 인생을 살았기에 더더욱 할 말이 없게 되었는지 모릅니다. 성경이 다윗을 통해 하고 싶은 말이 무엇인지 깊이 생각해야 합니다. 성경을 성경이 말하고 싶은 의도대로 읽어 내지 못하면, 엉뚱한 이야기가 되고 맙니다.

다윗을 '은혜의 대표자'라고 했으니 이제 우리는 다윗의 생애에서 그가 얼마나 훌륭한 사람인지를 보여 주는 장면보다 할 말 없는 처지에 놓이게 된 사건들이 어떤 의미를 지니는가, 그의 생애에 은혜가 담긴다는 것은 도대체 무엇인가, 하는 새로운 관점으로 다윗의 후반기 인생을 들여다보아야 합니다. 다윗이 블레셋 백성들 앞에서 큰소리치는 자로, 권력과 정당성과 종교성을 가진 자로 골리앗을 물리쳤을 때는 얼마나 당당했습니까? 만군의 여호와의 이름으로 물맷돌 다섯 개를 들고 가는 영웅, 자기를 죽이려 했던 사울을 용서한 다윗의 관용, 배짱, 믿음, 그리고 성전을 짓겠다는 열심, 이런 덕목들은 얼마나 영웅적입니까? 이런 다윗의 찬란한 성취에 마치 보상이나 된 듯이 하나님이 다윗에게 영원한 왕권을 약속하십니다.

그런 다음 밧세바 사건이 터지는 것입니다. 이 사건으로 다윗의 실체와 그의 실상이 드러납니다. 그가 한 모든 종교적인 행위들이 사실은 그의 진짜 실력이 아니라, 그의 이상이고 소원일 뿐이었음이 드러납니다. 하나님이 다윗의 생애에서 밧세바 사건을 통하여 그에게 깨우치는 것은, 최선을 다하고 지극한 정성을 바치는 것이 기독교가 아

니라는 것입니다. 자신이 누구인가를 깨닫고, 자신이 만들 수 없는
것, 자신이 기대하거나 상상하는 것과 다른 하나님의 뜻을 하나님이
우리 자신에게 채우신다는 것을 보여 주는 것이 다윗의 생애입니다.
그런데 그의 생애가 이렇게 영웅적인 모습으로 나타나지 않는 것은
그것이 우리가 기대하는 것과 달리 우리의 능력을 벗어나 있는 결론
이기 때문에 그렇습니다.

이해되지 않는 십자가의 도

이런 식의 이해는 십자가 사건에서 가장 극명하게 드러나는데, 우리
는 이 문제를 자주 오해합니다. 고린도전서 1장으로 가 봅시다.

> 십자가의 도가 멸망하는 자들에게는 미련한 것이요 구원을 받는 우
> 리에게는 하나님의 능력이라 기록된 바 내가 지혜 있는 자들의 지혜
> 를 멸하고 총명한 자들의 총명을 폐하리라 하였으니 지혜 있는 자가
> 어디 있느냐 선비가 어디 있느냐 이 세대에 변론가가 어디 있느냐 하
> 나님께서 이 세상의 지혜를 미련하게 하신 것이 아니냐 하나님의 지
> 혜에 있어서는 이 세상이 자기 지혜로 하나님을 알지 못하므로 하나
> 님께서 전도의 미련한 것으로 믿는 자들을 구원하시기를 기뻐하셨
> 도다 유대인은 표적을 구하고 헬라인은 지혜를 찾으나 우리는 십자
> 가에 못 박힌 그리스도를 전하니 유대인에게는 거리끼는 것이요 이
> 방인에게는 미련한 것이로되 오직 부르심을 받은 자들에게는 유대인

이나 헬라인이나 그리스도는 하나님의 능력이요 하나님의 지혜니라 하나님의 어리석음이 사람보다 지혜롭고 하나님의 약하심이 사람보다 강하니라 (고전 1:18-25)

십자가란 세상 사람들이 이해할 수 없는 방법입니다. 구원을 얻지 못한, 하나님의 은혜를 입지 못한 사람들이 볼 때, 십자가는 매우 바보 같은 것입니다. 그런데 하나님이 이런 방법을 쓰시는 것은, 십자가가 세상이 알아들을 수 없는 하나님의 방법이기 때문이랍니다. 고린도전서 1장 말씀을 이어서 계속 봅시다.

기록된 바 내가 지혜 있는 자들의 지혜를 멸하고 총명한 자들의 총명을 폐하리라 하였으니 지혜 있는 자가 어디 있느냐 선비가 어디 있느냐 이 세대에 변론가가 어디 있느냐 하나님께서 이 세상의 지혜를 미련하게 하신 것이 아니냐 하나님의 지혜에 있어서는 이 세상이 자기 지혜로 하나님을 알지 못하므로 하나님께서 전도의 미련한 것으로 믿는 자들을 구원하시기를 기뻐하셨도다 (고전 1:19-21)

이 세상에 영웅이 어디 있느냐, 이 세상에 위대함이 어디 있느냐, 하나님이 하려고 하시는 것은 이 세상이 만들 수도 없고 이해할 수도 없는 것이기 때문에 하나님이 세상의 영웅과 전설과 신화를 다 뭉개 버린 것이 아니냐, 그리고 이렇게 십자가로 세운 것이 아니냐, 이런 이유로 다윗은 위대한 영웅이나 전설로 남아서는 안 되는 것입니다. 그렇게 되면 기독교란 다만 인간이 만든 최선의 종교에 불과해집니다.

그래서 성경은 다윗을 뭉개 버림으로써, 그가 이룬 업적, 위엄, 위대함이 아니라 하나님이 담으시려는 것을 가르쳐 담아내게 하려고, 특별히 다윗의 생애를 할 말 없게 만들었다고 한 것입니다. 다윗이 자기 생애에서 모든 것을 다 이루었다고 해도 그것은 인간이 상상한 범위 안에 들어 있는 세계에 불과했다, 인간의 최선에 불과한, 한계에 불과한 것이었다, 세상에서는 그것이 영웅이고 위대한 일일지 몰라도 내가 하려는 일과는 차원이 다르다. 이렇게 되는 것입니다.

세상의 미련한 것들, 약한 것들, 천한 것들, 멸시받는 것들, 없는 것들

고린도전서 1장 말씀을 계속 보겠습니다.

> 형제들아 너희를 부르심을 보라 육체를 따라 지혜로운 자가 많지 아니하며 능한 자가 많지 아니하며 문벌 좋은 자가 많지 아니하도다 그러나 하나님께서 세상의 미련한 것들을 택하사 지혜 있는 자들을 부끄럽게 하려 하시고 세상의 약한 것들을 택하사 강한 것들을 부끄럽게 하려 하시며 하나님께서 세상의 천한 것들과 멸시 받는 것들과 없는 것들을 택하사 있는 것들을 폐하려 하시나니 이는 아무 육체도 하나님 앞에서 자랑하지 못하게 하려 하심이라 (고전 1:26-29)

'자랑하지 못하게 하려 하심'이라는 말은 구원이 우리가 만들어 낼 수 있는 것이 아님을 확인시킨다는 뜻입니다. 그러니 '나는 예수를 믿는

다'는 말에는 하나님이 십자가에서 증언하신 것과 같이, 하나님이 당신의 능력과 사랑과 진정성을 가지고 우리를 하나님의 자녀로, 하나님이 원하시는 승자로 만들겠다, 그렇게 말한 것이 십자가다, 이런 고백이 들어 있는 것입니다. 그런데 우리에게는 '나는 예수를 믿는다'는 말이 '내가 예수를 믿었으므로, 내가 영웅이 되고 전설이 되어 하나님 아버지께 영광을 돌리겠다'는 의미가 되어 버렸습니다. 그래서 어떻게 되었습니까?

우리가 모두 자기 인생을 살지 않습니다. 성경의 위인이라고 알려진 아브라함, 모세, 다윗, 바울을 불러내어 '그들은 얼마나 훌륭한 사람인가. 나도 그런 사람이 되고 싶다. 비록 내가 아직 그런 사람은 못 되었지만, 그런 소원과 진심은 갖고 있다'는 말로 자신의 일상을 포기해 버립니다. 자기가 바울이 아니고, 다윗이 아니고, 아브라함이 아닌 것이 너무 억울한 것입니다.

'예수를 믿는다'는 말이 모든 신자를 다 아브라함으로 만들고, 다윗으로 만들어 내려는 것이 아님을 깨닫지 못해서 그렇습니다. 하나님이 아브라함을 불러내고 다윗을 불러내어 당신이 누구인지를 증언하시며, 우리에게 무엇을 만들려고 하시는가를 역사 속에서 십자가로 증언하여 우리를 부르셨지만, 우리는 자신의 이 모양, 이 꼴, 이 조건이 싫은 것입니다. 이는 십자가를 모르는 것입니다.

그러니까 이런 의미에서 우리가 '나는 예수를 믿는다'라고 하면 이는 다만 다윗이 하나님을 위해 성전을 짓겠다는 열심에 불과한 것입니다. 여기서 다윗이 하나님으로부터 면박을 받은 일을 잘 알 것입니다. "내가 왜 네가 지은 집에 살아야 하냐? 내가 네게 복을 주지, 너 까

짓게 나한테 무슨 도움을 주겠다는 거냐? 건방진 놈!" 다윗이 위대한 영웅이 아니라, 하나님으로부터 은혜가 담긴 사람일 뿐이라는 것을 왜 받아들이지 않습니까?

로마서 4장을 보면, 바울은 구원이 어떻게 은혜에 속하는 것인지를 설명하기 위해 다윗의 말을 인용하여 이렇게 언급합니다. '다윗이 이렇게 고백하지 않았느냐. 불법이 사함을 받고, 죄가 가리어짐을 받은 사람들은 복이 있고 주께서 그 죄를 인정하지 아니하실 사람은 복이 있다고 시편 32편을 언급하여 복을 증언하지 않았느냐.' 하나님이 우리가 한 못난 짓을 용서해 주시는 것은 하나님이 못난 우리에게 은혜를 담으려고 하시기 때문입니다. 우리는 하나님에게 도움이 되고 싶고 우리가 잘한 일에 대해 보상을 받고 싶고 그래서 떳떳해지고 싶은 마음에, 성경이 의도하지도 않은 위인이 되려고 하는 바람에, 자기 인생을 인정하지도 살아 내지도 못하고 늘 영웅 열전에 붙잡혀 살다가 인생을 마치게 됩니다. 그러니 여기 있는 말씀대로 우리가 어떤 존재인가 살펴봅시다. 좀 전에 읽은 고린도전서 말씀을 다시 읽어 봅시다.

형제들아 너희를 부르심을 보라 육체를 따라 지혜로운 자가 많지 아니하며 능한 자가 많지 아니하며 문벌 좋은 자가 많지 아니하도다 그러나 하나님께서 세상의 미련한 것들을 택하사 지혜 있는 자들을 부끄럽게 하려 하시고 세상의 약한 것들을 택하사 강한 것들을 부끄럽게 하려 하시며 하나님께서 세상의 천한 것들과 멸시 받는 것들과 없는 것들을 택하사 있는 것들을 폐하려 하시나니 (고전 1:26-28)

하나님은 지혜 있는 자, 능한 자, 문벌 좋은 자, 강한 자들, 있는 자들이 자기네가 할 수 있는 최선을 다해서 얻을 수 있었던 것을, 하나님이 예수 안에서 인류에게 주시려고 했던 것과 비교해 보라고 하십니다. 그래서 미련한 것들, 약한 것들, 천한 것들, 멸시받는 것들, 없는 것들을 부르십니다. 그러니 성경을 읽을 때, '미련한 것들, 약한 것들, 멸시 받는 것들, 없는 것들'에 밑줄을 쳐 두어야 합니다. 그들이 바로 우리 자신이기 때문입니다. 하나님이 우리를 불러서 하나님이 예수 안에서 담아 주시려고 했던 것이 얼마나 굉장한가를 확인하길 바랍니다.

우리나라 역사를 생각해 보십시오. 우리는 우리나라에 위인 몇 명이 있어서 그나마 이렇게 유지되어 왔다고 생각할 것입니다. 고주몽, 을지문덕, 강감찬, 이순신 말고는 없어서 누구 하나 더 나왔으면 좋았겠다는 생각마저 했을 것입니다. 우리는 성경도 그런 식으로 읽습니다. 아브라함, 모세, 엘리야, 다윗…. 그렇게 드문드문 이어지고, 그 사이사이는 없습니다. 그러면 우리는 아무것도 아니게 됩니다. 한국 교회를 보아도 최권능, 주기철, 한경직, 박윤선…. 그러고는 끝입니다. 그러면 우리는 다 꽝입니다. 그런데 그럴 리가 있겠습니까.

비난과 수치를 감수하고 한 걸음 내딛는 다윗

하나님은 우리 각 사람에게 '나는 예수를 믿습니다'라는 고백을 받아 내신 분인데, 우리가 무엇 때문에 그다음을 못 나가겠습니까? 우리는 여전히 자신이 위인이 되어야 하고, 영웅이 되어야 한다고 착각합니다. 위인과 영웅은 없다고, 하나님이 다윗의 생애 속에서 반전으로 보여 준 것이 구약에 기록된 역사인데, 성경이 다윗을 통해 말하려는 본문은 '밧세바 사건 이전이 아니라 밧세바 사건 이후에 있다'라고 하는데, 우리가 못 알아듣고 있습니다. '네가 부끄러워하고, 네가 아무것도 아니라고 생각하는 그곳에 하나님이 심으신다. 십자가를 세우시고 사망을 뒤집으셨다. 그러니 무엇이 겁나랴.' 이것이 기독교이며, 예수를 믿는다는 고백이 가지는 우리의 운명입니다. 그런데 우리는 다 거부하고 있습니다. 지금도 '설마 그럴 리가'와 같은 불신의 말만 거듭하고 있습니다.

그러니 기독교는 세상 사람들이 이해할 수 없는 것입니다. 우리가 할 수 없는 것을 하게 합니다. '우리가 할 수 없는 것'이라는 말은 최선이나 진심을 부정한다는 뜻이 아닙니다. 인간의 최선이나 진심이 만들어 내는 것과 차원과 내용이 다르다는 의미입니다. 우리는 하나님의 자녀입니다. 거룩하며, 영광되며, 그의 사랑을 받으며, 그를 찬송하는 거룩한 존재가 될 것입니다. 우리 인생이 그런 일을 위하여 부름을 받았고, 그것을 채우기 위하여 허락되어 있습니다.

다윗의 후반기 인생은 부끄러움 속에 있고, 지금 그는 그 누구에게도 할 말이 없는 처지에 놓여 있습니다. 생각해 보십시오. 다윗은 자신이 저지른 밧세바 사건으로 실추된 명예와 민망함 속에서 아들 암논이 벌인 일을 듣습니다. 이복 여동생 다말을 겁간하는 큰 사고를 저지른 것입니다. 다윗은 뭐라고 할 말이 없어서 아무 결정도 내리지 못하고 있습니다. 다말의 친오빠인 압살롬이 앙심을 품고 기다리고 있다가 암논을 죽인 다음 도망갑니다. 여기서도 다윗은 끼어들 수가 없습니다.

이 모든 정황에 대하여 다윗은 발언권이 없습니다. 그 누구보다 자기가 죄인이니 할 말이 없었을 것입니다. 정의를 실현해야 하는데, 정의 구현을 하려면 자기가 먼저 죽어야 합니다. 물론 죽으면 됩니다. 그런데 이상하게 하나님이 그전에 어떤 일을 해 놓으셨냐 하면 '네 왕권은 영원하다'라고 약속해 두어서 다윗은 도망갈 수도 없습니다. 앞에서 잘나간 만큼이나 거꾸로 망신입니다. 평범한 사람이었다면, 신문에 날 일도 없고, 누가 알아보는 일도 없었을 것입니다. 그런데 다윗은 이스라엘 역사상 최고의 성군입니다. 하지만 밧세바 사건으로 그는 할 말 없는 처지에 놓이게 되었습니다. 그는 입이 열 개라도 할 말이 없습니다.

본문 말씀을 보면, 요압이 드고아 여인을 다윗에게 보내어 무슨 말을 하게 합니까? "나는 과부입니다. 남편이 죽고 아들 둘이 있는데, 둘이 싸우다가 형이 동생을 죽였습니다. 그런데 동네 사람들이 살인죄를 저지른 내 큰아들을 죽이겠다며 내놓으랍니다. 둘 다 죽으면 난 꽝입니다. 살려 주십시오. 우리 가문이 대를 이어야 할 것 아닙니까?" 다윗이 들어 보니 맞는 말 같습니다. 그래서 "그래라. 못 죽이게 내가 해 주마"라고 약속합니다.

그러자 여인이 말을 이어 갑니다. "한마디 덧붙이겠습니다. 그런데 왜 왕은 압살롬을 살려 주지 않으십니까?" 다윗이 압살롬을 살려 주게 되면 국법을 어기게 됩니다. 자기만이 아니라, 자기 자식까지 그 가문 전체가 망신을 당하고 있는 형편입니다. 지금 이 상황은 나단

이 와서 '당신이 그 사람이라'라고 했던 책망보다 더 심한 일이 벌어
진 것입니다. 보잘것없어 보이는 어떤 여인이 와서 "왕이시여, 용서를
베풀어야 합니다"에 다윗이 끌려 들어간 것입니다. "골리앗이여! 나
는 네가 저주하는 만군의 여호와의 이름으로 네게 가노라." 이때가 다
윗이 가장 훌륭했던 때가 아니라, 아무 할 말이 없는 자리에서 용서를
위하여 마음을 열고 비난과 수치를 감수하고 한 걸음을 내딛는 이때
의 다윗이 위대한 것입니다.

십자가를 벗어나 있는 일은 없다

얼마 전 호주 오픈 테니스 대회가 열렸습니다. 작년에 페더러가 우승
했는데, 우리는 어쩜 저렇게 멋진 선수가 있을까, 다 감탄하며 환호했
습니다. 하지만 테니스 경기가 인생은 아닙니다. 경기를 마치면 집에
돌아가야 합니다. 집에는 부인과 자식이 있습니다. 거기가 인생입니
다. 사회에서는 자기 일을 하면 그만이지만, 가정은 내 일과 남의 일
이 구별되지 않는 곳입니다. 가정은 조약을 맺을 수도 없고, 가위바위
보를 해서 승패를 가를 수도 없는 곳입니다. 거기야말로 인간을 진정
한 인간으로 만드는 도전과 고민과 갈등과 긴장과 위협이 있는 곳입
니다. 그래서 은혜가 필요한 자리입니다. 그렇게 우리 모두의 조건과
현실이 하나님이 일하시는 자리인 것입니다.

　예수께서 나사렛 목수로, 요셉의 아들로 이 땅에 오셨습니다. 예수
는 '그에게 뭐 볼 게 있느냐'라고 하는 사람들의 무시를 받으며, 시간과

공간에 묶이며, 그중에서도 하층계급이라는 사회적 신분에 붙잡힌 삼십삼 년의 인생을 살아서 온 우주와 인류의 운명을 바꿉니다. 이것이 기독교입니다. 우리 모두에게 주어진 조건과 주변에서 벌어지는 모든 사고와 도전 중에 십자가를 벗어나 있는 것은 없습니다. 배신, 왜곡, 오해, 비난, 눈물, 땀과 피, 연약함, 채찍에 맞음, 그리고 결국 죽어 버리는 것으로 인류가 겪을 수 있는 모든 경우와 범위가 그 안에 담겨 있습니다. 거기서 반전이 일어납니다. 그것이 예수를 믿는다는 뜻입니다. 우리 모두의 현실이자 현장입니다. 이 삶을 살아 내십시오. 거기에 은혜가 담긴다는 것입니다.

사무엘서 설교를 시작하면서 처음부터 이런 제목을 달았습니다. '깊고 푸른 역사'. 인류 역사에 깊고 푸른 시절이 언제 있었을까요? 유명한 정치인, 위대한 영웅이 살았던 때일까요? 아니요. 성경이 하고 싶은 이야기는 한 영혼, 한 영혼, 한 존재, 한 존재, 그 각각의 인생이 하나님이 함께하시고 복 주기를 원하시고 일하시는 역사라고 합니다. 그래서 '깊고 푸른 역사'라고 제목을 지은 것입니다.

어디가 깊고 푸른 역사입니까? 다윗이 지금 겪는 망신, 민망함, 유구무언, 안절부절, 속수무책인 자리, 여기가 하나님이 일하시는 자리입니다. 이것보다 더 낮아질 수는 없습니다. 다윗보다는 우리가 그나마 형편이 좀 나은 것 같습니다. 우리가 당하는 아무것도 아닌 것들이 일을 합니다. 골리앗을 물리치는 것으로 하나님이 일하시지 않습니다. 이후로 골리앗 사건은 성경에서 단 한 번도 다시 인용되지 않는다는 점을 기억하십시오.

이런 이야기를 들으면 성경을 이렇게 멋대로 이해해도 좋은가 하는 생각이 듭니까? 그러면 예를 하나 더 들어 보겠습니다. 바울은 어떤가요? 바울은 사도행전 9장에서 예수 믿는 자들을 잡으려고 살기등등하여 다메섹으로 가다가 예수를 만납니다. 흔히 이 장면을 바울의 회심 사건으로 알고 있는데, 사실 여기서 바울은 회심한 것이 아닙니다. 기도해서 예수를 만난 것이 아닙니다. 그가 예수 믿는 자들을 박해하러 맹렬하게 달려오는 것을 예수님이 막아 한 펀치에 날려 버리신 사건입니다. 바울이 한 방 맞고 나가떨어집니다. "주여, 누구십니까?" "나는 네가 핍박하는 예수다."

이후에 주님은 아나니아라는 사람을 바울에게 보냅니다. "직가라는 거리에 가서 바울에게 안수하여 그 눈을 낫게 하라." "못합니다. 저 놈은 예수 믿는 자들을 잡아 가두고 핍박한 장본인입니다." "그렇지 않다. 그는 내가 택한 나의 종이다. 그가 임금들과 이방인과 이스라엘 자손들에게 복음을 전파할 것이다. 그가 내 이름을 위하여 얼마나 많은 고난을 받아야 할지 그에게 보여 주려고 한다." 이렇게 됩니다.

앞으로 펼쳐질 바울의 생애는 고난의 연속입니다. 그런데 바울은 부름받기 전 자신의 생애를 이렇게 이해했습니다. 디모데전서 1장 12절 이하에 바울이 한 자기 소개가 잘 나와 있습니다. "나는 그때 몰랐다. 아무것도 몰랐다. 그런데 하나님은 나를 준비시키셨고, 나를 하나님의 종으로 세웠다. 왜 그랬느냐? 하나님이 예수 안에 있는 긍휼과 은혜를 증언하기 위해서 가장 못난 자를 불러 세우신 것이다." 그는 무지한 자였고, 이후로 고난이 가득 찬 인생을 살게 됩니다. 이 둘을 어떻게 엮어도 그는 우리가 기대하는 인생을 살 수 없습니다. 거기에는 어떤 영웅성도 위업도 없습니다. 하나는 무지고 하나는 고난입니다. 그것이 바울입니다.

　구약 성경을 대표하는 두 인물은 아브라함과 다윗입니다. 예수 그리스도를 소개하는 계보로 신약을 열었던 첫 구절에 등장한 인물들이지요. "아브라함과 다윗의 자손 예수 그리스도의 계보라"(마 1:1). 아브라함은 누구입니까? 떠돌이 나그네입니다. 다윗은 누구입니까? 죄인입니다. 십자가는 무엇이며, 하나님이 십자가를 세워서 우리에게 확인시켜 주는 것은 무엇입니까? 우리에게 있는 최선을 가지고 만드시는 것이 아니라, 하나님이 가지신 목적을 기어코 이루고야 말겠다는 창조에 대한 하나님의 성실한 책임, 부활로 반전을 이루신 하나님의 권능, 우리를 향해 포기하지 않으시는 사랑, 그것이 신자마다 하는 '나는 예수를 믿습니다. 나는 십자가를 자랑합니다'라는 고백에 묻어 놓은 기적입니다. 이 인생을 살아야 합니다.

　그러니 나단처럼 당당하게 찾아와서 바른말을 해 주고 고함지르는 것이 최고의 자리가 아니라, 아무것도 내세울 것 없던 드고아의 한 여인이 '저의 이런 말을 용서하십시오. 우리 가문을 살려 주십시오. 왕으로서 하셔야 할 일입니다'라고 간청하는 자리가 하나님이 일하시는 최고의 자리일 수 있습니다.

　우리는 아마 매일 이런 사람들을 만날 것입니다. 우리가 나단이 되어 큰소리치는 것이 임무가 아니라, 우리가 만나는 사람들 앞에 그 절망과 회한과 분노를 깨고 희망을, 구원을, 십자가가 가지는 반전을 증언해 내야 합니다. 큰소리칠 것 없습니다. 곁에서 함께 있어 주면서 절망을 어떻게 이기고 살고 있는지 따뜻한 말 한마디 건네 주면 됩니다. 하나님이 우리를 기르시고, 그들을 살리시며, 십자가로 세운 하나님의 구원과 영광을 인류 역사에 남기실 것입니다.

기도

하나님 아버지, 은혜를 감사합니다. 우리 인생이 귀한 것과 하나님이 우리의 모든 조건 속에서 일하신다는 사실을 기억하는 오늘 말씀이 되게 하여 주옵소서. 누구를 부러워하거나 누구에게 자신의 짐을 던져 놓지 말고 내 인생을 주와 함께 걷고, 내 자리를 기적의 자리로 만들어 내는, 각각의 신앙고백이 지니는 기적을 살아 내는 우리 되게 하셔서 우리를 만나는 자가 우리에게서 은혜를, 용서를, 구원을, 자비를, 희망을 보는 복된 인생이 되게 하여 주옵소서. 예수님 이름으로 기도합니다. 아멘.

31.

시므이의 저주를 달게 받는 다윗

5 다윗 왕이 바후림에 이르매 거기서 사울의 친족 한 사람이 나오니 게라의 아들이요 이름은 시므이라 그가 나오면서 계속하여 저주하고 6 또 다윗과 다윗 왕의 모든 신하들을 향하여 돌을 던지니 그 때에 모든 백성과 용사들은 다 왕의 좌우에 있었더라 7 시므이가 저주하는 가운데 이와 같이 말하니라 피를 흘린 자여 사악한 자여 가거라 가거라 8 사울의 족속의 모든 피를 여호와께서 네게로 돌리셨도다 그를 이어서 네가 왕이 되었으나 여호와께서 나라를 네 아들 압살롬의 손에 넘기셨도다 보라 너는 피를 흘린 자이므로 화를 자초하였느니라 하는지라 9 스루야의 아들 아비새가 왕께 여짜오되 이 죽은 개가 어찌 내 주 왕을 저주하리이까 청하건대 내가 건너가서 그의 머리를 베게 하소서 하니 10 왕이 이르되 스루야의 아들들아 내가 너희와 무슨 상관이 있느냐 그

가 저주하는 것은 여호와께서 그에게 다윗을 저주하라 하심이니 네가 어찌 그리하였느냐 할 자가 누구겠느냐 하고 11 또 다윗이 아비새와 모든 신하들에게 이르되 내 몸에서 난 아들도 내 생명을 해하려 하거든 하물며 이 베냐민 사람이랴 여호와께서 그에게 명령하신 것이니 그가 저주하게 버려두라 12 혹시 여호와께서 나의 원통함을 감찰하시리니 오늘 그 저주 때문에 여호와께서 선으로 내게 갚아 주시리라 하고 13 다윗과 그의 추종자들이 길을 갈 때에 시므이는 산비탈로 따라가면서 저주하고 그를 향하여 돌을 던지며 먼지를 날리더라 14 왕과 그와 함께 있는 백성들이 다 피곤하여 한 곳에 이르러 거기서 쉬니라 (삼하 16:5-14)

본문이 담긴 다윗의 후반기 인생

다윗의 인생은 밧세바 사건을 기준으로 그 이전과 이후가 극적으로 대조됩니다. 쉽게 읽으면, '그 훌륭하던 다윗이 밧세바 사건으로 인하여 말년에 곤두박질치는 부끄러운 여생을 보내게 되었다'라고 단정지어 버릴 소지가 있습니다. 그런데 성경은 다윗이 은혜의 대표자라는 사실을 말하고 싶어 합니다. 그러니 밧세바 사건 이후에는 단지 용서에 대해서만 다루고 있는 것이 아니라, 앞에 나온 이야기보다 더 깊은 내용을 담고 있다고 말하고 싶은 것입니다. 그러면 밧세바 사건 이전과 이후는 무엇이 다를까요?

밧세바 사건 이전의 다윗은 우리가 흔히 기대하는 대로 영웅이고 전설입니다. 그러나 성경이 다윗을 통해 하고 싶은 이야기는 오히려 그의 후반부 인생에 있다고 할 수 있습니다. 밧세바 사건을 짓고 난 다윗은 "나는 죄인입니다. 어머니가 죄 중에 나를 잉태하였습니다. 주께서 나에게 쓸 만한 제물이나 공적을 가지고 오라고 하시면, 그래야 죄를 사해 주고 보상해 주겠다고 하시면, 나는 아무것도 들고 갈 것이 없습니다"라고 고백합니다. 그래서 다윗은 '나는 제사를 원치 않고 상한 심령을 원한다'는 하나님의 음성을 듣고 놀란 것입니다. 그렇다면 다윗의 전반기 생애와 후반기 생애가 보이는 이런 대조와 후반기 생애가 지닌 가치가 성경 전체의 사상이며 가르침인지 좀 더 근거를 확보할 필요가 있습니다. 요한복음 21장에 가 봅시다.

> 그들이 조반 먹은 후에 예수께서 시몬 베드로에게 이르시되 요한의 아들 시몬아 네가 이 사람들보다 나를 더 사랑하느냐 하시니 이르되 주님 그러하나이다 내가 주님을 사랑하는 줄 주님께서 아시나이다 이르시되 내 어린 양을 먹이라 하시고 또 두 번째 이르시되 요한의 아들 시몬아 네가 나를 사랑하느냐 하시니 이르되 주님 그러하나이다 내가 주님을 사랑하는 줄 주님께서 아시나이다 이르시되 내 양을 치라 하시고 세 번째 이르시되 요한의 아들 시몬아 네가 나를 사랑하느냐 하시니 주께서 세 번째 네가 나를 사랑하느냐 하시므로 베드로가 근심하여 이르되 주님 모든 것을 아시오매 내가 주님을 사랑하는 줄을 주님께서 아시나이다 예수께서 이르시되 내 양을 먹이라 (요 21 : 15-17)

베드로가 주님을 세 번 부인한 일에 대한 예수님의 세 번에 걸친 회복이 기록되어 있습니다. 이 말씀을 읽고 '베드로의 잘못을 용서하시고 치료하시고 회복하셔서 다시 사도로 쓰시는 예수님'이라고 쉽게 교훈을 얻어 볼 수 있습니다. 그런데 이 장면은 훨씬 더 깊은 의미를 지니고 있습니다. 베드로가 주님을 세 번 부인한 일과 세 번에 걸친 주님의 질문과 권면은 넘어올 수 없는 간극 혹은 장벽을 뛰어넘은 사건인 것입니다. 있을 수 없는 일입니다.

다윗으로 비유하자면, 다윗의 전반부와 후반부를 잇는 하나님의 놀라운 반전과 기적에 관한 증언이라 할 수 있습니다. '네가 나를 사랑하느냐'라는 예수님의 물음에 베드로는 할 말이 없습니다. 이 물음에 대해 베드로가 아무 할 말이 없게 된 것은 그가 너무도 분명히 장담했으나 예수님께 한 약속을 지키지 못했기 때문입니다. '다 주를 버릴지라도 나만은 죽는 자리까지 가겠습니다'라고 장담한 다음, 그 맹세를 저버렸기 때문입니다. 그런 베드로에게 예수님이 찾아와 '네가 나를 사랑하느냐'라고 물으신 것은 다만 베드로를 부끄럽게 하려고 하신 것이 아니라, 베드로가 자신의 실패를 잊지 못하게 못을 박아 놓은 셈입니다. 무슨 실패일까요? 물론 그가 장담한 일이지만, '내가 주를 사랑합니다. 다른 제자들이 다 주를 버릴지라도 나만은 그러지 않겠습니다'라는 약속을 저버린 일을 말합니다. 이제는 베드로가 자신의 실수를 잊을 수 없도록 예수님이 이렇게 못을 박아 둔 것입니다.

사탄아, 내 뒤로 물러가라

그러나 그것이 전부는 아닙니다. 그것보다 깊은 의미가 있습니다. 마태복음 16장으로 가 봅시다.

> 시몬 베드로가 대답하여 이르되 주는 그리스도시요 살아 계신 하
> 나님의 아들이시니이다 예수께서 대답하여 이르시되 바요나 시몬아
> 네가 복이 있도다 이를 네게 알게 한 이는 혈육이 아니요 하늘에 계
> 신 내 아버지시니라 또 내가 네게 이르노니 너는 베드로라 내가 이
> 반석 위에 내 교회를 세우리니 음부의 권세가 이기지 못하리라 내가
> 천국 열쇠를 네게 주리니 네가 땅에서 무엇이든지 매면 하늘에서도
> 매일 것이요 네가 땅에서 무엇이든지 풀면 하늘에서도 풀리리라 하
> 시고 이에 제자들에게 경고하사 자기가 그리스도인 것을 아무에게
> 도 이르지 말라 하시니라 이 때로부터 예수 그리스도께서 자기가 예
> 루살렘에 올라가 장로들과 대제사장들과 서기관들에게 많은 고난을
> 받고 죽임을 당하고 제삼일에 살아나야 할 것을 제자들에게 비로소
> 나타내시니 베드로가 예수를 붙들고 항변하여 이르되 주여 그리 마
> 옵소서 이 일이 결코 주께 미치지 아니하리이다 예수께서 돌이키시
> 며 베드로에게 이르시되 사탄아 내 뒤로 물러 가라 너는 나를 넘어
> 지게 하는 자로다 네가 하나님의 일을 생각하지 아니하고 도리어 사
> 람의 일을 생각하는도다 하시고 (마 16:16-23)

이 말씀은 충성을 약속했으나 실패한 베드로, 그리고 이후에 그의 실
패를 회복해 주시는 예수님, 이렇게 간단히 정리해 볼 수 있는 문제가
아닙니다. 이 사건에서 베드로는 단지 충성과 책임을 다하는 일에서
실패한 것이 아닙니다. 그때 베드로가 보인 충성은 사탄의 일이었다

는 것입니다. '사탄아, 물러가라'라는 말씀은 공생애를 시작하신 예수님이 광야에서 시험을 받으실 때 사탄을 물리치시면서 이미 하신 말씀입니다. '만일 내게 엎드려 경배하면 이 모든 것을 네게 주리라'는 사탄의 시험에 이 말씀으로 응하신 것입니다.

그런데 마태복음 16장에 나온 베드로의 충성, 헌신, 각오가 담긴 고백이 왜 '사탄아, 물러가라'라는 질타를 불러왔느냐 하는 것입니다. 또 이런 일들을 다 겪으신 예수님이 새삼스럽게 베드로를 찾아오셔서 '네가 나를 사랑하느냐'라고 세 번이나 물으시느냐 말입니다. 예수님의 질문과 베드로의 대답은 앞에서 이야기했던 '사탄아, 물러가라'를 넘어온 대화입니다. 그리고 그때 베드로에게 '사탄아, 내 뒤로 물러가라'라고 꾸짖으셨던 예수께서 지금은 그때 그 사건을 배경으로 한 채 베드로에게 던지는 질문인 것입니다. 따라서 예수님이 하신 '네가 나를 사랑하느냐'라는 질문에는 '너 그때 내가 네게 '사탄아, 내 뒤로 물러가라'라고 꾸짖었던 것이 무슨 말인지 이젠 알겠지?'라는 의미가 들어 있는 것입니다.

이 둘 사이에 무엇이 있었습니까? 예수의 죽음과 부활이 있었습니다. 베드로는 최선을 다하여 주를 따르려던 충성스러운 제자였습니다. 그런데 그가 왜 사탄으로 불려야 했습니까? 그의 충성과 헌신이 왜 사탄으로 불렸습니까? 인간이 자기가 가진 최선으로 하나님의 사역에 도움이 된다고 여김으로써 자기 할 일 다했다고 생각하는 것, 그렇게 완성되는 세계의 질서와 가치를 예수님은 '사탄'이라고 부른 것입니다. 하나님이 창조하신 세상과 하나님의 형상으로 지음 받은 인간에게 목적하신 질서, 가치, 운명은 인간의 그런 최선과 능력의 극대치가 아니라는 말씀입니다. "네가 할 수 있는 최선을 바치는 것, 그런 제사를 내가 원하는 것이 아니다. 너는 상한 심령으로 나오너라. 네가 만들 수 없는 것을 내가 주겠다. 이것을 믿고 따라와라."

그러려면 무엇이 있어야 합니까? 자기가 만든 것의 실상을 깨닫는 일이 있어야 합니다. 도덕성, 능력, 신의, 이런 것들이 그 자체로 잘못이라는 이야기가 아닙니다. 그런데 그것으로 만족할 수 없는 인간 존재의 정체성과 운명에 대한 갈증, 그것을 깨닫게 하려고 하나님이 우리로 이런 실패와 해결할 수 없는 사건들을 주십니다. 이것이 베드로에게는 예수님을 세 번 부인한 사건이요, 다윗에게는 밧세바 사건이었던 것입니다.

그런데 이런 사건들이 그 자체로 목적이 아니라면, 그다음에는 무엇이 있는지 찾아보아야 합니다. 예수님이 베드로에게 다시 '네가 나를 사랑하느냐'라고 물었을 때, 베드로의 대답은 이러했습니다. "네. 그렇습니다. 주님, 제가 주를 사랑합니다." 이 대답은 무슨 의미였을까요? "주님, 제가 할 수 있는 건 여기까지입니다. 이게 제 최선입니다. 제 신앙에서 이게 전부라면 저는 무너질 수밖에 없고, 헛될 수밖에 없다는 걸 깨달았습니다. 부활하신 주께서 이제 다시 물으시니 이제 제 것을 내어놓겠습니다. 주께서 사망을 깨트리고 찾아오셨으니 제 실패까지 극복하여 이것을 회복하시고, 제대로 영광으로 끌고 가 완성하실 것을 믿습니다." 이렇게 이야기하는 것입니다.

기독교란 무엇인가

이런 이야기를 들으면 '도대체 기독교란 무엇인가?' 하는 생각이 새삼
스레 들어야 맞습니다. 우리가 알고 있는 기독교는 무엇이며, 예수의
부활은 무엇입니까? 사실상 끊임없이 우리는 다윗이 골리앗을 물리
친 그의 전반부 인생, 예수님을 세 번 부인하기 이전의 충성스러운 베
드로에만 초점을 맞춘 채, 주 앞에 빌고 빌어서 즉 초월의 힘으로 더
위대해진 다윗, 더 충성스러운 베드로를 만들고 싶어 할 뿐, 이런 가르
침이 기독교의 본질과는 전혀 다르다는 사실, 오히려 기독교와 충돌
한다는 사실은 전혀 모릅니다. 예수께서 베드로의 고백을 다시 요구
하신 다음, 이렇게 불러내십니다. 요한복음 21장으로 돌아가 봅시다.

> 내가 진실로 진실로 네게 이르노니 네가 젊어서는 스스로 띠 띠고
> 원하는 곳으로 다녔거니와 늙어서는 네 팔을 벌리리니 남이 네게 띠
> 띠우고 원하지 아니하는 곳으로 데려가리라 (요 21 : 18)

다윗의 전반부 인생과 예수를 부인하기 이전의 베드로가 살아 온 인생
은 자신의 최선을 다한 시절이었습니다. '그때는 내 의지, 의욕, 기대가
있었다. 그러나 실패했다'로 고백할 수 있는 시간이었던 것입니다. 그
런데 이 실패와 예수로 말미암은 부활의 권능 속에서 예수님이 베드로
에게 주시는 약속은 이것입니다. '이제는 내가 너를 끌고 갈 것이고, 너
는 따라와야 한다. 그 길은 네가 원치 않는 길이 될 것이다.' 그런데 우
리는 이 약속을 '그러니 겸손해야 한다. 인내해야 한다'라고 결론을 삼

고 마는데, 그렇게 되면, 이 둘이 다르다는 것을 자꾸 놓치게 됩니다. 이 구절을 '누구는 자랑하면서 주의 일을 하고, 누구는 인내하면서 겸손히 한다'는 식으로 비교하는 데에 적용하지 마십시오. 이는 근본적으로 다른 문제입니다. 이해할 수가 없습니다. 우리는 주님께 계속 끌려다닐 것입니다. 그래서 끝이 어떻게 됩니까? '너 죽는다'가 됩니다.

신앙 현실에서 우리가 겪는 문제가 고스란히 여기에 담겨 있습니다. 더 좋은 조건을 바라는 우리의 기대와 소원을 하나님이 받아 주시지 않아 이렇게 별 볼일 없이 살게 된 것이 우리는 너무나 억울합니다. 그래서 끊임없이 누군가를 불러냅니다. 아브라함을, 모세를, 다윗을 계속 불러냅니다. '내게는 소원이 있고, 그들처럼 그렇게 살고 싶은 헌신이 있다. 아브라함은 훌륭한 사람이다. 내가 비록 아브라함만 못하지만, 아브라함을 흠모한다고 말하면 나도 훌륭한 사람으로 보이겠지'라고 해서까지 메꾸어야 하는 우리 마음속에 있는 죄책감과 원망에 대해 성경은 그렇지 않다고 말씀하는 것입니다.

그러니 하나님의 영광을 드러낸다는 명분을 들어 영웅이 될 필요는 없습니다. 하나님의 목적은 당신의 영광이 당신의 자녀들의 영광으로 드러나기를 요구하십니다. 몇 명 안 되는 위인들을 앞세워 자신의 삶을 소홀히 여기지 말고, 그들을 다 내치고 각자가 위대한 존재로 당당히 서십시오. 어떻게 살아야 합니까? 나답게 사십시오. 왜 자기 자신으로 살지 않고, 다른 사람의 삶을 살려고 합니까? 왜 유명한 사람으로, 영웅으로 기억되기만을 원하는 것입니까?

자신의 조건과 환경과 한계 속에서 하나님의 사람으로 요구되는 충만한 사랑을 가지고 이웃과 사랑하면서 짐을 나누십시오. 우리가 감당

해야 하는 책임의 한계 속에서 성실과 충성과 넉넉함을 가지고 살아
내십시오. 아무것도 아닌 것 같은 길을 성실하게 걸어 나가십시오. 베
드로가 실제로는 아무것도 아닌 삶을 살았고, 다윗의 후반부 인생 역
시 보잘것없는 인생이었습니다. 그런데 성경이 그렇게 해서 열어 놓
은 길을 왜 우리는 부정하며 그대로 살지 않는 것일까요? 예수님이
가난한 자와 죄인들을 위해서 오셨다고 하는데, 왜 굳이 나는 그들에
포함되지 않는다고 우기고 있을까요? 또 그러면서 하나님을 원망하
고 있을까요? 왜 내가 처한 자리를 아무것도 아니라고 생각할까요?

　주께서 우리를 위하여 죽고 우리를 위하여 부활하사 베드로 앞에
나타나 그에게 물으셨듯이, 우리에게도 물으십니다. "네가 나를 사랑
하느냐?" 우리는 대답합니다. "네, 그렇습니다. 주님." 우리의 이런 대
답을 들으면 주님은 아마 이렇게 물어볼 것입니다. "그런데 뭐가 불
만이냐?" "주께서 제 진심을 아시지 않습니까? 그런데 제 삶은 늘 이
게 뭡니까? 매일 이렇게 아무것도 아닌 일에 묶여서 밥하고, 빨래하
고, 애나 보고, 언제 교회에 나가서 예배 한번 제대로 드릴 수도 없는
삶입니다." 주님이 답하십니다. "얘야, 그게 십자가의 비밀이 아니냐?
십자가에 무슨 멋있는 데가 있더냐? 모두가 오해하고, 손가락질하고,
배신하고, 비난하는 가운데 죽어 버리는 것이 십자가 아니냐? 거기다
내가 부활을 담았는데, 왜 너는 네 인생이 아무것도 아니라고 생각하
느냐?" 여기를 건너와야 합니다.

　우리의 생애가 위대하다는 사실을 왜 모릅니까? 우리가 생각하는
위대한 생애란 어떠해야 한다는 것입니까? 우리는 골리앗을 물리치
고 성전을 짓겠다고 해야 위대하다고 생각합니다. 그러나 하나님은

성전을 짓겠다던 다윗에게 면박을 줍니다. 골리앗을 물리치고, 사울을 살려 주고, 이제 성전까지 짓겠다고 하자, 하나님이 뭐라고 하셨습니까? "왜 네가 내 집을 짓냐? 내가 네 집을 지어 주는 것이지, 내가 하나님이고 네가 내 자식인데, 너 혼나 볼래?" 그리고 밧세바 사건이 일어납니다. 순서가 그렇습니다. 이 순서를 잊지 마십시오.

하나님 저주하신 거라면 달게 받겠다

기독교 신앙이 다만 의지의 문제, 최선과 정성과 진심을 다해야 하는 문제, 윤리와 명분의 문제라고 생각하는 데에서 여기까지 들어오는 데 너무 오래 걸렸습니다. 이것이 우리의 현실입니다. 현실이 아무것도 아닌 길로 붙잡혀 가고 있습니다.

다윗의 후반기가 그렇습니다. 압살롬이 반역을 일으키자 다윗이 울면서 피난길을 지나가고 있는데, 시므이가 나와서 저주를 마구 퍼붓습니다. 이 장면을 본 스루야의 아들 아비새가 말합니다. "저 죽은 개 같은 놈이 짖어 대는데, 제가 가서 저놈의 목을 따서 오겠습니다." 그러자 다윗이 "스루야의 아들들아, 너희가 나와 무슨 상관이 있느냐. 하나님이 나를 저주하셨도다. 가만히 있어라"라고 하며 아비새를 말립니다. 여기가 위대한 길입니다. 우리가 지금 걷는 길이죠.

세상이 교회를 향해 무엇이라 말합니까? '너희 기독교가 잘난 게 뭐 있냐? 그게 왜 기독교냐? 개독교지'라고 하면, 우리는 바로 '주님, 제가 저 새끼 목을 따 올까요?'라며 흥분합니다. "스루야의 아들들아,

너희가 나와 무슨 상관있느냐? 하나님이 저들로 하여금 나를 저주하라고 하셨다는데, 내가 그 욕을 먹어야지." 이것이 우리의 현실입니다. 이 짐을, 이 수치를, 이 고통을 살아 내야 합니다. 이것이 부활하신 주님이 베드로에게 주시는 약속이요, 영광의 길입니다. 이는 물론 베드로에게서 가장 극명하게 잘 드러나지만, 바울에게서도 똑같이 나타납니다. 사도행전 9장에 가 봅시다.

> 그 때에 다메섹에 아나니아라 하는 제자가 있더니 주께서 환상 중에 불러 이르시되 아나니아야 하시거늘 대답하되 주여 내가 여기 있나이다 하니 주께서 이르시되 일어나 직가라 하는 거리로 가서 유다의 집에서 다소 사람 사울이라 하는 사람을 찾으라 그가 기도하는 중이니라 그가 아나니아라 하는 사람이 들어와서 자기에게 안수하여 다시 보게 하는 것을 보았느니라 하시거늘 아나니아가 대답하되 주여 이 사람에 대하여 내가 여러 사람에게 듣사온즉 그가 예루살렘에서 주의 성도에게 적지 않은 해를 끼쳤다 하더니 여기서도 주의 이름을 부르는 모든 사람을 결박할 권한을 대제사장들에게서 받았나이다 하거늘 주께서 이르시되 가라 이 사람은 내 이름을 이방인과 임금들과 이스라엘 자손들에게 전하기 위하여 택한 나의 그릇이라 그가 내 이름을 위하여 얼마나 고난을 받아야 할 것을 내가 그에게 보이리라 하시니 (행 9:10-16)

바울은 자기가 하는 일이 얼마나 정당하며 얼마나 분명한 일인지 확신에 차서 살기가 등등한 채로 예수 믿는 자들을 잡아들이기 위해 다메섹에 가던 중이었습니다. 하나님이 거기서부터 바울을 붙들어 내자 바울이 '주여, 뉘시오니까?' 하고 묻습니다. '나는 네가 핍박하는 예수라'로 이뤄진 반전이 그를 무엇으로 세웁니까? 이방과 이스라엘 자손과 임금들 앞에 복음의 증인으로 서는 대사도로 세워집니다.

그런데 주님은 바울의 이 모든 길이 고난으로, 환난이라는 방법으로 이루어질 것이라고 말씀합니다. 우리가 아는 대로 바울은 죄수가 되어 붙잡혀 간 법정에 서서 이 일을 하게 됩니다. 모두가 그를 정신 나간 사람이라고 말하는 그런 처지와 조건 속에서 그는 하나님의 영광을 증언합니다. 하나님이 하시는 일입니다. 우리는 여기를 잘 모릅니다. 그때 바울은 그들에게 자기가 하는 일이 얼마나 큰일인지, 보이는 것으로는 확인시켜 줄 방법이 없었을 것입니다. 그리고 그의 이전 생애는 아무것도 아니었을 수 있습니다. 그러나 그는 이제 알고 있는 것입니다.

이 길이 하나님이 좋아하시고 기뻐하시는 하나님의 방법입니다. 그것이 손해가 아니랍니다. 그것이 하나님의 능력이랍니다. 우리 모두의 현실입니다. 그런데 우리는 무엇을 원하는 것입니까? 하나님이 모든 기적과 권능을 보잘것없는 우리 인생 속에 담으시겠다는데, 우리는 자꾸 무엇을 원하는 것입니까? 우리는 눈에 보이는 보상과 확인을 필요로 합니다. 그런데 기독교는 우리가 알고 있던 종교, 우리가 알고 있는 존재와 인생의 가치에서 예수로 말미암아 완전히 반전을 이룹니다. '인간이란 어떤 존재인가. 인생은 어떤 가치를 담은 것이냐. 인간이라는 존재의 운명은 무엇인가'에 대하여 성경은 다른 약속을 하는 것입니다. 그 길을 걸어와야 합니다. 고린도후서 12장에 가면 사도 바울의 이런 자기 고백이 나옵니다.

여러 계시를 받은 것이 지극히 크므로 너무 자만하지 않게 하시려고
내 육체에 가시 곧 사탄의 사자를 주셨으니 이는 나를 쳐서 너무 자
만하지 않게 하려 하심이라 이것이 내게서 떠나가게 하기 위하여 내
가 세 번 주께 간구하였더니 나에게 이르시기를 내 은혜가 네게 족
하도다 이는 내 능력이 약한 데서 온전하여짐이라 하신지라 그러므
로 도리어 크게 기뻐함으로 나의 여러 약한 것들에 대하여 자랑하리
니 이는 그리스도의 능력이 내게 머물게 하려 함이라 그러므로 내가
그리스도를 위하여 약한 것들과 능욕과 궁핍과 박해와 곤고를 기뻐
하노니 이는 내가 약한 그 때에 강함이라 (고후 12:7-10)

이런 역설이 기독교에 있습니다. 이것이 역설인 이유는 우리가 아는
법칙과 가치가 완전히 뒤집어지기 때문입니다. 여기를 건너오지 못하
면 우리의 헌신, 우리의 기도, 우리의 소원은 계속 '사탄아, 내 뒤로 물
러가라'는 꾸중을 불러오게 될 것입니다. 끔찍하지 않습니까? 충성을
바쳤는데, 사탄이 되는 것입니다. 그 반대가 되어야 하는데 말입니다.

　사도 바울의 육체에 사탄의 가시가 있었다는데, 우리는 그것이 어
떤 것인지 정확히 알지 못합니다. 학자들은 어떤 질병이었을 것이라
고 추측하는데, 그 추측 중에 가장 설득력이 있는 병명이 간질입니다.
복음을 잘 전하고 돌아서서는 뒤집어져 게거품을 뿜고 버둥거리면,
사람들에게 무슨 은혜가 됐겠습니까? 그래서 바울은 자신을 위해서
가 아니라 복음을 위하여 이 가시를 빼 달라고 기도합니다. 그런데 주
님이 이렇게 답하십니다. "내 은혜가 네게 족하도다."

　우리가 지금 품고 있는 모든 불만이 담긴 각자의 삶에 하나님의 은

혜가 족하게 담겨 있다고 합니다. 하나님은 묻습니다. "너 거기서 어떻게 살래?" 무엇을 가져서 우리 마음에 만족스러운 일을 하려고 들지 말고, 우리가 가진 한계와 조건 속에서 어떻게 할 것인지 묻고 있습니다. 여기서 바울은 이렇게 고백합니다. "그러므로 나는 내 약한 것들을 자랑하리라. 이는 내가 약할 그때에 곧 강함이라."

그러니 이제 우리는 가지 못할 데가 없고, 감수하지 못할 현실이 없습니다. 아무렇게 살아도 된다거나 게으름이나 무책임을 이야기고 있지 않다는 것쯤은 이제 알 것입니다. 우리가 할 수 있는 것을 지금의 조건과 우리의 능력 내에서 다하고 살면, 하나님이 우리 생애에 우리 자신과 우리와 만나는 이웃들 앞에 그의 영광을 드러내실 것입니다. 그것이 다윗의 생애이며 베드로와 바울의 생애이자 고백입니다. 위대한 이들만이 가졌던 것이 아니라, 우리 역시 그렇다고 우리더러 깨달으라고 증언해 주신 역사입니다. 이 기적을 사는 복된 신자의 인생이 되길 바랍니다.

기도

하나님 아버지, 은혜를 감사합니다. 우리의 존재와 인생이 귀하다는 것을 확인하고 하나님이 예수 그리스도와 십자가로 부르시고 붙드시고 동행하시는 우리의 존재요, 인생이요, 일상인 것을 기억하게 하셨으니 자랑하며 충성하며 기뻐하며 감사하며 살겠습니다. 붙들어 승리케 하여 주시옵소서. 예수님 이름으로 기도합니다. 아멘.

32.
다른 세상의 문을 연 다윗

---

21 아히도벨이 압살롬에게 이르되 왕의 아버지가 남겨 두어 왕궁을 지키게 한 후궁들과 더불어 동침하소서 그리하면 왕께서 왕의 아버지가 미워하는 바 됨을 온 이스라엘이 들으리니 왕과 함께 있는 모든 사람의 힘이 더욱 강하여지리이다 하니라 22 이에 사람들이 압살롬을 위하여 옥상에 장막을 치니 압살롬이 온 이스라엘 무리의 눈앞에서 그 아버지의 후궁들과 더불어 동침하니라 23 그 때에 아히도벨이 베푸는 계략은 사람이 하나님께 물어서 받은 말씀과 같은 것이라 아히도벨의 모든 계략은 다윗에게나 압살롬에게나 그와 같이 여겨졌더라 17:1 아히도벨이 또 압살롬에게 이르되 이제 내가 사람 만 이천 명을 택하게 하소서 오늘 밤에 내가 일어나서 다윗의 뒤를 추적하여 2 그가 곤하고 힘이 빠졌을 때에 기습하여 그를 무섭게 하면 그와 함께 있는 모든 백성이 도망

하리니 내가 다윗 왕만 쳐죽이고 3 모든 백성이 당신께 돌아오게 하리
니 모든 사람이 돌아오기는 왕이 찾는 이 사람에게 달렸음이라 그리하
면 모든 백성이 평안하리이다 하니 4 압살롬과 이스라엘 장로들이 다
그 말을 옳게 여기더라 (삼하 16:21-17:4)

가장 수치스러운 자리에 이른 다윗

본문 말씀을 보면, 다윗은 그의 생애에서 아주 중요한 시기에 도달했
음을 알 수 있습니다. 다윗은 밧세바 사건을 기점으로 전반기와 후반
기가 대조되는 인생을 살아왔다고 여러 번 말씀드렸습니다. 우리가
다윗에 대해 곧잘 오해하는 대목은 이것입니다. '그는 평생 잘해 왔는
데, 단 한 번의 잘못 즉 밧세바 사건 때문에 어둡고 실망스러운 말년
을 맞이하게 되었다.' 그러나 이렇게 이야기하는 것은 로마서 4장에
서 다윗을 은혜의 대표자로 세워 인용한 말씀과 맞지 않습니다. 은혜
가 무엇인지를 잘 보여 주는 것은 다윗의 전반기 인생이라기보다 후
반기 인생입니다.

한편, '은혜의 대표자 다윗'이라는 말을 들으면, 우리는 다윗이 밧
세바 사건에 대해 용서받은 것을 은혜를 받은 일이라고 바로 떠올릴
것입니다. 그러나 은혜는 잘못한 일을 없던 것으로 해 주는 정도가 아
닙니다. 은혜는 할 수 없었던 것을 하게 하는 것입니다. 우리는 이 문
제를, 밧세바 사건을 기준으로 해서 다윗에게 일어난 어떤 변화 즉 그
이전의 것과 다른 무엇이 생겼는가 하는 관점으로 확인해야 합니다.

본문 말씀을 보면 다윗의 아들 압살롬이 반란을 일으킵니다. 그리고 이 반란에는 중요한 책사가 붙어 힘을 더하는데, 그는 아히도벨이라는 인물입니다. 다윗의 책사이기도 했던 그는 이번에는 압살롬에게 붙어 반란에 성공하기 위해서는 아버지인 다윗의 후궁들과 대낮에 동침할 것을 권합니다. 다윗은 이 반란을 눈치채지 못했기 때문에 준비가 없이 피난을 갔고, 미처 다 데려가지 못한 후궁들이 아직 궁에 남아 있었는데, 압살롬이 그들을 범함으로써 그가 아버지보다 더 큰 권력과 지위에 있다는 것을 모든 백성에게 보이라는 것입니다.

그런데 이 일은 그 이면에 상당히 복잡한 내용을 담고 있습니다. 아히도벨이란 사람이 누군가 하면, 바로 밧세바의 할아버지입니다. 그러니까 사실 아히도벨은 지금 압살롬을 돕고 있다기보다 압살롬의 반란을 이용하여 자신의 원한을 갚고 있습니다. 다윗 때문에 밧세바와 그 집안이 박살이 났기 때문입니다. 그래서 아히도벨은 압살롬의 반란을 통하여 다윗을 저주하고 그를 파멸로 밀고 있는 것입니다.

다윗은 피난을 가고, 자기를 저주하는 시므이에게 분노하지 않으며, 그리고 마지막에 압살롬과 싸울 때에도 자기 휘하에 있는 장수들에게 압살롬을 죽이지 말 것을 부탁합니다. 이후에 압살롬이 죽었다는 보고를 받자, 다윗은 진심으로 슬퍼합니다. 압살롬의 반란을 통하여 아히도벨이 저지른 이 사건은, 전에 나단 선지자가 선포했던 예언과 맞아떨어집니다. 나단은 밧세바 사건을 저지른 다윗에게 찾아가 하나님이 하신 말씀을 이렇게 전달합니다. '너는 은밀히 행하였으나 나는 온 이스라엘 앞에서 백주에 이 일을 행하리라'(삼하 12:12).

다윗은 나단의 지적을 받은 후, 시편 51편에서 본 바와 같이 회개

하는데, 이 회개는 단지 도덕적이고 개별적인 회개를 넘어선 존재론
적 회개입니다. 하나님이 다윗을 받아 주시면서 그의 입술에 주신 회
개와 구원에 관한 놀라운 고백은 이것입니다. '하나님은 제사를 원치
않으신다. 하나님이 원하시는 제사는 상한 심령이다.' 그래서 다윗이
범한 밧세바 사건은 이후에 하나님에게 용서받고, 다윗의 왕권도 유
지됩니다. 성경은 다윗이 벌을 받아야 할 필요성을 더 이상 고집하지
않는 것 같습니다.

　그러나 본문 말씀에서 보듯, 전에 나단 선지자가 한 예언이 현실에
서 그대로 펼쳐집니다. 밧세바 사건이 다윗을 벼랑으로 몰고 가고, 그
를 가장 수치스러운 자리로 이끌 것이라는 예언이 이렇게 현실로 나
타난 것입니다. 이것이 암시하는 바는 무엇일까요? 죄를 지으면 죄는
늘 우리를 파멸로 이끄는데, 죄란 본래 파멸을 만들 뿐만 아니라 파멸
로 이끄는 일을 확대합니다. 그 범위를 점점 더 크게 확대합니다. 앞
에 있었던 죄가 그 뒤의 죄를 더 대담하게 만들고, 앞에 있었던 실패
가 그 뒤의 실패를 더 치명적으로 만든다는 예언입니다.

못난 자들을 용서하는 자리로 들어간 다윗

압살롬이 반란을 일으킨 데에는 여러 가지 이유가 있었을 것입니다.
아버지에 대한 분노가 있는데다가, 마침 신하들 중 밧세바 사건 때문
에 다윗에게 실망한 사람들이 있어서 반란까지 가능했던 것으로 보
입니다. 그런데 압살롬의 반란은 결국 권력을 얻기 위한 싸움 말고는

아무것도 아니었다는 것이 분명해집니다. 그리고 그 일은 아히도벨에 의하여 더 대담한 반란, 더 치명적인 파멸, 더 살벌한 복수라는 국면으로 압살롬도 몰리고 다윗도 몰립니다. 밧세바 사건이 다윗만 죽을 처지로 몰아가는 것이 아니라, 압살롬도 죽을 처지에 내몰고, 아히도벨까지 사지로 몰아넣습니다. 아히도벨은 자신의 계략이 나중에 이루어지지 않은 것을 보자, 집에 가서 자살하고 맙니다. 한편 압살롬은 머리가 나무에 걸려 대롱대롱 매달렸다가 요압의 칼에 죽습니다. 이런 일들을 기술하면서 성경은 '죄가 무엇을 하는가 보라. 죄는 파멸로 몰아갈 뿐만 아니라, 파멸을 확장하고 확대한다'라고 보여 줍니다. 그것이 나단 선지자를 통하여 하나님이 다윗에게 준 지적이었고, 이것은 진실이었습니다.

그런데 이런 일련의 일들 속에서 우리가 놀라는 대목은 다윗이 이 모든 일에 대하여 아무 할 말이 없는 자로 쫓겨 다닌다는 사실입니다. 다윗은 아히도벨이 자기에게 저지른 폭력에 대해 반발하거나 적개심을 품지 않으며, 아들이 자신을 배반하고 자신의 후궁들을 취한 일에 대해서도 분개하지 않습니다. 놀라운 일입니다. 나중에 압살롬의 죽음을 들은 다윗은 이렇게 통곡합니다. '내 아들 압살롬아 내 아들 내 아들 압살롬아 차라리 내가 너를 대신하여 죽었더면, 압살롬 내 아들아 내 아들아'(삼하 18:33).

우리가 여기서 발견한 것은 무엇입니까? 우리는 다윗의 어떤 점을 좋아했으며, 다윗에게서 어떤 내용을 교훈으로 삼아 왔습니까? 우리는 다윗이 골리앗을 죽인 영웅적 사건에 늘 매여 있습니다. '너는 칼과 창과 단창으로 내게 나아 오거니와 나는 만군의 여호와의 이름 곧

네가 모욕하는 이스라엘 군대의 하나님의 이름으로 네게 나아가노라'
(삼상 17:45)라는 외침 속에 담긴 다윗의 확신이 내내 우리를 붙들고
있는 바람에, 다윗의 이 고백이 무엇을 의미하는지, 다윗의 후반기 인
생이 이 고백과 어떻게 대조되는지 상상조차 하지 못합니다. 그래서
하나님이 다윗에게 만들려고 하시는 것이 다윗이 골리앗에게 내지른
고함 속에 담긴 명분과 확신이 아니라, 지금 이 자리 즉 다윗이 비통
해하며 '내 아들 압살롬아, 내 아들 내 아들 압살롬아'라고 부르짖는
자리라는 것을 깨닫지 못합니다. 이 자리가 어떤 자리입니까? 전자는
영웅적 자리이고, 후자는 비참한 자리입니다. 이 둘은 왜 대조됩니까?
다윗의 후반기 인생을 대표하는 이 눈물과 회한이 어떻게 골리앗을
물리친 영웅적인 사건과 대조되는 것을 넘어 그것보다 더 깊은 것을
담고 있다고 말할 수 있다는 말입니까?

　밧세바 사건을 통해 다윗의 전반기 인생이 보여 주는 진실은 무엇
입니까? 그가 물맷돌로 골리앗을 물리칠 수는 있었으나, 그가 가진
신앙과 최선이 밧세바 사건을 막지는 못했다는 것입니다. 그가 이룬
승리가 죄를 이기지 못합니다. 그가 지닌 인간의 최선과 그가 쌓은 가
장 영웅적인 업적이 죄를 이기지는 못하더라는 것입니다. 다윗이 밧
세바 사건을 저지르자, 그에게 일어난 가장 놀라운 반전은 자신이 죄
인이라는 사실을 비로소 알게 되었다는 것입니다.

　자신이 죄인이라는 사실을 알게 되었다는 것이 대표적으로 다윗의
다음과 같은 모습들로 표현됩니다. 압살롬과 아히도벨은 밧세바 사건
을 놓고 다윗에게 폭력으로 덤빕니다. 한쪽은 권력을 쟁취하기 위해
폭력을 쓰고, 다른 한쪽은 보복을 위해 권력을 휘두릅니다. 그러나 다

윗은 더 이상 폭력을 폭력으로 대응하지 않습니다. 자신을 배반한 아들의 죽음에 눈물을 뿌리며 이렇게 울부짖습니다. '내 아들 압살롬아 내 아들 내 아들 압살롬아 차라리 내가 너를 대신하여 죽었더면, 압살롬 내 아들아 내 아들아'라고 우는 다윗의 비탄에서는 무엇이 묻어 나옵니까? '내가 너를 대신하여 죽었더라면'이라는 말씀은 무엇일까요? 그는 비로소 모든 죄인을, 모든 못난 자들을 용서하는 자리에 들어간 것입니다.

아무도 심판할 수 없음을 깨닫는 다윗

우리는 성경이 말하는 사랑에 대하여 너무 쉽게 생각하는 경향이 있습니다. 사랑의 반대말이 무엇이라고 생각합니까? 미움, 증오, 무관심, 동정 등을 떠올릴 수 있겠지만, 제가 생각하는 사랑의 반대말은 공포입니다. 죄는 우리를 공포로 내몹니다. "너 내 말 안 들으면 죽어. 너 그 따위로 살려면 왜 살아?" 이처럼 죄는 우리로 보복하게 하거나 폭력을 행사하여 승리를 탈취하게 하거나 자폭하게 합니다. 이것이 죄가 하는 일입니다. 우리가 악을 써서 힘으로 이기는 싸움과 '나는 이길 수 없어. 나는 아무것도 아니야. 나는 억울해. 나는 죽어 버릴 거야'에서 보는 자폭은 똑같은 것입니다. 둘 다 폭력입니다. 죽음 이외에 아무것도 결실하지 못하는 죄, 공포, 폭력이 난무하는 여기 이 자리에 들어와서 다윗은 비로소 자기가 아무도 심판할 수 없다는 것을 알게 됩니다.

골리앗 사건은 너무나 분명한 승리라서 우리는 이 사건에 하자가 있거나 문제가 있으리라고는 꿈에도 생각지 않습니다. 그러나 다윗의 인생을 밧세바 사건을 중심으로 해서 앞뒤를 비교해 보면, 골리앗을 물리칠 때의 다윗은 철없는 신앙을 지녔다고 볼 수 있습니다. 확신과 담대함은 있지만, 그는 인간이 얼마나 깊숙이 죄에 결부되어 있는 존재인지 아직 모릅니다. 그에게 신앙은 다만 열심이고, 다만 용기이고, 그렇게 하나님을 힘입어서 얻게 된, 보이는 승리 정도라고 생각했던 것입니다. 그런데 거기서부터 다윗은 본문 말씀이 이르는 자리까지 얼마나 많이 온 것입니까? 밧세바 사건을 겪고 나자 다윗은 아무 발언권도 갖지 못하게 되어 버렸습니다. 압살롬에 대해서도, 아히도벨에 대해서도 그는 아무런 반박을 펼칠 수가 없습니다. 그저 용서할 수밖에 없습니다.

우리에게 용서라는 것은, 우월한 자가 열등한 자에게 베푸는 것, 자기에게 빚진 자를 넘어가 주는 것이라고 생각하는데, 용서란 그렇게 간단한 이야기가 아닙니다. 제가 얼마 전에 추천했던 로완 윌리엄스의 책《제자가 된다는 것》에는 주기도문에 대해 설명하는 내용이 나오는데, 거기에 용서를 인상 깊게 설명한 글이 있어서 나누고자 합니다. '용서란 잘못한 자를 심판할 지위와 자격이 자기에게 없다는 것을 아는 것'*이라고 합니다. 자기가 더 못난 자인 줄 알기 때문입니다. 우리는 잘못한 자를 용서한다고 할 때, 그 잘못을 없었던 일로 하는 것을 용서라고 생각하는데, 어쩌면 그것은 '보복'일 수 있습니다. 잘못을 없었던 일로 함으로써, 내가 더 나은 자요, 이긴 자라고 생각하는 것

* 로완 윌리엄스 지음, 김기철 옮김,《제자가 된다는 것》(복 있는 사람), 74-75쪽 참조.

은 성경이 말하는 용서가 아닙니다.

주기도문에서는 용서를 이런 순서로 언급합니다. "우리가 우리에게 죄지은 자를 사하여 준 것 같이 우리 죄를 사하여 주옵소서." 순서가 뒤바뀐 것 같지 않습니까? 우리 생각에는 '저를 용서해 주시면, 저도 제게 죄지은 사람을 다 용서하겠습니다'라고 해야 맞을 것 같습니다. 그런데 '제가 용서했으니 하나님도 저를 용서해 주십시오'라고 거꾸로 나옵니다. 왜 순서가 바뀌었을까요? 나에게 잘못하는 사람을 보며 '우리가 다 용서가 필요한 존재라는 것을 확인했습니다. 나는 그를 고칠 수 없고 내가 저 사람보다 낫지 않다는 걸 알았습니다. 그러니 나를 용서해 주십시오.' 이것이 주기도문에 나온 용서의 순서가 가진 깊은 뜻입니다. "주님, 저한테 잘못한 사람을 봤을 때 '어쩌면 저럴 수 있어?'가 아니라 제가 그와 똑같은 사람이라는 것이 생각났습니다. 제가 그를 용서하는 것은 제가 그를 고칠 수 있어서가 아니라, 제가 그에게 심판권을 행사할 수 없는 존재라는 것을 알기 때문입니다. 우리를 회복하고 고쳐 놓을 수 있는 용서는 하나님만이 하실 수 있습니다. 그러니 저를 용서해 주십시오." 이렇게 되는 것입니다.

공포의 반대말이 사랑인 것과 같이, 용서는 폭력의 반대말입니다. 보복의 고리가 끊어지는 것입니다. 폭력을 사용하기를 거부하는 것은 도덕성이나 신앙심을 가져서가 아니라 진실이 그러하기 때문입니다. 폭력을 행사하여 벌을 주는 것이 우리의 책임이나 지위가 할 수 있는 일이 아니라는 사실을 아는 것입니다. 우리라는 존재가 용서를 구해야 하는 존재라는 것을 압니다. 이것이 마태복음 16장에서 이렇게 멋지게 드러납니다.

시몬 베드로가 대답하여 이르되 주는 그리스도시요 살아 계신 하
나님의 아들이시니이다 예수께서 대답하여 이르시되 바요나 시몬아
네가 복이 있도다 이를 네게 알게 한 이는 혈육이 아니요 하늘에 계
신 내 아버지시니라 또 내가 네게 이르노니 너는 베드로라 내가 이
반석 위에 내 교회를 세우리니 음부의 권세가 이기지 못하리라 내
가 천국 열쇠를 네게 주리니 네가 땅에서 무엇이든지 매면 하늘에서
도 매일 것이요 네가 땅에서 무엇이든지 풀면 하늘에서도 풀리리라
(마 16:16-19)

놀라운 약속입니다. 예수님은 베드로의 고백 위에, 베드로라는 반석
위에 교회를 세우시고 음부의 권세가 이기지 못할 천국 열쇠를 맡기
겠다고 약속하십니다. 그런 후에 예수님은 '나는 이제 죽을 것이다'라
고 한 것입니다. 베드로로서는 얼마나 말이 안 되는 상황이겠습니까?
앞뒤가 안 맞죠. 예수님이 죽으면 그 약속과 권세는 어디서 올 것이라
는 말입니까? 22절을 보면, "베드로가 예수를 붙들고 항변하여 이르
되 주여 그리 마옵소서 이 일이 결코 주께 미치지 아니하리이다"(마
16:22). '주님이 죽도록 제가 가만있지 않겠습니다. 주를 지키겠습니
다. 그러니 죽겠단 말씀일랑 하지 마십시오'라는 부탁입니다.

　　그러자 예수님에게서 바로 이 말이 나옵니다. '사탄아 내 뒤로 물러
가라 너는 나를 넘어지게 하는 자로다 네가 하나님의 일을 생각하지
아니하고 도리어 사람의 일을 생각하는도다'(마 16:23). 이어 제자도에
관한 유명한 말씀이 나옵니다. '누구든지 나를 따라오려거든 자기를
부인하고 자기 십자가를 지고 나를 따를 것이니라'(마 16:24).

'자기 부인'이란 무엇입니까? 지금 다윗의 처지를 보십시오. 다윗은 할 말 없는 자가 되어 버렸습니다. 그는 아무에게도 변명할 여지가 없습니다. 모두 다 자신 때문에 일어난 일이기 때문입니다. 압살롬을 욕할 수도, 아히도벨을 비난할 수도 없습니다. '다 네가 뿌린 씨야. 네가 거둬'라고 비난받는 자리에 다윗이 서 있습니다. 어떤 자리에서 여기까지 물러 나온 것입니까? '너는 칼과 창과 단창으로 내게 나아 오거니와 나는 만군의 여호와의 이름 곧 네가 모욕하는 이스라엘 군대의 하나님의 이름으로 네게 나아가노라'라는 자리에서 지금 이 할 말 없는 자리까지 물러난 것입니다. 굉장합니다.

그래도 우리는 다윗을 계속 영웅과 전설로 여겨 왔고, 지금도 그렇습니다. 모든 사람 위에 뛰어난 영웅이 되는 것이 신앙생활이고, 인생의 가치라고 여기고 있는 것입니다. 그러나 다윗의 후반기 생애가 이렇게 증언합니다. "아니다. 내가 누군지 아는 것이 시작이다. 나는 아무런 할 말이 없는 사람이다. 내가 죄인이다." 도덕성을 이야기하는 것이 아닙니다. 다윗은 자신의 존재가 가진 존재론적 한계를 본 것입니다. 죄를 넘어설 수 없고 사망을 이길 수 없는 그가 해야 했던 첫 번째는 '자기 부인'입니다. 예수님이 했던 것이 바로 자기 부인입니다. 그는 신으로서 인간의 한계 속을 걸으며, 인간의 배신과 비웃음과 고통을 감수하여 죽음의 자리까지 내려갑니다. 십자가를 지십니다. 시작이 무엇부터 된다고 했습니까? 용서부터입니다.

하나님은 성육신 속에서 인간을 체험하기로 하셨습니다. 우리의 못난 것과 한심한 것을 체휼하기로 하셨습니다. 그것이 용서입니다. 다윗이 은혜의 대표자가 될 수 있는 것은 그가 이 길을 걸었는데, 하나님이 여기를 은혜로 담아 멸망과 실패와 사망으로 가는 길을 꺾어 그것을 승리의 길로 바꿔 놓으셨기 때문입니다.

은혜의 세계를 열어 놓은 다윗

밧세바 사건은 압살롬의 반란을 낳았고, 아히도벨의 폭력을 낳았습니다. 그러나 은혜는 무슨 일을 했습니까? 하나님은 밧세바에게 솔로몬을 주셨습니다. 얼마나 말이 안 됩니까? 얼마나 모순됩니까? 하나님이 다윗의 생애를 통해 그에게 무엇을 만들고자 했는지를 깨닫지 못한다면, 우리는 자책하거나 과장하거나 둘 중 하나밖에 없습니다. 과장까지 갈 필요도 없이 가장에 그치고 말 것입니다. 그래서 우리는 대부분 체념하고 삽니다. 신자이기를 거부합니다. 겁이 나서 그렇습니다. 자기를 부인하고 자기 십자가를 진다는 이 길, 용서하는 길, 폭력을 쓸 필요가 없는 이 길, 그래서 고난으로 여겨지는 이 길이 겁이 나는 것입니다.

우리는 아무 권리도 없는 것처럼, 이 세상을 살아갑니다. 마땅히 욕을 퍼부어도 되는 상황에서조차 우리는 참습니다. 참는 것이 신앙이어서가 아니라, 우리 자신이 죄인인 것을 알기 때문에 우리는 상대방에게 저주의 말을, 심판의 말을 할 수가 없는 것입니다. '나도 전에 저랬다. 내가 받은 은혜가 저들에게도 임해야 한다'를 확인하는 것입니다. 우리의 잘못이 우리로 하여금 말없이 우리가 가진 권리들을 포기하게 하고, 사람들에게 오해받고, 그것으로 고난받는 길을 걸어가게 합니다. 세상과는 얼마나 다른 길입니까? 압살롬의 반역과 아히도벨의 폭력을 낳은 밧세바 사건이 우리로 하여금 예수를 따라갈 수 있는 길을 만듦으로써 우리로 폭력과 공포를 지나 파멸로 치닫는 길에서 십자가의 부활에 이르는 길을 걸을 수 있게 해 주는 것입니다. 이것이 다윗의 생애가 하는 증언입니다. 이사야 53장은 예수님의 성육신을 이렇게 설명합니다.

> 그는 실로 우리의 질고를 지고 우리의 슬픔을 당하였거늘 우리는 생각하기를 그는 징벌을 받아 하나님께 맞으며 고난을 당한다 하였노라 그가 찔림은 우리의 허물 때문이요 그가 상함은 우리의 죄악 때문이라 그가 징계를 받으므로 우리는 평화를 누리고 그가 채찍에 맞으므로 우리는 나음을 받았도다 우리는 다 양 같아서 그릇 행하여 각기 제 길로 갔거늘 여호와께서는 우리 모두의 죄악을 그에게 담당시키셨도다 (사 53:4-6)

우리가 용서하고 사는 것은 우리의 생애가 이 세상의 죄를 지고 가는 예수 그리스도의 십자가와 부활의 길을 이어 가는 생애이기 때문입니다. 다윗이 골리앗을 물리친 사건을 정점에 놓지 마십시오. "내 아들아, 내 아들 압살롬아, 내 아들아, 내 아들아"라고 울부짖는 자리에 들어오십시오. 여기에는 보복이 없습니다. 폭력이 없습니다. 저주가 없습니다. "내가 너 대신 죽었더라면 좋았을 것을…."

다윗은 이미 다른 세계에 와 있습니다. 자기가 살기 위하여 아버지도 죽이자는 자식 앞에 '내가 너 대신 죽었으면 얼마나 좋았겠냐'라고 말할 수 있는 것은 단지 잘난 아버지와 못난 아들의 차이가 아닙니다. 다른 세상의 문을 열어 놓은 다윗의 생애를 증언하는 것입니다.

우리가 잘 아는 탕자의 비유를 생각해 보십시오. 작은아들이 아버지에게 미리 유산을 달라고 하여 받아 가지고 집을 나가 허랑방탕하게 살다가 굶어 죽게 되자 돌아옵니다. 아버지는 아들이 돌아온 것이 너무 기뻐 잔치를 베풉니다. 우리는 집 나간 작은아들 같은 사람을 교회 밖에서 만나면 무엇이라고 말합니까? "너 빨리 돌아와서 회개해라." 일 마치고 돌아온 큰아들이 집 근처에서 나는 잔치 소리를 듣고 하인에게 묻습니다. "무슨 잔치냐?" "작은 아드님이 돌아오셔서 주인님이 기뻐서 잔치를 베푸셨습니다." "뭐라고? 이게 말이 되나?" 이때 아버지가 나와서 큰아들에게 권합니다. "얘야, 들어가서 함께 기뻐하자. 네 동생이 살아 돌아왔다." "아버지, 그렇게는 못합니다. 저는 평생 아버지 밑에서 아버지를 섬기며 살아왔는데, 언제 저에게 염소 새끼 한 마리라도 잡아 준 적 있습니까?" 아버지의 대답이 무엇입니까? "얘야, 너는 항상 나와 함께 있으니 내 것이 다 네 것 아니냐?"

허랑방탕하게 살다가 돌아오는 이야기보다 더 나아간 이야기입니다. 돌아왔으면, 그다음은 어떻게 살라는 것입니까? 아버지의 아들답게 살라는 것입니다. 하나님의 통치, 섭리, 구원, 용서, 기다리심에 참여해야 합니다. 그런데 우리는 여전히 뭐 하고 있는 것일까요?

우리는 늘 "쟤는 아직도 안 돌아왔대요", "쟤는 여태 나쁜 짓만 하다가 오늘 처음 여기 앉아 있대요"라고 지적하기 바쁩니다. 이렇게 손가락질하는 것은 우리 임무가 아닙니다. 예수를 믿는다는 것은 새로운 인생을 살게 되었고, 폭력, 보복, 분노, 원망, 절망, 파멸의 세계를 지나서 사람을 살리고, 함께 울어 주고, 힘을 더하고, 희망을 보이고, 기적을 이루는 삶으로 불려 온 것입니다. 그 인생을 사십시오. 나가서 물맷돌 다섯 개 들고 고함치지 말고, 각자의 가정, 직장, 교회에서 얼굴 좀 펴고 사십시오. 우리는 억울해하는 얼굴이 너무 많습니다. 신앙생활이 허황된 영웅과 전설 속에 갇히는 바람에, 우리 같은 평범한 사람들은 엄두도 낼 수 없는 사명이 되어 버렸습니다.

다윗의 후반기는 아무것도 아닌 것 같습니다. 거기는 위대한 것이 하나도 없습니다. 그러나 여기가 하나님이 다윗에게 담아 놓은 길입니다. 다윗은 이 일을 마지막에 훌륭한 찬송시로 고백해 냅니다. 우리가 걸어야 할 길입니다. 우리 모두가 해야 하고, 또 할 수 있는 것입니다. 기독교 신앙이 우리에게 열어 준 길, 우리를 부른 자리에서 용서하고 섬기고 사랑하는 위대한 인생을 사는 감격이 있길 바랍니다.

기도

하나님 아버지, 은혜를 감사합니다. 우리로 살게 하신 새 세상 속에서 새사람으로 살게 하옵소서. 예수 안에 있는 용서, 섬기는 기쁨, 사랑하는 자랑, 우리의 생애에 마음껏 누려 기쁨이 되고, 영광이 되고 자랑이 되게 하여 주옵소서. 예수님 이름으로 기도합니다. 아멘.

33.

압살롬 내 아들아 내 아들아

———

1 어떤 사람이 요압에게 아뢰되 왕이 압살롬을 위하여 울며 슬퍼하시나이다 하니 2 왕이 그 아들을 위하여 슬퍼한다 함이 그 날에 백성들에게 들리매 그 날의 승리가 모든 백성에게 슬픔이 된지라 3 그 날에 백성들이 싸움에 쫓겨 부끄러워 도망함 같이 가만히 성읍으로 들어가니라 4 왕이 그의 얼굴을 가리고 큰 소리로 부르되 내 아들 압살롬아 압살롬아 내 아들아 내 아들아 하니 5 요압이 집에 들어가서 왕께 말씀드리되 왕께서 오늘 왕의 생명과 왕의 자녀의 생명과 처첩과 비빈들의 생명을 구원한 모든 부하들의 얼굴을 부끄럽게 하시니 6 이는 왕께서 미워하는 자는 사랑하시며 사랑하는 자는 미워하시고 오늘 지휘관들과 부하들을 멸시하심을 나타내심이라 오늘 내가 깨달으니 만일 압살롬이 살고 오늘 우리가 다 죽었더면 왕이 마땅히 여기실 뻔하였나이다 7 이제

곧 일어나 나가 왕의 부하들의 마음을 위로하여 말씀하옵소서 내가 여
호와를 두고 맹세하옵나니 왕이 만일 나가지 아니하시면 오늘 밤에 한
사람도 왕과 함께 머물지 아니할지라 그리하면 그 화가 왕이 젊었을 때
부터 지금까지 당하신 모든 화보다 더욱 심하리이다 하니 8 왕이 일어
나 성문에 앉으매 어떤 사람이 모든 백성에게 말하되 왕이 문에 앉아
계신다 하니 모든 백성이 왕 앞으로 나아오니라 (삼하 19:1-8)

다윗의 절규

압살롬의 반란은 진압됩니다. 다윗은 그의 부하들에게 압살롬을 해치
지 말 것을 부탁했지만, 요압은 그 말을 듣지 않고 압살롬을 죽입니다.
압살롬의 죽음을 들은 다윗은 슬피 웁니다.

　　이런 장면은 사무엘하 18장과 19장에 연이어 나옵니다. 먼저 18장
에 나온 다윗이 통곡하는 장면을 보면 이렇습니다. "왕의 마음이 심히
아파 문 위층으로 올라가서 우니라 그가 올라갈 때에 말하기를 내 아
들 압살롬아 내 아들 내 아들 압살롬아 차라리 내가 너를 대신하여 죽
었더라면 압살롬 내 아들아 내 아들아 하였더라"(삼하 18:33). 사무엘하
19장에서도 '왕이 그의 얼굴을 가리고 큰 소리로 부르되 내 아들 압살
롬아 압살롬아 내 아들아 내 아들아'(삼하 19:4) 하는 탄식과 비명이 기
록되어 있습니다.

　　다윗의 생애는 밧세바 사건을 기점으로 그 이전은 매우 영웅적이
고 뛰어나지만, 그 이후는 참으로 비참하다고밖에 말할 수 없습니다.

다윗의 아들 암논이 자신의 이복 누이 다말을 강간하자, 다말의 친오빠인 압살롬이 암논에게 복수해서 그를 죽이고, 이 일로 압살롬은 내쫓깁니다. 오랜 시간이 지난 후에 돌아온 압살롬은 백성들의 마음을 훔치고, 반역을 준비하여 반란을 일으킵니다. 이 무렵 아히도벨이 압살롬의 책사를 자처하여 대낮에 아버지 다윗의 후궁들을 취하라는 계략을 제안하자, 압살롬이 그대로 실행하여 다윗의 수치를 만천하에 드러내는 일이 벌어집니다. 예상치 못한 반란으로 피난길에 오르게 된 다윗은 시므이의 저주를 받고, 목숨이 믿을 수 없는 위기에 처하는 중에 압살롬의 반역을 진압하는데, 왕권을 다투는 싸움으로써가 아니라 압살롬을 아끼는 아버지의 마음으로 애타는 비명을 쏟아 냅니다. 그러나 오직 왕권의 권력 투쟁에 목숨을 건 요압과 그의 부하들은 빼앗긴 권력을 되찾기 위하여 압살롬을 죽이고, 이 소식을 들은 다윗은 더할 수 없이 슬퍼 웁니다.

이런 일련의 일들을 보면서 우리가 모두 공감하는 지점은 '밧세바 사건이 없었더라면' 하는 생각일 것입니다. 아마도 우리가 바라는 다윗의 생애는 이런 식의 전개가 아닐까 생각합니다. 다윗이 성전을 건축하겠다는 소망을 드러내자, 하나님이 기특하다고 칭찬해 주시고, 그날 밤에 다윗이 잠든 채로 편안히 죽고, 솔로몬이 아버지 다윗의 유지를 이어받아 성전을 지으면 제일 멋진 결말일 것 같습니다. 하나님에게도 이런 흐름이 제일 쉽지 않았을까 싶습니다.

그러나 우리 모두가 잘 아는 바와 같이, 다윗은 그 인생의 최절정기에 밧세바 사건을 일으킨 다음 끝없는 수렁으로 빠집니다. 그가 압살롬에 대하여 부르짖는 안타까운 절규는 압살롬을 사랑하는 아비의

심정인지, 자신의 생애에 대한 탄식인지 알 도리가 없습니다. 어쩌면
둘 다일지도 모릅니다. 압살롬의 죽음에 대한 절규는 다만 자식의 죽
음에 대해서만이 아니라, 자신의 인생 전체에 대한 절규일 것입니다.
골리앗을 무찔러 나라를 구한 것은 무엇인지, 사울에게 베푼 용서는
무엇인지, 그리고 그 많은 전투의 승리와 법궤를 되찾아온 기쁨, 성전
을 짓겠다는 거룩한 진심은 왜 다 무위로 돌아가고 마침내 이 지경에
이르게 되었을까, 왜 하나님은 다윗을 오래 살게 하셔서 이런 꼴까지
보게 하시는가, 여기가 다윗의 생애를 바라보는 우리의 질문일 것입
니다.

은혜는 어디까지 담길 수 있는가

성경이 다윗의 생애를 통해 우리에게 주려는 도전은 이것입니다. 다
윗은 은혜의 대표자입니다. 시편 51편에서는 다윗이 밧세바 사건을
절절히 회개하여 주 앞에 새로운 사람으로 서겠다고 기록하고 있지
만, 그가 은혜를 경험한 이후에 분명한 회복의 증표나 용서를 받았다
는 확실한 결론은 잘 보이지 않습니다. 이쯤에서 우리는 다윗이 대표
하는 '은혜'라는 것이 무엇인지, 다윗의 생애에 일어난 이 설명할 수
없는 비극은 무엇인지를 묻는 성경의 도전에 직면해야 합니다. 요한
복음 12장에 가 봅시다.

   명절에 예배하러 올라온 사람 중에 헬라인 몇이 있는데 그들이 갈릴

리 벳새다 사람 빌립에게 가서 청하여 이르되 선생이여 우리가 예수를 뵈옵고자 하나이다 하니 빌립이 안드레에게 가서 말하고 안드레와 빌립이 예수께 가서 여쭈니 예수께서 대답하여 이르시되 인자가 영광을 얻을 때가 왔도다 내가 진실로 진실로 너희에게 이르노니 한 알의 밀이 땅에 떨어져 죽지 아니하면 한 알 그대로 있고 죽으면 많은 열매를 맺느니라 자기의 생명을 사랑하는 자는 잃어버릴 것이요 이 세상에서 자기의 생명을 미워하는 자는 영생하도록 보전하리라 사람이 나를 섬기려면 나를 따르라 나 있는 곳에 나를 섬기는 자도 거기 있으리니 사람이 나를 섬기면 내 아버지께서 그를 귀히 여기시리라 (요 12:20-26)

명절을 맞아 이방 사람들이 성전에 올라와 예수를 만나겠다고 청을 넣는 장면입니다. 명절에 예루살렘으로 올라오는 자들은 아마 유대교로 귀의한 이방인들일 것입니다. 여기 본문에는 '명절에 예배하러 올라온 사람 중에 헬라인 몇이 있는데'라고 나와 있는 것으로 보아 이 사람들은 유대인이 아니라, 유대교에 귀의하여 메시아에 대한 유대인들의 기대와 희망을 공유한 자들인데, 메시아가 오셨다는 소문을 듣게 되자 메시아를 만나 보고 싶어 했던 것입니다. 이해하기 쉽게 각색해 보면 이렇습니다. "메시아가 오셨다는데, 그는 누구신가. 메시아는 어떤 분인가. 나도 보고 싶다." 그러자 예수께서 "내가 영광을 받을 때가 왔다. 내가 메시아인 줄 이제 이방도 알게 되었다. 내가 메시아인 것을 증명하고 답하리라. 내가 영광을 얻겠다. 이제 나는 죽을 것이다." 이렇게 된 것입니다.

이 말씀에서 기억해야 할 점은 이것입니다. '한 알의 밀이 땅에 떨어져 죽지 아니하면 한 알 그대로 있고 죽으면 많은 열매를 맺느니라'(요 12:24). 우리는 이 구절을 희생과 헌신의 의미로 이해하여 추상적 명분으로 외울 뿐입니다. 그러나 예수님은 당신의 메시아 되심을 증명하기 위하여 메시아인 자신의 정체성을 영광으로 드러내시는데, 그것이 죽음이라고 말씀하는 것입니다.

우리는 예수를 믿었고 그래서 오늘도 이렇게 교회에 와 앉아 있습니다. 그런데 은혜는 받았으나 말씀을 이해하지 못하는 일이 신자들에게는 늘 있습니다. 예수를 따라다니던 제자들도 예수의 죽음을 말렸거늘 하물며 우리겠습니까? 그러니 오늘 우리가 다윗의 생애를 보며 '은혜의 대표자가 왜 끝까지 영웅과 전설로 남아 있지 않고, 말년에 가장 민망하고 부끄럽고 하찮은 인생을 살게 되었느냐, 그게 어떻게 은혜의 대표자냐' 하는 질문을 신약에서는 이런 대화로 풀어 볼 수 있을 것입니다. "누가 메시아냐?" "나다." "그래? 그렇다면 메시아 된 증거를 보이라." "그래. 메시아의 영광을 내가 증명하겠다. 나는 죽을 것이다." 이렇게 된 것입니다.

이사야 53장에 가 봅시다. 이사야 53장에는 메시아에 관한 예언이 나오는데, 여기서 메시아가 어떤 모습으로 메시아의 역할을 하는지를 눈여겨보아야 합니다. 메시아의 고난을 그저 겸손, 대속, 희생이라는 명분으로 이해하지 말고, 하나님이 구체적으로 구원을 이루신 방법, 영광을 얻으신 방법이라고 이해해야 합니다.

우리가 전한 것을 누가 믿었느냐 여호와의 팔이 누구에게 나타났느

냐 그는 주 앞에서 자라나기를 연한 순 같고 마른 땅에서 나온 뿌리
같아서 고운 모양도 없고 풍채도 없은즉 우리가 보기에 흠모할 만한
아름다운 것이 없도다 그는 멸시를 받아 사람들에게 버림 받았으며
간고를 많이 겪었으며 질고를 아는 자라 마치 사람들이 그에게서 얼
굴을 가리는 것 같이 멸시를 당하였고 우리도 그를 귀히 여기지 아
니하였도다 (사 53:1-3)

기독교 역사 내내 늘 등장하는 질문이 있습니다. "왜 하나님은 저런 사
람을 세워서 일하실까요? 좀 더 나은 사람을 쓰시면 좋을 텐데요." 이
것이 지금껏 계속되는 질문입니다. 바울도 이런 소리를 들어 왔습니
다. 고린도교회가 바울과 적대적 논쟁을 벌이며 대척점에 섰을 때, 바
울에게 이런 비난을 퍼부었습니다. '당신은 일단 외모부터 영 아니다.
말도 어눌하다. 사도로서 자격이 없다. 무엇보다 당신은 여러 질병을
달고 살지 않느냐. 신의 사자라면 적어도 아픈 데는 없어야 할 것 아
니냐. 얼굴에 빛은 안 날지라도, 최소한 눈에 총기는 있어야 하지 않느
냐'와 같은 비난입니다. 지금도 교회가 받는 질문입니다.

　이 질문에 대한 답을 다윗에게서 찾아보면, 성경은 이렇게 말하고
있는 셈입니다. '다윗은 자신이 세운 전설과 영웅성을 스스로 깼다.
그의 후반기 생애는 절망과 비탄이 있는 삶이다. 본문은 그의 전반기
생애에 담겨 있지 않고, 후반기 인생에 담겨 있다.' 성경이 이렇게 말
하고 있는데도 우리는 절대 그러면 안 된다고 반발하는 것입니다. 그
러니 예수가 왔을 때 아무도 그가 메시아일 것이라고 꿈도 꾸지 않았
다는 이야기입니다. 게다가 이 메시아는 자신이 죽을 것이라고 말씀

합니다. 못생겼는데, 죽겠다고까지 하다니요. 이런 이야기가 이사야 53장에 예언되어 있습니다. 어쩌다 보니 그렇게 된 것이 아니라, 이것이 처음부터 하나님의 뜻이고 방법이라고 전하는 것입니다. 고린도전서 1장 식으로 표현해 보면, 이렇게 하는 것이 하나님의 능력이고, 하나님의 지혜(고전 1:24 참조)인 것인데, 이사야 53장에서는 어떤 말씀으로 나와 있는지 살펴보겠습니다.

> 그는 실로 우리의 질고를 지고 우리의 슬픔을 당하였거늘 우리는 생각하기를 그는 징벌을 받아 하나님께 맞으며 고난을 당한다 하였노라 그가 찔림은 우리의 허물 때문이요 그가 상함은 우리의 죄악 때문이라 그가 징계를 받으므로 우리는 평화를 누리고 그가 채찍에 맞으므로 우리는 나음을 받았도다 우리는 다 양 같아서 그릇 행하여 각기 제 길로 갔거늘 여호와께서는 우리 모두의 죄악을 그에게 담당시키셨도다 (사 53:4-6)

예수는 우리의 죄를 담당하느라 고난을 당했지만, 우리는 그가 잘못해서 벌을 받는다고 생각했습니다. 이 길이죠. 다윗을 은혜의 대표자라고 부르는 것은 다윗이 받은 은혜가 '그의 생애를 어떻게 보상해 주었는가'가 아니라 '은혜가 다윗이 살아온 인생의 어느 자리까지 담기는가'를 보여 주는 대상이 다윗이라는 말입니다. 은혜를 받을 만할 때, 받을 자격이 있을 때, 구했을 때가 아니고, 자신이 끝이라고 생각하여 절망한 자리에 은혜가 담긴 것입니다. 그런데 우리는 이 부분을 늘 오해합니다. 우리가 예수를 믿으면서도, 믿지 않는 자들을 향하여 비난을 퍼붓는 것은 자신이 받은 은혜가 은혜인 것을 모르기 때문입니다. 그러니 우리는 사람들을 은혜를 받을 만한 자와 받을 수 없는 자로 둘을 나누는 것입니다. 은혜가 어디에 들어왔는지 모르고, 은혜란 그것을 받을 만한 자격이 있는 사람에게 내려온다고 생각하기 때문입니다. 그런데 이 생각은 밧세바 사건으로 깨져야 합니다.

우상과 영웅

우리 모두가 다윗보다 나을 수는 없습니다. 영웅성에서 나을 수 없을 뿐만 아니라, 죄인 된 존재론을 넘어설 수 없기에 그렇습니다. 우리가 가장 많이 짓는 죄목은 아마 '무지'일 것입니다. 인간이 어떤 존재인지, 자신이 누구인지, 하나님이 우리를 어떤 목적으로 지으셨는지를 잘 모릅니다. 단지 우리는 자신의 최선을 다할 뿐이고, 하나님은 우리의 최선을 받아 주시는 능력에 불과할 뿐, 하나님이 우리를 향한 목적을 가지고 계실 것이라고는 생각하지 않습니다.

　이처럼 목적은 자신이 정하고, 능력은 신에게 요구하는 것을 '우상'이라고 부릅니다. 우상은 결코 금송아지도, 흰머리 독수리도, 태양도 아닙니다. 우상은 우리가 하나님이 의도하시는 창조와 그가 기뻐하시는 영광의 대상이 되는 일에서 벗어나 하나님을, 자신의 소원을 이루는 수단으로 타협하려는 결과물입니다. 우리는 도덕과 윤리, 승리와 성공, 그리고 유용성에서 끊임없이 자신이 도달할 수 있는 최선의 경지에 서려고 합니다. 그러니 하나님이 와서 꺾으시죠. 예수의 십자가는 그것을 꺾는 자리입니다. 우리의 최선이, 하나님을 향한 우리의 진심이 예수를 죽였습니다. 이 일에 누가 대표로 서 있습니까? 사도 바울입니다. 요한복음 13장에 가 봅시다.

예수께서 이 말씀을 하시고 심령이 괴로워 증언하여 이르시되 내가 진실로 진실로 너희에게 이르노니 너희 중 하나가 나를 팔리라 하시니 제자들이 서로 보며 누구에게 대하여 말씀하시는지 의심하더라 예수의 제자 중 하나 곧 그가 사랑하시는 자가 예수의 품에 의지하여 누웠는지라 시몬 베드로가 머릿짓을 하여 말하되 말씀하신 자가 누구인지 말하라 하니 그가 예수의 가슴에 그대로 의지하여 말하되 주여 누구니이까 예수께서 대답하시되 내가 떡 한 조각을 적셔다 주는 자가 그니라 하시고 곧 한 조각을 적셔서 가룟 시몬의 아들 유다에게 주시니 조각을 받은 후 곧 사탄이 그 속에 들어간지라 이에 예수께서 유다에게 이르시되 네가 하는 일을 속히 하라 하시니 이 말씀을 무슨 뜻으로 하셨는지 그 앉은 자 중에 아는 자가 없고 어떤 이들은 유다가 돈궤를 맡았으므로 명절에 우리가 쓸 물건을 사라 하시는지 혹은 가난한 자들에게 무엇을 주라 하시는 줄로 생각하더라 유다가 그 조각을 받고 곧 나가니 밤이러라 그가 나간 후에 예수께서 이르시되 지금 인자가 영광을 받았고 하나님도 인자로 말미암아 영광을 받으셨도다 만일 하나님이 그로 말미암아 영광을 받으셨으면 하나님도 자기로 말미암아 그에게 영광을 주시리니 곧 주시리라 작은 자들아 내가 아직 잠시 너희와 함께 있겠노라 너희가 나를 찾을 것이나 일찍이 내가 유대인들에게 너희는 내가 가는 곳에 올 수 없다

고 말한 것과 같이 지금 너희에게도 이르노라 새 계명을 너희에게 주
노니 서로 사랑하라 내가 너희를 사랑한 것 같이 너희도 서로 사랑
하라 너희가 서로 사랑하면 이로써 모든 사람이 너희가 내 제자인
줄 알리라 (요 13:21-35)

예수님은 유다가 배신할 것을 아셨습니다. 그리고 그 일로 '지금 인자
가 영광을 받았고, 하나님도 인자로 말미암아 영광을 받으셨도다'(요
13:31)라고 말씀합니다. 유다의 배신으로 예수는 팔려 가 이제 십자가
에서 죽으실 것입니다. 그런데 이것이 예수의 영광이요, 이 영광은 하
나님 아버지께 돌려질 것이며, 그리하여 아버지께서 당연히 그 아들
을 영화롭게 하실 것이라고 말씀합니다. 예수를 죽음으로 내몬 이 일,
즉 가룟 유다의 배신이 어떻게 예수에게 영광이 되며, 또 하나님에게
영광이 되는지 우리는 알 수 없습니다. 다만 예수님이 영광을 받으셨
고, 하나님도 영광을 받으신 이 사건이 있은 후, 주님이 새로운 명령
을 주신 것을 발견합니다. 그것은 서로 사랑하라는 명령입니다. 34절
이하를 봅시다. "새 계명을 너희에게 주노니 서로 사랑하라 내가 너희
를 사랑한 것 같이 너희도 서로 사랑하라 너희가 서로 사랑하면 이로
써 모든 사람이 너희가 내 제자인 줄 알리라"(요 13:34-35).

그러니 우리 교회는 사랑이 없다고 타령하지 마십시오. 우리는 예
수의 제자입니다. 배신과 십자가를 넘어서야 비로소 품을 수 있는 사
랑입니다. 배신과 십자가를 넘지 않고는 사랑이라는 것이 담길 자리
가 없습니다. 그런데 우리에게는 사랑이 얼마나 무섭게 다가옵니까?
주일날 차가운 표정을 짓고 와서는 '우리 교회는 사랑이 없어' 이렇

게 말하고 다니면 그날로 교회는 깨집니다. 우리 교회에 사랑이 없는 것이 누구의 잘못입니까,라고 물었을 때 성가대 잘못이다, 찬양을 부를 때 안 좋은 표정을 지은 성가대 잘못이 제일 크다, 아니다, 맨 앞줄에 앉은 사람들이 잘못이다, 늘 인상은 팍팍 쓰면서 아멘도 하지 않기 때문이다,라고 하면서 서로 타박하기 바쁘다면 어떻게 됩니까? 사랑이라는 이름으로 심판을, 공포를 자아내고 있으니 거기에 어떻게 배신을 넘어선 사랑이, 십자가를 넘어선 사랑이 있을 수 있는가 말입니다. 적개심, 보복, 원망, 폭력이 없어진 자리에서가 아니라, 그것을 넘어서고 견뎌 낸 자리에 비로소 사랑이 있습니다. 잘한 일에 대해 보상을 받는 것을 넘어서고, 잘못한 일을 보복하는 것을 넘어선 자리에 사랑이 있습니다. 사랑이 얼마나 무시무시한 자리에서 만들어지는 것인가, 뒤에 나온 구절을 읽어 봅시다. 36절입니다.

> 시몬 베드로가 이르되 주여 어디로 가시나이까 예수께서 대답하시되 내가 가는 곳에 네가 지금은 따라올 수 없으나 후에는 따라오리라 베드로가 이르되 주여 내가 지금은 어찌하여 따라갈 수 없나이까 주를 위하여 내 목숨을 버리겠나이다 예수께서 대답하시되 네가 나를 위하여 네 목숨을 버리겠느냐 내가 진실로 진실로 네게 이르노니 닭 울기 전에 네가 세 번 나를 부인하리라 (요 13:36-38)

이 사이에 사랑이 들어 있습니다. '서로 사랑하라. 너희가 서로 사랑하면 이로써 모든 사람이 너희가 내 제자인 줄 알리라.' 무엇을 넘어서서 말입니까? 배신을 넘고, 십자가를 넘고, 부인을 넘어서 그렇습니다. 이것은 우리가 아는 지극함과 진심과 훈련의 극치가 아닙니다. 다른 세계에 속한 것입니다. 다윗의 생애에서 골리앗을 물리치면서 한 신앙 고백, 신앙의 용기, 성전 건축을 다짐하는 진심과 종교적 열심의 결과물이 아닌, '내 아들 압살롬아, 내 아들 압살롬아'라고 부르짖는 절규에 하나님이 은혜를 담아내셨습니다. 성경이 이렇게 일찍이 약속해 놓았으나, 우리가 깨닫지 못해서 지나쳐 온 것입니다. 이처럼 은혜는 세상이 만들어 낼 수 없는 것입니다.

주여, 아버지를 우리에게 보여 주옵소서

예수를 통하여 신약 시대에 허락하신 일, 십자가를 따르고 십자가 안에서 이룬 승리로 이제 누릴 수 있는 것에 대해 요한복음 14장은 이렇게 말씀합니다.

> 빌립이 이르되 주여 아버지를 우리에게 보여 주옵소서 그리하면 족하겠나이다 예수께서 이르시되 빌립아 내가 이렇게 오래 너희와 함께 있으되 네가 나를 알지 못하느냐 나를 본 자는 아버지를 보았거늘 어찌하여 아버지를 보이라 하느냐 내가 아버지 안에 거하고 아버지는 내 안에 계신 것을 네가 믿지 아니하느냐 내가 너희에게 이르는 말은 스스로 하는 것이 아니라 아버지께서 내 안에 계셔서 그의 일을 하시는 것이라 내가 아버지 안에 거하고 아버지께서 내 안에 계심을 믿으라 그렇지 못하겠거든 행하는 그 일로 말미암아 나를 믿으라

내가 진실로 진실로 너희에게 이르노니 나를 믿는 자는 내가 하는
일을 그도 할 것이요 또한 그보다 큰 일도 하리니 이는 내가 아버지
께로 감이라 너희가 내 이름으로 무엇을 구하든지 내가 행하리니 이
는 아버지로 하여금 아들로 말미암아 영광을 받으시게 하려 함이라
(요 14:8-13)

빌립이 요구한 것은 무엇이었을까요? 그는 왜 예수께 나와서 '아버지
를 보여 주옵소서'라고 요청했을까요? 자기가 보기에 예수님의 메시
아 사역이 시원치 않아서 그랬을 것입니다. '전능하신 하나님의 위엄
과 권능과 기적을 보여 주옵소서'라는 빌립에 대하여 예수님은 "나를
본 자는 아버지를 보았거늘 어찌하여 아버지를 보이라 하느냐. 아직
도 모르겠느냐?"라고 말씀하십니다. 우리도 빌립처럼 보이는 증거와
확실한 증명을 요구할 때가 많습니다. 다윗의 생애를 보면서도 늘 이
런 마음입니다. 우리는 다윗의 생애가 어디서 끝났으면 좋겠다고 생
각하는 것입니까? 밧세바 사건 전에 끝났으면 하는 것입니다. 누구를
위해서 이런 결말을 원하는 것일까요?

　우리는 우리의 현실이 다윗의 전반기 생애가 아니라 후반기 생애
와 방불하다는 것을 알고 있습니다. 그럼에도 예수를 믿으면 다윗의
전반기 생애와 같은 영광을 누리며 사는 삶을 기대합니다. 그렇지 않
습니다. 그 전반기 생애는 밧세바 사건으로 삼켜집니다. 그것은 무효
로 되어 버립니다. 그렇게 진실이 밝혀집니다. "이것은 아무것도 아니
다. 여기는 영광과 위대한 것이 없다. 하나님의 영광은 우리의 최선과
헌신에 담기지 않는다. 내가 담는다. 너희는 내가 창조했다. 예수 안

에서 그 창조를 회복하여 내 영광을 너희 안에 심겠다. 너희가 다다른
어느 자리라도 좋다." 이것이 밧세바 사건 이후에 맞게 되는 다윗의
생애입니다. "너희가 어떤 현실에 있을지라도 다윗의 후반기 인생을
벗어난 인생일 수 없다. 거기까지 내가 담는다. 그러니 걱정하지 마
라." 이렇게 은혜가 지닌 넓이와 폭을 가장 잘 보여 주는 생애가 다윗
입니다. 다윗은 은혜가 찾아오는 자리를 보여 주며, 은혜를 받을 자격
이란 어떤 것인지 몸소 드러내 줍니다.

　　예수 그리스도의 오심과 구원 사역을 여는 신약은 이 구절로 시작
합니다. "아브라함과 다윗의 자손 예수 그리스도의 계보라"(마 1:1).
아브라함은 믿음의 조상으로, 다윗은 은혜의 대표자로 나오는데, 계
보를 죽 읽다가 보면 다윗을 어떻게 소개하고 있습니까? '다윗은 우
리야의 아내에게서 솔로몬을 낳고'(마 1:6). 창피스러운 일입니다. 하
다못해 '다윗은 밧세바에게서 솔로몬을 낳고'라고 했다면 덜 창피했
을 것입니다. 그런데 성경은 그렇게 안 쓰고, '다윗은 우리야의 아내
에게서'라는 표현을 고집합니다. 더 이상 바닥일 수 없는 최악의 자리
를 거기에 못 박아 두어서 예수께서 지시는 십자가의 은혜가 어떤 자
리까지 미치는 은혜인가를 증언하기 위하여, 다윗은 민망하게 그리고
고맙게 서 있는 것입니다.

　　그래서 예수는 우리가 소원하는 다윗의 전반기 생애에 나타난 영
웅성 같은 것으로 당신의 사역을 이루시지 않습니다. 또한 영웅과 전
설이 되어 달라는 우리의 소원을 거절하시고, 하나님만이 만드실 수
있는, 하나님의 영광이 비치는, 그리고 그 영광이 목적하는 존재가 되
어 하나님 자신의 영광이 드러나게 하는 일을 하십니다. 인간의 최선

과 도덕의 극치를 보이는 것이 아닙니다.

하나님의 영광, 즉 우리가 즐겨 노래하는 성령의 열매는, 사랑과 희락과 화평과 오래 참음과 자비와 양선과 충성과 온유와 절제입니다. 세상은 이러한 것들을 만들어 내지 못합니다. 비록 세상이 이런 단어들을 나열한다고 해도 그것은 결국 폭력에 불과하고, 비난에 불과하고, 기만에 불과하고, 해설에 불과할 뿐입니다. 하나님은 우리라는 존재가 가진 본질적인 인격과 성품에 은혜를 담고, 세상이 만들어 낼 수 없는 존재를 만들어 그를 통해 하나님이 누구신지를 증명하고, 창조의 목적을 이루어 가십니다. 그리하여 우리의 찬송을 받아 내실 하나님으로서의 영광을 우리가 드러내기를 요구하십니다.

은혜의 범주를 보여 주는 다윗의 생애

이 문제를 현실적인 주제로 다루고 있는 본문이 마태복음 25장입니다. 본문 말씀이 말하는 다윗의 이야기는 그냥 하나의 이야기에 불과한 것이 아닙니다. 그저 이해만 하고 넘어가서는 안 되는 우리 모두의 현실이어야 합니다. 마태복음 25장 14절 이하에 달란트 비유가 나오는데, 24절부터는 한 달란트 받은 자에 대한 이야기입니다.

한 달란트 받았던 자는 와서 이르되 주인이여 당신은 굳은 사람이라 심지 않은 데서 거두고 헤치지 않은 데서 모으는 줄을 내가 알았으므로 두려워하여 나가서 당신의 달란트를 땅에 감추어 두었나이다 보소서 당신의 것을 가지셨나이다 그 주인이 대답하여 이르되 악하고 게으른 종아 나는 심지 않은 데서 거두고 헤치지 않은 데서 모으는 줄로 네가 알았느냐 그러면 네가 마땅히 내 돈을 취리하는 자들에게나 맡겼다가 내가 돌아와서 내 원금과 이자를 받게 하였을 것이니라 하고 그에게서 그 한 달란트를 빼앗아 열 달란트 가진 자에게 주라 무릇 있는 자는 받아 풍족하게 되고 없는 자는 그 있는 것까지 빼앗기리라 (마 25:24-29)

달란트 비유의 핵심은 29절, "무릇 있는 자는 받아 풍족하게 되고 없는 자는 그 있는 것까지 빼앗기리라"에 있습니다. 이 비유의 핵심은 무엇입니까? '다섯 달란트 받아서 다섯 남기고, 두 달란트 받아서 둘 남기고, 하나 받아서 하나 남기면 되는 문제다.' 이런 간단한 이야기가 아닙니다. 한 달란트 받은 종은 무엇을 잘못했을까요? "주인님이 얼마나 엄격한 분임을 알기에 손해 볼까 봐 땅에 감추었다가 이제 돌려드리나이다." 그래서 '악하고 게으른 종'이라는 욕을 먹습니다.

달란트 비유에 나오는 종들은 다만 종이 아닙니다. 주인이 자신의 일을 위임하고 맡긴 동역자들입니다. 그러니 단지 시키는 일을 하고 말면 되는 정도가 아닙니다. 자신의 일로 받아들여 주인을 대신해서 마음껏 일을 펼쳐야 하는 자들입니다. 기업을 무를 자녀이고 후사인 것입니다. 그런데 여기서 꾸중을 들은 한 달란트 받은 종은 주인과 자신의 관계를 이해관계, 상벌 관계로밖에는 이해하지 못합니다. 이처럼 공포 속에 있는 그는 자신이 맡은 일이 무엇인지, 무엇을 해야 할지를 모르는 자인 것입니다.

우리가 다윗의 삶에서 최고라고 생각하는 성공, 즉 골리앗을 물리친 영웅성, 성전을 짓는 종교성에 대해 하나님은 이렇게 말씀하십니다. '그건 내가 원하는 것이 아니다. 그런 게 가치 있는 것이 아니다. 내가 원하는 것은 이것, 즉 내가 나의 영광을 너희에게 주어 너희로 영광스러운 존재가 되게 하는 것이다. 나를 아버지라 부르게 하고 너희를 내 자녀라 부르는 그 정체성을 내가 요구하는 것이다. 너희와 나는 잘잘못을 계산하고 이해관계를 따져야 하는 관계가 아니다.' 그러니 모르면 어떻게 됩니까? 한 달란트 받은 종처럼 책망을 받습니다. 은혜의 범주가 어디까지 아우르는 것인가를 알면 모든 길이 우리에게 희망과 기회가 됩니다. 우리가 가장 자책하는 자리에서 잘못을 지우는 것이 전부가 아니라, 외적 어려움과 똑같이 자책이라는 장애물 앞에서 하나님의 자녀는 어떻게 해야 하는지를 배웁니다.

탕자의 비유에서는 집 나간 작은아들이 돌아오는 것이 회개입니다. 그러나 돌아오는 것으로 끝이 아닙니다. 돌아오면, 맏아들에게 했던 "애야, 내 것이 다 네 것 아니냐. 네 일은 품삯을 받기 위해서 하는 일도, 마지못해 붙잡혀서 당하는 노역도 아닌 줄 모르느냐. 그 영광을 모르느냐. 나와 함께 세상을 다스리고 영광을 나누고 기쁨과 즐거움과 기적의 파트너가 됐다는 사실을 모르느냐?"라는 타이름에서 알 수 있듯이, 자신의 인생을 명예로 이해할 수 있어야 합니다. 도대체 어떤 것을 넘어서야 그다음부터 은혜가 작용한다고 생각합니까? 어떤 조건이 충족되어야 비로소 유용하다고 생각합니까? 우리가 가장 못났다고 생각하는 곳에서 무릎 꿇어 자신의 인생과 존재를 겸손히 주님 앞에 바치는 것은 회개이자 헌신이며 동시에 성경이 이야기한 기적인 것입니다.

도대체 우리는 어떤 결과를 얻어야 은혜를 받았고, 하나님이 우리에게 보상을 해 주셨다고 만족하겠습니까? 거기가 시험거리입니다. 원망에 급급하여 자신의 생애를 살아 내지 못하고, 위인과 영웅이 되어야 한다고 생각하는 시험에 빠져 자신의 생애를 체념하는 그런 못난 자리에서 일어나십시오. 전설이 되려고 하지 마십시오. 아무것도 아닌 자 같이 되어야 합니다. 영웅은 제일 잘난 사람들더러 하라고 하고 우리는 우리 길을 걸어갑시다. 그러면 기적은 누가 만드는 것입니까? 이 줄의 제일 뒤에 있는 우리가 하는 것임을 믿고 우리에게 주신 일상과 삶을 감사하며 살아갑시다.

기도

하나님 아버지, 하나님은 우리를 위하여 오셨고, 우리를 영화롭게 하시며, 우리를 통하여 영광 받기를 기뻐하십니다. 그 인생을 주셨으니 자신의 생애를 살고, 세상과 하나님 앞에 영광이 되게 하옵소서. 우리 입술에 감사를 주시옵소서. 예수님 이름으로 기도합니다. 아멘.

34.
하나님은 믿을 만한 분인가

4 왕이 아마사에게 이르되 너는 나를 위하여 삼 일 내로 유다 사람을 큰 소리로 불러 모으고 너도 여기 있으라 하니라 5 아마사가 유다 사람을 모으러 가더니 왕이 정한 기일에 지체된지라 6 다윗이 이에 아비새에게 이르되 이제 비그리의 아들 세바가 압살롬보다 우리를 더 해하리니 너는 네 주의 부하들을 데리고 그의 뒤를 쫓아가라 그가 견고한 성읍에 들어가 우리들을 피할까 염려하노라 하매 7 요압을 따르는 자들과 그렛 사람들과 블렛 사람들과 모든 용사들이 다 아비새를 따라 비그리의 아들 세바를 뒤쫓으려고 예루살렘에서 나와 8 기브온 큰 바위 곁에 이르매 아마사가 맞으러 오니 그 때에 요압이 군복을 입고 띠를 띠고 칼집에 꽂은 칼을 허리에 맸는데 그가 나아갈 때에 칼이 빠져 떨어졌더라 9 요압이 아마사에게 이르되 내 형은 평안하냐 하며 오른손으로 아마

사의 수염을 잡고 그와 입을 맞추려는 체하매 10 아마사가 요압의 손에 있는 칼은 주의하지 아니한지라 요압이 칼로 그의 배를 찌르매 그의 창자가 땅에 쏟아지니 그를 다시 치지 아니하여도 죽으니라 요압과 그의 동생 아비새가 비그리의 아들 세바를 뒤쫓을새 11 요압의 청년 중 하나가 아마사 곁에 서서 이르되 요압을 좋아하는 자가 누구이며 요압을 따라 다윗을 위하는 자는 누구냐 하니 12 아마사가 길 가운데 피 속에 놓여 있는지라 그 청년이 모든 백성이 서 있는 것을 보고 아마사를 큰길에서부터 밭으로 옮겼으나 거기에 이르는 자도 다 멈추어 서는 것을 보고 옷을 그 위에 덮으니라 13 아마사를 큰길에서 옮겨가매 사람들이 다 요압을 따라 비그리의 아들 세바를 뒤쫓아가니라 (삼하 20:4-13)

반역의 연속

다윗은 밧세바 사건의 이전과 이후가 분명하게 대조되는 인생을 삽니다. 밧세바 사건 이전의 다윗은 영웅이고, 그 이후는 망한 인생입니다. 그러나 성경이 다윗을 은혜의 대표자로 세워 그에게 담고 싶어 하는 내용은 전반기에 있지 않고 후반기에 있다는 것을 살펴보았습니다. 우리는 기독교인으로 신앙을 가지고 살면서 늘 영웅적 인물이 되고 싶어 합니다. 그래서 성경이 '다윗의 후반기 인생이 진짜 다윗의 인생이다'라고 이야기하는 것을 못마땅하게 생각합니다. 우리는 자신이 영웅이 되기를 바라며, 자신이 영웅이 못 된다면 적어도 신앙의 영웅을 흠모하는 것이 신앙생활이라고 생각하여, 우리 기대에 못 미치는 현실을 만나면 세상을 원망하거나 하나님을 원망하며 삽니다. 그 바람에 성도 대부분은 자신의 진정한 인생을 살아 내지 못합니다. 그러나 우리의 생각과 다른 하나님의 일하심이 가지는 복과 기적과 영광과 승리가 무엇인지를 가르쳐 주는 것이 다윗의 후반부 생애입니다.

지금 다윗은 압살롬의 반역이 막 끝난 다음, 다시 세바의 반역 앞에 서 있습니다. 세바는 베냐민 지파 사람인데, 이 지파는 사울이 속했던 지파로서 다윗의 정권에 반대하는 세력입니다. 묘하게도 세바의 반역은 남은 지파들이 합세하고 지지함으로써 굉장히 큰 골칫덩이가 됩니다. 다윗은 이 반란을 잠재우기 위하여 유다 지파에 기댈 수밖에 없게 되는데, 이 일을 아마사에게 맡깁니다. 이 일은 굉장히 중요한 일입니다. 유다 지파를 다시 불러서 반란군을 무찔러야 하는데, 아마사는 압살롬이 반역할 때 세운 그의 군대 장관입니다.

그런데 성경은 다윗이 아마사를 세운 일을 통해 사실 우리에게 이런 질문을 던지는 것 같습니다. 요압이 다윗의 가장 충성스러운 군대 장관인데, 왜 요압이 아닌 아마사를 세웠을까, 이런 의심이 드는 것은 당연합니다. 아니나 다를까 요압이 좇아가서 인사하는 체하며 아마사를 속인 다음 칼로 그의 배를 찔러 창자가 쏟아져 나오게 해서 죽입니다. 여기에 무엇인가 있는 것입니다.

다윗은 왜 아마사를 세웠을까요? 다른 말로 하면, 다윗은 왜 요압을 외면했을까요? 요압이 압살롬을 죽였기 때문입니다. 다윗은 요압이 꼴 보기 싫었을 것입니다. 흔히 우리가 쉽게 하는 표현으로 말해 보면, '그럼, 죽여 버리지. 뭐'라고 하겠지만, 그렇게 되면 사실 거기서부터 우리는 성경을 읽어 낼 수 없게 됩니다. 그렇게 쉽게 죽여 버릴 수 없고, 그렇게 간단하지 않다고 구약이 내내 역사를 기술하고 있는데, 우리는 너무도 쉽게 이야기합니다. 사무엘하 20장에 가면, 아마사를 죽인 요압이 세바의 반란을 평정했는데, 그 반란은 요압의 승리가 아닌, 도망간 성에 있는 한 여인이 꾀를 내서 세바를 잡아 주는 것으로 끝납니다. 그런 후, 사무엘하 20장 23절을 보면, '요압은 이스라엘 온 군대의 지휘관이 되고'라고 합니다. 누가 요압을 임명합니까? 다윗이 임명합니다. 이런 우여곡절 끝에 결국 다윗은 요압을 군대 장관으로 세웁니다.

초라한 후반기에 본문이 있다

다윗은 왜 이런 인생을 살게 되었을까요? 밧세바 사건 때문입니다. 밧세바 사건에는 요압이 깊이 관여해 있습니다. 요압이 밧세바 사건을 부추겼다는 의미가 아니라, 다윗이 요압을 불러서 밧세바의 남편인 우리아를 전장에서 죽게 하라고 명령합니다. '가장 격렬한 전투지로 가서 우리아만 앞세우고 나머지는 물러나서 그를 죽게 하라.' 그래서 우리아가 죽습니다.

　이 일로 요압은 다윗의 큰 약점을 잡고 있는 셈입니다. 다윗은 요압이 필요한 때도 있었지만, 다윗에게 요압은 민망하기도 하고 겁나기도 한 존재인 것입니다. 다윗은 압살롬의 반란 때 자기 휘하에 있는 부하들에게 압살롬을 죽이지 말라고 명령을 내렸습니다. 그런데 누가 압살롬을 죽입니까? 요압이 죽입니다. 다윗은 압살롬의 죽음을 어떻게 애곡합니까? '내 아들 내 아들 압살롬아 차라리 내가 너를 대신하여 죽었더면' 하며 울었습니다. 요압은 이 장면에서 무엇이라고 말했는지 사무엘하 19장에 가 봅시다.

> 요압이 집에 들어가서 왕께 말씀 드리되 왕께서 오늘 왕의 생명과 왕의 자녀의 생명과 처첩과 비빈들의 생명을 구원한 모든 부하들의 얼굴을 부끄럽게 하시니 이는 왕께서 미워하는 자는 사랑하시며 사랑하는 자는 미워하시고 오늘 지휘관들과 부하들을 멸시하심을 나타내심이라 오늘 내가 깨달으니 만일 압살롬이 살고 오늘 우리가 다 죽었더면 왕이 마땅히 여기실 뻔하였나이다 이제 곧 일어나 나가 왕의 부하들의 마음을 위로하여 말씀하옵소서 내가 여호와를 두고 맹세하옵나니 왕이 만일 나가지 아니하시면 오늘 밤에 한 사람도 왕과 함께 머물지 아니할지라 그리하면 그 화가 왕이 젊었을 때부터 지금까지 당하신 모든 화보다 더욱 심하리이다 하니 왕이 일어나 성문에 앉으매 어떤 사람이 모든 백성에게 말하되 왕이 문에 앉아 계신다 하니 모든 백성이 왕 앞으로 나아오니라 (삼하 19:5-8)

이 정황의 형세를 파악해 봅시다. 다윗은 요압의 공갈 협박을 받고 성문에 나와 앉아 있습니다. 우리는 다윗이 혹시 이렇게 할 수는 없었을까 하고 상상해 봅니다. "날 죽이고 네가 왕 해라." 우리에게는 이 편이 더 쉬웠을 것 같습니다. 다윗은 이제 자신도 원치 않는 길로 가게 되었습니다. 우리도 이 점을 깨달아야 합니다. 앞으로 그는 민망하고 답답하고 부끄럽고 설명할 길 없는 인고의 세월을 보내야 할 것입니다. 앞으로 펼쳐질 다윗의 생애를 골리앗 사건과 비교해 보십시오. 다윗이 아버지의 명을 받아 형들에게 줄 양식을 가지고 가다가 골리앗 앞에 엎드러진 이스라엘 백성들, 숨어서 벌벌 떠는 이스라엘 백성들을 보고 의분이 차올라서 골리앗 앞에 당당히 맞섰던 그 모습을 떠올려 보십시오. '이 할례 받지 않은 블레셋 사람이 누구이기에 살아계신 하나님의 군대를 모욕하느냐. 내가 양을 지키기 위하여 사자도 잡고 곰도 죽였으니 내가 이 사람을 그 짐승 중 하나같이 하리라' 하며 용감하게 나섰던 것입니다. 이런 영웅성, 이런 단순함이 이제 다윗에게는 사라졌습니다. 왜 사라졌습니까? 기도를 하지 않아서 없어진 것이 아니고, 신앙이 나빠져서 없어진 것이 아니라, 현실이 그렇게 내몬 것입니다. 할 말이 없게 된 것입니다.

그러니 흔히 우리가 '아, 그러게 왜 밧세바 사건은 저질러 가지고'라고 말하는 것은 성경이 하는 이야기와 얼마나 동떨어진 비난입니까? 우리 현실이 바로 이와 방불한데 말입니다. 그래도 여전히 우리는 밧세바 사건은 일어나서는 안 될 사건으로 생각합니다. 절대 밧세바는 안 된다고 생각합니다. 그런데 밧세바는 이미 죽어서 백골이 진토되었습니다. 그따위로 이야기를 갖다 붙이는 것이 어디 있습니까?

오늘날 우리에게 밧세바 사건은 무엇입니까? 무능한 자신, 할 말 없이 못난 유전자, 이웃집 바보들, 전부 우리가 제어할 수 없는 것들입니다. 우리는 "하나님, 저도 다윗 같은 사람이 되고 싶습니다. 그런데 왜 저를 다윗처럼 안 만들어 주십니까?"라고 원망합니다. 하나님이 묻습니다. "어떤 다윗을 말하느냐? 전반기 다윗이냐, 후반기 다윗이냐?" 이제 와서 보니 앞에서 다윗이 골리앗을 물리치고, 사울을 용서하고, 법궤를 도로 찾아와서 춤을 추고, 성전을 짓겠다고 서원한 것은, 성경이 긴장감을 고조하기 위해 앞서 구축해 둔 사건에 불과해 보입니다. 그가 아무 위대할 것 없는, 서울역에서 노숙하는 거지에 불과했더라면 밧세바가 아니라 누구와 간음했든 누가 관심이나 두었겠습니까?

우리의 상상이 성경의 의도와 얼마나 빗나가 있는지를 생각해 보십시오. 성경을 읽다가 답답한 순간이 되면 '다윗은 왜 이래? 이게 뭐야? 왜 여기선 꼼짝도 못 해?'라고 말하고, 요압이 얄밉게 굴 때는 '요압, 너 진짜 그따위로 말할래? 너 죽고 나 죽고 한번 해 볼래?' 하며 분을 냅니다. 우리가 이렇게 생각하게 된 데에는 앞서 다윗이 그렇게 했기 때문입니다. 골리앗을 앞에 둔 채, "이 할례 받지 않은 자가 어딜 나와서 짖어?" 이렇게 호령했잖아요. 그런데 이제는 이 말을 누가 써먹습니까? 요압이 써먹습니다. '내가 여호와를 두고 맹세하옵나니'(삼하 19:7). 세상이 우리를 공격해 올 때 우리가 그렇게 합니다. "야, 내가 예수 믿으면 너보다는 나을 것 같다"라는 말을 들으면 우리는 자기가 다니는 교회의 목사님을 원망합니다. "그러니까 목사님, 좀 잘하세요. 이런 욕 좀 안 듣게 잘 좀 하세요."

하나님이 우리더러 '너는 그 속에서 어떻게 할래?' 그렇게 물으십니다. 거지 같은 현실을 살며 맘에 안 드는 목사님을 보면서 간신히 주일이라도 지키고 있는데, 세상에 나가면 사람들이 교회를 향해 욕을 퍼붓습니다. 정말 우리보고 어떡하란 말입니까? 거기에 다윗이 붙잡혀 들어와 있습니다. 거기가 본문이라고 합니다. 그 앞에 있던 훌륭한 업적 같은 것은 다 무엇이라고 했습니까? 긴장을 고조하기 위해

구축된 하나의 컨텍스트에 불과하다고 했습니다. 그러니 우리도 정신 차려야 합니다. 다윗의 저 화려했던 시절에 본문이 들어 있지 않고, 지금의 초라한 다윗의 현실에 본문이 들어 있다는 사실을 기억해야 합니다.

수동적으로 끌려가는 인생들

언제부터인가 제가 설교하면서 쓰는 동사를 보니 거의 다 수동형이 라는 것을 알게 되었습니다. 우리가 예수를 믿었으니 그 이름으로 각 자 삶을 주도하며 능동적으로 살 줄 알았는데 말입니다. 비전이 있고, 꿈이 있고, 능력이 있고, 영광이 있고, 그래서 마침내 승리가 기다리고 있을 줄 알았는데, 그것이 전부가 아니었습니다. 성경은 우리 인생이 수동태로 끌려간다고 이야기하는 것 같습니다. 수동태로 끌려간 신앙 인생을 가장 극명하게 보여 준 대표적 인물이 요셉입니다. 형들의 미 움을 사서 죽을 뻔했는데, 상인들에게 팔려 애굽의 친위 대장의 노예 가 되었다가 무고를 당하여 감옥에 갇힌 요셉 말입니다. 시편 105편 에는 요셉의 생애를 간단하게 이렇게 기술합니다.

> 그가 한 사람을 앞서 보내셨음이여 요셉이 종으로 팔렸도다 그의 발 은 차꼬를 차고 그의 몸은 쇠사슬에 매였으니 곧 여호와의 말씀이 응할 때까지라 그의 말씀이 그를 단련하였도다 (시 105:17-19)

그리고 뒤는 이렇게 이어집니다.

> 왕이 사람을 보내어 그를 석방함이여 뭇 백성의 통치자가 그를 자유
> 롭게 하였도다 그를 그의 집의 주관자로 삼아 그의 모든 소유를 관
> 리하게 하고 그의 뜻대로 모든 신하를 다스리며 그의 지혜로 장로들
> 을 교훈하게 하였도다 (시 105:20-22)

요셉의 생애는 철저하게 수동적으로 이어졌는데, 그의 생애를 통해
만들어진 것이 그가 열심을 내고 분발하여 최선의 길을 걸은 것보다
훨씬 크고 상상할 수 없는 것이 결실되었다고 성경은 우리에게 증언
합니다. 요셉은 그렇게 살았더라도 우리는 안 그래도 괜찮으니, 좀 편
한 길로 가면 안 될까 묻고 싶습니까? 그것은 모르겠습니다. 고난은
하나님이 정하신 지혜이기 때문입니다.

이런 인물이 또 있습니다. 욥이 그렇습니다. 욥은 당대의 의인입니
다. 그는 의롭고 겸손한 사람일 뿐만 아니라, 혹시 자기 자식들이 모
르는 중에라도 죄를 범했을까 봐 늘 제사를 드리곤 했던 사람입니다.
자신의 죄는 물론 자식들의 죄를 속하기 위해서 말하자면 넉넉하게
보험을 들어 둔 셈입니다. 빚을 질 일 없이 해 둔 것입니다.

하루는 사탄이 와서 하나님 앞에 섭니다. 하나님이 "넌 왜 바삐 돌
아다니고 쓸데없이 세월을 허송하느냐? 내 종 욥을 봐라"라고 하시
자, 사탄은 "하나님이 잘해 주시니까 그렇죠"라고 반발합니다. 이에
하나님과 사탄의 대화가 계속 이어집니다. "그럼, 내가 잘해 주지 않
으면 욥이 안 그럴 것 같냐?" "그럼요." "그럼, 네 말대로 해 보자." 그

렇게 사탄이 도발한 내기에 하나님이 응하시자, 아무 상관 없는 욥만 죽어나게 되었습니다.

　하루아침에 욥은 재산을 다 뺏기고, 자식들마저 다 죽고, 이번에는 그의 온몸에 악창이 나서 기왓장으로 몸을 긁으며 탄식합니다. 죽기를 바라지만, 죽을 수도 없습니다. 물에 빠져도 숨이 쉬어지고, 절벽에서 떨어져도 머리가 안 깨지고 공처럼 튀어 올라 살아 있습니다.

　욥의 소식을 들은 세 친구가 그를 위로하러 옵니다. 그들이 와서 계속 이 말을 합니다. "고난에서 벗어나려면 빨리 회개해야 한다. 너 어서 회개해라." "나 잘못한 것 없다." "말을 그따위로 하는 것만 봐도 너는 크게 잘못했다. 그럼, 네 말대로 하면, 하나님이 잘못했단 말이냐?" "내가 그렇게는 말할 수 없지만, 어쨌든 이런 고난을 당할 이유가 나에게는 없다." 욥기 38장에서 하나님이 나타날 때까지 욥은 내내 이렇게 항변하고, 그 대가로 계속 욕을 먹습니다. 그런데 욥이 계속 욕을 먹다가 중간에 이렇게 화를 냅니다. '너희는 최소한 내 친구가 아니냐. 친구이기에 나를 위로하러 찾아온 것 아니냐? 그런데 친구라면서 시비만 걸고 저주만 퍼부으러 왔냐? 너희나 입 닥치고 좀 가만있어 보라.'

　욥기 마지막에 하나님이 나타나셔서 희한한 답을 주십니다. "욥아, 이 창조된 세상을 봐라. 너는 이 피조물들과 다르다. 나는 이 창조 세상을 너와 함께 다스리려고 너를 만들었다. 너는 내 자식이다. 내 기업을 이을 자다. 너는 다만 잘잘못이 전부인 존재, 네 안심으로 만족하는 존재가 아니다. 이 일이 왜 이렇게 되었는지 봐라. 이게 왜 이런지 깨달아라. 너는 그 속에 숨어서, 그냥 네 자리에서 안주하라고 만든 존재가 아니다."

옵은 여태껏 자기가 알았던 안심과 자기가 알았던 최선의 생애가 자신의 의지 바깥에 있는 힘으로 깨지는 바람에, 즉 자신이 수동적으로 이끌려 가는 바람에, 그에게 닥친 환경과 주어진 도전을 본인이 납득할 수 없는 바람에, 본인이 품을 수 있는 최대의 원망과 분노로도 자신의 고난을 해결할 수 없는 바람에, 친구들이 와서 '원인과 결과의 법칙을 벗어나 있는 일은 없다. 너도 모르는 어떤 잘못과 실수가 있었을 것이다'라는 인과율로도 해결되지 않는 고난을 겪는 바람에, 창조자의 동역자로 부르심을 받았다는 것을 알게 됩니다. 참으로 신비합니다.

타협이라는 우상

기독교 신앙에서 가장 중요한 핵심은 우리가 하나님의 기업을 이을 자로 창조되었다는 사실이고, 하나님이 당신의 높은 지위와 위대한 속성을 가지고 우리라는 존재를 당신의 자녀로 부른다는 사실입니다. 이것을 우리에게 이루기 위하여 고난이 있다고 이야기합니다. 이 고난은 우리의 한계를 깨는 것입니다. 우리가 가진 기대와 만족과 우리가 생각하는 가능성보다 우리가 더 큰 존재라는 데에 고난의 목적이자 어려움이 있습니다. 우리가 밤낮 요구하는 형통과 안심을 뚫고 넘어서야 하기 때문입니다.

성경이 지적하는 가장 큰 죄는 우상 숭배입니다. 우상 숭배는 구약 내내 이스라엘 백성이 저지른 큰 죄였고, 우리로서는 이해가 잘 가지 않는 죄입니다. 우상에 대해서는 하나님이 너무나 노골적으로 화를 내시고 질투하십니다. 사실상 하나님은 우상에 대해 분노하실 필요가 없는 분입니다. 하나님과 견줄 대상은 없기 때문입니다. 그런데 하나님은 우상에 대해서 왜 그렇게 특별하게 질투하시고 화를 내시는 것일까요? 우리에게 여전히 우상이 있기 때문입니다. 쉽게 말해서 우리에게는 우상이 돈이나 권력으로 드러나지만, 그것만이 우상은 아닙니다.

우상은 타협입니다. 어떤 타협입니까? '하나님, 제가 이해하는 선까지면, 저는 만족합니다'라는 타협입니다. 이런 생각을 하나님이 거부하시는 것입니다. 자식을 학교에 보내 놓았더니 어느 날 자식이 와서 하는 말이 이렇다고 해 봅시다. '아버님, 그동안 주신 용돈과 등록금을 다 모아서 여기 가져왔으니 생활비에 보태 쓰십시오. 저는 나가서 껌 팔아 살아가겠습니다.' 이에 대해 하나님이 절대 타협하지 않겠다고 하시는 것입니다. 하나님의 이런 단호함이 우리한테 무엇으로 다가옵니까? 원망으로 다가옵니다. 우리의 소원과 기대를 하나님이 들어주시지 않아 생기는 불만인 현실이 우리의 도전이 되기 때문입니다. 우리는 여기를 질색하는 것입니다.

마태복음 26장에 가면, 예수님은 바로 이 문제에 대한 모범을 이렇게 보이십니다. 이 모범은 이해에 관한 모범입니다.

이에 예수께서 제자들과 함께 겟세마네라 하는 곳에 이르러 제자들에게 이르시되 내가 저기 가서 기도할 동안에 너희는 여기 앉아 있으라 하시고 베드로와 세베대의 두 아들을 데리고 가실새 고민하고 슬

퍼하사 이에 말씀하시되 내 마음이 매우 고민하여 죽게 되었으니 너
희는 여기 머물러 나와 함께 깨어 있으라 하시고 조금 나아가사 얼
굴을 땅에 대시고 엎드려 기도하여 가라사대 내 아버지여 만일 할만
하시거든 이 잔을 내게서 지나가게 하옵소서 그러나 나의 원대로 마
옵시고 아버지의 원대로 하옵소서 하시고 (마 26:36-39)

38절에 나오는 '내 마음이 매우 고민하여 죽게 되었으니'와 같은 표
현은 기억해 두기 바랍니다. 예수님의 마음이 고민하여 죽게 되었답
니다. 우리는 자신에게 이런 마음이 들면, 믿음이 없어서 그런 것이니
얼른 회개해야 한다고 생각합니다. 그러나 이것이 우리의 정황입니
다. 뚫고 나갈 수 없고, 이해할 수 없고, 감당할 수 없는 자리까지 하나
님이 밀고 들어오시는 것을 모르는 것입니다. 그래서 기도합니다. "아
버지여, 만일 할 만하시거든 이 길은 가지 않게 해 주십시오." 어떤 길
이었습니까? 그가 수동적으로 이끌려 간 생애는 무엇이었습니까? 신
이 인간의 모습으로, 계급장을 떼고 내려왔습니다. 우리는 우리가 하
고 싶은 대로 하고, 예수는 그가 하고 싶은 대로 하지 못합니다. 예수
님은 우리의 분노, 원망, 무지, 폭력을 감당하여 가장 약한 자처럼, 마
치 하나님에게 벌을 받는 자처럼, 마치 자신이 잘못한 것처럼 정말 처
참하게 당할 일을 다 당해서 그 모든 당하는 일의 맨 끝인 죽음까지
당하는 수동태의 길을 가기로 하는 것입니다. 그래서 마침내 능동태
로 반전이 일어납니다.

하나님이 믿을 수 있는 분이라는 사실에 책임을 지기로 동의하다

로완 윌리엄스가 신앙이란 무엇인가, 그리고 신앙생활이란 무엇인가를 이렇게 멋지게 설명해 놓았습니다. '하나님이 믿을 수 있는 분이라는 사실에 책임을 지기로 동의하다.'* 이는 영웅성이나 도덕성과 다릅니다. 이런 문장은 꼭 기억하기 바랍니다. 특별나게 고결한 사람이 되는 것이 기독교가 추구하는 목적이 아닙니다. 옷을 빨고 또 빨아서 새하얀 옷을 입고 다니는 것이 목적이 아니라, 우리라는 사람을 멋진 존재로 만들려고 하는 것이 기독교입니다. 속에 한 터럭이라도 자책할 것이 없고 부끄러울 것이 없는 사람이 되는 것이 목표가 아니라, 넉넉하게 웃어 주고 넘어가 주는 위대함을 상대에게 나누는 그런 존재가 되는 것이 목표입니다.

다윗의 생애가 우리에게 보여 주는 것처럼, 용서와 섬김의 길을 가는 것입니다. 다윗은 무엇을 용서하고 섬겼을까요? 그는 실패를 용서하고 자신의 할 말 없는 인생을 감수하기로 했습니다. 그리하여 우리 모두에게 위로가 됩니다. '다윗도 그랬어.' 이 말처럼 고마운 말이 어디 있을까요? 비로소 우리가 숨을 쉴 것 같습니다. 비로소 우리가 살 것 같습니다. 예전에 자녀를 훈계할 때 이런 말을 했습니다. "아브라함 링컨은 네 나이에 책을 백 권이나 봤대." 그랬더니 자식이 이렇게 응수합니다. "아버지 나이엔 대통령이었대요." 우리는 여기에서 벗어나지 못하고 있습니다.

---

* 로완 윌리엄스 지음, 김병준·민경찬 옮김,《신뢰하는 삶》(비아), 46쪽.

로완 윌리엄스의 표현대로, 신앙이란 하나님이 우리 안에서 만들려고 하시는 것, 하나님이 믿을 만한 분이라는 것에 책임을 지기로 동의하는 것입니다. 어디서 그렇게 합니까? 우리가 지금 원망하고 '이건 아니야'라고 말하는 우리의 현실 속에서 그렇게 하는 것입니다. 그러니 이제 어떻게 할 것입니까? 영웅이 될 수 없는 조건에서는 어떻게 해야 합니까? 다윗같이 민망스러워해야 합니다. 거기서 하나님이 일하신답니다.

앞서 우리는 요셉에게서, 욥에게서 이미 보았습니다. 그들이 상상하지도 않았고, 이해하지도 못했던 인생이 무엇을 만들어 냈는지 확인했습니다. 예수께서 이 길을 따라서 사망을 뒤집으셨다는 사실을 우리는 알고 있습니다. 그러나 우리는 당장 쉽게 살고 싶어 합니다. 안심하며 살고 싶은 것입니다. 그런데 이런 것을 하나님이 우상이라고 하십니다. 안심과 확신을 부정적이고 소극적인 목적으로 쓰는 것이 전부라면, 우리는 타인에게 비난밖에 할 것이 없습니다. 옆 사람에게 아무런 도움이 되지 않습니다.

예수를 믿는 것이 무엇인지 모르면, 예수가 우리에게 무엇을 만들려고 십자가를 지셨는지 모르면, 이 변화가 없으면, 우리의 몸동작 어느 것 하나인들 타인에게 덕이 되지 못합니다. 머리카락이 올올이 서고 모든 손톱이 다 비수가 됩니다. 이것을 알면 우리는 가장 먼저 모든 원망과 보복을 내려놓고 자기 인생을 살 수 있게 됩니다. 하나님이 믿을 만한 분이라는 것을 우리가 처한 조건 속에서 스스로 감수해 내지 않으면 방법이 없습니다. 하나님은 당신이 우리를 있게 한 바로 그 자리에서 '여기서는 어떻게 할래?'라고 물으십니다. 언제나 우리는 손쉬운 해결을 가장 원합니다.

예전에 제가 성가대를 하던 시절의 일입니다. 다들 연습하고 있는데, 갑자기 지휘자가 저를 보더니 '성가를 부를 때 박 군은 소리를 내지 마시오'라고 말했습니다. 제가 참 민망했죠. 그래서 성가 시간에 가만히 있었습니다. 이것이 신앙생활입니다. 도대체 무엇이 어렵다는 것입니까? 내가 해야 할 일도 하지 않고서는, 내가 왜 위대해지지 않느냐고, 하나님이 안 계시는 것 같다고 말하고 있지는 않습니까. 바로 그 문제입니다. '하나님은 믿을 만한 분인가'라는 질문 앞에서 우리 모두가 불만입니다. 그래서 바울은 이 문제를 고린도전서 15장에서 이렇게 증언합니다.

> 형제들아 내가 그리스도 예수 우리 주 안에서 가진 바 너희에 대한 나의 자랑을 두고 단언하노니 나는 날마다 죽노라 내가 사람의 방법으로 에베소에서 맹수와 더불어 싸웠다면 내게 무슨 유익이 있으리요 죽은 자가 다시 살아나지 못한다면 내일 죽을 터이니 먹고 마시자 하리라 (고전 15:31-32)

로마 시대에는 사람들이 예수를 믿으면 그들을 잡아가서 맹수들 앞에 던지고, 불에 태우고 그랬습니다. 〈쿼바디스〉라는 영화에서 그리스도인들이 맹수들에게 잡아먹히고 불타 죽는 모습을 보면, 눈물이 나곤 했습니다. 감격의 눈물만은 아니었습니다. 원망도 섞여 있었습니다. '하나님, 왜 저들을 내버려두세요? 왜 이렇게 일하세요?'라는 원망이 들어 있는 것입니다. 그들의 죽음은 영웅적이고 감동스럽지만,

그냥 이렇게 볼품없이 죽고 말게 한 하나님에게 불만이 컸던 것입니다. '하나님, 저는 목숨은 버릴지언정, 결코 하나님을 배반하지 않겠습니다'라는 각오가 모든 이의 조롱이 된, 콜로세움에 모인 모든 구경꾼들의 웃음거리가 된 상황을 떠올려 보십시오. '저것들은 죽으면서도 이상한 소리 한다.' 그런 비웃음을 받았을 것입니다.

지금 우리 모든 신자의 불만과 같습니다. 그런데 당시 혈기를 부리며 '좋다. 사자를 있는 대로 다 풀어 봐라. 내가 주 예수 그리스도의 이름으로 이 사자들 눈알을 다 빼겠다' 하고 그 자리에 섰으면 그것이 뭐겠냐 하는 생각이 듭니다. 그것이 어떻게 기독교 신앙입니까? 피해 다니는 것이 기독교 신앙입니다. 그러니 당시 신자들은 어떤 욕을 먹었겠습니까? "당신은 대사도라면서 죽음이 무섭냐? 당신이 잡혀가서 멋있게 한번 기도하여 그냥 로마 황제 목을 비틀어 놓지, 왜 밤낮 숨어 다니냐?" 그런 소리를 들어 보았을 것입니다. 잡혀간 본인은 그런 생각을 해 보았겠습니까? 안 해 보았겠습니까? 그런데 그렇게 되면, 무엇을 얻었겠습니까? '하나님이 시간을 가지고 예수 안에서 그의 육체로 피 흘리시고 몸 찢어 만드신 하나님의 지혜와 기적을 모른다면 복음의 가치를, 내용을 무슨 수로 증명하고 무슨 수로 누리겠느냐? 나는 매일 죽는다. 그러나 우리에게 부활이 있다. 이 모든 것이 승리로 갈 것을 나는 안다. 나는 기꺼이 매일 죽는다.'

이것을 감내하며 사는 것입니다. 매일 죽는 것입니다. 누가 옆에서 자꾸 놀립니다. "예수를 믿는다고? 돈을 믿어야지. 돈이 최고야." 이런 말을 듣고서 발끈하여 대들지 마십시오. 그런 이야기를 들으면, "충고는 고맙게 받을게" 그러면 됩니다. 그래도 "너 교회 좀 다니지 마라"라고 말리면, "생각해 볼게" 그러십시오. "넌 왜 오늘 또 교회 왔어?"라고 물으면 "생각 중이야"라고 말해 보십시오. 당장 시원한 답만 있으면 좋겠습니까? 위대한 일은 결코 그런 데서 만들어지지 않습니다.

성경이 하는 이야기, 우리가 앉은 자리, 우리의 모습 속에 위대한 도전이 있습니까? '하나님은 믿을 만한 분인가?' 매일 자기 자신에게 질문해 보길 바랍니다. 이 질문에 나는 어떤 대답을 하고 있는가? 이 것이 우리가 매일 노력해야 하고, 자신에게 확인해야 하고, 감사해야 하고, 격려해야 하는 진정한 인생입니다. 이 인생을 살아 내면 우리 얼굴에 빛이 날 것입니다.

기도

하나님 아버지, 우리는 하나님이 일하시는 현장에 있습니다. 우리를 위협하고 시험하는 모든 것들과 우리의 힘이요 지혜요 능력이 되시는 예수님과 함께 있습니다. 어느 편을 들 것인가, 어떻게 할 것인가, 우리의 매일 반복되는 하루가 얼마나 진지한 영적 전쟁이며, 명예와 승리의 기회인지 알게 하옵소서. 그리하여 이기게 하옵소서. 감사가 넘치게 하옵소서. 우리를 통하여 하나님의 기적이 풍성해지게 하옵소서. 예수님 이름으로 기도합니다. 아멘.

35.
우리와 방불한 다윗의 삶

10 아야의 딸 리스바가 굵은 베를 가져다가 자기를 위하여 바위 위에 펴고 곡식 베기 시작할 때부터 하늘에서 비가 시체에 쏟아지기까지 그 시체에 낮에는 공중의 새가 앉지 못하게 하고 밤에는 들짐승이 범하지 못하게 한지라 11 이에 아야의 딸 사울의 첩 리스바가 행한 일이 다윗에게 알려지매 12 다윗이 가서 사울의 뼈와 그의 아들 요나단의 뼈를 길르앗 야베스 사람에게서 가져가니 이는 전에 블레셋 사람들이 사울을 길보아에서 죽여 블레셋 사람들이 벧산 거리에 매단 것을 그들이 가만히 가져온 것이라 13 다윗이 그 곳에서 사울의 뼈와 그의 아들 요나단의 뼈를 가지고 올라오매 사람들이 그 달려 죽은 자들의 뼈를 거두어다가 14 사울과 그의 아들 요나단의 뼈와 함께 베냐민 땅 셀라에서 그의 아버지 기스의 묘에 장사하되 모두 왕의 명령을 따라 행하니라 그 후에

야 하나님이 그 땅을 위한 기도를 들으시니라 (삼하 21:10-14)

면목 없고 할 말 없는 다윗의 처지

밧세바 사건 이후 다윗은 우리가 기대하는 시원한 통치를 보여 주지 못합니다. 우선 그는 면목 없고, 아무 할 말이 없는 처지에 놓입니다. 자기 인생이 그렇게 뒤집힌 것으로 인해 아무런 확신이 없이 살아가는 것입니다. 그래서 다윗의 후반기는 매우 모호한 인생이 되고 맙니다.

본문 말씀의 사건을 살펴보면 이렇습니다. 다윗의 시대에 해를 거듭하여 삼 년 연속 기근이 들자, 이것이 어찌 된 일인가 싶어 알아보았더니 기브온 사람들의 원망이 하나님에게 상달되었다는 사실을 알게 됩니다. 즉 사울이 왕으로 있던 시절, 기브온 사람들이 공격을 당해 피해를 입게 되자 자신들이 입은 피해를 두고 하나님 앞에 기도했더니 그 결과로 이스라엘 백성들이 그 벌을 받고 있는 것이라고 밝혀집니다.

기브온 사람들은 가나안 원주민 중 한 족속인데, 출애굽한 이스라엘이 가나안에 들어온다는 소식이 들리자 그들은 계략을 꾸밉니다. '저들과는 싸워서 이길 수 없으니 화친하자'는 정책을 세워서 자신들이 마치 먼 곳에서 온 사람들인 양 분장하고 이스라엘에 들어와서는 서로 불가침 조약을 맺습니다. 이스라엘 백성이 하는 맹세나 약속은 하나님의 이름으로 하는 것이니 나중에 딴소리하지 않을 것이라고 기대했던 것 같습니다. 아니나 다를까 그들이 이스라엘 한복판에 살던 사람들이었던 것이 탄로나게 되자, 이스라엘 백성들이 왜 자신들을 속였느냐고 그들에게 묻습니다. 그러자 그들은 "그럼 어떡하냐? 살아남으려고 속였다. 그러나 너희가 믿는 여호와의 이름으로 이미 약속했으니 그 약속을 지켜야 한다"라고 우겨 댑니다.

그래서 그들은 이 언약을 붙들고 살아왔는데, 사울이 왕이 된 후에 기브온을 공격하는 일이 일어난 것입니다. 사울은 왜 그랬을까요? 사울은 베냐민 지파에 속한 사람인데, 베냐민 지파의 배경은 그리 막강하지 않아서 강력한 유다 지파를 의식하느라 기브온을 공격했던 것입니다. 기브온은 유다 지파에 속해 있는 지역이라서 아마 정치적으로 호의를 얻어 보려고 그랬던 것 같습니다.

그런데 이제 와서 보니 그런 전략이 예전에 하나님 앞에서 했던 그 약속을 어긴 꼴이 되었고, 이제 그 벌을 받고 나서 기브온 사람들에게 어떡하면 좋겠냐고 물어보자 '사울의 자손 일곱 명을 희생자로 내놓으라'는 답을 듣습니다. 그래서 그들의 목을 베어 원한을 갚습니다. 그 시체 중 둘은 사울의 첩이었던 리스바의 아들이고, 다섯은 사울의 딸 메랍의 자식인데, 리스바가 와서 그 시체를 지킵니다. 낮의 새가 쪼아 먹지 못하고 밤에 들짐승이 와서 건들지 못하게 비가 오나 눈이 오나 낮이나 밤이나 몇 달을 그렇게 지킨 것입니다. 다윗이 이 이야기를 듣고 매장하지 못하게 했던 시체를 수습하여 그 옛날 블레셋과의 전투에서 죽은 사울 왕과 그의 아들 요나단의 시체와 함께 장사를 지냅니다. 이 둘의 시체는 길르앗 야베스 사람들이 시체를 거둬다가 가서 매장한 것이었기 때문에, 이참에 길르앗 야베스에서 그 시체를 이관해서 함께 장사를 지내게 된 것입니다.

　역사적 배경으로는 그러한데, 여기서 우리가 보려는 것은 다윗의 모습입니다. 다윗은 무슨 일이 있을 때마다 시원한 해결이나 하나님의 마음에 합한 모습을 보이는 행동은 하나도 없습니다. 우리 같은 평범한 사람들이 살아가는 것처럼 그때그때 그저 임시방편으로 할 수 있을 만한 일을 처리하는 데 급급할 뿐, 일관된 목표나 확고한 의지나 빛나는 지혜 같은 것은 거의 드러나지 않은 채, 그런 사건들에 묶여 있다는 것을 보게 됩니다. 다윗의 말년도 결국 그런 식으로 별 볼일 없이 죽어 가기 때문에 우리는 모두 다윗의 후반부 인생에 대해서는 말하지 않기로 하는 암묵적 타협이라도 있는 것 같습니다. 다윗이라고 하면, 골리앗을 무찌른 일, 법궤가 들어올 때 기뻐서 춤춘 일, 그리고 성전을 짓겠다고 서원한 일, 이 셋만 이야기하기로 약속이나 되어 있는 듯이 말입니다.

　그런데 여러 번에 걸쳐 다윗의 생애를 생각하는 중에 가장 중요한 사건은 밧세바 사건이라는 결론을 얻었습니다. 이 사건이 있어서 다윗이라는 인물은 밧세바 사건 이전의 생애에 초점이 있지 않고, 밧세바 사건 이후의 생애에 초점이 있다는 것입니다. 그것은 바로 '다윗은 은혜의 대표자다' 하는 초점입니다.

　이런 말을 들으면, 우리는 마음에 거부감이 생깁니다. 신앙이란 인간을 좀 더 나은 존재로 만드는 도구일 것이라고 믿기 때문입니다. 보이는 복도 받고, 내면에 평안도 얻고, 더 깊고 높은 영성의 차원에 이르는 것을 종교라고 기대하기 때문입니다. 그래서 성경이 말하고자 하는 신앙이란 무엇인지, 예수를 믿는다는 말로 대변되는 기독교 신앙이 추구하는 것이 무엇인지는 자기 마음대로 생각하곤 합니다. 부분 부분은 옳고,

연결은 되지 않는, 그런 기독교 신앙을 우리가 가지고 있는 것입니다. 그런데 이 문제를 다윗의 생애에서 분명히 짚고 넘어가야 합니다.

믿음의 조상 아브라함, 은혜의 대표자 다윗

다윗의 후반기 인생이 은혜의 대표자로서 초점이 맞춰져 있다면, 우리가 소위 '아브라함은 믿음의 조상이다'라고 이야기한 것부터 먼저 짚고 넘어가 봅시다. 아브라함이 믿음의 조상이라는 말은 그가 최고로 좋은 믿음을 가졌다는 의미로 쓰인 것이 아닙니다. 아브라함은, 믿음이 어떻게 시작되고 어떤 과정을 밟아서 완성되는가를 보여 주는 점에서 '믿음의 조상'인 것입니다. 그러니까 아브라함은 믿음이 무엇인지를 보여 주는 최초의 인물인데, 이 말은 하나님이 믿음이라는 방법을 사용하기 시작했고, '믿음이란 이런 것'이라는 정의가 아브라함의 생애를 통해 나타났다는 의미입니다. 그는 이방 사람이고 하나님을 모르던 사람입니다. 거기서부터 출발하여 하나님의 백성으로 불리는 자들의 선조가 된 것입니다. 그는 하나님을 모르고 살던 갈대아 우르에서 하나님의 부름을 받고 하나님을 알게 되어 하나님이 선택한 민족, 즉 아브라함을 불러서 시작한 이스라엘 민족의 조상이 된 것입니다.

마찬가지로 다윗을 은혜의 대표자라고 부른다면, 다윗을 보면 은혜란 무엇인가, 은혜는 무엇을 만드는 것인가, 하는 생각이 들어야 합니다. 그런데 다윗을 떠올릴 때 골리앗을 물리친 사건이나 법궤를 가져와 그 앞에서 기뻐 춤을 춘 일이나 성전을 짓겠다는 진심을 가진 사람으로만 생각하는 것은 다윗을 영웅으로 만들고 싶은 마음 때문입니다. 기독교 신앙이라는 이름으로 다윗을 영웅화한다는 것은 위대한 사람, 잘난 사람, 성공한 사람이라는 개념을 중요하게 여기는 세속적 가치를 따라서 우리가 동요되는 것에 불과합니다.

나라가 어려울 때 나라를 구하고, 기뻐할 때 기뻐할 줄 알고, 슬퍼할 때 슬퍼할 줄 알고, 깊은 종교성을 지니고 사는 것은 훌륭합니다. 우리가 다윗을 훌륭하다고 생각하며 영웅으로 기대하고 따르는 것은 바로 이런 점 때문입니다. 그러나 성경은 다윗의 빛나는 전반기 생애를 그의 후반기 생애를 위하여 철저히 깨트립니다. 그리하여 다윗의 생애에서 중요한 것은 '앞에 나온, 우리의 환영을 받은 다윗의 영웅성이 뒤엣것 앞에서 빛을 잃는 것이다. 뒤엣것과 비교하면 앞에서의 승리는 가치 없는 것이다'라고 이야기하는데, 우리는 계속 이 고집을 부리는 바람에 우리의 이해는 늘 여기에 머물러 있습니다. '다윗은 다 좋은데, 밧세바 사건은 왜 저질렀대?'가 되는 것입니다. 이것이 늘 우리의 속을 썩입니다. '밧세바 사건만 없었으면 다윗은 최고인데, 어쩌다가 그렇게 됐을까' 하고 안타까워하는 것입니다.

그런데 성경은 밧세바 사건을 들이대서 그 앞엣것은 우리가 기대하고 아는 가치에 불과하고, 뒤엣것은 하나님이 목적하시고 인정하시는 가치를 담고 있다고, 둘을 대조하여 앞엣것의 화려한 성공을 무색하게 하며, 앞에 나온 업적에 말려들지 말라고 경고하는 것입니다. 성경이 분명히 말씀하고 있지 않습니까. 그런데 도대체 왜 우리는 다윗의 전반기 생애가 훌륭하다고 우기는 것입니까? 여기가 성경이 다윗의 생애를 통해 우리에게 말하고 싶은 주제가 담겨 있습니다.

영웅성에 대한 오해

성경을 읽다 보면 우리가 성경 속 인물들에 대해 잘못된 편견을 가지고 있다는 것을 알 수 있습니다. 고린도전서 1장을 봅시다.

> 십자가의 도가 멸망하는 자들에게는 미련한 것이요 구원을 받는 우리에게는 하나님의 능력이라 기록된 바 내가 지혜 있는 자들의 지혜를 멸하고 총명한 자들의 총명을 폐하리라 하였으니 지혜 있는 자가 어디 있느냐 선비가 어디 있느냐 이 세대에 변론가가 어디 있느냐 하나님께서 이 세상의 지혜를 미련하게 하신 것이 아니냐 하나님의 지혜에 있어서는 이 세상이 자기 지혜로 하나님을 알지 못하므로 하나님께서 전도의 미련한 것으로 믿는 자들을 구원하시기를 기뻐하셨도다 유대인은 표적을 구하고 헬라인은 지혜를 찾으나 우리는 십자가에 못 박힌 그리스도를 전하니 유대인에게는 거리끼는 것이요 이방인에게는 미련한 것이로되 오직 부르심을 받은 자들에게는 유대인이나 헬라인이나 그리스도는 하나님의 능력이요 하나님의 지혜니라
>
> (고전 1:18-24)

예수는 십자가에 못 박힌 메시아입니다. 세상적 가치와 기준으로 보면, 십자가에 무슨 위대함이나 영웅성이나 권력이 있겠습니까? 십자가에 못 박혀 죽은 메시아라뇨. 구원자가 십자가에 달려 있다뇨. 세상을 구원하러 오신 분이 세상 권세에 붙잡혀 십자가에 달려 있습니다. 힘으로도 지고, 수치를 당하고, 무력하고, 말이 안 되는 예수 그리스도

를 우리가 전하고 있는 것입니다. 결국 기독교란 죄인들이 하나님 아버지 앞에 자녀로 부름을 받은 것인데, 희한하게도 이 모든 것을 '예수를 믿는다'라고 표현합니다. '예수를 믿는다'는 표현에는 '하나님이 누구신가. 하나님은 우리와의 관계에서 어떤 대상인가. 하나님은 우리에게 무엇을 목적하시는가'가 다 녹아 있습니다. '예수'라는 한 단어에, 더 자세히는 '예수의 십자가'라는 단어에 말입니다. 이는 얼마나 우리 기대와 다른지 모릅니다. 우리가 아는 권세도, 승리도, 우월도 아닙니다. 다 깨어진 것입니다. 이 문제를 성경이 어디까지 이야기하는지 봅시다. 고린도전서 1장입니다.

> 하나님의 지혜에 있어서는 이 세상이 자기 지혜로 하나님을 알지 못하므로 하나님께서 전도의 미련한 것으로 믿는 자들을 구원하시기를 기뻐하셨도다 (고전 1:21)

그러니까 이 세상이 자기의 지혜로는 하나님을 알지 못하기 때문에 하나님이 전도의 미련한 것을 사용하셨다는 말씀입니다. '전도의 미련한 것'이란 무엇입니까? 이성이나 이해로 전하는 것이 아니라, '한 존재가 변화된 것'으로 증언하는 방법이라는 것입니다. 예수를 믿으면 완전히 달라지는 것입니다. 가치관이 달라지고, 세계관이 달라지며, 운명이 달라집니다. 그렇다고 다 채워지는 것도 아닙니다. 세상이 아는 성공은 채워지지 않습니다. 병이 낫지도 않습니다. 평안해지지도 않습니다. 우리 기대와 다릅니다. 그래서 세상 사람들이 우리에게 묻습니다. "넌 도대체 예수 믿어서 얻은 게 뭐야?"

기도원에 가면 앞뒤가 안 맞는 논리로 설교하는 부흥사들을 만나게 되는데, 물론 여기서 그 사람들을 비난할 의도는 없습니다. 그들이 자주 하는 말 중에 '감사 헌금 내고 가면 복권에 당첨된다'는 이야기가 있습니다. 이렇게도 앞뒤가 안 맞는 권면이 세상에 또 있을까요? 보통은 '하나님, 제게 먼저 돈을 주시면 그중 얼마를 바치겠다'라고 하는데, 기도원에서는 '먼저 헌금 내라. 그러면 당첨되게 해 주겠다'라는 것입니다. 이런 이상한 이야기를 듣고 있으면 저는 초점이 흐려져서 미치고 환장하겠는데, 이런 이야기를 듣고 힘을 내는 사람들이 있습니다. 그래서 제가 '그건 아니다'라고 이렇게 말할 수가 없는 것입니다. 그런데 분명한 한 가지는 그것으로는 모자란다는 것입니다. 그런 복으로는 모자랍니다. 부자되면 끝이 아니고, 건강하면 끝이 아니고, 성공하면 끝이 아니라는 것을 우리는 다 알고 있습니다.

'하나님께서 전도의 미련한 것으로 믿는 자들을 구원하시기를 기뻐하셨도다'라는 구절에서 아주 중요한 단어를 바꿔 보겠습니다. 바로 '밧세바 사건을 통하여 너를 구원하기로 하셨다'와 같은 이야기입니다. 이런 이야기를 들으면 정신이 번쩍 날 것입니다. 이것이 무엇이냐, 다윗의 생애가 가진 가치가 무엇이기에 그러는가, 왜 밧세바 사건이냐, 하는 의문이 들 것입니다. 그러나 그 앞에 있었던 영웅성이 밧세바 사건을 이기지 못했다는 것을 기억해야 합니다.

우리가 놓치기 쉬운 점은 다윗의 영웅성은 어쩌면 폭력일 수 있다는 것입니다. 폭력은 힘으로 무엇을 깨트리고, 무엇을 막고, 상대를 이기는 것이지만, 진정한 가치를 만드는 방법으로는 쓰일 수 없습니다. 기독교가 자신을 증명하는 최고의 단어는 '사랑'입니다. 사랑이라는 것은 내가 매번 이기고, 아무리 많이 가지고, 힘이 있다고 해서 만들어지지 않습니다. 또한 그것과 비례하지도 않습니다. 사랑은 전혀 다른 문제입니다. 십자가에 못 박힌 예수에서 보듯이 말입니다. 그는 힘에서도 졌고, 우리가 아는 모든 문제에서도 졌고, 명예에서도 졌고, 세상이 우리에게 시험하고 위협했던 모든 공포와 폭력에서 졌는데도, 무엇은 담고 있습니까? 사랑과 영생과 진리는 담고 있는 것입니다. 이 말은 사랑과 영생과 진리는 세상이 방해할 수도, 대적할 수도, 만들 수도 없었다는 말입니다.

밧세바 사건이 없었다면

이런 내용을 고린도후서 4장에서는 다음과 같이 표현합니다.

우리가 이 보배를 질그릇에 가졌으니 이는 심히 큰 능력은 하나님께 있고 우리에게 있지 아니함을 알게 하려 함이라 우리가 사방으로 욱여쌈을 당하여도 싸이지 아니하며 답답한 일을 당하여도 낙심하지 아니하며 박해를 받아도 버린 바 되지 아니하며 거꾸러뜨림을 당하여도 망하지 아니하고 우리가 항상 예수의 죽음을 몸에 짊어짐은 예수의 생명이 또한 우리 몸에 나타나게 하려 함이라 우리 살아 있는 자가 항상 예수를 위하여 죽음에 넘겨짐은 예수의 생명이 또한 우리 죽을 육체에 나타나게 하려 함이라 그런즉 사망은 우리 안에서 역사하고 생명은 너희 안에서 역사하느니라 (고후 4:7-12)

생명과 사망의 이중주를 연주하는 것이 우리 인생입니다. 사망이 와서 폭력과 위협과 공포를 우리에게 들이미는 것이 현실이요, 모든 사람의 인생입니다. 사망이 하는 일은 있는 것을 파괴하고 죽이는 것입니다. 그런데 고린도후서 4장 7절 이하의 말씀은 사망이 관계할 수 있는 것과 사망이 관계할 수 없는 것이 분리되어 있음을 증명하고 있습니다. 사망이 와서 멸할 수 있는 것과 사망이 영향을 미칠 수 없는 것을 나누고 있는 것입니다.

생명, 진리, 소망, 영광에는 사망이 영향을 미칠 수 없습니다. 이것은 누가 주시는 것입니까? 하나님만이 주시는 것입니다. 이것은 그 누구도 손댈 수 없습니다. 사망이 우리에게 덤벼들 때는 우리가 죽는 것 같습니다. 그러나 사망이 우리를 억누름으로써 우리 안에 있는 보배가 드러납니다. 우리 생각과 정반대입니다. 우리가 바라는 것은 속도 이기고 겉도 이기는 것입니다. 세상에서 살 때도 잘살고, 죽어서도 천당 가고, 살아서도 평안, 죽어서도 영광을 우리는 바라고 있습니다.

그런데 왜 하나님이 이 둘을 충돌시키고 있습니까? 이 둘 사이를 왔다 갔다 하느라 아무것도 아닌 인생을 허비하는 짓을 막으려고 그렇게 하신 것입니다. '이것을 기억하여 세상의 위협과 협박을 겁내지 말고, 너희 안에 주신 예수를 믿는 신앙으로 네 인생을 살아 내는 기회와 명예와 영광을 누리라'고 우리를 몰아가는 것입니다. 여기서 그냥 버티고 살다가 죽어서 천국 가는 것이면, 하나님도 굳이 우리 인생에까지 찾아와서 방해를 놓겠습니까? 뭘 굳이 우리와 씨름하겠습니까?

그래서 우리의 인생이 고단한 것입니다. 그렇다면, 하나님이 아예 사망과 핍박과 고난 같은 것을 제거해 주면 어떠냐, 하는 생각이 듭니까? 그런데 편안해지면 우리는 아무 생각도 하지 않게 됩니다. 사람이 생각을 하지 않으면, 더 이상 사람이 아닙니다. 이것이 하나님이 우리를 괴롭히시는 이유이고, 하나님이 우리를 그 괴로움 속에서 하나님이 원하시는 존재로 만들어 가시는 과정인 것입니다.

다윗의 생애에서도 드러나듯이, 밧세바 사건은 다윗에게 잊을 수 없는 수치로 남습니다. 마태복음 1장에 있는 예수 그리스도의 족보에 이런 표현이 등장합니다. '다윗은 우리야의 아내에게서 솔로몬을 낳고'(마 1:6)라고 하여 그의 이름 뒤에 영원무궁토록 창피한 족보가 따라붙습니다. 그러나 바로 이 지점이야말로 우리 모두를 향하여 '네가 잘못한 모든 것 속에서 하나님이 무엇을 결실하셨는가 보라. 네가 만들지 않은 것으로 하나님이 무엇을 만들어 내고 계시는가를 보라'고 우리로 생각하게 하며 또 권면하는 것입니다. 그러니 다윗과 밧세바의 이름을 들으면 우리 마음에 감사와 평안이 있어야 맞습니다.

'다윗이 그러면 안 되지' 이렇게 이야기하는 사람들은 아직도 기독교가 무엇인지를 모를 뿐만 아니라 자기 인생과 하나님의 일하심을 모르는 것입니다. 잘난 사람을 들먹임으로써 자신의 소원과 기대와 이상 역시 훌륭한 것이라고 스스로 기만하는 것입니다. 실제로는 자기 삶을 살지 않고, 자기 인생을 살아 내는 일을 훌륭한 사람의 이름을 나열함으로써 슬쩍 외면하고 있는 것에 불과한지도 모르면서 말입니다. 그런 거짓이 하나님에게 통하리라고 생각합니까?

인생을 살면서 울지 않을 수 있습니까? 불안에 떨지 않을 수 있습니까? 고민하고 자책해야 합니다. 그리고 생각해야 합니다. 우리 인생이 가지는 진정한 가치가 무엇이냐, 이 아무것도 아닌 조건 속에서 어떡하란 말인가, 하고 대들어야 합니다. '내가 네게 주려고 하는 것이 무엇인지 아느냐. 네게 겁을 주려는 것도 아니요, 네게 강요하는 것도 아니다. 나는 예수를 통해 내 진심을 보여 주었다. 그런데 너는 무엇이 겁이 나냐? 네 조건 속에서 돌아서라. 네가 아무것도 아닌 존재이고, 네게 부끄럽고 잊을 수 없는 과오와 실수가 있다고 하더라도 내가 거기다가 최고의 영광을 담을 수 있다는 사실을 기억하라.' 이렇게 되는 것입니다.

누군가의 밥이 되는 삶

이것이 밧세바 사건이며, 다윗의 인생입니다. 우리가 사는 현실에서 우리가 겪는 모든 것, 다윗이 겪었던 민망함과 모호함과 자책이 일을 합니다. '내가 사망 아래로 붙잡혀 갔을 때, 사망이 내 안에서 일할 때, 그 사망이 나에게 불을 질러도 내 속에 있는 보화는 태울 수 없더라'는 사실을 우리에게 가르쳐 줍니다. 그래서 우리는 전에 내가 가졌던 성의, 의지, 각오, 이상 같은 것으로 기대하고, 내가 할 수 있었던 모든 것을 벗어나 진정한 인간, 예수 안에서 보여 준 사랑, 이해, 용서, 섬김, 인내와 같은 멋진 가치를 지닌 인격체가 되는 것입니다. 장차 천국에 가서 살 것은 확신하지만, 지금의 생애는 불만인 우리에게 시 한 편 소개해 드리겠습니다. '정철훈'이라는 시인이 쓴 시입니다. 신앙인이 가지는 현실적 고통이 얼마나 굉장한 복이며 기적인가를 읊은 시입니다. 제목은 〈식탁의 즐거움〉입니다. 제목을 듣고서 산해진미를 기대하면 안 됩니다.

식탁의 즐거움*

정철훈

식탁을 보라

죽지 않은 것이 어디 있는가.

그래도 식탁 위에 오른 푸성귀랑

고등어 자반은 얼마나 즐거워하는가.

……

(중략)

……

풋고추 몇 개는 식탁에 올라와서도

누가 꽉 깨물 때까지

쉬지 않고 누런 씨앗을 영글고 있다.

이빨과 이빨 사이에서 터지는 식탁의 즐거움.

아, 난 누군가의 밥이 되었으면 좋겠네.

제가 이 시의 맨 끝에 한 단어를 덧붙였습니다. '으악!' 시인도 읽어 내고 있는데, 예수를 믿는다는 말이 우리에게 왜 그렇게 맥없이 들리나요? 예수라는 존재가 그렇게 우리에게 아무런 힘도 안 되나요?

* 정철훈 지음,《개 같은 신념》(문학동네).

마태복음 28장에 가면, 우리가 잘 아는 이 구절이 나옵니다. 18절 이하에 '하늘과 땅의 모든 권세를 내게 주셨으니 그러므로 너희는 가서 모든 민족을 제자로 삼아 아버지와 아들과 성령의 이름으로 세례를 베풀고 내가 너희에게 분부한 모든 것을 가르쳐 지키게 하라'라는 말씀이 나옵니다. 어디로 가라는 것입니까? 지금 우리의 자리입니다. 전도의 미련한 것, 바로 그 자리입니다. 내가 서 있는 자리, 하나님이 일하시는 하나님의 방법, 예수께서 일하신 바로 그 방법, 책임, 능력의 자리입니다. 나를 보는 자들이 기이하게 생각할 것입니다. 세상의 위협이 통하지 않는 것입니다.

우리가 드라마에서 보는 사랑이 진정한 사랑은 아닙니다. 사랑이란, 가치에 관한 최고의 경지를 말합니다. '사랑'의 반대말이 무엇입니까? 요한일서 4장 18절은 "사랑 안에 두려움이 없고 온전한 사랑이 두려움을 내쫓나니 두려움에는 형벌이 있음이라 두려워하는 자는 사랑 안에서 온전히 이루지 못하였느니라"라고 말씀합니다. 사랑의 반대말은 '공포'입니다. 예수 믿는 자의 가장 큰 특징이자 책임은 무엇일까요? 공포가 없다는 것입니다. 근심, 걱정까지는 제가 눈감아 주겠지만 공포는 없어야 합니다. 예수 믿는 사람에게는 '이것 아니면 안 돼'라는 것이 없습니다. '이것 없으면 안 돼'도 없고, '지금 이 순간은 없어져 버렸으면 좋겠어'도 없습니다. 우리는 모든 것이 합력하여 선을 이루는 기이한 존재입니다. 우리가 보내진 자리에서 하늘과 땅의 권세를 모두 가진 이가 '볼지어다 세상 끝날까지 내가 너희와 항상 함께 있을지니라'라는 약속을 기억하며 늠름하게 살아갑시다.

기도

하나님 아버지, 그저 놀라울 뿐입니다. 하나님의 일하심, 하나님의 약속, 하나님의 진심, 하나님의 권면에 대해서 놀랍니다. 허깨비를 보고 벌벌 떠는 우리의 믿음 없음을 불쌍히 여기시고, 믿음을 주셔서 순종하게 하시고, 인내하게 하사 하나님이 우리에게 약속하신 복들을 경험하는 놀라운 인생과 기적을 누리게 하여 주옵소서. 예수님 이름으로 기도합니다. 아멘.

36.
보이지 않는 승리를 찬송함

———

1 여호와께서 다윗을 모든 원수의 손과 사울의 손에서 구원하신 그 날에 다윗이 이 노래의 말씀으로 여호와께 아뢰어 2 이르되 여호와는 나의 반석이시요 나의 요새시요 나를 위하여 나를 건지시는 자시요 3 내가 피할 나의 반석의 하나님이시요 나의 방패시요 나의 구원의 뿔이시요 나의 높은 망대시요 그에게 피할 나의 피난처시요 나의 구원자시라 나를 폭력에서 구원하셨도다 4 내가 찬송 받으실 여호와께 아뢰리니 내 원수들에게서 구원을 받으리로다 5 사망의 물결이 나를 에우고 불의의 창수가 나를 두렵게 하였으며 6 스올의 줄이 나를 두르고 사망의 올무가 내게 이르렀도다 7 내가 환난 중에서 여호와께 아뢰며 나의 하나님께 아뢰었더니 그가 그의 성전에서 내 소리를 들으심이여 나의 부르짖음이 그의 귀에 들렸도다 8 이에 땅이 진동하고 떨며 하늘의

기초가 요동하고 흔들렸으니 그의 진노로 말미암음이로다 9 그의 코에서 연기가 오르고 입에서 불이 나와 사름이여 그 불에 숯이 피었도다 10 그가 또 하늘을 드리우고 강림하시니 그의 발 아래는 어두캄캄하였도다 11 그룹을 타고 날으심이여 바람 날개 위에 나타나셨도다 12 그가 흑암 곧 모인 물과 공중의 빽빽한 구름으로 둘린 장막을 삼으심이여 13 그 앞에 있는 광채로 말미암아 숯불이 피었도다 14 여호와께서 하늘에서 우렛소리를 내시며 지존하신 자가 음성을 내심이여 15 화살을 날려 그들을 흩으시며 번개로 무찌르셨도다 16 이럴 때에 여호와의 꾸지람과 콧김으로 말미암아 물 밑이 드러나고 세상의 기초가 나타났도다 17 그가 위에서 손을 내미사 나를 붙드심이여 많은 물에서 나를 건져내셨도다 18 나를 강한 원수와 미워하는 자에게서 건지셨음이여 그들은 나보다 강했기 때문이로다 19 그들이 나의 재앙의 날에 내게 이르렀으나 여호와께서 나의 의지가 되셨도다 20 나를 또 넓은 곳으로 인도하시고 나를 기뻐하시므로 구원하셨도다 21 여호와께서 내 공의를 따라 상 주시며 내 손의 깨끗함을 따라 갚으셨으니 22 이는 내가 여호와의 도를 지키고 악을 행함으로 내 하나님을 떠나지 아니하였으며 23 그의 모든 법도를 내 앞에 두고 그의 규례를 버리지 아니하였음이로다 24 내가 또 그의 앞에 완전하여 스스로 지켜 죄악을 피하였나니 25 그러므로 여호와께서 내 의대로, 그의 눈앞에서 내 깨끗한 대로 내게 갚으셨도다 26 자비한 자에게는 주의 자비하심을 나타내시며 완전한 자에게는 주의 완전하심을 보이시며 27 깨끗한 자에게는 주의 깨끗하심을 보이시며 사악한 자에게는 주의 거스르심을 보이시리이다 28 주께서 곤고한 백성은 구원하시고 교만한 자를 살피사 낮추시리이다 29 여호와여 주는 나의 등불이시니 여호와께서 나의 어둠을 밝히시리이다 30 내가 주를 의뢰하고 적진으로 달리며 내 하나님을 의지하고 성벽을 뛰어넘나이다 31 하나님의 도는 완전하고 여호와의 말씀은 진실하니 그는 자기에게 피하는 모든 자에게 방패시로다 32 여호와 외에 누가 하나님이며 우리 하나님 외에 누가 반석이냐 (삼하 22:1-32)

느닷없이 터진 것 같은 다윗의 찬송

본문 말씀에 나온 다윗의 찬송은 사무엘하 22장이 아닌 사무엘하 7장쯤에 있어야 하지 않을까 하는 생각이 듭니다. 사무엘하 22장에는 '여호와께서 다윗을 모든 원수의 손과 사울의 손에서 구원하신 그 날에 다윗이 이 노래의 말씀으로 여호와께 아뢰어'(삼하 22:1)라고 나온 다음, 다윗이 사망과 원수와 미워하는 자들 앞에서 어떻게 하나님을 힘입어 이겼는가, 하나님이 어떻게 다윗을 편들어 주시고 승리케 해 주셨는가, 하는 내용이 여러 구절에 걸쳐서 소개되어 있습니다.

사무엘 7장 1절을 보면, "여호와께서 주위의 모든 원수를 무찌르사 왕으로 궁에 평안히 살게 하신 때에"라고 나와 있습니다. 그러니까 이때쯤 오늘 본문의 찬송이 나와야 흐름이 자연스러울 것 같습니다. 사울의 위협에서 벗어나고 또 주적인 블레셋도 물리친 다음에 이 승리를 외쳐야 맞습니다. 그런데 보다시피 이런 평안한 내용은 사무엘하 7장에 나오고, 찬송은 사무엘하 22장에 나오는데, 그 사이에 열다섯 장이나 되는 내용이 들어 있습니다. 이 사이에는 자랑스러운 이야기가 없고, 밧세바 사건이 있습니다.

여러 번 살펴보았듯이, 밧세바 사건은 다윗의 전 생애에 걸쳐서 그의 모든 업적과 위대함에 찬물을 끼얹은, 돌이킬 수 없고 변명할 수 없고 회복할 수 없는 커다란 오점이며 수치며 절망스러운 사건입니다. 그리고 밧세바 사건의 뒤를 이어서는 살육이 반복됩니다. 암논이 이복 여동생 다말을 범하고, 그래서 다말의 친오빠인 압살롬이 암논을 죽이고, 압살롬은 아버지에 대한 반역으로 반란을 일으키며 아버지의 후궁들을 취하고, 죽이지 말라는 압살롬을 요압이 죽이고, 이런 일련의 살육과 폭력과 피비린내 나는 보복이 계속 반복되는 과정에서 느닷없이 다윗의 찬송이 터지는 것입니다.

이런 맥락에서 볼 때, 이 찬송은 우리가 생각하는 보이는 승리, 보이는 자랑보다 더 깊은 의미를 지닌다고 생각할 수밖에 없습니다. 다윗은 밧세바 사건을 저지른 장본인으로서 할 말이 없어야 맞는데, 부끄럽고 민망하고 치사한 자리에서 느닷없는 포효를 터뜨리는 것처럼, 다윗의 찬송이 터져 나오니 우리 눈에 앞뒤가 안 맞아 보이는 것입니다. 그래서 우리는 사무엘하 22장에 나오는, 다윗이 원수와 사망과 미워하는 자들을 물리친 이 사건이 우리가 알고 있는 사울이나 블레셋과 같이 눈에 보이는 국력의 싸움, 정치권력의 싸움보다 깊은 의미를 담고 있다는 것을 이제 성경의 증언을 통해 시야를 넓혀야 합니다. 이 승리는 다만 눈에 보이는 무력과 권력의 승리가 아니라, 보이지 않는 승리를 내포하고 있다는 것입니다. 여기에 대한 중요한 실마리를 누가복음 1장에서 발견해 볼 수 있습니다.

누가복음 1장에는 예수 그리스도의 탄생과 그의 길을 준비하기 위하여 앞서 보냄을 받은 세례 요한의 탄생에 대한 기록이 담겨 있습니다. 세례 요한의 아버지인 사가랴는 예수의 사역을 예비하는 자신의 아들 요한의 탄생에 대한 기쁨이 예수의 탄생을 예비하는 것임을 깨닫고 이렇게 찬송합니다.

> 그 부친 사가랴가 성령의 충만함을 받아 예언하여 이르되 찬송하리로다 주 이스라엘의 하나님이여 그 백성을 돌보사 속량하시며 우리를 위하여 구원의 뿔을 그 종 다윗의 집에 일으키셨으니 이것은 주께서 예로부터 거룩한 선지자의 입으로 말씀하신 바와 같이 우리 원수에게서와 우리를 미워하는 모든 자의 손에서 구원하시는 일이라 우리 조상을 긍휼히 여기시며 그 거룩한 언약을 기억하셨으니 곧 우리 조상 아브라함에게 하신 맹세라 우리가 원수의 손에서 건지심을 받고 종신토록 주의 앞에서 성결과 의로 두려움이 없이 섬기게 하리라 하셨도다 (눅 1:67-75)

여기에 '원수'와 '미워하는 자'가 등장합니다. 예수님이 오셔서 유대를 정치적으로, 민족적으로 구원하시는 것이 아니라는 것쯤은 모두 알고 있습니다. 예수님은 정치 지도자가 되거나 권력자가 되는 것을 거부하고 인류의 운명과 정체성이 달려 있는 창조와 그 목적인 구원을 이루십니다. 그러니까 예수에게 원수나 미워하는 자란 구원을 방해하는 자인 것입니다.

이 구원을 다윗의 집에 심으셨는데, 이는 아브라함에게 하신 맹세에 담긴 내용입니다. 여기에 다윗이 중요한 인물로 등장합니다. 다윗의 후손으로 태어나신 예수는 그런 의미에서 다윗의 생애에 예언되어 그 상징을 보이셨다고 할 수 있습니다. 예수에 대한 증언과 예언을 다윗의 생애에서 얻을 수 있는 것입니다. '다윗의 승리는 다만 권력이나 정치의 문제가 아니라, 영적 승리에 관한 고백이다.' 이렇게 이야기하는 것입니다. 그런데도 우리가 이 문제에 항복하지 않는 이유는 우리가 구원에 별 관심이 없기 때문입니다. 우리에게는 영웅성과 세상에서의 승리가 최고 가치이지, 인간이라는 존재의 정체성과 운명이 얼마나 크고 위대한 것인가에 대해 그리고 기독교가 약속하는 내용에 대해서는 관심이 없습니다. 그런데도 매주 교회는 나옵니다. 신기하죠.

누구에게나 있는 밧세바 사건

사무엘하 7장으로 다시 돌아가 봅시다.

여호와께서 주위의 모든 원수를 무찌르사 왕으로 궁에 평안히 살게 하신 때에 왕이 선지자 나단에게 이르되 볼지어다 나는 백향목 궁에 살거늘 하나님의 궤는 휘장 가운데에 있도다 나단이 왕께 아뢰되 여호와께서 왕과 함께 계시니 마음에 있는 모든 것을 행하소서 하니라 그 밤에 여호와의 말씀이 나단에게 임하여 이르시되 가서 내 종 다윗에게 말하기를 여호와께서 이와 같이 말씀하시되 네가 나를 위하여 내가 살 집을 건축하겠느냐 내가 이스라엘 자손을 애굽에서 인도

하여 내던 날부터 오늘까지 집에 살지 아니하고 장막과 성막 안에서
다녔나니 이스라엘 자손과 더불어 다니는 모든 곳에서 내가 내 백성
이스라엘을 먹이라고 명령한 이스라엘 어느 지파들 가운데 하나에
게 내가 말하기를 너희가 어찌하여 나를 위하여 백향목 집을 건축하
지 아니하였느냐고 말하였느냐 그러므로 이제 내 종 다윗에게 이와
같이 말하라 만군의 여호와께서 이와 같이 말씀하시기를 내가 너를
목장 곧 양을 따르는 데에서 데려다가 내 백성 이스라엘의 주권자로
삼고 네가 가는 모든 곳에서 내가 너와 함께 있어 네 모든 원수를 네
앞에서 멸하였은즉 땅에서 위대한 자들의 이름 같이 네 이름을 위대
하게 만들어 주리라 내가 또 내 백성 이스라엘을 위하여 한 곳을 정
하여 그를 심고 그를 거주하게 하고 다시 옮기지 못하게 하며 악한
종류로 전과 같이 그들을 해하지 못하게 하여 전에 내가 사사에게
명령하여 내 백성 이스라엘을 다스리던 때와 같지 아니하게 하고 너
를 모든 원수에게서 벗어나 편히 쉬게 하리라 여호와가 또 네게 이르
노니 여호와가 너를 위하여 집을 짓고 네 수한이 차서 네 조상들과
함께 누울 때에 내가 네 몸에서 날 네 씨를 네 뒤에 세워 그의 나라
를 견고하게 하리라 그는 내 이름을 위하여 집을 건축할 것이요 나
는 그의 나라 왕위를 영원히 견고하게 하리라 (삼하 7:1-13)

다윗 왕권의 영원함은 다윗의 실력이나 헌신에 근거한 것이 아닙니
다. 하나님이 이처럼 분명하게 이야기하십니다. "내가 언제 너더러 내
가 네게 해 준 일을 보답하라 그러더냐. 네가 나에게 뭘 해 줄 수 있단
말이냐. 입 다물고 잠잠해라. 그건 내가 하는 것이다. 나만이 무엇을

만들 수 있고, 네게 줄 수 있고, 너를 승리하게 하고, 가치 있게 할 수 있다. 너는 그렇게 하지 못한다. 내가 너희 나라를 견고하게 하고 네 왕권을 영원히 하겠다." 그것이 사무엘하 7장이고, 다윗의 생애입니다. 그런데도 우리는 '다윗이 밧세바 사건만 저지르지 않았더라면'이라고 가정함으로써, 하나님이 다윗이라는 위대한 사람이자 하나님의 마음에 합한 자를 불러서 그와 합작하여 무엇을 이루었다고 여기는 것입니다. 우리가 다윗을 부러워하는 것은 '우리가 비록 다윗 같지는 않더라도 다윗 같은 위대한 생애는 소원하고 산다'라고 이야기함으로써, 자신의 부족함이나 자책을 변명하여 벗어나고 싶은 것입니다.

　그러나 성경이 다윗의 생애를 통하여 하고 싶은 이야기는 이것입니다. '다윗의 가치는 골리앗을 물리치거나 성전을 짓겠다는 진심에 있지 않고, 밧세바 사건에 있다.' 이렇게 우리를 찌르는 것입니다. 다윗도 밧세바 사건이 싫었을 것이고, 우리는 더더욱 그렇습니다. 그래서 우리의 소원은 늘 이런 것들뿐입니다. 과거로 돌아갈 수만 있다면, 다시 태어날 수 있다면, 그것만은 결코 하지 않겠다, 놀러 다니지 않겠다, 공부를 잘해 보겠다, 절대 어떤 사고도 안 치겠다는 것입니다.

　그러나 성경은 '밧세바 사건이 없다면, 다윗은 아무 의미가 없다'라고까지 이야기하는 것입니다. 다윗이 잘했다는 이야기가 아닙니다. '다윗의 왕권은 그의 위대함이나 그의 남다름 위에 세워진 것이 아니다'라고 이야기하는 데에 다윗 생애의 가치가 있습니다. 우리는 끝없이 다윗은 위대하기 때문이라고 우기고 또 그렇게 말함으로써 하나님이 우리 인생에 밧세바 사건과 같은 도전을 통하여 일하신다는 것을 거부하게 됩니다.

'우리에게도 밧세바 사건이 있다' 이런 이야기를 하면, 다들 싫어합니다. '밧세바 사건이 우리에게 있다'는 말은 어떤 의미일까요? 밧세바 사건이 다윗에게 준 영향은 이런 것입니다. 가장 먼저 수치입니다. 다윗은 당연히 수치스러웠을 것입니다. 그러나 그 수치스러움이 다윗에게 일깨우는 것은 '자기라는 존재의 진실이 골리앗을 물리친 데에 있는 것이 아니라, 자신이 범죄한 것을 깨닫는 데에 있다'는 점입니다.

시편 51편에서 이것을 잘 알 수 있습니다. 그래서 다윗이 하나님 앞에 회개하러 들어갔을 때, 그는 이 사건만 놓고 회개한 것이 아닙니다. 존재론적 회개를 한 것입니다. '내 어머니가 죄악 중에 나를 출생했습니다. 그러니까 내가 지은 죄는 내 본성에서 나온 것입니다. 내가 지은 죄가 바로 나 자신입니다'라는 회개입니다. 이 회개를 통해 그가 하나님 앞에 얻은 해답도 '네가 그 잘못을 회개했으므로 내가 그 죄를 없던 것으로 해 주겠다'가 아닙니다. 하나님에게서 들은 답은 '나는 제사를 원하지 않으며, 내가 구하는 제사는 상한 심령'이라는 것이었습니다.

상한 심령이란, 수치심을 말하는 것입니다. 이 수치심이 다윗에게 일차적으로 어떻게 작용했을 것 같습니까? 우리도 마찬가지입니다. 우리가 기억하는, 만일 인생을 다시 살게 되면 지워 버리고 싶은 그 수치가 지금 우리에게 어떤 영향을 미치기에 그 사건을 지워버리고 싶은 마음이 드는 것일까요? 그런 실수를 생각하면 절망스럽습니다. "나는 못났어. 나 같은 건 가치가 없어. 그 과거가 있는 한, 내가 아무리 잘한다고 해도 이 흠을, 이 상처를, 이 부끄러움을 씻을 방법이 없어." 이렇게 수치는 절망을, 절망은 사망을 야기합니다.

냉소와 절망에 무릎 꿇지 않기로 하는 것

사망이란 무엇입니까? 헛되다는 것입니다. 그런데 하나님이 오셔서 그것을 뒤집으십니다. 예수께서 오셔서 우리의 원수를, 우리를 미워하는 자를 대적하십니다. 사망을 대적하십니다. 헛되고 부끄럽고 없어지고 마는 것을 예수께서 오셔서 뒤집고 계십니다. 그런 다음 영생과 영광과 승리를 약속하는 것이 기독교입니다. 그런데 이 일을 하려면 이 수치가 우리를 몰고 간 절망을 깨달아야 합니다. 그런 다음 절망 때문에 얼버무리고 살게 되는, 체념하고 살게 되는 그 자리를 뒤집어야 합니다. 자리를 뒤집는 문제가 우리한테는 얼마나 어려운지 모릅니다. 그래서 성경이 이야기하는 많은 약속에도 불구하고 우리는 이 절망을 하나님이 우리에게 하시려는 일을 깨닫는 구원과 영광의 문으로 이해하지 않고, 자폭과 자책과 체념으로 이해하여 주저앉아 버립니다.

　　로완 윌리엄스라는 신학자가 이 문제를 이렇게 잘 설명해 두었습니다. 그의 말을 하나 인용해 보겠습니다. '신자들에게 정말로 끔찍한 일은 우리가 실패에 안주하기로 마음먹고 끝끝내 냉소와 절망에 무릎 꿇는 것이다.'* 교회 안에 있는 가장 큰 시험이 무엇인가 하면, 아무에게도 진심을 토로하지 않는다는 사실입니다. 모두가 그렇습니다. 왜 그럴까요? 부끄럽기 때문입니다. 꺼내 놓으면 위로 대신 비난을 받기 때문입니다. 아무리 친해도 우리가 힘든 이야기를 꺼내 놓으

---

* 로완 윌리엄스 지음, 민경찬·손승우 옮김, 《삶을 선택하라》(비아), 78쪽.

면 상대방이 할 수 있는 답은 이것밖에 없습니다. "내가 너 그럴 줄 알았다. 너 요즘 막사는 것 같아서 무슨 일이 일어나지 않을까 걱정했는데…. 기도 생활도 안 하고 봉사도 안 하더니 드디어 이런 일이 벌어졌구나." 이런 답 외에는 해 줄 말이 없기 때문에 우리는 속을 털어놓지도 않고 격려와 공감도 기대할 수 없게 되었습니다. 위로를 받을 수 없기 때문입니다. 이것이 바로 원수이며, 사망이며, 다윗이 이긴 것이 바로 이것입니다.

우리 모두가 공감하고 세상이 알아주는 승리가 아니라, 우리를 절망으로, 사망으로 몰고 간 자리에서 자신의 정체성을, 진실을, 현실을 깨닫게 된다는 것을 다윗의 생애를 통해서 배우게 됩니다. 우리에게는 절망, 수치, 후회가 있습니다. 그러나 그것이 오히려 우리의 이해와 한계를 깨고 새로운 문, 즉 하나님이 예수를 보내어 무엇을 하시고자 하느냐로 나아가게 하는 계기가 됩니다. 에베소서 1장에 가면, 하나님이 우리에게 의도하시고 목적하신 일을 이렇게 요약한 것을 만나게 됩니다.

찬송하리로다 하나님 곧 우리 주 예수 그리스도의 아버지께서 그리스도 안에서 하늘에 속한 모든 신령한 복을 우리에게 주시되 곧 창세 전에 그리스도 안에서 우리를 택하사 우리로 사랑 안에서 그 앞에 거룩하고 흠이 없게 하시려고 그 기쁘신 뜻대로 우리를 예정하사 예수 그리스도로 말미암아 자기의 아들들이 되게 하셨으니 이는 그가 사랑하시는 자 안에서 우리에게 거저 주시는 바 그의 은혜의 영광을 찬송하게 하려는 것이라 (엡 1:3-6)

하나님의 계획이자 뜻이며 목적이자 방법은 예수입니다. 그것이 우리로 항복하게 하고 찬송하게 하고 우리가 영광된 자리에 이르도록 인도합니다. 거기에 있는 계획과 방법이 다 하나님에게 있습니다. 그런데 우리는 조건과 수단 말고는 하나님에게 요구하는 것이 없습니다. 그러나 성경은 하나님이 일하시는 대상이자 목적이 바로 우리라고 말씀합니다. 그 일은 예수 안에서 일어났고, 우리 마음에 일어났습니다. 그러나 이것은 우리가 가지는 본성적인 것, 즉 보이는 것이 전부이고 우리가 이해하는 것이 전부인 것과 우리가 타협하는 것들을 깨고 나가야 하기 때문에, 세상이 약속해 준 것들은 얼마나 무익한 것인가를 알게 하는 좌절과 실패를 겪어 보게 합니다.

그렇지 않으면 우리는 다윗이 그랬던 것처럼, 여호와께서 다윗의 모든 대적들을 파하시고 다윗으로 궁에 편안히 살게 하시자, '주여, 제가 주를 위하여 전을 짓고 싶습니다'는 소리를 하게 되는 것입니다. 주를 위하여 전을 짓는 것이 무슨 잘못이겠습니까마는, 하나님이 원하시는 것은 우리 손의 도움을 받는 것도, 우리가 하나님에게 어떤 유익한 존재가 되게 하는 것도 아닙니다. 하나님이 누구신가가 우리라는 존재와 인격과 영혼과 진심을 다 동원한 반응, 즉 그를 기뻐하고 그를 찬송하는 것을 통해 드러납니다. 우리는 그런 존재, 그런 지위를 가졌습니다. 그것이 하나님의 창조이자 부활입니다.

창조와 부활이 일하는 존재

성경에 기록된 하나님의 의도와 약속은 어떻게 드러날까요? 지금도 일하고 계시는 하나님이 우리 모두에게 여전히 일어나고 있는 갈등, 도전, 위협, 여기에 따라오는 절망, 수치, 체념, 이런 것들을 가지고서 일하신다고 말씀합니다. 여기가 기독교가 진정으로 뛰어들어 가야 할 세계며 인생이며 기회임에도 불구하고, 우리는 여기서 끊임없이 과거를 씻어 내는 일밖에는 할 줄 모릅니다. 이 사실을 다윗이 자신의 생애에서 증언하는 것입니다. 그래서 밧세바 사건이 고마울 뿐이죠. 로마서 8장 1절과 2절은 이렇게 되어 있습니다.

> 그러므로 이제 그리스도 예수 안에 있는 자에게는 결코 정죄함이 없나니 이는 그리스도 예수 안에 있는 생명의 성령의 법이 죄와 사망의 법에서 너를 해방하였음이라 (롬 8:1-2)

얼마나 놀랍습니까. 우리 마음이 언제나 시원하고, 안심이 되고, 기뻐서 날아갈 것 같습니까? 결코 그렇지 않습니다. 그것이 이 세상에서 약속하는 행복, 안심, 다만 형통보다 훨씬 큰 것으로 바뀌기 위해서는 우리의 타협이나 한계가 깨어지는 데서 오는 고통, 환난, 실패와 눈물과 부끄러움이 뒤따라야 합니다. '하나님이 구하시는 제사는 상한 심령이라'라는 말씀에 담긴 것은 세상과 타협하는 것을 끊어 버리는 하나님의 진정성인 것입니다. 히브리서 11장에 가 봅시다.

아브라함은 시험을 받을 때에 믿음으로 이삭을 드렸으니 그는 약속
들을 받은 자로되 그 외아들을 드렸느니라 그에게 이미 말씀하시기
를 네 자손이라 칭할 자는 이삭으로 말미암으리라 하셨으니 그가 하
나님이 능히 이삭을 죽은 자 가운데서 다시 살리실 줄로 생각한지라
비유컨대 그를 죽은 자 가운데서 도로 받은 것이니라 (히 11:17-19)

아브라함은 이런 약속을 받습니다. '네 자손이 하늘의 별 같고 바다
의 모래 같으리라.' 그것이 하나님이 아브라함에게 주신 복이고 약속
입니다. 그러나 이 일을 위해 하나님은 아브라함에게 자식을 안 주십
니다. 이 약속이 아브라함의 가능성이나 헌신 위에 있지 않고, 하나님
의 기적 위에 있다는 것을 알리기 위하여 자식을 주지 않으신 것입니
다. 아내 사라가 아닌 여종에게서 얻은 서자 이스마엘을 내쫓고 애를
낳을 수 없는 백 세가 되어서야 이삭을 주십니다. 그러고는 이 아들을
잡으라고 합니다. 그때쯤은 아브라함도 하나님이 창조와 부활의 하나
님이라는 것을 알기 시작했던 것 같습니다. 그래서 아브라함은 이삭
을 잡습니다. 그러자 하나님이 '잡지 말라. 내가 네 믿음을 보았다'라
고 하시고 이삭을 살려 주십니다.

　잡아야 할 아들이라면 무엇 때문에 낳게 했으며, 낳은 다음에는 왜
잡으라고 했으며, 잡으라 해 놓고는 왜 다시 살려 주는가, 여기에 겹
겹이 들어와 있는 이야기가 '나는 창조와 부활의 하나님이다'라는 증
언입니다. 없는 것을 있는 것으로 부르시며, 죽은 자를 살리시는 하나
님이 아브라함에게 주신 약속을 이삭에게 이루심으로써 한 번 더 강
조하십니다. "이삭은 아브라함이 낳을 수 없는 후손이었다. 아브라함

이 만들 수 없는 결과였다. 그래서 이삭은 필요 없는, 없어도 되는 자다. 그러니 죽여라. 없어도 된다. 알아듣겠느냐?" "알고 있습니다." "알았으면 됐다."

그러면 이삭을 왜 살려 주셨을까요? 없는 것의 실체, 없어도 되는 존재를 있게 함으로써 없어도 되는 것을 만드신 하나님의 의도와 약속이 충만해지는 실체, 그러니까 우리가 자신에 대해서 절망할 때마다 '나는 없어도 되는 것으로 서 있다. 그러므로 나는 창조와 부활이 일하는 존재다'라고 생각해야 하는 것이 기독교 신앙임을 깨닫게 하려고 이삭을 살려 주신 것입니다. '난 잘못했으니 죽어야 해'와 같은 체념이 우리를 늘 속입니다. 그렇다고 '그러면 마음 놓고 잘못해도 돼'라고 이야기하는 것은 비겁한 것입니다. 체념에 굴하지 않고, 비겁함을 물리치는 신비를 깨닫는 복된 인생 되기를 바랍니다.

기도

하나님 아버지. 누가 옆구리 찔러서 우리를 세울 필요 없습니다. 우리의 인생과 나라는 존재와 가치는 하나님의 역사와 신실하심에 대해 항복할 때 드러납니다. 그러니 이제 내 인생을 살게 하옵소서. 부활과 창조의 인생을 살아 내어 다윗의 찬송에 참여하게 하옵시고, 예수를 믿는다는 고백에 참여하게 하옵소서. 예수님 이름으로 기도합니다. 아멘.

37.
안심은 우상 숭배

―――――

1 여호와께서 다시 이스라엘을 향하여 진노하사 그들을 치시려고 다윗을 격동시키사 가서 이스라엘과 유다의 인구를 조사하라 하신지라 2 이에 왕이 그 곁에 있는 군사령관 요압에게 이르되 너는 이스라엘 모든 지파 가운데로 다니며 이제 단에서부터 브엘세바까지 인구를 조사하여 백성의 수를 내게 보고하라 하니 3 요압이 왕께 아뢰되 이 백성이 얼마든지 왕의 하나님 여호와께서 백 배나 더하게 하사 내 주 왕의 눈으로 보게 하시기를 원하나이다 그런데 내 주 왕은 어찌하여 이런 일을 기뻐하시나이까 하되 4 왕의 명령이 요압과 군대 사령관들을 재촉한지라 요압과 사령관들이 이스라엘 인구를 조사하려고 왕 앞에서 물러나 5 요단을 건너 갓 골짜기 가운데 성읍 아로엘 오른쪽 곧 야셀 맞은쪽에 이르러 장막을 치고 6 길르앗에 이르고 닷딤홋시 땅에 이르고 또 다냐

안에 이르러서는 시돈으로 돌아 7 두로 견고한 성에 이르고 히위 사람과 가나안 사람의 모든 성읍에 이르고 유다 남쪽으로 나와 브엘세바에 이르니라 8 그들 무리가 국내를 두루 돌아 아홉 달 스무 날 만에 예루살렘에 이르러 9 요압이 백성의 수를 왕께 보고하니 곧 이스라엘에서 칼을 빼는 담대한 자가 팔십만 명이요 유다 사람이 오십만 명이었더라 10 다윗이 백성을 조사한 후에 그의 마음에 자책하고 다윗이 여호와께 아뢰되 내가 이 일을 행함으로 큰 죄를 범하였나이다 여호와여 이제 간구하옵나니 종의 죄를 사하여 주옵소서 내가 심히 미련하게 행하였나이다 하니라 (삼하 24:1-10)

다윗에게 도전하시는 하나님

본문 말씀을 이해하기 위해서는 설명이 좀 필요합니다. 다윗은 인구조사를 합니다. 물론 군사력을 조사한 것입니다. 구 개월여에 걸친 조사 끝에 전투에 나갈 수 있는 자가 이스라엘 그러니까 유다 지파를 제외한 열한 지파에 팔십만 명, 유다 지파에는 오십만 명이 있다고 계수됩니다.

그런데 다윗은 인구 조사로 인해 하나님 앞에 큰 벌을 받습니다. 다윗 생애에 가장 특기할 만한 사건이 있다면, 아마 이 마지막 사건일 것입니다. 골리앗을 물리친 사건, 밧세바 사건보다 더 면밀히 살펴보아야 하는 마지막 사건인데, 이 사건 때문에 다음 셋 중 하나의 벌을 택하여 받게 됩니다. 즉 칠 년 동안 기근이 드는 것, 삼 개월 동안 적에게 쫓기는 것, 그리고 삼 일 동안 전염병이 도는 것이었습니다. 다윗은 마지막 벌을 선택했고, 이 재앙은 천사들이 내려와 칼을 휘두르는 것으로 묘사되어 있습니다. 그 전염병으로 죽은 사람이 칠만 명이었으니 굉장한 재앙이었음을 알 수 있습니다.

그런데 이 사건은 잘잘못을 가리는 관점에서 설명되지 않고 있다는 점이 신기합니다. 사무엘하 24장 1절에는 여호와께서 다윗을 격동시켰다는 내용이 나오는데, 이 대목은 '하나님이 도전하셨다'는 의미로 읽어야 맞습니다. 하나님이 다윗에게 무엇을 도전하셨을까요? 아마 다윗은 이제 자신의 후반기 생애에 이르러서는 약간 체념하며 살게 된 것처럼 보입니다. '이만하면 됐다'며 타협하는 다윗, 주저앉아 있는 다윗에게 이 사건은 하나님이 불이라도 질러 일어나게 하신 도전으로 이해됩니다. 이런 문제는 다윗의 생애를 이해하는 데에 있어서, 다윗을 통해 드러내려는 성경의 가르침이 성경의 다른 본문에서와 마찬가지로 동일한 초점을 가지고 있다는 점을 우리에게 확인시켜 줍니다.

로마서 3장으로 가 봅시다. 기독교는 복음의 종교이고, 우리를 구원하시기 위하여 오신 예수와 그의 십자가를 믿는 종교입니다. 그렇다면 구원은 왜 필요한가, 하고 물어보아야 합니다. 구원의 필요성을 로마서 3장 23절은 이렇게 선언합니다.

모든 사람이 죄를 범하였으매 하나님의 영광에 이르지 못하더니 그리스도 예수 안에 있는 속량으로 말미암아 하나님의 은혜로 값 없이 의롭다 하심을 얻은 자 되었느니라 (롬 3:23-24)

하나님의 은혜로 값 없이 의롭다 하심을 얻은 칭의가 그 자체로 너무 뚜렷하게 각인되는 바람에 사실 이 칭의가 '무엇으로부터의 의'인지에 대해서는 종종 간과되어 온 것 같습니다. '죄인에서 의인으로'라는 말은 무슨 의미일까요? 하나님이 창조하시고 목적하신 영광에 미흡한 것, 미치지 못한 것이 죄입니다. 그리고 그것을 회복하여 영광을 완성하자는 것이 구원입니다. 그러니까 성경의 구원관은 하나님이 창조하신 목적의 회복과 완성을 말하는 것이고, 그 완성은 영광으로 표현되어 있습니다. 이 영광은 설명이 더 필요하고, 좀 더 확인해 볼 필요가 있지만, 옳고 그름, 맞고 틀림, 도덕성과 부도덕성으로 나누는 것보다 훨씬 크다는 사실을 우선 알아야 합니다. 모든 것을 도덕성이나 종교성으로 이해하려고 하는 것은 성경이 말하는 죄나 구원에 대한 정의에 이르기에는 훨씬 미흡합니다.

현재는 환난

원래 '죄'라는 단어의 원뜻을 살펴보면, '미흡한 것, 빗나간 것, 왜곡된 것'이라는 의미가 들어 있습니다. 하나님이 창조하신 목적, 하나님이 우리에게 바라시는 영광에 미치지 못한 것이 죄입니다. 이 영광의 문제는 로마서 5장에 가면 이렇게 나와 있습니다.

그러므로 우리가 믿음으로 의롭다 하심을 받았으니 우리 주 예수 그리스도로 말미암아 하나님과 화평을 누리자 또한 그로 말미암아 우

리가 믿음으로 서 있는 이 은혜에 들어감을 얻었으며 하나님의 영광
을 바라고 즐거워하느니라 (롬 5:1-2)

'하나님의 영광을 바라고'입니다. 그리고 3절에 당장 무엇이 나옵니
까? 영광을 소망하고 영광이 약속된 우리를 기다리고 있는 것은 무엇
입니까?

다만 이뿐 아니라 우리가 환난 중에도 즐거워하나니 이는 환난은 인
내를, 인내는 연단을, 연단은 소망을 이루는 줄 앎이로다 (롬 5:3-4)

환난이 들어옵니다. 약속된 하나님의 영광을 기대하고 소망하는 현실
에 환난이 들어옵니다. 영광을 바라고 목적하는 신자들에게 왜 환난
이 필요한지를 성경으로 풀어내지 못하면, 다윗의 생애에 일어난 증
거와 우리 현실에 대한 이해가 성경의 의도와 다르게 왜곡될 수 있습
니다. 영광에서 빗나가 있을 수 있게 되는 것입니다. 로마서 8장으로
가 봅시다.

무릇 하나님의 영으로 인도함을 받는 사람은 곧 하나님의 아들이라
너희는 다시 무서워하는 종의 영을 받지 아니하고 양자의 영을 받았
으므로 우리가 아빠 아버지라고 부르짖느니라 성령이 친히 우리의
영과 더불어 우리가 하나님의 자녀인 것을 증언하시나니 자녀이면
또한 상속자 곧 하나님의 상속자요 그리스도와 함께 한 상속자니 우
리가 그와 함께 영광을 받기 위하여 고난도 함께 받아야 할 것이니

라 (롬 8:14-17)

우리가 하나님과 가장 긴밀한 관계 즉 아버지와 자녀의 관계가 되었음에도, 그리스도와 함께 영광을 받을 약속 속에 있음에도 그 영광을 받으려면 고난도 받아야 한다, 이것이 성경이 말하는 영광입니다. 영광이라는 목적, 영광이라는 내용을 만족시키기 위하여, 아니 영광으로 충만케 하고 우리를 완성케 하기 위하여 환난이 도입되고 있는 것입니다. 그러니까 환난은 잘잘못에 대한 보응이라고 이해하는 것보다 훨씬 큽니다. 어릴 때 다들 한 번쯤 생각해 보았듯이, 학교를 다니는 것과 안 다니는 것은 언제나 무엇이 더 좋아 보입니까? 학교를 다니는 것은 환난처럼 여겨집니다. 그러나 안 가면 바보가 됩니다.

  잘잘못의 관점에서 환난을 이해하는 것이야말로, 즉 잘못하면 환난을 당하고, 잘못한 것이 없으면 환난을 만나지 않는다는 생각이야말로 기독교를 왜곡하는 거짓말 중 하나입니다. 기독교는 당연히 환난을 이야기합니다. 그 환난을 어떻게 견디느냐보다 환난이 일하고 있다는 사실을 아는 것이 더 중요합니다. 우리가 환난 중에 있다는 현실을 직시해야 성경이 말하는 구원이 실제로 어떻게 진행되는가를 알게 됩니다. 이것은 로마서 8장 16절에서 보는 바와 같이, '성령이 친히 우리의 영과 더불어 우리가 하나님의 자녀인 것을 증언'한 일의 실체인 것입니다. 무엇이 그러합니까? 환난이 그러합니다. 성령께서 우리와 함께 증언한 이 일은 뒤에도 나오는데, 24절부터 봅시다.

  우리가 소망으로 구원을 얻었으매 보이는 소망이 소망이 아니니 보는 것을 누가 바라리요 만일 우리가 보지 못하는 것을 바라면 참음으로 기다릴지니라 이와 같이 성령도 우리의 연약함을 도우시나니 우리는 마땅히 기도할 바를 알지 못하나 오직 성령이 말할 수 없는 탄식으로 우리를 위하여 친히 간구하시느니라 (롬 8:24-26)

앞뒤로 성령의 기도가 있고, 가운데는 영광과 고난이 있습니다. 우리가 이것을 좀 더 깊이 이해하기 위해서 고난이 하는 일이 무엇인지, 다윗에게 일어났던 일이 정확히 무엇인지를 생각해 보아야 합니다. 요한복음 15장에 가면, 이것을 이해하는 데에 도움이 되는 말씀이 나옵니다. 우리가 잘 아는 포도나무 비유입니다.

나는 포도나무요 너희는 가지라 그가 내 안에, 내가 그 안에 거하면 사람이 열매를 많이 맺나니 나를 떠나서는 너희가 아무 것도 할 수 없음이라 사람이 내 안에 거하지 아니하면 가지처럼 밖에 버려져 마르나니 사람들이 그것을 모아다가 불에 던져 사르느니라 너희가 내 안에 거하고 내 말이 너희 안에 거하면 무엇이든지 원하는 대로 구하라 그리하면 이루리라 너희가 열매를 많이 맺으면 내 아버지께서 영광을 받으실 것이요 너희는 내 제자가 되리라 (요 15:5-8)

예수님이 포도나무이고 우리는 가지입니다. 가지가 나무에 붙어 있지 않으면 말라 버립니다. 썩어 버리고 말죠. 붙어 있으면 열매가 맺힙니다. 우리의 정체성은 우리가 스스로 만들어 가는 것이 아닙니다. 하나님이 우리를 창조하실 때 목적하셨던 바를 우리에게 허락해 주셔야 우리가 우리의 정체성을 발견할 수 있게 됩니다. 그것이 예수 안에 있습니다. 예수를 통해 하나님이 친히 주시는 정체성을 확인하기 위하여 우리는 예수께 붙어 있어야 합니다. 붙어 있으면 많은 열매를 맺습니다.

여기서 '많은'이라는 단어에 속지 마십시오. 많고 적음의 싸움이 아니라, 예수께 붙어 있냐 떨어져 있냐 하는 문제입니다. 본문 말씀에 나온 다윗이 저지른 사건, 그가 세상과 타협하거나 안심에 머물러 안주하는 것이 가장 큰 잘못인 이유가 무엇입니까? 그가 하나님으로부터의 공급을 필요로 하지 않는 자리에 가 있기 때문입니다. 자기 혼자 편안하게 사는 것 말고 아무 소원이 없는 것을 하나님이 깨우고 일으켜 다시 세워 떠미는 것이 다윗의 마지막 사건입니다.

최고의 우상은 안심이다

우리는 예수를 믿으면 평안하기를 소원합니다. 어릴 적에 더 이상 학교 안 다니기를 바라는 것과 같습니다. 그러나 하나님이 우리를 그렇게는 두시지 않습니다. 우리가 잘못해서가 아니라, 하나님이 당신의 창조를 포기하지 않으신다는 증거가 바로 고난이기 때문입니다. 우리가 기대하는 만족과 그 모든 것이 전부 다 우상입니다. 우리가 가지는 만족에 대해 마르틴 루터는 이렇게까지 이야기합니다. "최고의 우상은 안심이다."

안심은 결국 하나님이 원하시는 목적지까지 따라가지 않고, 우리가 원하는 수준이나 너무 힘들지 않은 정도에서 타협하고 포기하는 것입니다. 우리 삶에 환난이 닥치는 것은 하나님이 개입하지 않으시는 날이 하루도 없기 때문입니다. 하나님이 힘써 일하고 계십니다. 학교에 다니면 배워야 할 과목이 계속 늘어 가고, 새로운 숙제가 매일 생깁니다. 당연히 그래야 합니다. 그것이 성경이 하고 싶은 이야기인데, 우리는 포도나무에 붙어 있는 것과 그렇지 않은 것의 차이를 잘 모릅니다. 여기서 말하는 순종이나 많은 열매를, 종교성이나 성실성 정도로 이해하거나 기독교가 하고 싶은 목적이나 내용을 대신하는 바람에 하나님이 없어도 되는 가치나 명분에 붙들려서 하나님이 실제로 우리 현실에서 일하시는 것의 가치와 성실함을 알아보지 못합니다. 이 말을 좀 더 분명히 하기 위해서 성경 속에서 예를 들어보겠습니다. 빌립보서 3장입니다.

그러나 나도 육체를 신뢰할 만하며 만일 누구든지 다른 이가 육체를 신뢰할 것이 있는 줄로 생각하면 나는 더욱 그러하리니 나는 팔일 만에 할례를 받고 이스라엘 족속이요 베냐민 지파요 히브리인 중의 히브리인이요 율법으로는 바리새인이요 열심으로는 교회를 박해하고 율법의 의로는 흠이 없는 자라 그러나 무엇이든지 내게 유익하던 것을 내가 그리스도를 위하여 다 해로 여길뿐더러 또한 모든 것을 해로 여김은 내 주 그리스도 예수를 아는 지식이 가장 고상하기 때문이라 내가 그를 위하여 모든 것을 잃어버리고 배설물로 여김은 그리스도를 얻고 그 안에서 발견되려 함이니 내가 가진 의는 율법에서 난 것이 아니요 오직 그리스도를 믿음으로 말미암은 것이니 곧 믿음

으로 하나님께로부터 난 의라 (빌 3:4-9)

'예수를 믿는다'고 할 때 지니게 되는 가장 뚜렷하게 구별되는 점을 기독교 용어로 표현하면 '거룩'입니다. 여기서 거룩은 종교성과 도덕성의 지극함을 말하는 것이 아니라, 특별한 것을 의미합니다. 세상은 보통이고 우리는 특별하다, 이렇게 구별하는 정도가 아니라 '세상에는 없고, 하나님만이 하실 수 있는 것' 이렇게 구별하는 것이 '거룩'입니다.

사도 바울의 생애는 다메섹 도상에서 예수를 만난 사건으로 전반기와 후반기가 뚜렷하게 구별됩니다. 전반기와 후반기는 전혀 연속성이 없습니다. 그럼에도 그의 전반기 생애가 주는 가장 큰 유익은 무엇입니까? 사도 바울의 사역과 사도 바울이 전한 것은 사람이 만들어 낸 것이 아니라, 하늘로부터 하나님이 주신 것, 전적으로 하나님이 하신 일이라는 것입니다. 이것을 뚜렷하게 알게 해 주는 것이 다메섹 사건입니다.

바울이 빌립보서 3장에서 고백하는 자기 생애와 기독교 복음에 대한 자기 이해를 이렇게 정리해 볼 수 있습니다. '다메섹으로 갈 때, 나는 그때도 진심이고 열심이었다. 세상적 관점에서 보면 나는 가장 뛰어난 자였다. 나는 일류로 자라 왔다. 학력에서나 경력에서나 진심에서나 그렇다. 종교, 사회, 그 어떤 분야에서도 나는 탁월한 사람이었다. 그런데 이제는 이 모든 것을 배설물로 여긴다.'

마찬가지로 밧세바 사건의 앞과 뒤를 살펴봅시다. 하나님은 이 사건을 도덕성으로 구별하여 하나의 기점으로 삼은 다음, '앞에서는 잘했는데, 뒤에서는 망했다'를 보여 주려고 하시는 것이 아닙니다. 오히려 다윗의 도덕성을 허물어 버림으로써 하나님이 하시려고 하는 것은 도덕적 업적을 쌓아서 얻는 지위가 아니다, 도덕성으로 만들 수 있는 것이 아니다,라고 다윗을 깨뜨려 놓음으로써, 다윗을 도덕성과 종교성에서 영웅으로 만들지 말라고 강력히 시사하는 것입니다. 이런 말에 '아멘'을 하지 않는 사람들은 그냥 전부 다 공부해서 시험 보자는 것입니다. 석차를 매겨 우열을 엄격하게 가리자는 것입니다. 기독교는 그렇게 이야기하지 않습니다.

사랑, 하나님만이 가지신 최상의 거룩함

바울은 다메섹으로 가는 길에서 예수를 만난 이후 어떻게 됩니까? '세상적으로 따지자면 나는 꿀릴 것이 하나도 없는 사람이었다. 그러나 예수를 만나고서 그 모든 훌륭한 것들이 다 배설물에 불과하다는 사실을 깨달았다. 그리스도 안에서 가지게 된 이 의는 다르다. 나는 생명에 접속되었다. 나는 드디어 열매를 맺을 수 있고, 영광을 가지게 되었다. 그전에는 비교에 불과했고, 우열의 싸움에 불과했다. 다만 승부나 폭력 외에 아는 것이 없었다.' 이렇게 고백하는 것입니다. 10절을 봅시다.

내가 그리스도와 그 부활의 권능과 그 고난에 참여함을 알고자 하여 그의 죽으심을 본받아 어떻게 해서든지 죽은 자 가운데서 부활에

이르려 하노니 (빌 3:10-11)

'죽은 가지, 말라비틀어지고 썩은 가지로부터 줄기에 붙어 있어 살아 있는 가지로 나아가게 하겠다.' 그렇게 이야기하는 것이 기독교입니다.

> 내가 이미 얻었다 함도 아니요 온전히 이루었다 함도 아니라 오직 내가 그리스도 예수께 잡힌 바 된 그것을 잡으려고 달려가노라 (빌 3:12)

'이 길은 생명의 길, 예수 안에 붙잡힌, 예수와 접속된 길이다. 여기에는 생명이 있고, 열매가 있고, 영광이 있다'고 외치는 것입니다. 그래서 요한복음 17장을 다시 찾아보면, 예수님이 영광에 대한 설명을 이렇게 깊고 분명하게 해 놓은 것을 발견할 수 있습니다.

> 아버지여, 아버지께서 내 안에, 내가 아버지 안에 있는 것 같이 그들도 다 하나가 되어 우리 안에 있게 하사 세상으로 아버지께서 나를 보내신 것을 믿게 하옵소서 내게 주신 영광을 내가 그들에게 주었사오니 이는 우리가 하나가 된 것 같이 그들도 하나가 되게 하려 함이니이다 곧 내가 그들 안에 있고 아버지께서 내 안에 계시어 그들로 온전함을 이루어 하나가 되게 하려 함은 아버지께서 나를 보내신 것과 또 나를 사랑하심 같이 그들도 사랑하신 것을 세상으로 알게 하려 함이로소이다 (요 17:21-23)

성부 하나님이 성자 하나님을 우리에게 보내십니다. 영광을 주시려고 보내십니다. 아버지와 아들이 하나인 것처럼, 우리를 하나님과 하나로 묶기 위하여 예수님이 오십니다. '아들이 가진 영광, 아버지가 목적하신 영광이 얼마나 굉장한 것인가. 그것을 이루시는 그의 성실과 진심이 얼마나 굉장한 것인가'를 이야기합니다. 그 영광을 우리 모두와 함께 나누고자 하시는 아버지, 그를 보내신 아버지에게로 가는 것이 영광인 것은 방법에 있어서, 목적에 있어서, 결과에 있어서 그런 것입니다. 그런데 그 영광을 우리와 나누겠다고 하십니다. 이것을 다른 말로 표현하면 '사랑하자'는 것입니다.

사랑은 도덕적인 것도 종교적인 것도 아닙니다. 하나님만이 가지신 최상의 거룩함이 바로 사랑입니다. 창조와 부활로 증거되는 생명의 찬란함이며, 존재의 존귀함입니다. 이것이 기독교 신앙입니다. 우리가 잘못을 회개하고 자책하는 일들이 진정 의롭게 되는 쪽으로 나아가기 위해서 쓰여야지, 다만 그때그때 자신의 우월함을 증명하기 위하여, 타인과의 차별화를 위해서 존재하는 것이라면 곤란합니다. 또한 우리가 사소한 것에 집착하거나 궁극적인 하나님의 목적과 뜻하심과는 빗나가 있는 데로 가는 것을 막아 주고, 모자란 데서 나아가게 하는 역할을 하는 것이 환난입니다. 그러니 사랑이라고 표현된 이 영광은 하나님과의 하나 됨을 위하여 사랑이라는 가치로 요구됨으로써 관계성에서 풍성하게 드러나는 것이라고 이야기합니다. 그리하여 동양 사상이 지니는 최고의 윤리 중 하나인 '신독(愼獨)' 즉 '혼자 있을 때도 흐트러지지 않는다'는 윤리와는 극단적으로 대조되는 것입니다.

안심의 자리에 머무르지 말아야 할 이유가 무엇일까요? '안심이 뭐 그렇게 잘못입니까?' 그렇게 생각하기 쉽겠으나, 우리가 안심하게 되면 주변과 자신을 격려하게 됩니다. '나도 너한테 아쉬운 소리 안 할 테니까, 너도 나한테 와서 아쉬운 소리 하지 마. 나는 너희들이 볼 때만 잘하는 게 아니라 혼자 있을 때도 잘해.' 이렇게 구별 짓는 것은 기독교가 아닙니다.

기독교는 사랑하는 것입니다. 사랑은 대상이 없으면 추상 명사에 불과해집니다. 환상이고 공상에 불과해집니다. 그런 존재가 되지 말라고 하나님이 계속 도전을 던지고 계십니다. 다윗이 편안한 꼴을 못보시는 하나님이십니다. 거기에 머무르며 안주하지 말라고 하십니다.

우리가 평생 초등학교만 다니고 있을 수는 없습니다. 전에는 제가 한국 교회를 '유치원'에 비유하였고, 그래서 '빨리 초등학교에 가자'라고 했습니다. '지금은 초등학교에서 중학교로 가자' 그렇게 이야기하고 싶습니다. 유치원과 초등학교의 차이를 아십니까? 유치원은 아이들이 가고 싶어 하는 곳, 초등학교는 가기 싫어하는 곳입니다. 유치원은 잘 노는 곳이고, 초등학교는 이제 공부를 해야 하는 곳이기 때문입니다. 중학교는 뭐가 다르죠? 초등학교는 담임 선생님이 전 과목을 가르치는 곳이고, 중학교에 가면 과목별로 선생님도 다르고 더 심화된 과정이 기다리고 있습니다. 골치 아파집니다. 그러나 그렇게 해서 사람은 깊어지고 넓어집니다.

하나님이 다윗의 생애에서 가르치고 싶은 것이 무엇이었는지, 이제 우리의 현실과 견주어서 이해해야 합니다. '하나님이 나를 흔드시고 도전하셔서 나로 하여금 하나님이 목적하신 자리에 가게 하기 위하여 성실히 일하고 계시는 어제, 오늘, 내일이다.' 이런 믿음의 이해가 있어야 어떤 상황에서도 하나님이 일하고 계신다는 믿음의 토대를 가질 수 있게 됩니다. 그래야 현실을 살아 낼 기회를 누리게 된다는 것을 깨닫게 됩니다. 그 귀한 인생 살아가는 복된 신자가 되길 바랍니다.

기도

하나님 아버지, 은혜를 감사합니다. 하나님은 우리의 하나님이시며 우리의 운명이시며 우리를 사랑하시는 분이십니다. 그 사랑을 받고 또 사랑하는 자가 되게 하시고 생명과 명예를 살아 내는 귀한 우리 인생, 책임 있는 존재가 되게 하여 주시옵소서. 예수님 이름으로 기도합니다. 아멘.

38.

다윗 왕권의 영원함을 약속하시다

---

29 왕이 이르되 내 생명을 모든 환난에서 구하신 여호와께서 살아 계심을 두고 맹세하노라 30 내가 이전에 이스라엘의 하나님 여호와를 가리켜 네게 맹세하여 이르기를 네 아들 솔로몬이 반드시 나를 이어 왕이 되고 나를 대신하여 내 왕위에 앉으리라 하였으니 내가 오늘 그대로 행하리라 31 밧세바가 얼굴을 땅에 대고 절하며 내 주 다윗 왕은 만세수를 하옵소서 하니라 (왕상 1:29-31)

솔로몬이 반드시 나를 이어 왕이 되고

이제 다윗은 나이가 많이 들어 더 이상 정무를 보기 어렵게 됩니다. 당연히 후계자 문제가 거론되어야 할 때가 이르렀습니다. 학깃의 아들 아도니야가 먼저 치고 나옵니다. 그는 왕을 자처하여 만만치 않은 지지 세력을 얻습니다. 군대 장관인 요압과 대제사장인 아비아달도 아도니야의 편에 섭니다. 나단이 와서 다윗에게 묻습니다. "왕께서 친히 아도니야를 왕으로 지명하셨습니까?" "그렇지 않다." "그럼, 누구를 지명하시겠습니까?" 그러자 "밧세바를 불러라. 내가 예전에 여호와를 가리켜 맹세했듯이, 솔로몬이 내 뒤를 이어서 왕이 될 것이라." 이렇게 선언합니다. 그래서 솔로몬의 지지 세력으로는 나단 선지자와 대제사장 사독이 서게 됩니다.

밧세바의 아들이 다윗의 뒤를 따라 왕권을 이어 간다는 것은 뜻밖입니다. 다윗과 밧세바 사이에서 난 첫아들을 하나님이 죽이셨기 때문입니다. 그때 다윗이 아들을 살려 달라며 금식하고 기도를 올렸으나 하나님은 살려 주시지 않았습니다. 그런 다음에 얻은 아들이 솔로몬입니다.

우리는 다윗의 생애에 대해 이렇게 평가하는 경향이 있습니다. '다윗은 훌륭한 사람이었으나 밧세바 사건이 유일한 흠이다.' 그래서 다윗을 만나게 되면 이렇게 물어보고 싶어 합니다. '왜 여태 잘하다가 사고는 쳐 가지고 이렇게 망신을 당합니까?' 그러고는 우리도 결심합니다. '흠 없이 살자. 실수하지 말고 살자.' 그러나 성경은 다윗의 인생에 밧세바 사건을 일으켜서 다윗의 전반기 생애와 후반기 생애를 대조하고 있다고 여러 번 말씀드렸습니다. 다윗의 인생을, 승승장구하던 다윗이 사고 한번 치는 바람에 망신과 수치 속에서 어물어물 살다 죽은 것으로 이해한다면, 그것은 다윗의 생애를 성경이 이야기하는 대로 따라오지 못한 것이라고 말씀드렸습니다.

이분법을 넘어선 고백

시편 23편에 가 봅시다. 다윗의 대표적인 시요, 백오십 편의 시 중에서 신자들의 사랑을 가장 많이 받는다고 알려진 시입니다.

> 여호와는 나의 목자시니 내게 부족함이 없으리로다 그가 나를 푸른 풀밭에 누이시며 쉴 만한 물 가로 인도하시는도다 내 영혼을 소생시키시고 자기 이름을 위하여 의의 길로 인도하시는도다 내가 사망의 음침한 골짜기로 다닐지라도 해를 두려워하지 않을 것은 주께서 나와 함께 하심이라 주의 지팡이와 막대기가 나를 안위하시나이다 주께서 내 원수의 목전에서 내게 상을 차려 주시고 기름을 내 머리에 부으셨으니 내 잔이 넘치나이다 (시 23:1-5)

다윗의 삶을, 그가 밧세바 사건을 일으킨 다음 회개하여 용서받은 것이 전부인 삶으로 이해한다면 '내 잔이 넘치나이다'와 같은 고백은 말이 되지 않습니다. '기름을 내 머리에 부으셨으니'라는 구절도 마찬가지입니다. 이스라엘 민족에게 기름 부음을 허락하는 세 가지 특별한 지위가 있는데, 왕, 선지자, 제사장이 이에 해당합니다. 성경은 이런 고급한 지위를 다윗에게 주었다고 이야기하는데도 우리는 자꾸 아니라 그러는 것입니다. '다윗은 망신살이 뻗쳤다. 완전히 망했다. 골리앗을 무찔렀을 때, 성전을 짓겠다고 했을 때가 절정이었고, 그다음은 밧세바 사건으로 그의 인생은 다 헛것이 되었다'라고 생각하는 것입니다.

시편 23편은 다윗이 그의 생애 마지막 무렵에 썼을 것으로 추정되는 시입니다. 그는 하나님이 자기를 곤란케 했다고 생각하지 않고, 자신을 시험하셨다고도 하지 않고, 자기 죄를 용서받은 이야기도 하지 않습니다. 다만 자기 생애 전체를 감사와 영광으로 되돌아보고 있습니다. 하나님이 그렇게 하셨다고, 자신의 머리에 기름을 부으시고, 잔을 넘치게 채우셨다고 고백합니다. 이 시는 "내 평생에 선하심과 인자하심이 반드시 나를 따르리니 내가 여호와의 집에 영원히 살리로다" (시 23:6)라는 고백으로 끝이 납니다. 위대한 다윗과 실패한 다윗 사이에서 어떻게 평가해야 할지 모를 때 이런 식의 돌아봄을 통해 이해를 정립해 두어야 합니다.

위대한 다윗과 실패한 다윗, 이 둘을 어떻게 묶을 수 있을까요? 이 둘을 묶을 수 있는 이야기가 탕자의 비유라고 생각합니다. 작은아들은 아버지에게 자기 몫의 재산을 미리 달라고 한 다음, 받아 가지고 나가서 자기 멋대로 살다가 굶어 죽게 될 지경에 이르자 집에 돌아옵니다. 아버지가 아들을 반기고 잔치를 엽니다. 큰아들이 일하고 돌아오는 길에 집 근처에서 잔치 소리가 나자 무슨 일인지 묻습니다. 하인 중 하나가 "도련님이 돌아오셔서 주인님이 너무 기쁜 나머지 잔치를 여셨습니다." 큰아들이 발끈합니다. 아버지가 나와서 "애야, 들어가서 함께 기뻐하자"라며 재촉합니다. 화가 난 큰아들이 "싫습니다. 저는 아버지 밑에서 평생 순종하며 일했는데 저한테는 염소 새끼 한 마리도 안 잡아 주시더니, 가산을 탕진한 이놈에게는 송아지를 잡아 주십니까?"라고 대들자, 아버지가 이렇게 이야기합니다. "얘야, 네 동생은 우리가 잃었다가 다시 찾았다. 너는 항상 나와 함께 있으니 내 것이 다 네 것이 아니냐. 너는 내 자식으로 언제나 내 지위와 권세를 누리고 있지 않느냐?" 나갔다가 돌아온 것은 기뻐할 일이지만, 나갔다가 돌아온 것으로 끝이 아닙니다. 가업을 잇고 명예와 책임을 지는 자리에 이르도록 아버지의 자식으로 자라 가야 합니다.

그러니 우리가 다윗의 생애를 통해 보는 것은 하나님이 우리 인생을 다만 이분법으로 나눠 잘했다, 못했다를 판정하시지 않는다는 것입니다. 우리가 할 수 있는 것과 할 수 없는 것 사이에서 오는 갈등, 절망과 체념 속에 찾아오셔서, 우리의 최선과 우리의 기대보다 큰 것으로 채우신다는 것입니다. 이것이 하나님의 창조입니다. 하나님의 기쁘신 뜻과 목적과 내용으로 우리를 부르시고 채우시고 완성하신다고 가르치는 것이 다윗의 생애인 것입니다.

자유와 책임으로 나가는 3차 세계관

기독교에 대한 우리의 이해를 살펴볼 때, 저는 늘 의아한 점이 있었습니다. 신앙이 좋을수록 턱없이 원색적인 태도를 보이는 사람이 있기 때문입니다. 기독교에 대한 이해를 돕기 위해 '신앙관'이라는 단어로 설명해 보겠습니다. 몇 해 전 이사야서를 설교할 때에 3차 세계관에 대해 말씀드린 적이 있습니다. 기독교 신앙인이 가지는 제1차 세계관은 '율법'입니다. 인과응보의 법칙이 적용되는 세계입니다. 좀 더 나가면, '은혜'의 세계를 알게 됩니다. 거기서는 용서하시는 하나님, 회복하시는 하나님을 배우게 됩니다. 이것이 2차 세계관입니다. 그리고 은혜를 받은 이후에는 그 자리에 머무르지 않고, '자유와 책임'을 지는 3차 세계관으로 나아가게 됩니다.

이것을 신앙관, 즉 신자라는 개인적인 실존의 자리, 개성의 자리라는 좀 더 다른 관점으로 풀면, 표현이 이렇게 달라집니다. 첫 번째 신앙관에서는 도덕과 규칙이 등장합니다. '잘했다, 잘못했다'가 중심입니다. 두 번째 신앙관은 은혜를 받았으니 이제 자신이 쓸모 있기를 바라는 신앙관입니다. 그래서 헌신, 실천으로 나오게 됩니다. 그런데 이 신앙관은 결국 이 자리까지 이르라고 주어진 과정이자 단계라고 성경은 이야기합니다. 무엇일까요? 바로 인격입니다. 신자라는 존재가 지닌 정체성을 발견하여 우리에게 목적하신 하나님의 뜻을 이루려고 하는 것을 의미합니다. 에베소서 1장 3절에서 6절에 나온 것과 같이, 우리로 하나님의 영광의 찬송이 되게 하려는 것입니다. 우리 자신이 유용하고 헌신적인 존재가 되는 것을 넘어서 우리라는 존재가 인격적으로 하나님의 영광과 기쁘심에 참여하게 되는 자리가 궁극적으로 이르러야 할 자리입니다.

1차 세계관에서 다윗의 생애를 비춰 보면, 다윗은 밧세바 사건 없이 골리앗을 죽이고, 사울을 용서하고, 성전을 짓고, 그런 다음 더 나아갔어야 했습니다. 그러나 그렇게 되지 않았습니다. 그의 전반기 인생이 다 깨져 버렸습니다. 이런 식의 이야기가 성경에 얼마나 많은지 모릅니다. 우리가 읽으면서도 깨닫지 못하고 있을 뿐입니다. 우리가 내내 1차 세계관에만 묶여 있으면 어떻게 됩니까? 잘잘못이라는 이분법 속에 갇혀서 흠 없이 잘하려고만 하고, 잘못하면 회개하고, 죄 안 짓고 사는 것이 전부라는 신앙에 매여 있느라, 하나님이 예수를 보내셨다, 하나님이 자기 아들을 보내셨다, 그 아들을 십자가에 못 박으셨다는, '경천동지'라는 표현밖에는 설명할 길이 없는 하나님의 일하심에 들어 있는 적극적인 목적과 내용에 대해서는 감히 엄두를 내지 못하게 됩니다.

성경의 인물들 새롭게 보기

욥기 7장으로 가 봅시다.

사람이 무엇이기에 주께서 그를 크게 만드사 그에게 마음을 두시고 아침마다 권징하시며 순간마다 단련하시나이까 주께서 내게서 눈을 돌이키지 아니하시며 내가 침을 삼킬 동안도 나를 놓지 아니하시기를 어느 때까지 하시리이까 사람을 감찰하시는 이여 내가 범죄하였던들 주께 무슨 해가 되오리이까 어찌하여 나를 당신의 과녁으로 삼으셔서 내게 무거운 짐이 되게 하셨나이까 주께서 어찌하여 내 허물을 사하여 주지 아니하시며 내 죄악을 제거하여 버리지 아니하시나이까 내가 이제 흙에 누우리니 주께서 나를 애써 찾으실지라도 내가

남아 있지 아니하리이다 (욥 7:17-21)

욥의 비명을 이해하겠습니까? 욥기는 이렇게 시작됩니다. 욥은 완전한 의인입니다. 그는 흠이 없습니다. 어느 날 하나님의 아들들이 하나님 앞에 선 자리에 사탄도 왔는데, 하나님이 사탄을 꾸짖습니다. "너는 왜 그 모양이냐? 내 종 욥을 봐라." 사탄이 빈정거리며 대꾸합니다. "하나님이 잘해 주시니까 욥이 그러는 거죠." "내가 욥에게 잘해 주지 않으면 욥이 나를 외면할 거라는 뜻이냐?" "그렇습니다." "그럼, 어디 네 마음대로 해 봐라." 이렇게 되어 욥은 하루아침에 자녀들을 다 잃고 재산도 다 뺏깁니다. 그래도 욥은 굴하지 않습니다. 다른 날 사탄이 하나님 앞에 서고, 하나님이 "봐라. 욥은 이 모든 고난에도 자신의 믿음을 꺾지 않았다"라고 하자, 사탄은 "하나님이 그 몸에 직접 손을 대셔야죠"라고 대꾸합니다. "그래? 그럼, 그렇게 해라."

그래서 욥의 온몸에 악창이 나고 그는 기왓장으로 몸을 긁으며 하나님을 원망하기 시작합니다. "하나님, 나 까짓 게 뭐라고 이러십니까? 제가 죄를 지었다 한들 그것이 하나님에게 무슨 문제가 됩니까? 하나님이 왜 이런 일에 관심을 두어 저를 못살게 구십니까? 제가 잘한다고 하나님에게 무슨 덕이 되며, 또 제가 잘못하더라도 하나님에게 무슨 방해가 된다고 이러십니까? 저를 그만 잊어 주십시오. 저도 죽어 버리겠습니다." 우리가 매일 하는 기도 아닙니까?

그런데 하나님은 우리가 기대하는 식의 분명한 답을 주지 않으십니다. '내가 너를 사랑한다. 내가 너와 함께한다'를 우리가 기대하는 식으로 분명하고 정확한 답으로 보여 주시지 않습니다. 그래서 우리

는 기도 시간도 늘려 보고, 금식도 해 보고, 철야도 해 보고, 삭발까지
도 해 봤습니다. 특별한 방법이란 방법은 다 써 봤습니다. 그래도 우리
가 바라는 응답이 없자 이제 슬슬 체념하기 시작합니다. "하나님이 그
냥 저를 잊고 계신다면, 저도 더 이상 집착하지 않겠습니다. 그러니 저
를 그냥 내버려두십시오." 이렇게 슬금슬금 물러납니다. 모든 일을 다
하나님 탓으로 돌려 버리면 차라리 신앙이 쉬울 수 있습니다.

　우리가 다윗을 이해한 방식대로 욥을 이해하면 이렇게 됩니다. "그
러니까 욥아, 뭘 그렇게 온전하게 살았냐? 사고 좀 치고 살지. 그러고
나서 회개했으면 얼마나 문제가 간단하게 해결되었겠냐? 네가 너무
의롭게 살아와서 이 문제를 풀 방법도 없지 않느냐?" 이것이 말이 된
다고 생각합니까? 다윗이 사고를 쳤기에 고난을 당했다고 생각합니
까? 좋습니다. 그러면 욥은 왜 고난을 당했습니까? 욥이 왜 고난을 당
했는지는 모릅니다. 그러나 그 고난이 한 일은 분명합니다.

　욥은 자기가 아는 완전함의 세계, 자기가 아는 최선의 세계에서 끌
려 올라가 하나님이 일하시는 창조 세계로 들어가게 됩니다. 하나님
이 욥을 데리고 창조 세계를 보이십니다. "이 세상이 어떻게 만들어졌
는지 보았느냐. 그 터가 무엇인지 보았느냐. 하마의 힘이 어디서 나오
는지 보았느냐. 이 모든 걸 내가 만들었단다." 이 말이 무슨 뜻일까요?
"너는 저들과 다른 존재다. 아들아, 이걸 봐라. 아비가 무얼 했는지 너
는 알아야 한다. 너는 내 아들이기 때문이다." 욥이 이 자리로 이끌려
갑니다. 그런데도 우리는 이분법을 벗어나게 하는 하나님의 개입을
거부합니다. 안심, 만족, 형통이라는 이름으로 말입니다. '하나님, 저
그냥 이대로 살게 놔두십시오'라고 애원합니다. 하나님이 그렇게는

못하겠다고 하십니다. 이런 하나님이 불만입니까?

　요셉을 봅시다. 요셉은 아버지의 특별한 사랑을 받던 열한 번째 아들이었습니다. 요셉이 받은 편애가 형제들 사이에서 불화의 원인이 되어 형들이 요셉을 미워하고 급기야는 그를 죽이고 싶어 합니다. 그런데 형제 중 하나가 '죽이느니 그냥 팔아먹자'라고 하여 미디안 대상에게 팔아넘깁니다. 애굽의 종으로 팔려 간 요셉은 그곳에서 종으로 고생하며 사는데, 나중에는 무고까지 당하여 옥에 갇혀 억울한 인생을 삽니다.

　그의 발은 차꼬를 차고 그의 몸은 쇠사슬에 매였으니 곧 여호와의 말씀이 응할 때까지라 그의 말씀이 그를 단련하였도다 (시 105:18-19)

이 구절을 마치 요셉이 믿음이 좋아서 하나님의 말씀을 붙잡고 고난을 이겨 낸 것처럼 이해하는 것은 쉬운 정답을 원하는 우리의 특성 때문입니다. 이 말씀은 전혀 그런 뜻이 아닙니다. 하나님이 요셉에게 이루고자 하실 일을 다 이루기까지 그는 이 문제를 해결하거나 벗어날 수 없게 되어 있었다는 뜻입니다. 요셉은 억울하게 살다가 어느 날 갑자기 총리가 됩니다. 다가올 칠 년 흉년에 대한 대비책으로 칠 년 풍년 동안 양식을 비축하는 일을 제안하여 굶주린 백성들을 살립니다. 모든 신하를 다스리며 그의 지혜로 장로들을 교훈하는 실력 있는 총리가 되어 자기 가족은 물론 세상을 구합니다. 자기를 팔아먹은 형들마저 구원한 것입니다. 이렇게 이해해야 성경이 요셉을 통해 하려는 말씀을 제대로 읽은 것입니다.

그렇게 읽지 않고, 우리가 다윗을 이해했던 방식으로 요셉을 이해해 보면, 아마 요셉에게 이렇게 충고했을 것 같습니다. "그러니까 요셉, 네가 먼저 형들을 죽였어야지. 이 바보같은 놈아, 생각 없이 사니까 팔려 갔잖아. 네가 먼저 죽여 버려. 형들 밥에다 독을 타. 그리고 넌 미리 밥 먹었다 그래." 이 말이 틀렸다고 여겨집니까? 그렇다면, 다윗이 저지른 밧세바 사건도 제가 설교한 대로 이해해야 옳습니다. 다윗은 정신이 하나도 없습니다. 그는 밧세바 사건을 겪고 나서 '내가 할 수 있는 일이 무엇인가. 내가 기대했던 것이 무엇인가'를 발견하고 소스라치게 놀랐을 것입니다. 드디어 이제 그는 하나님의 일하심에 자신을 갖다 묶습니다. 은혜를 구하게 됩니다. 이는 죄 용서만의 문제가 아닙니다. 나라는 존재와 운명을 하나님 앞에 묻게 됩니다. 그것이 다윗입니다.

너는 나의 동역자다

그 뒷이야기는 다윗에게서 분명히 드러나지 않습니다. 밧세바 사건이 워낙 거대해서 우리는 그가 문턱에 걸려 넘어지다가 밥상을 엎은 것처럼, 그의 머리가 깨진 것처럼, 만신창이가 된 것처럼 이해할 뿐입니다. 그런데 사실 그 일은 우리 모든 신자의 생애에 일어나는 일 아닙니까? 이것이 하나의 사건으로 일어나서 끝나고 마는 것이 아니라, 매일의 일상과 이 할 말 없는 것들 속에 있지 않습니까? '난 뭘까? 하나님이 나를 기억이나 하고 계실까? 내 기도는 듣고 계실까?' 잘해도

내 마음을 안 받아 주시고, 못해도 아무 일도 안 일어나는 것을 보고
는 하나님이 내게 관심이 있나 없나 떠보려고 사고도 쳐 봤잖아요?
그래도 내버려두십니다. '아니구나. 난 아니구나' 하며 체념하게 만드
는 것, 우리 생애에 누구나 가진 당황스러운 경험, 예수 믿는 일을 중
단할 수 없는데, 예수 믿는 것이 하나도 행복하지 않은 이 문제, 이 모
든 것이 응축되어 하나의 사건으로 나타난 것이 밧세바 사건입니다.

　하나님은 우리가 가진 이분법이라는 기준이나 정성이 쓸모없다고
하시는 것이 아니라, 우리가 그 자리에 머무르지 않고 넘어서기를 원
하시는 것입니다. 옳고 그름을 따져 타인을 비난하고 자신에게서 실
수와 실패가 없기를 바라는 정도를 깨고 들어오시는 것입니다. 더 가
자고 하십니다. 이 막막하고 할 말 없는 우리의 인생이 여전히 계속되
는 이유입니다. 하나님의 일하심에 대한 분별이 적극적 기대, 믿음, 기
도와 함께 우리에게 요구됩니다. 디모데전서 1장에 가면, 이러한 점
이 바울에게서 잘 드러납니다.

　나를 능하게 하신 그리스도 예수 우리 주께 내가 감사함은 나를 충
　성되이 여겨 내게 직분을 맡기심이니 내가 전에는 비방자요 박해자
　요 폭행자였으나 도리어 긍휼을 입은 것은 내가 믿지 아니할 때에 알
　지 못하고 행하였음이라 우리 주의 은혜가 그리스도 예수 안에 있는
　믿음과 사랑과 함께 넘치도록 풍성하였도다 미쁘다 모든 사람이 받
　을만한 이 말이여 그리스도 예수께서 죄인을 구원하시려고 세상에
　임하셨다 하였도다 죄인 중에 내가 괴수니라 (딤전 1:12-15)

'내가 믿지 아니할 때에 알지 못하고 행하였음이라'라는 고백은 바울이 자신의 죄책을 경감하거나 변명하려는 의도로 말한 것이 아닙니다. 나는 잘못 행했던 것보다 더 나쁜 자리에 있었다, 나는 몰라서 선택의 여지마저 없던 자리에 있었다는 의미입니다. 사도 바울의 증언은 결국 자신은 자기가 맡은 일을 할 수 없는 가장 정반대의 조건에 있었다는 것입니다. 그러니 우리 모두는 바울보다는 나은 것입니다. 그러니까 선착순으로 자르면 바울이 꼴찌입니다. 그리고 그 꼴찌에서 두 번째가 다윗입니다. 우리가 아무리 못났더라도 그들보다는 앞에 있는 셈입니다. 그러니 안심해도 됩니다.

바울은 무엇이라고 고백합니까? 아니, 그것을 살펴보기 전에 바울은 원래 어떤 사람이었습니까? 그는 자신에게 있는 최선을 다하여 예수 믿는 자들을 박해하러 다닌 사람입니다. 하나님을 위한다는 명목으로 말입니다. 그런 그가 스데반을 죽이고, 예수 믿는 자들을 잡으러 다메섹으로 가던 길에 예수님한테 딱 걸린 것입니다. 우리 생각대로 하면 이 일은 어떤 식으로 진행되어야 가장 좋습니까? 사울이 스데반한테 돌을 던졌더니 그 돌이 스데반의 이마에서 튕겨 나와 사울의 이마에 꽂혀 그 자리에서 사울은 즉사하고, 스데반이 복음을 전하는 길을 가야 가장 자연스러운 전개 같습니다. 그런데 스데반을 죽게 하고 바울을 잡아서 쓰신다는 것은 우리로서는 얼마나 이해가 안 되는 이야기입니까?

하나님이 우리가 하나님을 외면하고, 우리가 다한 최선과 우리가 생각하는 최고라는 가치를 향해 나아가는 것을 붙잡아 끌고 와서는 "너는 벌레가 아니다. 너는 짐승이 아니다. 너는 한갓 물건이 아니다.

너는 나의 동역자다"라고 이야기한 것이 십자가입니다. 또한 성경에 기록된 모든 믿음의 선조들이 증언하는 내용입니다. "네 확인과 네 가치에 붙잡혀 있으라 하나님이 하시려는 일을 놓쳐 버리는 잘못을 범하지 마라."

우리가 원하는 것은 쉽고 간단한 것들입니다. 내용도 영광도 작습니다. 우리가 늘 하나님한테 한발 양보해서 하는 기도가 있습니다. "하나님, 저 욕심 안 낼게요. 그저 손가락질 받지 않고 조용히 살다가 평안히 죽게 해 주세요." 그냥 '9988234' 아흔아홉까지 팔팔하게 살다가 그냥 이삼일 정도 앓은 다음 빨리 죽는 것을 가장 바라고 삽니다. 구질구질하게 죽지 않는 것을 바라다니, 얼마나 한심한 요구입니까? 우리의 생애가 다만 잘했다, 못했다는 기준으로만 평가될 수 있다고 생각합니까? 최선을 다했다, 못했다로만 나눌 수 있다고 생각합니까? 그럼 신은 왜 필요하며, 신앙은 도대체 무엇에 쓰려고 가지는 것입니까?

그렇게 되면, 신앙이란 자신의 진심을 치장한 단어 외에 무엇이 됩니까? 신을 믿는다는 것은 우리보다 우월한 존재가 우리를 돕는 것을 인정하는 것이 아닙니까? 기독교가 여느 종교와 다른 것이 바로 그 점 아닐까요? 다른 종교는 인간이 신을 감동시켜 보상을 받아 내는 것이고, 우리가 믿는 기독교는 하나님이 나를 납득시키고, 만족시키고, 항복시키는 종교입니다. 그런데 왜 자기 마음대로 체념하고 단념합니까? 그러고는 원망 가득한 얼굴을 하고 교회에 나오다니요. 그런 표정으로 교회 나오는 것은 큰 죄입니다. 하나님이 우리 생애에 대해 쉬시거나 방심하신 날이 없는데, 그것을 모르는 것입니다.

약속을 이루시는 하나님

하나님이 모세에게 '내 백성을 구원하러 가라'고 명하시자, 모세가 한 질문은 이것입니다. "하나님, 사십 년 전에 제가 하겠다고 그럴 때는 아무 대꾸도 안 하시더니 도대체 이게 뭡니까? 저 이제 팔십입니다. 제 지난 사십 년이 전부 꽝입니까?" 이에 하나님이 대답하십니다. "나는 스스로 있는 자다. 그 사십 년의 시간이 일을 했다. 네 혈기와 고집이 꺾이기를 내가 기다리고 있었다. 하루아침에 너를 꺾지 않고, 시간을 들여 하나씩 하나씩 꺾고 채워서 너를 만들었다." 그래서 모세는 후에 어떤 평가를 받습니까? 모세는 온유함이 지면의 모든 사람보다 더하(민 12:3)다고 평가받습니다. 모세는 가장 온유한 자입니다. 전능한 자가 아니고 온유한 자입니다. 굉장합니다.

하나님이 우리 안에서 무엇을 이루고자 하시는가를 모르면 우리는 자신의 인생 속에서 일하시는 하나님을 알아볼 수가 없습니다. 우리가 지금 요구하는 것을 당장 결론으로 주시는 분이 아니라, 우리가 실력을 갖춘 존재가 되기를 원하십니다. 그래서 명분으로 요구하지 않으시고, 보이는 보상으로 갚아 주지 않으시고, 시간 속에서 하나님을 아는 지식을 쌓아 주고 계십니다. 놀라운 일입니다.

가만히 생각해 보십시오. 솔로몬이 다윗 왕의 뒤를 잇는 것은 어떤 약속의 성취입니까? 다윗이 성전을 짓겠다고 하자, 하나님이 나단을 보내어 "네가 나한테 뭘 해 준다 그러냐? 내가 하나님인데. 내가 너한테 해 주면 해 줬지, 네가 나한테 뭘 해 줄 수 있단 말이냐? 네가 나를 위해 성전을 짓겠다고? 그따위 소리 하지 마라. 내가 하나님이다.

네가 성전을 짓겠다고 해서 내가 보상으로 이걸 주는 게 아니다. 내가 하나님이다. 내가 너를 왕좌에 앉히고, 이 왕권이 네 자손 대대로 영원하도록 내가 지켜 주마."

그래서 하나님은 다윗 왕권의 영원함을 지키기 위하여 누구를 붙여 줬습니까? 솔로몬을 붙여 줬습니다. 밧세바가 낳은 솔로몬 말입니다. 그럴 수 없는 자식을 갖다 붙여서 일을 이루십니다. '밧세바'라는 이름을 들으면 자다가도 벌떡 일어날 것 같은데, 밧세바의 아들을 시켜서 하나님의 일을 이루시는 것입니다. 얼마나 경이롭습니까. '우리를 하나님의 능력에서, 하나님의 사랑에서, 하나님의 진정성에서 끊을 수 있는 것이 없다'를 가장 잘 보여 주는 존재가 바로 다윗입니다.

다윗의 아들 솔로몬은 이삭과 같은 의미를 지닌 존재가 됩니다. 이삭은 누구죠? 아브라함의 아들, 낳을 수 없었던 아들입니다. 아브라함은 '네 자손이 하늘의 별 같고 땅의 모래 같으리라'라는 약속을 받았지만, 그에게는 아직 자식이 없습니다. 아브라함이 자식을 낳을 수 없는 나이가 되었을 때에 이삭을 주셔서 '너에게 약속한 아들은 네 능력으로 얻은 것이 아니다. 네 정성과 꿈이 보상을 받은 것이 아니라, 내가 한 일이다'라고 하셨습니다. 그래도 한 번 더 확인시키기 위해서 '그 아들을 잡으라'고 하셨던 것입니다. "이삭을 잡아라." 그래서 데려다 잡습니다. 이를 보신 하나님이 말씀하시죠. "됐다. 네가 알아들었구나. 그럼 살려 줘라." 그래서 이삭은 '죽은 자', '없는 자'인 것입니다. 없는 것으로 하나님이 당신의 약속을 성취하셨고, 이삭은 없는 것을 증언하는 자로 서 있는 것입니다.

솔로몬도 그렇습니다. 솔로몬은 왕이 되거나 왕권을 계승할 수 없는 자입니다. 그 위의 형이 먼저 죽어 이 사실을 확인시킵니다. '밧세바와의 관계에서 애를 낳는 건 말이 안 된다'며 죽여 버린 아들인데, 솔로몬은 하나님이 다윗에게 하신 약속을 이루며 하나님의 일하심을 증언하여 하나님의 약속을 성취하는 자로 등장합니다. 그러니 예수를 믿는다는 것은 이삭을 믿는 것도, 다윗을 믿는 것도, 솔로몬을 믿는 것도 아닙니다. 창조주이신 하나님을 믿는 것입니다. 그러니 무엇이 겁이 나겠습니까? 솔직히 힘은 듭니다. 그러나 힘이 드는 것과 체념하는 것은 이야기가 다릅니다.

우리의 생애가 얼마나 값지고 놀라운 것인지를 기억하여 하나님이 우리의 생애로 무엇을 만드시는지, 기대와 믿음을 품는 각자의 생애, 실제로 살아 내는 그런 기적과 감격이 있기를 바랍니다.

기도

하나님 아버지, 은혜를 감사합니다. 우리는 하나님의 자녀입니다. 하나님은 우리를 위하여 무슨 대가든지 치를 것이며, 무슨 일이든지 하실 것이며, 우리를 항복시킬 것이며, 마침내 우리로 승리케 하실 것을 믿습니다. 하나님의 선하심과 권능이 우리로 하나님을 찬양케 하며, 우리 자신의 존재와 운명을 감사케 하며, 기꺼이 하나님을 찬송할 것입니다. 그 인생 살아 내는 기적 같은 하루하루가 되게 하여 주시옵소서. 예수님 이름으로 기도합니다. 아멘.

39.
그의 나라가 심히 견고하니라

10 다윗이 그의 조상들과 함께 누워 다윗 성에 장사되니 11 다윗이 이스라엘 왕이 된 지 사십 년이라 헤브론에서 칠 년 동안 다스렸고 예루살렘에서 삼십삼 년 동안 다스렸더라 12 솔로몬이 그의 아버지 다윗의 왕위에 앉으니 그의 나라가 심히 견고하니라 (왕상 2:10-12)

다윗 자신이 이유와 원인이 될 수 없다

다윗은 죽습니다. 신선이 되지 않습니다. 그리고 솔로몬이 그 뒤를 잇습니다. 솔로몬은 다윗이 밧세바에게서 낳은 아들입니다. 솔로몬이 다윗의 대를 잇는 것을 보니 이런 생각이 스칩니다. 옛날 왕조 시대에 왕권을 이을 자가 왕의 혈통이라면, 정실의 소생이든 소실의 소생이든 누가 잇더라도 상관없지만, 적어도 기독교에서는 즉 거룩하신 하나님을 믿는 종교라는 관점에서 볼 때는, 우리가 아는 도덕률보다 더 철저한 기준이나 잣대가 적용될 것이라고 기대합니다. 그런데 솔로몬이 대를 잇게 됩니다.

다윗 왕권을 솔로몬이 잇는다는 것은 말이 안 됩니다. 게다가 하나님이 다윗에게 주시기로 한 영원한 왕권을 하필 다윗이 저지른 최악의 실패에서 결과한 아들로 잇게 한다는 것은 더더욱 말이 안 됩니다. 그러나 여기에 바로 기독교가 말하고 싶은, 우리가 쫓아가지 못하고, 상상할 수도 없는, '복음'이라는 단어로 선포되는 내용이 들어 있습니다. 다윗은 하나님에게 순종하는 사람이었고, 그 믿음이 담대하여 골리앗 앞에서 무장도 하지 않은 채, 물맷돌 다섯 개만 들고 나갈 수 있는 사람이었고, 여기서 승리를 경험한 사람입니다. 이 놀라운 신앙을 가졌던 청년이 왕이 되고, 나중에는 밧세바 사건을 일으킵니다. 그의 모든 생애를 먹칠하는 사건과 사고를 남긴 것입니다.

하나님은 당신이 다윗에게 이루어 주겠다고 하신 약속과 그 결과가 다윗의 순종과 기대의 결과로 말미암은 것이 아님을 보이고 싶어 하십니다. 우리가 다윗을 '은혜의 대표자'라고 부르는 이유가 무엇일까요? 십자가로 말미암은 기독교 신앙을 소개하며 구원을 선포할 때, 그것을 '복음'이라고 부르는 것은 그것이 은혜로 주어지기 때문이라고 로마서는 말씀합니다. 다윗은 은혜의 대표자이고, 로마서 4장에서는 다윗이 고백한 시편 32편을 인용하여 은혜가 무엇인지를 이렇게 풀어냅니다. '불법이 사함을 받고 죄가 가리어짐을 받는 사람들은 복이 있고 주께서 그 죄를 인정하지 아니하실 사람은 복이 있도다'(롬 4:7-8). 잘잘못이라는 잣대를 하나님이 깨트리시는 것은 아무래도 좋다고 생각해서가 아닙니다. 성경이 말하는 복은 잘잘못의 잣대로 말미암은 보상의 차원을 넘어서 있는 것임을 증언하고 싶기 때문입니다. 그래서 다윗은 자기가 가진 신앙에 대한 보상을 받는 것도 아니고, 자기가 저지른 사고로 인하여 벌을 받아 추락하고 망하는 것도 아닌, 다윗 자신이 이유와 원인이 될 수 없는 일의 대표자가 되는 것입니다. 마태복음 7장에 가 봅시다.

거짓 선지자들을 삼가라 양의 옷을 입고 너희에게 나아오나 속에는 노략질하는 이리라 그들의 열매로 그들을 알지니 가시나무에서 포도를, 또는 엉겅퀴에서 무화과를 따겠느냐 이와 같이 좋은 나무마다 아름다운 열매를 맺고 못된 나무가 나쁜 열매를 맺나니 좋은 나무가 나쁜 열매를 맺을 수 없고 못된 나무가 아름다운 열매를 맺을 수 없느니라 아름다운 열매를 맺지 아니하는 나무마다 찍혀 불에 던져지느니라 이러므로 그들의 열매로 그들을 알리라 (마 7:15-20)

나무가 어떤 나무인지는 거기서 열리는 열매를 보고 압니다. 너무나 당연한 이야기입니다. 감이 열리면 감나무고, 사과가 열리면 사과나무입니다. 이 비유의 가장 중요한 핵심은 열매가 아니라 나무입니다. 열매를 주워 모으는 것, 사서 모으는 것, 업적을 모으는 것이 기독교 신앙의 중요한 내용이 아니라, 먼저 자기 자신이 풍성한 열매를 맺는 나무가 되어야 하는 문제입니다. 맺혀 있는 열매를 보며 어떤 나무인지 알아보는 것이지, 얼마나 많은 열매를 맺었느냐, 얼마나 각양각색의 열매를 모았느냐는 기독교 신앙이 추구하는 바가 아닙니다.

죽으면 많은 열매를 맺느니라

그런데 묘하게도 나무와 열매의 관계를 예수님이 자신에게 이렇게 적용하십니다. 요한복음 12장을 보겠습니다.

> 명절에 예배하러 올라온 사람 중에 헬라인 몇이 있는데 그들이 갈릴리 벳새다 사람 빌립에게 가서 청하여 이르되 선생이여 우리가 예수를 뵈옵고자 하나이다 하니 빌립이 안드레에게 가서 말하고 안드레와 빌립이 예수께 가서 여쭈니 예수께서 대답하여 이르시되 인자가 영광을 얻을 때가 왔도다 내가 진실로 진실로 너희에게 이르노니 한 알의 밀이 땅에 떨어져 죽지 아니하면 한 알 그대로 있고 죽으면 많은 열매를 맺느니라 (요 12:20-24)

익히 들어 온 '한 알의 밀'에 대한 이야기입니다. 이 이야기가 예수님이 죽어야 한다는 의미라는 것은 우리도 잘 압니다. 그런데 이 죽음이 무엇을 설명하기 위하여 있는 것인지는 잘 모릅니다. 같이 살펴봅시다.

이방인들이 예수가 메시아라는 소문을 듣고 찾아옵니다. 그들이 예수를 만나기를 원하자, 예수께서 '내가 메시아임을 보이겠다'고 하십니다. 누가 '감나무를 보러 왔다'고 하면 먼저 나무를 보겠습니까, 감을 보겠습니까? 나무에 달린 감을 볼 것입니다. 예수를 보러 왔으니, 예수님은 당신이 메시아인 열매를 보이시려는 것입니다. 그런데 그 열매는 '죽는 것'이라고 합니다. 그랬더니 다들 도망가 버렸습니다.

우리가 기대하는 예수는 어떤 열매가 달린 존재입니까? 권력이 달렸으면 좋겠죠. 그러나 예수는 세상 권력에 집니다. 그것이 메시아인 증거입니다. 메시아에게서 맺히는 열매는 죽음인데, 이 죽음은 생명을 만들어 내는 그런 죽음입니다. 죽음이 생명을 만들어 낸다는 역설이 우리를 당황하게 합니다. '감나무에 감이 열린다. 감이 달렸으면 감나무다' 하는 데까지는 따라오겠는데, '메시아는 죽음을 열매 맺는다. 죽음을 통과한 열매를 맺는다. 그래서 예수를 보면 다만 생명이 보이는 것이 아니라 죽음에서 피어난, 죽음에서 맺힌 열매를 보게 된다' 하는 데까지는 못 좇아옵니다.

나무와 열매의 관계로 설명되는 예수의 메시아 되심과 우리의 정체성을 확인하는 일을 마태복음 13장에서는 '밭의 비유'로 이렇게 소개합니다. 이 비유는 '씨 뿌리는 비유'로 잘 알려져 있지요. 씨를 뿌리는 자가 뿌릴 때, 더러는 길가에 떨어져서 새가 먹어 버렸고, 더러는 돌밭에 떨어져서 뿌리가 자리 잡지 못했고, 더러는 가시떨기에 떨어지자 가시떨기가 씨의 기운을 막았고, 좋은 땅에 떨어지자 많은 열매를 맺었습니다. 제자들이 묻습니다. "아니, 선생님, 뭐 이런 걸 비유로 말씀하세요? 이 뻔한 이야기를 뭘 비유까지 대세요? 우리가 못 알아들을까 봐 그러세요?" 그렇습니다. 이 쉬운 이야기를 누가 이해하지 못하겠습니까? 우리가 한 대로 보상받는다는 것은 우리도 잘 압니다. 잘하면 칭찬받고 못하면 벌받는 것 역시 우리가 다 압니다. 우리 모두가 이 비유를 읽으면 '옥토가 되자, 많은 열매를 맺자'라고 당연하게 이해합니다. 그런데 제자들의 이 반문, '뭘 그까짓 걸 비유까지 써서 이야기하세요?'라는 대답에 예수님은 어떻게 답하십니까?

> 대답하여 이르시되 천국의 비밀을 아는 것이 너희에게는 허락되었으나 그들에게는 아니되었나니 무릇 있는 자는 받아 넉넉하게 되되 없는 자는 그 있는 것도 빼앗기리라 그러므로 내가 그들에게 비유로 말하는 것은 그들이 보아도 보지 못하며 들어도 듣지 못하며 깨닫지 못함이니라 이사야의 예언이 그들에게 이루어졌으니 일렀으되 너희가 듣기는 들어도 깨닫지 못할 것이요 보기는 보아도 알지 못하리라
> (마 13:11-14)

이사야가 자원하여 하나님의 뜻을 전하기 위한 사자(使者)가 되려고 하자, 그때 하나님이 주신 약속이 이것이었습니다. "가라. 그러나 네 말을 아무도 이해하지도 깨닫지도 못할 것이다." 그 예언이 성취된 것이 지금 이 비유라고 합니다. 계속 보겠습니다.

> 이 백성들의 마음이 완악하여져서 그 귀는 듣기에 둔하고 눈은 감았

으니 이는 눈으로 보고 귀로 듣고 마음으로 깨달아 돌이켜 내게 고
침을 받을까 두려워함이라 하였느니라 그러나 너희 눈은 봄으로, 너
희 귀는 들음으로 복이 있도다 (마 13:15-16)

'아무도 깨닫지 못할 것이다. 이것이 이사야가 한 예언의 성취다. 그
러나 너희의 복은 그걸 보는 것이다. 어떻게 보게 되었나? 바로 내가
왔기 때문이다.' 예수님은 무엇을 하러 오셨습니까? 보게 하러 오시지
않았습니다. 듣게 하러 오시지도 않았고, 또한 설명하러 오시지도 않
았습니다. 들어도 깨닫지 못하고, 보아도 알지 못하는 사람들을 위해
하나님의 일을 이루려고 오셨습니다. 그것은 죽음에서 결과한 부활이
고, 구원이었습니다. 분명히 그렇습니다.

그러니 이 비유는 좀 더 깊이 이해해야 합니다. 아무것도 뿌리지 않
은 밭에서 무엇이 나겠습니까? 또 밭이 잡초를 이미 품고 있으면 좋
은 것을 심어도 잡초 때문에 방해받는 것이 사실입니다. 그런데 앞서
요한복음 12장 20절 이하에서 보았듯, 제자들의 질문은 이것입니다.
"메시아가 오셨다면서요? 우리가 그를 보기 원합니다." 이에 예수는
"인자가 영광을 얻을 때가 왔도다. 한 알의 밀이 땅에 떨어져 죽지 아
니하면 한 알 그대로 있고, 죽으면 많은 열매를 맺는다"는 말로 대답
하십니다.

예수는 이 밭에 찾아와 심긴 씨입니다. 이 씨는 밭이 만들어 낸 것
이 아니고, 밭이 키운 것도 아닙니다. 씨가 밭에 삼켜지듯이, 죽음이
삼켜진 자리에서 스스로 일어나 그가 열매를 결실함으로써 맺힌 것입
니다. 그러면 그 열매를 맺은 나무는 무엇이 됩니까? 대개 나무의 이

름은 그 나무가 맺는 열매의 이름으로 불립니다. 코스모스가 잔뜩 핀 밭을 무엇이라고 부릅니까? 코스모스밭, 좀 더 넓게는 꽃밭이라고 부릅니다. 그러니까 밭의 이름은 무엇으로 짓는 것입니까? 꽃 이름이 밭 이름이 되는 것입니다. 손님이 찾아오면 제가 컵에 커피를 담아 드리면서 "커피 드시죠" 이렇게 하는 것과 마찬가지입니다. 그러면 컵은 커피가 아닌데, 커피만 무슨 수로 따로 대접할 것입니까? 컵 안에 내용물을 담아서 그 컵이 담고 있는 내용물의 이름으로 불리는 이치로 쉽게 설명해 볼 수 있는 이것이 '예수 그리스도로 말미암는 구원'인 것입니다. 우리라는 잡초밭에, 우리라는 돌밭에, 죽음밖에 결과지을 수 없는 밭에 예수가 찾아오시고 스스로 들어와 죽으셔서 여기에 꽃을 피우고 열매를 맺음으로써, 우리에게 당신의 이름을 주신 것입니다.

죽음으로 보인 메시아 된 증표

사도행전을 보면, 안디옥에서 '그리스도인'이라는 이름을 처음 얻게 되었다고 하는데(행 11:26 참조), 우리가 그리스도인으로 불리는 것은 우리가 예수를 믿는 이들이고, 예수의 사람이라는 뜻입니다. 접시에 포도를 담아 손님에게 내밀면서 '포도 드세요'라고 이야기하는 것, 그릇에 담긴 내용물로 그릇 전체까지 가리키듯, 우리를 채운 내용물의 이름으로 우리가 불리는 것입니다. 그렇게 이 비유는, 열매를 만들어 낼 수 없는 곳에 주께서 들어와 열매가 되심으로써 그 이름으로 우리가 불리게 되는 이치를 말씀하는 것입니다.

그러니 기독교에서 가장 기억해야 하는 것은 도덕적 잣대를 가지고 신앙을 논할 수 없다는 점입니다. 아무래도 좋다는 말이 아닙니다. 다윗의 생애에서 그리했듯이, 다윗은 그가 가진 최고의 종교성과 그가 가진 어떤 덕목도 밧세바 사건으로 다 외면되고, 그 가치가 전부 무효로 됩니다. 그러나 다윗이 저지른 잘못에도 불구하고 그에게 주어진 약속이 이어짐으로써 하나님은 당신의 성실하심을 증언하십니다. 또 이 약속이 성취되는 일에 인간은 도움이 되지도 않지만, 그렇다고 방해가 될 수도 없음을 증언합니다. 그래서 기독교 신앙을 복음이라고 하는 것입니다.

하나님은 성실한 집념을 가지고 일하십니다. 성경에서 늘 주장하듯이, 하나님은 '은혜롭고 자비롭고 노하기를 더디 하시고, 인자와 진실이 많으신 하나님, 우리에게 아버지가 되어 주시겠다는 하나님, 우리를 사랑하사 자신의 아들을 내어 주신 하나님'입니다. 하나님이 지니신 일관된 고집이 우리가 지닌 그릇이 크냐 작냐 하는 문제를 넘어서, 그 안에 담긴 하나님의 임재와 하나님의 찾아오심, 우리를 향하여 목적하신 것들의 영광으로 우리를 부르시며, 그것이 우리의 정체성이 되게 한다고 하십니다. 이것이 기독교입니다. 고린도후서 12장에 가면, 이 문제에 대한 사도 바울의 멋진 증언이 나옵니다.

여러 계시를 받은 것이 지극히 크므로 너무 자만하지 않게 하시려고 내 육체에 가시 곧 사탄의 사자를 주셨으니 이는 나를 쳐서 너무 자만하지 않게 하려 하심이라 이것이 내게서 떠나가게 하기 위하여 내가 세 번 주께 간구하였더니 나에게 이르시기를 내 은혜가 네게 족

하도다 이는 내 능력이 약한 데서 온전하여짐이라 하신지라 그러므
로 도리어 크게 기뻐함으로 나의 여러 약한 것들에 대하여 자랑하리
니 이는 그리스도의 능력이 내게 머물게 하려 함이라 그러므로 내가
그리스도를 위하여 약한 것들과 능욕과 궁핍과 박해와 곤고를 기뻐
하노니 이는 내가 약한 그 때에 강함이라 (고후 12:7-10)

이 말씀을 한마디로 요약해 보면, 이렇습니다. '전지전능할 필요 없
다.' 우리 모두 이 말 앞에 항복해야 합니다. 이 모든 것이, 종교성과
도덕성이라는 것이 '우리로 보상받게 하기 위하여'라는 조건에 묶여
서 우리를 공포 속에 가둡니다. 우리가 제일 많이 하는 기도가 무엇입
니까? 회개입니다. 왜 그렇습니까? 회개 말고는 적극적으로 신앙생활
하는 법을 모르기 때문입니다. 자신의 신앙과 정체성을 소극적으로
확인할 방법밖에 없는 것입니다. 진심으로 '잘못했습니다'라고 고백
하면, 자기 할 일은 다한 것 같습니다. 그것이 아니라, 실제로 잘해야
합니다. 어떻게 잘해야 합니까? 각자의 실력만큼 해야 합니다.

　각자의 일상, 각자의 현장, 각자의 현실에서 세상 사람들과 다르
게 구십시오. 한 번 더 웃으십시오. 한 번 더 참으십시오. 한 번 더 화
를 누르십시오. 이 세상을 바꾸려 들지 말고, 따뜻한 말 한마디를 건
네 보십시오. 세계 평화와 해외 선교를 위해 기도하느라 자신의 일상
을 제대로 못 사는 잘못을 범하지 마십시오. 제발 자기 삶을 살아가십
시오. 매일 만나는 가족, 동료, 이웃들 앞에서 신자가 할 수 있고 해야
하는 일을 하십시오. '하나님은 다윗에게 한 약속을 신실하게 지키셨
다. 지금 내가 못 볼 꼴 다 보고, 스스로에 대해서도 만족하지 못하지

만, 하나님이 여기 한 알의 밀알을 심으셨다. 나 그 위에 물 한 바가지 뿌린다.' 이 멋진 하루를 살아가십시오. 이 하루를 살아 낸다면, 더 이상 할 일이 없습니다.

완벽하지 않아도 된다

요한복음 21장에 가 봅시다. 이런 권면을 할 수 있는 근거가 하나 더 있습니다.

> 그들이 조반 먹은 후에 예수께서 시몬 베드로에게 이르시되 요한의 아들 시몬아 네가 이 사람들보다 나를 더 사랑하느냐 하시니 이르되 주님 그러하나이다 내가 주님을 사랑하는 줄 주님께서 아시나이다 이르시되 내 어린 양을 먹이라 하시고 또 두 번째 이르시되 요한의 아들 시몬아 네가 나를 사랑하느냐 하시니 이르되 주님 그러하나이다 내가 주님을 사랑하는 줄 주님께서 아시나이다 이르시되 내 양을 치라 하시고 세 번째 이르시되 요한의 아들 시몬아 네가 나를 사랑하느냐 하시니 주께서 세 번째 네가 나를 사랑하느냐 하시므로 베드로가 근심하여 이르되 주님 모든 것을 아시오매 내가 주님을 사랑하는 줄을 주님께서 아시나이다 예수께서 이르시되 내 양을 먹이라
> (요 21:15-17)

거창하게 생각할 것 없습니다. 딱 하나만 기억하십시오. '완벽하지 않

아도 된다.' 베드로가 한 '제가 주를 사랑하는 줄 주께서 아시나이다' 라는 말이 무슨 뜻입니까? 베드로의 진심이죠. 어떤 진심입니까? 예수를 세 번 부인한 진심입니다. 마태복음 16장 16절 이하에 나온 베드로의 고백, "주는 그리스도시요 살아계신 하나님의 아들이시니이다"에 대해 "바요나 시몬아 네가 복이 있도다 이를 네게 알게 한 이는 혈육이 아니요 하늘에 계신 내 아버지시니라 … 내가 천국 열쇠를 네게 주리니 네가 땅에서 무엇이든지 매면 하늘에서도 매일 것이요 네가 땅에서 무엇이든지 풀면 하늘에서도 풀리라"라고 칭찬해 주셨는데, 바로 뒤에 예수님이 당신의 죽음을 예고하시자 베드로가 만류합니다. "주여, 그리 마옵소서. 이 일이 결코 주께 미치지 못하나이다." 이때 주님의 무시무시한 꾸중이 등장합니다. "사탄아, 물러가라." 이런 말까지 베드로가 듣습니다. '완벽하지 않아도 된다.' 아멘입니다. 베드로에게 '그것이면 됐다. 그렇게 해라. 네 실력만큼 해라. 나머지는 내게 맡겨라'라고 하신 것입니다. 그리고 이어서 이렇게 말씀하십니다.

> 내가 진실로 진실로 네게 이르노니 네가 젊어서는 스스로 띠 띠고 원하는 곳으로 다녔거니와 늙어서는 네 팔을 벌리리니 남이 네게 띠 띠우고 원하지 아니하는 곳으로 데려가리라 이 말씀을 하심은 베드로가 어떠한 죽음으로 하나님께 영광을 돌릴 것을 가리키심이러라 이 말씀을 하시고 베드로에게 이르시되 나를 따르라 하시니
>
> (요 21 : 18-19)

"너는 승승장구하지 않을 것이다. 네 사역은 고난으로 가득하고, 마침

내 죽음으로 끝날 것이다. 너는 완벽하지 않아도 된다." 이 말에 기가 막힌 베드로가 이렇게 묻습니다.

> 베드로가 돌이켜 예수께서 사랑하시는 그 제자가 따르는 것을 보니 그는 만찬석에서 예수의 품에 의지하여 주님 주님을 파는 자가 누구오니이까 묻던 자더라 이에 베드로가 그를 보고 예수께 여짜오되 주님 이 사람은 어떻게 되겠사옵나이까 (요 21:20-21)

주님의 대답은 단호합니다. "그건 내 맘이다. 넌 네 할 일이나 해라." 오래전 우리 교회의 표어가 이것이었습니다. "너나 잘하세요." 하나님이 우리 각각을 사랑하시고, 우리 각각을 통하여 위대한 일을 하십니다. 저 사람이 하는 일과 내가 하는 일이 다 하나님이 그의 보혈과 그의 사랑과 그의 능력으로 붙들어 허락하신 기회입니다. 우리가 아무렇게나 살아도 된다는 의미로, 은혜라는 이름으로 모든 것을 그저 하나님께 떠맡기면 된다는 어리석은 생각을 하라는 것이 아니라, 우리의 조건과 한계, 그리고 막막한 길 속에 구체화할 수 있는 기회가 주어졌으니 현실을 살아 내라고 말씀하십니다. 앞서 살펴본 것처럼, 메시아를 보기 원한다는 제자들의 소원 앞에 메시아 된 증표로 예수님이 보이신 것은 무엇입니까? 죽음입니다. 예수의 죽음입니다.

우리 인생 속에서 하나님이 우리와 함께하시는 증거가 무엇입니까? 죽음으로 내려가는 현장 속에 피어나는 부활입니다. 웃을 수 없는 곳에서 웃으며, 용서할 수 없는 사람을 용서하며, 기다려 줄 수 없는 것을 기다려 주며, 보상 없는 헌신을 기꺼이 하는 것입니다. 우리는 우리 존재와 인생이 귀한 것임을 압니다. 우리의 하루는 창조며, 부활이며, 기적이며, 우리 쪽에서 할 수 있는 것은 순종이며, 사랑이며 그리고 의연한 태도입니다. 알아주는 사람이 없는 것이 문제라면 문제입니다. 그러니 교회에 왔을 때 서로 알아주어야 합니다. 여기서만은 서로 알아주어야 합니다. 하나님이 일하고 계십니다. 그렇게 눈을 서로 마주치며 빛나는 멋진 얼굴로 살아야 합니다. 그런 인생을 넉넉히 살아 내길 바랍니다.

기도

하나님 아버지, 우리는 하나님의 손길이며 임재입니다. 우리에게는 그리스도의 십자가가 있고 부활이 있고 용서가 있고 찬송이 있으며 기적이 있고 구원이 있습니다. 우리가 없으면 세상이 서 있는 자리는 흑암의 권세에 묻힐 것입니다. 우리가 그곳에 꽃을 피워야 합니다. 우리의 꽃은 하나님이 이 세상을 구원하시겠다는 의지의 꽃입니다. 이런 인생을 살게 된 것을 자랑으로 아는 그런 신자가 되게 하여 주옵소서. 예수님 이름으로 기도합니다. 아멘.

40.
고난은 하나님이
일하고 계시다는 증거

3 솔로몬이 여호와를 사랑하고 그의 아버지 다윗의 법도를 행하였으나 산당에서 제사하며 분향하더라 4 이에 왕이 제사하러 기브온으로 가니 거기는 산당이 큼이라 솔로몬이 그 제단에 일천 번제를 드렸더니 5 기 브온에서 밤에 여호와께서 솔로몬의 꿈에 나타나시니라 하나님이 이 르시되 내가 네게 무엇을 줄꼬 너는 구하라 6 솔로몬이 이르되 주의 종 내 아버지 다윗이 성실과 공의와 정직한 마음으로 주와 함께 주 앞에서 행하므로 주께서 그에게 큰 은혜를 베푸셨고 주께서 또 그를 위하여 이 큰 은혜를 항상 주사 오늘과 같이 그의 자리에 앉을 아들을 그에게 주 셨나이다 7 나의 하나님 여호와여 주께서 종으로 종의 아버지 다윗을 대신하여 왕이 되게 하셨사오나 종은 작은 아이라 출입할 줄을 알지 못 하고 8 주께서 택하신 백성 가운데 있나이다 그들은 큰 백성이라 수효

가 많아서 셀 수도 없고 기록할 수도 없사오니 9 누가 주의 이 많은 백성을 재판할 수 있사오리이까 듣는 마음을 종에게 주사 주의 백성을 재판하여 선악을 분별하게 하옵소서 10 솔로몬이 이것을 구하매 그 말씀이 주의 마음에 든지라 11 이에 하나님이 그에게 이르시되 네가 이것을 구하도다 자기를 위하여 장수하기를 구하지 아니하며 부도 구하지 아니하며 자기 원수의 생명을 멸하기도 구하지 아니하고 오직 송사를 듣고 분별하는 지혜를 구하였으니 12 내가 네 말대로 하여 네게 지혜롭고 총명한 마음을 주노니 네 앞에도 너와 같은 자가 없었거니와 네 뒤에도 너와 같은 자가 일어남이 없으리라 13 내가 또 네가 구하지 아니한 부귀와 영광도 네게 주노니 네 평생에 왕들 중에 너와 같은 자가 없을 것이라 14 네가 만일 네 아버지 다윗이 행함 같이 내 길로 행하며 내 법도와 명령을 지키면 내가 또 네 날을 길게 하리라 15 솔로몬이 깨어 보니 꿈이더라 이에 예루살렘에 이르러 여호와의 언약궤 앞에 서서 번제와 감사의 제물을 드리고 모든 신하들을 위하여 잔치하였더라 (왕상 3:3-15)

안심과 형통이라는 우상 숭배

이제 솔로몬까지 온 이유는, 다윗을 제대로 이해하려면 솔로몬에 관한 말씀을 잘 이해해야 하기 때문입니다. 그래서 본문 말씀은 중요합니다.

솔로몬은 서구 역사상 최고의 영화를 누린 왕입니다. 부귀와 영화를 지닌 대표적 인물이죠. 그런데 그는 기특하게도 하나님에게 부귀

영화를 구한 것이 아니라, 지혜를 구했습니다. 하나님의 백성을 통치하는 법을 간구했고, 그 기도를 하나님이 기뻐하셨습니다. 그래서 그가 구하지 않은 부귀영화까지 얻게 됩니다. 후에 솔로몬은 수많은 부인을 두게 되는데, 아마 자신의 정치적, 국가적 안녕을 위해 정략결혼을 하느라 그렇게 되었을 것입니다. 그래서 이웃 나라들의 공주들을 데려다가 결혼하는데, 이것이 우상이 두루 퍼지게 되는 빌미가 됩니다. 이방 공주들이 솔로몬에게 시집오면서 따라온 시종들이 가지고 온 우상이 이스라엘에 퍼지게 된 것입니다. 우상은 먼저 궁내에 퍼지는데, 하나님이 이 일에 매우 진노하셔서 솔로몬의 아들의 시대, 즉 르호보암 때는 나라가 둘로 찢어집니다. 적통인 다윗 왕가는 유다 지파니까 유다와 베냐민 지파 둘만 유다 왕국을 이어 르호보암이 왕이 되고, 열 지파는 북 왕국을 이루고 여로보암이 왕이 됩니다. 훨씬 많은 지파와 국민이 북 왕국을 지지했기 때문에 이스라엘이라는 국호는 북 왕국으로 넘어가고, 남 왕국은 유다가 됩니다.

하나님이 솔로몬의 생애 속에서 그렇게 화를 내신 이유는 우상 숭배 때문입니다. 솔로몬은 왜 우상을 섬겼을까요? 우리는 전에 다윗에게도 따진 적이 있습니다. 다윗은 왜 밧세바 사건을 저질렀는가? 우리는 답답합니다. 다윗은 밧세바 사건만 없었으면 괜찮고, 솔로몬은 우상 숭배만 없었으면 됐고, 우리는 남포교회만 잘 다녔으면 괜찮았을 텐데 하는 생각이 듭니다. 그러나 이렇게 간단하지 않습니다. 매주 은혜를 받는데, 왜 아무 소용이 없을까요? 이것이 우리가 궁금한 점입니다.

여러 번 강조하듯이, 하나님은 우상 숭배에 대해 가장 진노하십니다. 어떤 죄보다도 우상 숭배에 대해서 제일 진노하십니다. 우상은 타협을 말합니다. 어떤 타협입니까? 하나님의 목적에 미치지 못하는 인간의 최선, 인간의 최대치에서의 타협입니다. 무엇에 대한 타협입니까? 하나님이 인간에게 요구하는 운명과 가치에 대한 타협입니다. 하나님은 백 점짜리 신자를 만들고 싶은데, 인간은 고작 이십 점에서 만족하려고 합니다. 우리의 소원이 전부 그것입니다. 우리의 기도는 늘 "하나님 아버지, 제가 큰 것 바라지 않습니다. 자식들 잘 크고, 우리 가족이 다른 사람들에게 손가락질 받지 않고 살게 해 주십시오." 이것입니다. 하나님이 이런 기도에 가장 화를 내십니다. 그래서 고난이 옵니다. 안심하고 있으면 쳐들어오는 것이 고난입니다. 왜 쳐들어올까요? '지금의 것으로 만족하지 마라. 그건 우상이다'라는 의미가 깔려 있습니다.

우상은 무엇입니까? 안심, 형통입니다. 그러니 안심에 머물러 있거나 형통에 안주하는 것은 잘못 살고 있는 것입니다. 사는 동안 우리 인생은 완성으로 가는 과정 속에서 훈련받고 있습니다. 안심과 형통은 성경이 말하는 완성의 자리가 아닙니다. 그러니 안심과 형통에 머물러 있으면 하나님이 우리를 흔들러 오십니다. 안심을 깨트리러 고난이 오는 것입니다. 하나님이 박치기하러 오십니다. 그래서 신자에게 안심이나 형통이란 결코 없습니다. 그러니 이제 그만 꿈 깨십시오.

타협하시지 않는 하나님

우리가 매일 늘어놓는 원망이 무엇입니까? 예수를 믿었는데, 도대체 왜 답이 없느냐, 왜 삶이 이렇게 어렵냐, 아이를 초등학교에 보내고 나면 꼭 일주일 만에 이 질문을 받습니다. "엄마, 몇 밤 더 자면 학교 안 가도 돼?" 기억나죠? 그런데 초등학교를 졸업하면 끝이 아니라 중학교 입학이 있고, 중학교를 졸업하면 끝이 아니라 고등학교 입학이 있고, 고등하고를 졸업하면 끝이 아니라 대학교 입학이 있습니다. 그런데 '너 배울 만큼 배웠으니 이제 학교 안 다녀도 좋다. 나가서 껌 팔아 오너라'라고 하는 부모는 좋은 부모입니까?

우리 인생은, 우리가 가지는 최소한의 만족 정도로는 타협하지 않겠다고 하시는 창조주 하나님이자 거룩하신 영광의 하나님이 이끄시는 생애입니다. 이것이 우리의 영광과 우리의 감사와 우리의 확인으로 화합되기 전에는 타협하시지 않겠다고 성경이 반복하여 증언하고 있습니다. 그런 차원에서 성경은 '하나님의 뜻이란, 다윗이 골리앗을 물리치고 법궤가 들어오는 것을 기뻐하여 춤을 추고 성전을 짓겠다고 헌신하는 정도에서 타협되는 것이 아니다'라고 다윗을 깨트립니다. 그래서 밧세바 사건이 터진 것인지도 모릅니다. 다윗의 생애에서 밧세바 사건은 십자가인 것입니다.

그러니 우리가 기독교에 대해 얼마나 얕고 천박한 이해를 하고 있는가 하면, 바로 우리의 소원, 안심, 만족을 채움으로써 하나님을 시시한 데로 끌어내리는 데서 알 수 있습니다. 우리가 잘 아는 샤머니즘과 비슷합니다. "비나이다. 비나이다. 천지 신령님께 비나이다. 이 사람의 간절한 정성을 받으사, 자식 하나 점지해 주시옵소서"에서 더 나아간 것이 우리 신앙에 있는가 말입니다. 한 걸음도 더 간 것이 없습니다. 그렇게 되면, 한 인간의 가치, 신분, 운명을 내던지는 꼴이 됩니다. 그것을 만들고, 실현하고, 훈련받고, 체현해 보는 시간으로 주어진 이 기가 막힌 기회, 명예와 책임을 다해 볼 수 있는 절호의 기회, 근심과 걱정과 고민과 배신과 눈물과 후회로 범벅이 된 삶 속에서 용기를 내 보는 기회를 놓치고 사는 것입니다. 이렇게 하나님이 우리를 만드시는 진실하고 진정한 영광과 무게와 권능이 담긴 인생이라는 것을 외면하고 사는 것입니다. 하나님은 우리가 한갓 기계나 소모품이나 방패막이가 되는 것을 원하지 않으십니다.

그런데 우리는 다윗이나 솔로몬이 실패하는 대목을 읽을 때, '도대체 왜 그랬어?'라고 추궁하듯 묻습니다. 우리가 가진 가장 소극적인 신앙관에 따르면 우리는 죄 안 짓는 것이 전부일 뿐입니다. 욕 안 먹는 것이 전부이고, 교만하지 않은 것이 전부이지, 거기에 명예롭고 영광된 것이라곤 없습니다. 명예롭고 영광된 것은 무엇입니까? 먼저 반가운 사람이 되는 것입니다. 잘난 사람이 되는 것이 아니라, 내가 내 이웃 앞에 경쟁할 필요 없는 사람이 되는 정도가 아니라, 나를 보면 살맛이 나야 하는 것입니다. 그것이 나고, 너고, 우리고, 신자의 인생이고, 인류의 역사이고, 하나님의 의도인 것입니다. 그런데 우리에게는 이런 자리로 가는 신앙관이 없기 때문에 다만 잘못된 무엇을 안 하고 마는 것에 불과해진 것입니다. 그저 최소한의 소원만 있을 뿐입니다. 어떤 최소한의 소원입니까? "하나님, 하나님을 다시 찾아올 필요가 없게 해 주시옵소서."

내가 주의 목전에서 쫓겨났을지라도

요나서를 보면, 하나님이 앗수르의 수도인 니느웨에 회개를 촉구하기 위해 요나를 보냅니다. "니느웨의 죄악이 심히 커서 내가 그들을 심판할 수밖에 없다. 내가 너를 보내니 가서 회개하라고 전해라." 요나가 하나님의 이 명령을 싫어합니다. 왜냐하면 니느웨는 이스라엘의 주적이기 때문입니다. 알다시피 앗수르는 역사상 대표적인 제국으로 포악하기 이를 데 없던 나라라서 당시 근동 지방에서는 앗수르 앞에 떨지 않은 나라가 없었습니다. 따라서 니느웨를 향해 회개하라는 것은 이스라엘 백성으로는 할 수 없는 일이었던 것입니다.

그래서 요나는 다시스로 도망갑니다. 배를 타고 도망가는데, 풍랑을 만나자 선원들이 '이건 아무래도 우리 중 누군가 죄를 지어서 신이 노한 것이다. 누군지 제비를 뽑아 보자'고 했는데, 요나가 딱 걸립니다. "너 솔직히 말해 봐라." "사실은 하나님이 나에게 하라고 하신 일을 안 하고 도망가다가 이렇게 됐다. 다 내 탓이다. 그러니 나를 바다에 던져라." 그래서 요나가 바다에 던져집니다. 이에 풍랑이 멎고 요나는 물고기 배속에 삼켜집니다. 요나가 거기서 기도합니다. 요나서 2장 4절을 읽어 봅시다. 유명한 기도입니다.

> 내가 말하기를 내가 주의 목전에서 쫓겨났을지라도 다시 주의 성전을 바라보겠다 하였나이다 (욘 2:4)

"저는 달리 갈 데도 없습니다. 하나님, 저를 용서하시고 받아 주시면,

하나님 외에 다른 이를 섬기지 않겠습니다." 이런 기특한 회개와 아주 놀라운 고백을 하게 됩니다. 그래서 하나님이 요나를 물고기 배에서 꺼내 니느웨로 보내십니다. 니느웨 성에 간 요나는 하루 동안 돌아다니면서 회개를 외친 다음, 이제 하나님이 니느웨를 심판하시기를 기다리며 성 밖에 나와 동쪽 언덕에 앉아 있습니다. 언제 불벼락이 떨어지나 기다리고 있는데, 해는 뜨겁고 심판은 내릴 기미가 안 보입니다. 그런데 해가 점점 뜨거워져서 요나가 쩔쩔매고 있자, 하나님이 박 넝쿨을 예비하여 요나에게 그늘을 만들어 줍니다. 그늘 덕분에 요나가 잘 쉬게 됩니다.

그런데 요나가 기대한 것과 달리 니느웨 사람들이 왕으로부터 신하까지 다 나와 회개하자 하나님이 벌을 내리지 않는 것입니다. 요나가 잔뜩 화를 냅니다. "하나님, 내 이러실 줄 알았습니다." 그러자 하나님이 벌레를 보내어 박 넝쿨을 갉아 먹어 시들어 버리게 하고, 다시 요나는 뜨거운 햇볕 아래서 죽을 고생을 합니다. 가뜩이나 회개한 니느웨 때문에 성질이 났는데, 이제는 불볕더위 때문에 짜증이 배가 되었습니다. "하나님, 제가 처음부터 안 오겠다고 그러지 않았습니까? 왜 여기는 보내셔 가지고 이 고생을 시킵니까? 하나님이 이렇게 변덕을 부리시니 제가 뭣 때문에 헛수고하겠습니까?" 그러자 하나님이 이렇게 대답하십니다. "얘야, 네가 박 넝쿨 하나 얻고도 그 그늘을 기뻐하여 더위를 참았는데, 이 성에는 좌우를 분별하지 못하는 사람이 십이만 명이나 있고 가축도 많이 있다. 내가 어찌 그들을 불쌍히 여기지 않겠느냐?" 여기 순서를 잘 보십시오.

요나는 하나님을 아는 자와 모르는 자, 하나님 앞에 신앙을 고백한 자와 그럴 기회와 실력이 없는 자 속에서 자신이 할 수 있는 최고의 신앙고백을 바쳤는데, 하나님은 요나에게 '너는 원수를 용서하는 자리까지 더 나아가야 한다'며 요나를 잡아끄십니다. 니느웨가 심판을 받느냐 안 받느냐 하는 문제보다 더 크게, 요나라는 선지자를 그가 받은 사명이자 그가 맡은 임무에서 하나님의 정의와 긍휼을 알게 하는 자리까지 이끌어 가시는 것입니다. 하나님 앞에 회개하고 그 앞에 긍휼을 구하는 자를 넘어서 그렇게 할 자격이 없는 데까지 확장하는 곳으로 끌려갑니다.

고난, 하나님이 더 가자는 부르심

무엇이 이 일을 합니까? 고난이 합니다. 고난은 무엇입니까? 인간이 이해할 수 없는 장벽과 한계입니다. 이것이 신자들을 괴롭히는 현실적 문제입니다. 그런데 하나님은 우리에게 더 가자고 하십니다. 더 가자고 하시는 문제 앞에 무엇이 있는가 하면, 다윗에게서 본 바와 같이 진심, 도덕성, 인간이 가지는 최선, 인간이라서 할 수 있는 종교적 헌신이 있습니다. 여기에 머물러 있는 우리를 일으켜 이것들과는 비교할 수 없는 하나님의 목적, 하나님의 수준, 하나님의 의도로 이끌어 가는 것입니다. 거기는 우리가 엄두를 못 냅니다. 그래서 우리는 늘 작은 것에 안주하고 만족합니다. 이런 일의 대표적 인물로 바울을 생각해 보십시오. 빌립보서 3장입니다.

그러나 나도 육체를 신뢰할 만하며 만일 누구든지 다른 이가 육체를 신뢰할 것이 있는 줄로 생각하면 나는 더욱 그러하리니 나는 팔일 만에 할례를 받고 이스라엘 족속이요 베냐민 지파요 히브리인 중의 히브리인이요 율법으로는 바리새인이요 열심으로는 교회를 박해하고 율법의 의로는 흠이 없는 자라 그러나 무엇이든지 내게 유익하던 것을 내가 그리스도를 위하여 다 해로 여길뿐더러 또한 모든 것을 해로 여김은 내 주 그리스도 예수를 아는 지식이 가장 고상하기 때문이라 내가 그를 위하여 모든 것을 잃어버리고 배설물로 여김은 그리스도를 얻고 그 안에서 발견되려 함이니 내가 가진 의는 율법에서 난 것이 아니요 오직 그리스도를 믿음으로 말미암은 것이니 곧 믿음으로 하나님께로부터 난 의라 (빌 3:4-9)

대개 우리는 바울을 단순하게 이해하려는 경향이 있습니다. 바울은 예수를 모르고 무식하게 굴다가 예수 믿는 자들을 박해하러 다메섹으로 가는 길에 주를 만나 혼이 나서 돌이켜 하나님의 복음을 증거하는 큰 사도가 되었다, 이런 식으로 간단히 이해하지 마십시오. 사도 바울의 회심은 이렇게 이해해야 합니다. 바울에게 있는 한 인간이 품을 수 있는 최선의 열심, 최선의 내용, 최선의 진심이 오히려 하나님의 뜻을 막았습니다. 유대인이라는 이름으로, 율법을 지킨다는 이름으로, 할례를 받은 히브리인이라는 이름으로, 하나님을 위한다는 진심과 정성으로, 하나님이 하려고 하는 일을 막아 왔다는 것입니다. 그래서 예수님이 바울을 어떻게 했습니까? 박치기를 해서 까무러치게 해 버렸습니다.

그런 다음 바울을 새롭게 보내십니다. 바울 안에 무엇을 담아 보내십니까? 예수 안에 있는 하나님의 뜻을 담아 보내십니다. 하나님이 우리 안에 무엇을 만들려고 하시는가, 예수가 이 땅에 오셨을 때에, 겟세마네 동산에서 하신 예수님의 기도는 어떤 문제를 돌파한 기도인가 보십시오. 예수께서 겟세마네 동산에서 이렇게 기도하셨습니다. "아버지여, 할 만 하시거든 이 잔을 내게서 비켜 주옵소서." 이런 기도에 하나님은 뭐라고 응답하셨습니까? "아니다. 더 가자." 이것이 십자가입니다.

그러니 예수를 십자가에 못 박은 자들이 넘어서지 못한 문제가 무엇일까요? 그들이 아는 최선, 그들이 아는 최고 권력, 그리고 승부라는 관점에서 보면, 예수는 그 힘을, 그 승부를 외면한 것으로 보입니다. 예수가 진 것으로 보입니다. 모두 다 예수를 외면했고, 아직까지도 외면하고 있습니다. 그들이 아는 최고 권력과 하나님이 아는 하나님의 최고 권능은 얼마나 다른 것입니까? 산 자를 죽이며 자신의 최선에 안주하는 정도가 아닙니다. 우리가 만들 수 없는 데까지 우리를 불러내는 예수로 말미암아 하나님이 우리를 이끌어 내는 것입니다. 그래서 이런 이야기가 얼마나 많이 성경에 반복하여 증언되는지 보라는 것입니다.

아브라함은 본토 친척 아비 집에서 붙잡혀 나오고, 모세는 바로의 궁에서 붙잡혀 나와 미디안 광야에서 사십 년을 죽을 것처럼 보내고, 열 가지 재앙을 겪고 홍해를 건너며, 백성들에게 만나와 메추라기를 먹이고, 그들을 구름 기둥과 불기둥으로 인도하는 속에 모세가 밤낮 얻어먹은 욕이 무엇인가 하면, '그러게. 왜 우리를 거기서 데리고 나왔어?'입니다. 모세가 그 욕을 내내 먹고 있습니다. 우리도 매일 스스로 하는 말 아닙니까? '일찍 믿은 게 죄지. 죽기 오 분 전에, 아니 오 분도 길지. 삼십 초면 충분한데.' 그것이 우리의 소원 아니던가요? 이런 불만은 예수를 믿고 난 이 긴 시간이 가지는 명예와 영광을 모르기 때문입니다.

알다시피 C. S. 루이스는 영국 사람입니다. 그는 유럽 문화권에서 자라왔기 때문에 학교에서 당연히 라틴어와 그리스어를 배웠습니다. 그가 그리스어를 배우고 나서 한 이야기가 있습니다. "처음에 그리스어를 배울 때는 어려워서 너무나 괴로웠는데, 나중에 고대 그리스 사람들이 쓴 문학작품을 원문으로 읽게 되었을 때 깨달았다. 위대한 작품들을 원어로 읽게 되자, 영어로는 도무지 가늠되지 않는 미묘한 뉘앙스를 알게 되었다. 배울 때는 고생했지만, 읽는 지금은 너무나 행복하다." 신자들에게 주어지는 현실적 특권도 이와 마찬가지입니다. 이것이 예수를 믿는 명예이고, 자랑입니다. 학교 다니는 재미, 공부 잘하는 재미입니다. 하나님이 우리에게 도대체 무엇을 하고 계시는지 이해하지 못한다면, 이 시간은 다만 불평과 원망에 불과하고 오래 사는 것이 고통의 반복인 양 형벌로 느껴질 것입니다.

지금 와서 생각해 보니 제가 고등학교 다니던 시절에 입었던 겨울철 교복은 굉장히 멋진 옷이었던 것 같습니다. 무명으로 만든 옷이라 곧잘 쭈글쭈글해지는 것이 흠이지, 비로드로 만들었으면 멋진 예복 같았을 것입니다. 가짜 금 단추여서 그렇지, 진짜 금 단추를 달았다면 더 멋스러웠을 옷입니다. 이 동복은 후크를 채우고 단정하게 입는 것이 가장 폼나는 것이었습니다. 그런데 그때는 다 풀어헤치고 다녔죠. 야성이 가득해서 그때는 단정하게 입는 것이 좋은지 몰랐습니다. 가

방끈은 끊어서 가방을 옆구리에 끼고 다녔습니다. 단정히 들고 다니는 것이 쉬웠을 텐데, 왜 그랬을까요? 모자는 왜 또 삐뚤게 썼을까요? 교복이 주는 단정한 매력을 깨닫지 못하고 허세를 부리는 것이 멋져 보였기 때문입니다.

바울이 하는 이야기입니다. 내가 그전에 알았던 것은 인간이 할 수 있는 최선이었다, 그러나 이것은 하나님이 하시려고 하는 것과 비교하면 배설물에 불과했다는 것입니다.

하나님은 언제든지 새로운 것으로 개입하실 수 있다

로마서 11장에 가 봅시다.

형제들아 너희가 스스로 지혜 있다 하면서 이 신비를 너희가 모르기를 내가 원하지 아니하노니 이 신비는 이방인의 충만한 수가 들어오기까지 이스라엘의 더러는 우둔하게 된 것이라 그리하여 온 이스라엘이 구원을 받으리라 기록된 바 구원자가 시온에서 오사 야곱에게서 경건하지 않은 것을 돌이키시겠고 내가 그들의 죄를 없이 할 때에 그들에게 이루어질 내 언약이 이것이라 함과 같으니라 복음으로 하면 그들이 너희로 말미암아 원수 된 자요 택하심으로 하면 조상들로 말미암아 사랑을 입은 자라 하나님의 은사와 부르심에는 후회하심이 없느니라 너희가 전에는 하나님께 순종하지 아니하더니 이스라엘이 순종하지 아니함으로 이제 긍휼을 입었는지라 이와 같이 이 사람

들이 순종하지 아니하니 이는 너희에게 베푸시는 긍휼로 이제 그들
도 긍휼을 얻게 하려 하심이라 하나님이 모든 사람을 순종하지 아니
하는 가운데 가두어 두심은 모든 사람에게 긍휼을 베풀려 하심이로
다 (롬 11 : 25-32)

알쏭달쏭한 말씀인데, 분명한 점은 이것입니다. 이스라엘은 아직도
예수를 믿지 않고 있습니다. 그런데 그들이 예수를 믿지 않는 바람에
이방은 예수를 믿게 되었습니다. 말이 안 되는 이야기입니다. 왜냐하
면 원래 하나님의 구원은 이스라엘이 제사장 국가로 그들의 임무를
다하고 그들의 믿음으로 복음이 이방에게까지 흘러가게 되어 있는
것인데, 선택받은 이스라엘 즉 책임을 져야 할 이스라엘이 그 임무에
실패하고 맙니다. 그러면 흘러갈 것이 없어야 당연합니다. 그런데 성
경은 '이스라엘이 실패하는 바람에 복음이 이방에 넘어갔다. 그러면
이것이 인간에게 원인이 있어서 생긴 결과겠느냐? 이스라엘이 성공
해야 넘어갈 수 있는 구원이, 이스라엘이 실패했는데 어떻게 넘어가
겠냐? 그러니 이것이 은혜이고 긍휼일 수밖에 없지 않느냐?'를 말하
고 있습니다. 이것이 이스라엘의 구원이 넘어와 이방이 구원을 받게
된 사실에서 기억해야 하는 가장 중요한 내용입니다.

그런데 기독교 역사는 이천 년 내내 '나는 믿었는데, 저것들은 안
믿었다'며 유대인들을 괄시하는 것으로 자기 확인을 삼아 왔습니다.
이런 이야기가 셰익스피어의 희곡 〈베니스의 상인〉에 잘 나와 있습니
다. 기독교인이 되었다는 것을 적극적으로 확인할 방법이 없으니 유
대인을 원망하고 비난하고 정죄해서 자기 확인을 하는 것입니다. 기

독교 신앙이 잘못 가면 거기에는 언제나 공포가 있게 되는 것이 바로 이런 이유 때문입니다. 잘 가면 감사가 있습니다. 자신에게 있는 것이 공포인지 감사인지 스스로 판단해 보십시오.

그러면 이스라엘은 왜 아직까지 안 믿고 있나 하는 생각이 들 것입니다. 구원은 이렇게 한 번 받고 끝나는 것이 아니라, 계속 훈련하여 스스로 가진 만족에서 타협하지 않는 것이라는 것을 하나님이 이스라엘을 아직까지 두들기셔서 보여 주고 계십니다. 이스라엘이 그 증거인 것입니다. "너희가 적당하다고 여기는 데서 '하나님, 이제 그만하면 됐습니다' 그딴 소리는 생각도 하지 마라." 이것이 이스라엘입니다. 인류 역사 전체가 그 이야기인 것입니다.

하나님이 무엇을 하시는가, 역사는 왜 이 꼴인가, 하나님이 인류에게 계속 묻고 계십니다. "너희는 답이 있느냐? 너희가 가진 업적은 진정한 가치가 있느냐?" 계속 묻는 것입니다. 모든 제국이 무너지고, 모든 제도가 다 눈물로 끝나고, 모든 인생이 다 허망함을 증언하는 이 역사를 하나님이 내내 이어 가시며 반복하여 묻고 계십니다. 하나님이 우리를 향하여 품고 계신 목적과 내용을 갖춘 우리가 되도록 그렇게 일하십니다. 우리에게 다만 선물을 나눠 주시는 정도가 아니라, 우리를 불러 생각하게 하시고 훈련하시고, 우리 자신이 하나님의 목적과 내용이 되게 하시는 성실하신 하나님임을 증언하고 있습니다.

그러니 각자의 생애에서 '적당히'라는 말이 어디서 나오는지 살펴보십시오. 훌륭해질 기회가 매일 열려 있고, 어디서나 해 볼 수 있는데, 아무도 안 하고 있습니다. 비겁한 일입니다. 이제는 해야 합니다. 로완 윌리엄스는 이렇게 이야기했습니다. "고난이 있는 것은 하나님이 일하고 계시다는 증거요, 우리가 답이 없는 것 같을 때 기억해야할 것은 하나님은 언제든지 새로운 것으로 개입하실 수 있다는 것을 상기해야 한다."* 새로운 것은 무엇입니까? 그때까지 없었던 것을 말합니다. 창조의 하나님, 부활의 하나님이 일하고 계십니다. 무엇을 겁을 내십니까? 이 창조와 부활의 하나님을 바라보며 우리 삶을 멋지고 성숙하게 살아 내길 바랍니다.

기도

하나님 아버지, 오늘 말씀을 듣고 보니 우리의 믿음에 배짱이 없고 담대함이 없었음을 고백합니다. 우리의 자리를, 우리의 신앙생활을, 우리의 인생을, 우리의 존재를 예수 믿는 사람이라는 이름으로 살아 내게 하옵소서. 그것이 우리의 명예이고, 기쁨이고, 감사이고, 자랑이 될 수 있게 하여 주시옵소서. 예수님 이름으로 기도합니다. 아멘.

* 로완 윌리엄스 지음, 양세규 옮김,《과거의 의미》(비아) 참조.